INSTITUTIONS ADMINISTRATIVES

Olivier Gohin
Professeur à l'Université Paris 2 – Panthéon-Assas
Directeur de l'IPAG de Paris

Jean-Gabriel Sorbara
Professeur à l'Université Toulouse 1 – Capitole
Institut Maurice Hauriou

INSTITUTIONS ADMINISTRATIVES

6e édition

L.G.D.J
lextenso éditions

33, rue du Mail, 75081 Paris Cedex 02
ISBN 978-2-275-03382-2
ISSN 0990-3909

Sommaire

Liste des abréviations

adde	ajoutez
AFDI	*Annuaire français de droit international*
AJDA	*Actualité juridique du droit administratif*
al.	alinéa
Ann. int.	*Annuaire international*
APOI	*Annuaire des pays de l'Océan Indien*
art.	article
Ass.	Assemblée du contentieux du Conseil d'État
BOCCRF	*Bulletin officiel de la Direction générale de la Concurrence, de la Consommation et de la Répression des fraudes*
Bull. civ.	*Bulletin des arrêts de la Cour de cassation (Chambres civiles)*
C.	Code
c/	contre
CAA	Cour administrative d'appel
Cass. civ.	arrêt de la Cour de cassation (chambres civiles)
Cass. com.	arrêt de la Cour de cassation (chambre sociale)
Cass. crim.	arrêt de la Cour de cassation (chambre criminelle)
Cass. soc.	arrêt de la Cour de cassation (chambre sociale)
CC	Conseil constitutionnel
CCH	Code de la construction et de l'habitation
C. comptes	Cour des comptes
CE	Conseil d'État
CEDH	Cour européenne des droits de l'homme
CEE	Communauté économique européenne
CESEDA	Code de l'entrée et du séjour des étrangers et du droit d'asile
C. élect.	Code électoral
CGCT	Code général des collectivités territoriales
CGI	Code général des impôts
CGP	Commissariat général du Plan
chr.	chronique
civ.	civil
CJA	Code de justice administrative
CJCE	Cour de justice des Communautés européennes

CJF	Code des juridictions financières
CMP	Code des marchés publics
CODER	Commission de développement régional
codir.	sous la codirection de
coll.	Collection
COM	Collectivité d'outre-mer (Const., art. 74 nv)
comm.	commentaire
concl.	conclusions
Const.	Constitution du 4 octobre 1958
C. pén.	Code pénal
CRC	Chambre régionale des comptes
CSP	Code de la santé publique
C. serv. nat.	Code du service national
CTI	*Collectivités territoriales – Intercommunalité (Litec)*
CTOM	Collectivité territoriale d'outre-mer
CTU	Collectivité territoriale unique
C. urb.	Code de l'urbanisme
D.	*Dalloz*
Dr. adm.	*Droit administratif*
DC	Déclaration de conformité
DDHC	Déclaration des droits de l'homme et du citoyen
déc.	décision
Déb.	Débats
DDOS	Diverses dispositions d'ordre social
DGCL	Direction générale des collectivités locales
dir.	sous la direction de
DOM	Département d'outre-mer
Dr. adm.	*Droit administratif*
DROM	Département et région d'outre-mer
Dr. soc.	*Droit social*
éd.	édition
EDCE	*Études et Documents du Conseil d'État*
égal.	également
ENA	École nationale d'administration
EPCI	Établissement public de coopération intercommunale
EPR	Établissement public régional
FNSP	Fondation nationale des sciences politiques
GADD	*Grands arrêts du droit de la décentralisation, Paris, Dalloz, 2e éd., 2001*
GAJA	*Grands arrêts de la jurisprudence administrative, Paris, Dalloz, 15e éd., 2005*
Gaz. Pal.	*Gazette du Palais*
GDCC	*Grandes décisions du Conseil constitutionnel, Paris, Dalloz, 13e éd., 2005*

ibid.	*au même endroit*
IEP	Institut d'Études Politiques (Sciences Po)
IR	informations rapides
IRA	Institut régional d'administration
J.-Cl.	*Juris-Classeur périodique (La semaine juridique)*
JCP A	*La Semaine juridique – Administration et collectivités territoriales*
JO	*Journal officiel*
L.	*partie législative ou contrôle de légalité*
LGDJ	*Librairie Générale de Droit et de Jurisprudence*
Litec	*Librairies Techniques*
LP	*contrôle des lois du pays calédoniennes*
LPA	*Les Petites Affiches*
Mél.	*Mélanges*
modif.	*modifié(e)*
Mon. TP	*Moniteur des travaux publics*
NCP	*Nouveau Code pénal*
NED	*Notes et études documentaires*
nv, nvx	*nouveau, nouveaux*
obs.	*observations*
op. cit.	*ouvrage cité*
ord.	*ordonnance*
par.	*paragraphe*
PIB	*Produit Intérieur Brut*
PLM	*Paris, Lyon et Marseille (loi du 31 décembre 1982)*
POM	*Pays d'outre-mer*
préc.	*précité*
PTOM	*Pays et territoires d'outre-mer*
PUF	*Presses universitaires de France*
PUR	*Publications de l'Université de la Réunion*
PURD	*Presses universitaires de l'Université René Descartes*
Quot. jur.	*Quotidien juridique*
R.	*partie réglementaire*
RDCA	*Répertoire Dalloz de contentieux administratif*
RDP	*Revue du droit public et de la science politique*
Rec.	*Recueil Lebon des décisions du Conseil d'État, des cours administratives d'appel, des tribunaux administratifs et du Tribunal des conflits ; également, Recueil des décisions du Conseil constitutionnel*
réf.	*référence(s)*
req.	*requête*
Rev. adm.	*Revue administrative*
RFAP	*Revue française d'administration publique*
RFD	*Revue française de la décentralisation*

RFDA	*Revue française de droit administratif*
RFDC	*Revue française de droit constitutionnel*
RFSP	*Revue française de science politique*
RGAT	*Revue générale des assurances terrestres*
RGDIP	*Revue générale du droit international public*
RJP	*Revue juridique et politique*
ROM	*Région d'outre-mer*
RDPA	*Revue pratique de droit administratif*
RRJ	*Revue de recherche juridique*
RSAMO	*Revue de science administrative de la Méditerranée occidentale*
RSF	*Revue de science financière*
RTDE	*Revue trimestrielle de droit européen*
RTDSS	*Revue trimestrielle de droit de la Sécurité sociale*
RUP	Région ultra-périphérique
S.	*Sirey*
Sect.	Section du contentieux du Conseil d'État
SMIC	salaire minimum interprofessionnel de croissance
sol. impl.	solution implicite
T.	Tome
TA	Tribunal administratif
TAAF	Terres australes et antarctiques françaises
Tab.	Tables du Recueil Lebon
TC	Tribunal des conflits
TGI	Tribunal de Grande Instance
TOM	Territoire d'outre-mer
TFUE	Traité sur le fonctionnement de l'Union européenne
TUE	Traité sur l'Union européenne
vol.	volume

Bibliographie générale

Manuels

AUBY Jean-Bernard, AUBY Jean-François et NOGUELLOU Rozen, *Droit des collectivités territoriales*, Paris, PUF, coll. Thémis, 5e éd. 2009.

BIGOT Grégoire, *L'administration française*, Paris, Litec, 2010.

BURDEAU François, *Histoire de l'administration française ; du XVIIIe au XXe siècle*, Paris, Montchrestien, 2e éd. 1994.

CHEVALLIER Jacques, *Science administrative*, Paris, PUF, coll. Thémis, 2007.

FABERON Jean-Yves et ZILLER Jacques, *Droit des collectivités d'outre-mer*, Paris, LGDJ, 3e éd. 2007.

FAURE Bertrand, *Les Institutions administratives*, Paris, PUF, 2010.

FERSTENBERT Jacques, PRIER François et QUILIQUINI Paul, *Droit des collectivités territoriales*, Paris, Dalloz, coll. Hyper Cours, 2009.

GUETTIER Christophe, *Institutions administratives*, Paris, Dalloz, 5e éd. 2010.

JAN Pascal, *Institutions administratives*, Paris, Litec, 4e éd. 2011.

MAILLARD DESGRÉES DU LOÛ Dominique, *Institutions administratives*, Paris, PUF, coll. Thémis, 2011.

OBERDORFF Henri, *Les Institutions administratives*, Paris, Sirey, 6e éd. 2010.

SAUTEL Gérard et HAROUEL Jean-Louis, *Histoire des institutions publiques depuis la Révolution française*, Paris, Dalloz, coll. Précis, 9e éd. 2007.

SERRAND Pierre, *Manuel d'institutions administratives françaises*, Paris, PUF, 4e éd. 2012.

VERPEAUX Michel, *Droit des collectivités territoriales*, Paris, PUF, coll. Major, 3e éd. 2011.

VERPEAUX Michel, *Les collectivités territoriales en France*, Paris, Dalloz, coll. Connaissance du droit, 4e éd. 2011.

Répertoires et Jurisclasseurs

MOREAU Jacques, JACQUOT Henri et BOUINOT Jacques (dir.), *Juris-Classeur Collectivités territoriales*, Lexis-Nexis.

BÉNOIT Francis-Paul, et DOUENCE Jean-Claude (dir.), *Répertoire Dalloz des Collectivités locales*, Dalloz.

Sur l'organisation et la réforme de l'État

ABATE Bernard, *La nouvelle gestion publique*, Paris, LGDJ, coll. Systèmes, 2000.

ALBERTINI Jean-Benoît, *Réforme administrative et réforme de l'État en France : thèmes et variations de l'esprit de réforme de 1815 à nos jours*, Paris, Economica, 2000.

BEZES Philippe, *Réinventer l'État : les réformes de l'administration française (1962-2008)*, Paris, PUF, 2009.

BONNEFOUS Édouard, *La réforme administrative*, Paris, PUF, 1958.

BOUVIER Michel (et al.), *Les nouveaux chantiers de l'État territorial*, *RFFP*, 2008.

CAMBY Jean-Pierre, *La réforme du budget de l'État : La loi organique relative aux lois de finances*, Paris, LGDJ, coll. Systèmes, 3e éd. 2011.

CATTEAU Damien, *La LOLF et la modernisation de la gestion publique : la performance fondement d'un droit public financier rénové*, Paris, Dalloz, 2007.

CHEVALLIER Jacques, *L'État post-moderne*, Paris, LGDJ, coll. Droit et société, 3e éd. 2008.

CHEVALLIER Jacques, *L'État*, Paris, Dalloz, 2e éd. 2011.

CROZIER Michel, *État modeste, État moderne*, Paris, Fayard, 3e éd. 1997.

GRISTI Éric, *La réforme de l'État*, Paris, Vuibert, 2007.

KADA Nicolas (dir.), *De la réforme de territoriale à la réforme de l'État*, Grenoble, PUG, 2011.

KRIEGEL Blandine, *L'État et la démocratie*, Paris, Direction de la documentation française, 1985.

REGOURD Serge, CARLES, Joseph et GUIGNARD Didier (dir.), *Réformes et mutations des collectivités territoriales*, Paris, L'Harmattan, 2011.

RFAP, *La révision générale des politiques publiques*, Paris, ENA, 2011.

ROSANVALLON Pierre, *L'État en France de 1789 à nos jours*, Paris, Seuil, coll. Points histoire, 1990.

Introduction générale

1. L'administration comme entreprise. – L'action administrative résulte de la combinaison de trois éléments distincts : les structures, les moyens et les contrôles. De ce point de vue, on voit bien qu'il n'y a pas de différence substantielle entre la gestion privée et la gestion publique, et la science administrative a pu chercher précisément à étudier le fait administratif partout où il peut être observé, y compris dans le secteur privé. Déjà, en 1916, l'ingénieur Henri Fayol, dans son ouvrage intitulé *L'Administration industrielle et générale*, identifiait dans l'entreprise une fonction administrative en charge de prévoir, d'organiser, de coordonner, de contrôler, mais aussi de commander au sens de faire fonctionner le personnel.

2. Puissance publique et archaïsme. – Cette approche de l'administration publique par l'entreprise peut sembler surprenante. Elle correspond, néanmoins, à la critique actuelle de la puissance publique, à la fois dans son surdéveloppement, au-delà de ses strictes attributions de souveraineté, et dans son archaïsme, lié à une incapacité réelle de réforme de ses propres structures, mais aussi de dialogue en direction des administrés : individus, associations ou entreprises. On a pu écrire en ce sens : « *L'exploration de la dualité des régimes juridiques régissant l'État et la société civile en France et ses soubassements idéologiques autour de la notion d'intérêt général, révèle donc en dernière analyse la coupure étanche de la société française entre la sphère du public et celle du privé. Au public, c'est-à-dire à l'univers des représentants de tous ordres, l'apanage automatique de l'intérêt général avec les privilèges qui l'accompagnent. Au privé, c'est-à-dire à l'ensemble amaigri de la société et de l'économie réelles, la coloration péjorative des intérêts particuliers, contraires à l'intérêt général, égoïstes et irresponsables. Entre les deux, les théories de la représentation et de la fonction publique font massivement écran.* »[1].

---

1. L. Cohen-Tanugi, *Le droit sans l'État*, PUF, coll. Recherches politiques, 1985, p. 123.

3. Gestion publique et gestion privée. – Réciproquement, émerge le thème ancien et récurrent de l'alignement de la gestion publique sur la gestion privée qui constitue un discours, plus ou moins explicite, mais, à la vérité, fort conventionnel et parfaitement maîtrisé, sur fond de retour en force de l'idéologie libérale, tournant, depuis les années 1980, autour du thème de la modernisation de l'État, c'est-à-dire de la satisfaction de la double exigence de son allégement et de sa performance. On a donc pu chercher à modifier les règles de gestion administrative pour prendre en compte l'adaptation des politiques publiques aux modalités d'évaluation et de contrôle du secteur privé ainsi qu'aux conséquences de la construction européenne et de la décentralisation territoriale, mais aussi la simplification des démarches administratives sur fond de développement des nouvelles technologies de communication.

4. État arbitre. – Le point d'équilibre est assurément difficile à trouver pour l'État alors même que la revendication en faveur de sa fonction d'arbitrage reste forte, comme elle était déjà bien exprimée par le Conseil d'État dans son étude publiée dans le *Rapport public* 1994 en ces termes : *« il serait en outre inconcevable (...) de renoncer à voir dans la délimitation du périmètre du service public, dans la définition de ses enjeux et des règles régissant son fonctionnement, une responsabilité des gouvernants. Que nombre de compétences et prérogatives exercées au niveau des États-nations aient, depuis quelques décennies, été progressivement transférées, soit au niveau supranational – Union européenne –, soit à des niveaux infranationaux – collectivités territoriales – ne saurait dès lors autoriser à perdre de vue que l'État doit en la matière persister à se regarder comme comptable des choix effectués, et des aboutissements auxquels ces choix permettent ou non d'atteindre ; s'il en allait autrement, c'est la légitimité même de l'État qui s'en trouverait compromise »*[2].

5. Permanence de l'État. – Il est vrai que, dans un premier temps, on a pu constater un retour en force de l'État au centre des préoccupations du pouvoir politique, en raison de la capacité remarquable d'adaptation, voire de réaction de la puissance publique dans le traitement d'une situation grave et constante de crise économique et sociale. On citera, en ce sens, la loi d'orientation du 4 février 1995 pour l'aménagement et le développement du territoire dont l'exposé des motifs évoque l'accumulation *« au fil des ans, dans notre pays, des déséquilibres et des tensions qui mettent en danger désormais*

2. Conseil d'État, section du rapport et des études, « Service public, services publics : déclin ou renouveau », *in Rapport public 1994*, p. 127.

son unité et sa cohésion sociale » et souligne qu'« *au plan national, le pays et ses habitants ont changé sans que les institutions, le système fiscal ou les régimes de protection sociale, les modes d'organisation économique, sociale et spatiale de notre société évoluent suffisamment et à temps pour éviter de nouvelles fractures sociales* ».

6. Réactivation des services publics. – Au cours des dernières années, l'État a cherché, à plusieurs reprises, à réactiver le droit des services publics. On se contentera d'en donner trois illustrations : le plan global et intercommunal d'organisation de certains services publics (loi d'orientation du 4 février 1995 modifiée par la loi du 25 juin 1999, art. 29-II et décret du 9 juillet 2001) ; les maisons des services publics créées « *afin de faciliter les démarches des usagers et d'améliorer la proximité des services publics sur le territoire en milieu urbain et rural* » entre l'ensemble des personnes morales partenaires – dont une au moins est de droit public – liées entre elles par convention approuvée par le représentant de l'État dans le département (loi du 12 avril 2000, art. 27 modif. par la loi du 23 février 2005 et décret du 6 juin 2001) ainsi que la politique sus-évoquée de « *guichet unique* » dématérialisé par téléphone ou sur Internet : en ce sens, par exemple, la mise en place du numéro de téléphone « 3939 » ou le développement du site « *mon.service-public.fr* ».

7. Révision générale des politiques publiques. – Il y a là une modeste illustration du considérable processus de réforme de l'État engagé depuis l'élection de Nicolas Sarkozy à la présidence de la République. Il est sans doute l'un des plus importants à être conduit depuis les lois de décentralisation de 1982 et 1983 et la nouvelle loi organique relative aux lois de finances du 1er août 2001. Il a un nom : la révision générale des politiques publiques, un sigle, « RGPP » et deux institutions qui prennent appui sur la Direction générale de la modernisation de l'État, créée auparavant par le décret du 30 décembre 2005 et placée sous l'autorité de l'actuel ministre du Budget, des Comptes publics, de la Fonction publique et de la Réforme de l'État :

— le Conseil de modernisation des politiques publiques, placé sous l'autorité directe du Président de la République, qui est l'organe politique de décision ;

— le Comité de suivi de la révision générale des politiques publiques, coprésidé par le secrétaire général de la Présidence de la République et le directeur du cabinet du Premier ministre, qui est l'organe administratif d'exécution.

Ce sont ainsi plus de 300 réformes qui ont été menées entre 2007 et 2010, 150 étant prévues pour le cycle 2011-2013. L'objectif consiste, tout à la fois, en l'amélioration de la qualité du service public, la modernisation de la fonction publique et la réduction des dépenses publiques. La méthode suivie est dominée par l'efficacité, ce qui suppose la rationalisation des moyens d'action et l'évaluation des résultats. Tous les secteurs de l'Administration publique sont concernés : par exemple, la RGPP a aussi bien conduit à la création d'une nouvelle Autorité de la concurrence qu'à la réforme en profondeur de l'administration déconcentrée de l'État, à la création des agences régionales de santé (ARS), la fusion de la Direction générale des impôts et de la Direction générale de la comptabilité publique, à la révision de la carte judiciaire ou au déploiement des nouvelles bases de défense ou la simplification et la dématérialisation des démarches administratives. En définitive, quatre objectifs majeurs de réformes peuvent être dégagés : la réduction des déficits, la réforme de l'administration de l'État, l'amélioration des relations avec les usagers et l'efficacité de la gestion publique.

8. RGPP et réduction des déficits. – Compte tenu d'une part, une dette publique négociable française de 1 382 milliards d'euros, en septembre 2012, y compris la dette à court terme, en hausse de 69 milliards d'euros par rapport au niveau de fin 2011, et, d'autre part, d'un déficit budgétaire de l'État qui a atteint, à la même date, 69,6 milliards d'euros (cumulé sur l'année), contre 70 milliards d'euros en mars 2010, sans inclure ni les collectivités territoriales ni les organismes de Sécurité sociale, la réduction des déficits constitue, bien entendu, un élément prédominant de la RGPP. L'instauration de la règle du non-remplacement d'un départ à la retraite de fonctionnaire sur deux en est la mesure la plus médiatique. Mais elle est complétée, principalement, par un effort de rationalisation des dépenses de fonctionnement, notamment pour le parc immobilier de l'État, et des dépenses d'intervention par l'évaluation de l'utilité des aides d'État.

La RGPP voudrait, du reste, être confortée, dans les finances de l'État, par la constitutionalisation d'une « *règle d'or* » budgétaire : le projet de loi constitutionnelle relative à l'équilibre des finances publiques, adopté en première lecture par l'Assemblée nationale, le 10 mai 2011, prévoit, en ce sens, de transférer des lois fiscales ordinaires aux lois de finances et de financement de la Sécurité sociale la fixation des règles concernant l'assiette, le taux et les modalités de recouvrement des impositions de toute nature tandis que les lois de financement de la Sécurité sociale détermineraient les principes fondamentaux concernant les autres ressources de la Sécurité sociale. Il vise aussi à créer une nouvelle catégorie de lois : « *les lois-cadres d'équilibre des finances publiques* » qui « *déterminent, pour au moins trois années, les orientations pluriannuelles, les normes d'évolution et les règles de gestion des finances publiques, en vue d'assurer l'équilibre des comptes des administrations publiques. Ces lois-cadres fixent, pour chaque année, un objectif constitué d'un maximum de dépenses et d'un minimum de recettes qui s'impose aux lois de finances et aux lois de financement de la sécurité sociale* », une loi organique venant préciser :

— les conditions de la compensation entre les écarts constatés lors de l'exécution des lois de finances et de l'application des lois de financement de la Sécurité sociale ;

— les conditions et les réserves relatives à la modification des lois-cadres d'équilibre des finances publiques en cours d'exécution ;

— le contenu des lois-cadres d'équilibre des finances publiques, y compris celles de leurs dispositions particulières qui s'imposent aux lois de finances et aux lois de financement de la Sécurité sociale.

9. Un tel exercice du pouvoir de révision affaiblit donc, un peu plus, les pouvoirs exécutif et législatif, en France, en ouvrant encore de larges perspectives à la jurisprudence constitutionnelle dont l'œuvre normative pose, tout de même, un problème de légitimité dans un État de droit, et ce à l'occasion de la construction laborieuse d'une nouvelle « *usine à gaz* » dont il n'est pas certain, loin de là, qu'elle puisse aller à son terme dans une conjoncture électorale : celle des sénatoriales de septembre 2011, mais aussi et surtout, celle des présidentielles et des législatives du printemps 2012, particulièrement défavorable au consensus politique entre majorité et opposition parlementaires.

10. RGPP et réforme de l'administration d'État. – La réforme des administrations centrales et déconcentrées est complémentaire du précédent objectif. Elle conduit à réduire le nombre de structures administratives et permet, par conséquent, de réaliser des économies substantielles. Par exemple, le nombre de directeurs d'administration centrale a été réduit de 10 % en 2009, les directions régionales passant d'une vingtaine à huit, les directions départementales devenant interministérielles. Par ailleurs, les agences régionales de santé, au statut d'établissement public, ont été créées par la loi du 21 juillet 2009 par le regroupement de sept organismes de l'État afin de rationaliser la politique de soins. De même, depuis 2005, le nombre des corps de la fonction publique de l'État a été divisé à peu par deux et réduit ainsi de 685 à 330, étant précisé que 90 % des effectifs actuels se concentrent sur 140 corps et que 124 corps, appelés à disparaître, comptent moins de 150 agents.

11. RGPP et amélioration des relations avec les usagers. – L'amélioration des relations entre l'administration et les usagers a fait l'objet de mesures particulières. En ce domaine, beaucoup avait été fait par la loi du 12 avril 2000 relative aux droits des citoyens dans leurs relations avec les administrations (DCRA) qui comporte nombre de dispositions sur l'accès à la règle de droit et à la transparence administrative et financière, mais aussi aux relations des citoyens avec les administrations en vue d'améliorer les procédures administratives ou de modifier le régime des décisions prises par ces autorités. C'est notamment le silence gardé par l'autorité administrative compétente, mais pendant deux mois seulement, qui, en droit positif, et sauf exception de texte justifiée par la complexité ou l'urgence de la procédure, vaut décision implicite de rejet dont le principe est ainsi conservé sur une durée ainsi réduite de moitié (loi du 12 avril 2000, art. 2).

12. Or, la RGPP a également investi le domaine de l'amélioration des relations avec les administrés, en multipliant les rapprochements entre structures d'accueil des administrés et en menant une politique en faveur de la dématérialisation des démarches administratives par l'usage d'Internet. Vont en ce sens, par exemple, le regroupement, au sein des centres des finances publiques, du service des impôts des particuliers, du service des impôts des entreprises et de la trésorerie des collectivités territoriales ou encore la création du Pôle emploi par la fusion de l'ANPE qui recensait les chômeurs et contribuait à leur recherche d'emploi et des Assedic qui indemnisaient la perte d'emploi.

13. RGPP et efficacité de la gestion publique. – Enfin, la réforme vise une meilleure efficacité de l'administration de l'État qui privilégie l'administration de mission ayant des objectifs précis à remplir et exposée à des évaluations fréquentes. Les perspectives ouvertes par cette remise en cause salutaire de l'omniprésence et de l'omnipotence de la puissance publique, peu formée par sociologie ou par tradition, à une culture de résultat, ne signifient ni le désengagement complet de l'État au profit de l'initiative privée ni l'incapacité de l'administration française à conduire sa propre réforme[3] ni même la rupture avec le modèle juridique d'administration[4]. Les conclusions de la commission, réunie par le Premier ministre en novembre 1993 et présidée par le conseiller maître Jean Picq afin de

3. À ce sujet, M. Long, « La modernisation de l'État », *in Droit prospectif, RRJ* 1990-1.

4. À ce sujet, J. Caillosse, « La modernisation de l'État », *AJDA* 1991.755.

réfléchir « *aux responsabilités que doit exercer l'État et de proposer les voies et moyens d'assurer une meilleure adéquation des structures des administrations centrales et des services extérieurs à leur mission* », distinguaient déjà les responsabilités de souveraineté où la spécificité de la gestion publique serait préservée : justice, sécurité, promotion des intérêts de la France dans le monde, et les responsabilités partagées où l'État serait soit simple régulateur, soit régulateur et opérateur. Et c'est seulement en ce qui concerne ces responsabilités partagées où la performance peut et doit être recherchée, que le rapport Picq recommandait l'adaptation de l'organisation de l'État aux méthodes qui ont fait leurs preuves dans le secteur privé et que la RGPP met progressivement, mais rapidement en œuvre.

14. Reconstruction du service public. – Il s'agit ainsi de dégager l'administration publique de certaines insuffisances ou contraintes nées des nombreuses tensions auxquelles l'État français s'expose si volontiers. Au point de conjonction de ces tensions, on trouve précisément la notion de service public, à l'origine de la construction du droit administratif contemporain.

15. Elle marque, en effet, le passage, au cours du XXe siècle et plus précisément dans l'entre-deux-guerres, de l'État-gendarme à l'État-providence par le développement de la notion de service public qui finit par englober tout le droit administratif français, y compris, du reste, l'activité de police[5], et dont la remise en cause demeure le fondement de la contestation néo-libérale, particulièrement développée dans les années 1980[6]. Il ne faut d'ailleurs pas se dissimuler que la notion sociologique d'intérêt général, comme élément matériel de la définition du service public et comme justification fondamentale de la fonction administrative, est particulièrement difficile à appréhender. L'intérêt général peut correspondre à la satisfaction d'un besoin collectif : par exemple, organiser un service efficace de transports en commun. Il peut correspondre aussi, de façon extensive, à la satisfaction d'intérêts particuliers que la collectivité publique entend privilégier : par exemple, la recherche en matière de santé publique, sans exclure, le cas échéant, les intérêts économiques ou financiers. Au sujet d'une opération d'expropriation pour cause d'utilité

5. CE Ass., 12 avril 1957, *Mimouni, Rec.* 262 ; *S.* 1957.284, concl. Tricot ; *D.* 1957.413, concl. Tricot, note P.L.J. ; *AJDA* 1957.272, note Fournier et Braibant ; *Rev. adm.* 1957.369, note Brichet.

6. En ce sens, P. Delvolvé, « Service public et libertés publiques », *RFDA* 1985.1 et, en réponse, É. Pisier, « Service public et libertés publiques », *in Pouvoirs* n° 36, p. 143-154.

publique, le Conseil d'État a eu ainsi l'occasion d'affirmer en ce sens que, *« si la déviation de la route en question procure à la Société Automobiles Peugeot un avantage direct et certain, il est conforme à l'intérêt général de satisfaire à la fois les besoins de la circulation publique et les exigences du développement d'un ensemble industriel qui joue un rôle important dans l'économie régionale »*[7].

16. Or, à l'évidence, le service public est en voie de reconstruction afin de surmonter une potentielle contradiction entre les trois données de base suivantes :

— en premier lieu, la nécessité de réformer un État endetté par la multiplicité de ses domaines d'action qui correspondent à autant de structures coûteuses, imbriquées les unes aux autres et donc souvent inefficaces ;

— en deuxième lieu, une demande de plus en plus importante des collectivités territoriales décentralisées, dans les zones rurales en déshérence comme dans les quartiers urbains en difficulté ;

— en troisième lieu, un rejet de plus en plus net des autorités communautaires, attachées, quant à elles, à une politique de déréglementation généralisée au profit de la concurrence et donc, en particulier, en faveur de l'élimination des monopoles et de la mise en place du grand marché intérieur.

17. Service public et administration publique. – Car, renouvelée par la révision générale des politiques publiques et même marquée, par conséquent, par l'esprit de la gestion privée, dans le contexte d'une gestion publique devenue ainsi plus efficace, puisque plus performante, et moins onéreuse, puisque moins dispersée, cette notion de service public continue à importer au plus haut point, dans le droit public français. Elle permet largement de rendre compte, en effet, d'une spécificité incompressible de l'administration publique qui, en France, tient à des considérations d'ordre *politique, historique* et *juridique,* tout à la fois.

18. Éléments politiques. – L'élément *politique*, au sens premier du terme, de la spécificité de l'administration publique est lié aux actions que l'administration poursuit. On parle alors de fonction administrative, au sens des fonctions poursuivies par l'administration publique. Pour reprendre une formule qui appartient au doyen Georges Vedel, l'administration publique se définit ainsi comme *« l'ensemble des activités qui tendent au maintien de l'ordre public et à la satisfaction des autres besoins d'intérêt général »*.

7. CE, 20 juillet 1971, *Ville de Sochaux, Rec.* 561 ; *AJDA* 1971.227, note Homont.

19. Éléments politiques – Ordre public. – De cette définition qui correspond d'ailleurs à l'étymologie du terme d'administration – « *ad-ministrare* », c'est « *servir pour* » – il résulte que l'ordre public permet la satisfaction d'un besoin d'intérêt général, le premier certainement quand on considère la philosophie des Lumières construite, au XVIIIe siècle, autour du thème du contrat social : c'est l'avènement de l'État de droit qui permet de sortir de l'état de nature et ce droit est d'abord celui qui, dans une société organisée, permet de préserver la paix intérieure et les libertés personnelles et collectives. Sous l'appellation de Gouvernement qui ne doit pas tromper, Rousseau traitait en ces termes de l'administration publique, au Livre II, chapitre Ier du *Contrat social :* « *Il faut donc à la force publique un agent propre qui la réunisse et la mette en œuvre selon les directions de la volonté générale (...). Voilà quelle est dans l'État la raison du Gouvernement, confondu mal à propos avec le souverain dont il n'est que le ministre. Qu'est donc que le Gouvernement ? Un corps intermédiaire établi entre les sujets et le souverain pour leur mutuelle correspondance, chargé de l'exécution des lois et du maintien de la liberté tant civile que politique (...). J'appelle donc Gouvernement ou suprême administration l'exercice légitime de la puissance exécutrice.* » Ce texte qui trouve écho aux articles 12 (nécessité d'une force publique) et 13 (nécessité d'une contribution commune) de la Déclaration des droits de l'homme et du citoyen de 1789, renvoie lui-même à la notion d'ordre public, telle qu'elle est précisément définie, en droit positif, par l'article L. 2212-2 du Code général des collectivités territoriales selon lequel l'objet de la police municipale est « *d'assurer le bon ordre, la sûreté, la sécurité et la salubrité publiques* ».

20. Éléments politiques – Séparation des gestions publique et privée. – Dès lors, dans l'exercice de la fonction administrative, la gestion publique et la gestion privée ne sont pas confondues. On citera, en ce sens, deux exemples fournis par la jurisprudence du Conseil d'État et de la Cour de cassation :

— au sujet d'un contentieux relatif à la notation d'un agent de l'administration des impôts dont l'appréciation professionnelle avait été revue à la baisse, motif pris de la réduction sensible de son rendement sur les droits rappelés auprès des contribuables, le Conseil d'État a ainsi considéré « *qu'un tel motif, qui relie directement l'appréciation portée sur la valeur professionnelle de l'agent au montant des droits rappelés à la suite de ses vérifications, est entaché d'erreur de droit* »[8].

8. CE, 20 juin 1994, *M. Cherrier*, req. n° 125 601.

À juste titre, il n'est donc pas admis par le Conseil d'État qu'un agent public soit traité comme un représentant de commerce ;

— semblablement, la Cour de cassation a jugé, à bon droit aussi, que, même si elle est conduite à favoriser le maintien ou le développement de l'économie sur son territoire, une collectivité locale n'est pas une entité à finalité économique et que les fonctionnaires affectés à son service juridique ne sont pas, dès lors, des juristes d'entreprise[9].

21. Éléments politiques – Interventionnisme économique. – Mais la fonction administrative est plus large encore car l'administration publique répond à bien d'autres besoins d'intérêt général, fort variables d'une époque à l'autre et d'un système politique à l'autre. Il est, cependant, incontestable qu'en France notamment, par un fort développement de la fonction administrative, l'État, mais aussi les collectivités territoriales sont intervenus toujours davantage, et certainement de façon excessive, dans l'activité économique et sociale, cherchant à l'encadrer, à l'orienter, à la développer ou à la maîtriser. L'économie de guerre et son dirigisme industriel, la crise des années 1930 et le socialisme municipal, la doctrine keynésienne et l'interventionnisme étatique, la reconstruction et le développement planifié sont ainsi autant de jalons qui ont permis à la puissance publique de déborder très largement des strictes limites des seules fonctions de souveraineté : police, mais aussi défense, justice, monnaie, diplomatie ou encore éducation, pour s'investir toujours davantage dans des fonctions de solidarité : celles qui ont permis, en particulier, le développement considérable de la fonction publique et la croissance rapide des prélèvements fiscaux et sociaux

22. Éléments historiques. – Mais la spécificité de l'administration publique tient aussi à des considérations de nature historique. Ceci est particulièrement vrai en France où il s'est produit, selon l'expression du général de Gaulle, *« un effort multiséculaire de centralisation »* dont on doit douter que la réforme du droit de la décentralisation, opérée depuis la loi du 2 mars 1982, soit effectivement venue à bout, comme on le prétend parfois ou, en tout cas, autant qu'on le prétend souvent. L'état lamentable des finances locales et la dépendance manifestée, en cette matière, à l'égard de l'État tendraient à nuancer fortement un tel propos.

23. Éléments historiques – Continuité. – Sans doute, la fin de l'Ancien Régime aura-t-elle été caractérisée par la superposition des

9. Cass. civ. 1re, 30 mars 1994, *Blanchet c/ Conseil de l'Ordre des avocats au barreau de Strasbourg et autre, D.* 1994. 500, note Alexandre.

structures de l'administration publique et donc, pour nombre d'entre elles, par leur inefficacité fonctionnelle. On aurait cependant tort de perdre de vue le mouvement général de rationalisation de l'administration publique conduit, en France, bien avant 1789. À cet égard, il faut penser que l'œuvre de la Révolution, telle qu'elle résulte également du Consulat, est d'abord une œuvre de simplification et de réorganisation de l'administration préexistante, davantage dans la continuité que dans la rupture des structures administratives, comme Tocqueville l'établissait, du reste, dans *L'Ancien Régime et la Révolution,* publié en 1856. En ce sens, il y a une filiation très claire et bien établie entre l'intendant de police, justice et finances dans sa généralité et le préfet qui, selon la loi du 28 pluviôse An VIII (17 février 1800), est *« seul chargé de l'administration du département ».*

24. Éléments juridiques. – La spécificité de l'administration publique tient enfin, et par voie de conséquence, à des considérations d'ordre *juridique*. On doit penser que l'administration publique est régie par un droit propre ou, du moins, par un ensemble de règles particulières, quand bien même il n'existerait pas de dualisme des règles de fond, en l'absence de dualisme des ordres de juridictions, par application du principe de la liaison de la compétence et du fond. Il y a ainsi, en Grande-Bretagne, un droit applicable à la seule administration publique qui est dénommé *« administrative law »* et qui fait l'objet d'un enseignement séparé dans les Facultés de droit[10]. Au demeurant, le principe de la liaison de la compétence et du fond étant probablement réversible, l'*« administrative law »* génère lui-même des juridictions administratives spécialisées qui viennent à la fois l'appliquer et le construire[11].

25. Éléments juridiques – Autonomie du droit administratif. – Plus encore, cette spécificité juridique est manifeste dès lors qu'il existe un ordre de juridictions administratives générales, créé au sein de l'administration et dominé, en France, par le Conseil d'État. Là encore, la revendication d'autonomie est ancienne et remonte à l'Ancien Régime qui connaissait également l'existence de juridictions administratives d'exception, telles que notamment les chambres des comptes, en matière financière, ou les cours des aides, en matière fiscale. On peut citer ainsi Portalis qui, en 1780, exposait devant l'assemblée des communautés de Provence que *« les formes juridiques, les tribunaux, les lois civiles sont des institutions admirables pour*

10. À ce sujet, D. Lévy, « Les développements récents du droit administratif anglais », *in Mélanges René Chapus*, Montchrestien, 1992, p. 387-396.
11. À ce sujet, P. Gérard, « Les tribunaux administratifs britanniques », *AJDA* 1991.3.

qu'un citoyen puisse défendre ses biens et sa vie contre un autre citoyen (...). Mais on ne doit plus gouverner par les mêmes règles quand le public traite pour l'intérêt de tous, quand il agit ou quand il opère pour le bien de l'universalité ».

26. Éléments juridiques – Critères de l'institution administrative. – Dès lors, l'existence d'un droit administratif, spécial et autonome, applicable à la seule puissance publique et dont l'origine remonte à la nécessité de protéger l'intérêt général contre les intérêts des particuliers, a façonné un contexte et a créé un environnement qui a tendu à édifier, mais aussi à isoler l'administration française. Des institutions administratives on pourrait alors retenir une conception très large qui privilégie un critère de définition matériel ou fonctionnel :

— le critère matériel tourne autour de la notion de service public administratif : c'est ainsi que l'article 1er de la loi du 12 avril 2000 relative aux droits des citoyens dans leurs relations avec les administrations considère comme autorités administratives, au sens de cette loi, *« les administrations de l'État, les collectivités territoriales, les établissements publics à caractère administratif, les organismes de sécurité sociale et les autres organismes chargés de la gestion d'un service public administratif »* ;

— le critère fonctionnel tourne autour de la notion de droit administratif : le droit des institutions administratives correspondrait au droit de l'administration publique, c'est-à-dire à l'ensemble du droit administratif, français ou comparé, selon le point de vue adopté, lié à la spécificité d'une administration publique, à la fois puissante et distante, dont l'action s'inscrit dans des structures (par ex., l'État), utilise des moyens (par ex., la fonction publique) et subit des contrôles (par ex., le recours pour excès de pouvoir) qui sont eux-mêmes spécifiques. À ce critère fonctionnel se rattache, en France, la compétence de principe de la juridiction administrative telle qu'elle résulte de la décision du Conseil constitutionnel en date du 23 janvier 1987 : *« relève en dernier ressort de la compétence de la juridiction administrative l'annulation ou la réformation des décisions prises, dans l'exercice des prérogatives de puissance publique, par les autorités exerçant le pouvoir exécutif, leurs agents, les collectivités territoriales de la République ou les organismes publics placés sous leur autorité ou leur contrôle »*[12].

12. CC, 23 janvier 1987, *Conseil de la concurrence*, déc. 86-224 DC, *Rec.* 8 ; *GAJA* n° 91 et les réf. ; *GDCC* n° 32 et les réf.

27. Éléments juridiques – « *Les institutions fondamentales de l'organisation administrative* ». – L'une et l'autre de ces deux conceptions ne sont pas fausses. Mais elles présentent le grave inconvénient de proposer des institutions administrations une vision beaucoup trop large qui rendrait la systématisation difficile et l'étude superficielle. Il faut donc préférer retenir un critère organique qui tourne autour de la notion d'organe administratif et définir les institutions administratives comme les structures organisées en vue de l'administration publique, ce que le doyen Maurice Hauriou appelait *« les institutions fondamentales de l'organisation administrative »*[13].

28. De plus, on rapportera cette notion au seul cas de la France pour mieux tenir compte de l'unité des données politiques, historiques et juridiques dont la force d'explication a déjà été soulignée pour en permettre la compréhension. Il y a lieu, dès lors, de restituer l'étude des institutions administratives françaises dans le cadre du système administratif (**Titre I**), puis de traiter de l'administration d'État (**Titre II**) et, enfin, de l'administration décentralisée (**Titre III**).

13. À ce sujet, P. Gérard, « Les tribunaux administratifs britanniques », *AJDA* 1991.3.

Titre I
Le système administratif

29. Idée d'œuvre de l'institution administrative. – L'étude des institutions administratives françaises sous l'angle organique, relatif à l'administration d'État et à l'administration territoriale, suppose la prise en compte d'un préalable fonctionnel qui renvoie au système administratif dans son ensemble. C'est encore le doyen Maurice Hauriou qui, au début du siècle dernier, soulignait précisément que *« si le régime administratif repose essentiellement sur le pouvoir, il faut reconnaître que ce pouvoir est institué, c'est-à-dire encadré dans une organisation soumise à une idée (...) celle du service à rendre au public ou au service public »*[1]. Il exprime ainsi la liaison entre l'idée de la fonction administrative et le phénomène d'institution du pouvoir, ou, plutôt, le primat de la fonction sur l'organe, au sein du système administratif.

Il y a donc lieu de considérer également l'administration comme un système dont il faut mesurer l'étendue (Chapitre 1) et vérifier la production (Chapitre 2) avant d'en décrire la structure (Chapitre 3).

1. *Précis de droit administratif et de droit public,* Sirey, 12e éd., 1933, p. 13.

Chapitre 1
L'étendue du système administratif

30. Généralité. – Quel que soit le système administratif étudié, il est douteux qu'il existe une distinction tranchée entre un pouvoir politique qui commande et une administration publique qui exécute. Car le pouvoir politique inclut nécessairement le pouvoir exercé par l'exécutif de l'État ou des collectivités locales en matière d'administration publique.

31. Fonction politique du pouvoir exécutif. – Comme pour les exécutifs locaux, cela est tout particulièrement vrai pour le niveau gouvernemental puisque le ministre est au point d'articulation entre la sphère du politique et celle de l'administratif. Le droit constitutionnel français enseigne en ce sens que, comme homme ou femme politique, le ministre est nommé par le Président de la République, sur proposition du Premier ministre (Const., art. 8, al. 2) et qu'il participe à la fonction législative par le biais du droit d'amendement (Const., art. 44, al. 1er), tout en étant soumis au contrôle parlementaire dans le cadre d'une responsabilité collective, vérifiée à l'initiative du Premier ministre ou des députés (Const., art. 49 et 50).

32. Fonction administrative du pouvoir exécutif. – Mais le droit administratif français enseigne aussi que le ministre est un chef d'administration et que, comme tel, il n'existe aucune autorité administrative qui lui soit supérieure, y compris le Président de la République ou *a fortiori* le Premier ministre, en période de fait majoritaire, comme c'est à nouveau le cas depuis 2002 : le Conseil d'État a eu ainsi l'occasion d'affirmer qu'il appartient aux ministres, *« comme à tout chef de service, de prendre les mesures nécessaires au bon fonctionnement de l'administration placée sous leur autorité »*[1].

1. CE Sect., 7 février 1936, *Jamart, Rec.* 172 ; *S.* 1937.3.113, note Rivero ; *GAJA*, n° 48.

33. Limites de l'action administrative. – L'étude du système administratif nécessite, en outre, de s'attarder sur ses particularités et notamment sur les influences exercées par la société au sein de laquelle il est inséré. Il est clair, en effet, que l'administration française n'est pas semblable à l'administration américaine ou allemande pour des motifs qui tiennent à l'histoire, à la sociologie ou encore au droit. Il convient de ne pas perdre de vue, en effet, que la science administrative est au nombre des sciences sociales et que, dès lors, l'action administrative se développe sous des contraintes externes qui sont plus ou moins fortes.

34. Plan. – Or, du côté de la généralité, il s'agit d'étudier les relations entre l'administration publique et le pouvoir politique. Et, du côté de la particularité, il y a lieu d'identifier et de mesurer les limites de l'action administrative.

Section 1
Les relations entre l'administration publique et le pouvoir politique

35. Subordination de l'administration et bureaucratie. – Le principe est la subordination de l'administration publique envers le pouvoir politique qui la dirige. Or, cette subordination peut être réduite par la constitution d'une autonomie de l'administration publique à l'égard du pouvoir politique. Elle peut également être dépassée par l'émergence de la bureaucratie qui ne correspond pas, cependant, à la mise en place d'un véritable pouvoir administratif.

§ 1. La subordination de principe de l'administration publique

36. L'instrument du politique. – Parce que, théoriquement, l'expression de la volonté générale passe par la représentation politique – le Parlement, le Gouvernement et le Président de la République – l'administration publique n'a qu'une fonction instrumentale par rapport au pouvoir politique. L'un des premiers auteurs de la science administrative, Alexandre-François Vivien, écrivait ainsi, en 1845 : *« Le pouvoir politique est la tête, l'administration est le bras. »*

37. Absence de pouvoir administratif. – La Constitution de 1958 prévoit en ce sens, de la façon la plus nette, que *« le Gouvernement détermine et conduit la politique de la Nation »* (Const., art. 20, al. 1er) ; de même, elle rappelle qu'*« il dispose de l'administration et de la force armée »* (*ibid.*, al. 2). Elle réaffirme donc la subordination de l'administration envers le pouvoir politique dont on peut proposer les deux explications qui suivent, nullement exclusives l'une de l'autre, et qui supposent, en conséquence, l'absence de tout pouvoir administratif.

A Les explications de la subordination administrative

38. Absence de finalité administrative. – À la subordination de l'administration publique envers le pouvoir politique on peut donner, comme première explication, l'absence de finalité administrative. En effet, cette subordination n'est d'abord que le corollaire de l'unité du pouvoir exécutif et, en ce qui concerne l'administration publique de l'État, l'un des aspects de l'unité de l'État lui-même. Elle vaut par le fait que les institutions administratives ne trouvent pas de finalité en elles-mêmes, mais doivent agir dans l'intérêt général, tel qu'il est défini par les organes politiques. Dès lors, les décisions administratives sont toutes commandées directement ou indirectement par la volonté politique. *A contrario*, on peut soutenir qu'il n'existe pas de véritables décisions qui soient purement administratives et dans lesquelles interviendraient exclusivement des données techniques.

39. Loyalisme politique. – Mais il est une autre explication qui peut être envisagée : la subordination de l'administration envers le pouvoir politique signifierait aussi une obligation de conformité idéologique de l'administration, variable dans son contenu ou dans son intensité et, de plus, soit volontaire, soit forcée, au titre d'une véritable obligation de loyalisme politique des fonctionnaires. On peut citer, à titre d'exemple :

— de loyalisme volontaire dans une société démocratique, le cas de l'Allemagne fédérale, sur le fondement de l'article 33, alinéa 5 de sa Loi fondamentale du 23 mai 1949, selon lequel *« le droit de la fonction publique doit être aménagé selon les principes traditionnels de celle-ci »* et dont l'interprétation fait obligation à chaque agent de défendre activement l'ordre constitutionnel démocratique et libéral contre ses adversaires[2] ;

2. Trib. const. féd., 22 mai 1975, *BVerf.G.E.*, tome 398, p. 334 ; *DîV.*, 1975.671, comm. Kemper ; *Verw. Arch.* 1976.105, comm. Menger.

— de loyalisme forcé dans une société totalitaire, le cas de l'ex-Union soviétique sur le fondement de l'article 6 de la Constitution du 7 octobre 1977 selon lequel, « *la force qui dirige et oriente la société soviétique, ses organes étatiques et sociaux, est le Parti communiste de l'Union soviétique* ».

40. Absence de devoir de loyauté politique de l'administration française. – Mais cette seconde explication ne saurait prévaloir dans le cadre des institutions administratives françaises, au sein de l'État, sous réserve sans doute d'un devoir général et minimal de loyalisme volontaire envers la Nation[3] et compte tenu de l'existence d'emplois supérieurs à la discrétion du Gouvernement (loi du 11 janvier 1984, art. 25), encore que le pouvoir de révocation dont le Gouvernement dispose alors soit juridiquement limité[4]. Ces emplois discrétionnaires existent également dans les autres fonctions publiques, sous la forme des emplois fonctionnels de la fonction publique territoriale[5] ou de la fonction publique hospitalière (loi du 9 janvier 1986, art. 3).

B L'absence de tout pouvoir administratif

41. Subordination administrative. – En tout cas, le principe de la subordination administrative interdit de retenir l'existence d'un quelconque pouvoir administratif en face du véritable pouvoir politique parce que, dans une société démocratique, le pouvoir suppose, en plus de la légalité, la légitimité conférée seulement par l'élection au suffrage universel et parce que, d'ailleurs, l'administration n'est pas, en elle-même, enjeu de pouvoir. Cette distinction entre administration et politique vaut, à l'évidence, pour l'État, comme pour toute collectivité locale. Le grand sociologue Max Weber écrivait en ce sens : « *Le véritable fonctionnaire ne doit pas faire de politique : il doit administrer avant tout, de façon non partisane. Il doit s'acquitter de sa tâche sans ressentiment et sans parti pris (...). L'honneur du fonctionnaire consiste dans son habileté à exécuter consciencieusement un ordre sous la responsabilité de l'autorité supérieure, même si elle s'obstine à suivre une mauvaise voie.* »[6].

3. CE, 25 janvier 1935, *Defrance, Rec.* 105.
4. TA Paris, 23 mai 1986, *M. Ardant, RFDA* 1987. 469, note Plouvin.
5. Loi du 26 janvier 1984, art. 47 ; à ce sujet, B. Perrin, « Le cadre juridique des "emplois discrétionnaires" de la fonction publique territoriale », *AJDA* 1989.147.
6. M. Weber, *Le métier et la vocation d'homme politique*, 1919, cité *in* R. Drago, *Science administrative*, Les Cours de droit, 1985, p. 49.

42. Administrateurs élus. – Sans doute, il peut exister des administrateurs élus, ce qui est le cas des exécutifs locaux : du reste, les élections locales ressortissent, au contentieux, à la compétence de la juridiction administrative. Mais l'élection ne peut pas seulement se présenter à la fois comme une procédure de sélection des autorités administratives locales et comme une modalité régulière du contrôle externe sur l'administration locale, assimilée à la technique américaine du *recall*, c'est-à-dire celle de la révocation du fonctionnaire défaillant ou négligent.

43. Pouvoir politique local. – Car, le pouvoir local est aussi, à sa mesure, un pouvoir politique dans le contexte institutionnel voulu par la Constitution de 1958, avant comme après la loi constitutionnelle du 28 mars 2003 qui a conduit à constitutionnaliser l'organisation décentralisée de la République (art. 1er *in fine*) et à réécrire intégralement le titre XII consacré aux collectivités territoriales, à l'article 75 près sur le statut civil de droit personnel de certains citoyens français d'outre-mer. Depuis la loi du 2 mars 1982, en effet, le droit de la décentralisation territoriale a tiré toutes les conséquences possibles de cette évolution institutionnelle en ce qui concerne les communes, les départements et les régions dont les développements correspondent à une réalité qui n'est plus uniquement administrative, mais aussi politique, comme l'opinion publique l'a d'ailleurs bien compris et comme la doctrine l'exprime en se référant à un *« système politico-administratif local »*[7].

44. Démocratie locale. – Encore faut-il souligner que son fonctionnement ne provient pas seulement de la seule copie du modèle de Gouvernement représentatif, ce qui reviendrait tout simplement à limiter la critique à l'absence effective de démocratie directe (*ibid.*, p. 127 s.), mais également de l'insuffisance réelle de la démocratie locale, y compris, sur la base des avancées de l'article 72-1, avec le référendum local qui assure un pouvoir de décision aux électeurs d'une collectivité locale, aux conditions précisément encadrées par la loi organique n° 2003-705 du 1er août 2003. Il résulte notamment de l'article LO 1112-1du Code général des collectivités territoriales que *« l'assemblée délibérante d'une collectivité territoriale peut soumettre à référendum local tout projet de délibération tendant à régler une affaire de la compétence de cette collectivité »*, sous réserve de la compétence exclusive de l'exécutif d'une collectivité territoriale pour *« proposer à l'assemblée délibérante de cette collectivité de soumettre à référendum local tout projet d'acte relevant des attributions qu'il*

7. A. Mabileau, *Le système local en France*, Montchrestien, coll. Clefs-Politique, 2e éd., 1994, p. 119.

exerce au nom de la collectivité, à l'exception des projets d'acte individuel » (art. LO 1112-2). De plus, l'article LO 1112-7 ajoute, entre autres restrictions, mais sans opposition du Conseil constitutionnel appelé à en connaître[8], que « *le projet soumis à référendum local est adopté si la moitié au moins des électeurs inscrits a pris part au scrutin et s'il réunit la majorité des suffrages exprimés* », le *quorum* de la majorité des électeurs inscrits étant particulièrement difficile à obtenir.

45. Dysfonctionnements. – Cette démocratie locale connaît, en effet, de graves lacunes qui tiennent, non pas à la force considérable de l'exécutif local, selon un schéma institutionnel qui dérive du régime présidentiel, mais au fait que les moyens de contrôle ne sont pas à la hauteur d'un tel exécutif local, particulièrement en ce qui concerne l'assemblée délibérante : la démocratie, ce n'est pas seulement le Gouvernement de la majorité ; c'est aussi et surtout le droit de l'opposition. Or, ce schéma ne vaut pas encore complètement en matière de décentralisation, quels que soient les palliatifs que la jurisprudence administrative a pu chercher ou que le législateur de 1992 a pu trouver dont, par exemple, la garantie de certains droits des élus au sein des assemblées locales.

§2. La réduction de la subordination administrative par l'autonomie

46. Autonomisation. – L'autonomisation de l'administration publique a pour premier objet d'éviter sa politisation. Dans les régimes démocratiques, cette autonomie s'est d'abord traduite dans la fonction publique où elle tend, toutefois, à produire un phénomène de corporatisme.

A L'autonomie administrative par la fonction publique

47. Principes. – S'agissant de la France, l'autonomisation de l'administration à l'égard du pouvoir politique repose sur les données essentielles de l'organisation de la fonction publique et des droits du fonctionnaire.

48. Système de la carrière. – La fonction publique française s'organise selon le système de la carrière, lequel, à la différence de celui de l'emploi, est propre à assurer la permanence de la puissance

8. CC, 30 juillet 2003, déc. 2003-482 DC, *Rec.* 414.

publique, tout en la faisant échapper aux aléas du jeu politique. En toute logique, le développement de la décentralisation au profit des collectivités territoriales et des établissements publics hospitaliers a donc signifié la constitution de deux nouvelles fonctions publiques, à peu près décalquées sur celle de l'État.

49. Système des statuts. – Or, en liaison avec ce système généralisé de carrière, le droit de principe de la fonction publique s'est organisé autour de statuts, et plus précisément autour du statut général, au nombre de quatre depuis 1941, et de statuts particuliers, dérogatoires ou non, spécifiques à chaque corps ou cadre d'emploi (par ex., pour les professeurs d'université, les lois du 13 juillet 1983 et du 11 janvier 1984 ainsi que le décret du 6 juin 1984 portant statut particulier dérogatoire) et complétés, le cas échéant, par les jurisprudences constitutionnelle ou administrative.

50. Cas de la privatisation. – On notera, toutefois, qu'après la transformation des établissements publics à caractère industriel et commercial France Telecom, EDF et La Poste, en sociétés anonymes, le personnel maintenu dans une situation de droit administratif, respectivement par la loi du 26 juillet 1996 la loi du 9 août 2004 et par la loi du 2 juillet 1990 modifiée, en dernier lieu, par la loi du 9 février 2010, est géré en prenant en compte financièrement des critères nationaux et locaux de productivité, de rentabilité et de qualité dans le service public. Il y a eu là, pour environ 400 000 agents publics, une rupture nette avec la fonction publique traditionnelle au profit d'une gestion conduite selon une logique de métier.

51. Service. – Le droit commun de la fonction publique est venu ainsi manifester, dans sa généralité, que l'agent d'une administration, normalement en situation statutaire, légale et réglementaire, doit être considéré et se considérer lui-même comme au service de l'État ou d'une autre collectivité publique, et non au service d'une majorité ou d'une opposition.

52. Garanties du fonctionnaire. – La loi du 13 juillet 1983 qui forme le Titre Ier de l'actuel statut général de la fonction publique, est précisément relative aux droits et obligations des fonctionnaires. Mais la protection des fonctionnaires passe aussi par l'existence de différentes garanties de principe, telles que, par exemple :

— le recrutement par voie de concours[9] ;

9. DDHC, art. 6, loi de 1983, art. 16 et CC, 14 janvier 1983, *Troisième voie d'accès à l'ENA*, déc. 82-153 DC, *Rec.* 35 ; *RDP* 1983.333, note Favoreu.

— la liberté syndicale et le droit de grève[10] ;

— la procédure disciplinaire, construite autour de l'obligation de communication du dossier[11].

53. Obligations du fonctionnaire. – On doit, cependant, être attentif au fait qu'à ces droits correspondent des obligations qui peuvent également participer du souci d'autonomiser la fonction publique pour la protéger à l'égard du pouvoir politique, au profit non seulement des agents contre leurs propres excès, mais aussi des usagers de l'administration publique. Ainsi le fonctionnaire se voit garantir la liberté d'opinion (loi de 1983, art. 6) ; mais, il reste soumis, en même temps, à deux obligations :

— une obligation de neutralité[12], la fonction publique française rejoignant, à cet égard, une exigence commune à tous les régimes démocratiques, comme c'est notamment le cas, depuis 1855, du *Civil service* britannique où le principe est cependant poussé jusqu'à son ultime conséquence : l'inéligibilité du fonctionnaire ;

— une obligation de réserve, laquelle est essentiellement différente de l'obligation précédente[13] et correspond à une véritable obligation de comportement et de tenue, en service ou hors service, variable dans la jurisprudence du Conseil d'État selon les fonctions ou les activités exercées[14].

B L'autonomie administrative par le corporatisme

54. Acquis sociaux. – En se coupant du pouvoir politique, et au besoin en s'efforçant de lui résister, l'administration publique est conduite au corporatisme social ou encore à un esprit de caste, qui, en science administrative, se traduit par une conception autonome de l'intérêt général, conforme aux intérêts de l'institution elle-même et, dès lors, à un comportement fondamentalement conservateur, exprimé par le rejet plus ou moins diffus de toute mutation brutale

10. Préambule de 1946, loi de 1983, art. 8 et 10 et notamment CE Ass., 7 juillet 1950, *Dehaene, Rec.* 426 ; *Dr. soc.* 1950. 317, concl. Gazier ; *JCP* 1950.II.5681, concl. Gazier ; *RDP* 1950. 6912, concl. Gazier, note Waline ; *Rev. adm.* 1950. 366, concl. Gazier, note Liet-Veaux ; *GAJA* n° 65.

11. Loi du 22 avril 1905, art. 65 et loi de 1983, art. 19, al. 2 ; également, CE Sect., 20 janvier 1956, *Nègre, Rec.* 24 ; *D.* 1957.319, concl. Guionin.

12. CE, 3 mai 1950, *Dlle Jamet, Rec.* 247 ; *S.* 1951.3.73.

13. À ce sujet, Jean Rivero, *Sur l'obligation de réserve, AJDA* 1977.580.

14. CE Sect., 1er décembre 1972, *Dlle Obrego, Rec.* 771 ; *AJDA* 1973.37, concl. S. Grévisse et chr. Cabanes et Léger ; *RDP* 1973.516, concl. S. Grévisse ; *D.* 1973.190, note Robert.

ou de toute innovation importante qui puisse remettre en cause les droits acquis, tels que la garantie de l'emploi, la mise en disponibilité, la durée des congés, la protection sociale, les rémunérations accessoires, les avantages en nature et, d'une façon générale, les avantages professionnels qui s'attachent à la qualité de fonctionnaire au regard du secteur privé, particulièrement en période de crise économique.

55. Esprit de corps. – On conçoit facilement que le réflexe de défiance envers le pouvoir politique soit d'autant plus fort que ce statut social est élevé dans la hiérarchie administrative (par ex., les grands corps de l'État) ou dérogatoire par rapport au reste de la fonction publique (par ex., la magistrature judiciaire). L'archétype en est volontiers constitué par l'*« énarque »*, passé au moule d'une grande école, le plus souvent *« dans la foulée de Sciences Po »*, et membre d'un groupe, celui des anciens élèves de l'ENA, dont l'esprit de corps est particulièrement développé. Les témoignages en sont nombreux. On citera, par exemple, celui d'un membre du cabinet du Premier ministre Pierre Mauroy pour qui, en réunion à Matignon, *« on aurait dit que le monde était divisé en deux : les énarques et les autres qui semblaient aussi transparents qu'une vitre à leurs yeux »*[15]. Il a été, cependant, souligné, à juste titre, combien ce phénomène de corps n'a rien d'exceptionnel puisque la sociologie des organisations en montre la fréquence : *« un groupe uni dans la poursuite d'objectifs communs a tendance à développer une personnalité homogène ; il se préoccupe de son autorité, de son prestige personnel qu'il identifie avec l'intérêt général : il œuvre de façon à obtenir le maximum d'influence »*[16].

56. Lois de Dupuis. – Ce repli, en général, de l'administration publique sur elle-même a fait l'objet de nombreuses études de science administrative dont celle conduite par le professeur Georges Dupuis. Il parvenait ainsi à identifier trois lois convergentes à cette fin[17] :

— la loi de concentration croissante qui exprime la suprématie des forces centripètes ;

— la loi de segmentation croissante qui apparaît avec le cloisonnement des services et des réalités des clans ;

— la loi de technocratisation croissante qui se traduit par la victoire des experts sur les élus.

15. J.-M. Rosenfeld, *in* L'Histoire, *Les élites qui gouvernent*, n° 147, septembre 1991, p. 53.

16. M.-C. Kessler, *Les grands corps de l'État*, Presses de la FNSP, 1986, p. 333.

17. G. Dupuis, « L'inadaptation des structures administratives à leurs objectifs : esquisse d'une pathologie administrative » *in Administration*, 1975, p. 69.

57. Pantouflage. – Quant à l'influence des grands corps, elle tient notamment à la sortie de la haute fonction publique, soit vers la vie politique, soit vers le secteur privé. On peut mesurer l'importance de ce mouvement, en France, par deux indices :

— bien que l'on ne trouve pas sur le site Internet de l'Assemblée nationale la liste des députés par profession, il est estimé, de sources convergentes, que l'élection à l'Assemblée nationale, qui, sous la Ve République, signifie que 10 % environ des députés, en moyenne, sont des hauts fonctionnaires, issus des grands corps de l'État ;

— la démission de la fonction publique, dans le cadre de ce que l'on dénomme le *« pantouflage »*, la *pantoufle* étant la somme que l'entreprise du secteur privé est prête à payer pour rembourser l'État des frais de formation du haut fonctionnaire qui n'a pas consacré dix ans à son service[18]. On estime à 20 % environ des anciens élèves de l'ENA l'effectif de ceux qui, depuis la création de l'École en 1945, ont ainsi quitté la haute fonction publique de l'État pour le monde certainement plus rémunérateur et sans doute plus gratifiant de l'entreprise.

58. Incompatibilités. – On notera que les dispositions statutaires qui régissent les trois fonctions publiques (d'État, territoriale et hospitalière) ont repris le principe de l'interdiction, pour les fonctionnaires qui, notamment, cessent leurs fonctions de façon définitive, d'exercer les activités dans le secteur privé qui seraient incompatibles avec leurs précédentes fonctions. La moralisation devenue nécessaire de la vie publique a conduit le législateur à mettre en place un dispositif de contrôle apte à rendre effective l'application de ce principe : il s'agit de la loi du 29 janvier 1993 relative en particulier à la prévention de la corruption, reprise par l'article 4 de la loi du 28 juin 1994 portant notamment sur les modalités d'accès de certains fonctionnaires ou anciens fonctionnaires à des fonctions privées et modifiée en profondeur par la loi du 2 février 2007 de modernisation de la fonction publique.

59. Commission de déontologie. – Car, c'est du fait de la persistance, et même de la multiplication des hypothèses de conflits d'intérêts, pénalement répréhensibles[19], tel que le détachement illégal d'un fonctionnaire public, chef du service des affaires monétaires et financières à la direction du trésor, dans une entreprise privée antérieurement sous son contrôle, en tant que sous-gouverneur du Crédit

18. À ce sujet, P. Sadran, *Le système administratif français*, Montchrestien, 1992, p. 132 s.
19. C. pén., art. 432-13.

foncier de France[20], que cette loi du 2 février 2007 est intervenue, complétée par la réglementation d'application qui a pour objet de déterminer les conditions, d'une part, de l'exercice d'activités privées par des fonctionnaires ou agents non titulaires ayant cessé temporairement ou définitivement leurs fonctions (décret du 26 avril 2007) et, d'autre part, du cumul d'activités des fonctionnaires, des agents non titulaires de droit public et des ouvriers des établissements industriels de l'État (décret du 2 mai 2007). Il y a là la définition heureuse, quoique tardive, d'un nouveau régime juridique venant indiquer très précisément les activités passibles d'une interdiction pour les fonctionnaires placés en disponibilité ou ayant cessé définitivement leurs fonctions et imposer un contrôle pour toutes les autres activités dont l'exercice est envisagé par ces fonctionnaires. Ce contrôle continue à reposer sur la commission de déontologie, placée auprès du Premier ministre et chargée, depuis 1993, d'apprécier la compatibilité de toute activité lucrative, salariée ou non, dans une entreprise ou un organisme privé ou toute activité libérale, avec les fonctions effectivement exercées au cours des trois années précédant le début de cette activité par tout agent cessant ses fonctions (loi du 29 janv. 1993 préc., art. 87). Son avis préalable et obligatoire devient ainsi systématique pour apprécier la compatibilité de toute activité privée, moins non libérale, qu'envisage d'exercer tout fonctionnaire de l'État, territorial ou hospitalier, avec ses précédentes fonctions publiques.

60. Mais comme le dispositif en vigueur ne paraît toujours pas suffisant, le Premier ministre a annoncé en Conseil des ministres, en février 2011, un prochain projet de loi sur la prévention des conflits d'intérêts, basé sur le rapport de la récente commission de réflexion sur la prévention des conflits d'intérêts dans la vie publique : le principal instrument de ce renforcement devrait être la déclaration d'intérêts, déjà appliquée sans texte aux ministres depuis le Gouvernement Fillon, en vue de faire apparaître d'éventuels conflits avec les fonctions exercées, en particulier au sein des cabinets ministériels, incitant les agents publics concernés, issus le plus souvent de la haute fonction publique de l'État, à les éviter, autant que faire se peut, ou, du moins, à les résoudre au plus tôt.

61. Il y aurait à rechercher aussi une solution du côté de la déontologie des entreprises privées ou des professions libérales qui s'assurent la collaboration de fonctionnaires publics, civils et militaires, y compris à la retraite, à supposer que de telles passerelles

20. En ce sens, CE. Ass., 6 décembre 1996, *Société Lambda, Rec.* 466, concl. Piveteau ; *GAJA* n° 100 et les réf.

professionnelles doivent être maintenues alors que le service de l'intérêt général ne paraît pas la raison première de les parcourir de la fonction publique vers le secteur privé, sans se voir interdire un retour opportun du secteur privé vers la fonction publique. Au-delà du prétendu avantage qu'il y aurait au croisement des cultures : un secteur privé sensibilisé à l'intérêt général et une fonction publique attentive à l'esprit d'entreprise, le pantouflage, c'est tout de même aussi, et surtout, pour telle ou telle élite administrative auto-proclamée, le confort de l'emploi rémunérateur, comme dans le secteur privé, sans le risque du chômage, comme dans la fonction publique, au titre d'un élément de la carrière, sinon du statut.

62. À la vérité, il ne faut pas s'y tromper : les réformes laborieusement mises en œuvre pour prévenir les conflits d'intérêts dans la haute fonction publique, en France, visent à contourner la solution si improbable de la démission préalable de l'agent public, celle que connaît le droit britannique quand il exige, de façon saine, la sortie définitive du *Civil service* pour exercer une activité privée, y compris libérale, voire une activité politique.

§3. La dérive bureaucratique sans véritable pouvoir administratif

63. Pouvoir administratif. – Le risque peut alors apparaître de l'émergence d'un véritable *« despotisme administratif »* qu'en 1840, Tocqueville dénonçait déjà dans la seconde partie de *La démocratie en Amérique*, en termes célèbres et véritablement prophétiques : au-dessus des citoyens *« s'élève un pouvoir immense et tutélaire qui se charge seul d'assurer leur jouissance et de veiller sur leur sort. Il est absolu, détaillé, régulier, prévoyant et doux »* (Quatrième Partie, Chap. VI). Il en résulte une confiscation du pouvoir politique au profit des bureaux de l'administration qui imposent à l'exécutif leurs propres solutions, au titre de la rationalité de leurs choix dus à leur compétence technique, réelle ou supposée. Un pouvoir administratif concurrent est alors en cours d'élaboration et tente de supplanter le pouvoir politique, national ou local, par une mise en cause des règles de fonctionnement de la démocratie[21].

21. En ce sens, H. Chardon, *Le Pouvoir administratif*, Libr. Acad. Perrin, 1911.

64. Analyse marxiste. – Dans une perspective fondamentalement différente, la critique idéologique a aussi été celle de l'analyse marxiste qui a recours à la notion d'appareil administratif du pouvoir d'État, dénoncé par Karl Marx dans *Le 18 Brumaire de Louis Bonaparte (1852-1855)* comme formé notamment d'*« une organisation bureaucratique ayant pour rôle d'être l'instrument de la classe dominante, quels que fussent d'ailleurs ses efforts pour se constituer en puissance indépendante »*.

65. Analyse sociologique. – Mais c'est à la sociologie que l'on doit le concept de *« bureaucratie »*. Dans sa sociologie du pouvoir, Max Weber distinguait, en effet, la bureaucratie du traditionalisme et du charisme et mentionnait que, dans le premier cas, la légitimité du pouvoir peut être rationnelle pour dépendre alors, selon un type idéal, de la seule légalité de la désignation des dirigeants ainsi que de l'obéissance des fonctionnaires subordonnés[22] : ainsi *« la bureaucratie est le type d'organisation sociale et administrative qui se développe lorsque les fondements de l'autorité sont la rationalité et le respect de l'autorité »*. Il faut, cependant, souligner que l'idéal weberien ne repose pas sur l'émergence d'un pouvoir administratif en face du pouvoir politique, dans une tentative réussie de substitution, et que sa vision de l'administration reste positive, contrairement à la dénonciation marxiste du *« parasitisme »* bureaucratique.

66. Sociologie des organisations. – La sociologie contemporaine des organisations s'est également attachée à l'étude du phénomène bureaucratique, tout en cherchant à le relativiser, particulièrement en France, dans les travaux du professeur Michel Crozier qui visent à prendre en compte l'importance des rapports humains face à l'enjeu du pouvoir et à retenir de la bureaucratie une définition critique, celle d'« une organisation qui ne peut ni se corriger facilement en fonction de ses erreurs, ni innover ou s'adapter sans crise aux transformations de son environnement »[23]. La bureaucratie serait ainsi la manifestation de la rigidité administrative au sein d'une société bloquée.

67. Loi de Parkinson. – Cette recherche sociologique est elle-même relayée par la science administrative qui vise à identifier les symptômes d'une véritable pathologie administrative. On a pu retenir ainsi les manies par autoritarisme, la myopie par routine, la frigidité par indifférence au public ainsi que la paranoïa qui

---

22. M. Weber, *Économie et société*, 2e partie, Chap. IX.
23. M. Crozier, *Le Phénomène bureaucratique*, Éd. du Seuil, 1963 ; également, M. Crozier et E. Friedberg, *L'Acteur et le Système*, Éd. du Seuil, 1977.

correspond à la mise en œuvre de la loi dite de Parkinson, selon laquelle tout organe administratif tend à accroître le volume des tâches à accomplir et le nombre des agents nécessaires pour ce faire, dans un processus cumulatif sans objet ni fin[24].

68. Croissance de la fonction publique d'État. – Les statistiques de la fonction publique vérifient cette loi sociologique : en ordre de grandeur, le nombre des agents civils et militaires de l'État est passé de 140 000 en 1850 à 600 000 en 1900, 1 500 000 en 1950, 1 750 000 en 1975, 2 100 000 en 1982 et 2 500 000 en 2003 dont plus d'un million d'agents pour la seule administration de l'Éducation nationale et 230 000 militaires de carrière. On soulignera que ces effectifs se sont notablement accrus depuis 1982, d'environ 14 % sur vingt ans, malgré la politique active de décentralisation de l'État, et quelques tentatives, généralement sans lendemain, de réduction volontaire des effectifs. Parallèlement, on doit constater la croissance globale des fonctions publiques territoriale et hospitalière dont les effectifs sont, à présent, de plus 1 500 000 agents dans le premier cas et de près d'un million d'agents dans le second cas. L'ordre de grandeur, c'est donc une fonction publique qui a été multipliée par 4 au cours du XIXe siècle et par un peu moins de 8 au cours du XXe siècle de sorte que, sur la longue période, sa croissance peut être globalement regardée comme exponentielle[25], alors que la population française ne s'est accrue que d'un tiers en cinquante ans.

69. Politique de décroissance. – Toutefois, ce mouvement semble être interrompu par les décisions prises dans le cadre de la révision générale des politiques publiques (RGPP). Ainsi, la règle du non-renouvellement d'un départ à la retraite de fonctionnaire de l'État sur deux, effectivement mise en œuvre en 2009, a permis la suppression de 100 000 postes entre 2007 et 2010, dont 30 000 pour la seule année 2009 ce qui correspond tout de même à 5 % des effectifs de l'État et une économie brute de 800 millions d'euros[26], non sans que les services publics de base ne soient profondément et sans doute durablement perturbés : défense, éducation, justice, police, santé, *etc.*, quels que soient les gains de productivité du travail attendus.

70. Bureaucratie européenne. – Il est vrai que, d'une façon plus générale, et au-delà de la seule question des effectifs, le constat que l'on peut dresser du système administratif français dont la dérive

24. A. Mathiot, « Bureaucratie et démocratie », *in EDCE* 1961, n° 15, p. 11.
25. À ce sujet, P. Sadran, *op. cit.*, p. 93 s.
26. *RGPP, 3e rapport d'étape*, février 2010.

bureaucratique a été souvent dénoncée, conduit à réfléchir au surdéveloppement de la puissance publique dans les sociétés contemporaines dont les espaces d'autonomie sont désormais, le plus souvent, réduits ou contrôlés, en dehors de ces services publics de base. Et, quand on veut bien se souvenir que la résistance à l'oppression est l'un des droits naturels et imprescriptibles de l'homme (DDHC, art. 2), la relance de cette réflexion toujours nécessaire sur la liberté individuelle intègre aussi la mise en place progressive d'une véritable bureaucratie bruxelloise, à l'origine d'environ 20 000 règlements ou directives de droit communautaire, prospérant sous l'effet de la grave insuffisance des institutions européennes que, depuis 1992, ni le Traité d'Amsterdam du 2 octobre 1997 ni le Traité de Nice du 26 février 2001, ni celui de Lisbonne du 13 décembre 2007 ne sont parvenus à résorber. Ainsi va la construction européenne, sur fond d'initiative exclusive de la Commission, de confusion entre les pouvoirs législatif et exécutif, d'absence de protection de la souveraineté des États membres et de défaut de tout contrôle juridictionnel par les particuliers sur les normes qui leur sont directement applicables, dans le cadre d'une construction institutionnelle qui satisfait sans doute la technostructure en place et le personnel politico-administratif à son service, mais qui, globalement et selon les canons du droit constitutionnel, n'a qu'un lointain rapport avec la démocratie politique. C'est ce qu'aura vérifié, à cet égard, le rejet massif par le peuple français du projet de traité établissant une Constitution pour l'Europe, à l'occasion du référendum du 29 mai 2005 qui en interdit la ratification par la France (votants : 70 % des inscrits ; non : 55 % des suffrages exprimés) même si le traité de Lisbonne précité, quoique déconstitutionnalisé, aura été finalement imposé en France, par la voie de la démocratie indirecte.

71. Dépassement de la bureaucratie. – Or, il résulte globalement de cette recherche de science administrative que, du moins dans les sociétés démocratiques développées, la bureaucratie ne peut pas être regardée comme une structure, en tout cas durable, d'un véritable pouvoir administratif. La réalité ne réside donc ni dans une subordination totale de l'administration publique au pouvoir politique ni dans une confiscation absolue du pouvoir politique par l'administration. Elle est celle d'un équilibre instable entre ces deux positions extrêmes, la variation étant fonction du niveau d'intervention de l'autorité administrative et de la légitimité qui s'attache à l'exercice du pouvoir politique. Et, de ce point de vue, la haute fonction publique constitue, à l'évidence, un champ d'étude privilégié[27].

27. G. Thuillier, *Regards sur la haute administration publique*, Economica, 1979.

Section 2
Les limites de l'action administrative

72. Limites au pouvoir administratif. – Si, du reste, l'action administrative, au sens de l'action de l'administration publique, ne dégénère pas, en France, en un véritable pouvoir administratif concurrent du pouvoir exercé par l'exécutif politico-administratif, national ou local, cela tient, d'abord, à l'existence de fortes limites à cette action qui sont à la fois intérieures et extérieures au système administratif. On se gardera d'entrer ici dans une analyse systémique qui trouve son origine dans la science politique américaine et qui n'a pas été fréquemment transposée dans la science administrative française[28]. Sans recherche de l'exhaustivité, on peut en évoquer trois : la soumission de l'administration au droit, les conditions d'emploi des moyens de l'administration et les groupes de pression.

§1. La soumission de l'administration au droit

73. Légalité et responsabilité. – La soumission au droit constitue un facteur essentiel de limitation, et d'abord d'auto-limitation de l'action administrative. Il s'agit de l'affirmation de deux principes fondamentaux : celui de la légalité et celui de la responsabilité qui sont liés entre eux par le fait que, sous certaines conditions, l'illégalité administrative est fautive. Le cas échéant, c'est au juge administratif qu'il appartient précisément de mettre en œuvre chacun de ces deux principes qui correspondent à l'essentiel du droit administratif substantiel. En première approximation, il convient de renvoyer, à cet égard, au recours pour excès de pouvoir pour sanctionner le principe de légalité, au titre d'un contentieux objectif de l'annulation, ainsi qu'au recours de pleine juridiction pour sanctionner le principe de responsabilité, au titre d'un contentieux subjectif de la réparation[29].

---

28. Cependant, A. Mabileau, *op. cit.*, p. 119 s.

29. Toutefois, CE Ass., 8 mars 1912, *Lafage, Rec.* 348, concl. Pichat ; *S.* 1913.3.1. concl. Pichat, note Hauriou ; *D.* 1914.3.39, concl. Pichat ; *RDP* 1912. 266, note Jèze ; *GAJA*, n° 24.

§ 2. Les conditions d'emploi des moyens de l'administration

74. Conditions de l'action administrative. – Mais on aurait tort de penser que ce droit administratif substantiel se présente exclusivement comme un droit de puissance publique. Sans doute, au soutien de son action, l'administration dispose de moyens humains et matériels considérables, dans le cadre notamment de la fonction publique, de la propriété publique ou encore des finances publiques. Cependant, l'emploi de ces moyens reste soumis à la réalisation de conditions importantes qui sont autant de restrictions opposées à l'action administrative, sans que l'on puisse dire que les sujétions viennent alors équilibrer les prérogatives. On a déjà souligné ainsi combien le droit de la fonction publique cherche à préserver l'autonomie administrative dans le souci de lui faire assurer le service de la puissance publique plutôt que de l'exposer au pouvoir politique. On considérera donc les deux autres exemples de la domanialité publique et des finances publiques.

A La propriété publique

75. La protection de la propriété publique y compris et surtout contre l'administration elle-même, est notamment illustrée par les principes concomitants de l'inaliénabilité, de l'imprescriptibilité du domaine public et de l'insaisissabilité de l'ensemble des biens publics. Cette protection implique d'ailleurs une obligation d'entretien de la dépendance domaniale[30], de même qu'une obligation de déclencher l'action répressive contre les contrevenants de grande voirie[31].

B Les finances publiques

76. Contrôles. – La protection des finances publiques est également assurée par la mise en place de multiples contrôles, tant internes qu'externes, exercés par les agents de la dépense publique. On peut citer, par exemple, s'agissant des contrôles exercés sur les

30. CE, 4 avril 1962, *Ministre des Travaux publics c/ Sté Chais d'Armagnac et Ville de Condom, Rec.* 245 ; *AJDA* 1962.592, concl. Braibant.

31. CE, 23 février 1979, *Association « Les amis des chemins de ronde », Rec.* 75, concl. Bacquet ; *AJDA* mai 1979, p. 83, chr. Dutheillet de Lamothe et Robineau ; *D.* 1979.405, note M. Lombard ; *RDP* 1979.1157, note Waline ; *JCP* 1980.II.19329, note Davignon.

ordonnateurs de l'État que sont les ministres, en tant qu'autorités administratives titulaires du pouvoir politique, ou sur les administrateurs qu'ils délèguent à cet effet, les contrôles internes exercés :

— par les comptables, au titre de la séparation de principe des ordonnateurs et des comptables dans les conditions fixées par le décret en date du 29 décembre 1962 portant règlement général sur la comptabilité publique ;

— ou par les contrôleurs généraux économiques et financiers, au titre d'un contrôle de légalité qui dérive vers celui de l'opportunité[32] et qui donne lieu, en particulier, au visa préalable par le contrôle financier de toute dépense engagée : ainsi le refus de visa suppose l'avis conforme du ministre des Finances pour passer outre[33].

77. Et l'étude des institutions administratives conduira à considérer ultérieurement l'Inspection générale des Finances (contrôle interne des comptables), la Cour des comptes (contrôle externe et non juridictionnel des ordonnateurs de l'État et contrôle externe et juridictionnel des comptables publics de l'État) ou encore les chambres régionales des comptes (transposition déconcentrée du schéma de contrôle de la Cour des comptes dans le contexte de la décentralisation).

§ 3. Les groupes de pression

78. Action sur l'administration. – Toutefois, personne ne peut raisonnablement penser que l'action administrative se développe en dehors de toute prise en considération des intérêts défendus par les groupes de pression[34]. Cela est particulièrement vérifié dans des matières qui touchent de près à la propriété privée et aux libertés publiques, qu'il s'agisse, par exemple, de protection de l'environnement[35] ou de soutien aux immigrés[36].

---

32. Décret du 27 janvier 2005 relatif au contrôle financier au sein des administrations de l'État, art. 12, al. 1er.

33. Loi du 10 août 1922, art. 5, al. 1er et décret préc., art. 13, al. 1er qui mentionne, pour sa part, « *l'autorisation du ministre chargé du Budget saisi par le ministre concerné* ».

34. À ce sujet, J. Meynaud, « Les groupes d'intérêts et l'administration en France », *RFSP* 1957.573.

35. CE Ass., 28 mai 1971, *Ville Nouvelle Est, Rec.* 409, concl. Braibant ; *GAJA* n° 88 et les réf.

36. CE Ass., 29 juin 1990, *G.I.S.T.I., Rec.* 171, concl. Abraham ; *AJDA* 1990. 621, concl. Abraham ; *GAJA* n° 98 et les réf.

79. Action décentralisée. – Or, le rôle des groupes de pression n'est pas fondamentalement différent dans le cadre de l'État ou au niveau décentralisé. En matière de participation des citoyens, on est clairement sorti, dans les deux cas, d'une démocratie totalement indirecte, de type exclusivement représentatif, reposant sur les deux seules institutions de l'exécutif et de l'assemblée délibérante. On n'est pas non plus véritablement entré dans une démocratie mixte, annoncée par l'article 3 de la Constitution, que le référendum national ou local ne fonctionne pas ou de façon encore marginale.

80. Démocratie intermédiaire. – On est donc placé dans une sorte de démocratie intermédiaire par aménagement de la théorie de la représentation qui, en définitive, repose sur un exécutif à l'écoute de représentants d'intérêts catégoriels dans une sorte d'interface permanente entre le pouvoir politique et un réseau complexe de groupes de pression, formé notamment d'associations ou de syndicats et utilisé comme relais nécessaire entre les niveaux de revendication et de décision.

81. Bibliographie. – Association du corps préfectoral et des hauts fonctionnaires du ministère de l'Intérieur, « L'État, permanence et évolution », *in Administration* n° 148, 1990.

Association du corps préfectoral et des hauts fonctionnaires du ministère de l'Intérieur, « L'État et ses fonctionnaires : une réflexion pour l'An 2000 », *in Administration* n° 153, 1991.

AGHION Philippe, *Repenser l'État : pour une social-démocratie de l'innovation*, Paris, Seuil, 2011.

BAECQUE Francis de et QUERMONNE Jean-Louis (dir.), *L'Administration et la Politique sous la Ve République*, coll. Références, Paris, Presses de la FNSP, 1982.

BIGOT Grégoire, *L'administration française,* Paris, Litec, 2010.

BODIGUEL Jean-Luc et QUERMONNE Jean-Louis, *La Haute Fonction publique sous la Ve République*, coll. Politique aujourd'hui, Paris, PUF, 1983.

BOURDIEU Pierre, La Noblesse d'État – Grandes écoles et esprit de corps, Paris, Éd. de Minuit, 1989.

BOUVIER Michel, « La révision générale des politiques publiques et la métamorphose de l'État », *AJDA* 2008.329.

BURDEAU François, *Histoire de l'administration française du XVIIIe au XXe siècle*, coll. Précis Domat, Paris, Montchrestien, 2e éd., 1994.

BURNHAM James, *L'ère des organisateurs*, Paris, Calmann-Lévy, 1947.

CAILLOSSE Jacques, « La modernisation de l'État », *AJDA* 1991.755.

CHEVALLIER, Jacques, « Révision générale des politiques publiques et gestion des ressources humaines », *RFAP* 2010.907.

CHEVALLIER Jacques (dir.), *La Haute Administration et la Politique*, Paris, PUF, 1986.

CHEVALLIER Jacques, « La réforme de l'État et la conception française du service public », *RFAP* 1996. 189.

CHEVALLIER Jacques, « La politique française de modernisation administrative », *in Mélanges Guy Braibant*, Paris, LGDJ, 1996, p. 69 s.

CLAUSADE Josseline de, *L'adaptation de l'administration française à l'Europe*, Paris, La Documentation française, 1991.

COHEN-TANUGI Laurent, *Le droit sans l'État*, coll. Recherches politiques, Paris, PUF, 1985.

COLAS Dominique (dir.), *L'État et les corporatismes*, Paris, PUF, 1988.

CROZIER Michel, *État modeste, État moderne*, Paris, Fayard, 1987.

DREYFUS Françoise, « La révision générale des politiques publiques, une conception néolibérale de l'État », *RFAP* 2010.857.

DUPUY François et THOENIG Jean-Claude, *L'Administration en miettes*, Paris, Fayard, 1985.

FAYOL Henri, *L'Administration industrielle et générale*, Bulletin de la Société de l'industrie minérale, 1916.

GOURNAY Bernard de, *L'administration*, coll. Que sais-je ?, 7e éd., n° 1004, Paris, PUF, 1986.

GREMION Catherine, *Profession : décideur*, Paris, Gauthier-Villars, 1979.

GREMION Pierre, *Le pouvoir périphérique*, Paris, Éd. du Seuil, 1976.

GRISTI, Éric, *La réforme de l'État*, Paris, Vuibert, 2007.

JOBERT Bruno et MULLER Pierre, *Participation, cogestion et changement social dans l'administration publique, RFAP* 1983.555.

JOBERT Bruno et MULLER Pierre, *L'État en action*, Paris, PUF, 1988.

KADA, Nicolas (dir.), *De la réforme territoriale à la réforme de l'État*, Grenoble, PUG, 2011.

KESLER Jean-François, *L'ENA, la Société, l'État*, Paris, Berger-Levrault, 1985.

KOTT Sébastien, « La RGPP et la LOLF : consonances et dissonances », *RFAP* 2010.881.

LAFARGUE François, « La méthode suivie par la révision générale des politiques publiques », *AJDA* 2009.409

LONG Marceau, « La modernisation de l'État », *in Droit prospectif, RRJ* 1990.1.

MABILEAU Albert, *Le système local en France*, coll. Clefs-Politique, Paris, Montchrestien, 1991.

MAILLARD, Jacques de et SUREL (dir.), Yves, *Politiques publiques. 3, Les politiques publiques sous Sarkozy*, Paris, FNSP, 2012.

MARSEILLE Jacques, *Le grand gaspillage – les vrais comptes de l'État*, Plon, 2002.

MEYNAUD Jean, « Les groupes d'intérêts et l'administration en France », *in RFSP* 1957.573.

NIOCHE Jean-Pierre et POINSART Robert (dir.), *L'évaluation des politiques publiques*, Paris, Economica, 1984.

PERRIN Bernard, « Le cadre juridique des "emplois discrétionnaires" de la fonction publique territoriale », *in AJDA* 1989.147.

PISIER Évelyne et BOURETZ Pierre, *Le Paradoxe du fonctionnaire*, Paris, Calmann-Lévy, 1988.

Revue française d'administration publique, « La démarche de projet », n° 54, 1990.

Revue française d'administration publique, « L'avenir de l'État dans une économie de marché », n° 61, 1992.

ROSANVALLON Pierre, *L'État en France de 1789 à nos jours*, Paris, Seuil, 1990.

SADRAN Pierre, *Le système administratif français*, Paris, Montchrestien, 2e éd., 1997.

SAUTEL Gérard, *Histoire des institutions publiques depuis la Révolution française*, 7e éd., Paris, Dalloz, 1990.

SCHRAMECK Olivier, *La fonction publique territoriale*, coll. Connaissance du droit – Droit public, Paris, Dalloz, 1995.

SOULAY Catherine, « Les emplois à la décision du Gouvernement », *JCP* A n° 26, 26 juin 2006, p. 886-891.

SULEIMAN Ezra, *Les Hauts Fonctionnaires et la Politique*, Paris, Éd. du Seuil, 1976.

SULEIMAN Ezra, *Les Élites en France – Grands corps et grandes écoles*, Paris, Éd. du Seuil, 1979.

TIMSIT Gérard, *Théorie de l'administration*, Paris, Economica, 1986.

THUILLIER Guy, *Regards sur la haute administration publique*, Paris, Economica, 1979.

VALLET Odon, *L'École ou la vanité considérée comme un mode de Gouvernement*, Paris, Albin Michel, 1992.

Chapitre 2
La production du système administratif

82. Plan. – Le système administratif français est dominé par la notion de puissance publique même s'il s'étend, désormais, bien au-delà des seules missions de souveraineté, lesquelles correspondent aux services publics dont l'existence et le fonctionnement découlent de principes ou de règles de valeur constitutionnelle et échappent ainsi à toute privatisation éventuelle[1]. L'évolution du droit administratif oblige pourtant à nuancer le propos, que l'on considère notamment les conditions de la prosduction administrative ou encore la recherche de la transparence administrative.

Section 1
Les conditions de la production administrative

83. Évolution de l'administration de gestion. – L'administration traditionnelle se développe, de façon privilégiée, dans le cadre de l'administration de gestion et par le procédé de l'acte unilatéral, même si elle connaît, de ce double point de vue, de remarquables évolutions.

§ 1. L'adaptation de l'administration

84. Les deux administrations. – L'analyse conduite à la fin de la IVe République, c'est-à-dire à un moment d'intense réflexion sur la nécessaire réforme de l'État, a permis de distinguer, de façon intéressante, l'administration de gestion et l'administration de mission[2].

1. CC, 25-26 juin 1986, *Privatisations*, déc. 86-207 DC, *Rec.* 61 ; *AIJC* 1986.427 et 454, note Genevois ; *AJDA* 1986.575, note Rivero ; *Revue des sociétés* 1986.606, note Guyon ; *GDCC*, n° 37.
2. E. Pisani, « Administration de gestion, administration de mission », *RFSP* 1956.315 s.

A L'administration de gestion

85. Verticalité et hiérarchie. – L'image qui est donnée de l'administration française et que cette administration donne parfois d'elle-même, n'est pas toujours encourageante[3] : structures verticales, rigides et étanches qui ne permettent pas la prise en compte des interactions parfois nécessaires à l'intérieur d'une même direction ou d'un même ministère, sans évoquer l'ignorance dans laquelle vivent, l'un et l'autre, deux ministères différents, même sur un objet proche ; hiérarchie pesante qui prive l'agent de sa capacité d'initiative et le confine à des tâches répétitives, accomplies dans le strict respect d'un formalisme exigeant, sans souci particulier de l'efficacité du service ou de la satisfaction de l'usager.

B L'administration de mission

86. Souplesse. – Face à cette conception classique de l'administration de gestion qui, malgré la fréquence et parfois l'ampleur des réformes administratives, conserve un incontestable fond de vérité, des adaptations se sont produites, notamment par la mise en place d'administrations de mission. Il s'agit, pour l'essentiel, de constituer une administration parallèle à l'administration de gestion, prise en charge par un personnel réduit, de haut niveau et souvent recruté en dehors de la fonction publique et sur une base contractuelle. *« L'administration de mission est légère. Elle a le goût de bien faire, elle est réaliste, elle va vers l'événement ; elle est mêlée à la vie ; elle n'attend pas l'initiative, elle la sollicite ; elle doit pouvoir créer elle-même les personnes morales nécessaires à l'épanouissement de ses entreprises ; elle est dynamique et comporte des risques (...). Elle est fondée sur le mouvement de pensée d'un homme ou d'une équipe »*[4].

87. Adaptation. – L'administration de mission est affranchie, autant que possible, des contraintes juridiques et financières de l'administration classique pour conserver son dynamisme ainsi que sa faculté d'adaptation et d'évolution dans le traitement temporaire du projet qui lui est confié : il peut s'agir, par exemple, d'organiser les Jeux olympiques d'hiver d'Albertville, d'assurer la participation française à l'Exposition universelle de Séville ou encore de réaliser des

3. À ce sujet G. Thuillier, *La vie quotidienne dans les ministères au XIXe siècle*, 1976 et spéc. le chapitre intitulé : « Comment Balzac voyait l'Administration », p. 175 s.
4. E. Pisani, *op. cit.*, p. 325.

opérations ponctuelles d'aménagement du territoire, telles que le quartier de la Défense, à l'Ouest de Paris, ou encore la côte du Languedoc-Roussillon. Le professeur Roland Drago distinguait, pour sa part, l'administration particulière, le système expérimental et l'administration *« carrefour »*[5], bien que, dans les exemples précités notamment, et d'une façon générale, on puisse retrouver, pour chaque administration de mission, des éléments qui caractérisent chacune de ces trois formes principales.

88. La DATAR. – Encore faut-il constater que l'administration de mission tend à s'inscrire dans la durée, c'est-à-dire à étoffer ses effectifs et à consolider ses structures, comme l'établit l'exemple de la Délégation interministérielle à l'aménagement et à l'attractivité régionale (DATAR). Cette délégation créée par le décret du 14 décembre 2009 reprend les missions de la Délégation interministérielle à l'aménagement et à la compétitivité du territoire (DIACT) créée par le décret du 31 décembre 2005 qui s'était elle-même substituée à la Délégation à l'aménagement du territoire et à l'action régionale (DATAR), instituée par le décret du 14 février 1963. On voulait ainsi redonner à la nouvelle Délégation un sigle identique à celui de l'ancienne DATAR qui continuait à être utilisé dans la pratique. Ce mouvement que l'on pourrait dire de rattrapage administratif, conduit, à terme, à l'insertion ou, plus exactement, à la dissolution de l'administration de mission dans le cadre de l'administration de gestion[6]. On voit ainsi se constituer, de temps à autre, des ministères ou secrétariats d'État chargés de l'Aménagement du territoire. Tel est le cas dans l'actuel Gouvernement Ayrault qui comprend un ministre de l'Égalité des territoires et du logement : Mme Cécile Duflot.

§ 2. L'aménagement de la procédure administrative

89. L'administration française repose sur l'acte administratif unilatéral qui est la principale manifestation de l'unilatéralité, malgré ses nombreux aménagements qui se déclinent, pour l'essentiel, sur le thème de la consultation et de la concertation.

5. R. Drago, *Science administrative*, Les Cours de droit, 1985, p. 84.
6. À ce sujet, J. Morand-Deviller et P. Racine, « L'administration de mission », *Rev. adm.* 1987, n° 238, p. 307.

A L'acte administratif unilatéral

90. Privilège du préalable. – L'acte unilatéral se définit par son contenu : il est celui qui est édicté en dehors du consentement de toute personne qu'il concerne. Cet acte unilatéral est une décision administrative lorsqu'il vient affecter l'ordonnancement juridique de ceux qui sont tiers par rapport à lui, car extérieurs à l'édiction de la nouvelle norme. Pour autant, la décision administrative ou acte administratif décisoire n'est pas nécessairement une décision exécutoire même si elle a vocation à l'être par l'exercice du privilège du préalable, lequel signifie la possibilité de cette exécution administrative sans recourir préalablement au juge : par exemple, un certificat d'urbanisme est un acte unilatéral déclaratif, et non décisoire alors qu'un refus administratif est un acte unilatéral décisoire, et non exécutoire.

91. Caractère non suspensif du recours pour excès de pouvoir. – S'agissant du recours pour excès de pouvoir, et notamment du caractère non suspensif de ce recours formé devant la juridiction administrative, il faut ainsi observer qu'il s'attache, en principe, au caractère décisoire de l'acte unilatéral même si on l'observe contre des actes non décisoires, tels que précisément un certificat d'urbanisme[7].

B La consultation

92. Administration consultative. – Toutefois, l'administration est fréquemment consultative au point que l'on peut se demander si la consultation n'est pas, trop souvent, l'explication, sinon la justification de l'inertie administrative. La consultation peut être occasionnelle, soit sur telle grande question de société pour laquelle l'autorité exécutive souhaite s'entourer de conseils avisés : en ce sens, en 2006, la commission Hetzel du débat national université-emploi.

93. Organes consultatifs. – La consultation peut, d'ailleurs, se pérenniser à travers des organes plus ou moins permanents ou actifs tels que la commission nationale du débat public, créée par la loi Barnier du 2 février 1995 relative au renforcement de la protection de l'environnement (Code de l'environnement, art. L. 121-1). Ces organes consultatifs sont, à présent, en nombre considérable : on les estime à environ 4 700 rien que pour l'État dont 500 conseils,

7. CE Ass., 2 juillet 1982, *Huglo, Rec.* 258 ; *AJDA* 1982.657, concl. Biancarelli, note Lukaszewicz ; *D.* 1983. 328, note Dugrip ; *Rev. adm.* 1982.627, note Pacteau.

1 200 comités et 3 000 commissions de toutes sortes[8], créés par accumulation successive sans que leur suppression soit fréquente ou importante. Telle était, du moins, la situation qui prévalait jusqu'au décret du 7 juin 2006 relatif à la réduction du nombre et à la simplification de la composition de diverses commissions administratives qui vise à mettre fin à ce désordre administratif, complété lui-même, de façon louable, par le décret du 8 juin 2006 relatif à la création, à la composition et au fonctionnement de commissions administratives à caractère consultatif qui vise à prévenir le retour à ce désordre. C'est ainsi que l'article 2 du décret du 8 juin 2006 prescrit que, dans le champ d'application de la nouvelle réglementation qui ne comprend pas les institutions prévues par leur statut général pour les magistrats, les fonctionnaires civils de l'État ou les militaires, une commission est créée ou renouvelée « *par décret pour une durée maximale de cinq ans* », à deux exceptions près : l'existence d'une commission prévue par la loi et les commissions présidées par le représentant de l'État dans le département ou la région (*ibid.*, art. 19, al. 2). Cette création ou ce renouvellement d'une commission consultative nationale suppose, désormais, une étude préalable « *permettant notamment de vérifier que la mission impartie à la commission répond à une nécessité et n'est pas susceptible d'être assurée par une commission existante* ».

94. Consultation sans texte. – Même en l'absence de texte, l'autorité administrative peut toujours recourir à la consultation[9], en créant, au besoin, tout organisme utile à cette fin[10]. Bien que la consultation soit facultative, elle doit respecter les règles qui l'organisent ou, à défaut, les règles normalement applicables aux consultations analogues[11], établies par les textes ou la jurisprudence administrative, comme la fixation du *quorum* à plus de la moitié des membres en exercice de l'organisme consultatif[12]. Cette dernière jurisprudence est consignée par le décret du 28 novembre 1983 (art. 12, en vigueur jusqu'au 1er juillet 2007 par application du décret du 8 juin 2006 préc., art. 20), puis par le même décret du 8 juin 2006 préc. (art. 11, après cette date). Il faut souligner, en effet, que

8. G. Dupuis, M.-J. Guédon et P. Chrétien, *Droit administratif*, A. Colin, 9e éd., 2004, p. 191.

9. CE Sect., 28 avril 1967, *Fédération nationale des syndicats pharmaceutiques et autres, Rec.* 180 ; *AJDA* 1967.401, concl. Galabert.

10. CE Sect., 27 avril 1956, *Malzac, Rec.* 171.

11. CE Ass., 22 juin 1963, *Albert, Rec.* 385.

12. CE Ass., 18 avril 1969, *Meunié, Rec.* 208 ; *AJDA* 1969.431, chr. Dewost et Denoix de Saint Marc.

l'irrégularité de la consultation, même facultative, est de nature à vicier la procédure d'édiction de l'acte unilatéral[13].

95. Différents types d'avis. – Le principe en matière de consultation est qu'elle donne lieu à l'émission d'un avis que l'administration peut suivre ou ne pas suivre. Cela est vrai, à l'évidence, lorsque la consultation est facultative. Cela est vrai également lorsqu'elle est obligatoire, à moins que l'avis ne lie l'administration, ce qui correspond à deux cas :

— dans la procédure administrative générale, le cas de l'avis conforme, l'organe consultatif étant alors regardé comme coauteur de l'acte unilatéral pris sur avis conforme[14]. Toutefois, l'administration reste libre de prendre ou non la décision, à moins que la consultation obligatoire ne soit défavorable, c'est-à-dire que l'avis conforme soit[15]. De plus, le Conseil d'État a accepté de se déplacer du terrain de la compétence vers celui de la légalité interne, le moyen tiré de l'illégalité d'un avis conforme défavorable revêtant un caractère opérant, quel que soit, par ailleurs, le sens de la décision litigieuse rendue sur cet avis conforme[16] ;

— dans la procédure disciplinaire, le cas de l'avis émis, sur recours, par le Conseil supérieur de la fonction publique territoriale ou hospitalière puisqu'il interdit la prise d'une sanction plus sévère. L'organe consultatif est alors regardé comme l'auteur d'une véritable décision administrative[17].

96. Consultation et délibération parlementaire. – On soulignera que ce processus consultatif, préalable à toute décision, tend à se diffuser largement dans le droit français, y compris hors du champ du droit administratif, par exemple lorsque la délibération est parlementaire sans que, de la même façon, aucune contrainte ne pèse davantage sur le décideur[18].

---

13. Par ex., pour un permis de construire, CE, 20 mars 1992, *M. et Mme Prost, Tab.* 684.
14. CE, 13 novembre 1979, *Syndicat national de l'éducation physique, Rec.* 416.
15. CE, 18 février 1976, *Charpentier, Rec.* 729.
16. CE Ass., 26 octobre 2001, *M. et Mme Eisenchteter, AJDA* 2002.118, note Guyomar et Collin.
17. CE Sect., 29 avril 1977, *Ville de Grenoble c/Jay, Rec.* 157 ; *AJDA* 1987.628, concl. Schrameck.
18. En ce sens, CC, 4 mai 2000, Consultation de la population de Mayotte, déc. 2000-438 DC, *Rec.* 70 ; *AJDA* 2000.561, note Schoettl ; *RFDA* 2000.737, note Gohin.

C L'audition

97. Procédure auditoire. – La procédure consultative peut être également organisée, de façon obligatoire, en vue de permettre aux personnes à l'encontre ou en considération desquelles une mesure administrative va être prise, de faire valoir préalablement leurs observations. On qualifiera cette procédure d'auditoire, et non pas de contradictoire puisqu'elle vise seulement à entendre la personne intéressée, et non à développer un dialogue contentieux entre deux parties distinctes, l'administration et l'administré, par discussion réciproque des arguments présentés de part et d'autre.

98. Extension de l'audition hors du contentieux disciplinaire. – La procédure auditoire trouve son point d'application dans le contentieux disciplinaire, au titre des droits de la défense[19], mais s'étend de plus en plus :

— aux mesures non disciplinaires, prises en considération de la personne[20] ;

— d'une façon générale, aux mesures qui revêtent une gravité suffisante et qui sont prises en fonction du comportement de la personne concernée ou de ses activités[21] ;

— en vertu de l'article 24 de la loi du 12 avril 2000 relative aux droits des citoyens dans leurs relations avec les administrations, aux décisions individuelles défavorables ou dérogatoires. La loi prévoit que ces décisions *« n'interviennent qu'après que la personne intéressée a été mise à même de présenter des observations écrites et, le cas échéant, sur sa demande, des observations orales »*, ce qui tend à élargir notablement les hypothèses de procédure auditoire. De plus, le même texte précise que cette personne peut se faire assister par un conseil ou représenter par un mandataire de son choix. Toutefois, le texte réserve le cas où il est statué sur une demande présentée par l'intéressé lui-même ainsi que les hypothèses de l'urgence, des circonstances exceptionnelles, des nécessités de l'ordre public ou encore de la conduite des relations internationales.

---

19. CE Sect., 5 mai 1944, *Dame Vve Trompier-Gravier, Rec.* 133 ; *RDP* 1944.256, concl. Chenot, note Jèze ; *D.* 1945.110, concl. Chenot, note de Soto ; *GAJA*, n° 56.
20. En ce sens, CC, 4 mai 2000, Consultation de la population de Mayotte, déc. 2000-438 DC, *Rec.* 70 ; *AJDA* 2000.561, note Schoettl ; *RFDA* 2000.737, note Gohin.
21. CE Sect., 26 octobre 1984, *Centre hospitalier général de Firminy c/Mme Chapuis, Rec.* 342 ; RDP 1985.209, concl. Labetoulle : licenciement d'un agent public pour inaptitude physique.

D La contradiction

99. Exception. – La procédure administrative non juridictionnelle peut enfin être, par exception, soumise à la contradiction, entendue comme la communication réciproque de toute information utile, dans un délai suffisant, afin d'en permettre la discussion entre l'administration et l'administré. Encore doit-il s'agir d'une véritable contradiction, prévue par un texte exprès à cet effet, et non d'une procédure prescrite comme *« contradictoire »* là où, en réalité, n'est mise en œuvre qu'une procédure auditoire, au titre du respect des droits de la défense[22].

100. Contrôle des chambres régionales des comptes. – On retiendra, en revanche, le développement d'une véritable contradiction dans le contrôle administratif exercé par les chambres régionales des comptes sur l'équilibre réel des budgets locaux ainsi que sur la gestion des ordonnateurs locaux dans des conditions qui ont été notablement renforcées par les lois du 5 janvier 1988 et du 15 janvier 1990 notamment. Ainsi la loi du 2 mars 1982 modifiée dispose que *« les jugements »*, mais aussi les *« avis, propositions, rapports d'instruction et observations de la chambre régionale des comptes sont délibérés et adoptés collégialement selon une procédure contradictoire »* (CJF, art. L. 241-13, al. 1er) : en ce sens, la formulation d'observations de la chambre à l'ordonnateur local suppose au moins un entretien préalable entre le magistrat rapporteur ou le président et l'ordonnateur, puis la communication de la lettre d'observations provisoires pour une réponse écrite, enfin la transmission de la lettre d'observations définitives, délibérée par la chambre au vu de cette réponse écrite et transmise à l'exécutif local pour rectification éventuelle des observations définitives et leur communication par ses soins à l'assemblée délibérante, ce qui, à la vérité, donne encore à l'ordonnateur l'occasion de son propre commentaire, c'est-à-dire d'une nouvelle défense orale.

E La concertation

101. Consultation institutionnalisée. – Par rapport à la procédure consultative, la concertation – on pourrait dire aussi la procédure

22. Par ex., devant l'ancienne commission de la concurrence : CE Ass., 13 mars 1981, *Ordre des avocats à la Cour d'appel de Paris, Rec.* 135 ; *JCP* 1981.II.19580, concl. M.-D. Hagelsteen ; *D.* 1981.418, note Gavalda ; *RDP* 1981.1428, note Y. Gaudemet ; *Gaz. Pal.* 1982.1.280, note Gohin.

concertative – franchit incontestablement une nouvelle étape dans l'éloignement par rapport aux données de base de la formation de l'acte administratif unilatéral. La concertation, en effet, c'est la consultation institutionnalisée, ce qui lui confère une permanence et donc une garantie de durée que la consultation, à elle seule, ne saurait offrir.

102. Structures de concertation. – La concertation suppose, par conséquent, la mise en place de véritables structures administratives, susceptibles de réunir, de façon régulière, l'administration et ses propres usagers. On peut mentionner en ce sens la conférence agricole annuelle qui réunit, rue de Varenne, les représentants de l'État et ceux des syndicats agricoles, les commissions administratives paritaires du droit de la fonction publique ou encore les conseils économiques et sociaux régionaux.

103. Commission nationale du débat public. – De même, la loi du 27 février 2002 relative à la démocratie de proximité consacre un chapitre à la concertation avec le public qui, en matière d'élaboration des projets d'aménagement ou d'équipement ayant une incidence importante sur l'environnement ou l'aménagement du territoire, transforme la commission nationale du débat public en une nouvelle autorité administrative indépendante (art. 134). La même loi envisage également la concertation entre l'État et les collectivités territoriales concernées sur les projets de travaux, d'aménagements ou d'ouvrages soit de ces collectivités territoriales, de leurs groupements ou d'un établissement public en dépendant, soit de l'État et de ses établissements publics dès lors que ces projets sont d'un montant financier suffisant ou d'une importance particulière d'un point de vue physique ou géographique (*ibid.*, art. 135 et 136). On soulignera que l'emploi de l'adjectif *« consultatif »* n'exclut pas de retenir l'hypothèse de la concertation dès lors que l'institutionnalisation est établie : il en est ainsi de la commission consultative des services publics locaux, instituée par l'article L. 1413-1 du Code général des collectivités territoriales (loi du 27 février 2002, préc., art. 5-I).

F La contractualisation

104. Actualité. – Le thème de la contractualisation est à la mode. La convention est, par exemple, aux détours de nombre de dispositions de la loi Voynet du 25 juin 1999 qui vient modifier la loi d'orientation du 4 février 1995 en vue de définir la nouvelle politique nationale d'aménagement et de développement durable du territoire. Or, le contrat – même administratif – sort du schéma de l'unilatéralité dès lors qu'il entend régir les relations réciproques de ses auteurs sur une base juridique fondée sur l'égalité des cocontractants dans la formation d'une norme qui est obligatoire pour l'une et l'autre des deux parties au contrat. Il importe alors de faire les trois observations suivantes :

105. Contractualisation sans contrat. – Il faut d'abord préciser que la politique de contractualisation conduite par la puissance publique ne s'appuie pas toujours sur de véritables contrats administratifs, notamment en des hypothèses qui relèvent de l'exercice de la souveraineté et qui leur sont, en principe, réfractaires telles que l'organisation des services publics[23]. On soulignera, en ce sens, que le Conseil constitutionnel a censuré, en termes particulièrement sévères, la disposition de la loi d'orientation pour l'outre-mer du 13 décembre 2000 qui envisageait l'existence d'un « *pacte* » qui unirait l'outre-mer à la République en considérant, à bon droit, que les départements d'outre-mer et la collectivité de Saint-Pierre-et-Miquelon, champ territorial d'application de cette loi d'orientation *« font partie intégrante de la République »*, c'est-à-dire qu'ils sont placés dans une situation où le droit public résulte, non pas d'un prétendu pacte ancien ou rénové, mais exclusivement de normes unilatérales, à commencer par la Constitution[24]. Dès lors, sans qu'il soit besoin de s'arrêter, en droit, à l'éventuelle qualification de *« convention »* retenue par la puissance publique, on est toujours en présence, dans ces hypothèses, d'un acte unilatéral même si son élaboration peut, sans difficulté, faire l'objet d'une procédure préalable de consultation, voire de concertation ou de négociation bilatérale, qui, par elle-même, ne modifie en rien la nature de l'acte.

106. Contrat, pouvoir de contrôle et de sanction. – Il faut ensuite souligner que, dans l'exécution d'un véritable contrat administratif, l'administration continue à disposer d'un pouvoir de contrôle et de direction envers son cocontractant. Elle détient ainsi le pouvoir de lui infliger, le cas échéant, des sanctions pour méconnaissance des clauses du contrat ou pour inobservation des instructions reçues. Ces sanctions, prononcées après mise en demeure de faire, sauf clause contraire ou urgence, sont prises sans qu'il soit besoin, en principe, de recourir préalablement au juge, sous la

23. CE Sect., 18 mars 1977, *Chambre de commerce de La Rochelle, Rec.* 153, concl. Massot.
24. CC, 7 décembre 2000, *Loi d'orientation pour l'outre-mer*, déc. 2000-435 DC ; *AJDA* 2001.102, note Schoettl ; *RDP* 2001.247, note Luchaire ; *RFDC* 2001.110, note Verpeaux.

forme de sanctions pécuniaires ou coercitives : par exemple, la mise en régie d'un marché de travaux publics, ou encore résolutoires : par exemple, la déchéance du concessionnaire, laquelle toutefois suppose, par exception, l'intervention du juge du contrat administratif.

107. Contrat, pouvoir de modification unilatérale. – Dans le même sens, l'administration dispose, au titre de ses prérogatives de puissance publique, du pouvoir de procéder à la modification unilatérale des clauses du contrat administratif qu'elle a passé et qui ne tient donc pas lieu exactement de loi entre les parties. Bien entendu, ce *« fait du prince »* n'est pas l'arbitraire et la jurisprudence administrative exige que la modification unilatérale intervienne dans le sens de l'intérêt général ou en considération des besoins du service public. Au surplus, l'innovation est réduite dans son étendue dès lors que les clauses financières du contrat sont protégées et que la modification intervenue par le fait du prince ne saurait signifier un véritable nouveau contrat. En conséquence, il y a lieu à compensation intégrale, dans le cadre du contrat initial, de l'aggravation de la situation du cocontractant de l'administration, liée aux charges nouvelles qu'il doit désormais supporter, sur le fondement d'une responsabilité sans faute, en vue du rétablissement de l'équilibre financier du contrat.

Section 2
La recherche de la transparence administrative

108. Transparence et secret. – L'autre aspect qui vient nettement en contradiction avec le maintien d'un pouvoir unilatéral, c'est la recherche d'une transparence administrative par la publicité de l'action administrative sur le thème de l'amélioration des rapports entre l'administration et les administrés. En France, la situation de départ est certainement celle du secret administratif et il faut bien souligner que cette situation demeure de principe, en tant que condition nécessaire au fonctionnement normal de l'administration publique. Dans le cadre du droit administratif, il ne s'agit pas exactement du secret pénalement sanctionné, qu'il s'agisse du secret professionnel en général – dont le secret médical – qui relève des dispositions de l'article 226-13 du nouveau Code pénal applicable, d'ailleurs, aux fonctionnaires, ou du secret de la défense nationale, en particulier, régi par l'article 413-9 du même Code. Il s'agit ici de l'obligation de discrétion professionnelle qui, sans se confondre avec l'obligation de réserve, vise à protéger les secrets de l'administration dont la divulgation pourrait nuire à son bon fonctionnement et dont la méconnaissance expose l'agent à des sanctions disciplinaires, devenues largement théoriques. Cette obligation de discrétion professionnelle, consacrée par la jurisprudence administrative[25], est consignée en droit positif à l'article 26, alinéa 2 de la loi du 13 juillet 1983 portant droits et obligations des fonctionnaires.

109. Transparence administrative. – Le droit administratif a donc vu émerger, en un temps très court, à la fin des années 1970, une législation d'exception conçue comme un élément de rupture au sein de la fonction publique au regard de la culture administrative antérieure et comme un moyen d'efficacité en raison de l'acceptation plus facile des règles de l'administration par ses usagers. De cet ensemble passablement hétérogène, couvert sous la dénomination générale et floue de *« transparence administrative »* qui, à la vérité, est bien moins de droit administratif que de science administrative, on retiendra, à titre d'illustration, trois éléments privilégiés : la loi du 6 janvier 1978 relative à l'informatique, aux fichiers et aux libertés, la loi du 17 juillet 1978 sur la liberté d'accès aux documents administratifs ainsi que la loi du 11 juillet 1979 sur la motivation des actes administratifs. On notera que *« le droit à une bonne administration »* est repris dans la Charte des droits fondamentaux de l'Union européenne, signée à Nice le 7 décembre 2000 et mentionnée au sein du Traité sur l'Union européenne, tel que modifié par le Traité de Lisbonne du 13 décembre 2007, qui lui donne une valeur juridique (TUE, art. 6).

110. Loi du 12 avril 2000. – Il y a lieu aussi de prendre en considération l'importante loi précitée du 12 avril 2000 relative aux droits des citoyens dans leurs relations avec les administrations (DCRA), particulièrement les dispositions du Titre Ier qui portent sur l'accès aux règles de droit et sur la transparence administrative car ce dispositif renouvelle la problématique ici traitée. C'est ainsi que la loi du 12 avril 2000 affirme, dans son article 2, le droit de toute personne à l'information juridique, notamment la mise à disposition et la diffusion des textes. On observera, à ce sujet, qu'il ne devrait pas s'agir seulement des textes législatifs et réglementaires, mais aussi des décisions des juridictions administratives et financières dont, même à l'heure d'Internet, la connaissance demeure tardive, restreinte et contrôlée.

25. CE Sect., 6 mars 1953, *Mlle Faucheux, Rec.* 123, concl. Chardeau ; *RDP* 1953.1030, note Waline ; *S.* 1953.3.93, note Suel.

111. Codification. – Également, dans le prolongement de la création de la commission supérieure de codification par le décret du 12 septembre 1989, la même loi systématise, dans son article 3, le mouvement de codification, à droit constant, dont il n'est pas certain, à l'usage, qu'il facilite la compréhension ou la modification des textes législatifs, ni plus simples ni plus clairs pour autant.

112. Anonymat. – On ajoutera que, dans son article 4, la même loi lève, en principe, l'anonymat des agents publics dans une conception des relations entre l'administration et ses agents qui fait décidément peu de cas de la distinction de base entre le service et la personne telle qu'elle s'illustre remarquablement dans le contexte de la responsabilité pour faute : à bon droit, le service couvre les fautes commises par ses agents, à l'exception de celles qui, extérieures au service ou détachables du service, sont strictement des fautes personnelles, et non de service.

§ 1. La loi informatique et libertés

113. Loi du 6 janvier 1978. – La loi du 6 janvier 1978 relative à l'informatique, aux fichiers et aux libertés a été modifiée par la loi du 6 août 2004 relative à la protection des personnes physiques à l'égard des traitements de données à caractère personnel, dans le prolongement de l'application en France, depuis le 1er octobre 1985, de la Convention pour la protection des personnes à l'égard du traitement automatisé de données à caractère personnel, signée le 28 janvier 1981 dans le cadre du Conseil de l'Europe. Elle détermine le régime des informations nominatives dont le traitement, automatisé ou non, peut être susceptible de porter atteinte aux libertés individuelles ou publiques. Elle est dite *« informatique et libertés »*, intitulé tendant à perdre de vue que cette législation est également relative aux fichiers. Le dispositif dont le champ d'application doit être bien mesuré, tend ainsi à la protection des citoyens et il est centré, à cet effet, sur la commission nationale de l'informatique et des libertés (CNIL).

A Le champ d'application de la loi

114. Traitements de données à caractère personnel. – La loi s'applique aux traitements de données à caractère personnel, que ces traitements soient automatisés ou non automatisés et, en ce cas, dans des fichiers créés ou à créer, à l'exception, toutefois, des traitements mis en œuvre pour l'exercice d'activités exclusivement personnelles (art. 2, al. 1er). Encore faut-il que le responsable du traitement soit établi sur le territoire français ou que, établi hors du territoire de la France ou d'un autre État membre de la Communauté européenne, il recourt à des moyens de traitement – hors transit – situés sur le territoire français (*ibid.* et art. 5).

115. Déclaration et autorisation préalable. – Selon un dispositif excessivement long et complexe (art. 22 à 31), la mise en œuvre des traitements suppose, selon le régime de droit commun, l'observation de formalités préalables : en principe, une déclaration auprès de la CNIL (art. 22 à 24), mais aussi une demande d'autorisation auprès de l'autorité administrative : CNIL (art. 25) ou ministre (art. 26) ou Premier ministre (art. 27) avec auparavant, dans ces deux derniers cas, demande d'avis à la CNIL (art. 28), sur la base d'un dossier technique complet établi par le responsable du traitement (art. 30). Par exemple, sont autorisés par décret en Conseil d'État, pris après avis motivé et publié de la commission nationale de l'informatique et des libertés, les traitements de données à caractère personnel mis en œuvre pour le compte de l'État, d'une personne morale de droit public ou d'une personne morale de droit privé gérant un service public, qui portent sur des données parmi lesquelles figure le numéro d'inscription des personnes au répertoire national d'identification des personnes physiques (art. 27-I-1°).

116. Exceptions. – Toutefois, par exception, sont dispensés de ces formalités préalables, les traitements ayant pour objet la tenue d'un registre public (art. 22-II-1°) ou bien ceux relatifs aux membres d'une association (art. 8-II-3° et 22-II-2°) ou encore ceux dont la finalité se limite à assurer la conservation à long terme de documents d'archives (art. 36, al. 2). D'autre part, par application de l'article 34 de la Constitution, la mise en œuvre du traitement peut relever de la seule compétence du législateur s'il est porté atteinte aux garanties fondamentales accordées aux citoyens pour l'exercice des libertés publiques : par ex., la loi du 4 janvier 1980 relative à l'autorisation du casier judiciaire ou l'article 23-I de la loi du 18 mars 2003 pour la sécurité intérieure qui fixe douze catégories de décisions judiciaires au titre desquelles est constitué le fichier des personnes recherchées.

117. Sûreté de l'État. – La déclaration de l'administré ou l'autorisation administrative par décision à caractère réglementaire ou encore l'avis motivé et publié de la CNIL suppose la constitution préalable, par le responsable du traitement, d'un dossier technique complet, étant précisé que ce dossier est raisonnablement allégé, dans des conditions précisées par décret en Conseil d'État, pris après avis de la commission, lorsque les demandes d'avis portent sur les traitements intéressant la sûreté de l'État, la défense ou la sécurité publique (art. 30 modif. par la loi du 23 janvier 2006 relative à la lutte contre le terrorisme et portant dispositions diverses relatives à la sécurité et aux contrôles frontaliers). Au surplus, l'acte réglementaire d'autorisation peut ne pas être publié si le traitement intéresse la sûreté de l'État, la défense ou la sécurité publique (art. 26-III et 44-IV).

118. Conditions du traitement de données à caractère personnel. – Et la loi du 6 janvier 1978 modifiée précise, avec force détails, les conditions de licéité des traitements de données à caractère personnel (art. 6 à 10) et interdit, en principe, *« de collecter ou de traiter des données à caractère personnel qui font apparaître, directement ou indirectement, les origines raciales ou ethniques, les opinions politiques, philosophiques ou religieuses ou l'appartenance syndicale des personnes, ou qui sont relatives à la santé ou à la vie sexuelle de celles-ci »* (art. 8-I). Néanmoins, les exceptions à cette interdiction sont nombreuses, à commencer – cela va de soi, mais la loi contemporaine doit décidément tout prévoir – dans le cas où la personne concernée a expressément consenti au traitement de ces données (art. 7 et 8-II-1°) ou les a elle-même rendues publiques avant leur traitement (art. 8-II-4°). S'y ajoutent d'autres hypothèses qui tiennent notamment à des considérations d'ordre public, par exemple en faveur de la sauvegarde de la vie humaine (art. 8-II-2°) ou de la santé publique (*ibid.*, -6° et -8) ou encore du fonctionnement de la justice (*ibid.*, -5° et art. 9 et 10).

B La protection des citoyens

119. Droits relatifs aux données à caractère personnel. – Toute personne auprès de laquelle des données à caractère personnel sont recueillies, doit être avisée de ses droits (art. 32), notamment du caractère obligatoire ou facultatif des réponses, des conséquences éventuelles, à son égard, d'un défaut de réponse ainsi que des destinataires des données (*ibid.*, -3° à 5°). D'une façon générale, toute personne physique a le droit de s'opposer, pour des motifs légitimes, à ce que des données à caractère personnel la concernant fassent l'objet d'un traitement (art. 38, al. 1er). De plus et surtout, la loi reconnaît à toute personne physique justifiant de son identité un droit permanent d'accès aux données à caractère personnel la concernant (art. 39-I) et, le cas échéant, de rectification de ces données (art. 40).

C La Commission nationale de l'informatique et des libertés

120. Une autorité administrative indépendante. – La CNIL est la première des autorités administratives indépendantes qui ait été expressément créée par la loi. L'institution est lourde puisqu'elle comprend pas moins de dix-sept membres, nommés pour un mandat de cinq ans, renouvelable une fois, ou pour la durée du mandat électif (art. 13-II) : quatre parlementaires (deux députés et deux sénateurs) ; deux conseillers économiques et sociaux et environnementaux ; six représentants des hautes juridictions (deux membres ou anciens membres du Conseil d'État, de la Cour de cassation et de la Cour des comptes) ; cinq personnalités qualifiées : trois nommées par le Premier ministre et deux par l'un et l'autre des présidents des assemblées parlementaires. La commission élit en son sein, pour cinq ans, un président et deux vice-présidents – l'un est vice-président délégué – qui forment ensemble le bureau. De façon utile, mais complexe, à défaut d'avoir encore réduit son effectif, la Commission peut également siéger en formation restreinte à six membres : les trois membres du bureau et trois autres membres élus, le président de l'institution ayant voix prépondérante en cas de partage des voix (art. 13-I).

121. Attributions. – La CNIL est chargée de veiller au respect de la loi du 6 janvier 1978 modifiée qui lui confie cinq missions principales :

— recenser les traitements : la CNIL reçoit les déclarations des traitements de données à caractère personnel. Elle autorise les traitements de données dites « *à risques* » et donne un avis sur les traitements publics utilisant le numéro national d'identification des personnes. Dès lors, elle est en mesure de tenir la liste des traitements et de tenir à la disposition du public la liste des traitements déclarés et de leurs principales caractéristiques ;

— réglementer : la CNIL établit des normes simplifiées afin que les traitements les plus courants et les moins dangereux pour les libertés fassent l'objet de formalités allégées. Elle peut aussi décider de dispenser de toute déclaration des catégories de traitement sans risques ;

— informer : la CNIL informe les personnes de leurs droits et obligations et propose au Gouvernement, dans son rapport d'activités annuel, les mesures législatives ou réglementaires de nature à adapter la protection des libertés et de la vie privée à l'évolution des techniques informatiques. L'avis de la CNIL doit, d'ailleurs, être sollicité avant toute transmission au Parlement d'un projet de loi créant un traitement automatisé de données à caractère personnel ;

— garantir le droit d'accès : la CNIL veille à ce que les modalités de mise en œuvre du droit d'accès aux données à caractère personnel contenues dans les traitements n'entravent pas le libre exercice du droit d'accès. Elle exerce, pour le compte des citoyens qui le demandent, l'accès aux fichiers intéressant la sûreté de l'État, la défense et la sécurité publique ;

— contrôler : la CNIL vérifie que la loi est respectée en contrôlant les applications informatiques. Elle use de ses pouvoirs de vérification et d'investigation pour instruire les plaintes, pour disposer d'une meilleure connaissance de certains fichiers, pour mieux apprécier les conséquences du recours à l'informatique dans certains secteurs, pour assurer un suivi de ses délibérations. Elle surveille, par ailleurs, la sécurité des systèmes d'information en s'assurant que toutes les précautions sont prises pour empêcher que les données ne soient déformées ou communiquées à des personnes non autorisées. Elle peut mettre en œuvre les sanctions administratives et faire mettre en œuvre les sanctions pénales prévues par la loi.

122. Pouvoir de sanction. – La CNIL peut prononcer des sanctions administratives (loi du 6 janv. 1978 modif., art. 45 à 49) qui sont graduées et proportionnées : l'avertissement, la mise en demeure, les sanctions pécuniaires, à l'exception des cas où le traitement illicite est mis en œuvre par l'État, qui peuvent atteindre 300 000 euros ou l'injonction d'avoir à cesser le traitement illicite.

123. Saisine du juge des référés. – De plus, le président de la Commission peut demander, en référé, à la juridiction compétente d'ordonner toute mesure de sécurité nécessaire comme il peut, pour le compte de la commission, dénoncer au procureur de la République les violations de la loi.

124. Sanctions pénales. – L'autorité judiciaire peut prononcer des sanctions pénales qui se rapportent aux infractions prévues et réprimées par le Code pénal (NCP, art. 226-16 à -24), complété par la loi du 6 janvier 1978 modifiée, aux articles 51 et 52. Les sanctions pénales peuvent être lourdes : par exemple, dans ce dernier cas, cinq ans d'emprisonnement et 300 000 euros d'amende, peines réduites à trois ans d'emprisonnement et à 100 000 euros d'amende si la divulgation illicite a été commise par imprudence ou négligence. Il en est ainsi notamment :

— en cas d'absence de respect des formalités préalables à la création d'un traitement de données à caractère personnel[26] ;

— en cas de collecte de données à caractère personnel *« par un moyen frauduleux, déloyal ou illicite »* (*ibid.*, -18) ;

26. C. pén., art. 226-16.

— en cas de conservation illicite, en mémoire informatisée, de données à caractère personnel relatives à la vie privée (*ibid.*, -19) ;
— en cas de divulgation illicite par toute personne de données à caractère personnel (*ibid.*, -22).

125. Rapport d'activités 2009. – À titre d'illustration de l'exercice des pouvoirs de la CNIL, son rapport d'activités 2009 souligne notamment l'activité en pleine croissance de l'institution, ses missions étendues et les nouveaux défis auxquels l'autorité va devoir faire face : la protection de la vie privée de plus en plus exposée par la circulation de plus en plus aisée des données personnelles ; le transfert de données et d'information entre entreprises à l'heure de la mondialisation ; la protection des données de santé ainsi que les nouveaux mécanismes d'alertes professionnelles permettant aux salariés d'évoquer un manquement aux règles de l'entreprise.

§ 2. La communication des documents administratifs

126. Droit à l'information. – La loi du 17 juillet 1978, plusieurs fois modifiée et, la dernière fois en date, par l'ordonnance du 29 avril 2009 prise en application de l'article 35 de la loi du 15 juillet 2008 relative aux archives, traite notamment de la liberté d'accès aux documents administratifs (Titre Ier, Chapitres Ier, III et IV). Elle reconnaît *« le droit de toute personne à l'information »* dans le cadre du libre accès aux documents administratifs (art. 1er). Libre accès qui n'a cessé de s'étendre, notamment, par l'effet de la loi du 12 avril 2000 qui a éliminé la réserve posée par la loi du 17 juillet 1978, des documents de caractère nominatif et par la soumission des nombreux régimes spéciaux de communication aux règles générales.

127. Ordonnance du 29 avril 2009. – L'ordonnance du 29 avril 2009 met utilement un terme à l'ancienne distinction, peu opératoire, entre les documents administratifs et les documents non administratifs pour ne retenir que celle, plus adéquate, opposant, parmi les documents administratifs, les documents communicables et ceux qui ne le sont pas. Ces élargissements consécutifs conduisent à opérer un recensement laborieux, et d'ailleurs non exhaustif, des nombreux apports, depuis une trentaine d'années, de la jurisprudence en la matière. Il s'agit de redéfinir la notion de document administratif et d'étudier la commission d'accès aux documents administratifs (CADA).

A La notion de document administratif

128. Définition. – L'article 1er définit ce que sont les documents administratifs, au sens de la loi du 17 juillet 1978 modifiée : *« sont considérés comme documents administratifs (...), quels que soient leur date, leur lieu de conservation, leur forme et leur support, les documents produits ou reçus dans le cadre de leur mission de service public, par l'État, les collectivités territoriales ainsi que par les autres personnes de droit public ou les personnes de droit privé chargées d'une telle mission. »*. Puis, l'article 1er donne une liste de ces documents administratifs (al. 2) : dossiers, rapports, études, comptes-rendus, procès-verbaux, statistiques, directives, instructions, circulaires, notes et réponses ministérielles, correspondances, avis, prévisions et décisions. On déduit de cette rédaction de l'article 2 de la loi du 17 juillet 1978 la définition du document administratif par deux critères cumulatifs.

129. Une personne en charge d'un service public administratif. – Il émane d'une personne chargée d'un service public administratif, que l'auteur soit une personne publique : État, collectivité territoriale ou établissement public à caractère administratif ou qu'il soit un organisme public ou privé, notamment un organisme de Sécurité sociale. On observera que, pour faire simple, les critères organique et fonctionnel ne coïncident pas forcément puisqu'un organisme public, chargé de la gestion d'un service administratif, doit communiquer une note qui émane d'un organisme privé chargé de la gestion d'un service public.

130. Un document achevé à diffusion publique. – Il s'agit d'un document achevé, et non préparatoire, qui fait l'objet d'une diffusion publique et qui ne figure pas dans le cadre d'un contrat de prestation de service.

131. Documents administratifs non communicables. – Le législateur précise les types de documents qui, par exception, ne sont pas communicables. On peut distinguer deux catégories :

— les documents administratifs qui ne sont pas communicables dès lors que leur consultation ou leur communication porterait atteinte à des intérêts particulièrement protégés, qu'il s'agisse, par exemple, du secret des délibérations du Gouvernement et des autorités responsables relevant du pouvoir exécutif, du secret de la défense nationale, de la conduite de la politique extérieure de la France ou, d'une façon générale, de tout autre secret protégé par la loi (loi du 17 juillet 1978, art. 6-I) ;

— les documents administratifs qui ne sont pas communicables bien qu'émanant d'une autorité publique dès lors qu'ils n'étaient pas considérés comme administratifs avant l'ordonnance du 29 avril 2009, notamment les avis des juridictions administratives, certains documents de la Cour des comptes et des chambres régionales des comptes (CJF, art. L. 140-9 et 241-6), les documents d'instruction des réclamations adressées au Médiateur de la République puis au Défenseur des droits, les documents préalables à l'élaboration du rapport d'accréditation des établissements de santé[27].

132. Documents administratifs communicables à l'intéressé seulement. – La loi précise enfin les documents administratifs qui ne sont communicables qu'à l'intéressé, par exemple les documents qui font apparaître le comportement d'une personne dès lors que la divulgation de ce comportement pourrait lui porter préjudice ou les informations à caractère médical qui doivent transiter par un médecin que l'intéressé désigne à cet effet (*ibid.*, art. 6-II).

133. Archives. – De la notion de document administratif, il faut rapprocher celle d'archives. Il y a une connexité, en effet, entre la loi du 17 juillet 1978 relative notamment à la communication des documents administratifs et celle du 15 juillet 2008 sur les archives qui la prolonge utilement en ce qu'elle prévoit qu'elles sont communicables de plein droit (Code du patrimoine, art. L. 213-1). Bien entendu, cette liberté d'accès est soumise, dans certains cas à des conditions de délais qui peuvent être de 25, 50, 75 et 100 ans :

— 25 ans à compter de la date du document lorsque, par exemple, il porte atteinte au secret des délibérations du pouvoir exécutif ou à la conduite des relations extérieures ;

— 25 ans à compter du décès de l'intéressé, pour les documents dont la communication porte atteinte au secret médical ;

— 50 ans à compter de la date du document, pour ceux dont la communication porterait atteinte au secret de la défense nationale ou à la sûreté de l'État ;

— 100 ans pour certains documents concernant des mineurs.

134. Communication avant expiration des délais. – Toutefois, l'administration chargée des archives peut autoriser la consultation de documents publics avant l'expiration des délais prévus sans autre restriction que celle qui résulte expressément de la décision administrative d'autorisation (Code du patrimoine, art. L. 213-3).

27. CSP, art. L. 6113-6, rapports d'audit des établissements de santé (loi de financement de la Sécurité sociale pour 2001, art. 40).

135. Droit à l'information des affaires de la commune. – De plus, on mentionnera que, depuis la loi d'orientation du 6 février 1992 relative à l'administration territoriale de la République, il est également prévu que *« le droit des habitants de la commune à être informés des affaires de celle-ci et à être consultés sur les décisions qui les concernent, indissociable de la libre administration des collectivités locales, est un principe essentiel de la démocratie locale »* (CGCT, art. L. 2141-1). Quelle que soit la rédaction emphatique du texte, on est bien ici dans un droit légal, et non constitutionnel.

B La commission d'accès aux documents administratifs

136. Autorité administrative indépendante. – La commission d'accès aux documents administratifs (CADA) est classée, comme la CNIL, mais bien après elle, dans la catégorie des autorités administratives indépendantes (art. 20, al. 1er, créé par l'ord. du 6 juin 2005, art. 10). Elle comprend onze membres, nommés par décret du Premier ministre pour une durée de trois ans renouvelable ou pour la durée du mandat électif : trois membres des hautes juridictions : un membre du Conseil d'État, président, un magistrat de la Cour de cassation et un magistrat de la Cour des comptes, en activité ou honoraire, désignés respectivement par le vice-président du Conseil d'État, le premier président de la Cour de cassation et le premier président de la Cour des comptes ; trois élus : un député et un sénateur, désignés respectivement par le président de l'Assemblée nationale et le président du Sénat et un élu d'une collectivité territoriale, désigné par le président du Sénat ; cinq personnalités qualifiées : un professeur de l'enseignement supérieur, en activité ou honoraire, proposé par le président de la commission ; une personnalité qualifiée en matière d'archives, proposée par le directeur des Archives de France ; une personnalité qualifiée en matière de protection des données à caractère personnel, proposée par le président de la Commission nationale de l'informatique et des libertés ; une personnalité qualifiée en matière de concurrence et de prix, proposée par le président de l'Autorité de la concurrence ; une personnalité qualifiée en matière de diffusion publique d'informations.

137. Archives publiques. – De façon remarquable, la loi du 12 avril 2000 a très justement étendu son rôle à la liberté d'accès aux archives publiques donnant ainsi à la loi du 3 janvier 1979, intégrée dans le Code du patrimoine en 2004, l'instrument de régulation qui lui faisait défaut, sans créer, pour autant, une institution supplémentaire qui aurait été, non seulement inutile, mais même gênante.

De même, l'ordonnance du 6 juin 2005 a ajouté à son champ de compétence la réutilisation des informations publiques. C'est ainsi que la CADA *« est chargée de veiller au respect de la liberté d'accès aux documents administratifs et aux archives publiques (...). Elle émet des avis lorsqu'elle est saisie par une personne à qui est opposé un refus de communication d'un document administratif (...), un refus de consultation des documents d'archives publiques (...) ou une décision défavorable en matière de réutilisation d'informations publiques »* (loi du 17 juillet 1978 modif., art. 20, al. 2 et 3 modif. issu de l'ord. du 6 juin 2005, art. 10), exclusion étant faite, au titre de la consultation des documents d'archives publiques, des documents figurant au c de l'article L. 211-4 du Code du patrimoine, c'est-à-dire, des minutes et répertoires des officiers publics ou ministériels. Cette consultation concerne donc tous les documents administratifs qui entrent dans le champ d'application actuel de la loi du 17 juillet 1978, y compris ceux pour lesquels la compétence d'examen par la CADA est expressément prévue (loi du 17 juillet 1978 modif., art. 21 issu de l'ord. du 6 juin 2005, art. 20), par exemple les listes électorales (C. élect., art. L. 28, L. 68 et LO 179).

138. Attributions. – En dehors de l'établissement d'un rapport annuel public et d'une activité de conseil, de proposition de réforme, à la demande de l'autorité compétente ou à son initiative en matière de droit d'accès aux documents administratifs ou de réutilisation des informations publiques (décret du 30 décembre 2005, art. 16, 27 et 28), la CADA exerce donc principalement une activité consultative dans le contexte d'un contentieux pré-juridictionnel relatif à la communication des documents administratifs qui, à ce titre, est d'interposition entre l'administration et la juridiction administrative. En effet, on fera deux observations importantes de procédure :

— d'une part, elle ne peut pas être saisie directement d'une demande de communication d'un document qui devra être adressée préalablement, et de façon suffisamment précise, à l'administration concernée qui est tenue de donner suite, sauf *« demandes abusives, en particulier par leur nombre, leur caractère répétitif ou systématique »* (loi du 17 juillet 1978 modif., art. 2, al. 4) ;

— d'autre part, en cas de refus de l'administration, soit exprès et alors motivé, soit tacite passé un délai d'un mois suivant la demande restée sans réponse (décret du 30 décembre 2005, art. 17), le juge administratif ne pourra pas être régulièrement saisi de façon directe : la consultation de la commission est donc un préalable nécessaire à tout recours juridictionnel (C. élect., art. L. 28, L. 68 et LO 179).

Cette solution jurisprudentielle est désormais consacrée par la loi : *« La saisine de la commission pour avis est un préalable obligatoire à l'exercice d'un recours contentieux »* (loi du 17 juillet 1978, modif., art. 20, 4), au sens de recours juridictionnel.

139. Saisine. – La commission, saisie à l'initiative de l'administré et dans le délai du recours administratif qui est de deux mois à compter du refus exprès ou tacite de communication opposé par l'autorité compétente, dispose alors d'un mois à compter de sa saisine pour recueillir les observations des deux parties et pour se prononcer par un avis favorable ou non à la communication du document litigieux. Cet avis leur est transmis simultanément. Dans le mois qui suit sa réception, l'administration doit faire connaître à la commission la suite qu'elle entend donner à la demande et qui est, le plus souvent, conforme à la consultation rendue. Toutefois, en cas de refus persistant de communiquer, que l'avis préalable de la commission fût favorable ou non à la communication, ou en cas de silence gardé par l'autorité compétente pendant plus de deux mois à compter de la saisine de la commission (décret du 30 décembre 2005, art. 19), l'intéressé peut saisir le tribunal administratif, dans le délai de deux mois suivant le refus exprès ou sans délai à défaut d'un tel refus. C'est donc la juridiction administrative qui, en dernière analyse, statue sur le refus de communication du document par l'administration, c'est-à-dire, le plus souvent, sur la notion de document administratif.

140. Législations spéciales. – La loi générale du 17 juillet 1978 peut être complétée par des législations spéciales, également relatives à la communication des documents administratifs, comme la loi d'orientation du 6 février 1992 précitée, relative à l'administration territoriale de la République en tant qu'elle prévoit la mise à la disposition du public, en mairie et, le cas échéant, en mairie annexe, des budgets de la commune accompagnés, pour les communes de 3 500 habitants et plus, de nombreux documents explicatifs, et ce dans les quinze jours suivant l'adoption de ces budgets ou éventuellement leur notification après règlement par l'autorité préfectorale (CGCT, art. L. 2313-1 et art. R. 2313-1). Dans le même sens, et selon un régime repris par la même loi d'orientation du 6 février 1992, il est prévu la publication dans un recueil des actes administratifs du dispositif des délibérations à caractère réglementaire, dans les communes de 3 500 habitants et plus (CGCT, art. L. 2121-24, al. 2 et art. R. 2121-10), afin que toute personne physique ou morale puisse en demander communication sans déplacement des pièces, en prendre copie totale ou partielle ou encore les publier sous sa responsabilité, sauf refus régulièrement opposé pour être justifié, sous le contrôle du juge de l'excès de pouvoir, par les nécessités de l'ordre public ou du fonctionnement des services publics municipaux[28]. Il en est également ainsi du droit pour toute personne de demander communication sur place, de prendre copie totale ou partielle des procès-verbaux du conseil municipal, des budgets et des comptes de la commune et des arrêtés municipaux (CGCT, art. L. 2121-26, al. 1er) et de les publier sous sa responsabilité (*ibid.*, al. 2). Encore faut-il préciser que la communication de la copie des budgets et des comptes de la commune est obtenue, aux frais de l'administré, auprès du maire ou de l'autorité de tutelle (*ibid.*, al. 3).

§ 3. La motivation des actes administratifs

141. Objet. – La motivation de l'acte administratif permet à l'administré de connaître immédiatement les raisons de fait ou de droit pour lesquelles la décision qui lui est opposable, a été prise, avant tout recours contentieux devant l'administration elle-même ou devant la juridiction compétente. Cette obligation de procédure préexistait à la loi du 11 juillet 1979 modifiée qui, cependant, l'a considérablement renforcé.

A La motivation des actes administratifs en dehors de la loi du 11 juillet 1979

142. Textes. – Il peut s'agir d'une obligation de texte, avant comme après la loi du 11 juillet 1979 : ainsi, avant 1979, est posée cette obligation codifiée à l'article L. 2121-6 du Code général des collectivités territoriales en matière de dissolution d'un conseil municipal, au motif stéréotypé que *« les dissensions qui existent au sein du conseil municipal entravent l'administration de la commune »*[29] ; de même, après 1979, est posée l'obligation faite aux organismes de Sécurité sociale et de mutualité sociale agricole de motiver les décisions de reversement des prestations sociales indûment perçues par l'assuré (loi du 12 avril 2000, art. 25).

28. CE, 9 juillet 1975, *Mercier, AJDA* 1976.148.

29. Par ex., le décret de dissolution du conseil municipal de Seingbouse (Moselle) en date du 4 mars 1998, publié au *JO* du 6 mars 1998, p. 3454 et CE, 19 janvier 1990, *Mme Bodin, Rec.* 553 ; *AJDA* 1990.93, chr. Honorat et Baptiste.

143. Jurisprudence. – Il peut s'agir aussi d'une obligation de jurisprudence telle que l'obligation posée en matière de mesures prises par certaines autorités professionnelles collégiales[30].

B Le champ d'application de la motivation depuis la loi du 11 juillet 1979

144. Exceptions au principe de non-motivation. – Tout en demeurant d'exception, l'obligation de motivation des actes administratifs unilatéraux concerne, désormais, deux catégories supplémentaires de décisions individuelles[31], selon qu'elles sont :

— soit défavorables dans le cadre d'une énumération législative dont le caractère limitatif a été reconnu[32]. Il en est ainsi notamment des décisions individuelles qui restreignent l'exercice des libertés publiques[33] ou qui, de manière générale, constituent une mesure de police[34], étant précisé que ce droit à motivation peut s'étendre au-delà des actes administratifs dans les cas où un organisme de Sécurité sociale ou d'assurance-chômage refuse le droit légalement protégé d'une personne physique ou morale à une prestation : aide ou subvention en matière sanitaire ou sociale (loi du 11 juillet 1979 modif., art. 6, al. 2 ainsi que circ. du 4 juin 1992) ;

— soit dérogatoires aux règles générales fixées par la loi ou le règlement[35].

145. Principe. – *A contrario*, les décisions réglementaires ou les décisions individuelles qui ne sont ni défavorables ni dérogatoires, ne sont pas soumises, en principe, à cette obligation de motivation. De plus, l'obligation est elle-même exclue dans trois cas :

— l'urgence (art. 4, al. 1er ; CE, 13 janvier 1988, *Abina, AJDA* 1988.225, concl. Schrameck) ; mais la loi modificative du 17 janvier

30. CE, 27 novembre 1979, *Agence maritime Marseille-frêt, Rec.* 704 ; *RDP* 1971.987, concl. Gentot ; *AJDA* 1971.150, chr. Labetoulle et Cabanes, *D.* 1971.344, note Pacteau ; *JCP* 1971.III.16756, note Moderne.

31. Circ. du 28 septembre 1987 qui est purement indicative, complétée par la note d'information du 2 juin 1992 relative à la mise en œuvre de la loi par les collectivités locales, *JO* 22 juillet 1992, p. 9805.

32. CE Sect., 9 décembre 1983, *Vladescu, Rec.* 497 ; *D.* 1984.158, concl. Genevois ; *AJDA* 1984.81, chr. Lasserre et Delarue ; *Rev. adm. 1984.* 155, note Pacteau.

33. Par ex., une décision d'extradition : CE Sect., 17 juin 1983, *Affatigato, Rec.* 263 ; *AJDA* 1983.486, note M.-T. Sur.

34. Par ex., une mesure de fermeture d'une maison de retraite : CE, 29 décembre 1995, *Mlle Cabrera, Rec.* 623.

35. CE, 31 mars 1989, *ministre de l'Intérieur c/Lambert, AJDA* 1989.308.

1986 est venue préciser qu'à la demande de l'intéressé et dans les délais du recours contentieux, l'autorité qui a pris la décision devra, dans un délai d'un mois, lui en communiquer les motifs ;

— l'atteinte à l'un des secrets légalement protégés qui interdit la divulgation ou la publication de faits couverts par ce secret, tel que celui de la défense nationale[36] ;

— les décisions implicites de rejet qui, à défaut de support matérialisé, ne sauraient être expressément motivées. Toutefois, le schéma de motivation applicable dans l'hypothèse de l'urgence absolue est ici transposable (art. 5), le silence gardé par l'administration dans le mois suivant la demande de l'intéressé d'avoir à lui communiquer les motifs de la décision implicite ne valant pas décision nouvelle, mais suffisant à entacher d'illégalité cette décision implicite elle-même. Dans ce cas, le délai du recours contentieux contre ladite décision est prorogé jusqu'à l'expiration de deux mois suivant le jour où les motifs lui auront été communiqués[37].

C Les modalités de la motivation de la loi du 11 juillet 1979

146. Motivation effective. – L'article 3 de la loi du 11 juillet 1979 prévoit que *« la motivation (...) doit être écrite et comporter l'énoncé des considérations de droit et de fait qui constituent le fondement de la décision »*. De la jurisprudence du Conseil d'État, il ressort que la motivation doit être effective, c'est-à-dire complète, précise et circonstanciée, sans toutefois verser dans un formalisme excessif puisqu'il peut admettre :

— une motivation par référence, par exemple par simple renvoi à un avis médical dans le cas de l'internement d'office d'un aliéné[38] ;

— une motivation succincte, par exemple en cas de simple reprise des prescriptions législatives ou réglementaires applicables en l'espèce[39] ;

---

36. L. 11 juill. 1979, art. 4, al. 2 ; CE, 13 juin 1997, *ministre de la Défense c/Pourbagher, Rec.* 688.

37. CE, 29 mars 1985, *Testa, Rec.* 93 ; *AJDA* 1985.260, chr. S. Hubac et Schoettl ; *Rev. adm.* 1985.360, note Pacteau.

38. CE Sect., 31 mars 1989, *ministre de l'Intérieur et de la Décentralisation et Lambert, Rec.* 111 ; *AJDA* 1989.338, chr. Honorat et Baptiste.

39. CE, 4 mars 1985, *Confédération d'entraide généalogique Rhône-Alpes, Rec.* 65 ; *AJDA* 1985.288, chr. Mme Hubac et Schoettl.

— une motivation préalable, par exemple sur le fondement des dispositions précitées du décret du 28 novembre[40] auquel la loi du 12 avril 2000 est substituée.

147. Bibliographie. – BROLLES Roland, *L'accès aux documents des collectivités territoriales – Droits et obligatoires de l'élu, du fonctionnaire et du citoyen*, Paris, Éd. Sorman, 1994.

CHARTIER Jean-Louis et DOYELLE Alain, « Les procédures contradictoires des chambres régionales des comptes », *AJDA* 1991.765, spéc. 770-774.

FERRARI Pierre, « Les droits des citoyens dans leurs relations avec les administrations : commentaire général de la loi n° 2000-321 du 12 avril 2000 », *AJDA* 2000.471.

GOUNIN Yves, « La réforme du droit d'accès aux documents administratifs », *AJDA* 2000.486.

JEGOUZO Yves, « Le droit à la transparence administrative », *EDCE* 1991, n° 43, p. 199-216.

LACHAUME Jean-François, « Le formalisme », *AJDA* juin 1995, n° spéc., p. 133.

LASSERRE Bruno, LENOIR Noëlle et STIRN Bernard, *La transparence administrative*, coll. Politique d'aujourd'hui, Paris, PUF, 1987.

LETTERON Roselyne, « Le modèle français de transparence administrative à l'épreuve du droit communautaire », *RFDA* 1995.183.

POULET-GIBOT LECLERC Nadine, « Le Conseil d'État et le contenu de la motivation des actes administratifs », *D.* 1992, chr. 61.

SAUNIER Sébastien, *Recherche sur la notion de formalisme en droit administratif français*, Aix-en-Provence, PUAM, 2007.

SAUNIER Sébastien (dir.), *La loi du 12 avril 2000 relative aux droits des citoyens dans leurs relations avec les administrations... Dix ans après,* Toulouse, PUSS, 2012.

VEDEL Georges et DELVOLVÉ Pierre, *Le système français de protection des administrés contre l'administration*, coll. Droit public, Paris, Sirey, 1991.

WIENER Céline, *L'évolution des rapports entre l'administration et les usagers*, Paris, Economica, 1991.

40. CE, 26 juin 1987, *F.A.N.E. c/ministre de l'Intérieur, Rec.* 235 ; *AJDA* 1987.679, note Prétot ; *D.* 1989.168, note C. S. ; *LPA* 31 juillet 1987, p. 23, note Pacteau.

Chapitre 3
La structure du système administratif

148. Indivisibilité de la République. – Au nombre des bases constitutionnelles du droit administratif français, il faut retenir l'indivisibilité de la République, consacrée à l'article 1er de la Constitution du 4 octobre 1958, selon la numérotation rectifiée par la loi constitutionnelle du 4 août 1995 : « *La France est une République indivisible* ». Or, cette notion d'indivisibilité est liée à celle d'unité. En réaction au droit de l'Ancien Régime, marqué par le droit féodal, et malgré les efforts séculaires de centralisation de la Monarchie absolue, la Révolution française proclame, à la fois, l'unité et l'indivisibilité de la France. Dans la Constitution du 3 septembre 1791, la première Constitution écrite française, on lit à l'article 1er du Titre II : « *Le Royaume est un et indivisible* ». De même, au début de l'Acte constitutionnel du 24 juin 1793, il est énoncé par l'article 1er que « *la République est une et indivisible* », formule reprise en 1795, en 1799, en 1848 et en 1946.

149. Permanence de l'État. – Pourtant, dans son article 1er, la Constitution du 4 octobre 1958 ne mentionne qu'« *une République indivisible* ». Cette seule qualification est à rapprocher de l'intégrité du territoire dont le Président de la République est le garant (Const., art. 5), lui permettant, s'il y est porté atteinte, de justifier la mise en œuvre des pouvoirs exceptionnels (Const., art. 16, al. 1er) sans qu'aucune procédure de révision constitutionnelle puisse être alors ni engagée ni poursuivie (Const., art. 89, al. 5 et CC, 2 septembre 1992, *Maastricht II*, déc. n° 92-312 DC, *Rec.* 76). Elle est à opposer, en revanche, à toute dissolution de l'État français dans un ensemble supranational, sauf à consentir, par révision constitutionnelle, aux transferts nécessaires de compétences dans des hypothèses qui portent « *atteinte aux conditions essentielles d'exercice de la souveraineté nationale* »[1].

---

1. CC, 9 avril 1992, *Maastricht I*, déc. 92-308 DC, *Rec.* 55 ; *GDCC* 11e éd., 2001, n° 45-I et les réf. et CC, 31 décembre 1997, *Traité d'Amsterdam*, déc. 97-394 DC, *Rec.* 344 ; *AJDA* 1998.135, note Schoettl ; *adde*, Const., art. 88-1 introduit par la loi constitutionnelle du 4 février 2008, en vigueur depuis l'entrée en vigueur du Traité de Lisbonne, le 1er décembre 2009.

150. Autodétermination. – *A contrario*, dans le contexte de sa rédaction : celui de l'exercice par les peuples d'outre-mer de leur droit de libre autodétermination (loi const. du 3 juin 1958, art. unique, al. 7 ; préambule de la Constitution, al. 2 ; Const., art. 76 initial et 91, al. 1er abrogé) et donc de reconstruction de l'État français, la Constitution de 1958, de façon expresse, ne consacre plus l'unité de la République et ne fait donc plus de la France une République unitaire : l'indivisibilité de la République ne signifie pas, en 1958 notamment, l'intangibilité du territoire de l'État français, et donc la possibilité de la redéfinition de son peuple, au terme du processus initial de double autodétermination : d'abord, choisir, à l'occasion du référendum constituant du 28 septembre 1958, la République et la Communauté ou bien l'indépendance dans l'opposition à la France, option qui sera celle de la Guinée, mais d'elle seulement ; puis, pour chaque territoire français d'outre-mer qui aura adopté la Constitution, choisir, après le 4 octobre 1958 et pendant quatre mois, de rester dans la République ou d'en sortir, mais dans le cadre de la Communauté, en coopération avec la France, choix finalement opéré par douze territoires d'outre-mer, ceux de l'Afrique noire et de Madagascar, devenus, comme la France et avec elle, États membres de la Communauté. C'est ainsi qu'au 4 février 1959, l'État français aura vu son territoire et son peuple reconstitués alors même que ses pouvoirs publics se mettaient en place. Il devenait alors possible de rétablir en droit constitutionnel, non dans le texte, mais dans la jurisprudence, l'unité de la République française, en la fondant précisément sur son indivisibilité. Telle devait être, précisément, l'œuvre du Conseil constitutionnel.

151. Unité. – Car, de façon implicite, mais certaine, la combinaison nécessaire entre indivisibilité et unité résulte de sa jurisprudence constante qui ne peut ni ne veut distinguer entre ces deux notions constitutives de l'État, en France, dans la mesure où, enracinées profondément dans son histoire et sa sociologie, unité et indivisibilité sont seules susceptibles d'inscrire, ensemble, l'existence de l'État français dans la durée. Dans l'ordre chronologique, on citera, en ce sens, pas moins de cinq décisions successives qui déduisent l'unité implicite de la République de son indivisibilité expresse.

152. Élection au Parlement européen. – Au sujet des modalités d'élection des représentants français au Parlement européen, le Conseil constitutionnel prend implicitement acte de l'absence d'une obligation internationale d'avoir à diviser le territoire national en circonscriptions électorales multiples, de sorte que la décision du

Conseil des Communautés européennes en date du 20 septembre 1976 ne contient aucune stipulation fixant, à cet égard, « *des modalités de nature à mettre en cause l'indivisibilité de la République dont le principe est réaffirmé à l'article 2 de la Constitution* »[2].

153. Statut de la Corse. – Au sujet du statut particulier de la Corse, les auteurs de la saisine soutenaient que « *la notion de statut particulier contient, au-delà des intentions, des risques évidents de dislocation de l'unité nationale* ». Le Conseil répond en considérant que, « *dans l'état actuel de la définition des attributions respectives des autorités décentralisées et des organes de l'État, le texte ne comporte pas de disposition qui puisse, en tant que telle, être regardée comme portant atteinte au caractère indivisible de la République et à l'intégrité du territoire national* »[3]. Ainsi, alors que l'atteinte à l'unité est soutenue, le juge constitutionnel retient l'absence d'atteinte à l'indivisibilité, contribuant à la confusion des deux notions.

154. Uniformité du régime des libertés publiques. – Une autre décision importante en la matière est celle rendue le 18 janvier 1985 qui est nettement plus explicite. Le Conseil constitutionnel considère, en effet, que, si le principe de libre administration des collectivités territoriales est de valeur constitutionnelle[4], il ne saurait cependant permettre que les conditions essentielles d'application d'une loi organisant l'exercice d'une liberté publique dépendent de décisions des collectivités territoriales et, ainsi, puissent ne pas être les mêmes sur l'ensemble du territoire national[5]. Il y a donc lieu à conciliation de deux principes constitutionnels dont celui implicite de l'unité nationale qui suppose l'uniformité du régime juridique des libertés publiques, tel que défini par la loi.

---

2. CC, 29-30 décembre 1976, *Assemblée européenne*, déc. 76-71 DC, *Rec.* 15 ; *AFDI* 1977.895, note Rambaud et p. 965, note Lachaume ; *Cahiers dr. europ.* 1977.458, note Boulouis ; *Clunet* 1977.66, note Ruzié ; *D.* 1977.J. 201, note L. Hamon ; *RDP* 1977.129, note Favoreu et Philip ; *JCP* 1977.II.18704, note Franck ; *RTDE* 1977.666, note Kovar et Simon et p. 696, note Darras et Pirotte ; *JCP* 1978.I.2896, note de Villiers.

3. CC, 25 février 1982, *Région de Corse*, déc. 82-138 DC, *Rec.* 41 ; *GDCC*, 11e éd., 2001, no 32-II et les réf.

4. En ce sens, CC, 20 janvier 1984, *Fonction publique territoriale*, déc. 83-168 DC, *Rec.* 38 ; *GADD* no 1 et les réf.

5. CC, 18 janvier 1985, *Rapports entre l'État et les collectivités territoriales*, déc. 84-185, *Rec.* 36 ; *AIJC* 1985.416, note Genevois ; *RFDA* 1985.597, note Favoreu et p. 624, note Delvolvé ; *LPA* 1985, no 94-96, note Kerninon, solution réitérée, au sujet de la même liberté d'enseignement par les décisions 93-329 DC du 13 janvier 1994 et 96-373 DC du 9 avril 1996.

155. Refus du peuple corse. – Il faut également se référer à la décision du Conseil constitutionnel en date du 9 mai 1991 qui vient invalider la notion de peuple corse, même considéré comme composante du peuple français, à travers la formule alambiquée que le législateur, c'est-à-dire, en réalité, le Gouvernement dans les conditions d'exercice de la fonction législative sous la Ve République, avait cru pouvoir retenir pour contourner l'obstacle du contrôle de constitutionnalité. Or, il résulte de la solution retenue par la Haute Instance que ce concept juridique de peuple français a valeur constitutionnelle[6], notamment dans son unicité impliquant une forme juridique de l'État qui lui corresponde exactement. À dispositif constitutionnel constant, cette forme juridique ne saurait, dès lors, être elle-même autre qu'unitaire.

156. Charte européenne des langues régionales. – Dans le prolongement de la décision précédente, il faut souligner qu'en se prononçant contre la constitutionnalité de la loi autorisant la ratification de la Charte européenne des langues régionales ou minoritaires, élaborée dans le cadre du Conseil de l'Europe et signée à Budapest le 7 mai 1999, le Conseil constitutionnel réaffirme, avec beaucoup d'énergie, qu'en raison du principe d'unicité du peuple français à valeur constitutionnelle, ne sauraient être reconnus des droits collectifs à quelque groupe que ce soit, défini par une communauté d'origine, de culture, de langue ou de croyance, conformément aux articles 1er et 2, alinéa 1er de la Constitution[7]. Le coup d'arrêt ainsi porté, à bon droit, au communautarisme rampant qui ronge la société française, est un rappel assurément salutaire des exigences souvent perdues de vue de l'État unitaire décentralisé.

157. Inconstitutionnalité du fédéralisme. – Ainsi, par interprétation constructive du principe d'indivisibilité de la République, la jurisprudence du Conseil constitutionnel est parvenue à reconstituer la formule révolutionnaire de *« la République une et indivisible »* – celle qui figurait encore à l'article 85 de la Constitution de 1946 – quand, en 1958, la redéfinition de l'État français, de son territoire et donc de son peuple, à l'occasion de l'adoption, puis de la mise en œuvre de la nouvelle Constitution de la République et de la

6. CC, 9 mai 1991, *Collectivité territoriale de Corse*, déc. 91-290 DC, *Rec.* 50 ; *GDCC*, n° 41 et les réf.

7. CC, 15 juin 1999, *Charte européenne des langues régionales ou minoritaires*, déc. 99-412 DC, *Rec.* 71 ; *AJDA* 1999.573, note Schoettl ; *JCP* 1999.II.10198, note R. Debbasch ; *LPA* 21 septembre 1999, n° 188, p. 18 note Verpeaux et 5 janvier 2000, n° 3, p. 14, note Clapié ; *RFDA* 2001.59, note Fraisseix.

Communauté avait conduit à l'écarter du texte. En liaison avec l'organisation décentralisée de la République (Const., art. 1er, dernier al. nouveau résultant de la révision de 2003), toute tentation ou toute tentative de fédéralisme, même « *asymétrique* », est ainsi écartée qui ne serait pas en correspondance avec la décentralisation territoriale en France, y compris en Polynésie française, au titre d'une autonomie encore administrative, définie par un statut organique ou en Nouvelle-Calédonie, au titre d'une autonomie déjà politique, mais déterminée par un statut constitutionnalisé.

158. Conciliation entre unité et diversité. – Il importe donc de vérifier combien, à partir du recensement de ses éléments constitutifs, le système administratif repose sur deux principes : celui de l'unité et celui de la diversité qui ne sont aucunement contradictoires dès lors que l'unité ne signifie pas et n'a, d'ailleurs, jamais signifié l'uniformité. Au demeurant, si des tensions peuvent naître de la confrontation éventuelle entre unité et diversité, pourtant conciliée, depuis 2003, dans l'organisation constitutionnellement « *décentralisée* » de la République (Const., art. 1er, *in fine*), elles peuvent être résorbées à travers un réseau de contrôles permettant, en définitive, le respect par la puissance publique du principe de légalité dans un système normatif qui privilégie, à bon droit, l'unité, c'est-à-dire l'État. Or, il y faut précisément la réunion des deux conditions suivantes à la fois :

— du côté de l'unité, la cohérence de chaque ordre juridique dont celui de l'État. De l'unité de la République, il résulte l'unité de son droit qui tient d'abord à l'unité du pouvoir constituant et du pouvoir législatif en France, mais aussi l'unité de sa Constitution et de sa législation, la diversification étant le propre du pouvoir réglementaire dès lors qu'il est diffus au sein de l'État et des collectivités territoriales ;

— du côté de la diversité, la supériorité de l'ordre juridique de l'État sur celui des établissements publics nationaux ainsi que des collectivités inférieures, dites « *territoriales* » ou des établissements publics locaux.

159. Absence de Constitution calédonienne. – À l'appui de ces affirmations, on niera d'abord l'existence d'une Constitution propre à la Nouvelle-Calédonie même si, en effet, il n'est pas usuel que, dans un État unitaire, telle ou telle collectivité territoriale tire explicitement son statut de la Constitution elle-même. Que, depuis 1998 seulement, la Constitution française traite du statut de la Nouvelle-Calédonie s'explique par le souci des autorités publiques de prévenir toute remise en cause de ce statut, d'ailleurs transitoire, construit sur la base d'un accord politique, celui de Nouméa du 5 mai 1998, à la fois publicisé et constitutionnalisé (Const., Titre XIII, art. 76 et 77).

160. Absence de pouvoir législatif local. – On niera ensuite qu'il existe un pouvoir législatif local. Puisque besoin était, la décision du Conseil constitutionnel en date du 17 janvier 2002 relative à la modification du statut de la collectivité territoriale de Corse est venue préciser que, sans base constitutionnelle, le Parlement ne pouvait pas régulièrement déléguer à l'Assemblée de Corse le pouvoir législatif[8]. Et si, de façon ancienne et constante, l'assemblée délibérante de telle ou telle collectivité territoriale d'outre-mer peut venir prendre des délibérations en matière législative, sur un fondement exprès qui est et qui doit être, en droit positif, de droit constitutionnel, cela ne fait pas de ces délibérations des actes formellement législatifs dès lors qu'aux termes de l'article 34, alinéa 1er, la loi est votée par le Parlement, sous réserve du référendum législatif de l'article 11 de la Constitution. C'est ainsi que, sur la base de l'accord de Nouméa du 5 mai 1998, la loi constitutionnelle du 20 juillet 1998 visant à permettre l'élaboration par le congrès de la Nouvelle-Calédonie de *« lois du pays »* ne suffit pas à transformer ces règlements autonomes en véritables lois, même si le contentieux par voie d'action contre ces actes spécifiques, ni administratifs ni législatifs, est spécialement organisé devant le Conseil constitutionnel.

161. Unité et égalité. – Or, en France, c'est de cette unité du droit que résulte l'égalité devant la loi. La Constitution et la législation sont objectivement les mêmes pour tous, y compris au cas où leur contenu n'est pas intégralement ou systématiquement applicable à tous, de la même façon, en même temps. L'unité du droit n'est pas l'uniformité du droit et la révision de la Constitution par la loi constitutionnelle du 28 mars 2003 a ouvert, à cet égard, de larges perspectives : tel est le cas de la reconnaissance, sans condition, du pouvoir réglementaire des collectivités territoriales à l'article 72, alinéa 3 de la Constitution révisée levant ainsi les ambiguïtés ou les obscurités d'une jurisprudence administrative qui, sur ce point, était encore mal assurée : il y a là, dans le droit de la décentralisation territoriale et sous le contrôle du juge administratif, un pouvoir de diversification normative dès lors que l'application de la loi ne transitera plus nécessairement par le décret, mais pourra relever directement du règlement local, en correspondance avec l'organisation décentralisée de la République.

8. CC, 17 janvier 2002, *Loi relative à la Corse*, déc. 2001-454 DC *AJDA* 2000.100, note Schoettl.

162. Expérimentation. – Cependant, la Constitution révisée a entendu aussi reprendre, pour le clarifier en droit et le généraliser en fait, le recours à l'expérimentation, en matière tant législative que réglementaire. À cet effet, l'article 37-1 prévoit, dans le droit l'État, que la loi et le règlement peuvent comporter, pour un objet et une durée limités, des dispositions à caractère expérimental. On prendra l'exemple de la loi du 13 août 2004 relative aux libertés et responsabilités locales qui prévoit qu'*« à titre expérimental et pour une durée de cinq ans, aux fins de coordination des actions de développement économique (...), l'État peut confier à la région le soin d'élaborer un schéma régional de développement économique »* (art. 1er-II). La transposition, dans le droit des collectivités territoriales, de cette prescription figure à l'article 72, alinéa 4, ainsi rédigé : *« Dans les conditions prévues par la loi organique, et sauf lorsque sont en cause les conditions essentielles d'exercice d'une liberté publique ou d'un droit constitutionnellement garanti, les collectivités territoriales ou leurs groupements peuvent, lorsque, selon le cas, la loi ou le règlement l'a prévu, déroger, à titre expérimental et pour un objet et une durée limités, aux dispositions législatives ou réglementaires qui régissent l'exercice de leurs compétences »*.

163. Conditions de l'expérimentation. – La loi organique n° 2003-704 du 1er août 2003 est venue préciser les conditions de l'expérimentation locale, dans les domaines de la loi ou du règlement. C'est ainsi que l'article LO 1113-1 du Code général des collectivités territoriales prescrit que *« la loi qui autorise (...) les collectivités territoriales à déroger, à titre expérimental, aux dispositions législatives régissant l'exercice de leurs compétences, définit l'objet de l'expérimentation ainsi que sa durée, qui ne peut excéder cinq ans, et mentionne les dispositions auxquelles il peut être dérogé »*.

164. Rupture d'égalité. – Il y a là un processus qui crée, en effet, une rupture d'égalité, constitutionnellement admise, mais matériellement limitée, sans que l'égalité en droit soit définitivement, voire durablement méconnue : l'expérimentation locale est nécessairement provisoire de sorte qu'à l'échéance, fixée à date certaine, et sauf prolongation ou modification de l'expérimentation pour trois ans au plus, soit le droit nouveau sera généralisé (succès de l'expérimentation), soit le droit ancien sera rétabli (échec de l'expérimentation CGCT, art. LO 1113-6) et donc l'égalité en droit reconstituée. Au demeurant, les deux dispositifs, celui pour l'État de l'article 37-1 et celui pour les collectivités territoriales de l'article 72, alinéa 4, ne sont pas sans relation entre eux dès lors que c'est bien par la loi ou le règlement de l'État que l'expérimentation locale est permise. En conséquence, conformément à la conception unitaire de l'État sur laquelle repose la décentralisation territoriale, on serait tenté de dire que, de l'article 37-1 à l'article 72, alinéa 4 de la Constitution révisée, on va, en quelque sorte, du général à un cas particulier ou encore du principe à l'une de ses applications.

Section 1
Les éléments du système administratif

165. Personnes publiques. – Le système administratif est composé de personnes administratives qui sont régies en principe par le droit public, ce qui inclut l'État et trois catégories juridiques complémentaires : les collectivités territoriales, les établissements publics et les groupements d'intérêt public bien que le droit français ne parvienne plus à faire entrer toutes les personnes morales dont le contentieux relève, en définitive, du juge administratif, dans le cadre général de cette classification tripartite : ainsi la distinction entre collectivité territoriale et établissement public est contestable quand l'établissement public est territorial, dans le contexte de l'intercommunalité par exemple, alors surtout que la question se pose déjà de l'élection, à terme, des assemblées délibérantes de ces structures intercommunales au suffrage universel direct, du moins quand ces structures sont dotées d'une fiscalité propre.

166. Personnes publiques *sui generis*. – De façon plus nette encore, le droit public, sur une base de jurisprudence ou de texte, a dû quitter les catégories juridiques préétablies pour admettre l'existence de personnes publiques à statut propre – on dit aussi *sui generis* – telles que la Banque de France[9] ou encore l'Institut de France et chacune des cinq Académies qu'il regroupe (loi du 18 avril 2006, art. 35, al. 1er). Ceci équivaut à mettre en échec la systématisation actuelle dans des proportions qui, tout de même, sont encore loin d'être préoccupantes de sorte que leur étude pourra être négligée. Au demeurant, ces personnes publiques ne sauraient être regardées

9. TC, 16 juin 1997, *Société la Fontaine de Mars c/Banque de France, Rec.* 532 ; *CJEG* 1997.363, concl. Arrighi de Casanova ; *RFDA* 1997.823, concl. Arrighi de Casanova ; *JCP* 1998.I.125, chr. Petit et CE, 22 mars 2000, *Syndicat national autonome du personnel de la Banque de France, AJDA* 2000.410, chr. Guyomar et Collin ; *D.* 2000. IR.139 ; *Dr. adm.* 2000, n° 88.

raisonnablement comme des institutions administratives en tant qu'elles ne participent pas au système administratif et que ce statut s'explique, sans se justifier, par des considérations d'opportunité, sans importance théorique.

167. Organismes innommés. – On ne retiendra pas, en revanche, comme des personnes publiques les organismes innommés, même chargés d'un service public, comme les comités d'organisation[10] ou encore les ordres professionnels[11]. La controverse sur la nature juridique des comités d'organisation a été, en effet, définitivement tranchée en faveur de la solution logiquement favorable au droit privé[12], solution qui doit être étendue aux ordres professionnels en dehors du contentieux de leurs actes ou opérations procédant de prérogatives de puissance publique[13].

168. Entreprises publiques. – La même solution en faveur de la nature privée des entreprises publiques doit être retenue, à l'exception notable de celles qui sont en la forme d'établissements publics à caractère industriel et commercial, encore que ces personnes publiques soient régies principalement par le droit privé. Ainsi les entreprises publiques qui sont en forme juridique de personnes morales de droit privé, ne sauraient être considérées comme des personnes publiques, y compris dans l'hypothèse où ces entreprises publiques gèrent un service public et malgré la présence d'éléments de droit public dans leur statut de droit privé. La mixité du fond du droit, applicable aux entreprises publiques, ne saurait donc conduire à renoncer aux classifications juridiques de base nécessaires pour rendre compte d'un système d'ensemble qui, par lui-même, et quels que soient les efforts louables de la doctrine universitaire, n'est pas si facilement lisible ou compréhensible.

§1. L'État

169. Primat de l'État. – Historiquement, la France est d'abord un État avant d'être une nation et, politiquement, la nation française

10. CE Ass., 31 juillet 1942, *Monpeurt, Rec.* 239 ; *GAJA*, n° 59 et les réf.

11. CE Ass., 2 avril 1943, *Bouguen, Rec.* 86 ; *GAJA*, n° 60 et les réf.

12. CE, 7 décembre 1984, *Centre d'études marines avancées, Rec.* 413 ; *RFDA* 1985.381, concl. Dutheillet de Lamothe, note Moderne ; *AJDA* 1985.274, note Godfrin.

13. TC, 13 février 1984, *Cordier et autres, Rec.* 447 ; *LPA* 14 novembre 1984, p. 11 ; concl. Labetoulle ; *LPA* 20 juillet 1984, p. 13, note Ourliac ; *RDP* 1984.1139, note Drago ; *Rev. adm.* 1984.588, note Pacteau.

se désagrège lorsque l'État français dépérit. Dans un contexte politique où le retour en force de l'État, perceptible dans les mois qui ont suivi le rapport Picq, intitulé *L'État en France : servir une nation ouverte sur le monde* et publié en 1995, aura été ensuite cruellement démenti, le Président de la République a eu ainsi l'occasion de rappeler, le 31 décembre 2001 : *« La France (...) a besoin d'un État fort, d'une autorité respectée, d'un ordre républicain assumé. Elle a besoin d'unité et de cohésion »*.

170. État comme tout et partie. – Or, la situation juridique de l'État français est caractérisée par le fait qu'il tient de son caractère unitaire d'être à la fois le tout et une partie de ce tout. Pour gérer ce paradoxe, il faut considérer un État à deux niveaux.

171. Le niveau politique. – Le niveau politique suppose de percevoir l'État comme un tout constitutionnel, inséré peu à peu dans un schéma plus vaste, celui de l'Union européenne dont la construction juridique déstructure profondément le droit français d'origine interne, y compris les droits constitutionnel ou administratif. Il y a là un processus de fédéralisation rampante qui vise à transformer chaque État membre en un État fédéré, selon un processus qui a reçu un net coup d'arrêt à l'occasion du refus du peuple français, par référendum du 29 mai 2005, d'autoriser la ratification d'un traité communautaire qui, dans l'exact prolongement de la jurisprudence de la Cour de Luxembourg[14], se présentait ouvertement comme une Constitution afin d'étatiser implicitement l'Union européenne, avec l'accord de tous ses États membres.

172. Le niveau administratif. – Le niveau administratif suppose de considérer l'État comme l'élément essentiel du système administratif, doté normalement de la compétence de principe au regard de toutes les autres catégories de personnes administratives : collectivités territoriales, établissements publics et groupements d'intérêt public, les personnes publiques à statut particulier étant mentionnées pour mémoire.

173. Critères de l'État. – La science juridique, manifestée le plus souvent par le droit constitutionnel ou par le droit international public, donne de l'État une définition, variable en doctrine, mais qui, en définitive, repose, y compris dans le droit administratif, sur la réunion de trois critères distincts dont chacun se dédouble en

14. CJCE, 15 juillet 1964, aff. 6/64, *Costa c/ENEL* et CJCE, 23 avril 1986, aff. 294/83, *Les Verts c/Parlement*.

deux éléments : la personnalité morale et le pouvoir organisé, le territoire et la population, la vocation générale et la souveraineté.

A La personnalité morale et le pouvoir organisé

174. La personnalité morale est, sans aucun doute, une fiction juridique qui, cependant, présente cet avantage considérable de faire apparaître l'État comme une institution, inscrite dans la permanence ou, en tout cas, dans la durée, car abstraite de la personne physique des citoyens ou des gouvernants et détachée des pouvoirs constitués ou des organisations administratives qui sont chargés de le prendre en charge ou de l'animer. Toutefois, l'existence de ce pouvoir organisé, à la fois politique ou constitutionnel et juridique ou administratif, en la forme d'un véritable appareil d'État, est également nécessaire pour que précisément la personnalité morale parvienne à se manifester au sein de l'État. La personnalité morale et le pouvoir organisé renvoient ainsi à l'exercice de la compétence temporelle de l'État.

B Le territoire et la population

175. Le territoire permet de situer l'État dans l'espace international et il est lié à l'existence d'une population qui habite ce territoire. *A contrario*, il n'existe pas d'État sans territoire, sauf à considérer que celui-ci est maintenu, malgré son occupation quasi complète (par ex., la Palestine), de même qu'il n'existe pas d'État sans population, aussi faible soit-elle (par ex., le Saint-Siège qui compte moins de 800 habitants). On notera qu'il est indifférent que cette population soit constituée ou non en nation, l'État-nation, tel que la France, n'étant que l'une des formes de l'État, pas la plus fréquente, et le concept de nation relevant de la sociologie politique, et non de la science juridique. Le territoire et la population renvoient ainsi à l'exercice de la compétence territoriale de l'État.

C La vocation générale et la souveraineté

176. Compétence de la compétence. – L'État a vocation générale, c'est-à-dire que, dans le cadre de sa personnalité morale, il incombe au pouvoir organisé de traiter de toutes les affaires qui concernent son territoire et sa population. Or, la définition de ces affaires est assurée par l'État lui-même, au bénéfice de ce que l'on dénomme la *« compétence de sa compétence »*. Il y a ici la manifestation de la souveraineté comme élément décisif de la notion d'État, sans que l'on puisse admettre la remise en cause de ce principe dans toutes les hypothèses, nombreuses, fréquentes et réversibles où il autodéfinit les limitations ou les transferts de compétences auxquels il consent librement, et par ses propres procédures, en tant que sujet de l'ordre international ou, plus souvent, s'agissant de la France, en tant qu'État membre de l'Union européenne. Encore faut-il admettre un double verrou à cette construction juridique d'ensemble :

— d'une part, la suprématie de la Constitution française dans l'ordre juridique de l'État français, qualifié d'*« interne »*[15] ;

— d'autre part, la conservation par l'État français du pouvoir constituant dérivé, en tant que pouvoir exercé par le peuple français lui-même ou ses représentants, sous réserve des limites temporelles et matérielles fixées par la Constitution à sa propre révision.

177. Suprématie. – Bien entendu, lorsque l'État, comme en France, est en forme d'État-nation, il n'y a aucun inconvénient à qualifier la souveraineté de *« nationale »* (DDHC, art. 3 et Const., art. 3, al. 1er). La vocation générale et la souveraineté renvoient ainsi à la compétence matérielle de l'État et manifestent la prééminence de l'État sur les collectivités territoriales[16].

§ 2. Les collectivités territoriales

178. Titre XII de la Constitution. – Le Titre XII de la Constitution et plus précisément l'article 72 traite des *« collectivités territoriales »* et, dans le cadre de la codification des textes à droit constant, la loi du 21 février 1996 est venue établir la partie législative du Code général des collectivités territoriales. La définition des collectivités territoriales est juridiquement assez proche de celle de l'État et, du reste, la Cour de Luxembourg a pu parler, en ce sens,

15. CE, 30 octobre 1998, *Sarran et autres, Rec. 369 ; AJDA* 1998. 1081, concl. Maugüé, note Alland ; *RFDA* 1999. 77, note Gohin ; *GAJA* n° 102 et les autres réf ; Cass. Ass. plén., 2 juin 2000, *Mlle Fraisse, Bull. Ass. plén.*., n° 4, p. 7 ; *D.* 2000. 865, note Mathieu et Verpeaux ; *Europe* août-septembre 2000, p. 3, note Simon ; *Gaz. Pal.* 24-28 décembre 2000, note Flauss ; *LPA* 11 décembre 2000, note Jan ; *RGDIP* 2000, p. 811, note Poirat ; *RDP* 2000, p. 1037, note Prétot ; *JCP* 2001.II.10454, note Foucauld et CC, 19 novembre 2004, *Constitution pour l'Europe*, déc. 04-505 DC, *Rec.* 173 ; *JCP-A* 2004. 1847, note Gohin ; *GDCC* n° 44 et les autres réf.

16. CC, 29 mai 1990, *Droit au logement*, déc. 90-274 DC, *Rec.* 61 ; *GADD* n° 6 et les réf.

de « *la sauvegarde des intérêts généraux de l'État et des autres collectivités publiques* »[17].

179. Personnalité, territoire et population. – Dans le droit des collectivités territoriales, on retrouve, en effet, la personnalité morale et le pouvoir organisé ainsi que le territoire et la population. En particulier, une collectivité territoriale sans population est nécessairement une abstraction que le droit français devrait cesser de reconnaître : neuf communes de la Meuse n'ont plus aucun habitant (il s'agit de villages détruits, en 1916, au cours de la bataille de Verdun).

180. Vocation générale. – Mais, si la collectivité territoriale a également une vocation générale, elle ne saurait, en revanche, ni se placer sur le terrain politique dès lors que[18] ni *a fortiori* avoir d'autres compétences que celles que l'État lui attribue. La loi du 16 décembre 2010 venant réformer le droit des collectivités territoriales a posé, en ce sens, le principe de la limitation des compétences des départements et des régions aux seules compétences explicitement et exclusivement transférées à ces deux catégories de collectivités territoriales par une loi à intervenir d'ici à la fin 2011.

181. Absence de souveraineté. – En effet, une collectivité territoriale n'est pas, par elle-même, un État dans l'État : pour partager les critères de la définition de l'État, l'élément essentiel de cette définition, en effet, lui fait défaut : celui de la souveraineté, en tant que, liée à l'indivisibilité de la République (Const., art. 1er, al. 1er), la souveraineté nationale dont l'exercice ne saurait être attribué aux collectivités territoriales (*ibid*., art. 3, al. 2) est le monopole de l'État (*ibid*., al. 3), la Constitution française venant confondre, dans un État unitaire conçu comme un État-nation, les termes de République, de peuple, de nation, d'État ou de France. Bien qu'elle ait une vocation générale, une collectivité territoriale ne dispose et ne saurait disposer d'aucune souveraineté externe ou interne, même fortement limitée, et n'a donc pas la faculté de se doter elle-même d'organes nouveaux[19], pas plus que, de façon générale, elle n'a la compétence de sa compétence. Lui appartiennent en propre les seules compétences qui lui sont expressément attribuées par le législateur ou, exceptionnellement, par le constituant, c'est-à-dire, en toute hypothèse, par l'État unitaire dans l'exercice de ses pouvoirs.

17. CJCE, 17 décembre 1980, *Commission c/ Belgique*, déc. 149/79, *Rec.* 3881 ; *RTDE* 1981.281, note Druesne.

18. CC, 25 avril 1994, *Président du conseil général du Territoire de Belfort, Rec.* 190 ; *GADD* n° 55 et les réf.

19. CE Sect., 28 octobre 1932, *Laffitte et autres, Rec.* 882 ; *S.* 1933.65.

182. Plan. – Dans l'étude de la définition des collectivités territoriales, on insistera donc, par rapport à la définition de l'État, sur deux points, l'un qui est de convergence : l'autonomie administrative, et l'autre qui est, au contraire, de divergence : la compétence attribuée.

A L'autonomie administrative

183. Une institution autonome par rapport à l'État. – Toute collectivité territoriale est dotée de la personnalité morale et, à ce titre, bénéficie d'une autonomie administrative par rapport à l'État, c'est-à-dire qu'elle dispose de son propre personnel et de son propre budget, dans des conditions de mise en œuvre déterminées par le pouvoir institué, formé de l'assemblée délibérante et de l'exécutif de la collectivité.

184. Une institution englobée dans l'État. – Or, l'autonomie administrative touche à l'organisation de l'État politiquement unitaire et s'attache nécessairement à la reconnaissance des collectivités territoriales comme institutions publiques au sein de cet État (en ce sens, le référendum du 6 novembre 1988 relatif à l'organisation territoriale précédente de la Nouvelle-Calédonie et fondé sur l'article 11 de la Constitution, au titre de l'organisation des pouvoirs publics). Dès lors, l'autonomie administrative relève des dispositions de la Constitution. Après avoir énuméré les trois catégories de collectivités territoriales de la République que sont les communes, les départements et les régions, après avoir mentionné les collectivités à statut particulier et les collectivités d'outre-mer et après avoir renvoyé pour le surplus, à la loi (au sens de la loi dite « *ordinaire* » de l'article 45 de la Constitution) la création de « *toute autre collectivité territoriale* », la Constitution dispose, en ce sens, que « *ces collectivités s'administrent librement par des conseils élus* »[20]. On observera d'ailleurs que, depuis la loi du 2 mars 1982, ce dernier dispositif est répété inutilement à l'article L. 1111-1 qui ouvre le Code général des collectivités territoriales, en ces termes : « *les communes, les départements et les régions s'administrent librement par des conseils élus* », sans que le principe devienne, pour autant, législatif et cesse donc d'être constitutionnel.

20. Art. 72, al. 3 et CC, 23 mai 1979, *Modes d'élection de l'assemblée territoriale et du conseil de Gouvernement du territoire de la Nouvelle-Calédonie*, déc. 79-104 DC, *Rec.* 27.

185. Nouvelle-Calédonie. – Encore faut-il faire une place à part, en dehors de la loi, à la Nouvelle-Calédonie et aux provinces de Nouvelle-Calédonie, collectivités territoriales de la République dont le statut est déterminé directement, depuis 1998, par la Constitution[21] et, pour le surplus, par la législation organique à titre principal (loi org. du 19 mars 1999, prise en application de l'art. 77 de la Constitution) de sorte que ce n'est qu'accessoirement que l'on retrouve, pour ces collectivités à statut particulier, la loi ordinaire. Il en sera de même, en dehors de la loi encore, des communes de Nouvelle-Calédonie dans une phase ultérieure de la période d'application des dispositions transitoires.

186. Principe constitutionnel. – La libre administration des collectivités territoriales qui est précisément la traduction de leur autonomie administrative, est donc un principe constitutionnel dont les juridictions de droit public assurent la garantie contre les agissements du législateur ou du pouvoir réglementaire. On citera ainsi la décision du Conseil constitutionnel en date du 20 janvier 1984 qui, notamment, a jugé contraire à la Constitution, par le motif de la violation du principe de libre administration des collectivités territoriales, la disposition votée par le Parlement instituant la sanction de la nullité des nominations à intervenir, dans tous les cas de manquement à l'obligation faite aux collectivités, non affiliées à un centre départemental de gestion, d'avoir à déclarer leurs emplois vacants auprès de ce centre[22].

187. Jurisprudence. – Fondée sur l'article 34 de la Constitution qui réserve au législateur la détermination des principes fondamentaux de la libre administration des collectivités territoriales, de leurs compétences et de leurs ressources (Const., art. 34), la jurisprudence du Conseil d'État est, à l'évidence, dans le même sens[23]. Et, on observera que, statuant en référé-liberté, sur le fondement de l'article L. 521-2 du Code de justice administrative, le Conseil d'État a admis le même principe de libre administration comme une « *liberté fondamentale* », au sens de la loi du 30 juin 2000 relative au référé devant les juridictions administratives, se référant ainsi « *à l'une des*

21. Accord de Nouméa tel qu'il est publicisé et constitutionnalisé par la révision du 20 juillet 1998 et Titre XIII portant dispositions transitoires relatives à la Nouvelle-Calédonie.

22. CC, 20 janvier 1984, *Fonction publique territoriale*, déc. 83-168 DC, *Rec.* 28 ; *AJDA* 1984.258, note Nemery ; *RDP* 1984.687, note Favoreu ; *D.* 1985.IR.359, note L. Hamon.

23. CE Ass., 29 avril 1981, *Ordre des architectes, Rec.* 198 ; *AJDA* 1981.429, note Genevois.

libertés publiques ou à l'un des autres droits essentiels reconnus aux individus et garantis par l'État »[24] ;

188. Affaires locales et prétendue clause générale de compétence. – Dès lors que la définition des compétences des collectivités territoriales appartient à l'État, et à lui seul, c'est de façon irrégulière, et sous le contrôle éventuel du juge administratif ou, exceptionnellement, du juge constitutionnel, qu'une collectivité territoriale sortirait de son domaine de compétences ainsi déterminé, que ces compétences soient, en principe, d'attribution ou qu'elles soient par exception, de principe, ce qui n'est le cas qu'en Nouvelle-Calédonie, depuis 1976, et en Polynésie française, depuis 1977. La loi du 7 janvier 1983, art. 1er, al. 1er, à présent codifié, était des plus claires en ce sens : *« Les communes, les départements et les régions règlent par leurs délibérations les affaires de leur compétence »*. En droit positif, l'article L. 2121-29, alinéa 1er du Code général des collectivités territoriales dispose que *« le conseil municipal règle par ses délibérations les affaires de la commune »*.

189. Cette prescription qui remonte à la loi municipale du 5 avril 1884, est connue sous la dénomination d'*« affaires locales »,* notion dont les contours sont suffisamment flous pour permettre à la commune ou à toute autre collectivité territoriale ou groupement de collectivités territoriales d'intervenir, sous le contrôle du juge administratif, dans tous les domaines qu'elle estime d'intérêt public local[25]. C'est pourquoi, elle est souvent confondue, à tort et de longue date, avec une prétendue clause de compétence générale qui heurte de front, pourtant, la définition par l'État, et par lui seul, au titre de sa souveraineté interne, des compétences des collectivités décentralisées, aussi poussée que soit leur autonomie territoriale. Car ce qui vaut pour les communes, vaut aussi pour les départements et les régions. Le Conseil constitutionnel a eu l'occasion, de façon récente, d'y mettre enfin bon ordre, dans le droit qui leur est applicable : « *Considérant que, selon les requérants, la suppression de la clause dite* "de compétence générale" *des départements et des régions méconnaît le principe de libre administration des collectivités territoriales, tel qu'il est défini par*

24. CE Sect., 18 janvier 2001, *Commune de Venelles et Morbelli,* (2 arrêts), *Rec.* 18, concl. Touvet ; *RFDA* 2001. 378, concl. Touvet et p. 681, note Verpeaux ; *AJDA* 2001. 153, chr. Guyomar et Collin ; *adde*, L. Favoreu et A. Roux, « La libre administration des collectivités territoriales est-elle une liberté fondamentale ? », *Cahiers du Conseil constitutionnel* n° 12/2002, p. 88-92.

25. En ce sens, CE Sect., 28 juillet 1995, *Commune de Villeneuve d'Ascq, Rec.* 324 ; *GADD* n° 64 et les réf. et 11 juin 1997, *Département de l'Oise, Rec.* 236 ; *GADD* n° 4 et les réf.

l'article 72 de la Constitution, ainsi qu'un principe fondamental reconnu par les lois de la République qui garantit cette compétence générale ; Considérant que l'article 48 de la loi du 10 août 1871 susvisée précisait que le conseil général délibère "sur tous les objets d'intérêt départemental dont il est saisi, soit par une proposition du préfet, soit sur l'initiative d'un de ses membres" ; *que ces dispositions n'ont eu ni pour objet ni pour effet de créer une* "clause générale" *rendant le département compétent pour traiter de toute affaire ayant un lien avec son territoire ; que, par suite, elle ne saurait avoir donné naissance à un principe fondamental reconnu par les lois de la République garantissant une telle compétence* »[26].

190. Ainsi, avant comme après la réforme des collectivités territoriales du 16 décembre 2010, si la référence à la notion d'affaires locales déduite de la loi et confortée par la jurisprudence est maintenue – la commune intervient régulièrement dans tous les domaines qu'elle estime, à bon droit, d'intérêt communal – elle doit être conciliée avec l'affirmation, désormais explicitée, de clauses particulières de compétence telle qu'attribuées par l'État à chaque catégorie de collectivité territoriale : si « *le conseil général règle par ses délibérations les affaires du département* », c'est « *dans les domaines de compétence que la loi lui attribue* »[27] encore que ce dispositif ne soit en vigueur qu'au 1er janvier 2015[28].

191. Autrement dit, la notion d'affaires locales devra, comme le passé, être combinée avec celle de compétence attribuée, y compris lorsque le conseil général ou le conseil régional pourra, par délibération spécialement motivée, se saisir respectivement de tout objet d'intérêt départemental ou régional pour lequel la loi n'aura donné compétence à aucune autre personne publique (CGCT, art. L. 3211-1, al. 2 : conseil général ou L. 4221-1, al. 2 conseil régional de métropole et L. 4433-1, al. 2 conseil régional d'outre-mer) sans que ce nouveau dispositif, en vigueur le 1er janvier 2015 (loi du 16 déc. 2010, art. 73-VII), soit contraire aux principes de subsidiarité territoriale (Const., art. 72, al. 2) ou de libre administration des collectivités territoriales (*ibid.*, al. 3 ; en ce sens[29]).

---

26. CC, 9 décembre 2010, *Réforme des collectivités territoriales*, déc. 10-618 DC, cons. 53 et 54.
27. CGCT, art. L. 3211-1, al. 1er modif. loi du 16 décembre 2010, art. 73-I ; de même, pour les art. L. 4221-1, al. 1er et L. 4433-1, al. 1er du même Code applicables aux conseils régionaux de métropole et d'outre-mer modif. par la même loi, art. 73-II et III.
28. Loi du 16 déc. 2010, art. 73-VII.
29. CC, 9 décembre 2010, *Réforme des collectivités territoriales*, déc. 10-618 DC préc., cons. 55.

B La compétence attribuée

192. Collectivités à statut d'autonomie. – Cependant, on doit noter que, par dérogation rare et sans difficulté théorique, cette compétence locale peut être de principe et, dès lors, celle de l'État l'exception. Il en est ainsi, actuellement, de la Nouvelle-Calédonie, régie par l'accord de Nouméa du 5 mai 1998, l'article 77 de la Constitution et par la loi organique du 19 mars 1999, ainsi que de la Polynésie française, régie par la loi organique du 27 février 2004. Pour étonnante et inusitée que soit cette construction juridique, il n'y a pas là mise en cause théorique de la souveraineté nationale qui implique la compétence attribuée, aux deux conditions suivantes :

— d'une part, les matières qui correspondent précisément aux compétences dites *« de souveraineté »*, ne sauraient être transférées hors de l'État et lui sont donc maintenues en permanence : par exemple, la défense ou la justice de droit commun, sauf dispositif constitutionnel contraire : c'est le cas précité, au bénéfice de la Nouvelle-Calédonie, mais de façon fort limitée, en matière de relations internationales ;

— d'autre part, l'État continue à maîtriser les transferts possibles de compétence au profit de la collectivité territoriale, même dans le cadre d'une décentralisation particulièrement étendue. Au demeurant, il faut préciser qu'il y a là un processus qui, en droit, est toujours réversible, à la seule volonté du peuple français, que la souveraineté nationale qui lui appartient soit exercée par ses représentants ou par la voie du référendum et que le niveau de la norme étatique de répartition des compétences soit constitutionnelle ou législative. Dès lors, si, en droit positif, la compétence de principe de la Nouvelle-Calédonie est garantie par la Constitution, depuis 1998, et celle de la Polynésie française par la loi organique de 2004, la Constitution ou une loi organique sont des normes d'État que le constituant ou le législateur organique peuvent toujours modifier.

193. Limite à l'action internationale des collectivités territoriales. – Depuis la loi d'orientation du 4 février 1995, l'interdiction est réitérée, de la façon la plus nette, à toute collectivité territoriale de sortir de sa compétence attribuée, en empiétant sur le terrain des relations internationales qui relève du pouvoir exclusif de l'État souverain : *« Aucune convention, de quelque nature que ce soit, ne peut être passée entre une collectivité territoriale ou un groupement et un État étranger, sauf si elle a vocation à permettre la création d'un groupement européen de coopération territoriale »* (CGCT, art. L. 1115-5 modif. loi du 16 avr. 2008, art. unique, § V). Le législateur cherche ainsi à prévenir le risque réel que la décentralisation puisse conduire à une situation de contournement de l'État qui constituerait une remise en cause de son autorité, mais surtout de son unité, dans des conditions que, depuis 1982, la coopération décentralisée des collectivités territoriales tend toutefois à favoriser, notamment en conformité avec le règlement communautaire relatif à un groupement européen de coopération territoriale (en ce sens, loi du 16 avril 2008 préc. visant à renforcer la coopération transfrontalière, transnationale et interrégionale). Et l'on observera que ce n'est qu'au bénéfice de la révision constitutionnelle du 20 juillet 1998, que la législation organique, sous le contrôle obligatoire du juge constitutionnel, a pu intervenir afin de contourner ce dispositif d'interdiction, en ce qui concerne la Nouvelle-Calédonie, en vue de permettre à cette collectivité territoriale à statut particulier, d'exercer, par exception, à titre transitoire et à droit constitutionnel constant, une compétence directe en matière de relations internationales avec les États du Pacifique Sud.

194. Coopération décentralisée. – La coopération décentralisée concernait, en 2010, environ 4754 collectivités territoriales françaises, engagées dans près de 12 000 actions sur tous les continents, avec, le cas échéant, l'appui de financements communautaires entre les régions des États membres de l'Union européenne : pour la période 2007-2013, les programmes Interreg 4 auront été dotés de 7,75 milliards d'euros. Dans l'état actuel du droit positif, renforcé par une pratique méconnue et mal contrôlée, elle est régie, dans le droit commun des collectivités territoriales, par les dispositions des articles L. 1115-1 et suivants du Code général des collectivités territoriales. Cela correspond aux accords conclus entre collectivités territoriales françaises et leurs homologues étrangères.

195. Conventions multilatérales. – Il s'agit, en premier lieu, de conventions bi- ou multilatérales passées dans les limites de leurs compétences et dans le respect des engagements territoriaux de la France ainsi que soumises au contrôle de légalité exercé par l'autorité administrative de tutelle (CGCT, art. L. 1115-1 ; à ce sujet, l'avis du Conseil d'État du 25 octobre 1994, *EDCE* 1995, n° 46, p. 379 précisant qu'il ne s'agit pas d'engagements internationaux). On mentionnera que l'article L. 1115-1-1, ajoute que *« les communes, les établissements publics de coopération intercommunale et les syndicats mixtes chargés des services publics de distribution d'eau potable et d'assainissement ou du service public de distribution d'électricité et de gaz peuvent, dans la limite de 1 % des ressources qui sont* *affectées aux budgets de ces services, mener des actions de coopération avec les collectivités territoriales étrangères et leurs groupements, dans le cadre des conventions prévues à l'article L. 1115-1, des actions d'aide d'urgence au bénéfice de ces collectivités et groupements, ainsi que des actions de solidarité internationale dans les domaines de l'eau et de l'assainissement et de distribution publique d'électricité et de gaz* ».

196. Accords internationaux. – Il s'agit, en second lieu, de la mise en œuvre d'accords internationaux conclus entre la France et d'autres États en vue de promouvoir la coopération décentralisée :

— tel est le cas général de la Convention-cadre européenne sur la coopération transfrontalière des collectivités ou autorités territoriales en date du 21 mai 1980 dont la ratification a été autorisée par la loi du 23 décembre 1983 et opérée par le décret du 4 juin 1984. Il convient de préciser que, depuis 1994, les accords conclus par les collectivités territoriales françaises, dans le cadre de cette Convention dite de Madrid, ne sont plus subordonnés, pour la coopération transfrontalière et les relations de voisinage non frontalières, à l'autorisation préalable du Gouvernement français à travers la conclusion nécessaire d'un accord interétatique dit « *de couverture* » ;

— tels sont aussi les cas particuliers de plusieurs conventions bi- ou plurilatérales passées par l'État français qui viennent organiser la coopération décentralisée de ses collectivités territoriales. Tel est le cas outre-mer avec, par exemple, l'adhésion, en 1986, de la France à l'Accord de Victoria du 10 janvier 1984 créant la Commission de l'Océan Indien « *en raison de sa volonté de voir son département et sa région de La Réunion participer pleinement à la coopération régionale au bénéfice de l'ensemble de la région* », c'est-à-dire le Sud-Ouest de l'Océan Indien. Tel est le cas en métropole avec, par exemple, la Convention de Karlsruhe du 23 janvier 1996 intervenue entre la France, l'Allemagne, le Luxembourg et la Suisse, aux mêmes fins de coopération décentralisée.

197. Groupement européen de coopération territoriale. – En dernier lieu, la loi précitée du 16 avril 2008 visant à renforcer la coopération transfrontalière, transnationale et interrégionale permet, en application du règlement communautaire n° 1082/2006 du 5 juillet 2006, la création d'un groupement européen de coopération territoriale de droit français doté de la personnalité morale et de l'autonomie financière ou l'adhésion à un groupement de droit étranger[30].

30. CGCT, art. L. 1115-4-2.

Dans le cadre de cette coopération décentralisée, le dispositif comporte, pour l'État unitaire, quatre sécurités juridiques dès lors que l'adhésion ou la participation à la personne morale de droit étranger des collectivités territoriales françaises s'opère :

— dans les limites de leurs compétences et dans le respect des engagements internationaux de la France ;

— à la condition de l'autorisation de l'État, donnée, désormais, par arrêté du préfet de région ;

— dans le cadre d'une convention dont de nombreuses clauses sont obligatoires : durée, conditions et modalités financières et de contrôle de l'adhésion ;

— à travers le contrôle de légalité effectué sur cette convention qui est un acte transmissible ainsi qu'à travers le contrôle de gestion appliqué sur les collectivités adhérentes ou participantes par le biais des comptes certifiés conformes de la personne morale de droit étranger et de son rapport d'activité, lesquels doivent être annexés au budget de ces collectivités.

198. Participation au capital d'une personne morale de droit étranger. – Par ailleurs, les collectivités territoriales et leurs groupements peuvent aussi, dans les mêmes conditions, participer au capital d'une personne morale de droit étranger auquel adhère ou participe au moins une collectivité territoriale ou un groupement de collectivités territoriales d'un État membre de l'Union ou du Conseil de l'Europe. Dans ce cas, la participation de l'ensemble des collectivités françaises ne peut être supérieure à plus de 50 % du capital ou des charges (CGCT, art. L. 1115-4).

§ 3. Les établissements publics

199. Principes constitutifs. – En tant que personnes administratives, les établissements publics sont régis par deux principes qui, par rapport à la définition des collectivités territoriales, sont, pour l'un, positif ou de convergence : l'autonomie et, pour l'autre, négatif ou de divergence : la spécialité, c'est-à-dire l'absence de vocation générale. Encore faut-il souligner combien la notion d'établissement public reste fondamentalement hétérogène dans le droit administratif français.

A Le principe d'autonomie

200. L'établissement public se voit reconnaître la personnalité morale. Il est donc doté d'organes spécifiques d'administration et d'exécution, chargés de la direction du service, de même qu'il dispose d'un patrimoine propre[31] ainsi que d'un budget autonome, distinct de celui de l'État (établissement public national) ou de la collectivité territoriale (établissement public local) qui le contrôle. Ainsi est irrégulière, pour avoir été prise en méconnaissance de l'autonomie d'un établissement public, la décision de l'autorité de tutelle de transférer le siège de l'École nationale d'administration de Paris à Strasbourg[32].

B Le principe de spécialité

201. Mais, contrairement à la collectivité territoriale, l'établissement public n'a, quant à lui, qu'une compétence spécialisée[33]. Cette spécialité est ici matérielle et correspond au service qu'il lui appartient de gérer. Toutefois, elle peut être largement entendue : par exemple, la possibilité pour une chambre de commerce et d'industrie d'exploiter un aéroport, d'organiser des foires-expositions ou de créer des établissements d'enseignement commercial. Cependant, la spécialité de l'établissement public est également territoriale, c'est-à-dire qu'il exerce son activité sur le territoire de l'État, s'il s'agit d'un établissement public national, ou seulement sur le territoire d'une ou de plusieurs collectivités territoriales, s'il s'agit d'un établissement public local.

C L'hétérogénéité de la notion d'établissement public

202. Plasticité. – La notion d'établissement public correspond à une très grande variété d'objets, de statuts ou de dimensions : il y a bien peu de rapport entre la Caisse des écoles du VIe arrondissement de Paris et la Société nationale des chemins de fer français. Le Conseil d'État, dans le troisième rapport qu'il leur consacre en 2009, note que « *le premier avantage de la formule de l'établissement public*

31. À ce sujet, l'arrêt CE, 21 mars 1984, *Mansuy, Tab.* 616 ; *D.* 1984.510, note Moderne ; *RDP* 1984.1059, note Y. Gaudemet sur la domanialité publique des établissements publics.

32. CE Ass., 4 juin 1993, *Association des anciens élèves de l'ENA et autres, Rec.* 168 ; *RFDA* 1993.657, concl. Schwartz.

33. CE Sect., 4 juin 1954, *École nationale d'Administration, Rec.* 338, concl. Chardeau : l'École n'est pas chargée de protéger ses anciens élèves dans leur carrière.

réside dans sa plasticité qui lui permet de répondre à une très grande variété d'objectifs »[34].

203. Décentralisation fonctionnelle. – Sans doute, on peut soutenir que l'établissement public correspond à la personnalisation d'un service public et, en ce sens, on parlera de décentralisation fonctionnelle, correspondant au souci de l'État ou d'une collectivité territoriale de conférer l'autonomie administrative à l'une de ses propres activités dont, pour telle ou telle raison, elle ne veut pas ou elle ne veut plus assurer directement la gestion. Mais il faut tout de suite préciser deux points :

— l'établissement public n'est pas la forme exclusive de cette gestion autonome puisqu'il existe une gestion privée du service public, par exemple dans le cadre d'une concession à une personne physique[35] ;

— l'établissement public ne gère pas exclusivement un service public, ce qui est le cas des associations syndicales de propriétaires[36] ou encore d'une entreprise publique comme l'Entreprise minière et chimique (EMC) résultant de la fusion, en 1966, de l'Office national industriel de l'Azote et des Mines domaniales de potasse d'Alsace.

204. EPA et EPIC. – De plus, alors même qu'il y a service public personnalisé, ce qui est le cas le plus souvent, l'établissement public peut être soit à caractère administratif et son régime est alors de droit public, soit à caractère industriel et commercial et son régime est alors principalement de droit privé bien qu'il comporte des éléments de droit public tels que l'interdiction des voies d'exécution privée, à leur égard notamment, ce qui emporte l'insaisissabilité de leurs biens, générale et absolue[37].

205. Établissements publics « *à double visage* ». – On précisera que cette distinction de base entre établissements publics soit administratifs, soit industriels et commerciaux ne recoupe pas nécessairement – même si c'est le plus souvent le cas – la distinction établie selon la nature du service public géré, soit administratif, soit industriel et

34. Conseil d'État, « Les établissements publics », *Conseil d'État, Rapport et études*, 2009, p. 13.

35. CE, 4 mars 1910, *Thérond, Rec.* 193, concl. Pichat ; *GAJA*, n° 21 et les réf.) ou à une personne morale de droit privé (TC, 15 janvier 1968, *Compagnie Air France c/Époux Barbier, Rec.* 789, concl. Kahn ; *GAJA*, n° 86 et les réf.

36. TC, 9 décembre 1899, *Association syndicale du canal de Gignac, Rec.* 731 ; *GAJA*, n° 7 et les réf.

37. Comp. la solution inverse dans le cas des établissements d'utilité publique, personnes morales de droit privé, depuis l'arrêt de principe Cass. civ., 5 mars 1856, *D.* 1856.1.121 et *S.* 1856.1.517.

commercial[38]. En effet, la jurisprudence administrative donne, par exception, des exemples d'établissements publics administratifs qui gèrent un service public industriel et commercial[39] et inversement[40]. Le plus souvent, il s'agit alors d'établissements publics à double visage qui gèrent, à la fois, un service public administratif et un service public industriel et commercial, avec une activité dominante[41].

206. Établissements publics *« à visage inversé »*. – Encore faut-il réserver l'hypothèse rare des établissements publics mal qualifiés par l'autorité réglementaire[42]. Or, il revient au législateur de créer les catégories d'établissements publics[43], catégories pouvant même ne comprendre qu'un seul élément[44]. On soulignera d'ailleurs que, selon l'évolution de la jurisprudence constitutionnelle, le caractère administratif ou industriel et commercial de l'établissement public n'est plus un élément constitutif de la catégorie et que, dès lors, il appartient au pouvoir réglementaire de déterminer ce caractère, sauf à ne pas dénaturer les règles constitutives de la catégorie à laquelle l'établissement se rattache[45].

207. EPST et EPSCP. – Le législateur a cependant pu être tenté de faire sortir le droit administratif français de la distinction entre établissements publics à caractère soit administratif, soit industriel et

38. À ce sujet, CE Ass., 16 novembre 1956, *Union syndicale des industries aéronautiques, Rec.* 434 ; *D.* 1956.759 et *S.* 1957.38, concl. Laurent ; *AJDA* 1956.489, chr. Fournier et Braibant ; *JCP* 1957.II.9968, note Blavoet.

39. TC, 17 novembre 1975, *Gamba, Rec.* 801 ; *AJDA* 1976.82, chr. Boyon et M. Nauwelaers ; *JCP* 1977.II.18575, note Moderne : exploitation d'un parc de stationnement par une chambre de commerce et d'industrie au profit des usagers d'un aéroport.

40. TC, 9 juin 1986, *Commune de Kintzheim c/Office national des forêts, Rec.* 448 ; *RDP* 1987.492, note Y. Gaudemet : gestion par un établissement public industriel et commercial d'une activité administrative : la protection, la conservation et la surveillance d'une forêt domaniale.

41. CE, 4 juillet 1986, *Berger, Rec.* 564 ; *D.* 1988.90, note Fatôme et Moreau, à propos du Centre national du commerce extérieur qui *« reste de façon prépondérante un établissement public à caractère administratif exerçant une action essentiellement administrative »*.

42. TC, 24 juin 1968, *Société d'approvisionnements alimentaires et Société « Distilleries bretonnes », Rec.* 801, concl. Gégout ; *JCP* 1969.II.15764, concl. Gégout, note Dufau ; *D.* 1969.116, note Chevallier.

43. CC, 13 septembre 1979, *Institut de recherche, d'informatique et d'automatique*, déc. 79-109 L, *Rec.* 47 ; *RDP* 1979.1671, note Favoreu ; mais comp. CE, 11 octobre 1985, *Syndicat général de la recherche agronomique CFDT*, *Rec.* 278 ; *RFDA* 1986.409, concl. Lasserre ; *AJDA* 1985.718, chr. S. Hubac et Azibert qui continue à se référer à la spécialité comparable, et non pas analogue.

44. CC, 27 novembre 1959, *Régie autonome des transports parisiens*, déc. 59-1 L, *Rec.* 67 ; *D* 1960.518, note L. Hamon.

45. CC, 17 mars 1987, *Caisses de crédit municipal*, déc. 87-150 L, *Rec.* 32.

commercial, en instituant de nouveaux types d'établissements publics, insusceptibles de suivre tout à fait cette classification binaire. En ce sens, on doit citer les catégories propres à la recherche et à l'enseignement supérieur :

— celle des établissements publics à caractère scientifique et technologique qui sont des établissements publics administratifs (Code de la recherche, art. L. 311-1) soumis à un régime juridique plus souple les rapprochant des établissements publics industriels et commerciaux, au nombre de neuf actuellement ;

— celle des établissements publics à caractère scientifique, culturel et professionnel des articles L. 711-1 et suivants du Code de l'éducation, dont pas moins de 83 universités publiques, chiffre certainement excessif que l'État s'efforce, à présent de réduire, dans le cadre de la loi du 10 août 2007 relative aux libertés et responsabilités des universités, en encourageant, le regroupement ou, au moins, le rapprochement des établissements par la mise en place de « *pôles de recherche et d'enseignement supérieur* » (PRES), après en avoir multiplié inconsidérément le nombre, sous la pression des élus locaux.

208. Assimilation. – On doit cependant considérer que ces tentatives de création d'établissements publics du troisième type sont vouées à l'échec dans les conditions d'organisation, de financement ou de contrôle, déterminées par le législateur, qui permettent aisément de les assimiler à des établissements publics à caractère administratif. Du reste, l'article 2 du décret du 29 décembre 1962 portant règlement général sur la comptabilité publique s'en tient exclusivement, pour sa part, à la distinction de base, parmi les établissements publics, entre ceux qui sont administratifs et ceux qui sont industriels et commerciaux. Toutefois, la loi du 9 décembre 2004 de simplification du droit autorise les EPST à déroger aux règles de la comptabilité publique.

§ 4. Les groupements d'intérêt public

209. Coopération entre personnes publiques et privées. – Dans son article 21, repris dans le Code de la recherche par l'ordonnance du 11 juin 2004, la loi d'orientation et de programmation pour la recherche et le développement technologique en date du 15 juillet 1982 avait également prévu la création de groupements d'intérêt public (GIP), destinés, pendant la période déterminée par la convention institutive, à servir de cadres à la coopération entre personnes publiques et, le cas échéant, privées, principalement en matière de recherche ou de développement technologique ou de gestion des équipements d'intérêt commun nécessaires à ces activités (Code de la recherche, art. L. 341-1). Doté de la personnalité morale et de l'autonomie financière, le groupement d'intérêt public est ainsi une personne de droit public, constituée entre des établissements publics ayant une activité de recherche et de développement technologique, entre l'un ou plusieurs d'entre eux et une ou plusieurs personnes morales de droit public ou de droit privé.

210. Développement. – Cet instrument juridique qui, désormais, associe personnes publiques et personnes privées, a proliféré en dehors de la recherche scientifique dans les domaines les plus divers, et notamment les suivants : enseignement supérieur, enseignement du premier et du second degré, éducation physique et sportive, mise en valeur de la montagne, organisation du travail et formation des détenus, développement du mécénat, prévention et protection contre les mauvais traitements aux mineurs, gestion d'œuvres sociales et de services communs de la poste et des télécommunications, accès au droit dans le cadre de l'aide juridique, gestion des déchets radioactifs, assistance technique et coopération internationale, développement du tourisme, formation et orientation professionnelles, valorisation des cultures énergétiques, informatisation du livre foncier en Alsace-Lorraine, enseignement et recherche sur les questions européennes et de coopération administrative internationale, protection de la nature, mise en œuvre des projets des chartes de pays, maisons des services publics.

211. Rationalisation. – La loi du 17 mai 2011 *de simplification et d'amélioration de la qualité du droit,* complétée par le décret du 26 janvier 2012, a essayé de rationaliser le régime des GIP qui étaient auparavant fonction de leurs textes constitutifs[46]. La loi a procédé à l'abrogation de certaines dispositions antérieures et notamment celles de l'ordonnance du 11 juillet 2004 ayant introduit les articles L. 341-1 et suivants du Code de la recherche, mais a échoué à instaurer un régime vraiment uniforme applicable à tous les GIP ce qui aurait d'ailleurs été contraire au principe de l'origine contractuelle des groupements. La loi de 2011 maintient donc dans un grand nombre de cas les régimes législatifs spéciaux en les complétant. La loi prévoit aussi son application à titre subsidiaire, dans le silence des textes[47].

212. Qualification juridique. – La qualification juridique des groupements d'intérêt public n'a pas été sans créer des difficultés

46. L. Janicot, « La rationalisation manquée des groupements d'intérêt public », *AJDA* 2011, p. 1194.
47. *Cf.* L. Janicot, précité.

qui sont résolues en faveur de celle de *« personnes morales de droit public »* par le législateur, dans le cadre de la loi relative à l'enseignement supérieur du 26 janvier 1984, article 45 et désormais dans celui de la loi du 17 mai 2011, article 98, d'une façon générale et par extension, par le Conseil d'État tant en formation administrative[48] qu'en formation contentieuse[49]. Plus précisément, le Tribunal des conflits a eu l'occasion de bien distinguer, par un arrêt de principe, les établissements publics et les groupements d'intérêt public, personnes publiques soumises à un régime spécifique[50].

213. Origine contractuelle. – Les GIP sont constitués par une convention approuvée par l'État soit entre plusieurs personnes morales de droit public soit entre plusieurs personnes morales de droit public, soit entre l'une ou plusieurs d'entre elles et une ou plusieurs personnes morales de droit privé. Ces personnes devront y exercer ensemble des activités d'intérêt général à but non lucratif, en mettant en commun les moyens nécessaires à leur exercice (Loi du 17 mai 2011, art. 98). Les personnes morales de droit public et de droit privé en charge d'une mission de service public devront par ailleurs détenir ensemble plus de la moitié du capital pour les GIP qui en sont doté ou de la moitié des voix dans les organes délibérants.

214. Personne publique *sui generis*. – Toutefois, on ne doit pas se dissimuler qu'aucun critère n'est véritablement décisif en faveur d'une telle distinction : ni le caractère d'intérêt général qui s'attache à leur activité non lucrative, ni la majorité des voix dans l'assemblée du groupement et dans le conseil d'administration au profit des représentants désignés des personnes morales de droit public, des entreprises nationales et des personnes morales de droit privé chargées de la gestion d'un service public, ni les différents contrôles exercés par l'administration : approbation gouvernementale de la convention institutive qui détermine les membres, l'objet, le siège la durée et la responsabilité des membres du GIP ainsi que présence d'un commissaire du Gouvernement et contrôle de la Cour des comptes, même si la comptabilité est, en principe, de droit privé, en dehors de l'hypothèse où le GIP n'est constitué que de personnes publiques. Seule la

48. Section de l'Intérieur, avis du 15 octobre 1985, *EDCE* 1986.189 ; *GACE*, 1997, n° 20, p. 211, obs. dal Farra.

49. CE, 1er décembre 1997, *Syndicat national des affaires sanitaires et sociales, Rec.* 453.

50. TC, 14 février 2000, *GIP Habitat et interventions sociales pour les mal-logés et sans-abri c/ Mme Verdier, AJDA* 2000.410, chr. Guyomar et Collin ; *Dr. adm.* 2000, n° 58 ; *JCP* 2000.I.251, obs. Boiteau ; *JCP* 2000.II.10301, note N. Eveno ; *LPA* janvier 2001, n° 3, note Gégout.

possibilité de constituer un capital, même si les titres ne sont pas négociables, est une réelle spécificité (loi du 17 mai 2011, art. 104). La situation juridique des groupements d'intérêt public, en tant que nouvelle catégorie de personnes publiques, est, d'ailleurs, si peu distincte de celles des établissements publics que, dans son arrêt précité du 14 février 2000, le Tribunal des conflits retient précisément cette solution : la création des GIP est régie par l'article 34 de la Constitution, comme celle des catégories d'*« établissements publics proprement dits »*. Dès lors, le groupement d'intérêt public relève d'une tierce catégorie pour la double raison négative qu'il n'est pas une collectivité territoriale, pour être régi par le principe de spécialité, et qu'il n'est pas non plus un établissement public, pour être formé par voie contractuelle.

215. Il reste que le GIP peut apparaître comme un dérivatif utile au recours par les collectivités territoriales à deux formules de droit privé : l'association et la société d'économie mixte locale qui constituent autant de démembrements de l'administration locale, dénoncés régulièrement par la Cour des comptes dans son rapport public annuel (par ex., en 1961 et 1990 respectivement), mais aussi par le Conseil d'État[51]. En revanche, la loi du 17 mai 2011 a interdit l'utilisation des GIP par les collectivités territoriales et leurs groupements afin d'exercer ensemble des activités qui relèvent des établissements publics de coopération intercommunale (*cf. infra,* n° 767 s.) de la cinquième partie du Code général des collectivités territoriales.

Section 2
L'unité du système administratif par la centralisation

216. L'unité d'ensemble de toutes les parties du système administratif est assurée par la centralisation de chacune des personnes qui le composent. On parle souvent, et de façon excessive, de la centralisation de l'État, comme si la France de la fin du XXe siècle en était encore au temps des Jacobins ou de Napoléon Ier, selon les archétypes les plus courants. La vérité est que, sauf l'hypothèse rare de la concentration et de son correctif : la délocalisation, l'efficacité

51. Par ex., le rapport sur « Les établissements publics nationaux », *NED* n° 4784, 1985, p. 81.

administrative suppose l'existence de deux niveaux d'administration centralisée dans le cadre de la déconcentration, avec pour contrepartie un développement du contrôle hiérarchique. De plus, ce schéma qui vaut pour l'État, vaut de la même façon pour toute collectivité territoriale importante avec la possibilité pour elle de recourir également à cette technique administrative.

§ 1. Concentration et délocalisation

217. Impossibilité de la concentration. – Une collectivité publique, de population faible ou de superficie restreinte, peut et doit sans doute rester concentrée. Cela ne saurait être le cas de l'État français. Mais cela est fréquemment le cas des petites communes françaises dont la population est extrêmement et anormalement faible. En 2011, 934 communes françaises seulement sur près de 37 000 comptent plus de 10 000 habitants et regroupaient la moitié de la population française. En revanche, plus de la moitié (55, 3 %) des communes a moins de 500 habitants. Quant à la superficie des communes, elle peut varier considérablement entre 3 hectares pour la moins étendue (Castelmoron-d'Albret en Gironde) et 708 kilomètres carrés pour la plus vaste (Arles dans les Bouches-du-Rhône).

218. Délocalisation. – Il existe donc un premier correctif à la concentration : c'est la délocalisation, c'est-à-dire le transfert géographique de services à l'intérieur de la même personne administrative et au sein du même niveau d'administration où les compétences sont maintenues. En ce cas, une administration centrale de l'État quitte Paris pour la banlieue ou la province afin de tenter de décongestionner la capitale dans le cadre de la politique d'aménagement du territoire. On peut en citer l'exemple, parmi d'autres, du transfert à Nantes du service central de l'état civil des Français nés à l'étranger qui relève du ministère des Affaires étrangères. De même, un établissement public administratif peut se délocaliser : c'est le cas précité de l'École nationale d'administration (ENA), transférée de Paris à Strasbourg, de façon effective depuis 1993.

§ 2. La déconcentration

219. Rapprochement administration et administrés. – En tant que modalité d'aménagement de la centralisation, la déconcentration va assurément beaucoup plus loin puisqu'elle crée un second niveau d'administration, au sein de la personne administrative, en vue de rapprocher l'administration des administrés, selon le *leitmotiv* de tous les textes pris en la matière depuis 1964.

220. Administration centrale et déconcentrée. – La déconcentration repose donc sur la distinction entre l'administration centrale et l'administration déconcentrée d'une même personne publique, le plus souvent l'État. Pour éviter toute confusion, on soulignera les points suivants :

— il y a une nette différence entre des services délocalisés qui sont le transfert, hors de Paris, de l'administration centrale, et des services déconcentrés qui sont le prolongement, au niveau local, de l'administration centrale ;

— la délocalisation peut intervenir au sein du niveau central, comme au sein du niveau déconcentré de l'administration ; dans le premier cas, on parle de délocalisation (au sens strict) ; dans le second cas, de déconcentration.

— en province, il peut exister des services localisés de telle ou telle administration centrale de l'État à Paris ;

— à Paris, il existe évidemment des services déconcentrés de l'État, tels que, par exemple, des perceptions qui relèvent de la Direction générale des Finances publiques du ministère de l'Économie, des Finances et de l'Industrie ;

— la déconcentration peut concerner l'État comme toute autre personne administrative, notamment une collectivité territoriale de taille suffisamment importante : il en est ainsi, par exemple, d'une commune avec ses mairies annexes ou d'un département avec ses antennes locales : le ressort de la déconcentration de l'administration centrale de la collectivité territoriale est alors, en principe, l'arrondissement de la commune ou du département ;

— avant la loi d'orientation du 6 février 1992, ces services déconcentrés étaient dénommés, le plus souvent, mais de façon peu explicite, *« services extérieurs »*.

221. Définition. – La déconcentration se définit alors comme le transfert de compétences à l'intérieur d'une même personne administrative, mais entre les deux niveaux distincts d'administration, du centre vers la périphérie. Si ce transfert de compétences a éventuellement lieu dans l'autre sens, on parlera, en ce cas, de reconcentration.

§ 3. Le contrôle hiérarchique

222. Unité du système administratif. – Cependant, l'unité du système administratif suppose que chaque personne administrative soit régie par le principe du contrôle hiérarchique qui vaut au sein de chaque niveau d'administration centrale ou déconcentré ainsi qu'entre l'administration centrale et ses services déconcentrés. Le contrôle administratif consiste alors en un rapport entre deux autorités de rang inégal : le directeur d'administration centrale sur le chef de service, le préfet de région sur le préfet de département, le préfet sur le directeur départemental ou encore le ministre sur le préfet. Ce contrôle présente la caractéristique d'être affirmé par la jurisprudence administrative, même sans texte, au titre d'un principe général du droit[52].

223. Devoir d'obéissance. – Lié au devoir d'obéissance qui oblige tout agent public envers son supérieur, à moins que l'ordre donné ne soit manifestement illégal et de nature à compromettre gravement un intérêt public[53], le contrôle hiérarchique s'exerce aussi bien en légalité qu'en opportunité et connaît toutes les modalités possibles : le pouvoir unilatéral de substitution, de réformation, d'autorisation, de sanction ou encore d'annulation (ce qui n'interdit pas, dans cette dernière hypothèse, de recourir également au juge administratif), mais aussi le pouvoir d'instruction ou d'évocation en tant que manifestations particulières, mais significatives de l'état de subordination qui prévaut nécessairement au sein d'une même personne administrative.

Section 3
La diversité du système administratif par la décentralisation

224. Or, si l'unité du système administratif français correspond à un souci d'efficacité dans le cadre de la déconcentration, sa diversité plaide aussi pour la démocratie et s'exprime, par-delà le refus de la

52. CE Sect., 30 juin 1950, *Quéralt, Rec.* 413 ; *D.* 1951.246, concl. J. Delvolvé ; *S.* 1951.3.85, note J.-M. Auby.
53. CE, 10 novembre 1944, *Langneur, Rec.* 288 ; *D.* 1945.87, concl. Chenot ; *JCP* 1945.II.2852, note Chavanon et, pour les fonctionnaires civils, loi du 13 juillet 1983, art. 28, al. 1er.

fédéralisation, par une exigence positive de décentralisation qui suppose l'existence d'un contrôle administratif dit *« de tutelle »*.

§ 1. Le refus de la fédéralisation

225. Constitution politique et Constitution administrative. – Conformément à la distinction faite par le doyen Maurice Hauriou entre la Constitution politique de la nation et la Constitution administrative de l'État, l'unité nationale est incompatible avec l'autonomie constitutionnelle des collectivités territoriales alors qu'elle l'est, en revanche, avec leur autonomie administrative. Ceci signifie le refus de la reconnaissance par la Constitution d'un statut étatique au profit d'entités dotées d'une véritable souveraineté, même fortement limitée, dans des conditions d'ensemble dont la définition relève de l'État qui les inclut. Dans cette hypothèse dite de *« fédéralisation »*, il existe, en effet, un ordre juridique propre à chaque État fédéré, présenté comme véritable entité politique, ainsi qu'un ordre juridique propre à l'État fédéral qui leur est nécessairement supérieur : la formule *« Bundesrecht bricht Landesrecht »*, traduite par *« le droit fédéral prime le droit fédéré »*, figure ainsi dans la Loi fondamentale de la République fédérale d'Allemagne en date du 23 mai 1949, art. 31. Et il appartient à une juridiction constitutionnelle, sur le modèle bien connu de la Cour suprême des États-Unis, d'en assurer la suprématie. À supposer, toutefois, que la distinction entre État unitaire et État fédéral ait un sens et que tout État ne soit pas unitaire ou ne devienne pas unitaire, la fédéralisation n'est, à la vérité, que la forme constitutionnellement garantie d'une autonomie territoriale particulièrement étendue.

226. L'État comme entité administrative. – Autrement dit, l'État est d'abord et surtout une entité politique et il est seul à être constitutionnellement souverain. Mais l'État est aussi une entité administrative, condition juridique qu'il partage avec toutes les autres personnes administratives dont les collectivités territoriales. L'unité nationale est donc conciliable avec leur autonomie administrative dans le cadre précisément de la décentralisation.

227. Terminologie utilisée. – Néanmoins, la distinction n'est pas toujours nettement établie entre la politique et l'administratif : ainsi, le Conseil constitutionnel a admis qu'une convention fiscale puisse régulièrement lier le Gouvernement de la République, pour le compte de l'État, et le Conseil du Gouvernement de la Nouvelle-Calédonie, alors territoire d'outre-mer (TOM) pour le compte du territoire[54]. De même, s'agissant de la Polynésie française, on est encore et toujours dans le cadre de l'autonomie administrative alors même qu'il existe, dans cet actuel « *pays d'outre-mer* », un président et un Gouvernement, composé de ministres, ainsi que des attributs formels de souveraineté tels qu'un drapeau ou un hymne.

228. Dépassement. – Mais, au-delà des apparences, le vocabulaire employé dont on doit admettre qu'il sait parfois entretenir la confusion juridique, ne parvient pas à faire durablement illusion : un ministre polynésien relève encore du droit administratif : en ce sens, ressortit à la compétence du juge administratif un arrêté de nomination de différents ministres du Gouvernement de Polynésie française[55]. D'une façon générale, aussi étendue que soit la décentralisation territoriale, la République française ne saurait donc être regardée comme « *une fédération qui s'ignore* »[56] dès lors que les collectivités territoriales ne sont pas de niveau constitutionnel quand bien même, y compris de façon partielle, leur statut serait constitutionnellement défini ou protégé quant à leur organisation ou à leur régime (Const., art. 72 à 74-1).

229. Nouvelle-Calédonie. – En est-il encore ainsi dans le cas de la Nouvelle-Calédonie alors que, sur un fondement constitutionnel[57], le congrès, réunion des trois assemblées provinciales néo-calédoniennes, est en mesure de prendre des délibérations qui ont force de loi et qui peuvent être déférées au contrôle de constitutionnalité ? En doctrine, la réponse est certainement positive dès lors que, notamment, la Constitution de 1958 est restée inchangée dans son article 24, c'est-à-dire que le congrès n'est pas une assemblée parlementaire et que la Nouvelle-Calédonie reste représentée au sein du Sénat, en tant que collectivité territoriale de la République. Dès lors, il n'est nul besoin de parler de « *fédéralisme asymétrique* » comme si un même État pouvait être à géométrie variable, unitaire ici ou là et fédéral là-bas. La réalité est plus simple : la décentralisation territoriale se développe à des niveaux d'autonomie qui peuvent être sensiblement différents,

54. CC, 19 juillet 1983, *Approbation de la convention fiscale État-Nouvelle-Calédonie*, déc. 83-160 DC, *Rec.* 43 ; *AJDA* 1984.29, note Jarnevic ; *JCP* 1985.II.20352, note Labayle ; *RDP* 1986.395, note Favoreu.

55. CE, 15 janvier 1992, *Président du Gouvernement du Territoire de la Polynésie française, Rec.* 20.

56. Sur cette interrogation, Th. Michalon, *RDP* 1982.623.

57. Accord de Nouméa du 5 mai 1998 publicité et constitutionnalisé et loi constitutionnelle du 20 juillet 1998 : Const., art. 77.

particulièrement entre la métropole et l'outre-mer ou, au sein de l'outre-mer, entre l'outre-mer d'identité et l'outre-mer de spécialité. Il reste que, dans tous les cas, les autorités décentralisées sont des autorités administratives de même que leurs décisions sont, en principe, des décisions administratives, soumises au contrôle qu'exercent les institutions administratives de l'État, que ce contrôle administratif soit non-juridictionnel ou pré-juridictionnel ou qu'il soit déjà juridictionnel. À cet égard, il faut réserver le cas spécifique du contentieux juridictionnel des *« lois du pays »* calédoniennes, porté devant le Conseil constitutionnel : il est assimilable à un contentieux pour excès de pouvoir contre des actes qui, d'un point de vue formel, ne sauraient être tenus – on le rappelle – pour législatifs même si, par exception, ils ne sont pas, pour autant administratifs. Du reste, le pouvoir constituant dérivé n'a pas dit que ces lois du pays étaient des lois et n'aurait pas pu le dire sans modifier nombre de dispositions constitutionnelles, à commencer par l'article 1er sur l'indivisibilité de la République et l'article 72, alinéa 6 sur le contrôle administratif par l'autorité de tutelle, du moins tels que ces articles sont interprétés par la jurisprudence constitutionnelle.

230. Loi Tréveneuc. – Et, réciproquement, comment ne pas voir une contribution des organes décentralisés à l'unité de l'État français dans l'hypothèse d'école, retenue par la loi Tréveneuc en date du 15 février 1872, qui, au cas où l'Assemblée nationale serait irrégulièrement dissoute ou empêchée de se réunir, autorise chaque conseil général à déléguer deux de ses membres pour former une Assemblée nationale provisoire destinée à pourvoir à l'administration du pays jusqu'à la reconstitution régulière du pouvoir législatif ? À l'évidence, l'argument ici présenté est d'ordre politique, et non pas juridique, dès lors que cette législation de droit positif, puisque jamais abrogée, est ordinaire, et non pas constitutionnelle. Le symbole n'en est pas moins fort pour autant.

§ 2. La décentralisation

231. Une modalité d'organisation de l'État unitaire. – Même si elle correspond à une exigence de liberté politique et si, à ce titre, elle est constitutionnellement garantie, la décentralisation ne constitue donc que l'une des modalités d'organisation administrative d'un État unitaire, consistant en un transfert de compétences de l'État vers une autre personne administrative. Dans son avis en date du 10 octobre 2002 sur le projet devenu loi constitutionnelle du 28 mars 2003, l'Assemblée générale du Conseil d'État a pu dire, en ce sens, de la décentralisation, de façon dynamique, qu'elle constitue un *« processus d'évolution de l'organisation administrative d'un État »*[58].

A Un mode d'organisation administrative

232. Décentralisation fonctionnelle. – Il en est ainsi quel que soit le cadre juridique de la décentralisation, territoriale par les collectivités territoriales ou fonctionnelle par les établissements publics. À vrai dire, cela ne fait pas difficulté dans le cas de la décentralisation fonctionnelle, compte tenu de l'application du principe de spécialité aux établissements publics, y compris pour une université qui, cependant, est assimilable à une collectivité publique en ce qu'elle rassemble une communauté d'intérêts et que ses organes de direction procèdent de l'élection. On ne saurait douter, en effet, que les élections universitaires sont administratives : elles ressortissent à la compétence du juge administratif de même que le président de l'établissement relève, en tant qu'administrateur-ordonnateur, de la juridiction répressive de la Cour de discipline budgétaire et financière.

233. Décentralisation territoriale. – Or, l'analyse doit être strictement la même dans le cas de la décentralisation territoriale : même si l'élection des conseillers municipaux résulte d'un *« suffrage politique »*[59], les élections locales sont bien des élections administratives dont le contentieux ressortit à la compétence du juge administratif : tribunal administratif en première instance et Conseil d'État en appel pour les élections municipales et cantonales ; Conseil d'État en premier et dernier ressort pour les élections régionales. Du reste, par une motivation typiquement de principe, le Conseil d'État a pu considérer, dans le même sens, que *« la juridiction administrative est compétente pour connaître de conclusions dirigées contre les délibérations d'un conseil municipal qui, quel qu'en soit l'objet, ont, comme en l'espèce, le caractère d'actes administratifs »*[60].

58. *EDCE* 2003, p. 55.
59. CC, 18 novembre 1982, déc. 82-146 DC, *Rec.* 66 ; *AJDA* 1983.80, note Boulouis ; *Dr. soc.* 10983.131, note D. Lochak.
60. CE, 28 février 1996, *Commune de Chooz*, req. n° 155159.

234. Démocratie locale et organisation de l'État. – Toute l'ambiguïté de la structure du système administratif local vient ainsi de ce que la décentralisation territoriale appelle la notion de démocratie locale qui est à la fois :

— une notion politique, en relation avec la démocratie représentative, exprimée par le principe de valeur constitutionnelle de la libre administration des collectivités territoriales[61] ;

— une notion juridique, en relation avec l'administration locale, réalisée par l'appréciation prémentionnée des élections locales comme des élections administratives et non pas politiques, connues du seul juge électoral administratif et non pas constitutionnel.

235. Administrateurs élus. – Dès lors, force est de considérer que les exécutifs locaux ne sont eux-mêmes que des administrateurs élus, ce que d'ailleurs vient confirmer l'extension de la compétence de la Cour de discipline budgétaire et financière à leur égard, prévue par l'article 78 de la loi du 29 janvier 1993 relative notamment à la prévention de la corruption. Cette évolution souhaitable du droit de la décentralisation territoriale va clairement dans le sens du refus de toute assimilation des exécutifs locaux aux ministres, et donc de toute confusion entre la véritable dimension politique de l'État et le simple niveau administratif des collectivités territoriales.

B Un transfert de compétences à l'extérieur de l'État

236. Destinataires du transfert de compétences. – La décentralisation signifie un transfert de compétences à l'extérieur de l'État vers une personne administrative inférieure :

— soit vers une collectivité territoriale et on parle alors de décentralisation territoriale ;

— soit vers un établissement public ou un groupement d'intérêt public et on parle alors de décentralisation fonctionnelle.

237. Le cas des EPCI. – La distinction entre ces deux types de décentralisation n'est pas toujours simple à établir dans l'hypothèse fréquente où la décentralisation territoriale entend utiliser la forme juridique de l'établissement public territorial à caractère administratif. C'est le cas principalement des établissements publics de coopération

61. Const., art. 72, al. 3 et CC, 23 mai 1979, *Modes d'élection en Nouvelle-Calédonie,* déc. 79-104 DC, *Rec.* 27 ; *RDP* 1979.1695, note Favoreu ou encore CC, 7 décembre 2000, *Solidarité et renouvellement urbains*, déc. 2000-436 DC, *Rec.* 176 ; *LPA* 22 décembre 2000, n° 255, p. 5, note Schoettl.

intercommunale (EPCI), tels qu'une communauté de communes de la loi d'orientation du 6 février 1992 modifiée principalement par la loi du 12 juillet 1999 (CGCT, art. L. 5214-1 s.). Or, à l'utilisation de cette formule juridique de l'établissement public territorial, de préférence au recours à la collectivité territoriale, il y a deux explications qui sont, en réalité, convergentes :

— la première tient à la volonté du législateur de contourner l'obstacle formé par l'élection au suffrage universel de l'assemblée délibérante de toute collectivité territoriale, pour des motifs juridiques déduits de l'article 72, alinéa 3 de la Constitution tel que combiné avec l'article 3, alinéa 3 du même texte, et – qui plus est – au suffrage universel direct pour des motifs politiques de démocratie locale ;

— la seconde tient à la vocation spécialisée, et non pas générale, de la nouvelle institution territoriale, dès lors qu'elle correspond à un établissement public, et non à une collectivité territoriale[62].

238. L'ancien exemple de la région. – À ce double point de vue, le meilleur exemple à citer est la région, instituée par la loi du 5 juillet 1972 en la forme d'un établissement public territorial, sur le modèle déjà utilisé, par exemple, pour la création en 1961 du district de la région de Paris. Le fond de la réforme, conduite à la suite de l'échec du référendum de 1969, était de parvenir à la création de régions dont les assemblées délibérantes ne fussent pas élues au suffrage universel qui, à l'exemple des autres élections locales, serait direct. Or, l'établissement public territorial (EPR) permettait précisément de se limiter à une stricte réforme administrative car il était conçu en la forme d'une fédération de départements, c'est-à-dire comme une structure de coopération interlocale à vocation exclusive de développement économique et social. Dans son discours de Lyon en date du 30 octobre 1970, le Président Georges Pompidou parlait, de façon plus prudente encore, d'une *« union de départements permettant la réalisation et la gestion rationnelle des grands équipements collectifs »*.

239. Décentralisation territoriale et EPR. – Or, dans cette hypothèse des établissements publics territoriaux, l'assimilation aux collectivités territoriales s'impose et, en conséquence, la décentralisation n'est pas fonctionnelle, mais bien territoriale. Correspondant aux interrogations de la doctrine[63], c'est la solution retenue sans

62. CE, 23 octobre 1985, *Commune de Blaye-les-Mines, Rec.* 297 ; *AJDA* 1986.48, note Moreau.

63. A. de Laubadère, « Vicissitudes actuelles d'une distinction classique : établissement public et collectivité locale », *in Mél. Couzinet*, Toulouse, Université des sciences sociales, 1974, p. 411.

inconvénient par la jurisprudence, tant constitutionnelle[64] que communautaire[65]. Du reste, la comptabilité nationale, établie selon le Système européen de comptabilité nationale (SEC 95) et fondé très largement sur un système préparé sous l'égide de l'ONU (le SNC 93) adopté par tous les États membres de l'Union européenne, a recours à la notion d'APUL (pour *« Administrations publiques locales »*) qui est plus large que celle de collectivités territoriales. En effet, sont inclus dans le champ des APUL leurs groupements à fiscalité propre (par ex., les communautés urbaines) et certains autres groupements (par ex., les SIVOM) et leurs services annexes ainsi que des organismes divers d'administration locale tels que les chambres d'agriculture. On précisera, néanmoins, que la correspondance entre APUL et personnes publiques locales est loin d'être parfaite : font partie des APUL les sociétés d'aménagement foncier et d'équipement rural (SAFER) qui sont des personnes privées ; à l'inverse, sont exclus du champ des APUL certains syndicats de communes et les régies qui sont des personnes publiques lorsque le produit de leurs ventes couvre plus de 50 % de leurs coûts de production.

240. De l'EPR à la collectivité territoriale. – La logique institutionnelle de la décentralisation territoriale devait d'ailleurs conduire la région à passer progressivement de la forme juridique de l'établissement public territorial à celle de la collectivité territoriale, sous le double effet :

— de l'élection au suffrage universel direct du conseil régional (loi relative à l'organisation) ;

— et, de façon liée, de l'élargissement de ses attributions propres en vue de lui reconnaître une vocation générale (loi relative aux compétences).

241. Une troisième catégorie de collectivité territoriale. – Il est conforme à cette évolution institutionnelle que les régions forment, à l'occasion de la révision de 2003, une troisième catégorie constitutionnelle de collectivités territoriales, tant en métropole qu'outre-mer, au même titre que les communes et les départements.

242. La recentralisation. – Bien entendu, on peut concevoir que ce transfert de compétences s'opère en retour, d'une collectivité

64. CC, 12 mai 1964, *Administration départementale et communale*, déc. 64-29 L, *Rec.* 37 ; *S.* 1964.334, note L. Hamon et 19 novembre 1975, *Administration communale, regroupements de communes et districts*, déc. 75-84 L, *Rec.* 35 ; *RDP* 1975.229, note Favoreu ou encore CC, 2 juin 1976, *Administration communale* déc. 76-89 L, *Rec.* 52.

65. CJCE, 17 décembre 1980, *Commission c/Belgique*, préc.

territoriale vers l'État : recentralisation territoriale (par ex., la loi du 27 juillet 1999 sur la couverture maladie universelle) ou vers une personne morale dont l'autonomie est nationale : recentralisation fonctionnelle (par ex., vers un établissement public national) ou, au contraire, qu'il se poursuive d'une collectivité territoriale vers une autre collectivité territoriale : redécentralisation territoriale (par ex., la loi du 13 mai 1991 portant statut de la collectivité territoriale de Corse) ou vers une autre personne morale dont l'autonomie est locale : redécentralisation qui peut être alors territoriale (par ex. vers un syndicat de communes) ou fonctionnelle (par ex., vers un établissement public local). Il y a là un mouvement général et permanent de redistribution légale des compétences, en marge de la décentralisation territoriale, qui est mal mesuré en doctrine quand il est d'ailleurs repéré.

C Un contrôle de tutelle

243. Tutelle et unité de l'État. – Le contrôle de tutelle manifeste le caractère unitaire de l'État décentralisé. Il s'agit du contrôle exercé sur les collectivités territoriales (tutelle territoriale) ou du contrôle exercé sur les établissements publics et groupements d'intérêt public assimilés (tutelle fonctionnelle qui est double : à la fois financière et technique).

244. Contrôle administratif. – Pour s'en tenir à la seule tutelle territoriale qui vaut également sur les établissements publics territoriaux, en tant qu'ils relèvent de la décentralisation territoriale, l'expression d'origine civiliste a été proscrite par la Constitution de 1946 qui, à l'article 88, employait l'expression de *« contrôle administratif »*, reprise textuellement à l'article 72, alinéa 6 de la Constitution actuelle. Dans le même sens, la loi du 2 mars 1982 affirme de façon péremptoire, dans des intitulés de chapitres, la *« suppression de la tutelle administrative »*, puis la *« suppression de la tutelle financière »* et une partie de la doctrine s'attache à utiliser, désormais, l'expression de *« contrôle administratif de légalité »*[66].

245. Contrôle de tutelle. – Or, il faut faire observer que le contrôle hiérarchique est également un contrôle administratif qui, du reste, se développe partiellement en légalité. De plus, on observera que la Constitution elle-même, telle que révisée en 2003, a ressuscité le terme de *« tutelle »*, sous une formulation négative, il est vrai :

66. Par ex., J. Moreau, *Administration régionale, départementale et municipale*, Dalloz, coll. Mémentos, 14e éd., 2004, p. 25.

« aucune collectivité territoriale ne peut exercer une tutelle sur une autre »[67]. Il est donc souhaitable de maintenir ici l'appellation traditionnelle de *« contrôle de tutelle »* qui présente cet avantage de rappeler la nécessaire subordination du droit des collectivités territoriales à celui de l'État unitaire, sans attacher davantage d'importance à des intitulés législatifs qui sont sans valeur juridique, à les supposer constitutionnels, faute d'avoir été délibérés par le Parlement.

246. Obligation constitutionnelle. – L'essentiel tient, en effet, dans la décision de principe précitée *Loi de décentralisation* du Conseil constitutionnel en date du 25 février 1982 : *« Considérant qu'il résulte des dispositions précitées de l'article 72 de la Constitution que, si la loi peut fixer les conditions de la libre administration des collectivités territoriales, c'est sous la réserve qu'elle respecte les prérogatives de l'État énoncées à l'alinéa 3 »*, devenu 6, *« de cet article ; que ces prérogatives ne peuvent être ni restreintes, ni privées d'effet, même temporairement ; que l'intervention du législateur est donc subordonnée à la condition que le contrôle administratif prévu à l'article 72 (alinéa 3)* [devenu alinéa 6] *permette d'assurer le respect des lois et, plus généralement, la sauvegarde des intérêts nationaux auxquels, de surcroît, se rattache l'application des engagements internationaux contractés à cette fin »*.

247. Équilibre entre libre administration et tutelle. – Ainsi, sur la base des dispositions de l'article 72 de la Constitution révisée, la Haute Instance fait reposer la régularité du droit de la décentralisation sur le respect de l'équilibre entre, d'une part, la libre administration des collectivités territoriales (alinéa 3) et, d'autre part, le contrôle de tutelle de l'autorité préfectorale (alinéa 6) qui en est nécessairement – ou plutôt qui devrait en être – l'exacte contrepartie.

248. Tutelle et contrôle hiérarchique. – Par rapport au contrôle hiérarchique, la tutelle assure donc la confrontation de deux personnes juridiques différentes sur un terrain de stricte légalité. Il s'agit là d'un pouvoir conditionné par les textes, selon le principe qu'il n'existe *« pas de tutelle sans texte et hors des limites du texte »*[68]. Toutefois, la tutelle s'exerce assez largement puisqu'elle comporte tout aussi bien le pouvoir unilatéral à l'égard des personnes : suspension ou révocation du maire ou dissolution du conseil municipal qu'à l'égard des actes : réformation, substitution ou encore, dans de rares cas, approbation préalable. Sans

67. Const., art. 72, al. 5, 1re phrase et CC, 9 décembre 2010, *Réforme des collectivités territoriales*, déc. 10-618 DC, cons. 22.

68. CE Sect., 17 mars 1972, *Mme Figaroli, Rec.* 224 ; *AJDA* 1972.213.

doute, le recours au juge administratif devrait-il être plus important que par le passé car il est désormais systématiquement prévu, dans l'hypothèse de l'annulation des actes des collectivités territoriales. Mais on admettra volontiers que la tutelle *« ne se laisse pas distinguer entièrement du pouvoir hiérarchique »*[69], c'est-à-dire qu'en définitive, la différence entre les deux types de contrôle administratif : pouvoir hiérarchique et tutelle, est certainement bien plus de degré que de nature dans cette pratique institutionnelle que la science administrative – c'est son objet et son mérite – permet précisément d'appréhender.

249. Bibliographie. – AUBY Jean-Marie, « Le pouvoir réglementaire des autorités des collectivités locales », *AJDA* 1984. 468.

AUBRY François-Xavier, *La décentralisation contre l'État (l'État semi-décentralisé)*, Paris, LGDJ, 1992.

AUTEXIER Christian, « De la coopération décentralisée », *RFDA* 1993. 411.

BARELLA Xavier, « La coopération décentralisée à la recherche d'une sécurité juridique renforcée », *AJDA* 2008.1580.

BERNARD Paul, « Les responsabilités de l'État en France aujourd'hui » *in Administration*, n° 19, p. 148, 1990, p. 4.

CONSEIL D'ÉTAT, *Les établissements publics nationaux – Catégories et spécificités*, coll. Notes et Études documentaires, n° 4784, Paris, La Documentation française, 1985.

CONSEIL D'ÉTAT, *Les établissements publics,* Paris, Conseil d'État – Rapport d'étude, 2009.

CONSEIL D'ÉTAT, *Les groupements d'intérêt public*, Paris, La Documentation française, 1997.

DEBBASCH Roland, *Le principe révolutionnaire d'unité et d'indivisibilité de la République*, Paris, Economica, 1988.

DIRECTION GÉNÉRALE DE LA COOPÉRATION INTERNATIONALE ET DU DÉVELOPPEMENT, *Guide de la coopération décentralisée – Échanges et partenariats internationaux des collectivités territoriales*, 2e éd., Paris, LGDJ, 2006.

DOLEZ Bernard, « Le régime juridique de la coopération décentralisée après l'adoption de la loi d'orientation pour l'aménagement et le développement du territoire », *RFDA* 1996.936.

DUGRIP Olivier et SAÏDJ Luc, *Les établissements publics nationaux*, Paris, LGDJ, coll. Systèmes, 1992.

FATÔME Étienne, « À propos de la distinction entre les établissements publics à caractère administratif et les établissements publics à caractère industriel et commercial », *in Mél. René Chapus*, Paris, Montchrestien, 1992, p. 171-196.

69. Y. Gaudemet, *Traité de droit administratif*, T. I, LGDJ, 16e éd., 2001, n° 225, p. 119.

FAURE Bertrand, *Le pouvoir réglementaire des collectivités locales*, coll. Bibl. dr. pub. n° 200, Paris, LGDJ, 1998.

FAURE Bertrand, « Une théorie de l'uniformité de la loi et ses effets sur le droit des collectivités territoriales », *in Mél. Jean-François Lachaume*, Paris, Dalloz, 2007, p. 489-505.

FAVOREU Louis et ROUX André, « La libre administration des collectivités territoriales est-elle une liberté fondamentale ? », *Cahiers du Conseil constitutionnel* n° 12/2002, p. 88 s.

JANICOT Laetitia, « La rationalisation manquée des groupements d'intérêt public », *AJDA* 2011.1194.

JORION, « Les groupements d'intérêt public : un instrument de gestion du service public administratif », *AJDA* 2004.305.

LABAYLE Henri, « Perspectives d'unn droit commun pour la coopération transfrontalière des collectivités territoriales en Europe », *in Mél. Jean-Claude Douence*, Paris, Dalloz, 2006, p. 245-266.

LAUBADÈRE André de, « Vicissitudes actuelles d'une distinction classique : établissement public et collectivité locale », *in Mél. Paul Couzinet*, Toulouse, Université des sciences sociales, 1974, p. 411.

MAUROY Pierre (dir.), *Refonder l'action publique locale*, Paris, La Documentation française, 2000.

MOREAU Jacques et DARCY Gilles (dir.), *La libre administration des collectivités locales*, Paris, Economica, 1985.

MUZELLEC Raymond et NGUYEN QUOC Vinh, *Les groupements d'intérêt public*, Paris, Economica, 1994.

MUZELLEC Raymond, « Les contrôles sur les GIP », *RFFP* 1996, p. 71-84.

QUERMONNE Jean-Louis, *L'appareil administratif de l'État*, coll. Points-Politique, Paris, Éd. du Seuil, 1991.

ROHMER-BENOIT Florence, « Les groupements d'intérêt public : une nouvelle catégorie de personnes publiques », *AJDA* 1986.676.

SADRAN Pierre, *Le système administratif français*, coll. Clefs-Politique, Paris, Montchrestien, 2e éd., 1997.

TERRAZZONI André, *L'administration territoriale en Europe*, coll. Systèmes, Paris, LGDJ, 1992.

TINIÈRE, « Éléments de définition d'un standard commun aux groupements d'intérêt public », *AJDA* 2007.840.

VERPEAUX Michel, *Histoire de la décentralisation*, Paris, PUF, 1993.

Titre II
L'administration d'État

250. Spécificité. – L'État constitue une personne publique d'une nature particulière : il est le tout puisqu'il est politiquement unitaire et il est partie de ce tout puisqu'il est juridiquement autonome. Par les mêmes organes dont le ministre à Paris et le préfet dans les départements sont clairement les symboles, l'administration d'État va ainsi correspondre à cette double fonction : soit de contrôle des éléments décentralisés de l'État en tant qu'institution unitaire, soit de gestion des compétences propres de l'État en tant qu'institution autonome.

251. Principe hiérarchique. – De ce dernier point de vue, l'administration d'État repose sur la force particulière du principe hiérarchique qui régit chacun de ses deux niveaux : l'organisation centrale (Chapitre 1) et l'organisation déconcentrée (Chapitre 2) ainsi que les relations entre eux. Toutefois, l'évolution du droit administratif français a permis de prendre en compte l'émergence d'une nouvelle catégorie juridique : les autorités administratives indépendantes (Chapitre 3) dont la caractéristique essentielle est de se situer hors hiérarchie bien qu'elles fassent partie intégrante, en principe, de l'administration d'État.

Chapitre 1
L'organisation centrale de l'administration d'État

252. Président de la République et Premier ministre. – L'organisation centrale de l'administration d'État s'enracine dans le droit constitutionnel parce que l'organisation des pouvoirs publics et les relations qu'ils entretiennent entre eux ont une incidence directe sur le fonctionnement de l'État unitaire que constitue la France. Or, la Constitution de 1958 repose sur certaines ambiguïtés fondamentales qui concernent, en particulier, le rôle dévolu, au sein du pouvoir exécutif, au Président de la République et au Premier ministre. On peut cependant soutenir que, si le schéma constitutionnel est variable selon l'existence ou la rupture du fait majoritaire, le schéma administratif est, en revanche, remarquablement stable au profit, en toute hypothèse, du Premier ministre. C'est en ce sens qu'on parlera de cohabitation administrative relayée, au niveau gouvernemental, par l'action des ministres dont les compétences s'exercent dans le cadre des deux fonctions administratives principales : la fonction de conseil et la fonction de contrôle.

Section 1
La cohabitation administrative

253. Fonction exécutive. – La question de la nature exacte du régime de la Ve République est l'une de celles que le droit constitutionnel français continue à ne pas pouvoir ou vouloir ou savoir résoudre avec netteté, faute de disposer de concepts actualisés permettant de donner un schéma d'interprétation de la réalité politique qui soit effectivement opératoire. En tout cas, on doit prendre en compte que la fonction dite « *exécutive* » – l'expression dit assez la pauvreté du vocabulaire constitutionnel en la matière – est une fonction qui se partage nécessairement, pour des raisons évidentes de protection de la démocratie. Toutefois, est assurée à l'un de ses titulaires la suprématie sur tous les autres, selon la formule célèbre prononcée par le général de Gaulle lors de sa conférence de presse du 31 janvier 1964 : *« on ne saurait accepter qu'une dyarchie existât au sommet »*.

254. Suprématie politique du Président. – Cette situation est celle qui prévaut du point de vue politique entre le Président de la République et le Premier ministre :

— au profit de la première autorité en cas de fait majoritaire, c'est-à-dire en période normale de correspondance des majorités présidentielle et législative, de façon continue jusqu'en 1986 et par périodes depuis lors ;

— au profit de la seconde autorité, conformément du reste à la lettre des institutions, en période exceptionnelle de cohabitation politique, c'est-à-dire de rupture du fait majoritaire telle qu'entre 1986 et 1988, une deuxième fois entre 1993 et 1995 et à nouveau de 1997 à 2002, la légitimité politique devenant alors celle de la majorité législative exclusivement.

255. Suprématie administrative du Premier ministre. – Or, telle est aussi la situation qui prévaut du point de vue administratif, étant entendu que le Premier ministre est ici l'autorité essentielle aux termes même de la Constitution : c'est le Premier ministre, et lui seul, qui *« dirige l'action du Gouvernement »* (art. 21, al. 1er), lequel *« dispose de l'administration et de la force armée »* (art. 20, al. 2). Du reste, c'est lui qui est responsable de la défense nationale et de l'exécution des lois. Surtout, il reçoit compétence de principe pour exercer le pouvoir de l'administration, soit à travers la réglementation, soit à travers les nominations aux emplois civils et militaires.

256. Frontières. – C'est donc à juste titre que, dans la logique du fait majoritaire, le Premier ministre peut être décrit, avec le fond de vérité de toute caricature, à la fois comme un nain politique et un géant administratif. Tel est bien d'ailleurs le partage des rôles que le général de Gaulle assignait aux deux principaux protagonistes du nouveau régime politique, lorsqu'il soulignait, en parlant du Président de la République, que *« la nature, l'étendue, la durée de sa tâche implique qu'il ne soit pas absorbé, sans relâche et sans limite, par la conjoncture politique, parlementaire, économique et administrative. Au contraire, c'est là le lot, aussi complexe et méritoire qu'essentiel du Premier ministre français »* (conférence de presse préc.). Et l'on ne peut que souscrire à l'appréciation du professeur Stéphane Rials écrivant, dans le contexte du fait majoritaire, que *« ce serait une considérable erreur de voir dans le Premier ministre, au sein même de l'exécutif, une autorité marginale. Commis à* *l'évidence, il est un grand commis »*[1]. Commis politique en fait majoritaire et grand commis administratif tout le temps. Cette construction ne signifie nullement que le Premier ministre soit placé en dehors de toute participation à la politique de l'État, même en période de fait majoritaire, d'abord en tant que chef naturel de la majorité parlementaire, mais aussi dans le domaine des affaires extérieures lequel, pour ne pas être réservé au Président de la République, est plus particulièrement dévolu à celui-ci, soit au titre d'une véritable coutume, et ce bien avant 1958, soit au titre des dispositions de l'article 52 de la Constitution[2]. On notera, en ce sens, les déplacements que les différents Premiers ministres ont tous été conduits à effectuer à l'étranger : par exemple, 40 fois pour Jacques Chirac lors de son deuxième Gouvernement (1986-1988) de même que Dominique de Villepin a rencontré à Beyrouth, le 17 juillet 2006, son homologue libanais, à l'occasion d'une grave crise internationale.

257. Interventionnisme administratif du Président de la République. – Cette construction ne signifie pas non plus que, pour sa part, le Président de la République soit placé en dehors de toute participation à l'administration d'État. Il en est ainsi, à l'évidence, en cas de fait majoritaire, ses interventions étant alors définies librement quant à leur domaine, à leur contenu, à leur durée ou encore à leur fréquence : par exemple, on a vu la mise en place, par décret du 15 mai 2002, d'un Conseil de la sécurité intérieure, placé sous sa présidence. Mais cet interventionnisme administratif se rencontre aussi en matière économique et sociale dont aucun Président ne s'est désintéressé et ne saurait se désintéresser durablement même si, en général, l'exécution de son programme électoral n'est pas son souci constant et si, au niveau qui est le sien, les mesures à prendre ne sont pas nécessairement ou excessivement détaillées.

258. Cohabitation. – Il en est ainsi, plus nettement encore, en période de rupture du fait majoritaire, quand le Président de la République doit alors se contenter d'exercer les quelques pouvoirs dont la Constitution l'a doté en matière administrative et qui lui permettent, au mieux, de perturber l'exécution d'une politique dont il ne saurait assurer davantage la maîtrise face à une majorité législative opposée et donc, par construction, face à un Gouvernement hostile, pour se placer dans l'hypothèse où, pour ne pas avoir démissionné, il a accepté de se soumettre et de voir ses fonctions se réduire à la lettre

1. S. Rials, *Le Premier ministre*, PUF, coll. Que sais-je ?, n° 1972, 1981, p. 96.
2. À ce sujet, J. Massot, *L'arbitre et le capitaine – La responsabilité présidentielle*, Flammarion, coll. Champs, 1987, p. 50-59.

défavorable du seul texte constitutionnel. Cela vaut également dans l'administration de la défense nationale ou des affaires étrangères, Union européenne comprise, même si, en ces domaines, la définition ou la promotion des choix politiques continuent à appartenir constitutionnellement au Président de la République, au titre de la coutume pour l'essentiel[3], sauf à se fonder sur les articles 15 et 52, respectivement, de la Constitution.

259. Absence de dyarchie au sommet de l'État. – Dès lors, il n'y a pas, en effet, de dyarchie politique ou administrative au sommet de l'État, mais bien un chef politique en la personne du Président de la République, en principe, et un chef administratif en celle du Premier ministre. Pour la première autorité, cette situation, pour être constitutionnellement normale, est réversible en cas de cohabitation politique. Pour la seconde autorité, cette situation est, au contraire, permanente, y compris en cas de mise en œuvre du fait majoritaire. C'est en ce sens que, non seulement aux termes d'une Constitution, plus de continuité que de rupture avec celle de la République précédente, mais aussi à l'analyse d'une pratique institutionnelle, on a pu écrire, sans forcer le trait, que le Premier ministre est le *« vrai maître de l'État »*[4].

260. Cohabitation et autorité politique du Premier ministre. – Ainsi la cohabitation politique correspond à une période exceptionnelle de réunion, sous la seule autorité du Premier ministre, des pouvoirs politique et administratif de l'État, réserve faite, toutefois, du respect des attributions constitutionnelles du Président de la République[5], notamment celles qui touchent à la diplomatie au sens large, sur le fondement d'une conception partagée par le Président de la République et le Premier ministre, de façon constante, depuis les débuts du régime.

261. Cohabitation administrative. – Dans cette mesure, on ne saurait davantage parler, sous la Ve République, de bicéphalisme politique ou administratif, terme qui précisément renvoie à celui de dyarchie, déjà récusé. En revanche, on peut avancer l'idée qu'il existe en France une véritable cohabitation administrative laquelle associe, suivant une intensité variable selon que le fait majoritaire est

3. À ce sujet, J. Massot, *op. cit.*, p. 276-284.
4. Ch. Debbasch, *L'Élysée dévoilé*, Albin Michel, 1982, p. 78.
5. M. Lascombe, « Le Premier ministre, clé de voûte des institutions ? », *RDP* 1981.105, spéc. p. 149-161.

constitué ou rompu[6] et de façon permanente, les deux autorités administratives suprêmes de l'État : le Président de la République, par exception, et le Premier ministre, en principe.

§ 1. Le Président de la République comme autorité administrative d'exception

262. Il ressort clairement des dispositions de l'article 21 de la Constitution que les compétences administratives du Président de la République sont d'attribution en période normale ou en période exceptionnelle. Pour les exercer, il dispose des services de la Présidence de la République qu'il organise librement, dans la limite des crédits budgétaires qui lui sont impartis par le Parlement, et dont il nomme les membres par de nombreux arrêtés, pris dans le cadre de son pouvoir propre de nomination. De plus, un grand nombre de conseils, présidés par le Président de la République, se tiennent à l'Élysée.

A Les compétences administratives d'attribution en période normale

263. Comme la Constitution le prévoit, il y a lieu de distinguer deux hypothèses de l'exercice par le Président de la République de ses compétences administratives d'attribution en période normale. L'essentiel tient dans les dispositions de l'article 13 qui attribuent au Président un pouvoir réglementaire et un pouvoir de nomination, en se référant, non pas à un critère matériel, mais à un critère formel.

1. Le pouvoir réglementaire

264. Article 13 de la Constitution. – L'article 13, alinéa 1er de la Constitution dispose, en effet, que *« le Président de la République signe les ordonnances et les décrets délibérés en Conseil des ministres »*. Si la Constitution prévoit que toutes les ordonnances doivent être délibérées en Conseil des ministres, une partie seulement des décrets y sont examinés, ici – par construction – en matière réglementaire.

6. À ce sujet, Ch. Debbasch, « Président de la République et Premier ministre dans le système politique de la Ve République, Duel ou duo ? », *RDP* 1982.1175.

a) Les ordonnances

265. Signature des ordonnances. – Le Président de la République signe donc toutes les ordonnances établies par la Constitution, ce qui lui donne un pouvoir important, notamment depuis les dix dernières années qui ont vu leur utilisation devenir de plus en plus courante. Les ordonnances sont des actes administratifs d'une nature particulière puisqu'elles interviennent sur habilitation du constituant (art. 92 ancien, art. 47, art. 74-1) ou du législateur (loi référendaire du 13 avril 1962 et art. 38) dans le domaine de la loi. Le recours aux ordonnances permet au Gouvernement de mettre en œuvre rapidement sa politique tout en faisant l'économie du débat parlementaire qui n'interviendra qu'*a posteriori* si les ordonnances font l'objet d'une ratification législative.

266. Typologie des ordonnances. – Si l'on excepte la loi référendaire précitée du 13 avril 1962 par laquelle le peuple français a directement habilité le Président de la République à exercer le pouvoir législatif pour mettre en œuvre les déclarations gouvernementales du 19 mars 1962 qui reprenaient les éléments des accords d'Évian, le champ d'intervention des ordonnances est déterminé par la Constitution, à ses articles 92, 38, 47 et 74-1.

267. Ordonnances de l'article 92. – Les ordonnances de l'article 92, abrogé par la loi constitutionnelle du 4 août 1995 alors qu'il servait de fondement à des ordonnances encore en vigueur[7] qui avaient par elles-mêmes «*force de loi*», permettaient à l'exécutif de prendre les mesures législatives nécessaires à la mise en place des institutions et au fonctionnement des pouvoirs publics pendant une période transitoire, achevée le 4 février 1959. Il s'agit là de normes insusceptibles d'un recours pour excès de pouvoir devant le juge administratif[8] ou d'un recours en inconstitutionnalité *a priori* devant le juge constitutionnel, ce qui n'était pas sans poser de graves difficultés de cohérence juridique, comme, par exemple, en matière budgétaire avec l'ordonnance du 2 janvier 1959 portant loi organique relative aux lois de finances, du moins jusqu'à son remplacement par la loi organique du 1er août 2001.

268. Ordonnances de l'article 38. – Les ordonnances de l'article 38 de la Constitution correspondent à la catégorie des décrets-lois

7. P. Delvolvé, « L'été des ordonnances », *RFDA* 2005.909.

8. CE Sect., 12 février 1960, *Société Eky, Rec.* 101 ; *S.* 1960.131, concl. Kahn ; *D.* 1960.263, note L'Huillier ; *JCP* 1960.II.11629 *bis*, note Vedel.

issus de la pratique institutionnelle des IIIe et IVe Républiques[9]. C'est là une hypothèse devenue fréquente, sous la Ve République, de législation déléguée à l'exécutif :

1990/ 1999	2000	2001	2002	2003	2004	2005	2006	2007	2008	2009	2010	2011
33	29	19	12	18	55	85	28	15	29	48	29	42

En conséquence d'une habilitation législative, soumise au contrôle éventuel du juge constitutionnel[10] et pendant une période donnée, le Gouvernement est ainsi autorisé à prendre des ordonnances dans des matières limitativement énumérées qui ressortissent normalement à la compétence d'attribution du législateur. L'autorisation est cependant demandée pour « *l'exécution de son programme* » par le Gouvernement ce qui pose la question de la pérennité de la loi d'habilitation, après un changement de Gouvernement. La jurisprudence y répond favorablement[11] et elle doit être approuvée. L'exigence de continuité de l'État s'accorderait mal du caractère fluctuant des habilitations législatives : l'institution gouvernementale dépasse les personnes qui le composent ou le dirigent et c'est à l'institution que l'habilitation est conférée.

269. Actes administratifs provisoires. – Les ordonnances de l'article 38 qui sont, d'abord, des actes administratifs, sont assimilées à des décrets en Conseil d'État et en Conseil des ministres, en vigueur dès leur publication, mais caduques à défaut de dépôt du projet de loi de ratification avant la date fixée à cet effet par la loi d'habilitation, tant qu'elles n'auront pas été ratifiées par le Parlement. Les jurisprudences du Conseil constitutionnel et du Conseil d'État admettaient la ratification implicite[12]. Mais, depuis la loi constitutionnelle du 23 juillet 2008, il est mis fin à ces jurisprudences passablement

9. CE, avis du 6 février 1953, *RDP* 1953.170 et R. Chapus, « La loi d'habilitation du 11 juillet 1953 et la question des décrets-lois », *RDP* 1953.954.

10. CC, 25 et 26 juin 1986, *Privatisations*, déc. 76-72 DC, *Rec.* 61 ; *AJDA* 1986.575, note Rivero ; *Rev. soc.* 1986.606, note Y. Guyon ; *GDCC* n° 31.

11. CE Sect. 5 mai 2006, *Schmitt*, *Rec.* ; *RFDA* 2006. 678, concl. R. Keller ; *RFDA* 2006. 686, note C. Boyer-Mérentier ; *AJDA* 2006. 1362, chron. F. Lenica et C. Landais ; *JCP G* 2006.I.170, chron. B. Plessix.

12. CC, 29 février 1972, *Participation des salariés aux résultats de l'entreprise*, déc. 72-73 L, *Rec.* 31 ; *AJDA* 1972. 638, note Toulemonde ; CC, 23 janvier 1987, *Conseil de la concurrence*, déc. 86-224 DC, *Rec.* 8, préc. ; *GAJA* n° 89 et les réf. ; *GDCC* n° 32 et les réf. ; CE, 10 juillet 1972, *Compagnie Air Inter*, *Rec. 537 ; CE,* 29 octobre 1994, *Sueur*, *Rec.* 393 et *RFDA* 2004. 1103 concl D. Casas ; *AJDA* 2004. 2383, chron. C. Landais et F. Lenica.

constructives : la ratification doit être expresse (Const., art. 38, al. 2 : « *Les ordonnances (...) ne peuvent être ratifiées de manière expresse* »). Dès leur ratification, les ordonnances de l'article 38 acquièrent force de loi à la date de leur signature et, dès lors, elles ne sont plus susceptibles d'être discutées devant le Conseil d'État statuant au contentieux[13].

270. Contrôle du juge administratif. – C'est pourquoi, en tant qu'actes administratifs provisoires, les ordonnances de l'article 38 de la Constitution peuvent ne pas être signées par le Président de la République, comme cela aura été le cas en juillet 1986, de même qu'elles peuvent être soumises, avant ratification par le Parlement, au contrôle du juge de l'excès de pouvoir[14]. C'est, du reste, cette même solution que, dans l'affaire *Canal*, le Conseil d'État a cru devoir transposer, pour des considérations téléologiques d'évidence, dans l'hypothèse peu différente des ordonnances présidentielles prises en application de la loi référendaire du 13 avril 1962[15].

271. Ordonnances et cohabitation. – Le Président de la République conserve la maîtrise politique du recours aux ordonnances, y compris en période de cohabitation. Le refus par François Mitterrand de signer trois projets d'ordonnances soumises à la délibération du Conseil des ministres, en juillet 1986, résulte de la lettre de l'article 13 par laquelle il se donnait le pouvoir de ne pas signer. Bien que seul le Gouvernement soit habilité à agir (à l'exception de la loi référendaire du 13 avril 1962 habilitant directement le Président à mettre en œuvre les accords d'Évian par voie d'ordonnances), le Président de la République est considéré comme le véritable auteur des ordonnances. Il y a ici une interprétation formelle de la Constitution qui procède par transposition, au cas des ordonnances, de la jurisprudence selon laquelle la signature, au sens de l'article 13, rapproché de l'article 21, suffit à lui conférer, par exception, la compétence réglementaire[16].

Il faut ici voir la préservation de la maîtrise du pouvoir politique, issue de la coutume du fait majoritaire, dans l'application, en tout temps, de la règle de droit. En effet, c'est le Gouvernement, et non

13. CE, 19 décembre 1969, *Dame Piard, Rec.* 593.

14. CE Ass., 24 novembre 1961, *Fédération nationale des syndicats de police, Rec.* 658 ; *AJDA* 1962. 114, note J. T. ; *D.* 1962.424, note Fromont ; *S.* 1963.59, note Hamon et L. Favoreu, « Ordonnances ou règlements d'administration publique ? (La destinée singulière des ordonnances de l'article 38 de la Constitution) », *RFDA* 1987. 686.

15. CE Ass., 19 octobre 1962, *Canal et autres, Rec.* 552 ; *GAJA* n° 80 et les réf.

16. CE Ass. 10 septembre 1992, *Meyet, Rec. 327,* concl. D. Kessler ; *D. 1993. 293,* note O. Gohin ; *RDP* 1992. 1822, note A.-M. Le Pourhiet ; *AJDA 1992. 643,* chron. C. Maugüé et R. Schwartz.

le Président qui reçoit l'habilitation pour prendre les ordonnances alors, surtout, que l'article 38 prévoit que cette habilitation est donnée pour l'exécution du programme gouvernemental. Ainsi, d'un point de vue formel, l'auteur juridique des ordonnances n'est pas l'autorité qui a été politiquement habilitée à les prendre ; inversement, d'un point de vue matériel, l'auteur politique des ordonnances n'est pas l'autorité qui a été juridiquement habilitée à les prendre. Autrement dit, le refus du Président de la République de signer des ordonnances de l'article 38 n'est donc que l'application régulière, en sa faveur, de la Constitution, réduite juridiquement à la lettre de son article 13, alors même qu'en période de cohabitation, il est fait retour politiquement à l'article 20 en faveur du Gouvernement, en tout cas en matière économique et sociale.

272. Ordonnances de l'article 47, alinéa 3. – Les ordonnances de l'article 47, alinéa 3 de la Constitution permettent de surmonter le blocage ou l'enlisement de la discussion budgétaire, provoqué par un Parlement incapable de se prononcer pour ou contre la loi de finances de l'année dans le délai de soixante-dix jours qui lui est constitutionnellement imparti. Il s'agit là d'une hypothèse d'école, sans application dans les conditions de rationalisation du parlementarisme français, particulièrement accentué en matière de finances publiques, y compris au moment de la crise politique, déclenchée inutilement par le groupe RPR de l'Assemblée nationale contre le Gouvernement Barre, qui devait conduire à l'invalidation de la loi de finances initiale pour 1980[17]. On s'accorde, toutefois, pour estimer que le régime contentieux de ces ordonnances de l'article 47, alinéa 3 serait analogue à celui des ordonnances de l'article 38 de la Constitution avant leur ratification par le Parlement et il y a lieu de soutenir cette position doctrinale en faveur du contrôle éventuel par le juge de l'excès de pouvoir[18].

273. Ordonnances de l'article 74-1. – L'article 74-1 de la Constitution, issu de la révision opérée par la loi constitutionnelle du 28 mars 2003, est ainsi rédigé, en deux alinéas : « *Dans les collectivités d'outre-mer visées à l'article 74 et en Nouvelle-Calédonie, le Gouvernement peut, par ordonnances, dans les matières qui demeurent de la compétence de l'État, étendre, avec les adaptations nécessaires, les dispositions de nature législative en vigueur en métropole*

17. À ce sujet, CC, 24 décembre et 30 décembre 1979, *Vote du budget*, déc. 79-110, *Rec.* 36 et 79-111, *Rec.* 39 ; *AJDA* 1980.356, note Franck ; *D.* 1980.381, note Hamon ; *RDP* 1980.1373, note Philip ; *RPP* 1980, n° 884, p. 10, note Faberon ; *GDCC* n° 20.

18. En ce sens, S. Rials, « Constitution », *Encyclopédie Dalloz – Contentieux administratif*, T. I, n° 163, p. 17.

ou adapter les dispositions de nature législative en vigueur à l'organisation particulière de la collectivité concernée, sous réserve que la loi n'ait pas expressément exclu, pour les dispositions en cause, le recours à cette procédure » (al. 1er) ;

« *Les ordonnances sont prises en conseil des ministres après avis des assemblées délibérantes intéressées et du Conseil d'État. Elles entrent en vigueur dès leur publication. Elles deviennent caduques en l'absence de ratification par le Parlement dans le délai de dix-huit mois suivant cette publication* » (al. 2).

Sous réserve que la loi relative à l'organisation particulière de la collectivité concernée n'ait pas expressément exclu ce recours aux ordonnances de l'article 74-1, il s'agit donc là d'une habilitation constitutionnelle permanente, conférée au Gouvernement pour l'extension, par cette nouvelle catégorie d'ordonnances, en principe, du champ d'application des dispositions législatives métropolitaines aux collectivités territoriales d'outre-mer concernées : les collectivités d'outre-mer de l'article 74, principalement celles soumises au principe de spécialité législative, ainsi que la Nouvelle-Calédonie.

274. Régime spécifique aux ordonnances de l'article 74-1. – Les ordonnances de l'article 74-1 sont soumises à un régime spécifique qui offre, tout à la fois, plus de souplesse et plus de sécurité juridique, en évitant la loi d'habilitation, tout en imposant leur ratification par le Parlement dans le délai de dix-huit mois suivant leur publication. Cette ratification, dont le dispositif constitutionnel ne prévoit pas, à la différence de celles de l'article 38 qu'elle doit être expresse a été imposée afin d'éviter que le Parlement soit entièrement dessaisi de l'élaboration de textes à défaut de loi d'habilitation en amont. C'est donc sans rapport avec un quelconque souci du constituant de 2003 d'éviter, dans la matière réputée sensible de l'étendue de l'autonomie de certaines collectivités territoriales outre-mer, une multiplication des textes réglementaires dans le domaine législatif[19]. Le Parlement doit ratifier l'ordonnance dans un texte qui, s'il n'a pas à lui être spécifique, possède un lien avec son objet. À défaut, le juge constitutionnel prononce la censure de la loi contenant une disposition ratifiant l'ordonnance, au motif que cette disposition constitue un « *cavalier législatif* »[20].

275. Caducité des ordonnances de l'article 74-1. – Le verrou constitutionnel en faveur de la manifestation du pouvoir législatif

19. En ce sens, A. Jennequin, « Les ordonnances de l'article 74-1 de la Constitution : Bilan de la pratique », *RFDA* 2008. 920.

20. CC, 18 mai 2009, *Loi de mobilisation pour le logement et la lutte contre l'exclusion*, déc. 09-578 DC, *Les cahiers du Conseil constitutionnel* 2009, n° 26.120.

tient donc en cette caducité potentielle des ordonnances de l'article 74-1 : en l'absence d'accord *a priori* du Parlement à l'aménagement de la séparation des pouvoirs, l'absence d'accord *a posteriori* du même Parlement est ainsi sanctionnée. Par exemple, en l'absence de ratification, deux ordonnances promulguées en 2007 ont été frappées de caducité, en 2009 :

— l'une du 25 juillet, publiée le 29, portant extension et adaptation à la Nouvelle-Calédonie de diverses dispositions relatives aux communes et aux sociétés d'économie mixte (SEM) ;

— et l'autre du 5 octobre, publiée le 6, relative à l'extension d'une partie du Code général des collectivités territoriales aux communes de la Polynésie française[21].

276. Contournement de la caducité. – Plusieurs solutions s'offrent néanmoins au Gouvernement afin de contourner la difficulté constitutionnelle lui interdisant une ratification après dix-huit mois : une loi de substitution, une nouvelle ordonnance de l'article 74-1 ou une ordonnance de l'article 38.

277. Contournement de la caducité – loi de substitution. – Le Premier ministre peut déposer un projet de loi reprenant les dispositions de l'ordonnance, rendant ainsi au législateur le plein exercice de sa compétence. Mais, cette solution peu logique qui se heurte à la longueur inévitable de la procédure législative, pourra paraître incompatible avec la nécessité de préserver la permanence des règles étatiques, outre-mer.

278. Contournement de la caducité – nouvelle ordonnance de l'article 74-1. – C'est la raison pour laquelle, le Gouvernement peut préférer recourir, à nouveau, aux ordonnances. C'est ce qu'il fit en procédant à l'édiction d'une ordonnance rigoureusement identique à celle, frappée de caducité, du 25 juillet 2007. Il s'agit là d'une interprétation pour le moins extensive de l'article 74-1 qui, si elle lui confère une habilitation permanente dans le temps, prévoit tout de même un délai strict de dix-huit mois avant caducité des ordonnances promulguées. Le Gouvernement considère ainsi que c'est le véhicule juridique, c'est-à-dire l'ordonnance, dans sa forme, qui est frappé de caducité, et non le fond du droit qui peut être supporté par une nouvelle ordonnance. Il interprète, par ailleurs, la limite temporelle de

21. F. Froment-Meurice et G. Especel, « Premiers cas de caducité d'ordonnances adoptées sur le fondement de l'article 74-1 de la Constitution », *RFDA* 2009.433 ; P. Mbongo, « Caducité des ordonnances de l'article 74-1 de la Constitution et légistique », *AJDA* 2009.2267.

l'article 74-1 tout à la fois comme un moyen de provoquer la ratification parlementaire ou de rendre nécessaire la confirmation par une autre ordonnance de l'état du droit, devenu caduc.

279. Contournement de la caducité – ordonnance de l'article 38. – Une autre voie qui pourrait être parcourue, serait d'avoir recours à l'article 38 dans le domaine de l'article 74-1. Mais le procédé consistant à obtenir une habilitation provisoire pour intervenir dans un domaine où le Gouvernement possède une habilitation constitutionnelle permanente, revient à écarter un dispositif spécial (celui de l'art. 74-1) pour un dispositif général (celui de l'art. 38). Cette solution, pour être encore plus acrobatique que la précédente, n'est pas, pour autant, inconstitutionnelle.

280. Contournement de la caducité – ratification-validation. – Reste la voie de ce que l'on peut appeler la « ratification-validation »[22] consistant à conférer force de loi aux dispositions caduques de l'ordonnance et à valider, sous réserve des décisions juridictionnelles passées en force de chose jugée, les actes pris sur le fondement des dispositions devenues caduques. Cette procédure permet de remédier, mais *a posteriori*, à l'insécurité juridique créée par l'inapplication de pans entiers de la législation métropolitaine. C'est la solution qui a été utilisée par la loi du 27 mai 2009 pour pallier les effets de la caducité de l'ordonnance du 6 avril 2009.

b) Décrets du Président de la République

281. Décrets du Président de la République. – Mais l'article 13, alinéa 1er de la Constitution dispose aussi que *« le Président de la République signe (...) les décrets délibérés en Conseil des ministres »*. Il s'agit donc de tous les décrets, pour autant qu'ils aient été délibérés en Conseil des ministres, ce qui correspond, en matière réglementaire, à une cinquantaine de cas par an.

282. Décrets délibérés en Conseil des ministres. – Cette délibération en Conseil des ministres intervient dans trois hypothèses :

— en application d'une prescription constitutionnelle ou législative : par exemple, dans le cas des décrets d'avances sur crédits limitatifs en cas d'urgence, et, le cas échéant, de nécessité impérieuse d'intérêt national (loi org. du 1er août 2001, art. 11 ; par ex., le décret d'avance du 8 octobre 2001) ou dans le cas de déclaration de l'état

22. F. Froment-Meurice et G. Especel, *op. cit.*

d'urgence (loi du 3 avril 1955, art. 2, al. 1er ; décret du 8 novembre 2005) ;

— en application d'une prescription réglementaire, fixée elle-même par décret en Conseil des ministres : par exemple le décret du 22 janvier 1959 relatif aux attributions des ministres ;

— en application d'une pratique institutionnelle enfin qui, en période de fait majoritaire, permet au Président de la République, maître de l'ordre du jour du Conseil qu'il préside (Const., art. 9) d'inscrire tel ou tel projet de décret ne relevant pas normalement de sa compétence d'attribution, mais dont la délibération en Conseil des ministres suffit à mettre en œuvre les dispositions de l'article 13, alinéa 1er de la Constitution et suppose, dès lors, la signature du Président de la République, en tant qu'autorité compétente pour prendre l'acte administratif ainsi délibéré. On citera, par exemple, le décret en Conseil d'État et en Conseil des ministres du 24 juillet 1985 fixant la liste des emplois supérieurs à la discrétion du Gouvernement pris en application de l'article 25 de la loi du 11 janvier 1984 portant dispositions statutaires relatives à la fonction publique d'État lequel, pourtant, ne renvoie qu'à un décret en Conseil d'État le soin d'établir cette liste.

283. Pouvoir du président dans la détermination de sa compétence. – Ces deux dernières hypothèses qui se situent en dehors de l'application de prescriptions supraréglementaires, conduisent à ouvrir au Président de la République la possibilité de profiter de sa situation politiquement privilégiée, en période de fait majoritaire, pour définir lui-même la compétence de sa compétence administrative, particulièrement dans la définition de son pouvoir de réglementation. Il y a là une situation qui n'est pas juridiquement régulière dans l'organisation des pouvoirs publics et qui conduit à une dilatation du pouvoir présidentiel en cette période de fait majoritaire, notamment – et à titre préventif – dans la perspective d'une éventuelle cohabitation politique : tel est bien le cas des postes de direction des entreprises nationalisées en 1982, soit alors 164 emplois dans 138 entreprises[23]. Du reste, le Conseil constitutionnel a considéré, pour sa part, que ce pouvoir présidentiel de nomination ne pouvait être étendu ou réduit que par une loi organique[24].

284. Jurisprudence *Meyet*. – Il semblait que cette jurisprudence était relayée par le Conseil d'État, limitant la compétence

23. *RDP* 1986.1397, rép. à une question parlementaire.

24. CC, 18 septembre 1986, *Liberté de communication*, déc. 86-217 DC, *Rec.* 141 ; *AJDA* 1987.102, note Wachsmann.

réglementaire du Président de la République aux hypothèses peu nombreuses où la délibération du décret en Conseil des ministres est juridiquement obligatoire[25]. Or, le Conseil d'État a cru pouvoir considérer que tous les décrets effectivement délibérés en Conseil des ministres, y compris ceux qui n'entrent pas dans sa compétence réglementaire d'attribution, sont ou deviennent de la compétence du Président de la République[26]. Par suite, ces décrets ne peuvent plus être modifiés que par cette autorité administrative. Il y a là une position choquante dont on se contentera de dire ici que, si elle est juridiquement logique d'un point de vue formel, pour s'appuyer sur la lettre de l'article 13, alinéa 1er de la Constitution, elle ne l'est pas, en revanche, d'un point de vue matériel, pour méconnaître les limites de la stricte compétence d'attribution du Président de la République alors surtout qu'en période de fait majoritaire du moins, il est maître de l'ordre du jour du Conseil des ministres qu'il préside.

285. Déclassement. – Du reste, cette solution hasardeuse que la jurisprudence *Meyet* définit au détriment de la compétence de principe du Premier ministre, a dû être rapidement reprise par le Conseil d'État dans le souci de réduire l'insécurité juridique ainsi créée, au détriment du bon fonctionnement de l'administration. Dans son arrêt du 9 septembre 1996, *ministre de la Défense c/Collas et autres*[27], le Conseil d'État admet, à cet effet, la pratique administrative dite des « *déclassements* » qui ouvre au Président de la République la possibilité de réattribuer au Premier ministre la compétence réglementaire qu'auparavant, il lui avait lui-même abusivement confisquée. On ne saurait dire que cette solution de circonstance soit une source de simplification ou de clarification de la jurisprudence *Meyet* alors surtout qu'elle permet à une autorité constituée de définir librement sa propre compétence, au mépris des données essentielles du droit constitutionnel français telles qu'elles devraient pourtant s'imposer à l'ensemble des institutions du système administratif.

25. CE, 16 octobre 1987, *Syndicat autonome des enseignants de médecine, Rec.* 311 et René Chapus, « Le statut des décrets réglementaires délibérés en Conseil des ministres », *D.* 1988.199.

26. CE Ass., 10 septembre 1992, *M. Meyet, AJDA* 1992.643, chr. C. Maugüé et Schwartz ; *RDP* 1992.1822, note A.-M. Le Bos-Le Pourhiet ; *D.* 1993.293, note Gohin ; *JCP* 1993.I.3645, note Picard ; *LPA*, 26 avril 1993, note Lascombe.

27. CE, 9 septembre 1996, *ministre de la Défense c/Collas et autres, JCP* 1997.129, note Gohin ; *LPA* 9 mai 1997, nº 56, p. 4 s., note Dreyfus.

2. Le pouvoir de nomination

286. Nominations aux emplois civils et militaires. – La maîtrise par le Président de la République du pouvoir de nomination aux emplois civils et militaires de l'État s'exerce par la voie de décrets en Conseil des ministres ou de décrets simples (Const., art. 13, al. 2 et art. 21, al. 1er). Cet exercice a été profondément remodelé par la révision constitutionnelle du 23 juillet 2008 qui a introduit un 5e alinéa à l'article 13 prévoyant qu'une loi organique déterminera les emplois ou fonctions « pour lesquels, en raison de leur importance pour la garantie des droits et libertés ou la vie économique et sociale de la Nation, le pouvoir de nomination du Président de la République s'exerce après avis public de la commission permanente compétente de chaque assemblée. »

287. Avis public des commissions permanentes. – Cette révision constitutionnelle marque un changement radical de perspective dans la conception de la légitimité des institutions administratives. Le Président de la République y est certes toujours perçu comme source d'une légitimité nécessaire à la mise en œuvre par les autorités administratives de leurs prérogatives de puissance publique. Mais la concentration entre ces mains seules d'un tel pouvoir fait craindre un contrôle par le chef de l'État des institutions administratives les plus importantes par l'exercice d'un pouvoir de nomination sans contrepoids. C'est la raison pour laquelle le Constituant confère un pouvoir d'avis aux commissions permanentes de l'Assemblée nationale et du Sénat, conformément à une proposition du rapport en date du 30 octobre 2007 de la part du Comité de réflexion et de proposition sur la modernisation et le rééquilibrage des institutions de la Ve République dit « *Comité Balladur* »[28].

Il s'agit de la généralisation d'une pratique de plus en plus courante instaurée par le législateur pour les nominations à la présidence d'autorités administratives indépendantes (par exemple, l'article 28 de la loi du 10 février 2000 pour la Commission de régulation de l'énergie (CRE) ; l'article L. 130 du Code des postes et des communications électroniques pour l'Autorité de régulations des communications électroniques et des postes (ARCEP) ou encore l'article L. 461-1 du Code de commerce pour l'Autorité de la concurrence).

288. Audition publique. – La loi organique du 23 juillet 2010 relative à l'application du cinquième alinéa de l'article 13 de la

28. La Documentation française, 2008.

Constitution prévoit un avis de la commission chargée des lois constitutionnelles de chaque assemblée. L'avis est précédé d'une audition publique, sous réserve de la préservation du secret professionnel ou du secret de la défense nationale, et ne peut avoir lieu moins de huit jours après que le nom de la personne dont la nomination est envisagée a été rendu public. 51 emplois et fonctions sont énumérés par la loi, soit parce qu'ils sont relatifs à une institution protectrice des libertés fondamentales, soit parce qu'ils sont importants pour la vie économique de la Nation.

Président-directeur général d'Aéroports de Paris	Commission compétente en matière de transports
Président du conseil de l'Agence d'évaluation de la recherche et de l'enseignement supérieur	Commission compétente en matière d'enseignement et de recherche
Président du conseil d'administration de l'Agence de financement des infrastructures de transport de France	Commission compétente en matière de transports
Directeur général de l'Agence française de développement	Commission compétente en matière de coopération internationale
Président du conseil d'administration de l'Agence de l'environnement et de la maîtrise de l'énergie	Commission compétente en matière d'environnement
Directeur général de l'Agence nationale pour la gestion des déchets radioactifs	Commission compétente en matière d'environnement
Directeur général de l'Agence nationale pour la rénovation urbaine	Commission compétente en matière d'urbanisme
Président de l'Autorité de la concurrence	Commission compétente en matière de concurrence
Président de l'Autorité de contrôle des nuisances sonores aéroportuaires	Commission compétente en matière de transports
Président de l'Autorité des marchés financiers	Commission compétente en matière d'activités financières
Président de l'Autorité des normes comptables	Commission compétente en matière d'activités financières
Président de l'Autorité de régulation des activités ferroviaires	Commission compétente en matière de transports

Président de l'Autorité de régulation des communications électroniques et des postes	Commission compétente en matière de postes et de communications électroniques
Président de l'Autorité de sûreté nucléaire	Commission compétente en matière d'énergie
Gouverneur de la Banque de France	Commission compétente en matière monétaire
Directeur général de la Caisse des dépôts et consignations	Commission compétente en matière d'activités financières
Président du conseil d'administration du Centre national d'études spatiales	Commission compétente en matière de recherche appliquée
Président du Centre national de la recherche scientifique	Commission compétente en matière de recherche
Président du Comité consultatif national d'éthique pour les sciences de la vie et de la santé	Commission compétente en matière de santé publique
Administrateur général du Commissariat à l'énergie atomique	Commission compétente en matière d'énergie
Président du collège de la Commission de régulation de l'énergie	Commission compétente en matière d'énergie
Président de la commission de la sécurité des consommateurs	Commission compétente en matière de consommation
Président de la Commission nationale du débat public	Commission compétente en matière d'aménagement du territoire
Président de la Commission nationale de déontologie de la sécurité	Commission compétente en matière de libertés publiques
Président de la commission prévue au dernier alinéa de l'article 25 de la Constitution	Commission compétente en matière de lois électorales
Président du directoire de la Compagnie nationale du Rhône	Commission compétente en matière d'énergie
Président du Conseil supérieur de l'audiovisuel	Commission compétente en matière d'affaires culturelles
Contrôleur général des lieux de privation de liberté	Commission compétente en matière de libertés publiques
Défenseur des enfants	Commission compétente en matière de libertés publiques

Président-directeur général d'Électricité de France	Commission compétente en matière d'énergie
Président-directeur général de La Française des jeux	Commission compétente en matière de finances publiques
Président de France Télévisions	Commission compétente en matière d'affaires culturelles
Président du Haut conseil des biotechnologies	Commission compétente en matière d'environnement
Président de la Haute autorité de lutte contre les discriminations et pour l'égalité	Commission compétente en matière de libertés publiques
Président du collège de la Haute Autorité de santé	Commission compétente en matière de santé publique
Président de l'Institut national de la recherche agronomique	Commission compétente en matière de recherche appliquée
Président de l'Institut national de la santé et de la recherche médicale	Commission compétente en matière de recherche
Directeur général de l'Institut de radioprotection et de sûreté nucléaire	Commission compétente en matière d'environnement
Directeur général de l'institution nationale publique mentionnée à l'article L. 5312-1 du Code du travail (Pôle emploi)	Commission compétente en matière d'emploi
Médiateur de la République	Commission compétente en matière de libertés publiques
Président-directeur général de Météo-France	Commission compétente en matière d'environnement
Directeur général de l'Office français de protection des réfugiés et apatrides	Commission compétente en matière de libertés publiques
Directeur général de l'Office national des forêts	Commission compétente en matière d'agriculture
Président du conseil d'administration de l'établissement public OSEO	Commission compétente en matière d'activités financières
Président du conseil d'administration de La Poste	Commission compétente en matière de postes et communications
Président de Radio France	Commission compétente en matière d'affaires culturelles
Président-directeur général de la Régie autonome des transports parisiens	Commission compétente en matière de transports

Président du conseil d'administration de Réseau ferré de France	Commission compétente en matière de transports
Président de la société en charge de l'audiovisuel extérieur de la France	Commission compétente en matière d'affaires culturelles
Président du conseil d'administration de la Société nationale des chemins de fer français	Commission compétente en matière de transports
Président du conseil d'administration de Voies navigables de France	Commission compétente en matière de transports

289. Étendue. – Plus généralement, et en dehors des emplois soumis à avis des commissions, le pouvoir attribué au Président de la République de nomination aux emplois civils et militaires de l'État (Const., art. 13, al. 2 et art. 21, al. 1er) est lié à son pouvoir de prendre des décrets en Conseil des ministres ou des décrets simples.

290. Décrets en Conseil des ministres. – Le pouvoir du Président de la République d'exercer son pouvoir de nomination en Conseil des ministres correspond à trois hypothèses distinctes :

— l'article 13, alinéa 3, énumère les emplois supérieurs de la fonction publique d'État dont la nomination est réservée au Président de la République en Conseil des ministres : pour l'essentiel, les juges de l'ordre administratif du rang le plus élevé : conseillers d'État et conseillers-maîtres à la Cour des comptes, les directeurs des administrations centrales, les principaux chefs des services déconcentrés de l'État : ambassadeurs, préfets, représentants de l'État dans certaines collectivités territoriales d'outre-mer et recteurs des académies ainsi que les officiers généraux. Cette liste n'est cependant pas limitative puisque complétée, aux termes de l'article 13, alinéa 4 de la Constitution, par l'ordonnance portant loi organique du 28 novembre 1958 qui, dans son article 1er modifié par la loi organique du 25 février 1992, ajoute les magistrats du Parquet du rang le plus élevé : procureur général près la Cour de cassation, près la Cour des comptes et près une cour d'appel ;

— mais, ce pouvoir présidentiel de nomination en Conseil des ministres peut s'étendre aussi au-delà de l'État, toujours par application de l'article 1er de l'ordonnance du 28 novembre 1958, aux *« emplois de direction dans les établissements publics, les entreprises publiques et les sociétés nationales, quand leur importance justifie inscription sur une liste dressée par décret en Conseil des ministres »* (décret du 29 avril 1959 modif.). On notera que le décret du 29 avril 1959 ne comportait initialement que 53 emplois, mais que sa modification par le décret du 6 août 1985, puis à huit reprises depuis lors, a ajouté à cette liste une centaine d'emplois. Il était dans l'intention du président Jacques Chirac d'abroger ce décret de 1985 et de limiter ainsi le pouvoir présidentiel de nomination, tout en mettant d'ailleurs un terme avec la pratique qui permettait jusqu'alors la nomination à la tête des entreprises publiques de hauts fonctionnaires issus d'administrations chargées précisément de leur contrôle. Le retour à la cohabitation politique par l'effet de la dissolution ratée de 1997 a rapidement mis un terme à ses velléités de changement ;

— il faut enfin y ajouter, de façon spécifique, tous les autres emplois pour lesquels un texte particulier prévoit le recours à cette procédure de la nomination par décret en Conseil des ministres dès lors que ce décret individuel est nécessairement revêtu de la signature du Président de la République (Const., art. 13, al. 1er préc.) : par exemple, entre dans le cadre du pouvoir de nomination présidentiel, la nomination du Médiateur de la République (loi du 3 janvier 1973 modif., art. 2, al. 1er). Bien entendu, on ne saurait exclure que le Président de la République vienne transposer la jurisprudence *Meyet* précitée du pouvoir réglementaire au pouvoir de nomination et qu'en fait majoritaire, il étende ainsi *ad nutum* le champ de sa propre compétence en cette matière également, tout en réduisant alors d'autant la compétence des autres autorités administratives de nomination, notamment celle du Premier ministre. Ailleurs qu'en France, on trouverait cela préoccupant.

291. Décrets simples. – À ces nominations par décret en Conseil des ministres qui correspondent à un millier d'emplois environ, il faut encore adjoindre toutes celles – bien trop nombreuses et donc fréquentes – que le Président de la République prononce par décret simple[29], dans le cadre des règles statutaires applicables aux différents corps concernés : magistrats judiciaires et administratifs, professeurs de l'enseignement supérieur, officiers subalternes et supérieurs ainsi que tous les fonctionnaires de l'État appartenant aux corps dont le recrutement est normalement assuré par l'École nationale d'administration (ENA) ou par l'École Polytechnique, c'est-à-dire les administrateurs civils ou les ingénieurs des corps techniques principalement.

292. Statistiques. – Au total, on parvient au chiffre d'environ 70 000 emplois pourvus par une nomination sur décision du Président de la République, ce qui correspond à quelque 5 000 décrets par an, chiffre certainement excessif au regard de la logique institutionnelle, d'abord parce que ce pouvoir présidentiel de nomination s'étend

29. Ordonnance du 28 novembre 1958, art. 2.

au-delà de l'État, ensuite parce que la liste de l'article 13, alinéa 3 apparaît trop réduite tandis que les hypothèses de nomination par décret simple sont, en revanche, bien trop étendues.

B Les compétences administratives d'attribution en période exceptionnelle

293. Article 16. – L'hypothèse est ici celle de la mise en œuvre des dispositions de l'article 16 de la Constitution dont on rappellera qu'elles n'ont été appliquées qu'une seule fois en 1961, dans des conditions de durée, d'avril à septembre, d'ailleurs discutables en l'espèce. Le texte ouvre la possibilité d'une véritable dictature temporaire, marquée par la confusion des pouvoirs législatif et exécutif au seul profit du Président de la République qui « *prend les mesures exigées par les circonstances* », notamment en matière de réglementation ou de nomination.

294. Réexamen. – La révision constitutionnelle du 21 juillet 2008 est, cependant, venue aménager l'exercice de la prérogative présidentielle. Ainsi, après trente jours d'utilisation, le Conseil constitutionnel pourra examiner si les conditions de mise en œuvre de l'article 16 demeurent réunies. Il devra, à cet effet, être saisi par les présidents des deux assemblées, soixante députés ou soixante sénateurs, mais pas par le Premier ministre. Après soixante jours, il pourra se prononcer de plein droit. Dans les deux situations, le Conseil ne rend, toutefois, qu'un avis public (art. 16, al. 6) qui, par définition, n'est pas juridiquement contraignant et qui, du reste, dans la logique du dispositif constitutionnel, ne pourrait pas l'être.

295. Décisions administratives. – Si le contrôle du juge de l'excès de pouvoir ne s'exerce pas sur la décision de mise en œuvre ou de clôture de l'article 16, au titre de la théorie des actes de Gouvernement, et si le Conseil d'État est également incompétent pour connaître des décisions qui, en tout ou en partie et pour cette partie, entrent dans le domaine d'attribution de la loi, en revanche toute décision du Président de la République, prise en dehors de ce domaine législatif et dans le cadre de l'article 16 conserve le caractère d'un acte administratif et, comme tel, est susceptible d'un recours[30].

30. CE Ass., 2 mars 1962, *Rubin de Servens et autres, Rec.* 143 ; *JCP* 1962. II, 12613, concl. Henry ; *RDP* 1962.288, note Berlia et p. 294, concl. Henry ; *AJDA* 1962.214, chr. Galabert et Gentot ; *D* 1962.109, chr. Morange ; *JCP* 1962. I, 1711, chr. Lamarque ; *S.* 1962.147, note Bourdoncle ; CE, 13 novembre 1964, *Livet, Rec.* 534 ; *AJDA* 1965. 365, note A. H. ; *D.* 1965. 668, note A. Demichel ; *JCP* 1965. II, 14286, note Langavant.

C Les services de la présidence

296. L'organisation des services de la présidence remonte à la IVe République, particulièrement au décret du 18 janvier 1954. Les nominations sont prononcées, de façon discrétionnaire, par arrêté du Président de la République, acte dispensé de tout contreseing au titre d'une véritable coutume constitutionnelle. En raison du parallélisme des formes, il en est de même de la décision présidentielle de mettre fin à la fonction de ses collaborateurs. Au fil des années et conformément à l'affirmation du rôle normalement prépondérant de la présidence de la République dans la conduite des affaires de l'État, les effectifs officiels se sont notablement étoffés pour atteindre environ 500 personnes. On peut distinguer le Cabinet qui hérite des fonctions de l'ancienne *« maison civile »* et l'état-major particulier, substitué à l'ancienne *« maison militaire »*.

1. Le Cabinet du Président de la République

297. Notion de cabinet. – La notion de cabinet a changé car, depuis la présidence de Nicolas Sarkozy et comme le vérifie le site Internet de l'Élysée, cette dénomination agrège à l'ancien cabinet au sens strict du Président de la République l'ancien Secrétariat général de la présidence de la République (ou Secrétariat général de l'Élysée). Tous les membres du Cabinet au sens large sont désignés par arrêté du Président de la République.

298. Le cabinet au sens strict. – Au sens strict, le cabinet du Président de la République est composé d'une dizaine de personnes. Il est dirigé par le directeur de cabinet (Mme Sylvie Hubac depuis mai 2012), assisté d'un chef de cabinet (M. Pierre Besnard depuis mai 2012) et du secrétariat particulier du Président de la République. Le cabinet est chargé d'organiser la vie quotidienne et les relations publiques du Président, c'est-à-dire qu'il prend en charge le fonctionnement du Palais, le courrier ou encore l'emploi du temps, organisant les multiples activités présidentielles de représentation officielle, en France ou à l'étranger : audiences, inaugurations, conférences de presse, déplacements, voyages, etc.

299. Le Cabinet au sens large. – Au sens large, le Cabinet inclut, désormais, l'ancien Secrétariat général de l'Élysée, élément central d'organisation de l'action du chef de l'État, à la charnière du politique et de l'administratif. En apparence, il n'en resterait, à l'été 2012, que le secrétaire général (M. Pierre-René Lemas, depuis mai 2012) et les deux secrétaires généraux adjoints.

300. Coordination. – On doit souligner le rôle essentiel de coordination joué par le secrétaire général, premier collaborateur du Président de la République, qui, en liaison avec le secrétaire général du Gouvernement, participe à la préparation du Conseil des ministres jusqu'à la fixation de l'ordre du jour, le lundi soir entre le Président de la République et le Premier ministre dans le bureau du Président, puis assiste aux délibérations du Conseil lors de sa réunion qui se tient en principe, chaque mercredi matin, à l'Élysée dans le salon Murat. L'appartenance au Secrétariat général de la présidence de la République peut être, d'ailleurs, le tremplin d'une carrière ministérielle. Cela est vrai du secrétaire général, comme c'est le cas, par exemple, au cours des deux mandats du président Jacques Chirac, de Dominique de Villepin, secrétaire général de la présidence de la République de mai 1995 à mai 2002, année où il accède aux fonctions de ministre des Affaires étrangères, de mai 2002 à mars 2004, puis de ministre de l'Intérieur, de la Sécurité intérieure et des Libertés locales de mars 2004 à mai 2005, avant d'être nommé Premier ministre, le 31 mai 2005. De même, Claude Guéant, secrétaire général de la présidence de la République depuis mai 2007, devient ministre de l'Intérieur, de l'Outre-mer, des Collectivités territoriales et de l'Immigration, en février 2011.

301. Les collaborateurs directs du Président de la République. – En période de fait majoritaire, les collaborateurs directs du Président de la République assurent l'interface entre le Président, d'une part, et les autres décideurs au sein du pouvoir exécutif, d'autre part, c'est-à-dire le Premier ministre et Matignon, les ministres et leurs cabinets ainsi que, le cas échéant, les directeurs généraux ou directeurs des administrations centrales : traitement des demandes ou des informations provenant du niveau gouvernemental ou ministériel, transmission en retour des orientations ou des directives présidentielles ainsi que suivi de leur exécution. En période de cohabitation, ils assurent au Président une capacité de réaction ou d'intervention dans le débat politique en actualisant les dossiers, en préparant les discours ou en activant les réseaux.

302. Pouvoir d'influence. – Le pouvoir d'influence des collaborateurs directs du Président de la République a été maintes fois, et à juste titre, souligné. Il s'est considérablement accru, en relation avec la montée en puissance de l'institution présidentielle depuis 1959, spécialement pendant les périodes de fait majoritaire : de 1962 à 1986, de 1988 à 1993, de 1995 à 1997 et depuis 2002. Sur ce point, l'arrivée au pouvoir du Président Sarkozy a marqué une étape importante et a constitué un palier de plus dans l'affirmation du pouvoir d'influence des collaborateurs directs de l'Élysée. Le Président était entouré de conseillers spéciaux aux attributions générales, directement rattachés à lui. Ces conseillers les plus importants étaient réunis, fréquemment, autour du Président ou du secrétaire général de l'Élysée auxquels ils avaient régulièrement accès. Au début de la présidence, en 2007, ils avaient même acquis une importance telle qu'ils avaient pu faire figure de second Gouvernement, voire de contre-Gouvernement, par-delà une conjoncture de fait majoritaire et sous l'influence du modèle américain sur l'exercice du nouveau pouvoir.

303. Présidence Hollande. – Le nouveau Président de la République, François Hollande, entend ne pas poursuivre dans la même voie. Mais, par la force des choses, il y sera conduit. Même si le site Internet de l'Élysée ne fait apparaître aucun collaborateur direct, en dehors du secrétaire général et de ses deux adjoints et des responsables du cabinet au sens strict, à l'exception de son conseiller politique, il est déjà assisté, néanmoins, de son conseiller diplomatique (le « *sherpa* » : M. Paul Jean-Ortiz) et de conseillers dont les attributions sont celles des ministères les plus importants : conseillers à l'éducation, à l'enseignement supérieur et à la recherche, au sport, à la jeunesse et la vie associative, à la politique de solidarité, à l'industrie et l'énergie, à l'agriculture, aux négociations internationales climat et environnement et à l'outre-mer.

304. Évolution de la fonction présidentielle. – La montée en puissance des collaborateurs du président est marquée, dès 1959, par le passage du président « *arbitre* » du texte de la Constitution (art. 5) au président « *capitaine* » de la pratique institutionnelle, consacrée, depuis 1962, par la coutume du fait majoritaire et, depuis 1965, par son élection au suffrage universel direct[31]. Il dispose ainsi de sa propre équipe, en la forme d'un véritable cabinet qui, de façon malsaine pour les institutions et, plus généralement, pour la démocratie, a tendu périodiquement et tend inévitablement à se transformer en pseudo-Gouvernement, en période de fait majoritaire (concordance des majorités présidentielles et législative), ou en contre-Gouvernement, en période de cohabitation (rupture des majorités présidentielle et législative).

31. J. Massot, *L'arbitre et le capitaine. Essai sur la responsabilité présidentielle*, Paris, Flammarion, 1987.

305. Cette institutionnalisation progressive du Cabinet du Président de la République a fini par porter atteinte à l'équilibre des institutions de la Ve République, allant jusqu'à remettre en cause le caractère parlementaire du régime fondé, en 1958, sur la responsabilité du Gouvernement (Const., art. 49 et 50) et la dissolution de l'Assemblée nationale *(ibid.*, art. 12). L'irresponsabilité politique du Président-arbitre de 1958 était cohérente, celle d'un Président-capitaine, de 1959 à 1969, était compensée par l'engagement indirect ou direct de la responsabilité du Président de la République, soit par la censure du Gouvernement (1962), soit par le recours au référendum engageant le mandat (1961, 1962, 1969), soit par la candidature à la réélection (1965). Si cette dernière hypothèse se maintient depuis 1981 (les élections de 1995 et de 2007 devant être exceptées), il paraît bien difficile de concevoir l'existence d'une sorte de contre-Gouvernement présidentiel de plus en plus affirmé, de la présidence de Valéry Giscard d'Estaing à celle de Nicolas Sarkozy. Car, placé en dehors de toute responsabilité politique, ce Cabinet aura fin pour posséder, en fait majoritaire, une influence réelle sur l'action du Gouvernement, bien loin du texte de la Constitution et de sa logique parlementaire. Car, si la Constitution dit bien, pourtant, que c'est au Gouvernement de la déterminer (art. 20, al. 1er) et donc au Premier ministre en tant qu'il dirige son action (art. 21, al. 1er), ce retour à la lettre du texte ne se vérifie guère qu'en période de cohabitation, et encore, pas en toutes matières : la diplomatie et la défense sont ainsi, en quelque sorte sanctuarisées, l'une par prescription (Const., art. 52 : « *Le Président de la République négocie* (...) *les traités* ») et, l'autre par coutume dès lors que l'article 15 (« *Le Président de la République est le chef des armées* ») n'est pas, par lui-même, d'un grand secours, sauf à donner au terme de chef un sens fonctionnel que le texte ne lui donne pas.

306. La contrepartie de la responsabilité du Président de la République devant le peuple. – Une telle superposition d'un cabinet présidentiel irresponsable, relevant d'un régime présidentiel, à une équipe gouvernementale responsable, relevant d'un régime parlementaire aura ainsi contribué, pour beaucoup, à donner aux institutions de la Ve République cette originalité, voire cet atypisme qui les caractérisent. À cet égard, la nouvelle rédaction de l'article 68 de la Constitution qui, depuis 2007, prévoit l'engagement de la responsabilité politique du Président français en cas de « *manquement à ses devoirs manifestement incompatible avec l'exercice de son mandat* » (loi const. n° 2007-238 du 23 févr. 2007 modifiant le titre IX), participe de la confusion des genres, en s'efforçant, sans grande conviction, d'inclure la fonction présidentielle dans la logique parlementaire, ce qui est une autre façon, après tout, d'avouer l'absorption de la fonction du Premier ministre par celle du Président de la République. Une telle réforme, à des conditions hautement irréalisables, sinon irréalistes, ne donne certainement pas une réponse appropriée au problème posé qui est de nature politique, et non pas juridique : c'est le refus de renouveler le mandat du Président sortant, comme en mai 1981 ou en mai 2012, qui reste donc la seule sanction opératoire.

2. L'état-major particulier du Président de la République

307. Le Président de la République, chef des armées. – Le système actuel d'organisation générale de la défense nationale est centré incontestablement sur le Président de la République. On se réfère le plus souvent, à cet égard, à l'article 15 de la Constitution : « *Le Président de la République est le chef des armées* » dont on fait alors une lecture active : le Président est le chef effectif des forces armées, à la fois pour décider les actions extérieures non nucléaires, par exemple l'engagement de la France dans la guerre du Golfe en janvier 1991 ou dans la lutte contre le terrorisme international depuis 2001, ou, en cas d'échec de la stratégie de dissuasion, l'engagement prévu des forces nucléaires (Code de la défense, art. R. 1411-5, issu du décret du 12 juin 1996, art. 5). On pourrait également se baser sur l'article 5 de la Constitution ou encore sur la coutume constitutionnelle, renforcée par l'élection du Président au suffrage universel direct depuis la révision constitutionnelle de 1962, comme tend à l'établir la préservation de la primauté présidentielle en la matière, durant la période de cohabitation politique : il était ainsi possible de fonder en droit, en l'absence de texte avant 1996, le pouvoir d'engager les forces nucléaires préstratégiques et océaniques stratégiques. François Mitterrand déclarait exactement en ce sens, le 16 novembre 1983 : *« La pièce maîtresse de la stratégie de dissuasion, c'est le chef de l'État, c'est moi ; tout dépend de sa détermination. Le reste ne sont que des matériaux inertes »*.

308. Rôle de l'état-major particulier du Président de la République. – L'état-major particulier du Président de la République (EMPR) permet donc au Président de la République d'assumer sa mission constitutionnelle à la tête des armées françaises. regroupe ainsi des officiers généraux ou supérieurs des différentes armées qui, en liaison avec Matignon, le ministère de la Défense et les États-majors, celui des Armées et celui des différentes armées (terre, mer, air), assistent le

Président dans l'ensemble de ses attributions militaires : proposition et nomination des officiers ainsi que préparation et suivi des Conseils de défense dont, en pratique, le procès-verbal des réunions est précisément tenu par le chef d'état-major particulier.

309. Le chef d'état-major particulier du Président de la République. – L'état-major particulier est placé sous la responsabilité d'un chef d'état-major particulier (général d'armée Benoît Puga, nommé par le président Nicolas Sarkozy en mars 2010, puis confirmé dans ses fonctions par le président François Hollande en mai 2012) qui est le deuxième collaborateur du Président de la République et qui figure comme un membre de son Cabinet au sens large, estompant la différence qui reste pourtant très nette entre le civil et le militaire. On soulignera qu'il est arrivé, à plusieurs reprises, et encore en février 2010 pour l'amiral Édouard Guillaud, que le chef d'état-major particulier devienne le chef d'état-major des Armées (CEMA), ce qui dit assez l'influence de la fonction exercée et la force du lien entre la présidence de la République et les armées en France.

D Les conseils de l'Élysée

310. Multiplicité. – Les différents conseils qui sont réunis normalement à l'Élysée, sous la présidence du Président de la République, jouent un rôle important dans le processus de délibération et constituent donc autant de rouages essentiels de la prise de décisions administratives, dans le cadre des compétences attribuées au chef de l'État. Il peut s'agir de conseils prévus par la Constitution, tels que le Conseil des ministres (Const., art. 9). Il peut s'agir aussi de conseils institutionnalisés, mis en place par des dispositions infraconstitutionnelles, tels que le Haut Conseil de la Francophonie (décret du 12 mars 1984) ou encore le Conseil de défense et de sécurité nationale (Code de la défense, art. R. 1122-1 s.) résultant de la fusion, par le décret du 24 décembre 2009, du Conseil de défense (décret du 18 juillet 1862) et du Conseil de sécurité intérieure (décret du 15 mai 2002).

311. Fonctionnement. – Sur les sujets les plus variés, correspondant à tous les domaines de l'administration d'État en période de fait majoritaire, certains de ces conseils sont informels et restreints, convoqués à l'initiative du Président de la République, particulièrement en début de mandat présidentiel. Cette initiative est transmise par le secrétaire général de la présidence de la République et relayée auprès des membres compétents du Gouvernement par le secrétaire général du

Gouvernement. Ils réunissent, à l'Élysée, autour du Chef de l'État, le Premier ministre, ces membres du Gouvernement ainsi que les hauts fonctionnaires concernés par la ou les questions mises à l'ordre du jour. Les comptes rendus des conseils restreints sont préparés et diffusés par le Secrétariat général de la présidence de la République.

§ 2. Le Premier ministre comme autorité administrative de principe

312. La pratique des institutions politiques française, depuis le début de la Ve République, n'est pas parvenue à déplacer totalement le centre de gravité du Gouvernement de la France de Matignon vers l'Élysée. Même en période de fait majoritaire, beaucoup dépend des hommes, des sujets et des moments. De plus, la tendance actuelle est à sortir de l'hyperprésidence ou, plutôt, de l'omniprésidence, connue sous le mandat de Nicolas Sarkozy, pour installer des relations plus apaisées entre l'Élysée et Matignon. À cet égard, le souci affiché du président François Hollande est de laisser au Gouvernement, dirigé par Jean-Marc Ayrault les coudées franches, allant jusqu'à rappeler expressément la Constitution – un texte qui importe, assurément – en tant qu'elle attribue au Gouvernement dont l'action est dirigée par le Premier ministre, la détermination et la conduite de la politique de la Nation (art. 20 et 21). Pour autant, tout établit que cette détermination continue à se faire dans le cadre précis du programme du Président élu et que cette conduite, sous la direction du Premier ministre, reste placée sous le contrôle étroit du chef de l'État. Comment en serait-il autrement entre une autorité élue au suffrage universel direct et une autorité désignée par ce représentant du peuple tout entier ?

313. Article 21 de la Constitution. – Pour ce qui est du pouvoir exécutif, le cœur du dispositif constitutionnel tient dans l'article 21 de la Constitution en tant qu'il reconnaît au Premier ministre la compétence de principe, en matière de réglementation comme de nomination aux emplois civils et militaires, dans toutes les hypothèses où l'intervention du Président de la République n'est pas expressément prévue[32]. Et c'est comme chef de l'administration[33] que la loi organique place sous son autorité la préparation des projets de loi des finances (loi org. du 1er août 2001, art. 38) sans lui rattacher, pour autant, la Direction du Budget.

32. CE, 15 mars 1968, *Marty et Bertrand*, *Rec.* 188.
33. En ce sens, F. de Baecque, *Qui gouverne en France ?*, PUF, 1976.

Pour exercer ses nombreuses et importantes fonctions, le Premier ministre dispose de services propres. Depuis 1936, ils sont situés à Matignon, dans l'ancienne ambassade de l'Autriche-Hongrie. Mais il joue également un rôle principal dans la coordination interministérielle qui caractérise l'institution au sein de l'État.

A Les compétences administratives de droit commun

314. Il y a lieu de distinguer le pouvoir réglementaire, le pouvoir de nomination et le contreseing des actes administratifs du Président de la République.

1. Le pouvoir réglementaire

315. Exécution des lois. – Parce qu'il est chargé de l'exécution des lois, le Premier ministre est la principale autorité réglementaire de l'État dès lors qu'il est, en droit administratif, le successeur du Président de la IIIe République (loi const. du 25 février 1875, art. 3 et CE, 8 août 1919, *Labonne*, *Rec.* 737 ; *GAJA* n° 35 et les réf.), à travers l'institution du Président du Conseil de la IVe République (Const. du 27 octobre 1946, art. 47). Ces règlements d'exécution des lois sont pris en vue de compléter un dispositif législatif, soit sur l'invitation du législateur[34], soit même, et fort souvent, sans cette invitation expresse dans des conditions qui sont parfaitement régulières[35].

316. Empiètement du pouvoir législatif. – Toutefois, la compétence du législateur est d'attribution même si le Gouvernement laisse prendre de nombreux textes en forme législative sans que, dans le cadre de son contrôle par voie d'action sur les lois votées, le Conseil constitutionnel ne vienne censurer l'incompétence matérielle du Parlement, compte tenu de l'existence des procédures spécifiques des articles 37, alinéa 2 et 41 à cet effet[36] encore que la Haute instance ait réagi tardivement et sporadiquement à sa propre passivité qui aura conduit, il est vrai, au plus grand désordre normatif[37].

34. Par ex., le décret du 30 juin 2006 pris pour l'application de l'article L. 337-3 du Code de l'éducation, issu de la loi du 31 mars 2006, art. 2 et relatif à la formation d'apprenti junior.

35. CE Ass., 13 mai 1960, *SARL Restaurant Nicolas*, *Rec.* 324.

36. CC, 30 juillet 1982, *Blocage des prix et des revenus*, déc. 82-143 DC, *Rec.* 57 ; *RDP* 1983.333, note Favoreu ; *Rev. adm.* 1982.360, note de Villiers.

37. En ce sens, Pierre Mazeaud, présentation des vœux du Conseil constitutionnel, au Président de la République, 3 janvier 2005 et CC, 21 avril 2005, *Loi d'orientation et de programme pour l'avenir de l'école*, déc. 05-512 DC, *Rec.* 72 ; *AJDA*, 2005. 916, note

317. Règlement autonome. – À défaut de véritables lois ou textes en forme législative à mettre en application, il appartient donc au Premier ministre d'exercer le pouvoir réglementaire autonome. En pratique, l'importance et la spécificité de ce pouvoir se sont incontestablement réduites[38]. Toutefois, en droit, son existence repose précisément sur la distinction, faite à l'article 21 de la Constitution, entre l'exécution des lois et l'exercice du pouvoir réglementaire ainsi que par les dispositions de l'article 37, alinéa 1er de la Constitution : *« Les matières autres que celles qui sont du domaine de la loi ont un caractère réglementaire »*[39], ce qui, à défaut – par construction – de législation à appliquer, inclut toute norme :

— d'origine interne, écrite telle que la Constitution ou non écrite : principes de valeur constitutionnelle ou principes généraux du droit[40] ;

— ou bien d'origine externe, écrite : traités ou accords régulièrement ratifiés ou approuvés, sous réserve de leur publication et de leur application réciproque, ou non écrite : principes généraux du droit international[41].

318. Décrets hors Conseil des ministres. – Les actes que le Premier ministre prend dans le cadre du pouvoir réglementaire sont également dénommés décrets. Mais on voit bien la répartition très inégale entre le Président de la République et le Premier ministre, en faveur de cette dernière autorité administrative qui est de principe. Il

---

S. Brondel ; *D.* 2005. 1886, note Verpeaux ; *LPA*, 20 mai 2005 (100), p. 3-13, note Schoettl ; *RDP*, 2005. 849, note Camby ; *RFDA* 2005 (5), 922, noter Glénard ; *RFDC* 2006. 152, note Pini.

38. Sur quelque 1 500 décrets du Premier ministre par an, 1 % seulement provient de l'exercice du pouvoir réglementaire autonome : Ph. Ardant, *Le Premier ministre en France, op. cit.*, p. 110.

39. *Contra*, L. Favoreu, « Les règlements autonomes n'existent pas », *RFDA* 1987.871). Et l'exercice régulier du pouvoir réglementaire autonome, même résiduel, suppose, bien entendu, le respect de l'ensemble des normes supraréglementaires de l'ordre juridique français (à ce sujet, R. Chapus, « De la soumission au droit des règlements autonomes », *D* 1960.119.

40. CE, 26 juin 1959, *Syndicat général des ingénieurs-conseils, Rec.* 394 ; *RDP* 1959.1004, concl. Fournier ; *RJP* 1960.441, concl. Fournier ; *AJDA* 1959.153, chr. Combarnous et Galabert ; *D* 1959.541, note L'Huillier ; *Rev. adm.* 1959.381, note Georgel ; *S.* 1959.202, note Drago ; *GAJA* n° 75.

41. CE Sect., 23 octobre 1987, *Société Nachfolger et autres, Rec.* 319 ; *RFDA* 1987.963, concl. Massot ; *AJDA* 1987.725, chr. Azibert et M. de Boisdeffre ; *RDP* 1988.836, note J.-M. Auby ; *RFDA* 1988.345, note Ruzié ou règle coutumière internationale (CE Ass., 6 juin 1997, *Aquarone, Rec.* 206, concl. Bachelier ; *RFDA* 1997.1068, concl. Bachelier ; *AJDA* 1997.630, chr. Chauvaux et Girardot ; *JCP* 1997.II.22945, note Teboul ; *RGDIP* 1997.1053, note Alland).

s'agit ici de tous les décrets réglementaires, dérivés ou autonomes, qui, de façon régulière, n'ont pas été soumis au Conseil des ministres, y compris dans l'hypothèse où l'acte est également revêtu de la signature du Président de la République.

319. Signature du Premier ministre. – Il a été jugé que, dans cette hypothèse, le contreseing du Premier ministre s'analyse comme une véritable signature, la seule qui suffise à tenir l'acte litigieux pour régulier[42], le contreseing éventuel des ministres étant celui requis par l'article 22, et non par l'article 19 de la Constitution. La jurisprudence *Sicard* précise, en effet, que c'est le contreseing des ministres chargés de l'exécution qui est, en ce cas, exigé. Ainsi, un tel décret réglementaire s'analyse comme un acte du Premier ministre, autorité exclusivement compétente en la matière, l'acte administratif présentant la particularité juridique, sinon politique, d'être revêtu de la cosignature du Président de la République, au titre d'un vice de forme qui n'est pas substantiel, et d'être improprement dénommé, par le motif de cette cosignature, décret *« présidentiel »*[43].

320. Contreseing du Premier ministre. – Sur la base de la jurisprudence précitée *Meyet* de 1992, fondée sur la lettre de l'article 13, alinéa 1er de la Constitution, on a déjà observé qu'en revanche, un décret délibéré en Conseil des ministres, même en dehors des cas où cette compétence matérielle est explicitement et régulièrement attribuée au Président de la République, doit désormais être signé, dans tous les cas, par cette autorité administrative d'exception. Dès lors, la jurisprudence *Sicard* de 1962 ne trouve plus ici à s'appliquer en tant qu'elle pouvait assurer la couverture de l'irrégularité, considérée comme seulement formelle, d'un tel décret.

2. Le pouvoir de nomination

321. Compétence de droit commun. – Comme autorité administrative de principe, le Premier ministre détient également la compétence administrative de droit commun en matière de nomination aux *« emplois civils et militaires »* (Const., art. 21, al. 1er : sous-entendu, ceux de l'État), sous réserve des pouvoirs attribués au Président de la République en ce qui concerne les *« emplois civils et militaires de l'État »* (Const., art. 13, al. 2 : sous-entendu, les emplois supérieurs

42. CE Ass., 27 avril 1962, *Sicard et autres, Rec.* 279 ; *AJDA* 1962.284, chr. Galabert et Gentot.

43. Par ex., l'ancien décret du 14 janvier 1964 relatif aux forces aériennes stratégiques.

de l'État). La tâche étant cependant considérable au regard des effectifs de la fonction publique de l'État qui, pour les seuls personnels civils titulaires de l'État, s'élevaient, en 2003, à quelque deux millions de fonctionnaires (dont la moitié environ pour le seul ministère de l'Éducation nationale), la Constitution prévoit sagement que le Premier ministre *« peut déléguer certains de ses pouvoirs aux ministres »* (art. 21, al. 2). Il en va de même, par des dispositions particulières, législatives ou réglementaires, au profit des autorités subordonnées (ordonnance du 28 novembre 1958, art. 4), la délégation de pouvoir du Premier ministre étant particulièrement marquée en matière de nomination.

3. Le contreseing des actes administratifs du Président de la République

322. Dispense. – Les actes du Président de la République qui, par exception posée par l'article 19 de la Constitution, sont dispensés du contreseing du Premier ministre notamment, n'ont pas un caractère administratif, mais entrent dans la catégorie des actes de Gouvernement, c'est-à-dire politiques, insusceptibles de recours devant le Conseil d'État statuant au contentieux[44].

323. Formalité substantielle. – Le contreseing constituant une règle de forme[45] et non de compétence, il ne fait pas du Premier ministre le coauteur des actes régulièrement signés par le Président de la République, dans le cadre de ses compétences administratives d'attribution. S'agissant d'un régime politique dont les relations entre l'exécutif et le législatif sont régies par le modèle parlementaire, le contreseing a seulement pour objet de tirer les conséquences de l'irresponsabilité du Président de la République[46] et, selon une hypothèse d'école en matière administrative, d'obliger ainsi le Premier ministre notamment à endosser la responsabilité politique des actes présidentiels devant l'Assemblée nationale[47].

44. Par ex., s'agissant des actes prévus à l'art. 11 de la Constitution : CE, 19 octobre 1962, *Brocas, Rec.* 553 ; *RDP* 1962.1181, concl. Bernard ; *AJDA* 1962.612, chr. de Laubadère.

45. CE Ass., 12 juillet 1957, *Chambre de commerce d'Orléans, Rec.* 474.

46. Const., art. 68 et l'arrêt de principe CE Sect., 10 juin 1966, *Pelon et autres, Rec.* 384 ; *AJDA* 1966.492, concl. Galabert ; *D.* 1967.280, note Leclercq.

47. À ce sujet, Const., art. 49 et 50 ; on observera que la censure du 1er Gouvernement Pompidou, le 5 octobre 1962, la seule qui soit intervenue sous la Ve République, portait sur la question politique différente du recours par le Président de la République au référendum constituant de l'article 11, sur proposition du Gouvernement.

B Les services du Premier ministre

324. Matignon. – Sous son autorité propre, le Premier ministre dispose d'un ensemble assez disparate de services, situés à l'Hôtel de Matignon principalement et dans plus de 70 autres implantations, et regroupant plus de 7 500 agents relevant, pour la plupart, du budget des services du Premier ministre. Il y a là, en soi, une petite administration à l'échelon national, mais aussi une grande administration centrale, plus importante, par exemple, que celle du ministère de l'Éducation nationale dont les effectifs proviennent, en quasi-totalité, des services déconcentrés. En dehors de la coordination interministérielle, les services du Premier ministre sont constitués de son cabinet, du Secrétariat général du Gouvernement (SGG) qui est l'organe central de l'action gouvernementale, et des services rattachés, au nombre de plus de soixante.

1. Le cabinet du Premier ministre

325. Cabinet politique. – Comme tout ministre, sans être cependant un ministre, le Premier ministre dispose d'un cabinet composé de ses relations personnelles, de ses fidèles politiques, mais aussi et surtout de compétences techniques ce qui, en tenant compte dans le recrutement de l'orientation politique du Gouvernement, signifie nécessairement le recours à la haute fonction publique, particulièrement aux célèbres *« énarques »* dont on peut se demander, pour certains d'entre eux, si leur vocation professionnelle n'est pas de peupler durablement les cabinets ministériels.

326. Composition. – Le cabinet du Premier ministre trouve son origine dans le décret du 13 février 1912 qui permettait au ministre de plein exercice exerçant, à l'époque, les fonctions de Président du Conseil de recruter trois collaborateurs supplémentaires au sein de son cabinet. Il a pour mission essentielle d'assister le Premier ministre dans la préparation et l'exécution de la politique gouvernementale. À cette fin, il est en liaison permanente, en période de fait majoritaire, avec les services de la présidence et, en tous temps, avec les différents cabinets ministériels, les structures de l'Assemblée nationale, les partis et les élus de la majorité législative ou parlementaire ainsi que les acteurs de la vie économique, sociale ou culturelle : syndicats, associations, groupes de pression, journalistes, etc. La montée en puissance de l'exécutif sous la Ve République et, en particulier, le renforcement progressif du rôle parfois politique et, en tout cas, administratif du Premier ministre se sont traduits par un accroissement sensible, depuis 1958, de l'effectif total, d'ailleurs illimité en droit, du cabinet officiel. Par exemple, on est passé ainsi de 18 membres pour Michel Debré à 30 pour Jacques Chaban-Delmas, 33 pour Raymond Barre, 48 pour Pierre Mauroy, 51 pour Édith Cresson pour amorcer ensuite une forte décélération : 29 pour Pierre Bérégovoy ou 16 seulement pour Alain Juppé, conformément à la volonté affichée par le président Jacques Chirac de réduire considérablement le poids des cabinets ministériels. Toutefois, cette tendance ne s'est pas poursuivie au-delà de la nouvelle rupture du fait majoritaire, en juin 1997 : c'est ainsi que, début 2002, le cabinet officiel de M. Lionel Jospin comptait encore pas moins de 58 membres, effectif considérable qui pouvait s'expliquer par le contexte d'une cohabitation longue et la préparation de l'échéance présidentielle. Le cabinet de François Fillon qui ne saurait bénéficier de telles explications n'est pas retourné, pour autant, à un effectif plus raisonnable puisqu'il comptait, en mai 2011, pas moins de 53 membres. En juillet 2012, celui de Jean-Marc Ayrault avait le même effectif.

327. Structure. – La structure du cabinet du Premier ministre est variable, mais toujours fortement hiérarchisée et constituée normalement des trois éléments suivants :

— le cabinet proprement dit, dirigé par le directeur de cabinet (M. Christophe Chantepy depuis mai 2012), assisté de deux directeurs adjoint, d'un conseiller auprès du Premier ministre et d'un chef de cabinet ainsi que de ses deux adjoints et de son assistante, conseiller technique. Il coordonne l'ensemble de l'activité d'une vingtaine de conseillers, assistés du même effectif, à peu près, de conseillers techniques, qui couvrent, en tant que « *chefs de file* », tous les secteurs civils de l'action gouvernementale et sont assistés par une trentaine de conseillers techniques.

Il n'est donc pas faux de dire que le cabinet du Premier ministre, en tant qu'organe politique de coordination interministérielle, correspond, *mutatis mutandis*, au « *Cabinet du Président de la République* » qui, au sens large, inclut aussi, selon la nomenclature actuelle de l'Élysée, le secrétaire général de la présidence de la République, ses deux adjoints, le conseiller politique et les autres collaborateurs directs du Président de la République. Du reste, en période de fait majoritaire, les contacts sont très fréquents entre, d'une part, les homologues de ces deux institutions et, d'autre part, les conseillers de Matignon et le cabinet ministériel concerné par le secteur d'activité qu'ils ont en charge ;

— le cabinet militaire, composé du chef du cabinet militaire et de différents adjoints, issus des différentes armées qui, en liaison avec le Secrétariat général de la défense et de la sécurité nationale (SGDSN), assiste le Premier ministre dans l'exercice délicat de ses fonctions en matière de défense nationale (Const., art. 21 et C. déf., art. L. 1131-1), lesquelles, en réalité, sont devenues, en matière de défense militaire, largement nominales. Du reste, l'insertion du décret du 18 juillet 1962 relatif à l'organisation de la défense nationale dans le Code de la défense par le décret du 23 avril 2007 confirme la place marginale et subordonnée du Premier ministre. L'article D. 1131-1 dispose ainsi que « *le Premier ministre assure la mise en œuvre par le Gouvernement des décisions prises* », notamment, par le conseil de la défense et de sécurité nationale présidé par la Président de la République (art. L. 1121-1), il serait plus exact de dire par le Président de la République en Conseil de défense et de sécurité nationale. De même, en matière de sécurité nucléaire, le décret du 17 septembre 2009 relatif au contrôle gouvernemental de la dissuasion nucléaire est venu rationaliser la coordination de l'action du Premier ministre, du ministre de la Défense, du chef d'état-major des armées et des commandants des forces nucléaires dans la mise en œuvre des décisions du Président et du Conseil de la défense et de la sécurité nationale (art. R. 1411-1 s.). Le cabinet militaire du Premier ministre correspond donc, mais toutes proportions gardées, à l'état-major particulier du Président de la République ;

— un service de presse formé d'une conseillère auprès du Premier ministre, chargée de la communication et de la presse, responsable du service, d'un conseiller, chargé de la communication et de la presse et de deux conseillers techniques, l'un chargé de la presse et l'autre de la communication et de l'économie numérique.

2. Le Secrétariat général du Gouvernement

328. Coordination interministérielle. – Le Secrétariat général du Gouvernement (SGG) est, par excellence, l'institution administrative de coordination interministérielle. Il s'agit d'une structure aussi ancienne que la nécessité de coordonner l'action gouvernementale en matière législative et administrative, apparue de façon définitive à la fin de la IIIe République, en liaison avec le thème de la réforme de l'État et l'institutionnalisation de la présidence du Conseil par l'article 23 de la loi de finances du 24 décembre 1934 et le décret d'application du 31 janvier 1935. Au-delà des changements de majorité politique et de l'instabilité gouvernementale qu'ils supposent, à laquelle, contrairement aux apparences, la Ve République n'aura guère échappé avec, en plus de cinquante ans, pas moins de 34 Gouvernements (pour, il est vrai, seulement 18 Premiers ministres différents), le SGG, institué par la loi du 13 août 1936, est la claire manifestation de la continuité de l'État, alliant aussi bien la mémoire de l'exécutif que la maîtrise des rouages institutionnels et le savoir-faire de la Haute administration.

329. Mission administrative. – En retrait de la vie politique, mais parfaitement inséré dans l'action administrative, il est donc *« essentiellement l'instrument du travail collectif du Gouvernement »*[48], c'est-à-dire qu'il constitue l'organe administratif permanent chargé d'assurer l'organisation de l'activité gouvernementale, en même temps qu'il est le conseiller juridique du Gouvernement et qu'il dirige l'ensemble des services civils du Premier ministre.

330. Organisation de l'action gouvernementale. – Au titre de l'organisation de l'action gouvernementale, le SGG est chargé de préparer le programme de travail des membres du Gouvernement tel qu'arrêté chaque semestre par le Premier ministre. Il coordonne la préparation du Conseil des ministres dont il assure le secrétariat. Il assure également l'organisation et le secrétariat des réunions et comités interministériels et suit le bon déroulement de la procédure parlementaire, de la consultation du Conseil d'État sur le projet de loi à la publication des décrets d'application.

331. Conseil juridique. – Comme conseiller juridique du Gouvernement, le SGG alerte les ministres sur les questions de constitutionnalité soulevées par les projets de lois et, en cas de saisine ultérieure du Conseil constitutionnel, il coordonne la préparation les mémoires en réponse du Gouvernement. De même, il veille à la régularité matérielle et formelle de tous les textes réglementaires publiés au *Journal officiel* et, en cas de recours pour excès de pouvoir contre tel ou tel décret, il assure la défense de l'État devant le Conseil d'État. Il est consulté sur les problèmes juridiques qui se posent au sein du cabinet du Premier ministre et il coordonne les réponses aux questions écrites posées par les parlementaires.

332. Direction des services civils. – Au titre de la direction de l'ensemble des services civils du Premier ministre, le SGG assure la coordination interministérielle et gère la communication de l'administration centrale de l'État en vue de l'accès des usagers des services publics à une information administrative et juridique, actualisée et fiable.

48. M. Long, *Les services du Premier ministre*, Aix, PUAM, 1981, p. 60.

333. Le secrétaire général. – Sa structure est axée sur le secrétaire général du Gouvernement issu, de façon constante depuis 1946, du Conseil d'État. Il faut d'ailleurs souligner la grande stabilité de la fonction : depuis la création de l'institution en 1935, treize titulaires seulement se sont succédé, sans inclure les deux secrétaires généraux du régime de Vichy, le second révoqué par décret du 28 septembre 1944. Depuis les débuts de la IVe République, cette stabilité est particulièrement nette puisqu'en soixante ans, on ne compte que les huit secrétaires généraux du Gouvernement suivants, soit une durée moyenne en fonction de huit ans et demi environ par secrétaire général du Gouvernement, entre 1946 et 2006 :

— André Ségalat, nommé le 15 septembre 1946,
— Roger Belin, nommé le 23 janvier 1958,
— Jean Donnedieu de Vabres, nommé le 14 mars 1964
et, après un intérim de six mois,
— Marceau Long, nommé le 15 février 1975,
— Jacques Fournier, nommé le 10 juillet 1982,
— Renaud Denoix de Saint Marc, nommé le 26 mars 1986
et, après un intérim d'un mois,
— Jean-Marc Sauvé, nommé le 24 mai 1995,
— Serge Lasvignes, nommé le 22 septembre 2006.

On notera, du reste, que, sous la Ve République, on ne peut pas établir de correspondance immédiate entre les nominations des titulaires de la fonction et les changements de majorité présidentielle ou législative, sauf en mars 1986, compte tenu de l'engagement politique marqué de M. Jacques Fournier avant une première cohabitation passablement conflictuelle.

334. Les collaborateurs du secrétaire général. – Le secrétaire général du Gouvernement qui s'inscrit donc dans la durée, est assisté :

— d'un directeur du Secrétariat général du Gouvernement, anciennement directeur du service législatif, fonction également confiée à un membre du Conseil d'État depuis 1949 ;

— d'un cabinet composé d'un directeur de cabinet, d'un conseiller technique chargé des questions constitutionnelles et d'un chef de cabinet ;

— d'un conseiller pour les affaires économiques et budgétaires et d'une dizaine de chargés de mission, choisis assez volontiers, comme il est normal, parmi les anciens élèves de l'ENA, responsables chacun de plusieurs secteurs de l'activité gouvernementale et assistés, le cas échéant, de quelques adjoints : ils suivent l'activité des ministères, en liaison avec les membres du cabinet du Premier ministre, préparent les réunions interministérielles, assurent l'expertise juridique et représentent le Gouvernement devant les formations administratives du Conseil d'État.

335. Composition. – Le SGG comprend ainsi une centaine de fonctionnaires titulaires dont une trentaine sont de conception, à compétence technique reconnue et appréciée, répartis entre le service législatif, le service de documentation qui inclut le fichier législatif, la cellule *« Contrôle et publication des textes »*, la cellule *« Relations avec le Parlement »* et la mission d'organisation des services du Premier ministre. Plus précisément, le service législatif suit l'élaboration de la loi du projet à la publication. Le service de documentation dispose de la version à jour de tous les textes du droit positif. La mission d'organisation assure le développement des technologies de l'information et de la communication au sein des services du Premier ministre.

336. Mission. – Le Secrétariat général du Gouvernement peut donc accomplir sa mission de régulation administrative dans des conditions qui, à la vérité, sont peu explicites[49], mais de mieux en mieux connues par les efforts méritoires de la recherche en science administrative[50] et par les différents témoignages déjà recueillis. Ainsi, selon M. Marceau Long, l'activité du secrétaire général du Gouvernement se situe principalement en amont et en aval de la rédaction des textes législatifs ou réglementaires ou des décisions individuelles :

— en amont, c'est sa participation à la mise en forme, pour le cabinet du Premier ministre, des propositions des ministères et le choix pour les textes d'un parti juridique entre la loi et le règlement et, parmi les règlements ou les décisions individuelles, entre le décret et l'arrêté.

— en aval, c'est le suivi de la procédure d'adoption du texte rédigé, notamment au regard des consultations juridiquement obligatoires, jusqu'à sa publication et la mise en œuvre de ses mesures d'application[51]. À ce titre, il contribue, en permanence, à la circulation nécessaire de l'information au sein du Gouvernement.

49. CC, 12 mai 1964, Administration départementale et communale, déc. 64-29 L, *Rec.* 37 ; S. 1964.334, note L. Hamon et 19 novembre 1975, Administration communale, regroupements de communes et districts, déc. 75-84 L, *Rec.* 35 ; *RDP* 1975.229, note Favoreu ou encore CC, 2 juin 1976, Administration communale, déc. 76-89 L, *Rec.* 52.

50. Par ex., Institut français des sciences administratives, *Le Secrétariat général du Gouvernement*, Economica, 1986.

51. En ce sens, M. Long, *Les services du Premier ministre, op. cit.*, p. 46.

3. Les services rattachés au Premier ministre

337. De nombreux services dont la liste est passablement confuse, sont rattachés pour ordre au Premier ministre pour des raisons qui tiennent, en réalité, au *« poids du hasard ou de l'histoire »*[52]. En 2012, on peut recenser une centaine de services du Premier ministre dont les 66 principaux peuvent répartis en sept catégories, selon que ces organismes sont :

— placés sous l'autorité du Premier ministre et régis par lui (32 répartis entre le cabinet du Premier ministre et les organismes rattachés, la coordination interministérielle, l'information générale, le soutien, la coordination sectorielle et le secteur recherche, conseil et formation ; par ex., dans ce dernier cas, le Conseil d'orientation des retraites – COR) ;

— placés sous l'autorité du Premier ministre, mais régis par un ministre (12 dont le Conseil national du développement durable – CNDD) ;

— placés sous l'autorité d'un ministre, mais régis par le Premier ministre (5 dont la Délégation aux usagers et aux simplifications administratives – DUSA) ;

— placés auprès du Premier ministre, mais sous l'autorité d'un ministre et régis par lui (2 dont la Mission des Archives nationales) ;

— placés auprès du Premier ministre et constitués en autorités administratives indépendantes, mais dont le budget relève du budget des services généraux du Premier ministre (8 dont la Commission nationale consultative des droits de l'homme, CNCDH) ;

— placés auprès du Premier ministre, quoiqu'extérieurs à l'État pour être constitués en la forme d'établissements publics administratifs (6 dont l'École nationale d'administration) ;

— placés auprès du Premier ministre, quoiqu'extérieurs à l'État et à l'administration, mais subventionnés par le budget des services généraux du Premier ministre (4 dont l'Observatoire français des conjonctures économiques – OFCE).

C La coordination interministérielle

338. Dans un système administratif qui reste essentiellement vertical sans que les réformes les plus récentes de l'organisation déconcentrée de l'État atténuent vraiment ce principe[53], l'institution du

52. M. Long, « Avant-propos » à J. Massot, « Le chef du Gouvernement en France », *NED* n° 4537 et 4538, La Documentation française, 1979, p. 7.
53. Sur ce point, *cf.* J.-M. Pontier, « Le nouveau préfet », *AJDA* 2010, p. 824.

Premier ministre représente l'occasion et, sans doute, la chance d'un recoupement horizontal des différentes activités ministérielles, dans une perspective inscrite dans le cadre du programme politique approuvé par la majorité de l'électorat lors de la désignation des représentants de la nation au suffrage universel direct : Président de la République, lors des élections présidentielles, ou députés à l'Assemblée nationale, lors des élections législatives. Suivant les orientations présidentielles, en période de fait majoritaire, ou gouvernementales, en période de cohabitation politique, le Premier ministre dispose à cette fin de trois structures principales pour organiser le travail gouvernemental : le Conseil des ministres, les réunions interministérielles et les services de coordination interministérielle.

1. Le Conseil des ministres

339. L'institution. – Présidé par le Président de la République (Const., art. 9), le Conseil des ministres est un instrument privilégié de coordination interministérielle qui réalise la solidarité politique entre les membres de l'exécutif, en période de fait majoritaire, et au sein du Gouvernement, en période de cohabitation politique. Il réunit, en principe, autour du Chef de l'État, le Premier ministre ainsi que les ministres et ministres délégués. Il appartient au secrétaire général du Gouvernement, en particulier, de préparer les délibérations du Conseil des ministres en fonction de l'organisation à moyen terme du travail du Gouvernement. Normalement, dans le cadre d'une programmation sur huit semaines, le secrétaire général du Gouvernement contribue à fixer l'ordre du jour qui est arrêté par le Président de la République, le lundi soir dans son bureau, en présence du Premier ministre et du secrétaire général de la présidence de la République.

340. Déroulement. – Le déroulement d'un Conseil des ministres est toujours très formel, les arbitrages nécessaires au sein du pouvoir exécutif ou du Gouvernement ayant été préalablement rendus. Nicolas Sarkozy a cependant souhaité, après son élection, faciliter les échanges de vues sur un thème hebdomadaire. Une partie a, pour ce faire, été ajoutée aux trois parties existantes qui demeurent conservées.

— la partie A où sont inscrits les projets de lois, d'ordonnances ou de décrets pris en Conseil des ministres ;

— la partie B où figurent les mesures individuelles, en particulier de nomination, qui doivent intervenir en Conseil des ministres ;

— la partie C qui donne lieu à communication des différents ministres : il s'agit, chaque semaine, de la communication du ministre des Affaires étrangères sur la situation internationale et communautaire ainsi qu'en fonction de l'ordre jour, de la communication de tel ou tel ministre qui présente les orientations ou mesures nouvelles dans le domaine de l'activité gouvernementale dont il a la responsabilité ;

— la partie D qui donne lieu à un débat portant sur un thème d'actualité auquel peuvent prendre part l'ensemble des membres du Gouvernement alors même que le thème ne concerne pas leur domaine de compétence.

341. Compte rendu. – Le secrétaire général du Gouvernement assiste, aux côtés du secrétaire général de la présidence de la République, aux séances du Conseil, réuni, en principe, le mercredi matin à l'Élysée. Il établit le relevé des décisions prises, approuvé par le Président de la République et adressé ensuite à tous les membres du Gouvernement, y compris les éventuels secrétaires d'État qui, le plus souvent, n'ont pas participé au Conseil des ministres normalement hebdomadaire. Il rédige également un compte rendu intégral des délibérations.

2. Les réunions interministérielles

342. Terminologie. – Depuis le début de la Ve République et après une longue confusion, le vocabulaire administratif s'est stabilisé en retenant, en principe, le terme de « *conseil* » pour les réunions de l'Élysée et celui de « *comité* » pour celles de Matignon. Toutefois, il ne s'agit pas ici de l'hypothèse de la suppléance des conseils qui sont normalement présidés par le Président de la République, mais qui peuvent l'être, à titre exceptionnel, par le Premier ministre : le Conseil de défense (Const., art. 21, al. 3) ou le Conseil des ministres (Const., art. 21, al. 4), voire par le ministre de la Justice : le Conseil supérieur de la Magistrature (Const., art. 65, al. 1er). Toutefois, on peut également parler de Conseil de cabinet dans le cas de la réunion de tous les ministres à Matignon, sous la présidence du Premier ministre, en période de cohabitation politique, à commencer par l'*intérim* présidentiel de 1969 et on a connu, entre 1997 et 2002[54], un Conseil de sécurité intérieure que le Premier ministre présidait et dont le directeur de cabinet du Premier ministre assurait le secrétariat.

343. Typologie. – Les réunions interministérielles, présidées par le Premier ministre ou, de façon exceptionnelle, par un ministre sur

54. Décret du Premier ministre en date du 18 novembre 1997, abrogé par le décret en Conseil des ministres et donc du Président de la République en date du 15 mai 2002.

délégation du Premier ministre, sont les fort nombreuses réunions convoquées à la demande du Premier ministre, transmises par son cabinet et relayées par le secrétaire général du Gouvernement auprès des membres du Gouvernement concernés. Elles sont tenues à Matignon, selon un calendrier précis à court terme, et visent à définir et à harmoniser l'action gouvernementale dans tel ou tel domaine précis ou encore à préparer les décisions administratives d'application sur la base de relevés de conclusions dénommés *« bleus de Matignon »*. Étapes décisives du processus d'élaboration de la politique gouvernementale, ces réunions interministérielles sont donc la manifestation de la force et de la fréquence de la fonction de coordonnateur que le Premier ministre doit tenir à la tête de son Gouvernement. Il s'agit là soit de réunions institutionnalisées, dénommées comités interministériels (une dizaine par an, en moyenne ; par ex., le Comité interministériel de la recherche scientifique et technologique), soit de réunions informelles, dénommées réunions de ministres (une vingtaine par an, en moyenne ; par ex., les Conseils de cabinet en période de cohabitation politique), précédées de très nombreuses réunions préparatoires à caractère interministériel :

— dans le premier cas, celui des comités interministériels, il s'agit de réunir telle ou telle institution administrative de concertation, à composition préétablie par le décret constitutif, chargée de suivre la politique gouvernementale dans un domaine qui suppose la coordination interministérielle. On peut citer, à titre d'illustration, le décret du 6 novembre 2009 portant création du Comité interministériel du handicap qui s'est réuni, pour la première fois, le 9 février 2010 ;

— dans le second cas, celui des réunions de ministres, le Premier ministre et les ministres concernés sont présents – et non représentés – pour délibérer sur telle ou telle question ponctuelle de la politique gouvernementale. Toutefois, les ministres peuvent se faire accompagner d'un membre de leur cabinet. Tel est le cas notamment en matière budgétaire dès lors que, selon l'article 38 de la loi organique du 1er août 2001 relative aux lois de finances, c'est *« sous l'autorité du Premier ministre »* que *« le ministre chargé des finances prépare les projets de loi de finances qui sont délibérés en conseil des ministres »*, généralement à la mi-septembre. Il s'agit alors de terminer la préparation par l'exécutif du projet de loi de finances de l'année, en permettant au Premier ministre de rendre, à la fin de l'été, les arbitrages budgétaires qui restent nécessaires entre les ministres dépensiers et le membre du Gouvernement chargé du Budget. D'une façon générale, on notera que ces réunions de ministres sont nécessairement plus nombreuses en période de cohabitation politique lorsque la solidarité gouvernementale trouve, davantage encore, à s'employer pour prévenir ou résoudre les éventuels conflits entre Matignon et l'Élysée. Ainsi on a pu recenser 16 réunions de ministres en 1992 (en période de fait majoritaire) contre 89 réunions de ministres en 1993 (en période de cohabitation politique).

Il faut y ajouter les très fréquentes réunions préparatoires à caractère interministériel qui sont prises en charge :

— soit par le directeur du cabinet du Premier ministre ou les *« chefs de file »* quand il s'agit de dégager les orientations politiques de l'action gouvernementale ;

— soit par le Secrétariat général du Gouvernement quand il s'agit de résoudre les problèmes juridiques que pose l'élaboration des projets de lois ou des textes réglementaires.

À titre d'illustration, de 1975 à 1984, sur une période qui a couvert, en tout ou en partie, pas moins de huit Gouvernements, le nombre annuel de réunions préparatoires variait de 569 en 1976 à 1 836 en 1982, avec une moyenne annuelle de 1 058[55]. Plus précisément, au cours du troisième Gouvernement Barre (mars 1978 – mai 1981), le travail de coordination interministérielle du Premier ministre a été préparé par 1 391 réunions à caractère interministériel, officiellement convoquées par le Secrétariat général du Gouvernement[56].

3. Les services de coordination interministérielle

344. Les services de coordination interministérielle concernent cinq secteurs privilégiés : la fonction publique d'État, l'information, l'économie, la défense et la construction européenne.

345. En matière de fonction publique d'État et conformément à sa vocation interministérielle, la Direction générale de l'Administration et de la Fonction publique (DGAFP) est placée sous l'autorité du Premier ministre qui est, par ailleurs, le président de droit du Conseil supérieur de la Fonction publique de l'État (loi du 11 janvier 1984, art. 13, al. 1er) et mise à la disposition, dans le Gouvernement actuel Ayrault II, du ministre chargé notamment de la Fonction publique qui, dans cette fonction, n'est pas assisté d'un ministre délégué. La définition de la politique gouvernementale est ainsi harmonisée, notamment à l'égard des syndicats représentatifs de fonctionnaires, et la cohérence de sa mise en œuvre garantie.

55. R. Py, *op. cit.*, p. 107.
56. M. Long, *op. cit.*, p. 32 et 33.

De plus, la formation complémentaire des fonctionnaires d'autorité est assurée dans le cadre d'établissements publics administratifs qui, malgré leur autonomie juridique, relèvent des services du Premier ministre :

— l'École nationale d'administration (ENA), créée par l'ordonnance du 9 octobre 1945 et délocalisée à Strasbourg depuis janvier 1993, qui a absorbé l'ancien Institut International d'Administration Publique (IIAP), à la suite de la réforme opérée par le décret du 10 janvier 2002, sans inclure, cependant, le Centre des études européennes de Strasbourg, créé par décret du 20 mars 1995 ;

— les cinq Instituts régionaux d'Administration (IRA), créés depuis l'article 15 de la loi du 3 décembre 1966 (Bastia, Lille, Lyon, Metz et Nantes).

346. En matière d'information, le Premier ministre dispose de quatre organismes, chargés de réunir ou de diffuser la documentation administrative, voire d'expliquer ou de justifier l'action gouvernementale qui réalise ensemble le portail service-public.fr. Il s'agit, sous l'autorité directe du Premier ministre :

— de la Direction de l'Information légale et administrative, née de la fusion entre la Direction des Journaux officiels et de la Direction de la Documentation française telle qu'opérée par le décret du 11 janvier 2010. Elle a en charge la diffusion des données qui relevaient précédemment de la Direction des Journaux officiels, c'est-à-dire, principalement, des lois, décrets et arrêtés, des décisions du Conseil constitutionnel et du Conseil supérieur de l'audiovisuel (CSA), des rapports, questions et débats parlementaires ainsi que des avis du Conseil économique, social et environnemental ; la conception des services d'information des citoyens (comme le portail service-public. fr ou le service « 39 39 », centre d'appel de renseignements administratifs, auparavant géré par les Centres interministériels de renseignements administratifs – CIRA) ; la publication de la documentation scientifique de l'État, relevant antérieurement de la Documentation française ;

— du Service d'information du Gouvernement (SIG) qui est l'un des principaux instruments de la communication ouvertement politique du Gouvernement et qui relève du cabinet du Premier ministre.

347. En matière d'économie, le Premier ministre se voit reconnaître un rôle prépondérant dans la planification et l'aménagement du territoire qui touchent au développement de la nation et qui, par conséquent, supposent une vision d'ensemble. Pour autant, il faut souligner l'affaiblissement considérable de la planification française et l'attribution récurrente de la compétence en matière d'aménagement du territoire à tel ou tel ministre, par exemple, celui de l'Intérieur, comme ce fut le cas dans les Gouvernements Balladur (1993-95) et Villepin (2005-07), voire de l'Écologie, comme ce fut le cas au cours du deuxième Gouvernement Fillon entre mars et novembre 2008. Cette compétence a été transférée, à cette date, à un vaste ministère de l'Agriculture, de l'Alimentation, de la Pêche, de la Ruralité et de l'Aménagement du Territoire, pris en charge par Bruno Le Maire, dans les deuxième et troisième Gouvernements Fillon, qui disposait, à ce titre, de la Délégation interministérielle à l'aménagement du territoire et à l'attractivité régionale (nouvelle DATAR), créée par décret du 15 décembre 2009 afin de retrouver, sur une base élargie, le célèbre sigle initial de la Délégation à l'aménagement du territoire et à l'action régionale (ancienne DATAR du décret du 14 février 1963), institution brièvement et inutilement éclipsée, pendant trois ans, par la Délégation interministérielle à l'aménagement et à la compétitivité des territoires (DIACT). Depuis mai 2012, dans les premier et second Gouvernements Ayrault, l'aménagement du territoire est pris en charge par le ministre de l'Égalité des territoires et du Logement.

La nouvelle DATAR, présentée comme un « *lieu d'échange unique entre les services de l'État et les collectivités territoriales* », est ainsi chargée de préparer et de mettre en œuvre les orientations de la politique nationale d'aménagement du territoire telle que définie, notamment, à travers les décisions arrêtées en Comité interministériel d'aménagement et de développement du territoire (CIADT) en vue d'assurer un développement équilibré des diverses régions françaises et de les aider à valoriser sur place leur potentiel économique.

— Le Centre d'analyse stratégique (CAS) qui a succédé, le 6 mars 2006, au Commissariat général du Plan (CGP), créé par le décret du 3 janvier 1946, avec pour mission d'assurer l'étude de toutes les questions nécessitant une vue d'ensemble sur l'évolution à moyen et long terme de l'économie et de la société françaises et notamment d'élaborer l'ancienne planification nationale, prévue à l'article 70 de la Constitution de 1958. Désormais le Conseil a pour mission d'éclairer le Gouvernement dans la mise en œuvre des orientations stratégiques en matière économique, sociale, environnementale et culturelle ;

— Le Conseil d'analyse économique (CAE), créé par le décret du 22 juillet 1997, a pour mission d'éclairer, « *par la confrontation des points de vue et des analyses* », les choix du Gouvernement en matière économique.

348. En matière de défense, l'action du Premier ministre, « *responsable de la Défense nationale* » (Const., art. 21), du moins devant l'Assemblée nationale (*ibid.*, art. 49), repose principalement sur le Secrétariat général de la Défense et de la Sécurité nationale (SGDSN) qui succède au Secrétariat général de la Défense nationale en vertu d'un décret du 23 décembre 2009. Le nouveau Secrétariat conserve ses compétences antérieures pour la coordination interministérielle se voit reconnaître une compétence très large puisqu'il est en charge de la coordination des travaux interministériels en matière de défense, du suivi de l'évolution des crises et des conflits internationaux, de la planification interministérielle de défense et de sécurité nationale, il propose les mesures nécessaires à la protection du secret de la défense nationale, la politique du Gouvernement en matière de systèmes d'informations, il concourt à l'adoption du cadre juridique dans lequel s'inscrit l'action des services de renseignement.

En revanche, la promotion des études ou enseignements de défense ne relève plus de sa compétence, mais de celle de l'Institut des Hautes Études de Défense Nationale (IHEDN), organisme dont l'origine remonte à 1936 et qui a été transformé en établissement public administratif par le décret du 5 septembre 1997, avant sa réorganisation par le décret du 23 juin 2009.

349. En matière de construction européenne, il faut souligner enfin le rôle très important et trop méconnu du Secrétariat général des affaires européennes (SGAE), crée par le décret du 17 octobre 2005. Il remplace le Secrétariat général du Comité interministériel pour les questions de coopération économique européenne (dit « *SGCI* »), institué par décret du 25 juin 1948 abrogé. Ce service du Premier ministre est mis à la disposition du ministre chargé des Affaires européennes. Il a pour mission de coordonner la politique française au sein des différentes organisations communautaires et européennes. À cet effet, le SGAE assure le secrétariat du Comité interministériel sur l'Europe, institution créée par le même décret du 17 octobre 2005 qui doit permettre d'assurer la cohérence des positions de la France sur les questions communautaires et la liaison entre les institutions françaises et l'Union européenne ou les autres organisations européennes (Organisation de Coopération et de Développement Économiques – OCDE, par exemple).

Dès lors, il met en œuvre notamment sa capacité d'expertise au profit des différents ministères comme il centralise et diffuse l'information provenant des instances européennes auprès des administrations concernées et des assemblées parlementaires. Il assure la liaison avec les instances communautaires et veille à l'harmonisation des actions de l'ensemble des ministères participant à la construction européenne, de même qu'il est attentif à la prise en compte par l'administration française des éléments du droit communautaire.

La question, toutefois, continue à se poser de l'intégration du SGAE dans le cadre du Secrétariat général du Gouvernement car la juxtaposition de ces deux institutions administratives ne correspond plus guère au degré d'intégration de la France dans la construction européenne.

Section 2
Le niveau gouvernemental

350. Sociologie. – Le Gouvernement est composé du Premier ministre ainsi que des ministres et secrétaires d'État, nommés par le Président de la République, sur proposition du Premier ministre (Const., art. 8, al. 2). Il reste formé sur des considérations essentiellement politiques, mais, bien souvent, en tenant compte aussi du sexe, de l'âge, de l'origine géographique ou sociologique, voire – de façon plus surprenante – confessionnelle ou ethnique[57], comme s'il fallait que le Gouvernement de la France soit un échantillon représentatif du peuple français dans sa diversité alors qu'il est seulement – et c'est déjà beaucoup – un organe de pouvoir au sein de l'État.

351. Ouverture. – Initiée par François Mitterrand, en 1988, la pratique d'ouverture du Gouvernement à l'opposition a été reprise par le Président Nicolas Sarkozy, avant d'être abandonnée à l'occasion de la formation du troisième Gouvernement Fillon, en novembre 2010, suivie de son remaniement, en février 2011, dans la perspective des prochaines élections présidentielles. Par exemple, M. Bernard Kouchner, volontiers présenté comme un homme politique de gauche, est devenu ministre des Affaires étrangères et européennes, de mai 2007 à novembre 2010. Par ailleurs, des « *personnalités issues de la société civile* », pour reprendre l'expression la plus fréquente, telles que M. Martin Hirsch, dont les prises de positions publiques ont pu paraître favorables, par le passé, à l'opposition de gauche au Gouvernement dont il faisait partie, ont également accepté de faire partie des deux premiers Gouvernements Fillon, au cas particulier comme haut-commissaire aux solidarités actives contre la

57. À ce sujet, D. Gaxie, « Immuables et changeants : les ministres de la Ve République », *in Pouvoirs* n° 36, 1986, p. 61-78.

pauvreté, de mai 2007 à mars 2010, avec élargissement de son portefeuille à la Jeunesse, en janvier 2009. Le Président Hollande a, quant à lui, refusé toute politique d'ouverture, si ce n'est vers les composantes radicales, écologistes de sa majorité.

352. Cette situation, politiquement intéressante, heurte, tout de même, la démocratie parlementaire quand des membres, même marginaux ou marginalisés d'un parti d'opposition, peuvent ainsi prendre part à l'action de la majorité, en contradiction avec la Constitution qui retient, depuis 1958, le concours des partis et groupements politiques *« à l'expression du suffrage »* (art. 4, al. 1er) et, depuis 2008, la notion de « *groupe d'opposition* » (art. 48, al. 5 et 51-1). Il est vrai, cependant, que, sous la Ve République, c'est du Président de la République, et non du Parlement, que relève la libre formation du Gouvernement. Il est vrai aussi que le président François Hollande a, pour sa part, refusé toute ouverture des Gouvernements qu'il a nommés, vers l'opposition de centre-gauche.

353. Responsabilité. – Par ailleurs, le régime parlementaire de la Ve République est tout entier fondé sur la responsabilité du Gouvernement devant l'Assemblée nationale, susceptible de dissolution. Cette responsabilité est organisée de manière à ne pouvoir être que collective (Const. art. 49). Par conséquent, la position de chacun des ministres est nécessairement la position du Gouvernement, et réciproquement : c'est là le principe de la solidarité gouvernementale. Or la politique d'ouverture peut avoir pour conséquence de permettre des exceptions à ce principe. Le ministre d'opposition se trouvant naturellement en contradiction avec certaines positions politiques auxquelles il a pu s'opposer par le passé, peut être tenté de se désolidariser publiquement du Gouvernement. De telles situations ont tendance à se multiplier et pas uniquement, d'ailleurs, pour les ministres dits « *d'ouverture* ». Elles sont certainement critiquables puisqu'elles s'opposent au fonctionnement normal du régime parlementaire. Si un ministre exprime une opposition contraire au Gouvernement, sans démissionner ou être remercié, il se place naturellement en dehors du champ de la responsabilité politique. L'Assemblée nationale ne pouvant mettre en jeu la responsabilité du Gouvernement que dans son ensemble, il ne pourra renverser tel ou tel ministre dont les opinions ne correspondraient pas avec celles de la majorité. Certes, l'opinion d'un ministre n'est pas la politique du Gouvernement sur laquelle porte l'action en responsabilité. Cependant, les atteintes à la solidarité gouvernementale perturbent l'équilibre traditionnel des relations politiques entre le Gouvernement et le

Parlement. Si l'on souhaite les admettre, il paraît nécessaire de les institutionnaliser. La fin de la solidarité gouvernementale devant s'accompagner de l'établissement d'une responsabilité politique personnelle de chacun des ministres qui serait un progrès de la démocratie politique, compte tenu de ses conditions actuelles de fonctionnement ou, plutôt, de dysfonctionnement.

354. Sortie du Gouvernement. – Les membres du Gouvernement restent en fonctions jusqu'à leur démission volontaire, leur renvoi aux mêmes conditions de forme que leur nomination ou encore la fin du Gouvernement, laquelle relève de quatre hypothèses distinctes dont les deux premières sont courantes et les deux autres exceptionnelles :

— la coutume constitutionnelle, à la suite des élections présidentielles ou législatives (par exemple, le Gouvernement Jospin après les présidentielles d'avril-mai 2002 ou le premier Gouvernement Raffarin après les élections législatives de juin 2002) ;

— la démission forcée par le Président de la République en fait majoritaire : révocation consentie (Gouvernement Cresson en avril 1992) ou, plus souvent, séparation à l'amiable (3e Gouvernement Raffarin en mai 2005) ;

— la démission volontaire du Premier ministre (premier Gouvernement Chirac en août 1976) ;

— la censure de l'Assemblée nationale (premier Gouvernement Pompidou en octobre 1962).

Toutefois, ils expédient les affaires courantes entre la fin de leurs fonctions et leur remplacement effectif[58].

On observera, du reste, que, sous la Ve République, la relative stabilité gouvernementale s'accompagne d'une réelle instabilité ministérielle : par exemple, au cours des douze ans de la présidence de Chirac, le Gouvernement français aura connu neuf ministres différents chargés de l'Économie et des Finances. Au demeurant, la révision opérée par la loi constitutionnelle du 23 juillet 2008 n'a pu manquer d'aggraver cette instabilité ministérielle dès lors que des allers-retours regrettables sont facilités, désormais, entre fonctions ministérielles et parlementaires (Const., art. 25, al. 2 et loi org. du 13 janv. 2009).

355. Absence d'autorité hiérarchique. – Le Gouvernement apparaît ainsi comme une équipe dirigée par le Premier ministre sans que cela signifie, au regard du droit administratif, une

58. CE Ass., 4 avril 1952, *Syndicat régional des quotidiens d'Algérie, Rec.* 210 ; *S.* 1952.3.49, concl. J. Delvolvé ; *JCP* 1952.II.7138, note Vedel ; *RDP* 1952.1029, note Waline.

quelconque autorité hiérarchique de sa part[59], non plus théoriquement que des ministres entre eux, malgré l'incontestable hégémonie du ministre en charge du budget de l'État. C'est, pourtant, au Premier ministre et à lui seul, en accord nécessaire en tout cas avec le Président de la République, y compris en période de cohabitation politique, qu'il appartient de définir la structure – d'ailleurs évolutive – du Gouvernement dont l'action d'ensemble repose ainsi sur chacun des ministres séparément.

§ 1. La structure du Gouvernement

356. Absence de règles. – Contrairement à l'Italie notamment, il n'y a pas encore, en France, de règles de niveau constitutionnel ou organique qui viennent fixer durablement l'organisation ainsi que la nomenclature gouvernementales. Sans doute de telles dispositions ont existé par le passé : la Constitution du Directoire en date du 5 fructidor an III (22 août 1795) prévoyait en ce sens, dans son article 150, que le Corps législatif déterminait le nombre des ministres, de six au moins et de huit au plus. Quant à la Constitution de la IIe République en date du 4 novembre 1848, elle confiait au législateur, dans son article 66, le soin de fixer le nombre et les attributions des ministres.

357. L'intéressant rapport Picq, publié à la Documentation française en 1995, proposait de même d'inscrire dans la loi une structure gouvernementale à structure fixe et réduite, ce qui d'ailleurs n'est pas sans poser un problème de hiérarchie des normes dans la mesure où la matière relève incontestablement de la Constitution ou de la loi organique prévue par celle-ci. Il envisageait ainsi la création de quinze ministères : justice, défense, intérieur et territoire, affaires étrangères, budget, économie, population et solidarité, travail et emploi, santé, éducation, culture, recherche et technologie, monde rural et maritime, environnement et urbanisme, transports et communications et de sept ministères délégués : deux auprès du Premier ministre : service public et relations avec le Parlement et cinq auprès des ministres suivants : défense (un ministre délégué), intérieur et territoire (un ministre délégué), affaires étrangères (deux ministres délégués) et économie (un ministre délégué).

59. CE Sect., 12 novembre 1965, *Compagnie marchande de Tunisie, Rec.* 602 ; *AJDA* 1966.167, concl. N. Questiaux.

358. Création et suppression des ministères. – En droit positif, la création ou la suppression d'un ministère peut être opérée par un simple décret en Conseil d'État, en application de l'ordonnance du 24 novembre 1945. Mais, en réalité, la structure du Gouvernement dépend du décret du Président de la République, contresigné par le Premier ministre, qui, en application de l'article 8, alinéa 2 de la Constitution, procède à la nomination des membres de chaque nouvelle équipe gouvernementale ou qui remanie la composition de cette équipe en cours d'existence. Et, c'est par décrets d'attributions délibérés en Conseil des ministres, tels que pris, en droit, après avis du Conseil d'État (décret du 22 janvier 1959 relatif aux attributions des ministres, art. 1er) et, en pratique, après arbitrage éventuel du Premier ministre, voire du Président de la République, en fait majoritaire, qu'est opérée entre membres du Gouvernement la répartition définitive des compétences dans la mesure où il y a lieu de la modifier d'un Gouvernement à l'autre : en effet, tant que le domaine de compétence d'un ministre n'est pas modifié, il n'y a pas lieu à nouveau décret d'attributions en ce qui le concerne, quel que soit le Gouvernement auquel il appartient.

A L'organisation gouvernementale

359. Origine des ministères. – Les origines de l'organisation gouvernementale sont à rechercher dans les structures ministérielles de l'Ancien Régime. À partir du XVIIIe siècle, six départements se constituent durablement : la Chancellerie ; le Contrôle général des finances ; les Affaires étrangères ; la Guerre ; la Marine ; les Affaires particulières. Ces départements ministériels sont repris par la loi du 27 avril-25 mai 1791, sous les appellations différentes de Justice ainsi que de Contributions et Revenus publics dans les deux premiers cas et d'Intérieur dans le dernier cas.

1. La création des ministères

360. Division et regroupement. – Par une longue évolution historique qui traduit la transformation du milieu socio-économique[60], la création des ministères s'est opérée :

— soit par division de ministères existants, essentiellement à partir de la matrice constituée par le ministère de l'Intérieur qui aura

60. À ce sujet, Conseil d'État, section du rapport et des études, « Structures gouvernementales et organisation administrative », *NED* n° 4818, La Documentation française, 1986.

perdu successivement une ou plusieurs de ses directions pour permettre la formation des ministères techniques, tels que, par exemple, le ministère de la Police sous le Directoire, celui des Cultes sous l'Empire, celui de l'Instruction publique sous la Restauration, celui des Postes en 1879 ou encore celui du Travail en 1906. Ce démembrement peut d'ailleurs être progressif, le ministère du Commerce, des Travaux Publics et de l'Agriculture, constitué sous la Monarchie de Juillet, produisant d'abord le ministère des Travaux Publics, puis celui de l'Agriculture en 1882 ;

— soit par regroupement de services de plusieurs ministères : par exemple, dans le cas du ministère de l'Hygiène, de l'Assistance et de la Prévoyance en 1920 ou par regroupement de plusieurs ministères : ainsi dans le cas du ministère des Finances et des Affaires économiques en 1962, devenu ministère de l'Économie et des Finances depuis 1966.

361. Disparition et éclatement. – Ce mouvement de création n'est cependant pas continu : on trouve, en effet, des hypothèses de départements ministériels qui émergent, puis disparaissent ou éclatent, avant d'être ultérieurement reconstitués :

— dans le sens de la disparition, on peut citer le ministère des Beaux-Arts, distinct sous le Second Empire, qui perd cette identité avant de réapparaître avec le ministère des Affaires culturelles de 1959 ;

— dans le sens de l'éclatement, une tentative intéressante est celle de la création de deux ministères séparés, dotés cependant de directions centrales communes, comme la direction des Personnels : le ministère de l'Économie et le ministère du Budget dans le troisième Gouvernement Barre de 1978 à 1981, puis le ministère de l'Économie et des Finances et le ministère du Budget dans le Gouvernement Bérégovoy (décrets du 15 avril 1992). Cette séparation n'a d'ailleurs pas complètement disparu avec la mise en place d'un ministère ou d'un secrétariat d'État délégué au Budget auprès du ministre de l'Économie et des Finances, de façon presque continue depuis 1981.

362. Adaptation à la complexité administrative. – Mais le mouvement général est bien celui d'une accélération progressive de la création des départements ministériels, depuis la fin du XIXe siècle. Sous la forme d'une division appropriée du travail gouvernemental, il y a là d'abord une réponse technique à la croissance de la complexité administrative et de la demande de service public : par exemple, la création du ministère des Postes en 1879, du ministère du Travail en 1906, du ministère des Anciens combattants en 1920, du ministère de l'Air en 1936, du ministère de l'Environnement en 1971, du ministère de la Francophonie en 1986 ou encore du ministère de la Ville depuis 1991, sous des appellations et selon des combinaisons diverses.

363. Adaptation à la conjoncture. – Cette réponse technique correspond aussi au souci de traiter, dans le cadre de l'administration de gestion, tel ou tel dossier qui se présente avec un caractère particulier de gravité ou d'urgence : c'est le ministère du Ravitaillement pendant ou après les deux guerres mondiales, ce sont le ministère des États associés, celui des Affaires tunisiennes ou marocaines ou encore celui de l'Algérie sous la IVe République. C'est, par exemple, le ministère délégué à l'Insertion professionnelle des jeunes qui a actuellement pour mission de trouver des solutions convenables en vue de la résorption du chômage subi par environ un jeune sur cinq en France pour autant, toutefois, que la puissance publique puisse agir utilement.

364. Jeu d'intitulé. – Une solution alternative consiste, du reste, à modifier seulement l'intitulé traditionnel du ministère en ce sens pour que, de façon temporaire, il devienne, par exemple, ministère de l'Économie, des Finances et de la Privatisation entre 1986 et 1988 ou ministère de l'Intérieur, de la Sécurité publique et des Libertés locales entre 2002 et 2005, affichant alors clairement la politique gouvernementale à privilégier dans le cadre de tel ou tel ministère classique.

365. Instabilité. – Cette instabilité générale dans l'organisation gouvernementale peut être particulièrement marquée dans des secteurs où :

— soit l'État se désengage, comme c'est le cas en matière cultuelle : les Cultes, détachés du ministère de l'Instruction publique en 1825, perdent leur identité par nouveau rattachement au ministère de la Justice, puis par intégration dans le ministère de l'Intérieur où un bureau central des cultes est constitué au sein de l'actuel Secrétariat général du ministère ;

— soit l'État n'est pas seul à s'engager, comme, par exemple, en matière sociale. Depuis l'entre-deux-guerres, les ministères du Travail et de la Santé ont ainsi connu des périodes successives d'association ou de séparation, situation aggravée encore par l'émergence de structures ministérielles venant prendre en charge la Sécurité sociale ou la Famille, à partir de la IVe République ;

— soit l'État ne sait pas très bien sur quoi, comment ou jusqu'à quel point s'engager : sous la présidence de Nicolas Sarkozy, les hésitations sur le périmètre du ministère de l'Intérieur ont ainsi conduit à remplacer, en mai 2007, le ministère de l'Intérieur et de l'Aménagement du territoire par un ministère de l'Intérieur, de l'Outre-mer et des Collectivités territoriales, doublé d'un ministère de l'Immigration, de l'Intégration, de l'Identité nationale et du Codéveloppement, devenu du Développement solidaire, en mars 2008, avant la fusion des deux ministères, en novembre 2010, au profit d'un nouveau ministère de l'Intérieur, de l'Outre-mer, des Collectivités territoriales et de l'Immigration.

2. La composition des ministères

366. Coalition et multiplication. – Mais la multiplication des départements ministériels est aussi une réponse politique à la nécessité de construire des coalitions fragiles qui, y compris après 1958, laissent supposer de savants dosages partisans, exprimés depuis la IIIe République par la création de ministres d'État, de ministres sans portefeuille, de ministres délégués, de secrétaires d'État ou encore de vice-président du Conseil ou de sous-secrétaires d'État, ces deux dernières catégories ayant définitivement disparu sous la Ve République. Ainsi le nombre des membres du Gouvernement est passé progressivement d'une vingtaine à la fin de la IIIe République à une trentaine sous la IVe République et à une quarantaine aujourd'hui. En revanche, le nombre de secrétaires d'État et, sous les IIIe et IVe Républiques, de sous-secrétaires d'État est très variable, généralement et logiquement en fonction inverse du nombre de ministres : 13 dans le Gouvernement Blum de 1946, 27 dans le Gouvernement Mollet de 1956, 13 dans le Gouvernement Mauroy de 1981 et 16 dans le Gouvernement Cresson de 1991[61].

367. Difficulté du resserrement. – Toutefois, au bénéfice d'un resserrement volontaire par rapport au Gouvernement précédent, le Gouvernement Bérégovoy remanié ne comptait plus que 42 membres, au lieu de 46 (Gouvernement de Mme Cresson) dont 26 ministres, au lieu de 30. Sans doute, l'histoire administrative donne quelques exemples de Gouvernements plus concentrés, tels que le Gouvernement Guy Mollet (1956-1957) qui ne comportait que 9 ministres dont deux sans portefeuille et 1 ministre résident en

61. P. Sadran, *Le système administratif français*, Montchrestien, coll. Clefs-Politique, 1992, p. 19.

Algérie, contre 25 ministres dans le Gouvernement précédent. Mais le recours à cette formule inusitée ne peut que s'accompagner de la multiplication des secrétaires d'État, au nombre de 25 par exemple dans le deuxième Gouvernement Barre (1977-78), pour 14 ministres seulement. Et si, revenant aux effectifs connus au début de la Ve République, le Gouvernement Balladur (1993-95) ne comportait exceptionnellement que 30 membres dont 4 ministres d'État, 19 ministres et 6 ministres délégués et aucun secrétaire d'État, les Gouvernements depuis lors se sont à nouveau étoffés. Par exemple, le troisième Gouvernement Raffarin comptait, en mai 2005, 50 membres dont 1 ministre d'État, 18 ministres, 17 ministres délégués et 13 secrétaires d'État. Toutefois, la formule de Gouvernements plus compacts a, depuis lors, été réactivée : c'est ainsi que le troisième Gouvernement Fillon comprenait, à la mi-mai 2011, 32 membres seulement dont 1 ministre d'État, 15 ministres, 7 ministres délégués et 8 secrétaires d'État et le second Gouvernement Ayrault comprend, quant à lui, 38 membres, aucun ministre d'État ni secrétaire d'État mais 18 ministres délégués.

368. Possibilité de coordination. – Il reste que, ces dernières années, de véritables marges de manœuvre ont été utilisées dans plusieurs secteurs comme, en particulier :

— les services de coordination interministérielle en matière économique ou sociale qui ont pu être regroupés par les Premiers ministres selon des formules très variables. Ainsi, dans le Gouvernement Villepin, en 2005, le ministre de l'Économie, des Finances et de l'Industrie est appuyé sur trois ministres délégués chargés du Budget et Réforme de l'État, de l'Industrie ou du Commerce extérieur tandis que, dans le Gouvernement Fillon, subsistait seulement un ministre délégué à l'Industrie, à l'Énergie et à l'Économie numérique et deux secrétaires d'État : l'un au Commerce extérieur et l'autre, au titre d'une sorte de « fourre-tout » résiduel, au Commerce, à l'Artisanat, aux Petites et moyennes entreprises, au Tourisme, aux Services, aux Professions libérales et à la Consommation, le ministre du Budget, des Comptes publics, de la Fonction publique et de la Réforme de l'État étant autonome. À la différence du dernier Gouvernement Filllon et de son premier Gouvernement, entre présidentielles et législatives, et en conséquence d'un impair politique d'un membre de son équipe, Mme Nicole Bricq, alors en charge de l'Écologie, dans le dossier des forages pétroliers au large de la Guyane, le Premier ministre Ayrault a choisi, pour son second Gouvernement, nommé le 21 juin 2012, de diviser le précédent ministère de l'Économie, des Finances et du Commerce extérieur, en trois, avec un ministère de l'Économie et des Finances dont le titulaire est assisté de deux ministres délégués : l'un chargé du Budget et, l'autre, à l'Économie sociale et solidaire et de la Consommation ; un ministère autonome du Commerce extérieur qui n'a techniquement aucune raison d'être par lui-même ; et un ministère du Redressement productif, nouvelle dénomination d'un ancien ministère autonome de l'Industrie, dont le titulaire est assisté d'un ministre délégué, chargé des Petites et moyennes entreprises, de l'Innovation et de l'Économie numérique ;

— en matière sociale, les possibilités sont multiples de répartir différemment le Travail, la Santé, la Sécurité sociale ou la Famille. On soulignera ici le choix opéré par les deux derniers premiers ministres qui est de répartir cette charge considérable entre plusieurs ministres. En juin 2012, l'un est en charge des Affaires sociales et de la Santé et l'autre du Travail de l'Emploi, de la Formation professionnelle et du Dialogue social ;

— l'éducation qui est administrée par un ministère de plein exercice auquel on a pu rattacher, parfois, l'Enseignement supérieur, comme de 1981 à 1995, ou la Jeunesse et les Sports, de 1988 à 1991, mais aussi la Culture (Gouvernement Bérégovoy d'avril 1992) ou l'Insertion professionnelle (Gouvernement Juppé de mai 1995) ou encore la Recherche (Gouvernement Jospin de 1997 à 2000). De plus, depuis 1969, l'éducation physique et sportive qui représente quelque 30 000 professeurs dans les collèges et les lycées, a été réinsérée dans le ministère chargé de l'Éducation – redevenue, en 2012, comme avant 1974, « *nationale* » – où un bureau a été créé pour en assurer la gestion. La formule actuellement retenue continue à séparer nettement et efficacement le ministère de l'Éducation nationale de celui de l'Enseignement supérieur et de la Recherche.

369. Pôles ministériels. – Dans le même sens, il est désormais fréquent que la formule des pôles ministériels soit utilisée : par exemple, dans le second Gouvernement Ayrault, au profit du ministre des Affaires étrangères, du ministre des Affaires sociales et de la Santé et du ministre de l'Économie et des Finances, même si, d'un Gouvernement à l'autre, il aura perdu le Commerce extérieur. À eux trois, ces départements ministériels regroupent, en effet, 9 ministres délégués, soit la moitié de leur effectif.

370. Réallocation des compétences. – Chaque Gouvernement, modifié par les indispensables remaniements en cours d'existence dès lors qu'il dure, peut donc être l'occasion d'une réallocation des fonctions ministérielles entre ses nouveaux membres, au prix d'ailleurs d'intitulés qui sont parfois étonnants, par le risque de la redondance : par exemple, Intégration et Lutte contre l'exclusion ou encore par la propension à l'emphase : Solidarité entre les générations, pour s'en tenir au premier Gouvernement Juppé de 1995. Dans le second Gouvernement Ayrault, on note, dans le même sens, Redressement productif ou Égalité des territoires ou Dialogue social ou encore Réussite éducative.

371. Redistribution des moyens. – Or cette réallocation implique à chaque changement de Gouvernement, avec l'aide précieuse et efficace du Secrétariat général du Gouvernement, une redistribution des moyens, c'est-à-dire une réattribution des locaux ainsi que des directions d'administration centrale, des multiples organismes rattachés ou encore des établissements publics sous tutelle. On devine aisément les inconvénients d'une telle situation, en particulier en cas de réduction ou d'expansion des équipes ministérielles, ce qui ne signifie pas seulement un changement du papier à en-tête ou des plaques de cuivre à l'entrée des ministères, à redistribuer après chaque changement de Premier ministre et donc lors de chaque constitution de tout nouveau Gouvernement dans la mesure où sa structure n'est pas strictement identique à celle du précédent.

372. Risque de désorganisation. – Pour les ministres dont le champ de compétences est ainsi modifié, d'un Gouvernement à l'autre, il y a, là aussi, une source de tensions, voire de conflits au sein de la nouvelle équipe, tant que n'est pas intervenu l'arbitrage du Premier ministre et, le cas échéant et en fait majoritaire, du Président de la République, signataire en toute hypothèse des décrets d'attributions précités, régis par le décret du 22 janvier 1959 relatif aux attributions des ministres. Mais il y a là, enfin et surtout, la possibilité d'une désorganisation de l'administration centrale et de paralysie de l'action ministérielle pendant quelques jours ou, parfois, quelques semaines, c'est-à-dire, sinon une discontinuité, du moins un dysfonctionnement de l'appareil central de l'État qui est tout de même préoccupant.

373. Permanence des grands ministères. – Il est vrai, cependant, que ce phénomène reste relativement marginal dans la mesure où, le plus souvent, il n'est pas touché aux grands ministères, on disait autrefois *« les portefeuilles importants »*, ceux qui correspondent aux grandes fonctions traditionnelles de l'État, et donc à ses missions de souveraineté ou *« régaliennes »* : en particulier, la Justice, les Finances, les Affaires étrangères, la Défense, l'Intérieur, l'Éducation nationale, l'Équipement, sous des appellations ou dans des configurations qui, d'ailleurs, ont pu varier dans le temps. Ainsi le ministère des Colonies, formé en 1894 à partir du ministère de la Marine, est devenu, avec la décolonisation, le ministère de la France d'Outre-mer, puis, sous la Ve République, le ministère des Départements et Territoires d'Outre-mer et, à partir de 2002, le ministère de l'Outre-mer, devenu, en 2012, ministère des Outre-mer (sans « *s* », au titre, sans doute, d'une pluralité singulière). De même, le ministère de la Défense qui s'est appelé auparavant, et à des époques diverses, ministère de la Guerre, des Armées, de la Défense nationale, des Forces armées ou encore de la Défense nationale et des Forces armées ou de la Défense et des Anciens combattants, est redevenu, dans les premier et second Gouvernements Ayrault, le ministère de la Défense, le ministre étant assisté d'un ministre délégué, chargé des Anciens combattants.

374. Permanence des administrations centrales. – Au demeurant, tous ces changements sont, le plus souvent, sans grande utilité administrative : ces ministères regroupent, en effet, les mêmes administrations centrales, remarquablement stables, même si elles sont parfois différemment agencées, et toujours implantées dans les mêmes locaux, à Paris ou dans sa proche banlieue : par exemple, la rue Oudinot pour l'Outre-mer ou la rue Saint-Dominique pour la Défense, du moins tant que le regroupement à Balard des services de ce ministère, prévu pour 2015, ne sera pas finalisé. Sur ce point, on notera cependant que, dans les dernières années, la situation a fortement évolué avec les transferts du ministère chargé de l'Économie et des Finances de la rue de Rivoli à la rue de Bercy ou encore du ministère chargé de l'Équipement et du Logement du boulevard Saint-Germain à la Grande Arche de la Défense.

B La nomenclature gouvernementale

375. Prééminence politique. – Si, en principe, tous les membres dits « *autonomes* » du Gouvernement sont administrativement égaux entre eux, il existe, à l'évidence, une prééminence politique, manifestée par l'ordre protocolaire qui est celui du décret de nomination des membres du Gouvernement. C'est ainsi le premier des ministres nommés qui assure, en principe, l'intérim du Premier ministre. De même, c'est en fonction de cet ordre que les places sont distribuées dans les cérémonies officielles ou à la table du Conseil des ministres : le Président de la République et le Premier ministre siègent en face l'un de l'autre, au centre de la table, les ministres étant assis autour d'eux de la façon suivante : le premier des ministres nommés à droite du Président, le deuxième à droite du Premier ministre, le troisième à gauche du Président, le quatrième à gauche du Premier ministre et ainsi de suite.

1. Les ministres d'État

376. Titre honorifique. – Après le Premier ministre viennent éventuellement – le second Gouvernement Ayrault comme le premier n'en comporte pas, *les ministres d'État*, titre honorifique qui peut être attribué à un ou plusieurs ministres du Gouvernement que l'on veut particulièrement distinguer :

— soit en raison du lien personnel qui l'attache au Président de la République ou au Premier ministre (par ex., André Malraux, ministre d'État aux Affaires culturelles de 1959 à 1969) ;

— soit pour traduire l'importance politique du titulaire du portefeuille (par ex., Michel Debré, ministre d'État à la Défense nationale de 1969 à 1973 ou M. Nicolas Sarkozy, ministre d'État, ministre de l'Intérieur et de l'Aménagement du territoire de 2005 à 2007 ou encore M. Alain Juppé, ministre d'État, ministre de la Défense et des Anciennes combattants, puis des Affaires étrangères et européennes après son retour au Gouvernement en 2010) ;

— soit pour attester de la durée ou de la qualité des fonctions ministérielles exercées (par ex., M. Valéry Giscard d'Estaing, ministre d'État à l'Économie et aux Finances dans le troisième Gouvernement Messmer) ;

— soit pour manifester l'importance de la fonction exercée (par ex., Jean-Marcel Jeanneney, ministre d'État sans portefeuille dans le Gouvernement Couve de Murville pour préparer la réforme relative à la rénovation du Sénat et à la création des régions, devenue projet de loi référendaire du 2 avril 1969 ou encore, dans le second Gouvernement Fillon, de M. Jean-Louis Borloo, ministre chargé de l'Écologie) ;

— soit pour animer une équipe ministérielle, composée de ministres et de secrétaires d'État délégués (par ex., M. Édouard Balladur dans le deuxième Gouvernement Chirac) ;

— soit pour illustrer les équilibres politiques de la majorité (par ex., le premier Gouvernement Barre) ou du parti dominant (par ex., les premier et deuxième Gouvernements Mauroy).

À l'évidence, peuvent être cumulées plusieurs de ses six explications, voire l'ensemble d'entre elles (par ex., Pierre Bérégovoy, ministre d'État à l'Économie, aux Finances et au Budget du Gouvernement Cresson avant de devenir lui-même Premier ministre en avril 1992).

377. Importance réduite. – Il est vrai cependant que, si leur rémunération mensuelle est un peu plus élevée que celle des simples ministres, en dehors de considérations protocolaires d'une importance finalement réduite et, s'il est un homme (les temps veulent qu'on le précise), d'un titre d'appel de « *Monsieur le Ministre d'État* » guère usité, la situation administrative des ministres d'État et des simples ministres, on dit aussi plus rarement des ministres ordinaires ou des ministres pleins, est strictement identique. On notera que les Gouvernements entre 1995 et 2005, de même que depuis 2012, n'ont comporté aucun ministre d'État, à la différence du Gouvernement Balladur (1993-1995) qui, pour des raisons d'équilibrage politique, en comportait quatre (Mme Veil et MM. Pasqua, Léotard et Méhaignerie), du Gouvernement Villepin qui en comportait un seul (M. Sarkozy) et du Gouvernement Fillon, deux (M. Borloo et Mme Alliot-Marie).

2. Les ministres

378. Définition. – Les ministres forment, quant à eux, le noyau dur de l'équipe gouvernementale, le ministre de la Justice auquel le Sceau de l'État est confié (décret du 27 mai 1791, art. 5) et que, pour ce motif, son administration dénomme « *le Garde* ». Héritier du Chancelier de France (ses services, place Vendôme, sont encore dénommés « *Chancellerie* », il est normalement le premier des ministres même si les exceptions à ce principe sont fréquentes et nombreuses. Tel est le cas, aujourd'hui, de Christiane Taubira, garde des sceaux, ministre de la Justice au troisième rang du Gouvernement, dans l'ordre protocolaire. Sans que la Ve République y ait changé grand'chose à cet égard, l'accès à une fonction ministérielle de plein exercice peut encore être considéré comme le couronnement d'une carrière politique bien conduite. Encore faut-il rappeler que ministre veut dire serviteur et que c'est bien là une fonction, et non un métier.

3. Les ministres délégués

379. Définition. – Au Premier ministre, aux ministres d'État ou à ces ministres peuvent être rattachés un ou plusieurs *ministres délégués* qui participent de droit au Conseil des ministres. Cette catégorie préexistait à la Ve République auprès du chef du Gouvernement et a été créée, en 1981, auprès des ministres d'État ou des ministres ordinaires. La formule est politiquement et techniquement pratique et elle a donc été maintenue depuis lors, y compris dans les Gouvernements de cohabitation politique (Gouvernement Chirac : 1986-1988, Gouvernement Balladur : 1993-95 et Gouvernement Jospin : 1997-2002). Pour chacun des ministres délégués, un décret présidentiel d'attributions leur confie :

— soit, de façon permanente, une partie des attributions ministérielles du ministre de rattachement. Dans cette hypothèse, le ministre délégué est un véritable ministre, à part entière, qui conserve une réelle autonomie administrative même si, pour des raisons politiques, il relève théoriquement d'un autre ministre au nom duquel il a autorité sur les services qui lui sont nécessaires ;

— soit, de façon occasionnelle, celles des attributions désignées, par le ministre de rattachement. Dans cette hypothèse, en revanche, la subordination du ministre délégué est beaucoup plus réelle puisqu'il utilise des services qui ne sont pas placés sous son autorité propre, en termes de budget ou d'agents. Placé dans la situation d'un secrétaire d'État rattaché, mais de niveau ministériel, il se contente donc de traiter les dossiers qui lui sont confiés par le ministre de rattachement avec une liberté d'action plus ou moins grande, selon le sujet du dossier ou la personnalité de chacun des ministres ainsi appelés à travailler ensemble.

4. Les secrétaires d'État

380. Définition. – Enfin, souvent nommés dans un deuxième temps, viennent *les secrétaires d'État*, lesquels ont pu être autonomes, catégorie qui a disparu depuis le Gouvernement Balladur, formé en 1993. La situation d'un secrétaire d'État autonome était alors celle d'un véritable ministre, chef de sa propre administration, l'absence de titre ministériel qui constituait un amoindrissement politique, le privant cependant, en principe et sauf convocation spéciale pour les affaires relevant de ses attributions, de la possibilité de participer au Conseil des ministres.

381. Délégués auprès du ministre. – Les secrétaires d'État, lorsqu'ils existent, sont donc *délégués* auprès du Premier ministre, d'un ministre d'État ou d'un ministre. Ces secrétaires d'État délégués disposent donc de services du ministère de rattachement, mis à leur disposition sans être placés sous leur autorité. On est ici dans la double situation défavorable du ministre délégué, au point de vue administratif, et du secrétaire d'État autonome, au point de vue politique. Car, malgré le titre d'appel discutable et conféré à vie de *« Monsieur le Ministre »*, pour un homme, qui lui est donné en tant que membre ou ancien membre du Gouvernement, le secrétaire d'État, au rang protocolaire le plus bas, ni ne dispose d'une administration et d'un budget qui lui soient propres ni ne participe, sauf exception et sur convocation spéciale, aux réunions hebdomadaires du Conseil des ministres.

382. Statistiques. – Le Gouvernement Balladur n'en comportait aucun alors que le Gouvernement Bérégovoy précédent en comportait 16 et le premier Gouvernement Juppé suivant 14. Alors que le dernier Gouvernement Villepin n'en comportait aucun, le dernier Gouvernement Fillon en comportait 7. Le Gouvernement Ayrault n'en comporte aucun.

383. À titre de simple illustration des développements antérieurs, on reproduira ci-après la liste du second Gouvernement Ayrault, tel que formé le 21 juin 2012. Cette liste est établie dans l'ordre protocolaire :

PREMIER MINISTRE :

M. Jean-Marc Ayrault, Premier ministre

MINISTRES :

– M. Laurent Fabius, ministre des Affaires étrangères ;

– M. Vincent Peillon, ministre de l'Éducation nationale ;

– Mme Christiane Taubira, garde des Sceaux, ministre de la Justice ;

– M. Pierre Moscovici, ministre de l'Économie et des Finances ;

– Mme Marisol Touraine, ministre des Affaires sociales et de la Santé ;

– Mme Cécile Duflot, ministre de l'Égalité des territoires et du Logement ;

– M. Manuel Valls, ministre de l'Intérieur ;

– Mme Nicole Bricq, ministre du Commerce extérieur ;

– M. Arnaud Montebourg, ministre du Redressement productif ;

– Mme Delphine Batho, ministre de l'Écologie, du Développement durable et de l'Énergie

– M. Michel Sapin, ministre du Travail, de l'Emploi, de la Formation professionnelle et du Dialogue social ;

– M. Jean-Yves Le Drian, ministre de la Défense ;

– Mme Aurélie Filippetti, ministre de la Culture et de la Communication ;

– Mme Geneviève Fioraso, ministre de l'Enseignement supérieur et de la Recherche ;

– Mme Najat Vallaud-Belkacem, ministre des Droits des femmes, porte-parole du Gouvernement ;

– M. Stéphane Le Foll, ministre de l'Agriculture, de l'Agroalimentaire et de la Forêt ;

– Mme Marylise Lebranchu, ministre de la Réforme de l'État, de la Décentralisation et de la Fonction publique ;

– M. Victorin Lurel, ministre des Outre-mers ;

– Mme Sylvia Pinel, ministre de l'Artisanat, du Commerce et du Tourisme ;

– Mme Valérie Fourneyron, ministre des Sports, de la Jeunesse, de l'Éducation populaire et de la Vie associative.

MINISTRES DÉLÉGUÉS :

– M. Jérôme Cahuzac, ministre délégué auprès du ministre de l'Économie, des Finances et du Commerce extérieur, chargé du budget ;

– Mme George Pau-Langevin, ministre déléguée auprès du ministre de l'Éducation nationale, chargée de la réussite éducative ;

– M. Alain Vidalies, ministre délégué auprès du Premier ministre, chargé des relations avec le Parlement ;

– M. François Lamy, ministre délégué auprès de la ministre de l'Égalité des territoires et du Logement, chargé de la ville ;

– M. Bernard Cazeneuve, ministre délégué auprès du ministre des Affaires étrangères, chargé des affaires européennes ;

– Mme Michèle Delaunay, ministre déléguée auprès de la ministre des Affaires sociales et de la Santé, chargée des personnes âgées et de l'autonomie ;

– M. Benoît Hamon, ministre délégué auprès du ministre de l'Économie, des Finances et du Commerce extérieur, chargé de l'Économie sociale et solidaire et de la Consommation ;

– Mme Dominique Bertinotti, ministre déléguée auprès de la ministre des Affaires sociales et de la Santé, chargée de la famille ;

– Mme Marie-Arlette Carlotti, ministre déléguée auprès de la ministre des Affaires sociales et de la Santé, chargée des personnes handicapées et de la lutte contre l'exclusion ;

– M. Pascal Canfin, ministre délégué auprès du ministre des Affaires étrangères, chargé du développement ;

– M. Thierry Repentin, ministre délégué auprès du ministre du Travail, de l'Emploi, de la Formation professionnelle et du Dialogue social, chargé de la formation professionnelle et de l'apprentissage ;

– Mme Yamina Benguigui, ministre déléguée auprès du ministre des Affaires étrangères, chargée de la francophonie ;

– M. Frédéric Cuvillier, ministre délégué auprès de la ministre de l'Écologie, du Développement durable et de l'Énergie, chargé des transports de la mer et de la pêche ;

– Mme Fleur Pellerin, ministre déléguée auprès du ministre du Redressement productif, chargée des petites et moyennes entreprises, de l'innovation et de l'économie numérique ;

– M. Kader Arif, ministre délégué auprès du ministre de la Défense, chargé des anciens combattants ;

– Mme Anne-Marie Escoffier, ministre déléguée auprès de la ministre de la Réforme de l'État, de la Décentralisation et de la Fonction publique, chargée de la décentralisation ;

– M. Guillaume Garot, ministre délégué auprès du ministre de l'Agriculture, de l'Agroalimentaire et de la Forêt, chargé de l'Agroalimentaire ;

– Mme Hélène Conway, ministre déléguée auprès du ministre des Affaires étrangères, chargée des Français de l'étranger.

384. Féminisation des titres. – On notera que le Gouvernement Jospin s'est engagé, tout seul, dans une réforme autoritaire de la langue française[62] dont il convient pourtant de laisser la formation à l'usage que les Français sont capables d'en faire eux-mêmes, tel qu'il est consacré par l'Académie française dont c'est précisément le rôle depuis 1635. Du reste, en mars 2002, l'Académie a rappelé que *« le choix systématique et irréfléchi de formes féminisées établit au contraire, à l'intérieur même de la langue, une ségrégation qui va à l'encontre du but recherché »*. Rien n'oblige la presse, toujours si attentive, en France, à donner satisfaction au pouvoir en place, à se croire obligée de faire correspondre, à son tour, le genre de la fonction qui est masculin ou féminin, en l'absence de neutre, et le sexe de son titulaire qui peut être indifféremment féminin ou masculin : c'est ainsi que l'on dit toujours une sentinelle ou une sage-femme, même si la fonction est exercée par un homme, et un prud'homme ou un ministre, même si la fonction est exercée par une femme. Au demeurant, pourquoi dire *« la ministre »*, et non pas *« la ministresse »* ? Il y a, de plus, quelque arbitraire dans l'arbitraire.

§ 2. Le ministre

385. De 1789 à 1989, la France aura compté 1 627 membres du Gouvernement – le plus souvent, il s'agit de ministres – dont 33 femmes seulement, nommées pour la première fois, comme sous-secrétaires d'État, dans le Gouvernement Blum de Front populaire (1936-1937) pour quelque 210 Gouvernements, soit un chiffre moyen de 8 membres seulement par Gouvernement. On compte 391 membres du Gouvernement jusqu'au IIe Empire, 648 pour la IIIe République, 248 pour la seule IVe République et, jusqu'en 1989, 340 déjà pour la Ve République[63]. En se plaçant dans le droit positif, il y a lieu de distinguer les attributions des ministres et l'organisation ministérielle.

A Les attributions des ministres

386. Fonction politique. – On a pu écrire très justement que *« le ministre est un agent double, placé à la charnière entre la vie*

62. Circ. du 6 mars 1998 relative à la féminisation des noms de métier, fonction, grade ou titre, *JORF* 1998. 3565.

63. B. Yvert (dir.), *Dictionnaire des ministres de 1789 à 1989*, Perrin, 1990, 1028 p.

politique et l'action administrative »[64]. Sa situation administrative est difficile à gérer, entre :

— d'une part, les empiétements multiples des autorités suprêmes de l'État : le Premier ministre et son cabinet ou encore, dans l'hypothèse normale du fait majoritaire, comme dans tous les cas en matière de diplomatie et de défense, le Président de la République et son conseiller diplomatique ou son chef d'état-major particulier respectivement,

— et, d'autre part, sa propre administration centrale assurée de la stabilité, sinon pour ses directeurs, du moins pour ses bureaux qui sont l'ossature permanente du ministère.

387. Fonction administrative. – Pourtant, le ministre est le chef d'une administration constituée de un ou plusieurs services, placés sous sa seule autorité hiérarchique. La jurisprudence du Conseil d'État est clairement en ce sens[65] et s'illustre par la réglementation interne du ministère, la gestion des services ainsi que par l'exercice du contreseing.

1. La réglementation interne du ministère

388. Absence de pouvoir réglementaire de principe. – Pour des raisons qui tiennent à la Constitution, le ministre ne dispose pas, en principe, du pouvoir réglementaire[66], quelles qu'aient pu être les nombreuses tentatives doctrinales pour tenter de renverser ce principe[67].

389. Pouvoir réglementaire d'organisation du service. – Toutefois, conformément à la jurisprudence *Jamart* précitée de 1936 qui reconnaît le droit au ministre, *« comme à tout chef de service, de prendre les mesures nécessaires au bon fonctionnement de l'administration placée sous son autorité »*, il appartient au ministre de mettre fin par arrêté au fonctionnement d'un service[68] ou encore de

64. B. Chenot, « Le ministre, chef d'une administration », *in Pouvoirs*, n° 36, 1986, p. 79.

65. CE Sect., 7 février 1936, *Jamart Rec.* 172 ; *S.* 1937.3.113, note Rivero ; *GAJA* n° 54.

66. CE Sect., 28 novembre 1958, *Lépouse, Rec.* 596 ; *AJDA* 1958.I.128, chr. Combarnous et Galabert ; *D.* 1959.263, note Quermonne ; *RDP* 1959. 306, note Waline.

67. En particulier, N. Questiaux, concl. sur CE, 23 mai 1969, *Société Distillerie Brabant et Cie, Rec.* 264 ; *RDP* 1969.1127 et *AJDA* 1969.640, note Tournié ; *adde*, C. Wiener, *Recherches sur le pouvoir réglementaire des ministres*, LGDJ, coll. Bibliothèque de droit public, tome 98, 1970.

68. CE Sect., 27 janvier 1961, *Vannier, Rec.* 60, concl. Kahn ; *AJDA* 1961.75, chr. Galabert et Gentot.

proposer, le cas échéant, au Premier ministre la réorganisation de son administration par décret en Conseil d'État dont, cependant, en période de fait majoritaire, le Président de la République a également à connaître, ce qui peut être source de difficultés : par exemple, l'opposition du président François Mitterrand à la réforme du ministère de la Coopération et du Développement préconisée, en 1982, par le ministre Jean-Pierre Cot.

390. Organisation du service et droit de grève. – Le ministre réglemente également l'organisation interne de ses services, notamment en cas d'exercice du droit de grève, principe de valeur constitutionnelle qui doit être concilié avec celui de la continuité du service public dans des conditions qu'à défaut de réglementation générale par le législateur, le juge administratif est venu lui-même définir par sa jurisprudence de principe[69] : *« Considérant que, dès lors, le Gouvernement a pu légalement faire interdire et réprimer la participation des chefs de bureau de préfecture à la grève de juillet 1948 »*. Il en est de même en cas de carence de l'autorité inférieure[70], en cas d'habilitation légale[71] ou encore dans le cadre d'une délégation de la compétence de droit commun de la part du Premier ministre (Const., art. 21, al. 2).

2. La gestion des services du ministère

391. Chef d'administration. – Comme chef d'administration, le ministre est responsable de la bonne marche de ses propres services, dans le cadre de ses attributions définies par décret du Président de la République en Conseil des ministres[72]. Sous réserve des hypothèses de déconcentration administrative, c'est lui qui notamment assure l'exécution des dépenses de son ministère en tant qu'ordonnateur principal de l'État (décret du 29 décembre 1962, art. 9). C'est lui aussi qui conclut les contrats, qui gère le patrimoine de l'État pour

69. CE Ass., 7 juillet 1950, *Dehaene, Rec.* 426 ; *RDP* 1950.691, concl. Gazier, note Waline ; *Rev. adm.* 1950.366, concl. Gazier, note Liet-Veaux ; *D.* 1950.538, note Gervais ; *S.* 1950.3.109, note J. D. V. ; *GAJA*, n° 65.

70. CE Ass., 21 octobre 1966, *Société Graciet et Cie, Rec.* 560 ; *AJDA* 1967.274, concl. Baudouin.

71. CE Ass., 6 mars 1959, *Syndicat des grandes pharmacies de la région de Paris, Rec.* 165 et Sect., 22 décembre 1961, *Association syndicale des pharmaciens des hôpitaux de province et autre, Rec.* 751.

72. Par ex., l'art. 4 du décret du 16 juin 2005 relatif aux attributions du ministre de l'Intérieur et de l'Aménagement du territoire prescrit que *« pour l'exercice de ses missions de sécurité intérieure, le ministre (...) est responsable de l'emploi des services de la gendarmerie nationale »*.

les biens attribués à son ministère ou qui représente l'État en justice pour les litiges nés des compétences attribuées, sous réserve de la compétence de l'Agent judiciaire du Trésor en matière de créances ou de dettes non fiscales ou non domaniales de l'État (loi nº 55-366 du 3 avril 1955, art. 38).

392. Gestion du personnel statutaire. – En revanche, en matière de personnel, et contrairement aux collaborateurs ou usagers du service[73], le ministre ne peut pas réglementer la situation personnelle de ses agents placés dans une situation statutaire, légale et réglementaire[74], sauf à contourner l'obstacle en passant, comme il est si fréquent, par la voie de textes pris dans le cadre de la jurisprudence[75] et dénommés, tout aussi bien, circulaires interprétatives, instructions, mesures d'ordre intérieur ou encore directives[76]. De plus, la suppression ou la création dans les administrations centrales des emplois prévus au budget de l'État relève de décrets en Conseil des ministres, le Conseil d'État entendu.

393. Pouvoir hiérarchique. – Toutefois, c'est bien à l'autorité administrative dont relève le recrutement qu'il appartient d'ouvrir le concours et de nommer les candidats reçus ou encore de signer les contrats de fonction publique. Ainsi le ministre peut recevoir délégation de compétence à cet effet pour les agents de son administration[77]. Selon le droit de la fonction publique, il exerce alors, à leur égard, son pouvoir hiérarchique, c'est-à-dire qu'en particulier, il peut leur donner des instructions, leur infliger des sanctions disciplinaires ou encore assurer l'organisation de leur carrière : avancement, mutation, mise à la retraite, etc.

3. Le contreseing ministériel

394. Étendue. – Le ministre contresigne les actes administratifs du Président de la République et du Premier ministre, dans les conditions prévues par les articles 19 ou 22 de la Constitution respectivement dès lors qu'il dispose d'une véritable autonomie administrative,

73. En ce sens, B. Tricot, concl. sur CE Ass., 29 janvier 1954, *Institution Notre-Dame du Kreisker, RPDA* 1954.50 ; *GAJA* nº 79.

74. À ce sujet, J. Massot, « Les ministres peuvent-ils avoir une politique du personnel ? », *AJDA* 1977.603.

75. CE Sect., 11 décembre 1970, *Crédit foncier de France, Rec.* 750, concl. Bertrand.

76. CE, 12 novembre 1986, *Winterstein, Rec.* 338 ; à ce sujet, M. Cliquennois, « Que reste-t-il des directives ? », *AJDA* 1992. 3, spéc. p. 4-7.

77. Ord. du 28 novembre 1958, art. 4.

ce qui, par conséquent, inclut les secrétaires d'État autonomes[78], mais exclut les secrétaires d'État délégués[79] et donc *a fortiori* les ministres délégués.

395. Ministres responsables. – Il s'agit du contreseing des actes du Président de la République par le Premier ministre et les ministres responsables (Const., art. 19) qui, selon la jurisprudence administrative, sont ceux à qui incombent, à titre principal, la préparation et l'application des décrets du Président de la République[80].

396. Ministres chargés de l'exécution. – Il s'agit également du contreseing des actes du Premier ministre par les ministres chargés de l'exécution (Const., art. 22) qui sont ceux *« compétents pour signer ou contresigner les mesures réglementaires ou individuelles que comporte nécessairement l'exécution de ces actes »*[81].

397. Recours. – On notera que le ministre peut d'ailleurs faire assurer le respect de cette règle de forme par un recours pour excès de pouvoir contre l'acte dépourvu de son contreseing[82].

B L'organisation ministérielle

398. Cabinet. – L'organisation des services repose, pour chaque ministre, sur son cabinet, les services ou organismes qui sont directement rattachés à lui-même ou à son cabinet ainsi que les directions regroupant les bureaux de l'administration centrale[83]. On rappellera que chaque ministre peut être assisté d'un ou de plusieurs ministres ou secrétaires d'État délégués qui disposent eux-mêmes d'un cabinet ainsi que des services correspondant à leurs attributions, qu'il s'agisse des services ou organismes rattachés au ministre ou au cabinet ou qu'il s'agisse des administrations centrales ou des services à compétence nationale créés, dans le cadre de la réforme de l'État, par le décret n° 97-464 du 9 mai 1997[84]. Or, dans le cadre de cette organisation ministérielle d'ensemble, les relations en matière de décision

78. CE, 21 janvier 1977, *Péron-Magnan et autres, Rec.* 30.
79. CE, 28 mai 1984, *Ordre des avocats à la Cour d'appel de Saint-Denis de La Réunion et autre, Tab.* 478 ; *DA* 1984, n° 295.
80. CE Sect., 10 juin 1966, *Pelon et autres, Rec.* 384, préc.
81. CE Ass., 27 avril 1962, *Sicard et autres, Rec.* 279 ; *AJDA* 1962.284, chr. Galabert et Gentot.
82. CE Sect., 25 mars 1963, *Lemaresquier, Rec.* 48 ; *D.* 1963.333, concl. Kahn.
83. À ce sujet, J. Fournier, *Le travail gouvernemental*, coll. Amphithéâtre, FNSP et Dalloz, 1987, p. 103-128.
84. *Adde*, circ. du Premier ministre du même jour (*JO* 10 mai 1997, p. 7067-7069).

administrative sont structurées sur la base des procédures de délégations de signature ou de compétence.

1. Le cabinet ministériel

399. Sociologie. – Le cabinet de chaque ministre est formé d'hommes et de femmes qui lui sont politiquement proches, choisis, à titre personnel, dans la haute fonction publique le plus souvent : 90 % environ des membres des cabinets ministériels sont issus, pour les fonctions administratives, des corps recrutés par la voie de l'ENA[85] ou, pour les fonctions techniques, des corps recrutés par Polytechnique, sans oublier les officiers à la Défense, les magistrats à la Justice, les professeurs d'Université à l'Enseignement supérieur, etc. Ils sont nommés et remplacés librement par le ministre ou le secrétaire d'État et ils sont conduits à s'effacer dès sa sortie de fonctions, non sans en tirer, de façon fort discutable, de réels avantages de carrière. Le passage par un cabinet tend à jouer, en effet, un rôle qui est encore mal mesuré dans l'accélération de la carrière d'un haut fonctionnaire et contribue donc à la politisation de la fonction publique d'État : quant à la loi du 13 juillet 1911, son seul objet aura été de mettre un terme, en effet, à la pratique des nominations pour ordre qui sont nulles de droit si elles sont publiées postérieurement à la démission du ministre.

400. Limitation du nombre de membres. – En application du décret du 28 juillet 1948 modifié, le cabinet d'un ministre, autre que celui des Affaires étrangères, des Finances ou de l'Intérieur, ne peut pas comprendre officiellement plus de dix membres, chiffre réduit à sept pour un secrétaire d'État, chaque membre officiel devant remplir les conditions générales d'accès à la fonction publique. Or, le poids des cabinets ministériels a eu tendance à s'alourdir considérablement sous la Ve République : 259 membres pour le Gouvernement Debré formé en 1959, mais 428 pour le Gouvernement Bérégovoy formé en 1992. Cette progression n'est d'ailleurs pas continue puisque le premier Gouvernement Chirac formé en 1974 en comportait 224 seulement. Et encore ne sont pas pris en compte le nombre des membres officieux des cabinets ministériels qui rendent inefficace toute réglementation et inutile toute statistique.

401. Rapport Picq. – Cependant, le rapport Picq précité recommandait encore, en 1995, que les ministres se dotent désormais de cabinets très restreints, ne comprenant plus de directeur de cabinet,

85. À ce sujet, J.-F. Kesler, *L'ENA, la Société, l'État*, Berger-Levrault, 1985.

mais seulement un chef de cabinet, un conseiller politique, une attachée de presse et un secrétariat particulier. De plus, il était envisagé de renforcer les relations entre le cabinet et les directeurs de l'administration centrale du ministère par la mise en place d'un *« comité de direction »*, présidé par le ministre, en prônant précisément la mise en cause du poids acquis par la *« techno-structure »* et donc le retour de la prééminence du politique sur l'administratif et la réduction concomitante des cabinets ministériels. Chaque membre du Gouvernement devait ainsi pouvoir jouer pleinement et directement le rôle stratégique d'orientation et d'animation qui lui incombe à la tête de son administration. Mais, comme beaucoup d'autres avant ou après lui, ce rapport public est resté lettre morte.

402. Composition. – Les nominations au sein du cabinet sont faites par arrêté ministériel publié au *Journal officiel* et mentionnant, pour chaque membre du cabinet, ses titres et son emploi. Chaque cabinet comprend, dans un ordre protocolaire variable que fixe l'arrêté de nomination :

— un directeur de cabinet, le *« dir. cab. »* , auquel le ministre délègue sa signature, dans les conditions restrictives posées par le décret du 23 janvier 1947 modifié, et parfois un directeur adjoint du cabinet ;

— éventuellement des conseillers spéciaux ou des chargés de mission auprès du ministre, consultés sur tel ou tel dossier important entrant dans les attributions du ministre ;

— des conseillers techniques et, le cas échéant, des chargés de mission, spécialisés dans un domaine précis de l'activité ministérielle ;

— un chef de cabinet chargé des aspects protocolaires et politiques de l'activité du ministre et parfois un chef adjoint de cabinet ;

— un attaché de presse et un attaché parlementaire qui assurent les relations publiques du ministre à l'extérieur de son administration.

403. S'agissant du nombre des collaborateurs de cabinet, le décret du 23 juillet 1948 portant règlement d'administration publique en ce qui concerne les cabinets ministériels fixe des effectifs précis : 10 collaborateurs pour un ministre et 7 pour un secrétaire d'État, qui sont systématiquement méconnus grâce à une distinction discutable, mais efficace, entre le cabinet « *officiel* » (celui du décret de 1948) et le cabinet « *officieux* » : ces deux chiffres, en effet, sont souvent dépassés, malgré des rappels à l'ordre récurrents de la part de Matignon, sur fond de réduction des dépenses publiques. La dernière fois en date, c'était à l'été 2010 : les maxima, fixés en 2007 : 20 collaborateurs pour un ministre et 4 pour un secrétaire d'État, ont été ainsi, à nouveau, rappelés. On notera que, de même que le Premier ministre dispose d'un cabinet civil et d'un cabinet qui ne sont pas contingentés, le ministre chargé de la Défense dispose d'un cabinet civil et militaire, relativement stable dans sa partie militaire, d'un ministre à l'autre, tandis que le cabinet du ministre chargé de l'Outre-mer comprend, pour sa part, des militaires, ne serait-ce qu'en raison du maintien du service militaire adapté, modalité résiduelle et volontaire du service national, depuis 1997. Le Président Hollande a annoncé qu'il respecterait la limite fixée par le décret de 1948.

404. Mission. – La mission collective des membres du cabinet est d'abord d'assister le ministre dans l'exercice de l'ensemble de ses attributions politiques, en liaison avec leurs homologues de la présidence de la République, du cabinet du Premier ministre, du Secrétariat général du Gouvernement, de l'administration des assemblées parlementaires et du Conseil économique et social, mais en liaison aussi, en dehors de l'État, avec les partis de la majorité, les syndicats ou les différents groupes de pression ou encore la presse.

Mais le cabinet exerce aussi, et de plus en plus, comme l'établit suffisamment sa fonctionnarisation progressive, une double fonction administrative :

— il est le relais, réel ou supposé, du ministre pour communiquer à l'administration centrale ses directives techniques, tout en veillant de près à leur bonne exécution ;

— il assure également la coordination de l'ensemble des services ministériels, au niveau central, et remplace, à cet égard, l'institution du secrétariat général lorsqu'elle n'existe plus ou pas encore.

2. Les services ou organismes rattachés au ministre ou au cabinet

405. Secrétaire général. – Les ministères peuvent disposer d'un secrétaire général, notamment le secrétaire général du ministère des Affaires étrangères, institué en 1915 et permanent depuis lors, manifeste la nécessité de la coordination au sein du Quai d'Orsay (M. Pierre Sellal, depuis avril 2009). Le décret du 2 novembre 1976 fixant ses attributions dispose, de façon générale, que « *le secrétaire général assiste le ministre dans l'orientation générale et la conduite des affaires* ». Sous l'autorité du ministre des Affaires étrangères et en relation personnelle avec lui, le secrétaire général est ainsi chargé de diriger l'ensemble des services du ministère, c'est-à-dire de coordonner l'activité des directions centrales et des postes à l'étranger.

406. Généralisation. – On remarquera que, ces dernières années, l'institution du secrétaire général, longtemps unique au Quai d'Orsay, revient en force dans les ministères qui retrouvent ou qui découvrent ainsi cette institution d'une grande utilité lorsqu'il s'agit de dégager le ministre, mais aussi le directeur du cabinet du souci de la gestion quotidienne de tout ou partie d'une importante administration centrale. Tel est le cas, par exemple, au ministère de l'Intérieur en janvier 2004, de l'Agriculture en avril 2005 ou de la Justice en avril 2006.

407. Limite. – Pour autant, dans chaque ministère, des services ou organismes relèvent aussi du ministre directement ou de son cabinet. Si l'on retient l'exemple du Quai d'Orsay, il s'agit :

— du bureau du cabinet, organisme administratif permanent, chargé du courrier et du suivi des travaux législatifs ainsi que de la centralisation de la signature ministérielle ;

— de l'Inspection générale des Affaires étrangères qui vérifie le bon fonctionnement des services centraux et des postes diplomatiques et consulaires et qui peut être chargée de toute mission de contrôle et d'audit ;

— du Centre d'analyse et de prévision (CAP), créé en 1973, qui réunit des diplomates et des experts pour des études de prospective à moyen et long terme visant à renforcer la capacité d'anticipation du ministère ;

— du haut fonctionnaire chargé d'animer et de coordonner la politique, en matière de défense, de vigilance, de prévention de crise et de situation d'urgence (C. déf., art. R. 1143-6), mais aussi de faire appliquer les dispositions légales et réglementaires relatives à la sécurité de défense et à la protection du secret de la défense nationale (*ibid.*, -6). Il s'agit, en principe d'un haut fonctionnaire de défense et de sécurité, sauf au ministère de la Défense et des Affaires étrangères où c'est un haut fonctionnaire correspondant de défense et de sécurité et, au ministère de l'Intérieur où c'est un haut fonctionnaire de défense (*ibid.*, art. R. 1143-1).

a) Les directions de l'administration centrale

408. Charte de la déconcentration. – Dans son article 2, le décret du 1er juillet 1992 portant charte de la déconcentration dispose que *« les administrations centrales assurent au niveau national un rôle de conception, d'animation, d'orientation, d'évaluation et de contrôle »* et ajoute qu'*« à cette fin, elles participent à l'élaboration des projets de loi et de décret et préparent et mettent en œuvre les* *décisions du Gouvernement et de chacun des ministres (...)* » (al. 1er et 2).

409. Décret en Conseil d'État. – L'organisation des services centraux de chaque ministère en directions générales, directions et services est fixée par décret en Conseil d'État. L'organisation des directions générales, directions et services des administrations centrales en sous-directions est fixée par un arrêté du ministre concerné.

410. Directions. – L'administration centrale de chaque ministère est donc constituée, en principe, de directions, dénommées directions générales lorsqu'elles comportent des services déconcentrés : ainsi, le ministère de l'Économie et des Finances comprend, par exemple, la Direction des Affaires juridiques, sans services déconcentrés, et la Direction générale de la Concurrence, de la Consommation et de la Répression des fraudes dotée de services déconcentrés.

411. Directeurs. – Les fonctions de directeur général, de directeur central ou de directeur sont des emplois supérieurs à la discrétion du Gouvernement, pourvus par décret du Président de la République (Const., art. 13, al. 3, décret du 1er mars 1959, art. 1er et CE Ass., 13 mars 1953, *Teissier, Rec.* 133). Il s'agit des plus hautes fonctions administratives au sein de l'État et donc « *le bâton de maréchal* » de tout administrateur civil.

412. Services. – L'administration centrale s'organise ensuite sur un modèle fortement hiérarchisé, c'est-à-dire selon un schéma pyramidal. Les directions peuvent être subdivisées en sous-directions ou en services : ainsi la Direction des affaires financières du ministère de l'Éducation nationale comprend quatre sous-directions dont celle de l'enseignement privé et un service : celui des pensions.

Toutefois, un service important peut aussi être directement rattaché :

— à une direction générale, au même titre qu'une direction, comme c'est le cas, par exemple, du service des relations et des conditions de travail de la Direction générale du travail du ministère du Travail, de l'Emploi et de la Santé ;

— ou à une direction, au même titre qu'une sous-direction, comme c'est le cas, par exemple, du service des Affaires francophones au sein de la Direction des Nations Unies, des organisations internationales, des droits de l'homme et de la francophonie du ministère des Affaires étrangères.

413. Directions horizontales et verticales. – Chaque ministère est subdivisé en bureaux qui forment les unités de base de l'administration centrale, regroupés, normalement en directions verticales ou horizontales :

— les directions verticales sont thématiques et correspondent à un domaine précis de l'activité ministérielle : ainsi, au ministère de la Culture et de la Communication, on trouve notamment la Direction générale de la création artistique ;

— les directions horizontales sont, en revanche, fonctionnelles et correspondent à un domaine global de la gestion ministérielle, telles qu'au ministère de l'Agriculture, de l'Alimentation, de l'Agroalimentaire et de la forêt, la Direction générale de l'Enseignement et de la Recherche.

414. Toutefois, ce sont ces deux types d'organisations qui sont, en général, combinées : le ministère de l'Enseignement supérieur et de la Recherche comprend ainsi :

— des directions générales ou directions verticales, comme la Direction générale pour la recherche et l'innovation ;

— et des directions générales ou directions horizontales, comme la Direction générale des ressources humaines ou la Direction de l'évaluation, de la prospective et de la performance.

À titre d'illustration, on trouvera ci-après l'organigramme du ministère de l'Éducation nationale[86] :

86. www.education.gouv.fr

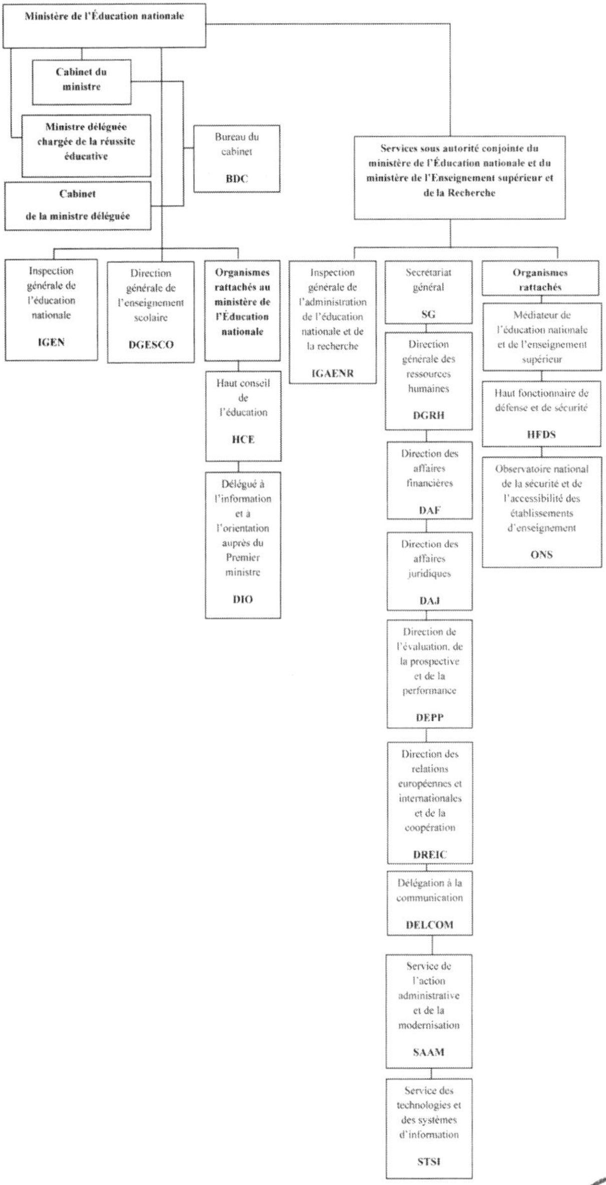
Ministère de l'Éducation nationale
Cabinet du ministre
Ministre déléguée chargée de la réussite éducative
Cabinet de la ministre déléguée
Bureau du cabinet BDC
Services sous autorité conjointe du ministère de l'Éducation nationale et du ministère de l'Enseignement supérieur et de la Recherche
Inspection générale de l'éducation nationale IGEN
Direction générale de l'enseignement scolaire DGESCO
Organismes rattachés au ministère de l'Éducation nationale
Haut conseil de l'éducation HCE
Délégué à l'information et à l'orientation auprès du Premier ministre DIO
Inspection générale de l'administration de l'éducation nationale et de la recherche IGAENR
Secrétariat général SG
Direction générale des ressources humaines DGRH
Direction des affaires financières DAF
Direction des affaires juridiques DAJ
Direction de l'évaluation, de la prospective et de la performance DEPP
Direction des relations européennes et internationales et de la coopération DREIC
Délégation à la communication DELCOM
Service de l'action administrative et de la modernisation SAAM
Service des technologies et des systèmes d'information STSI
Organismes rattachés
Médiateur de l'éducation nationale et de l'enseignement supérieur
Haut fonctionnaire de défense et de sécurité HFDS
Observatoire national de la sécurité et de l'accessibilité des établissements d'enseignement ONS

3. Les services à compétence nationale

415. Définition. – Depuis le décret n° 97-463 du 9 mai 1997, les administrations centrales de l'État comprennent aussi des services à compétence nationale qui, par définition et comme les administrations centrales, sont insusceptibles de déconcentration. L'article 2-1 du décret du 1er juillet 1992 portant charte de la déconcentration traite de cette exception en prescrivant que *« les services à compétence nationale peuvent se voir confier des fonctions de gestion, d'études techniques ou de formation, des activités de production et de prestation de services ainsi que toute autre mission à caractère opérationnel présentant un caractère national et correspondant aux attributions du ministre sous l'autorité duquel ils sont placés »*. Cette définition confuse traduit suffisamment l'obscurité du concept tel que précisé par le décret d'application n° 97-464 en date du 9 mai 1997 également ainsi que par la circulaire du Premier ministre du même jour. De ces textes il résulte cependant que les services à compétence nationale peuvent être considérés comme une spécialisation fonctionnelle des administrations centrales, lesquelles, *stricto sensu*, ne conservent donc plus que des attributions générales.

416. Rattachement. – Les services à compétence nationale ont deux rattachements possibles : soit directement au ministre et ils sont alors créés par décret en Conseil d'État ; soit à un directeur d'administration centrale, à un chef de service ou à un sous-directeur et ils sont alors créés par arrêté du ministre de rattachement, sauf lorsque ces autorités administratives exercent des compétences par délégation du ministre : en ce cas, les services à compétence nationale sont également créés par décret en Conseil d'État.

417. Compétence réglementaire. – Le décret ou l'arrêté qui porte création du service à compétence nationale fixe les missions et l'organisation générale de celui-ci. On peut ainsi mentionner, au sein du ministère de la Culture et de la Communication, le service à compétence nationale des Archives nationales (arrêté du 24 décembre 2006).

4. Délégations de signature et délégations de compétence

418. Délégations. – Le fonctionnement de l'administration centrale autour de la personne du ministre, autorité administrative supérieure, suppose que des délégations de signature ou de compétence puissent lui être accordées.

419. Décret du 27 juillet 2005. – Dans le champ du décret d'attributions, des délégations de signature dont les décrets sont exclus, peuvent être accordées par les membres du Gouvernement selon un régime de délégation de signature qui a été profondément repris par le décret du 27 juillet 2005. Alors qu'avant cette réforme, la délégation de signature était un acte lié à la personne du délégataire, cet acte est lié, désormais, à sa fonction. L'article 1er du décret du 27 juillet 2005 prescrit, en effet, qu'*« à compter du jour suivant la publication au Journal officiel de la République française de l'acte les nommant dans leurs fonctions ou à compter du jour où cet acte prend effet, si ce jour est postérieur »* les fonctionnaires limitativement énumérés par cette disposition *« peuvent signer, au nom du ministre ou du secrétaire d'État et par délégation, l'ensemble des actes, à l'exception des décrets, relatifs aux affaires des services placés sous leur autorité »* (art. 1er). Autrement dit, l'accès à certaines fonctions d'autorité au sein du ministère suffit à attribuer délégation de signature du ministre aux titulaires ès qualités de ces fonctions. Tel est le cas, dans les ministères civils, des secrétaires généraux des ministères, des directeurs d'administration centrale et des chefs des services à compétence nationale ou directement rattachés au membre du Gouvernement concerné.

420. Délégations de signature. – Ces délégations fonctionnelles de signature ont pour conséquence juridique de maintenir la compétence de l'autorité délégante qui est censée agir par l'intermédiaire du délégataire. Toutefois, dès lors que les délégations de signature ne sont plus, en principe, personnelles, la distinction entre délégations de signature et délégations de compétence s'estompe très largement puisque, comme les délégations de compétence, les délégations fonctionnelles de signature sont prises sans considération de la personne qui occupe temporairement la fonction de délégant, mais aussi de délégataire.

On fera, cependant, trois remarques :

— la délégation de signature de plein droit, à caractère fonctionnel, vaut pour l'ensemble des actes, à l'exception des décrets, relatifs aux affaires des services placés sous l'autorité du membre du Gouvernement concerné ;

— on ne peut pas exclure complètement le fondement personnel de la délégation fonctionnelle de signature puisque la délégation de signature ainsi accordée vise toujours une personne, celle qui est nommée et donc choisie précisément par le membre du Gouvernement pour occuper la fonction d'autorité à laquelle cette délégation s'attache désormais de plein droit ;

— comme le décret du 23 janvier 1947 abrogé, l'article 2 du décret du 27 juillet 2005 précité conserve, par exception aux membres du Gouvernement la possibilité, par un arrêté publié au *Journal officiel* de la République française, de donner au directeur et au chef de leur cabinet ainsi qu'à leurs adjoints, délégation personnelle pour signer tous actes, à l'exclusion des décrets, en ce qui concerne les affaires pour lesquelles délégation fonctionnelle n'est pas donnée dans les conditions mentionnées ci-dessus. Cette délégation personnelle prend fin en même temps que les pouvoirs du ministre ou du secrétaire d'État qui l'a donnée.

Section 3
Les organes centraux de conseil

421. Procédure consultative. – Si, dans un État fondé sur des institutions démocratiques, c'est en principe au pouvoir politique qu'il appartient de prendre les décisions les plus importantes, chaque mesure le plus souvent peut – et parfois doit – être précédée d'une procédure consultative permettant d'éclairer effectivement le législateur ou l'autorité gouvernementale sur sa légalité, voire son opportunité. À cet égard, la procédure consultative préalable apparaît comme une garantie de l'État de droit dont il faut précisément se garder d'avoir une vision trop exclusivement contentieuse, voire juridictionnelle. En même temps, elle atténue le caractère unilatéral de la décision politique, que la discussion de la mesure reste interne à l'administration, comme dans le cas du Conseil d'État, ou qu'au contraire, elle soit extérieure aux pouvoirs dénommés législatif et exécutif, comme dans le cas du Conseil économique social et environnemental.

§ 1. La consultation interne par le Conseil d'État

422. Historique. – Issu de la Cour du Roi et reconstitué par l'article 52 de la Constitution de l'An VIII (13 décembre 1799), au terme de la Révolution française, le Conseil d'État tire de son origine, dans l'ancien droit sa triple mission législative, administrative et juridictionnelle. Cette confusion fonctionnelle n'étant que le reflet de la confusion des pouvoirs par le Premier consul puis par l'Empereur. L'établissement durable de la séparation des pouvoirs à la fin du XIXe siècle ne s'est pourtant pas traduite par la scission du Conseil d'État. La situation est particulièrement remarquable s'agissant de sa fonction de juridiction administrative. Jusqu'à la loi du 24 mai 1872, la France connaît un système de justice administrative retenue, héritage de la conception française de la séparation des autorités administratives et juridictionnelles, en vertu duquel le chef de l'État conserve le pouvoir de décision après avis, à titre principal, de son Conseil. Jusqu'à son arrêt *Cadot* de 1889[87], les ministres étaient juges, en premier ressort, d'une grande partie des litiges administratifs, leurs décisions relevant en appel du Conseil d'État. Après ces deux dates importantes, le Conseil voit sa compétence juridictionnelle renforcée puisqu'à côté de ses deux fonctions administratives et législatives, il conserve une fonction juridictionnelle qu'il exerce de façon indépendante en se substituant à l'autorité qu'il était chargé de conseiller.

423. Triple fonction. – Le Conseil d'État « *participe à la confection des lois et ordonnances* » (CJA, art. L. 112-1), il conseille le Gouvernement et il exerce une fonction juridictionnelle. Dans ces trois fonctions, ainsi consacrées par le droit positif, il a peu à peu gagné en autonomie et rend des avis ou des décisions en toute impartialité, quitte à s'opposer frontalement à la politique du pouvoir exécutif ou du pouvoir législatif. Cette autonomie associée à l'ampleur de ces fonctions nécessite de reconsidérer sa place institutionnelle en le dissociant organiquement de ces deux pouvoirs.

424. Intégration du Conseil d'État au pouvoir judiciaire. – L'intégration du Conseil d'État au sein d'un pouvoir judiciaire que la Constitution ne retient pas[88] aurait pour conséquence de remettre en cause le principe de séparation des autorités administratives et judiciaires, élément de la « *conception française de la séparation des pouvoirs* » telle que rappelée par le Conseil constitutionnel[89], qui permet de fonder la compétence du juge administratif pour statuer sur les litiges administratifs. Il reste qu'il est de plus en plus difficile de considérer le juge administratif comme une autorité administrative

87. CE, 13 décembre 1889, *Cadot, Rec.* 1148, concl. Jagerschmidt ; *GAJA* n° 5 et les réf.
88. Titre VIII : De l'autorité judiciaire.
89. CC, 22 juillet 1980, *Validation d'actes administratifs, Rec.* 46 ; déc. 80-119 DC, *GDCC*, n° 21 et les réf.

dotée de pouvoirs juridictionnels. En revanche, il serait tout à fait possible de concevoir deux ordres juridictionnels distincts, en charge, l'un des contentieux de droit commun, l'autre du contentieux administratif, ce juge administratif conservant alors des compétences administratives et législatives.

425. Cumul des fonctions. – C'est comme juridiction ou comme autorité juridictionnelle que le Conseil d'État est, du reste, appréhendé par la Constitution, et ce dès son origine, en 1958 (Const., art. 34 et 62), et, plus nettement encore depuis les révisions opérées par les lois constitutionnelles du 28 mars de 2003 (*ibid.*, art. 74, al. 8) et du 23 juillet 2008 (*ibid.*, art. 61-1, al. 1er). Mais c'est aussi comme autorité exerçant des fonctions administratives et législatives que le Conseil d'État est mentionné dans la Constitution quand il est question, par exemple, de décret en Conseil d'État[90] ou de consultation obligatoire sur tout projet de loi[91].

426. La réforme de l'institution, en 1963, a donné une manifestation organique au cumul des fonctions au sein du Conseil d'État en instaurant le système dit du « *binage* » qui repose sur l'affectation de principe de la plupart des membres du Conseil d'État en activité tout à la fois à l'une des sections administratives et à la section du contentieux. Sans remettre en cause ce principe de l'association de membres de la section du contentieux, les réformes récentes de la juridiction administrative ont établi une séparation un peu plus nette entre les formations contentieuses et les formations non contentieuses destinées à éviter que soit mise en cause l'impartialité des membres du Conseil d'État, en situation de pouvoir être à la fois juge et le conseil d'une partie[92]. Mais il ne faut pas voir, dans cette séparation de la consultation et de la juridiction sur la même affaire, une remise en cause du principe du cumul des fonctions au sein du Conseil.

427. Conseil de l'État. – Une solution de facilité consisterait à faire du Conseil d'État, le conseil de l'État dans ses fonctions législatives et administratives, c'est-à-dire le conseil tant du pouvoir législatif que du pouvoir exécutif. Elle ne permet pas, cependant, de situer le Conseil du point de vue institutionnel, ce dernier étant à cheval

---

90. Par exemple, pour l'organisation du scrutin relatif à la consultation des populations de la Nouvelle-Calédonie, en application de l'article 76 de la Constitution, voir à l'alinéa 3 de cet article : art. 76, al. 3.

91. Fonction législative : art. 39, al. 2 et CC, 3 avril 2003, *Élection des conseillers régionaux*, déc. 03-468 DC, *Rec.* 325 ; *AJDA*. 939, note Jan et p. 9458, note G. Drago ; *LPA*, 13 mai 2003 (95), p. 5-22, note Schoettl.

92. CJA, art. 122-21-1 depuis le décret du 6 mars 2008.

entre le pouvoir exécutif et le pouvoir législatif. Ne faudrait-il pas, alors, le considérer comme une institution juridictionnelle exerçant, en toute impartialité, des fonctions législatives et administratives, destinées à assurer la bonne administration de l'État ? Cette présentation qui met en avant la fonction juridictionnelle du Conseil d'État, a le désavantage de placer au second plan les fonctions législative et administrative du Conseil qui sont d'une importance équivalente et qui tendent même à s'accroître. Mais elle permet d'asseoir l'indépendance institutionnelle du Conseil à l'égard tant du pouvoir législatif que du pouvoir exécutif, que ce soit dans l'exercice de ses fonctions contentieuses (ou fonction juridictionnelle) que de ses fonctions non contentieuses (ou fonctions législative et administrative).

428. Étendue des fonctions législative et administrative. – Car, le Conseil conserve, à côté de sa mission juridictionnelle, ses deux fonctions législative et administrative. Il exerce la première en rendant des avis obligatoires sur les projets de lois du Gouvernement et facultatifs, depuis la révision constitutionnelle du 23 juillet 2008, sur les propositions de lois du Parlement. Il exerce la seconde en rendant des avis, selon les cas obligatoires ou facultatifs, sur les projets de textes du Gouvernement et en conseillant le Premier ministre ou les ministres sur les difficultés qui s'élèvent en matière administrative.

429. Confusion erronée entre les deux fonctions. – Les fonctions législative et administrative du Conseil d'État sont souvent confondues. On considère traditionnellement que lorsque le Conseil rend un avis sur un projet de loi, il ne fait qu'exercer sa fonction de conseil du Gouvernement même si c'est dans la fonction législative de ce dernier : en effet, l'initiative des lois ne relève pas d'une fonction administrative, mais bien d'une fonction législative exercée par le pouvoir exécutif. Cette interprétation qui pouvait être acceptée jusqu'à la révision constitutionnelle de 2008, doit, cependant, être fortement nuancée : en effet l'article 39, alinéa 5 nouveau de la Constitution prévoit que « *le président d'une assemblée peut soumettre pour avis au Conseil d'État, avant son examen en commission, une proposition de loi déposée par l'un des membres de cette assemblée, sauf si ce dernier s'y oppose* ». La fonction législative portant tant sur les projets que les propositions de loi trouve ainsi une unité et se distingue des attributions administratives de conseil du Gouvernement. La distinction figure d'ailleurs à l'intitulé : « *Attributions en matière administrative et législative* », au début du Code de justice administrative. Ainsi, au-delà de l'avis donné au Gouvernement ou au Parlement, se dégage une fonction spécifique qui est d'assurer tant le respect du droit constitutionnel ou conventionnel par le législateur que la qualité intrinsèque de la loi, si ce n'est l'opportunité des dispositions qu'elle contient. Dès lors, doivent être étudiées les compétences tant législatives qu'administratives du Conseil d'État, organe central de consultation interne de l'État.

A La composition du Conseil d'État

430. Constantes. – La composition du Conseil d'État repose sur trois constantes : l'indépendance et la qualité de ses membres ainsi que leur connaissance de l'administration active. Pourtant, les origines de la Haute Assemblée continuent à avoir une incidence très nette à la fois sur le statut de ses membres, sur la structure interne et sur l'influence de l'institution.

1. Le statut des membres du Conseil d'État

431. Conseillers et non magistrats. – Bien qu'il soit la cour suprême de l'ordre juridictionnel administratif, le Conseil d'État n'est pas composé de « *magistrats* », terme que la Constitution réserve aux magistrats professionnels de l'ordre judiciaire[93], mais que la loi, cependant, a étendu aux juridictions financières, puis administratives : en effet, contrairement aux membres de la Cour des comptes, depuis 1807, et des chambres régionales des comptes, depuis 1982, mais aussi des tribunaux administratifs depuis la loi du 6 janvier 1986, étendue aux cours administratives d'appel créées en 1987, les membres du Conseil d'État n'ont pas, quant à eux, la qualité de magistrats administratifs et ne bénéficient donc pas des garanties d'indépendance qui s'attachent nécessairement à cette qualité, à commencer par l'inamovibilité, c'est-à-dire l'interdiction de toute mutation, même en avancement, qui ne soit pas préalablement et explicitement acceptée par l'intéressé.

432. Relativité du statut de magistrat. – Toutefois, il faut relativiser l'importance conférée au statut de magistrat qui n'est certes pas, en lui-même, une preuve d'indépendance à l'égard du pouvoir politique. Ainsi, en droit positif, en dehors du Parquet général près la Cour de cassation, les membres du Parquet sont soumis aux instructions du ministre de la Justice (C. pén., art. 30), au point qu'à présent, leur qualité de magistrats est ouvertement contestée au regard des exigences claires de l'article 6 § 1 de la Convention

93. CE Ass., 2 février 1962, *Beausse, Rec.* 82 ; *AJDA* 1962.147, chr. Galabert et Gentot.

européenne des droits de l'homme[94]. Compte tenu de la manifestation devenue problématique, par nouvelle confrontation des droits conventionnel et constitutionnel en France, au regard de cette autorité hiérarchique exercée, du moins à l'écrit, par le pouvoir politique sur les parquetiers des tribunaux et des cours, force est donc de constater que ces membres de la magistrature dite « *debout* » sont bien moins indépendants que les membres du Conseil d'État : car, sans être des magistrats, contrairement aux conseillers des tribunaux administratifs et des cours administratives d'appel, ceux-ci sont parfaitement libres de se prononcer dans le sens qu'ils décident collectivement. Et, s'agissant de leur consultation en matière législative ou administrative, elle n'aurait, d'ailleurs, ni portée ni utilité s'il devait et même pouvait en être autrement.

433. Fonctionnaires. – Dès lors, conformément à ses origines au sein de l'Administration, les membres du Conseil d'État sont des fonctionnaires et, du reste, le vice-président du Conseil d'État qui dirige l'institution, est encore présenté comme le premier fonctionnaire de France, placé dans l'ordre protocolaire au premier rang des autorités civiles et militaires et au plus haut échelon de la fonction publique de l'État. Ils relèvent donc du statut général de la fonction publique de l'État et sont soumis, par exemple, à l'obligation de mobilité[95]. Pourtant, sauf circonstances exceptionnelles, telles que la période de la Libération qui a permis la mise en œuvre d'une sérieuse épuration administrative ou celle de la guerre d'Algérie qui a vu la révocation irrégulière d'un maître des requêtes[96], les quelque 300 membres du Conseil d'État bénéficient d'une inamovibilité de fait, à supposer qu'elle ne soit pas coutumière, l'avancement au sein du corps reposant, à ce titre, sur l'ancienneté : les auditeurs (14 au 1er octobre 2011) ont vocation à devenir, en service ordinaire, maîtres des requêtes (114 à la même date), puis, en fin de carrière, conseillers d'État (180 à la même date).

434. Carrière. – Comme la préservation, à ce jour, du classement de sortie de l'École nationale d'administration continue à le

94. CEDH, 5e sect., 10 juillet 2008, *Medvedyev c/France*, et, en appel, gr. ch., 29 mars 2010, *Medvedyev c/France*, req. 3394/03 ; égal., 23 novembre 2010, *France Moulin c/France*, req. 37104/6 ; Cass. crim., 15 décembre 2010, req. 10-83 674 ; *contra*, Const., art. 65 et CC, 6 mai 2011, *M. Abderrahmane L.*, déc. 11-125 QPC, cons. 8.

95. Décret du 26 mars 1976 ; CE, 29 septembre 1982, *Association générale des administrateurs civils, Rec.* 326 ; *RDP* 1984.202, note R. Drago.

96. CE, 8 janvier 1969, *Jacomet, Rec.* 14.

permettre, mais pour des considérations qui ne sont pas de fond[97], les emplois d'auditeurs au Conseil d'État sont choisis annuellement par les tout premiers de chaque concours de sortie de l'École (ils sont dits « *dans la botte* »), pour des raisons qui peuvent être fort éloignées d'un quelconque goût pour le contentieux administratif, quand ce privilège permet, tout de même, à de trop jeunes gens, même brillants, voire savants, de devenir si tôt ces juges d'appel ou de cassation dont on peut attendre raisonnablement expérience et sagesse. Ces auditeurs, huit ans au plus après l'accès à la première classe, peuvent devenir maîtres des requêtes et, après dix-huit ans au plus, conseillers d'État. Toutefois, enfin d'assurer l'ouverture du Conseil, il est également prévu un tour extérieur par nomination directe qui porte :

— sur un quart au plus des emplois vacants de maîtres des requêtes avec une double condition d'âge : 30 ans au moins et de durée de service public : 10 ans au moins ;

— sur un tiers au plus des emplois vacants de conseillers d'État avec une simple condition d'âge : 45 ans au moins. C'est ainsi que l'ancien avocat Arno Klarsfeld a été nommé, au tour extérieur, conseiller d'État en service ordinaire, par décret du Président de la République en date du 28 octobre 2010, quittant à la même date le cabinet du Premier ministre dont il était membre, depuis juillet 2007, sans attributions particulières.

435. Avis. – Dans un souci légitime de transparence administrative, la loi du 28 juin 1994 relative notamment à certaines modalités de nomination dans la fonction publique de l'État est venue imposer une procédure consultative qui donne lieu à un avis rendu public sur les candidatures à chacun des postes à pourvoir au tour extérieur. C'est, par exemple, sur l'avis favorable du vice-président du Conseil d'État, en date du 21 octobre 2008, que M. Klarsfeld aura rejoint le Conseil d'État. Encore faut-il préciser que cette législation de 1994 est loin d'avoir mis fin aux hypothèses finalement nombreuses et fréquentes de conflits d'intérêts dans une fonction publique d'État qui fut longtemps marquée par l'obligation de désintéressement dès lors que, pour des raisons réelles ou supposées d'argent ou de pouvoir, elle se tient de moins en moins éloignée du monde de la politique, des médias et des professions libérales, mais aussi des entreprises, du moins celles qui sont en relation, d'une façon ou d'une autre,

97. En ce sens, CC, 12 mai 2011, *Simplification et amélioration de la qualité du droit*, déc. 11-629 DC, cons. 18 qui invalide un cavalier législatif portant sur l'article L. 133-6 CJA.

avec la puissance publique[98]. Mais il est vrai aussi que cette situation préoccupante est théorisée en faveur de la nécessité prétendue de désenclaver la fonction publique, dans une logique générale de gestion publique qui dit de plus et plus clairement que la barrière entre le public et le privé et donc entre institutions administratives et groupements privés a fonctionnellement sauté et que ce fonctionnel tend, désormais, à gagner l'organique.

436. Promotion des membres des juridictions administratives. – De plus, le décret du 29 novembre 1985 modifiant le décret du 30 septembre 1953 amorce la possibilité d'une promotion des membres des juridictions administratives inférieures, limitée au quart des emplois de maîtres des requêtes, ouverts à la nomination directe, et au sixième des emplois de conseillers d'État ouverts selon cette même procédure.

437. Membre en service extraordinaire. – Enfin, parmi les conseillers d'État, il faut en compter douze *« en service extraordinaire »* qui sont librement nommés par décret en Conseil des ministres, pour une durée de quatre ans, non renouvelable avant l'expiration d'un délai de deux ans, *« parmi les personnalités qualifiées dans les différents domaines de l'activité nationale »* et qui, pour le moment, ne participent, en aucune façon, à l'activité contentieuse du Conseil d'État quand bien même ils présenteraient de sérieuses garanties d'indépendance.

2. La structure interne du Conseil d'État dans sa fonction administrative

438. Sections administratives. – Dans sa fonction de conseiller en dernier ressort du Gouvernement, le Conseil d'État est structuré en six sections administratives : section de l'intérieur, section des finances, section des travaux publics, section sociale, section du rapport et des études ainsi que, depuis le décret du 6 mars 2008, la section de l'administration dont la dénomination correspond à ses larges compétences destinées tant à alléger la charge des sections des finances et de l'intérieur, notamment pour les questions relatives à la fonction publique, qu'à répondre à l'afflux des textes dans des matières qui accompagnent la réforme de l'État : contrats et propriétés publics,

98. En ce sens, CE. Ass., 6 décembre 1996, *Société Lambda, Rec.* 466, concl. Piveteau ; *GAJA* n° 100 et les réf. et, plus de dix ans plus tard, la loi du 2 février 2007, ensemble les décrets d'application des 26 avril et 2 mai 2007.

procédure administrative, relations enter l'administration et usagers[99]. En outre la nouvelle section aura en charge la défense nationale.

439. Double appartenance. – On sait que le décret du 30 juillet 1963 a institué la règle de la double appartenance des membres du Conseil d'État à une section administrative et à la section du contentieux. Toutefois, il est fait exception à ce principe pour les présidents adjoints et les présidents des sous-sections de la section du contentieux, les auditeurs ou maîtres des requêtes qui comptent moins de trois ans d'ancienneté qui ne sont pas affectés dans les différentes sections administratives (CJA, art. R. 121-3 et R. 121-4) alors qu'en revanche, les conseillers d'État en service extraordinaire ne sont affectés que dans ces sections (CJA, art. R. 121-15). Par ailleurs les directeurs du centre de documentation (auditeur ou maître des requêtes) peuvent être affectés uniquement soit à la section du contentieux soit à l'une des sections administratives (CJA, art. R. 121-4).

440. Limite. – Le décret du 6 mars 2008 a ajouté de nombreuses exceptions qui ne tendent pas à inverser la règle instituée en 1963, mais à en faire une modalité d'affectation, parmi d'autres, des membres du Conseil d'État. Ainsi, les conseillers d'état en service ordinaire et les maîtres des requêtes qui comptent plus de quatre années au Conseil peuvent être affectés uniquement à la section du contentieux et à une ou deux sections administratives. Pour les conseillers d'État, l'affectation peut même s'étendre à une troisième section administrative s'il s'agit de la section du rapport et des études.

441. Avis des sections administratives. – Les avis rendus par le Conseil d'État dans sa fonction consultative sont rendus normalement par cinq des six sections administratives, la section du rapport et des études ne rendant pas d'avis. Les affaires relevant des différents départements ministériels sont réparties entre elles sur la base d'un arrêté du Premier ministre, pris sur proposition du vice-président du Conseil d'État, qui, après la nomination du Gouvernement, définit, le cas échéant, le nouveau champ de compétence de chacune de ces sections.

442. Répartition par secteurs. – Depuis la réforme de 2008, les affaires ne sont plus réparties par ministère, mais par « *secteurs* » même si ces secteurs peuvent recouper l'organisation gouvernementale. Une même catégorie d'affaires pourra être ainsi soumise à une même section quel que soit le ministre compétent. Ce sera le plus

99. P. Gonod, « Le Conseil d'État à la croisée des chemins ? », *AJDA* 2008, p. 630.

souvent le cas pour la section de l'administration à la compétence transversale. Lorsqu'une même affaire intéresse plusieurs secteurs relevant de sections différentes, un ou plusieurs conseillers appartenant à chacune des sections intéressées peuvent être appelés à prendre part aux délibérations de la section compétente. Par ailleurs, une commission spéciale peut être créée telle que celle qui est chargée de suivre, sinon de mettre en œuvre l'élaboration des textes relatifs à la réforme du contentieux administratif, depuis la loi du 31 décembre 1987.

443. Formations spéciales. – Il est enfin possible de recourir à l'une des deux formations spéciales suivantes : l'assemblée générale du Conseil d'État, pour répondre à des exigences de solennité, et la commission permanente, pour répondre à des exigences de rapidité.

444. Assemblée générale ordinaire. – *L'assemblée générale* se réunit en formation ordinaire ou en formation plénière.

En formation ordinaire et sous réserve des règles de suppléance, l'assemblée générale comprend trente-cinq membres :

— le vice-président du Conseil d'État et les sept présidents de section ;

— l'un des présidents adjoints de la section du contentieux ;

— les présidents adjoints des sections administratives ;

— dix conseillers d'État affectés à la section du contentieux ;

— sept conseillers d'État affectés aux sections administratives, à raison d'un par section.

Les autres membres du Conseil d'État y ont accès avec voix consultative, à moins qu'ils ne soient rapporteurs, auquel cas ils ont voix délibérative.

445. Attributions. – L'assemblée générale ordinaire, formation administrative créée par la réforme de 1963, connaît en principe des textes les plus remarquables, après leur examen par la section compétente : il s'agit, à titre obligatoire, des projets et propositions de lois et projets d'ordonnances, sauf s'ils ne soulèvent pas de difficulté, sous réserve de la compétence de la commission permanente et, en principe, des projets de décrets pris en vertu de l'article 37, alinéa 2 de la Constitution. Il peut s'agir aussi de toute autre affaire d'importance, soit à la demande des ministres intéressés, soit par le vice-président du Conseil d'État, soit par le président de la section ou de la commission compétente, soit à la demande de cette section ou de cette commission (CJA, art. R. 123-20).

446. Assemblée générale plénière. – Mais le vice-président du Conseil d'État, après avis du président de la section ou de la commission compétente ou de l'assemblée générale ordinaire, peut décider le renvoi d'une affaire à l'assemblée générale plénière. En formation plénière, c'est-à-dire au moins douze fois par an et deux fois par trimestre, l'assemblée générale comprend le vice-président, les présidents de section et tous les autres conseillers d'État. Les maîtres des requêtes et les auditeurs y ont également accès avec voix consultative, à moins qu'ils ne soient rapporteurs, auquel cas ils ont voix délibérative (CJA, art. R. 123-13).

447. Réduction des liens avec le Gouvernement. – On notera que depuis le décret du 6 mars 2008, les ministres n'ont plus rang et séance à l'assemblée générale du Conseil d'État, même si cette assemblée peut être présidée, non par le vice-président du Conseil d'État (M. Jean-Marc Sauvé depuis octobre 2006) ou, à son défaut, par le premier président de section au tableau, ce qui est le principe (*ibid.*, art. R. 123-16), mais par le Premier ministre ou, en son absence, par le garde des sceaux (*ibid.*, art. L. 121-1, al. 2). À la vérité, cette présidence de l'assemblée générale par le Premier ministre, au titre de ce qui, du reste, est plus une visite protocolaire qu'une véritable séance de travail, est tout à fait exceptionnelle puisqu'elle ne devient réalité qu'une seule fois, au mieux, pendant l'exercice des fonctions du Premier ministre (le 16 septembre 2010 pour M. Fillon). Au surplus, on observera que la codification de 2000, supposée pourtant s'effectuer à droit constant pour la partie législative du Code, a été l'occasion de supprimer la fiction de la présidence du Conseil d'État par le Premier ministre. En effet, l'article L. 121-1 du Code de justice administrative précise désormais, dans son alinéa 1er, que « *la présidence du Conseil d'État est assurée par le vice-président* ». Il faut décidément que le poids de la tradition administrative soit bien considérable au sein du Conseil d'État pour qu'en définitive, celui qui préside l'institution n'en soit toujours que le vice-président en titre.

448. Association de membres de la section du contentieux. – On notera encore qu'en assemblée générale, sont associés à la consultation, avec voix délibérative, certains membres de la section du contentieux (CJA, art. R. 123-14) alors même que les textes alors examinés peuvent être soumis ultérieurement au Conseil d'État en tant que juridiction administrative, par exemple à l'occasion d'un recours pour excès de pouvoir formé contre un décret en Conseil d'État. Toutefois, pour ne pas méconnaître l'« *impartialité* *structurelle* » et donc objective du Conseil d'État dans l'exercice de sa fonction juridictionnelle, situation que la Cour de Strasbourg n'a pas manqué de censurer par principe, à propos de l'ancien Conseil d'État luxembourgeois[100], les membres de la formation juridictionnelle qui ont connu antérieurement du texte devant une formation administrative, ne peuvent pas régulièrement participer au jugement d'un recours dirigé ultérieurement contre ce même texte. C'est ainsi que le décret précité du 6 mars 2008 vient créer tardivement, dans le Code de justice administrative, un article R. 122-21-1 ainsi rédigé : « *Sans préjudice des dispositions de l'article R. 721-1* » qui permet à un membre d'une juridiction de se déporter s'il suppose en sa personne une cause de récusation ou s'il estime en conscience devoir s'abstenir de juger, « *les membres du Conseil d'État ne peuvent participer au jugement des recours dirigés contre les actes pris après avis du Conseil d'État, s'ils ont pris part à la délibération de cet avis* ». Il reste que cette prescription qui ne remet pas en cause le principe du cumul des fonctions au sein du Conseil d'État, ne peut pas être appliquée lorsque la consultation sur le texte litigieux a été portée, auparavant, devant l'assemblée générale en formation plénière de sorte que cette formation administrative fait problème en soi. La perfection réglementaire n'est décidément pas encore atteinte.

449. Commission permanente. – Quant à la *commission permanente*, son rôle se limite à l'examen des textes les plus importants : projets de lois et d'ordonnances, lorsque l'urgence est signalée par le ministre compétent et expressément constatée par le Premier ministre (CJA, art. R. 123-21, al. 1er). Sa composition, réglée en droit positif par l'article R. 123-22 du Code de justice administrative, est en principe la suivante :

— le vice-président du Conseil d'État qui la préside ;
— un président de section administrative ;
— deux conseillers d'État par section et deux suppléants ;
— si l'affaire le justifie, un ou deux conseillers désignés par le vice-président sur la proposition du président de la section qui aurait été normalement compétente pour examiner l'affaire si l'urgence n'avait pas été déclarée.

450. Rapporteur. – Pour chaque affaire soumise pour avis au Conseil d'État, sauf exception et avec beaucoup de souplesse, devant l'une quelconque de ses formations administratives (CJA,

100. CEDH, 28 septembre 1995, *Procola c/Luxembourg*, série A, n° 326 ; *AJDA* 1996.383, chr. Flauss ; D. 1996.301, note F. Benoît-Rohmer ; *RFDA* 1996.777, note Autin et Sudre ; *RTDH* 1996.271, note Spielmann.

art. R. 123-1), un rapporteur est désigné parmi les membres de la Haute Assemblée pour instruire le dossier. Le département ministériel intéressé est représenté, quant à lui, par un commissaire du Gouvernement, sauf participation à la discussion des textes de fonctionnaires ou, le cas échéant, de personnalités particulièrement qualifiées sur la question traitée, telles que désignées par le ministre.

451. Secret. – Il est rappelé que les avis du Conseil d'État sont, en principe, secrets,

— sauf autorisation du ministre concerné, comme dans l'affaire dite du « *port du foulard islamique en milieu scolaire* »[101]. Le volume annuel d'*Études et documents du Conseil d'État (EDCE)* récapitule ainsi les nombreux avis dont la publication a été autorisée ;

— ou sauf fuite, organisée ou non, vers l'extérieur de l'institution, dont, par exemple, on a pu connaître ainsi, avant le vote du peuple français, l'opposition du Conseil d'État aux référendums constituants décidés en 1962 ou en 1969 par le général de Gaulle, sur le fondement de l'article 11 de la Constitution.

452. Critique. – Ce caractère secret de la consultation du Conseil d'État correspond à une règle dépassée. En effet, le Gouvernement reste la seule institution destinataire de ces avis de sorte que, notamment, ni le Président de la République – ce n'est pas le cas – ni les parlementaires – c'est le cas – n'ont officiellement connaissance des remarques éventuellement formulées sur la constitutionnalité d'un texte soumis à consultation alors même que le Chef de l'État a pour mission constitutionnelle de veiller au respect de la Constitution (Const., art. 5, al. 1er) et que lui-même, le président de chacune des deux assemblées parlementaires ainsi que soixante députés ou sénateurs au moins sont autorités de saisine dans le cadre du contrôle facultatif de constitutionnalité par voie d'action (Const., art. 61, al. 2). Il est donc entendu que le Conseil d'État est encore le conseil exclusif du Gouvernement comme si l'on était toujours au temps où le Gouvernement était l'État. Ni l'État de droit ni la démocratie politique ne sortent renforcés d'une procédure de consultation secrète. Mais, sans doute, une telle conception en faveur de la publicité de l'avis, en principe, suppose d'extérioriser le Conseil d'État, ce qui, à bien des égards, constitue une révolution intellectuelle.

101. À ce sujet, l'avis de l'assemblée générale du Conseil d'État en date du 27 novembre 1989, « Laïcité scolaire et signes d'appartenance religieuse », *RFDA* 1991.1, obs. Rivero.

3. L'influence administrative du Conseil d'État

453. Activités extérieures. – Le Conseil d'État constitue certainement le plus important et le plus prestigieux des grands corps de l'État. On doit, dès lors, considérer que participe à l'influence administrative de l'institution le fait que nombre de ses membres exercent des activités extérieures :

— soit de façon cumulative : présidence ou rapport de nombreuses commissions administratives d'études telles que la commission Braibant chargée d'élaborer le rapport sur l'encadrement juridique de la bioéthique[102] et de préparer ainsi la législation intervenue depuis lors en la matière, mais aussi participation à différents organismes de gestion ou de contrôle ou encore exécution de nombreuses missions d'enseignement ou d'examens, particulièrement dans les jurys des grands concours administratifs ;

— soit de façon exclusive et en position de détachement, par exemple au Secrétariat général du Gouvernement ou dans les fonctions de directeurs d'administration centrale notamment ou encore pour exercer des fonctions ministérielles ou parlementaires.

454. Critiques. – Or, on doit bien constater la proportion excessive – un tiers environ – des membres du Conseil d'État qui sont en service à l'extérieur de l'institution, soit en disponibilité, soit en détachement, proportion qui, du reste, ne prend pas en compte les membres en délégation et surtout ceux qui continuent à être rémunérés par le Conseil d'État sans y avoir d'activité, pour exercer des fonctions au sein du Secrétariat général de la présidence de la République, du cabinet du Premier ministre ou des cabinets ministériels, et qui, n'étant pas alors détachés de l'institution, se trouvent dans une situation administrative parfaitement anormale, faute d'y accomplir leur service. Dans le meilleur des cas, on peut donc estimer que le pourcentage des membres hors du Conseil d'État s'élève, en réalité, à près de 40 % de l'effectif du corps, et ce de façon permanente.

455. Doctrine du Conseil d'État. – Mais l'influence du Conseil d'État se mesure aussi par la force que la Haute Assemblée a acquise dans le système administratif français, à travers ses attributions consultatives et contentieuses lesquelles, pour être matériellement indépendantes, n'en sont pas moins organiquement liées. L'œuvre de doctrine patiemment élaborée par les rapporteurs en formation administrative et les commissaires du Gouvernement au contentieux et savamment

102. Conseil d'État, *De l'Éthique au Droit*, NED n° 4855, La Documentation française, 1988.

relayée par les publications officielles et les réseaux privilégiés d'enseignement, d'expertise ou d'influence sans guère souffrir d'ailleurs la contestation de l'Université, trop souvent enfermée dans un positivisme béat, alimente, en effet, la fonction d'*« expertise juridique effectuée par le Conseil d'État »* qui, comme le souligne le professeur Jean-Louis Quermonne, *« constitue le meilleur garant de l'unité et de la continuité du droit public en France »*[103].

B Les attributions consultatives du Conseil d'État

456. L'article L. 112-1 du Code de justice administrative dispose, dans son alinéa 3, que *« le Conseil d'État donne son avis sur les projets de décrets et sur tout autre projet de texte pour lesquels son intervention est prévue par les dispositions constitutionnelles, législatives ou réglementaires ou qui lui sont soumis par le Gouvernement »*. Il y a donc lieu de distinguer, en matière de consultation administrative, les deux hypothèses de la consultation obligatoire et de la consultation facultative du Conseil d'État par le Gouvernement qui représentent une moyenne de l'ordre de 1 400 textes par an.

1. La consultation obligatoire du Conseil d'État

457. Domaine. – L'obligation de consultation du Conseil d'État est d'exception encore qu'elle tende à représenter les trois quarts des cas de consultation de l'institution. Elle est posée par un texte dans quatre hypothèses différentes :

— il s'agit en premier lieu, des projets de lois (Const., art. 39, al. 2 ; également CJA, art. L. 112-1) avant leur adoption par le Conseil des ministres et leur dépôt devant le Parlement.
On notera que, dans le cadre de ses attributions consultatives en matière législative, le Conseil d'État exerce un véritable contrôle de constitutionnalité du projet de loi, comme cela s'est vérifié, par exemple, en 2001, à propos du projet de loi portant réforme du statut de la collectivité territoriale de Corse. En revanche, la consultation obligatoire du Conseil d'État ne porte pas sur les amendements en cours de procédure législative, y compris ceux qui sont à l'initiative du Gouvernement ;

103. J.-L. Quermonne, *L'appareil administratif de l'État*, coll. Points, Éd. du Seuil, 1991, p. 97 et 98.

— tel est le cas encore des projets d'ordonnance, établis sur le fondement de l'article 38 de la Constitution principalement, avant leur adoption en Conseil des ministres (v., également, Const., art. 74-1) ;

— il s'agit aussi des décrets venant modifier les textes de forme législative, pris par le Parlement hors du domaine de la loi (Const., art. 34), mais avant l'entrée en vigueur de la Constitution, par application de l'article 37, alinéa 2 de la Constitution.

458. Consultation sur les textes européens avant la révision du 23 juillet 2008. – De cette dernière hypothèse, il fallait, jusqu'à la révision constitutionnelle du 23 juillet 2008, rapprocher la procédure d'examen préalable par le Parlement français pour avis des projets ou propositions d'actes de droit communautaire comportant, au sens du droit français, des dispositions de nature législative. Dans le cadre d'une consultation obligatoire du Conseil d'État, dans des conditions fixées par simples circulaires du Premier ministre[104], il s'agissait, pour la Haute Assemblée, de donner un avis en faveur ou non de la transmission du projet au Parlement, rendu dans les cinq jours en moyenne suivant sa saisine

459. Cellule de veille européenne. – La seconde révision constitutionnelle de 2008 a élargi l'article 88-4 à l'ensemble des textes du droit communautaire, devenu droit de l'Union européenne, qu'ils interviennent dans une matière relevant, en droit français, du domaine de la loi ou du règlement. La consultation du Conseil d'État a par conséquent été supprimée. En revanche, une cellule de veille européenne a été créée, le 1er octobre 2009, auprès de sa section des finances. Elle est chargée de relever les difficultés juridiques qui pourraient apparaître au cours des négociations, proposer des solutions et constituer un « dossier des négociations » au profit des rapporteurs des sections administratives qui devront se prononcer sur l'examen des projets de loi ou de décret de transposition[105].

460. Décrets en Conseil d'État. – Mais, l'hypothèse la plus fréquente – et de loin – est l'adoption ou la modification des décrets pris en application d'une disposition législative ou réglementaire qui vient imposer la consultation préalable du Conseil d'État. Ces décrets sont dits « *en Conseil d'État* » tels que ceux portant statuts particuliers de la fonction publique de l'État (loi du 11 janvier 1984, art. 8). Il faut englober dans cette compétence de consultation obligatoire les lois du pays avant leur adoption par le Gouvernement de la

104. Circ. en date du 30 janvier 2003 et du 22 novembre 2005.

105. *Rapport public 2010, EDCE*, n° 61, p. 297.

Nouvelle-Calédonie délibérant en conseil (loi org. du 19 mars 1999, art. 100 et CJA, art. L. 112-6) dès lors qu'en droit, ces textes s'analysent formellement comme des règlements autonomes sans pouvoir être, cependant, administratifs dès lors qu'ils ont force de loi.

461. Remarques complémentaires sur la consultation obligatoire du Conseil d'État. – Au sujet de la consultation obligatoire du Conseil d'État, on ne fera pas moins de cinq remarques complémentaires :

462. 1° Par un effort louable de simplification administrative, le décret en Conseil d'État s'impose également dans toutes les hypothèses où, d'une façon générale et avant le décret du 31 juillet 1980, il était renvoyé dans le texte d'une loi organique, d'une loi ordinaire ou d'un règlement à un règlement d'administration publique (RAP) ou à un décret en forme de RAP ;

463. 2° La consultation obligatoire du Conseil d'État peut être repérée dans les visas d'un décret en Conseil d'État par l'emploi de la formule : *« le Conseil d'État entendu »*, avec, le cas échéant, mention de la section administrative concernée : *« le Conseil d'État (section des travaux publics) entendu »* ;

464. 3° La consultation obligatoire du Conseil d'État suit deux régimes différents, selon que l'avis rendu sur consultation obligatoire est simple ou conforme :

— le premier régime qui est de principe, est celui de l'avis simple : il ne lie pas son destinataire, c'est-à-dire que l'autorité qui prend la décision n'est pas tenue de le suivre ;

— le second régime qui est d'exception, est celui de l'avis conforme : il lie son destinataire[106], en application d'une disposition expresse en ce sens, en matière individuelle exclusivement (par ex., Code de l'expropriation, art. L. 15-9, al. 1er). Sous ce régime d'exception, l'autorité qui prend la décision est tenue, en revanche, de suivre l'avis conforme, sauf à renoncer à prendre quelque décision que ce soit.

465. 4° Dans les deux cas de l'avis simple et de l'avis conforme, la consultation doit être effective et complète et porte donc sur le projet de texte lui-même transmis au Conseil d'État[107]. L'avis obligatoire s'accompagne de propositions de modification que le Gouvernement reste libre d'accepter, en reprenant ces propositions à son compte, ou

---

106. CE, 26 février 1958, *Bouchereau, Rec.* 132 ; *JCP* 1958.II.10839, note F. G.

107. CE, 16 octobre 1968, *Union nationale des grandes pharmacies de France, Rec.* 488 ; *AJDA* 1969.98, note Peiser.

bien de refuser, en retournant alors à son texte initial. Dans cette dernière hypothèse, il aura exactement mesuré le risque pris au regard des considérations de fait ou de droit qui explicitent l'avis défavorable du Conseil, même si la Haute Assemblée, juge des décrets en premier et dernier ressort dans le cadre du recours pour excès de pouvoir, n'est pas liée au contentieux par la position prise auparavant dans ses formations administratives et portée, cependant, à sa connaissance.

466. Dans ces deux cas, les dispositions du texte édicté seront nécessairement soit celles adoptées par le Conseil d'État, soit celles soumises au Conseil d'État par le Gouvernement. Dès lors, l'autorité administrative ne saurait retenir une tierce solution en prenant une décision différente du texte de la transmission ou du texte de la proposition de modification, sauf à méconnaître le caractère obligatoire de la consultation du Conseil d'État[108].

467. Il en est de même selon le Conseil constitutionnel qui a retenu, à bon droit, l'inconstitutionnalité d'un projet de loi dont la délibération aura été engagée devant le Parlement sur la base d'un texte modifié *in extremis* en Conseil des ministres, après consultation obligatoire du Conseil d'État, mais sur une version différente de celle soumise au Conseil d'État ou retenue par lui : *« Considérant que, si le Conseil des ministres délibère sur les projets de loi et s'il lui est possible d'en modifier le contenu, c'est, comme l'a voulu le constituant, à la condition d'être éclairé par l'avis du Conseil d'État ; que, par la suite, l'ensemble des questions posées par le texte adopté par le Conseil des ministres doit avoir été soumis au Conseil d'État lors de sa consultation ; considérant, en l'espèce, qu'en substituant, pour l'accès au second tour des élections régionales, un seuil égal à 10 % du nombre des électeurs inscrits au seuil de 10 % du total des suffrages exprimés retenu par le projet de loi soumis au Conseil d'État, le Gouvernement a modifié la nature de la question posée au Conseil d'État ; que ce seuil de 10 % des électeurs inscrits n'a été évoqué à aucun moment lors de la consultation de la commission permanente du Conseil d'État ; que les requérants sont dès lors fondés à soutenir que cette disposition du projet de loi a été adoptée selon une procédure irrégulière »*[109].

108. CE, 26 avril 1974, *Villatte, Rec.* 253 et CC, 3 avril 2003, *Élection des conseillers régionaux*, déc. n° 2003-468 DC, *Rec.* 325.

109. CC, 3 avril 2003, *Élection des conseillers régionaux*, déc. 03-468 DC, *Rec.* 325 ; *AJDA* 2003. 948, note G. Drago et p. 939, note Jan ; *JCP* 2003. 952, note Zarka ; *JCP A* 2003. 631, note Quillien ; *LPA* 13 mai 2003 (95), p. 5-22, note Schoettl ; *RDP* 2003. 931, note Chagnollaud.

468. C'est assez dire combien la compétence consultative obligatoire du Conseil d'État, ici au titre d'un avis simple sur un projet de loi, est protégée en droit. Il est vrai, néanmoins, qu'il aurait suffi, en l'espèce, d'un amendement du Gouvernement en première lecture devant l'Assemblée nationale, première assemblée saisie, pour contourner l'obstacle. On ne saurait donc dire que le Secrétariat général du Gouvernement ait été très performant à l'occasion de l'élaboration de cette loi.

469. 5° On soulignera que, devant le Conseil d'État, le défaut ou la méconnaissance de l'obligation de consultation est censuré, non pas au titre d'un vice de procédure, mais par le motif de l'incompétence[110], ce qui signifie que le Conseil d'État se considère, en réalité, comme coauteur de la décision administrative.

470. Or, cette dernière solution n'est légitime que dans l'hypothèse de l'avis conforme, lequel, en effet, associe le Conseil d'État à la décision à prendre alors qu'elle est certainement excessive dans l'hypothèse de l'avis simple. Il est vrai, cependant, qu'elle présente cet avantage de venir à l'appui de l'administré puisque l'incompétence est un moyen d'ordre public que le juge administratif peut et doit soulever, même d'office, à tout moment ou à tout niveau du procès administratif, alors précisément que le caractère secret de la procédure devant les formations administratives du Conseil d'État interdit au requérant d'être en mesure de soulever lui-même ce moyen du défaut ou de la méconnaissance de l'obligation de consultation. Mais il y a là une explication, et non une justification du recours au vice d'incompétence pour censurer la décision prise sans que l'avis obligatoire, même simple, le cas échéant, ait été respecté.

2. La consultation facultative du Conseil d'État

471. Consultation de principe. – La consultation facultative du Conseil d'État est de principe, c'est-à-dire qu'en l'absence de texte, le Premier ministre, par l'intermédiaire du Secrétariat général du Gouvernement, dispose toujours de la faculté de saisir l'institution avant de prendre un décret réglementaire ou un décret individuel ou encore un arrêté dont la modification ultérieure, le cas échéant, ne supposera pas nécessairement une nouvelle consultation du Conseil

110. CE, 1er juin 1962, *Union générale des syndicats des mandataires des Halles, Rec.* 107 ; également, 16 novembre 1979, *Syndicat national de l'éducation physique, Rec.* 416 ; *AJDA* 1980.138, concl. Genevois ; *D.* 1980.IR123, obs. Delvolvé.

d'État[111], y compris pour abroger ou modifier, par décret simple, les dispositions substituées par décret en Conseil d'État à un texte en forme législative[112].

472. Visas. – On notera que la consultation facultative peut être repérée dans les visas du décret après avis du Conseil d'État par l'emploi de la formule : *« Vu l'avis du Conseil d'État »*. Plus généralement, les actes administratifs unilatéraux, non soumis à l'obligation de consultation du Conseil d'État, font usage, dans leurs visas, de la dénomination suivante : *« après avis du Conseil d'État »*. Mais cette dénomination ne doit pas induire en erreur car la consultation obligatoire en ce qui concerne un décret en Conseil d'État résulte de textes constitutionnels, législatifs ou réglementaires qui mentionnent que les décrets seront pris après avis du Conseil d'État (en ce sens, par ex., Const., art. 37, al. 2) et qui, précisément, imposent cette formalité substantielle au titre de la compétence.

473. Caractère facultatif. – Bien entendu, l'autorité qui prend la décision n'est pas liée par l'avis facultatif et ne peut d'ailleurs pas s'estimer liée par cet avis, sauf à méconnaître l'étendue de sa propre compétence[113]. De plus, elle peut toujours renoncer à poursuivre la consultation en cours[114]. Encore faut-il rappeler qu'est transposable devant le Conseil d'État – et selon une hypothèse ici d'école – la jurisprudence administrative qui pose l'illégalité de la décision prise à la suite d'une consultation facultative, mais irrégulière dans son déroulement[115], que le processus de consultation aille à son terme ou que, précisément, il soit interrompu, à l'initiative de l'autorité consultante.

474. Demandes du Gouvernement. – Se rattache enfin à la fonction consultative du Conseil d'État, la possibilité de répondre à la demande du Gouvernement, dans deux hypothèses :

— soit pour lui donner toute interprétation utile sur les dispositions constitutionnelles, législatives ou réglementaires ou, ce qui revient largement au même, pour assister le Premier ministre ou les ministres dans la solution des difficultés qui s'élèvent en matière

111. CE Sect., 15 mars 1974, *Syndicat national CGT-FO des fonctionnaires et agents du commerce intérieur et des prix, Rec.* 188 ; *AJDA* 1974.434, concl. Braibant ; *D.* 1975.152, note Pacteau.

112. CE, 18 mai 1984, *Picard, DA* 1984, n° 257 et, sur la résistance, illogique à ce sujet, du Conseil d'État en formation administrative, J. Massot et J. Marimbert, *op. cit.*, p. 73.

113. CE, 25 mai 1962, *Bounec, Rec.* 349.

114. CE Sect., 28 avril 1967, *Fédération nationale des syndicats pharmaceutiques de France et autres, Rec.* 180 ; *AJDA* 1967.401, concl. Galabert.

115. Par ex., CE, 15 avril 1988, *M*me *Durant-Smet, Tab.* 578.

administrative (CJA, art. L. 112-2) : c'est ainsi que s'est posée, en 1996, la question d'un droit à régularisation pour certains étrangers en situation irrégulière à laquelle la section de l'Intérieur du Conseil d'État a répondu, de façon complexe, par avis du 22 août 1996 ;

— soit pour réaliser une étude sur une question particulière. On observera que, du reste, l'article L. 112-3 du Code de justice administrative donne au Conseil d'État la possibilité d'appeler, de sa propre initiative, *« l'attention des pouvoirs publics sur les réformes d'ordre législatif, réglementaire ou administratif qui lui paraissent conformes à l'intérêt général »*. C'est dans trois vecteurs différents que l'on peut précisément trouver ces propositions de réforme dont la faculté dit assez l'étendue du pouvoir de consultation de la Haute Assemblée :

• l'importante collection *Études et Documents du Conseil d'État* publiée depuis 1947 ;

• le rapport annuel publié depuis 1963 était centré, jusqu'en 2010, sur un thème d'étude : par exemple, entre 2007 et 2011, l'administration française et l'Union européenne, le contrat, le droit au logement, l'eau, la consultation et la participation. Ce rapport annuel est rédigé par la section du rapport et des études, sous l'autorité de son président, assisté d'un rapporteur général, avec l'aide des autres sections, notamment administratives. Il est adopté par l'assemblée générale du Conseil d'État ;

• des rapports spécifiques qui tendent à se multiplier dans les sujets les plus variés de l'action de l'État, souvent suggérés par le Premier ministre : on citera, en ce sens, les rapports publiés, en 2008, sur le droit de préemption, en 2009 sur la révision des lois bioéthiques ou en 2012 sur les agences. Ces études de fond, conduites également par la section du rapport et des études, associent des membres du Conseil d'État appartenant à d'autres sections ainsi que des personnalités françaises ou étrangères, extérieures à l'institution.

§ 2. La consultation externe par le Conseil économique, social et environnemental

475. Assemblée constitutionnelle et non parlementaire. – Assemblée constitutionnelle à laquelle le titre XI de la Constitution est entièrement consacré (art. 69 à 71), le Conseil économique, social et environnemental n'est pas, pour autant, une assemblée parlementaire et il ne pourrait pas le devenir sans que les fondements de la démocratie politique ne soient remis en cause, sauf l'élection de ses membres au suffrage universel, seule *« source du pouvoir »* (loi const. 3 juin 1958, art. unique, al. 2-1°).

476. Assemblée socio-professionnelle. – Toutefois, l'idée d'une assemblée parlementaire socio-professionnelle s'enracine profondément dans le thème récurrent de la représentation des intérêts, soit comme contestation, soit comme rénovation des institutions libérales. Dès lors, elle a longtemps souffert de cette ambiguïté fondamentale qui, assurément, n'était pas de nature à la conforter dans les partis classiques, de gauche comme de droite, ou encore dans les syndicats traditionnels, attachés à la séparation entre la vie politique et l'action sociale.

477. Contradiction. – Dans sa version minimaliste, celle de la rénovation des institutions libérales, la demande a, en effet, été fréquemment formulée, depuis le XIXe siècle, de la création d'une telle assemblée destinée à devenir la seconde chambre du Parlement d'un État unitaire, comme, par exemple, à l'occasion de la discussion du projet de loi référendaire du 2 avril 1969 qui prévoyait de réunir au sein d'une nouvelle institution parlementaire l'actuel Sénat et l'ancien Conseil économique et social. Ce débat institutionnel ne peut, cependant, que tourner court dans la mesure où il est pris dans la contradiction suivante :

— soit cette assemblée parlementaire n'est pas élue au suffrage universel alors même que ce suffrage est la source de tout pouvoir politique dans une démocratie libérale et que vouloir s'écarter de ce principe par une révision constitutionnelle hasardeuse a déjà conduit à un grave échec électoral, lors du référendum du 27 avril 1969 ;

— soit cette assemblée est élue au suffrage universel, ce qui suppose résolues les difficultés, nullement insurmontables, de la définition des circonscriptions socio-professionnelles et de la répartition des citoyens entre chacune des circonscriptions ainsi définies, et une seule. Au demeurant, il demeure que le système institutionnel est encore verrouillé par une distinction de base, de nature constitutionnelle, entre élections politiques et élections non politiques[116], fondée précisément, pour les élections politiques, sur la représentation des individus en tant que tels, et non en tant que membres de catégories socio-professionnelles. Mais il est vrai aussi qu'une telle réforme

116. CC, 18 novembre 1982, *Élection des conseillers municipaux*, déc. 82-146 DC, *Rec.* 66 ; *a contrario*, CC, 14 décembre 1982, *Organismes de sécurité sociale*, déc. 82-148 DC, *Rec.* 73 et 19-20 juillet 1983, *Démocratisation du secteur public*, déc. 83-162 DC, *Rec.* 49, sol. impl.

passe nécessairement par une révision constitutionnelle, à même, par construction, d'inverser telle ou telle jurisprudence en sens contraire.

478. Compromis. – La mise en place d'une assemblée exclusivement consultative, à vocation économique et sociale, est donc apparue, à bien des égards, comme une solution de compromis, visant non pas à aménager, mais seulement à influencer les institutions libérales. Tel est le cas, en dehors du schéma constitutionnel, du Conseil Économique du Travail, mis en place par la Confédération Générale du Travail en janvier 1920, initiative privée qui sera très vite relayée par la puissance publique en la forme du Conseil national économique, créé par le décret Painlevé du 16 janvier 1925 et réorganisé par la loi Paul-Boncour du 19 mars 1936, complétée par le décret du 14 juin 1938. Après la Deuxième Guerre mondiale, tel est encore le cas, dans le schéma constitutionnel lui-même, du Conseil économique de la Constitution de 1946, devenu Conseil économique et social, puis environnemental de la Constitution de 1958. Au-delà des articles 69 et 70 au titre XI de la Constitution, l'institution est régie, en droit positif, par l'ordonnance du 29 décembre 1958, prise en application de l'article 71 de la Constitution et modifiée par les lois organiques des 27 juin 1984 et 28 juin 2010, ainsi que

— par le décret d'application du 4 juillet 1984 fixant les conditions de désignation des membres du Conseil, modifié, pour la dernière fois en date, par le décret du 29 juillet 2010, complété par le décret du 25 août 2010 portant désignation des associations et fondations agissant dans le domaine de la protection de la nature et de l'environnement appelées à siéger au Conseil économique, social et environnemental ;

— et par le décret d'application du 6 septembre 2004 relatif à l'organisation du Conseil, modifié, pour la dernière fois en date, par les décrets du 29 décembre 2010 et du 18 mars 2011.

479. Révision constitutionnelle du 23 juillet 2008. – La révision constitutionnelle du 23 juillet 2008 a fait évoluer l'ancien Conseil économique et social (CES) pour le remplacer par le Conseil économique, social et environnemental (CESE). L'ordonnance du 29 décembre 1958 portant loi organique relative à l'institution, a été modifiée en ce sens par la loi organique du 28 juin 2010 pour mettre en œuvre cette évolution. Son article 1er précise que, *« le Conseil économique, social et environnemental est auprès des pouvoirs publics une assemblée consultative »*[117], extérieure à l'administration d'État. Il est vrai cependant que,

117. Ord. org. du 29 décembre 1958 modif., art. 1er, al. 1er.

si la Constitution de la IVe République plaçait le Conseil économique auprès de l'Assemblée nationale en tout premier lieu (Const. du 27 octobre 1946, art. 25, al. 1er), c'est au Gouvernement que la Constitution actuelle attribue le bénéfice principal de sa consultation.

480. Fonctions. – On lit, toujours à l'article 1er de l'ordonnance du 29 décembre 1958 que *« représentant les principales activités du pays, le Conseil favorise leur collaboration et assure leur participation à la politique économique sociale et environnementale de la Nation. – Il examine les évolutions en matière économique, sociale ou environnementale et suggère les adaptations qui lui paraissent nécessaires – Il promeut une politique de dialogue et de coopération avec les assemblées consultatives créées auprès des collectivités territoriales et auprès de ses homologues européens et étrangers »*. On est donc loin de l'affrontement *« classe contre classe »,* prôné par le socialisme marxiste : par sa composition et ses attributions, le Conseil assure, en effet, la représentation des principales activités socio-professionnelles et les associe à la définition de la politique économique, sociale et environnementale conduite par le Gouvernement par des avis, des études, des rapports ou des communications à caractère public qui sont consignés dans son rapport annuel dont la présentation a été améliorée et le contenu nettement enrichi, depuis 2005.

481. Concertation. – Instrument de concertation par excellence, l'institution a largement diffusé, en France, par la création, en 1972, des comités devenus, en 1992, conseils économiques et sociaux régionaux (CESR), puis, en 2010, conseils économiques, sociaux et environnementaux régionaux (CESER) dont l'Assemblée a précisément son siège au Conseil économique, social et environnemental, avenue d'Iéna à Paris. Au surplus, sur proposition du bureau de l'assemblée socio-professionnelle, le décret relatif à l'organisation du Conseil et le règlement intérieur du Conseil ont été modifiés, fin 2004, pour confier, désormais, à la section de l'aménagement durable des territoires une vocation générale de relation avec les CESER.

482. Diffusion. – Il en est de même, depuis 1999, au niveau intercommunal ou international :

— au niveau intercommunal, il résulte de l'article 23 de la loi d'orientation du 4 février 1995 pour l'aménagement et le développement du territoire, modifiée par la loi du 16 décembre 2010, qu'un conseil de développement, composé de représentants des milieux économiques, sociaux, culturels et associatifs, est créé par des délibérations concordantes des communes et de l'établissement ou des établissements publics de coopération intercommunale désirant élaborer un projet d'agglomération dans une aire urbaine comptant au moins 50 000 habitants et dont une ou plusieurs communes centre comptent plus de 15 000 habitants. Le conseil de développement qui s'organise librement, est consulté sur l'élaboration du projet d'agglomération et il peut l'être sur toute question relative à l'agglomération, notamment sur son aménagement et son développement ;

— au niveau international, il faut noter la création de l'Association internationale des conseils économiques et sociaux, le 1er juillet 1999 à Port-Louis (Île Maurice), qui regroupe la plupart des institutions homologues ou similaires dans le monde : on mentionnera, à ce sujet, le Comité économique et social européen[118] et ses équivalents pour le Mercosur et les Nations unies ainsi que les assemblées socio-professionnelles consultatives mises en place, sous des appellations diverses, dans tous les États membres de l'Union européenne, sauf les suivants : Allemagne, Chypre, Danemark, Estonie, Lettonie, Royaume-Uni et Suède. La même assemblée socio-professionnelle existe dans trois autres États européens (par ex., l'Ukraine) et dans vingt-neuf États non européens dont quinze ont été des territoires ou des protectorats français sur le continent africain (par ex., le Sénégal). La liaison entre le Conseil économique, social et environnemental et le Comité économique et social européen est forte, par exemple sur la mise en œuvre de la stratégie de Lisbonne sur l'économie de la connaissance après 2010.

A La composition du Conseil économique, social et environnemental

483. Le Conseil économique, social et environnemental est composé de 233 membres (Const., art. 71) dont les modalités de désignation sont spécifiques alors que leur statut ou les règles de fonctionnement du Conseil se rapprochent des textes applicables aux députés.

1. La désignation des membres

484. Représentation. – L'assemblée socio-professionnelle assure la représentation des principales activités économiques et sociales. Au bénéfice de la réforme opérée sur la base de la loi

118. Traité sur l'Union européenne, art. 13 § 4 et Traité sur le fonctionnement de l'Union européenne, art. 300, à l'exception du § 5 et 301 à 304.

constitutionnelle du 23 juillet 2008 et de la loi organique du 28 juin 2010, la composition du Conseil économique et social, devenu également environnemental, a été sensiblement modifiée pour s'ouvrir sur la représentation des associations de protection de la nature et de l'environnement ainsi de la jeunesse, notamment des étudiants.

485. Les 233 membres se répartissent donc comme suit :

— 140 membres au titre de la vie économique et du dialogue social dont 69 représentants des salariés, 27 des entreprises privées industrielles, commerciales et de services, 20 des exploitants et des activités agricoles, 10 des artisans, 4 des professions libérales et 10 personnalités qualifiées, choisies en raison de leur expérience dans le domaine économique ;

— 60 membres au titre de la cohésion sociale et territoriale et de la vie associative dont 8 représentants de l'économie mutualiste, coopérative et solidaire non agricole, 4 de la mutualité et des coopératives agricoles de production et de transformation, 10 des associations familiales, 8 de la vie associative et des fondations, 11 des activités économiques et sociales de l'outre-mer, 4 des jeunes et des étudiants et 15 personnalités qualifiées choisies en raison de leur expérience dans le domaine social, culturel, sportif ou scientifique ;

— 33 membres au titre de la protection de la nature et de l'environnement dont 18 représentants des associations et fondations agissant dans le domaine de la protection de la nature et de l'environnement et 15 personnalités qualifiées choisies en raison de leur compétence en matière d'environnement et de développement durable.

486. On remarquera que la représentation des activités régionales n'est toujours pas prévue en tant que telle alors que, par l'intermédiaire des présidents des conseils économiques, sociaux et environnementaux régionaux, il aurait été simple et efficace de l'organiser s'ils étaient membres de droit du Conseil. Le règlement intérieur de l'assemblée socio-professionnelle, dans son article 21, se contente, en effet, de prévoir que le président de la section de l'aménagement durable des territoires du Conseil au niveau national peut, après avis de la section, inviter ces présidents des conseils à l'échelon régional ou certains d'entre eux à participer aux travaux de cette même section. Dans un souci de cohérence, sinon de cohésion institutionnelle, cela ne saurait suffire.

487. Évolution sociologique. – De plus, il est vital pour une assemblée de ce type que sa représentativité interne ne se dégrade pas au fil du temps et que sa composition par sexe, par âge ou encore par profession suive, à date régulière, les évolutions de la population française, ce qui devrait signifier plus de femmes, plus de jeunes, plus de représentants des professions libérales, mais aussi du monde de la culture et du sport. Sur ce point, la loi organique du 28 juin 2010 a prévu que le Conseil comporte 4 représentants des « *jeunes et des étudiants* » et 15 personnalités qualifiées choisies en raison de leur expérience dans le domaine social, culturel, sportif ou scientifique, dans le secteur du logement social ou en raison de leur action en faveur des personnes handicapées ou des personnes retraitées. Par ailleurs, elle instaure la parité dans la désignation des représentants par les organisations professionnelles et pour celle des personnalités qualifiées.

488. Domination des organisations socio-professionnelles. – Pour environ 70 % d'entre eux, les membres du Conseil économique, social et environnemental sont désignés par les organisations socio-professionnelles représentatives entre lesquelles sont répartis les sièges attribués à chaque catégorie ou activité, dans les conditions fixées par le décret d'application du 4 juillet 1984 modifié. Quant aux personnalités qualifiées, elles sont désignées par décret en Conseil des ministres, pris sur le rapport du Premier ministre, et donc par le Président de la République (décret du 4 juill. 1984 modif., art. 14).

2. Le statut des membres

489. Conditions de désignation. – Les membres du Conseil économique, social et environnemental doivent être âgés d'au moins dix-huit ans et appartenir depuis au moins deux ans à la catégorie qu'ils représentent (décret du 4 juillet 1984 modif., art. 1er), le contentieux de la désignation au sein de cette institution constitutionnalisée à caractère administratif ressortissant à la compétence du Conseil d'État en premier et dernier ressort[119]. Les conseillers économiques, sociaux et environnementaux doivent remplir les conditions d'éligibilité et satisfaire aux exigences d'incompatibilité des parlementaires, en vertu de l'article 1er du décret du 4 juillet 1984 qui fait application des dispositions du Code électoral (art. L. 127, L. 129 et L. 130) et de la loi organique (ord. du 29 décembre 1958, art. 3).

119. Ord. du 29 décembre 1958, art. 10 ; CE Sect., 3 novembre 1967, Fédération nationale des sociétés coopératives de commerçants, *Rec.* 405, concl. Galmot ou encore CE Ass., 11 mai 1973, Sanglier, *Rec.* 344 ; *AJDA* 1973.428, note Larger ; RDP 1973.747, note Waline.

490. Mandat. – Le mandat de conseiller économique, social et environnemental est d'une durée de cinq ans (ord. du 29 décembre 1958, art. 9) renouvelable une seule fois consécutivement. Il est notamment incompatible avec les fonctions de député (C. élect., art. LO 139), de sénateur (*ibid.*, art. LO 297), de député européen (ord. du 29 déc. 1958, art. 7-1, ord. du 29 déc. 1958, art. 7-1). Au titre toujours de l'indépendance des membres de l'assemblée, l'ordonnance portant loi organique prévoit que le droit de vote est personnel, sans pouvoir être délégué (ord. du 29 déc. 1958, art. 20), et que, d'autre part, leurs fonctions sont rémunérées dans les conditions fixées par l'article 22 de ce texte et plafonnées par décret : cette rémunération est d'un montant au plus égal et donc égal au tiers de l'indemnité parlementaire, complétée par des indemnités calculées par jour de présence : indemnité de résidence et indemnité représentative de frais, soit tout de même un total brut mensuel de près de 3 800 euros.

491. Toutefois, on notera que, lorsqu'un membre régulièrement convoqué s'est abstenu pendant six mois, sans motif légitime, d'assister aux séances du Conseil ou de ses sections, il est démissionnaire d'office et qu'il est pourvu alors à son remplacement (décret du 4 juill. 1984 modif., art. 18), ce qui peut être de nature à éviter de trop fréquentes absences, parfois abusives.

492. Apolitisme. – On précisera que, dans la recherche d'un apolitisme surprenant pour une assemblée qui s'insère tout de même parmi les pouvoirs publics, les membres du Conseil ont perdu le droit de présenter une candidature à l'élection présidentielle, depuis la loi organique du 18 juin 1976.

3. Les règles de fonctionnement du Conseil

493. Présidence. – Le Conseil est présidé par un président élu pour deux ans et demi (règl. int., art. 3) par l'assemblée plénière (M. Jean-Paul Delevoye depuis novembre 2010), assisté d'un bureau de 18 membres dont six vice-présidents, chaque groupe de représentation figurant au bureau. L'institution comporte des formations de travail qui sont de principe ou spéciales.

494. Sections. – Les formations de principe sont les neuf sections comportant une trentaine de membres chacune dont, autant que possible, un représentant de chaque groupe : travail et emploi ; économie et finances ; agriculture, pêche et alimentation ; éducation, culture et communication ; affaires sociales et santé ; aménagement durable des territoires ; affaires européennes et internationales ; environnement ; activités économiques. C'est entre les sections, unités de base du travail consultatif, que sont ventilées les différentes compétences en matière économique, sociale et environnementale. On soulignera que le Premier ministre peut appeler à siéger en section des personnalités choisies en raison de leur compétence (ord. du 29 décembre 1958, art. 12, al. 2) : au nombre maximal de 72, à raison de huit au plus par section, elles sont nommées pour une durée maximale de cinq ans et associés aux travaux de leur section de rattachement (règl., art. 12) auprès de laquelle elles exercent ainsi un rôle d'expertise, sans être, pour autant, membres du Conseil économique, social et environnemental.

495. Formations spéciales. – Les formations spéciales sont au nombre de deux :

— les délégations créées pour l'étude de questions dépassant le champ de compétence d'une section. Il s'agit actuellement des trois délégations à la prospective et à l'évaluation des politiques publiques, aux droits des femmes et à l'égalité et à l'outre-mer ;

— les commissions ou délégations temporaires éventuellement créées par le bureau du Conseil pour l'étude de problèmes particuliers intéressant l'activité ou les missions du Conseil (ord. du 29 décembre 1958, art. 13 et règl. int., art. 19).

496. Attribution des sections. – Il appartient au bureau du Conseil d'attribuer à une section ou, à défaut, à une formation spéciale le projet d'avis ou d'étude, à charge pour elle de désigner le rapporteur qui présentera son projet, d'abord devant la section ou la commission, puis, pour adoption définitive, devant l'assemblée plénière, s'il s'agit d'un avis, ou devant le bureau, s'il s'agit d'une étude. Des fonctionnaires qualifiés peuvent être auditionnés en section, soit à la demande de la section, soit à l'initiative du Gouvernement (ord. du 29 décembre 1958, art. 12), et le Gouvernement peut se faire entendre directement, en section ou en assemblée du Conseil, par l'intermédiaire de ses membres ou de commissaires qu'ils désignent (*ibid.*, art. 19). De façon remarquable, alors que les réunions des sections ou des commissions se tiennent à huis clos, la délibération des rapports et des avis intervient en assemblée plénière dont, depuis 1984, les séances sont en principe publiques (ord. du 29 décembre 1958, art. 18, al. 1er), dispositif dont il n'est pas certain qu'il ait fortement contribué à mieux faire connaître les travaux de l'institution.

497. Règlement intérieur. – Le Conseil économique, social et environnemental est doté, pour le surplus de ses règles de fonctionnement, d'un règlement intérieur qui est arrêté sur proposition du bureau, mais qui doit être approuvé par décret (règl. int., art. 16 ; par ex., le décret du 26 novembre 2004). Il est assisté d'un secrétaire général, nommé par décret sur proposition du bureau, dont la mission est, sous l'autorité du président, de diriger les services du Conseil et d'organiser les travaux de ses formations (*ibid.*, art. 24). Il participe notamment aux réunions du bureau dont il tient procès-verbal (*ibid.*, art. 14, al. 3). Toutefois, le schéma d'organisation de l'institution se démarque nettement de celui des assemblées parlementaires par d'autres dispositions qui prévoient l'inscription au budget des services du Premier ministre des crédits nécessaires (*ibid.*, art. 23, al. 1er) ainsi que la mise à disposition par le Gouvernement des locaux du Conseil (*ibid.*, art. 25). Depuis les débuts de la Ve République, lui est ainsi affecté le Palais d'Iéna dont on ne saurait dire qu'il est parfaitement fonctionnel.

B Les attributions du Conseil économique, social et environnemental

498. Les attributions exclusivement consultatives du Conseil sont fixées, pour l'essentiel, par la Constitution et développées dans les textes qui lui sont subordonnés, particulièrement l'ordonnance du 29 décembre 1958. Il s'agit d'une consultation soit obligatoire, soit facultative.

1. La consultation obligatoire

499. Domaine. – Aux termes de l'article 70, de la Constitution de 1958, « *tout plan ou tout projet de loi de programmation à caractère économique, social ou environnemental* » est soumis pour avis au Conseil. En revanche, dans son texte initial, maintenu par la loi organique du 27 juin 1984, l'ordonnance portant loi organique précitée excluait les lois de finances, ; conformément aux traditions de la démocratie libérale qui réserve leur délibération au Parlement, avec priorité, en cas de bicaméralisme, à l'assemblée élue ou élue au suffrage restreint le plus large ou élue au suffrage universel direct : mais cette restriction a sauté depuis la loi organique du 28 juin 2010.

500. Projet de plan de la nation. – Le débat sur le projet de plan de la nation, tant que son élaboration s'effectuait dans les conditions prévues par la loi Rocard du 29 juillet 1982, entrait, en effet, tout particulièrement dans le cadre des activités d'une assemblée à composition et à vocation socio-professionnelle. Toutefois, depuis 1993, la planification française, initiée en 1947, s'est singulièrement estompée puisqu'il n'y a plus de plan de la nation et que seuls sont encore préservés les plans État-régions. Il y a là une réduction considérable de la portée de l'obligation de consultation en matière économique, sociale et environnementale, au détriment de l'institution qui l'a conduit à supprimer sa commission spéciale du plan, fin 2004. Disons les choses autrement : le droit constitutionnel français relatif à la planification n'est plus en adéquation avec les données actuelles de la macroéconomie et il ne faut plus attacher au terme préservé de « plan », puisqu'il figure encore à l'article 70, pourtant révisé en 2008, cette signification emblématique d'une économie dirigée par l'État qu'il a pu avoir sous la IVe République et au début de la Ve République.

501. Lois de programmation. – Cependant, la planification était et demeure un élément fondamental de la politique l'État, non pas économique, mais financière.

502. Avant la LOLF du 1er août 2001. – L'article 70 initial de la Constitution rendait obligatoire, en ce sens, la consultation du Conseil économique, social et environnemental sur tout projet de loi de programme à caractère économique et social. Pour le Conseil constitutionnel une telle loi ; « *non seulement définit des objectifs à moyen ou long terme en matière économique et sociale, mais comporte, en outre, des prévisions de dépenses chiffrées pour la réalisation de ces objectifs* », ce qui interdisait d'étendre la consultation du Conseil à de simples lois d'habilitation à prendre diverses mesures d'ordre économique et social, dépourvue de prévisions de dépenses chiffrées[120] mais la rendait obligatoire, en revanche, pour une loi présentant des objectifs chiffrés, même dépourvus d'effets juridiques[121]. Pour ce faire le Conseil constitutionnel interprétait la notion de loi de programme à la lumière de l'ordonnance du 2 janvier 1959 qui conférait un large champ d'application à ces lois pouvant intervenir en dehors du domaine économique et social, tout en les concevant comme un ensemble d'autorisations de programme constitutives de la limite annuelle, obligatoirement chiffrée, des dépenses pouvant être engagées par l'État. Cela permettait au Conseil d'étendre le

120. CC, 25-26 juin 1986, déc. n° 86-207 DC, *Rec.* 61 ; *AJDA* 1986.575, note Rivero ; *Rev. soc.* 1986.606, note Y. Guyon.

121. CC, 21 avril 2005, *Loi d'orientation et de programme pour l'avenir de l'école,* déc. 05-512 DC, *Rec.* 72 ; *LPA* 20 mai 2005, n° 100, p. 3-13, note Schoettl ; *RDP* 2005.849, note Camby ; *RFDC* 2006.152, note Pini.

champ d'application de ces lois en dehors du seul domaine économique et social[122].

503. Après la LOLF du 1er août 2001. – Cependant, la loi organique relative aux lois de finances du 1er août 2001 n'ayant pas repris la définition antérieure de la loi de programme donnée par l'ordonnance de 1958, l'article 34 demeurait alors leur seul fondement juridique, interdisant les lois de programme en dehors du seul domaine économique et social[123]. Or, le Président de la République suivant les recommandations du Conseil de modernisation des politiques publiques du 12 décembre 2007 et souhaitant l'instauration de lois de programmation pluriannuelles en matière de finances publiques, dans le cadre de la mise en œuvre de la révision générale des politiques publiques, une loi constitutionnelle devenait nécessaire pour réviser l'article 34 de la Constitution : la loi du 23 juillet 2008 a créé deux types de lois dites « *de programmation* » qui remplacent ainsi les lois « *de programme* » antérieures :

— d'une part, les lois de programmation qui « *déterminent les objectifs de l'action de l'État* » ;

— d'autre part, les lois de programmation qui définissent « *les orientations pluriannuelles des finances publiques* ».

504. Or, c'est pour les lois de programmation qui déterminent les objectifs de l'action de l'État que la consultation du Conseil est obligatoire, sous le contrôle du juge constitutionnel, pour autant qu'elles soient « *à caractère économique, social ou environnemental* ».

2. La consultation facultative

505. Domaine. – L'article 70 de la Constitution de 1958 prévoit, en revanche, la consultation facultative du Conseil économique, social et environnemental, en ces termes : *« Le Conseil économique, social et environnemental peut être consulté par le Gouvernement et le Parlement sur tout problème de caractère économique, social ou environnemental. Le Gouvernement peut également le consulter sur les projets de loi de programmation définissant les orientations pluriannuelles des finances publiques [...] »*.

122. Comme ce fut le cas pour la loi d'orientation sur la sécurité intérieure : CC, 22 août 2002, déc. 2002-460 DC), tout en excluant les lois de programme non chiffrées, assez loin des intentions du constituant de 1958 (en ce sens, F. Luchaire, « Article 34 », *in* F. Luchaire et G. Conac (dir.), *La Constitution de la République française*, 2e éd., Economica, 1987, p. 771.

123. En ce sens, J.-F. Picard, *Finances publiques*, Litec 2009, n° 157.

506. Champ de la consultation facultative. – Avant la révision constitutionnelle du 23 juillet 2008, la saisine facultative était réservée au seul Gouvernement, sous réserve de l'autosaisine. Désormais, le Conseil peut être saisi par le Parlement ou par voie de pétition sur tout problème de caractère économique, social ou environnemental, le Gouvernement conservant, toutefois, le monopole de l'initiative de la consultation sur ses projets de loi de programmation pluriannuelles des finances publiques.

507. Autosaisine. – S'agissant du droit d'autosaisine qui remonte à l'ordonnance initiale portant loi organique du 29 décembre 1958, sans être consacrée par la loi constitutionnelle du 23 juillet 2008, il ouvre la possibilité, fort, de son autosaisine afin d'*« appeler l'attention du Gouvernement sur les réformes »* qui entrent dans le cadre de sa compétence (ord. org., art. 3). C'est là un dispositif fort utile pour l'institution car il y a lieu de souligner que, *« durant toute la Ve République, c'est grâce à l'autosaisine que le Conseil économique et social a maintenu un niveau d'activité satisfaisant »*[124]. Il appartient donc au bureau du Conseil de prendre l'initiative d'une étude et de saisir l'une des sections à cet effet (ord. du 29 décembre 1958, art. 6).

508. Saisine par le Parlement. – En 2009, en application de l'article 70 de la Constitution révisée en 2008, précisé par l'ordonnance du 29 décembre 1958 modifié, le président de l'Assemblée nationale, a saisi, pour la première fois, le Conseil économique, social et environnemental afin que son avis soit donné sur le problème de la fiscalisation des indemnités journalières versées en cas d'accident de travail ayant entraîné une incapacité totale temporaire de courte durée.

509. Saisine par pétition. – S'agissant du droit de saisine par pétition, il remonte, en revanche, à la révision opérée par la loi constitutionnelle du 23 juillet 2008 (Const., art. 69, al. 3). Aux termes de la loi organique du 28 juin 2010, la pétition doit être présentée dans les mêmes termes par au moins 500 000 personnes majeures, de nationalité française ou résidant régulièrement en France. Le bureau du Conseil se prononçant sur sa recevabilité, le Conseil devra ensuite se prononcer par avis, dans un délai d'un an à compter de cette décision de recevabilité (ord. org., art. 4-1). Dans de telles conditions, il y a lieu de redouter que ce nouveau droit, guère performant par lui-même et pourtant reconnu aux nationaux français, notamment,

124. J. Frayssinet, « Le Conseil économique et social », *NED* n° 4807, La Documentation française, 1986, p. 40.

reste à jamais lettre morte. Mais c'est sans doute, sans inconstitutionnalité, ce que le législateur organique a voulu, les hypothèses d'expression de la démocratie directe étant pourchassées par la classe médiatico-politique en place.

510. Destination des avis. – Les avis, éventuellement étayés sur les rapports délibérés en assemblée plénière, avec exercice du droit d'amendement, ainsi que sur les études faites par l'assemblée ou par les sections et soumises à l'approbation du bureau du Conseil, sont transmis, dès leur adoption, au Premier ministre de même qu'ils sont adressés au Parlement. Dans son alinéa 2, l'article 69 de la Constitution de 1958 ouvre, de plus, une possibilité fort intéressante, mais peu usitée, d'exposer devant les assemblées, l'avis du Conseil sur les projets ou propositions dont il a eu à connaître (égal., ord. du 29 décembre 1958, art. 5). En ce cas, un membre du Conseil est désigné à cet effet, normalement le rapporteur du texte. Cette audition intervient, en général, en commission quoiqu'il ne soit pas exclu que le rapporteur du Conseil économique, social et environnemental soit entendu en séance. Or, l'information des députés ou des sénateurs ne peut qu'y gagner en raison de la grande qualité des textes issus des travaux du Conseil, publiés au *Journal officiel* et constituant, le plus souvent, une documentation de premier ordre qui gagnerait beaucoup à être plus souvent utilisée et davantage prise en compte.

511. Rapport. – En dehors du rapport annuel sur l'état de la France, prévu par le décret du 29 septembre 2010 et établi par la section de l'économie et des finances, c'est par l'importante collection *« Avis et rapports »*, que l'on prend l'exacte mesure de la quantité et de la qualité du travail accompli par cette assemblée constitutionnelle, encore si obscure et si modeste. Ainsi, au cours des deux dernières années 2008 et 2009, ce sont 65 rapports qui ont été publiés.

Section 4
Les organes centraux de contrôle

512. Responsabilité administrative. – Le contrôle est la contrepartie nécessaire de l'action et vise à mettre en œuvre la notion de responsabilité administrative dont on oublie trop souvent qu'elle est au nombre des droits de l'homme et du citoyen dont la Déclaration énonce, dans son article 15 : *« La société a le droit de demander compte à tout agent public de son administration »*. La valeur constitutionnelle de cette disposition n'est pas douteuse depuis l'intégration de la Déclaration de 1789 parmi les normes de référence du contrôle de constitutionnalité[125] même si la jurisprudence n'a pas eu encore l'occasion de l'affirmer en droit positif : en effet, c'est en vain que sa violation a déjà été soulevée devant le juge constitutionnel[126].

513. Contrôle administratif. – Le contrôle envisagé ici n'est pas répressif car il ne relève pas du contentieux disciplinaire. Il n'est pas non plus juridictionnel car il ne relève pas davantage du contentieux administratif ou du contrôle des comptes des comptables publics. Il s'agit, en réalité, d'un contrôle administratif qui s'exerce selon deux modalités différentes, qualifiées parfois d'endogène ou d'exogène. On parlera ici, plus simplement, de contrôle interne ou externe, étant précisé que ces deux modalités sont loin d'être équivalentes : en effet, le va-et-vient qui existe, en France, entre contrôleurs et contrôlés au sein de la haute fonction publique, issue des mêmes grands corps, n'est guère de nature à conforter l'efficacité de ce contrôle interne. À titre d'illustration des institutions administratives de contrôle, on retiendra :

— pour le contrôle interne à l'administration, l'Inspection générale des Finances en tant que service d'inspection interministérielle ;

— pour le contrôle externe à l'administration, la Cour des comptes, considérée ici en dehors de toute attribution juridictionnelle.

514. Recrutement par la voie de l'ENA. – On notera que ces corps d'inspection et de contrôle recrutent, en principe, parmi les élèves les mieux classés au concours de sortie de l'École nationale d'administration, mais aussi, au tour extérieur, selon un régime qui a été repris par la loi du 28 juin 1994 relative notamment à certaines modalités de nomination dans la fonction publique de l'État, en vue de l'organisation d'une procédure consultative, obligatoire et publique.

§ 1. Le contrôle interne par l'Inspection générale des Finances

515. Contrôle obligatoire. – Sauf en ce qui concerne l'exercice de fonctions dont l'indépendance est constitutionnellement protégée : la

125. CC, 27 décembre 1973, *Taxation d'office*, déc. 73-51 DC, *Rec.* 25 ; *GDCC* n° 20 et les réf.

126. CC, 3 juillet 1986, *Loi de finances rectificative pour 1986*, déc. 86-209 DC, *Rec.* 86 ; *RDP* 1989.399, note Favoreu.

fonction parlementaire, la fonction juridictionnelle dans la magistrature judiciaire ou administrative ainsi que la fonction pédagogique dans l'enseignement supérieur, toute l'administration fait l'objet d'un contrôle interne et toute administration est nécessairement contrôlée, non seulement au sein des institutions administratives de l'État, mais aussi, si elles le décident ainsi, au sein de grandes collectivités locales telles que la commune et le département de Paris. La plupart des ministères sont dotés d'un corps d'inspection ministérielle qui leur est propre, par exemple le Contrôle général des Armées (CGA) au sein du ministère de la Défense, étant précisé toutefois que l'on compte une quinzaine de services d'inspections seulement : dès lors, certains services sont communs à plusieurs ministères, par exemple l'Inspection générale des Affaires sociales (IGAS), inspection interministérielle pour tous les ministères à vocation sociale, quand d'autres, en revanche, n'assurent le contrôle que d'une partie de l'activité du ministère concerné, par exemple l'Inspection générale des Services (IGS) pour les directions actives de sécurité publique du ministère de l'Intérieur.

516. Variété. – Ces inspections interministérielles (IGF, IGA, IGAS) ou ministérielles sont variables par leur ancienneté, leur effectif, leur statut ou leur recrutement. Toutefois, il existe des caractéristiques communes qui tiennent en deux termes : compétence et indépendance qui confèrent, ensemble, l'autorité nécessaire à l'exercice de la mission. C'est ainsi qu'en principe, tout service d'inspection au sein de l'État est directement rattaché à un ministre qu'il assiste dans l'exercice de son pouvoir hiérarchique à tous les niveaux de l'administration concernée, c'est-à-dire tant auprès des directions générales ou des directions de l'administration centrale que, de façon privilégiée, auprès des services déconcentrés relevant des directions générales. En ce cas, c'est du ministre seul que le service reçoit la définition de sa mission et c'est au ministre seul qu'il rend compte de l'exécution de cette mission. Autrement dit, tout est fait pour que l'administration comprenne bien que – ou fasse comme si – c'est le ministre qui inspecte, à travers l'inspection, en tant qu'il est le chef de cette administration. Et telle est bien la réalité sauf lorsque, comme l'Inspection générale de la Police nationale, le service est intégré dans la partie d'administration qu'elle est chargée de contrôler : au cas particulier, au sein de la Direction générale de la Police nationale, l'ensemble des services actifs et des établissements de formation.

517. Évaluation et proposition. – Par le contrôle de l'ensemble des services centraux ou déconcentrés du ou des ministères de rattachement, opéré sur la base de missions permanentes ou temporaires, chaque inspection doit vérifier l'application des législations ou réglementations mises en œuvre, mais aussi – et peut-être surtout – évaluer la qualité de son fonctionnement courant, en fonction des missions assignées et des moyens alloués. Dès lors, un service d'inspection n'a pas et ne saurait avoir pour seul objet un contrôle inopiné de régularité de l'action administrative. Il doit savoir également formuler, en opportunité, des propositions opérationnelles de modernisation de l'administration contrôlée. Plus précisément, il s'agit pour lui de transmettre les instructions ministérielles, de veiller à leur application et, le cas échéant, d'informer le ministre des manquements ou des dysfonctionnements constatés, en lui proposant les sanctions ou les réformes à prendre. On doit souligner, en effet, combien sont proches les fonctions de contrôle administratif et de conseil en gestion administrative qu'au même titre que les cabinets privés d'audit, il appartient, désormais, aux inspections ministérielles d'exercer de façon simultanée, avec la même détermination.

518. Études et rapport. – Dans le prolongement de son activité de contrôle en légalité et en opportunité, chaque inspection est donc conduite à rédiger des études ou des rapports pour le compte ou à la demande du ministre dont elle relève. Il faut d'ailleurs être attentif au fait que la rédaction d'études tend désormais à l'emporter sur la fonction de contrôle à proprement parler et que, dès lors, l'activité des inspections risque fortement de dériver vers l'administration consultative principalement.

519. Inspection générale des Finances. – L'exemple le plus connu des inspections est l'Inspection générale des Finances qui est incontestablement l'un des grands corps de l'État, du point de vue organique. Il y a lieu, cependant, de tenir compte de son particularisme qui tient au fait que, contrairement aux autres services d'inspection, du point de vue fonctionnel, ce service revêt un caractère interministériel très marqué, tant pour l'évaluation des politiques publiques que pour l'assistance en gestion administrative, lié à l'omniprésence des considérations financières, au sein de l'État notamment. Sur ces bases, il convient donc de préciser à la fois l'organisation et les attributions de l'Inspection générale des Finances que l'usage dénomme volontiers l'IGF.

A L'organisation de l'Inspection générale des Finances

520. Origine. – L'Inspection générale des Finances remonte à l'institution des conseillers-inspecteurs des Finances en 1709, à la fin du règne de Louis XIV. Dans sa forme moderne, ce service du ministère chargé des Finances a été institué par l'arrêté du 25 mars 1816, sous la Restauration, par fusion de l'Inspection générale du Trésor, créée en 1801, avec les inspections des différentes régies fiscales. Ce corps de l'État qui compte de l'ordre de 250 membres, est régi, en droit positif, par le décret du 14 mars 1973 modifié par le décret du 4 octobre 2006 et relatif notamment au recrutement du corps et à la sortie des cadres.

1. Le recrutement du corps

521. ENA. – Depuis 1946, le recrutement du corps est assuré principalement par le concours de sortie de l'École nationale d'administration, les meilleurs candidats pouvant prétendre devenir inspecteurs des Finances, pour ne pas avoir choisi l'auditorat du Conseil d'État.

522. Tour extérieur. – Toutefois, dans le cadre du statut actuel de 1973 modifié, un tour extérieur a été mis en place parmi les fonctionnaires de l'État qui permet l'accès à l'Inspection, dans la proportion du quart des inspecteurs de 2e classe, de fonctionnaires ou agents de l'État ou magistrats de l'ordre judiciaire âgés de trente ans au moins, appartenant à un corps de catégorie A ou titulaires d'une licence en droit ou d'un diplôme équivalent et justifiant de dix années de services publics dans le cadre de fonctions exigeant une compétence financière. Par ailleurs, le service bénéficie de l'appui extérieur d'autres corps administratifs, judiciaires ou techniques de haut niveau de l'État.

523. Formation. – Dès leur nomination, les inspecteurs des finances entrent dans *« l'Inspection souffrante »* qui dure au moins quatre ans dont dix-huit mois avant leur titularisation, période de formation pendant laquelle tout détachement est interdit, et ce au profit de missions effectives de contrôle. De plus, un niveau supérieur de responsabilité est institué au sein du service de l'Inspection pour regrouper les inspecteurs généraux en activité dans le corps qui exercent une mission générale de contrôle et d'évaluation soit sur telle division centrale ou territoriale de l'administration du ministère de l'Économie, des Finances et de l'Industrie, soit sur telle division spécialisée d'une autre administration de l'État, par exemple les affaires sociales, la défense, la justice, les transports, etc. On peut citer, par exemple, le rapport de l'Inspection sur « *L'entreprise et l'hexagone* », rédigé sur la base d'une lettre de mission du ministre de l'Économie, des Finances et de l'Industrie à M. Frédéric Lavenir, remis au ministre en septembre 2000 et rendu public, depuis lors, sur décision expresse de son destinataire.

2. La sortie des cadres

524. Détachement et pantouflage. – Mais on serait tenté de dire que l'on entre à l'Inspection générale des Finances bien plus pour en sortir que pour participer aux missions d'inspection des services du ministère des Finances, lesquelles ne concernent environ qu'un tiers des effectifs, soit de l'ordre de 70 agents répartis à peu près à égalité entre inspecteurs et inspecteurs généraux des finances. La sortie des cadres du service s'opère, le plus souvent de façon définitive :

— soit par la démission au profit du secteur privé dans le cadre de ce qu'on appelle le *« pantouflage »*, la *« pantoufle »* étant – on le rappelle – la somme à rembourser à l'État par le fonctionnaire concerné, et, en réalité, par son nouvel employeur, faute d'avoir servi la puissance publique pendant une durée minimale de dix ans. Il faut souligner qu'au sein de l'Inspection, le taux considérable de démission se situe, en moyenne annuelle, à environ 30 % du corps ;

— soit par le détachement, la mise hors cadres ou la disponibilité, dans une proportion qui, depuis 1947, n'est limitée en principe qu'à la moitié des effectifs du corps.

525. Proximité avec les autorités contrôlées. – Le détachement est opéré dans la vie politique, ministérielle ou parlementaire, au Secrétariat général de la présidence de la République, dans les cabinets ministériels (Premier ministre, ministres ou secrétaires d'État), dans les administrations centrales, notamment pour assurer des fonctions à la tête des grandes directions du ministère des Finances et des directions financières des principaux ministères dépensiers ou dans des administrations internationales. Il est opéré également, à l'extérieur de l'État, dans de grandes entreprises à vocation financière dont, quel que soit le statut, les membres de l'Inspection assurent fréquemment la direction sans que l'on soit convaincu que la proximité qui, en conséquence, existe nécessairement entre le contrôleur et le contrôlé soit une garantie de l'efficacité de ce contrôle économique et financier, bien au contraire : le sinistre financier subi par le Crédit Lyonnais au cours de la décennie précédente l'aura clairement démontré. On observera qu'à ce sujet, le Conseil d'État a d'ailleurs fini par rendre un arrêt fort remarqué et certainement salutaire : est annulée pour excès de pouvoir, et sur le fondement d'une disposition du Code pénal, la nomination d'un inspecteur des Finances, M. Beaufret, comme sous-gouverneur du Crédit foncier de France, société dont, précisément, il assurait auparavant le contrôle direct en sa qualité de chef du service des affaires monétaires et financières à la direction du Trésor[127].

526. Statistique. – Au total, il reste que ce sont environ les deux tiers des effectifs qui exercent leur activité, en permanence, à l'extérieur du corps, proportion certainement excessive qui explique que, par un phénomène bien français et fort regrettable de confusion entre la haute administration et l'action politique, l'Inspection constitue toujours *« une pépinière de grands commis de l'État »*[128]. Encore faut-il ajouter aussitôt que son influence et son rayonnement s'étendent certainement bien au-delà des limites déjà peu étroites ou, du moins, peu contraignantes de l'administration de l'État.

B Les attributions de contrôle de l'Inspection générale des Finances

527. Compétences. – Depuis l'ordonnance du 9 mai 1831, l'Inspection générale des Finances détient compétence générale et exclusive sur toute l'administration du ministère des Finances. Par les missions qu'il réalise, le service contribue ainsi à une gestion rigoureuse et efficace des finances publiques, ce qui se traduit notamment par l'inspection des postes comptables, mais explique aussi sa compétence désormais étendue en dehors de l'État.

1. L'inspection des postes comptables

528. Principe. – L'inspection des postes comptables, fondée sur les articles 60 et 61 du décret du 29 décembre 1962 portant règlement général sur la comptabilité publique, constitue l'activité la plus connue du service au niveau déconcentré. Elle consiste dans la tournée d'inspection organisée et dirigée par un inspecteur général, après avis du comité des inspecteurs généraux. La méthode utilisée est celle qui prévaut dans toutes les missions de contrôle du service et qui tient en quatre principes-clés, énoncés par l'Inspection générale des finances elle-même dans un ordre et selon un vocabulaire différents : l'enquête sur place, la rigueur des constatations, la procédure contradictoire et l'engagement personnel de l'inspecteur. Pour l'inspection des

127. CE Ass., 6 décembre 1996, *Société Lambda, Rec.* 466, concl. Piveteau ; *GAJA* n° 104 et les réf.

128. P.-M. Gaudemet et J. Molinier, *Finances publiques*, T. 1, Montchrestien, coll. Précis Domat, 7e éd., 1996, n° 352, p. 438.

postes comptables, les jeunes inspecteurs des finances sont ainsi regroupés en brigades de deux à vingt membres, chacun étant chargé d'une mission précise de vérification sur pièces et sur place, d'une durée de quinze à trente jours environ. Les deux règles qui président à ces tournées d'inspection sont celles de l'improviste et de la défiance dont on saurait dire qu'elles sont particulièrement favorables, l'une et l'autre, aux agents contrôlés.

529. Procédure. – L'inspection d'un poste comptable commence par l'arrêté de caisse de l'agent public par l'inspecteur, toutes les opérations en recettes et en dépenses étant alors traitées séparément avant leur réintégration dans la comptabilité d'ensemble à la suite de l'inspection. L'agent comptable doit présenter à l'inspecteur son encaisse et les valeurs qu'il détient de même qu'il doit lui fournir tout document nécessaire ainsi que toute information ou explication demandée afin de pouvoir justifier de l'état exact de sa caisse ainsi que de la totalité des mouvements de fonds opérés en recettes ou en dépenses. Au terme de l'inspection, un rapport est rédigé, de caractère contradictoire, ce qui est l'exception dans le cadre d'une procédure administrative qui n'est ni disciplinaire ni juridictionnelle : aux observations de l'inspecteur, en légalité sur les éventuels manquements aux règles de la comptabilité publique, mais aussi en opportunité sur les différentes insuffisances d'organisation ou de fonctionnement du poste comptable, l'agent vérifié est en droit de répondre, puis l'inspecteur de répliquer, le tout en trois colonnes juxtaposées.

530. Transmission au supérieur hiérarchique. – Le rapport est ensuite transmis au supérieur hiérarchique du comptable vérifié, puis à l'inspecteur général des Finances, chef de la brigade de vérification. Après avoir transité par l'inspecteur général chef du service de l'Inspection, il est enfin remis au ministre chargé des Finances auquel il appartient, et à lui seul, de prendre, le cas échéant, toute mesure à l'encontre du comptable public vérifié. Toutefois, en cas d'urgence et si la vérification révèle une irrégularité grave dans le fonctionnement du poste comptable telle que le détournement de fonds, l'inspecteur est autorisé à prendre immédiatement des mesures conservatoires visant à la protection des finances publiques : suspension de l'agent comptable, information de sa hiérarchie et intérim de ses fonctions.

531. Efficacité. – Il faut dire, cependant, que l'efficacité de ce contrôle interne de l'administration tient plus à son existence qu'à sa fréquence. La menace d'un tel contrôle est sans doute l'un des plus sûrs moyens de veiller à la bonne tenue de la comptabilité publique. Au demeurant, s'y ajoute le contrôle de l'agent comptable, soit directement par sa propre hiérarchie, soit indirectement par l'intermédiaire du jugement de son compte. Cette remarque vaut d'ailleurs d'être généralisée : l'administration française est comparativement d'une qualité remarquable et mérite la considération et la confiance des administrés. Qu'il existe, ici ou là et de façon trop fréquente, des insuffisances graves, voire des manquements scandaleux aux obligations de fonction publique, à commencer par celle de désintéressement, ne change rien à l'affaire. Il appartient à la hiérarchie administrative de les réprimer, sans préjudice des actions qui peuvent être engagées contre le service ou contre ses agents, devant les juridictions compétentes, par les personnes qui sont recevables à ce faire, sauf à faire remonter la responsabilité de ces insuffisances ou de ces manquements au niveau politique dès lors qu'il les a tolérés ou couverts, sinon permis.

2. L'extension de la compétence de l'Inspection en dehors de l'État

532. Développement des compétences. – Au fil des années, la rigueur des contrôles de l'Inspection générale des Finances et la qualité de ses interventions ont conduit à étendre la compétence de ce service, en dehors de l'État, à des organismes de droit public ou de droit privé de plus en plus nombreux, soumis à son contrôle dès lors que leur financement est public par son origine, sa nature ou son procédé. Il s'agit :

— des organismes privés subventionnés par l'État depuis le décret du 30 octobre 1935 ;

— des caisses primaires et régionales de Sécurité sociale depuis l'arrêté du 31 janvier 1950 ;

— des entreprises nationales, sociétés ou groupements d'intérêt économique à capital majoritairement détenu par l'État ou encore des groupements ou organismes professionnels ou interprofessionnels à caractère économique, autorisés notamment à procéder à un prélèvement forcé (décret du 26 mai 1955, art. 1er à 4) ;

— des organismes bénéficiaires de concours financiers publics (ord. du 23 septembre 1958, art. 31) ;

— des organismes habilités à percevoir des taxes parafiscales ou gestionnaires de ressources d'origine parafiscale (décret du 24 août 1961, art. 5) ;

— des établissements de crédit intervenant dans le secteur réglementé du logement (C. const. et hab., art. 316-4 issu de la loi du 12 avril 1996, art. 42).

§ 2. Le contrôle externe par la Cour des comptes

533. Historique. – L'existence d'un corps de contrôle des finances royales est attestée depuis 1318, en France. Comme le Conseil d'État, la Cour des comptes constitue donc, sous sa forme moderne, la reprise d'une institution de l'ancien droit, bien antérieure à la Révolution française, en l'occurrence la Chambre des comptes de Paris. Toutefois, à la différence du Conseil d'État, elle a été créée par la loi du 16 septembre 1807 en la forme et avec les compétences d'une juridiction ayant à connaître du jugement des comptes des comptables publics nationaux. Ce contrôle juridictionnel s'opérant, de façon objective, sur le compte accompagné des pièces qui le justifient nécessairement et sur la base desquelles précisément le comptable public a pris la décision de recouvrement ou de paiement, il induit un contrôle sur la phase administrative de l'exécution de la recette ou de la dépense publique, lequel n'a cependant aucun caractère juridictionnel dès lors que la loi a expressément exclu la juridiction de la Cour sur les ordonnateurs.

534. Constitutionnalisation. – L'existence de la Cour des comptes est constitutionnelle depuis 1946 (art. 18). Dans le texte originel de la Constitution de 1958, l'intitulé de sa fonction de contrôle externe était énoncé de façon très générale : « *la Cour des comptes assiste le Parlement et le Gouvernement dans le contrôle de l'exécution des lois de finances* » (Const. init., art. 47, al. 6 ancien). La révision constitutionnelle du 23 juillet 2008 a permis d'étendre cette fonction de contrôle à l'ensemble de l'action du Gouvernement : « *La Cour des comptes assiste le Parlement dans le contrôle de l'action du Gouvernement* », mais aussi aux lois de financement de la Sécurité sociale ainsi qu'à l'évaluation des politiques publiques, dans la perspective du développement de l'audit public (Const. révisée, art. 47-2, al. 1er nv).

535. Réforme. – Il s'agissait de donner un fondement constitutionnel à la nécessaire réforme d'une juridiction financière qui n'était plus adaptée à l'évolution des finances publiques et du contrôle budgétaire depuis l'entrée en vigueur de la loi organique relative aux lois de finances du 1er août 2001. Désormais l'action de la Cour doit concerner tant la régularité de l'exécution budgétaire que la sincérité des comptes et l'efficacité de l'utilisation des deniers publics. Par ailleurs, la procédure juridictionnelle de la Cour a du être profondément révisée pour s'adapter aux exigences du procès équitable figurant à l'article 6, § 1 de la Convention européenne de sauvegarde des droits de l'homme[129]. C'est ainsi que le Conseil d'État, en tant que juge de cassation, fut conduit à annuler, à bon droit, un arrêt de déclaration de gestion de fait au motif que les magistrats de la Cour des comptes qui avaient contribué à le rendre, en formation juridictionnelle, avaient adopté antérieurement, en formation administrative, le rapport public de la Cour dans lequel la même affaire avait été mentionnée[130]. Après réitération de la jurisprudence *Procola* de 1995 précitée, puisqu'à l'évidence, ce fut nécessaire devant l'ordre juridictionnel administratif qui avait feint de ne pas en avoir compris exactement la portée[131], une première loi du 28 octobre 2008 relative à la Cour des comptes et aux chambres régionales des comptes est venu modifier la procédure de jugement des comptes pour sa mise en conformité avec le droit réitéré de la Convention. Et, si un nouveau projet de loi portant réforme des juridictions financières a bien été déposé, le 28 octobre 2009, sur le bureau de l'Assemblée nationale, ce texte est actuellement en panne, sans même avoir été délibéré par la première assemblée saisie.

536. Contrôle administratif. – À l'occasion du jugement des comptes des comptables publics et par la connaissance qu'il a alors nécessairement des pièces de l'exécution administrative de la dépense publique par les ordonnateurs sur lesquels il n'a pas juridiction, telles que jointes aux comptes qu'il a à juger, le juge des comptes est en mesure d'apprécier la gestion des administrations. S'agissant de la Cour des comptes, ce contrôle est donc, à titre principal et de façon directe, son contrôle administratif externe sur les ordonnateurs principaux de l'État que sont les ministres, sur la base des dispositions contenues, en droit positif, dans le Code des juridictions financières (CJF) codifiant la loi du 22 juin 1967 modifiée par la loi du 2 décembre 1994 et le décret d'application du 11 février 1985 par le décret du 14 avril 2000. C'est ce que vérifie l'étude de l'organisation et des attributions administratives de la Cour des comptes.

129. CEDH, 28 septembre 1995, *Procola c/Luxembourg*, série A, n° 326 ; *AJDA* 1996.383, chr. Flauss ; D. 1996.301, note F. Benoît-Rohmer ; *RFDA* 1996.777, note Autin et Sudre ; *RTDH* 1996.271, note Spielmann.

130. CE Ass., 23 février 2000, *Société Labor Métal et autres, Rec.* 83, concl. Deban ; *AJDA* 2000. 404, chron. Guyomar et Colin.

131. CEDH, 12 avril 2006, *Martinie c/France*, *AJDA* 2006, p. 986, note F. Rolin ; *RFDA* 2006, p. 577, note L. Sermet et p. 819, chron. M. Lascombe et X. Vandendriessche ; *RFFP* 2006, p. 209, X. Cabannes.

A L'organisation de la Cour des comptes

537. À travers leur activité soutenue et leur comportement exigeant, les membres de la Cour des comptes témoignent, de façon remarquable, à la fois de leur indépendance et de leur compétence.

1. L'indépendance des magistrats de la Cour

538. Fondement. – Depuis sa création en 1807, la Cour des comptes bénéficie de l'indépendance qui est de l'essence même de l'institution juridictionnelle. Le Conseil constitutionnel a eu l'occasion de le rappeler avec force dans sa décision en date du 25 juillet 2001 en censurant, à bon droit, la disposition de la loi organique relative aux lois de finances qui tentait de soumettre aux présidents et aux rapporteurs généraux des commissions parlementaires chargées des finances le programme des contrôles de la Cour comme *« de nature à porter atteinte à son indépendance »*[132]. Cette solution se déduit simplement de la jurisprudence antérieure qui constitutionnalise l'indépendance des juridictions administratives sur le fondement d'un principe fondamental reconnu par les lois de la République, en l'occurrence par la loi du 24 mai 1872[133].

539. Magistrats. – Il résulte, en effet, du Code des juridictions financières que la Cour des comptes est bien une juridiction administrative. Cela n'est pas clairement explicité par son article L. 120-1 qui reprend une formulation traditionnelle depuis 1807 : *« Les membres de la Cour ont la qualité de magistrats. Ils sont et demeurent inamovibles »*. Mais cette qualification de magistrats et le principe d'inamovibilité qui s'y attache nécessairement ne doivent pas induire en erreur, pas plus que le port d'une robe noire dans les circonstances solennelles, la dénomination de premier président qui s'attache au chef de juridiction ou encore l'existence d'un Parquet général près la Cour des comptes, composé d'un procureur général, d'un premier avocat général et de deux avocats généraux, magistrats de la Cour. Car, la Cour des comptes connaît, pour l'heure, en appel des jugements définitifs des chambres régionales des comptes (CJF, art. L. 111-1, al. 2), créées par la loi du 2 mars 1982, dont les arrêts

132. CC, 25 juillet 2001, *Loi organique relative aux lois de finances*, déc. 2001-448 DC, *Rec.* 99 ; *GDCC* n° 48 et les réf.

133. CC, 22 juillet 1980, *Validation des actes administratifs*, déc. 80-119 DC, *Rec.* 46 ; *GDCC* n° 27 et les réf.

relèvent du Conseil d'État par la voie de la cassation[134]. La réforme prévoyant leur suppression, la Cour retrouverait une compétence de première instance exercée par des chambres au ressort interrégional donc les décisions seraient susceptibles de recours devant une Cour d'appel des juridictions financières présidée par un magistrat de la Cour exerçant ou ayant exercé les fonctions de président de chambre par des chambres interrégionales, et composée d'un nombre égal de conseillers d'État, à la Cour de cassation et conseillers maîtres à la Cour des comptes.

540. Une juridiction administrative. – Ces dispositions législatives suffisent amplement à regarder la Cour des comptes pour ce qu'elle a toujours été : une juridiction administrative, y compris dans l'appréciation de la gestion des administrations par le juge des comptes, même si cette attribution n'est pas juridictionnelle.

2. La compétence des membres de la Cour

541. Recrutement. – Le recrutement des membres de la Cour des comptes est analogue à celui du Conseil d'État, tant au tour intérieur, au concours de sortie de l'ENA, qu'au tour extérieur, les différents grades étant successivement ceux d'auditeur, de conseiller référendaire et de conseiller maître. Le Code des juridictions financières dans ses dispositions issues des lois du 21 décembre 2001 relative aux chambres régionales et à la Cour des comptes et de la loi du 1er juillet 2006 portant dispositions statutaires applicables aux membres de la Cour des comptes a prévu l'accès parcimonieux à la Cour à partir des chambres par intégration chaque année, comme conseiller référendaire à la Cour des comptes, d'un magistrat de chambre régionale des comptes ayant au moins le grade de premier conseiller, âgé de trente-cinq ans au moins et justifiant, à la date de nomination, de dix ans de services publics effectifs (CJF, art. L. 122-5, al. 2). On notera, de plus, l'existence de conseillers maîtres en service extraordinaire, au nombre de douze au maximum, nommés par décret en Conseil des ministres pour une période de cinq ans non renouvelable, qui – comme il est normal – ne participent pas aux activités juridictionnelles de la Cour (CJF, art. L. 112-6 et L. 122-6). Il y a là l'occasion d'une ouverture certainement utile et mutuellement profitable sur l'environnement socio-professionnel de la Cour.

134. CJF, art. R. 143-3, al. 1er ; par ex., CE Ass., 20 novembre 1981, *Ministre du Budget c/Rispail et autres, Rec.* 434 ; *Rev. adm.* 1982.393, note Fabre.

542. Première présidence. – L'institution est présidée par le premier président de la Cour des comptes, nommé par décret en Conseil des ministres (M. Didier Migaud, depuis février 2010), qui est chargé de la direction générale de la Cour et de l'administration de ses services (CJF, art. R. 112-3) :

— au titre de la direction générale de la Cour, il lui appartient notamment, après avis du procureur général, de répartir les attributions entre les chambres (actuellement par arrêté du 12 septembre 1997) et de définir l'organisation générale des travaux de la Cour sur la base d'un programme annuel de travail établi de façon telle que les institutions qui relèvent de la compétence de la Cour fassent l'objet d'un contrôle de gestion tous les quatre ou cinq ans en moyenne ;

— au titre de l'administration des services de la Cour, il assure la gestion des magistrats et des personnels affectés à la juridiction, de même qu'il est ordonnateur des dépenses de la Cour. Il est assisté, au titre de cette direction des services administratifs de la Cour, d'un secrétaire général et de deux secrétaires généraux adjoints, magistrats de la Cour, qui sont placés sous son autorité.

543. Organisation. – La Cour des comptes est divisée en sept chambres, éventuellement subdivisées en sections par arrêté du premier président, pris sur proposition du président de la chambre et après avis du procureur général :

— chaque chambre comprend une trentaine de membres : un président de chambre, des conseillers maîtres, des conseillers référendaires, des auditeurs et, le cas échéant, de conseillers maîtres en service extraordinaire. Elle comprend aussi des fonctionnaires de haut niveau administratif ou technique, détachés ou en mobilité et placés sous l'autorité du président de chambre ;

— chaque section comprend au moins trois conseillers maîtres et un ou deux conseillers maîtres en service extraordinaire (CJF, art. R. 112-19, al. 4).

544. Répartition des travaux. – Il appartient au président de chambre de répartir les travaux entre les magistrats de la chambre et de fixer, en tant que de besoin, les attributions des sections de la chambre, en déterminant les affaires dont la délibération relève de la chambre ou d'une section (*ibid.*, art. R. 112-20).

545. Formations. – Dans le cadre de ses attributions administratives notamment, la Cour se réunit soit en audience solennelle, soit, en principe, par chambre ou section de chambre, soit, par exception, en chambre du conseil, soit en formation interchambres :

— la chambre du conseil, présidé par le premier président, est composée des conseillers maîtres dont les présidents de chambre ainsi que, dans les affaires intéressant les entreprises publiques, des conseillers maîtres en service extraordinaire. Elle est saisie des projets de rapports publics, de rapport sur le projet de loi de règlement du budget, de déclaration générale de conformité, de rapport sur l'application des lois de financement de la Sécurité sociale et elle en arrête le texte (*ibid.*, art. R. 112-17, al. 3) ;

— la formation interchambres suppose notamment l'examen d'un rapport traitant de questions relevant des attributions de plusieurs chambres. Sa constitution par arrêté du premier président, à son initiative ou sur proposition du procureur général ou des présidents des chambres intéressées, doit prévoir au moins deux conseillers maîtres de chacune de ces chambres, désignés par les présidents de chambre dont l'un assure la présidence de la formation (*ibid.*, art. R. 112-21).

B Les attributions administratives de la Cour des comptes

546. Contrôle de l'exécution des lois de finances. – C'est au titre de ses seules attributions administratives que, depuis 1946, la Cour des comptes figure dans le dispositif constitutionnel. En droit positif, la Constitution prévoit en ce sens : « *La Cour des comptes assiste (...) le Parlement et le Gouvernement dans le contrôle de l'exécution des lois de finances* » (art. 47-2, al. 1er). Et, la loi constitutionnelle du 23 juillet 2008 intègre à cet article 47-2 l'ancien article 47-1, alinéa 5 de la Constitution, telle que révisée antérieurement par la loi constitutionnelle du 22 février 1996, en vue de transposer, dans cette même prescription de l'article 47-2, le contrôle de l'application des lois de financement de la Sécurité sociale qui donnait déjà lieu, depuis 1994, à un rapport public annuel au Parlement sur la Sécurité sociale.

547. Contrôle des ordonnateurs. – Or, pour s'en tenir aux lois de finances, leur exécution, en particulier celle de la loi de finances initiale, dénommée, sous son aspect comptable, budget de l'État, met en œuvre le pouvoir exécutif confié aux ministres en tant que le droit budgétaire les désigne comme les ordonnateurs principaux de ce budget (décret du 29 décembre 1962 préc., art. 9). Ainsi, en dépenses, il leur appartient, en principe, d'engager, de liquider et d'ordonnancer les opérations budgétaires ainsi que de tenir la comptabilité administrative qui retrace les ordres qu'ils sont conduits à donner.

Par l'intermédiaire de ses rapporteurs, appuyés dans leur activité par des assistants de vérification, la Cour diligente ainsi de nombreux et utiles contrôles administratifs sur la gestion des ordonnateurs dont les moyens et les résultats doivent être successivement considérés.

1. Les moyens du contrôle de gestion

548. Contrôle sur pièces et sur place. – Le contrôle administratif de gestion, opéré tant en légalité qu'en opportunité, est conduit par les rapporteurs dans le cadre de *« toutes investigations qu'ils jugent utiles sur pièces et sur place »* (CJF, art. R. 141-2), c'est-à-dire au bénéfice d'un droit de communication et d'accès qui est largement entendu et qui suppose la possibilité de procéder à des enquêtes ou à des auditions, sans que le secret administratif puisse leur être utilement opposé.

Il y a lieu enfin de préciser qu'au-delà de l'État, ce contrôle non juridictionnel est étendu :

— depuis 1949, aux organismes de Sécurité sociale (CJF, art. LO 132-3) ;

— depuis 1976, aux entreprises publiques (*ibid.*, art. L. 111-4) ;

— depuis 1982, aux organismes bénéficiaires de concours financiers publics (*ibid.*, art. L. 111-7) ;

— depuis 1991, aux organismes faisant appel à la générosité publique (*ibid.*, art. L. 111-8).

2. Les résultats du contrôle de gestion

549. Modalités. – Toute investigation donne donc lieu à rédaction d'un rapport qui contient les observations et les propositions motivées sur les suites à donner ainsi qu'à un contre-rapport, rédigé par un conseiller maître, et, le cas échéant, des conclusions du Parquet général. La délibération par la formation compétente conduit à l'une des communications suivantes de la Cour des comptes, à commencer par le rapport public annuel remis au Président de la République et présenté au Parlement (CJF, art. L. 136-1).

550. Rapport public. – Depuis sa révision de 2008, en écho à l'article 15 de la Déclaration des droits de l'homme et du citoyen de 1789 : « *La société a le droit de demander compte à tout agent public de son administration* », la Constitution consacre implicitement la fréquence, l'importance et – il faut le dire – la qualité du contrôle administratif externe de la Cour : « *Par ses rapports publics, elle contribue à l'information des citoyens* » (art. 47-2, al. 1er). Dans sa production continue, dense et éclairante, à cet effet, qui n'est, cependant qu'une infime partie de la production de la Cour (15 rapports seulement rendus publics, en 2010, sur pas moins de 833 rapports déposés dans le cadre de son contrôle de la gestion, étendu à l'audit et à l'évaluation), il faut retenir, en premier lieu, son rapport public annuel constituant un véritable pilori administratif qui permet de recenser, de dénoncer et de faire corriger les erreurs de gestion significatives, graves ou répétitives, fondées sur une irrégularité notoire ou une pratique contestable. Sa publicité depuis 1832, régime de Vichy excepté, permet d'assurer, de façon efficace et utile, le relais des observations de la Cour par la grande presse, écrite ou parlée. De plus, le Conseil des ministres du 3 janvier 1991 a pris la décision de permettre à la Cour *« de publier des fascicules distincts du rapport public annuel sur des sujets importants auxquels elle veut donner un relief particulier »*.

551. Insertions. – Cela correspond à une trentaine de contrôles privilégiés par an dont les résultats sont exposés dans le rapport général d'activité de la Cour, y compris par voie d'« *insertions* » qui sont des communications sur les travaux spécifiques de la Cour et des chambres régionales des comptes en matière de contrôle administratif[135].

552. Contradiction. – On doit noter que, dans le souci légitime d'une procédure contradictoire, les observations de la Cour sur chaque sujet sont suivies des réponses des administrations mises en cause qui tentent de s'expliquer ou de se justifier ou de s'amender sans que soient prises sérieusement en défaut la sincérité, l'autorité et la qualité du contrôle administratif exercé par la Cour directement ou par les chambres régionales, pour le compte de la Cour, au regard des règles de la bonne gestion publique. Du reste, on rappellera, à toutes fins utiles, que leur objet n'est pas de gêner l'action administrative, mais de protéger les deniers publics, c'est-à-dire les *« fonds et valeurs appartenant ou confiés aux organismes publics »*[136].

553. Multiplicité des rapports. – Mais le rapport public annuel de la Cour doit ou peut être complété par différents rapports :

— Le rapport sur l'exécution de la loi de finances. Ce rapport est publié en juin et annexé au projet de loi de règlement (CJF, art. LO 132-1), à l'occasion du contrôle annuel que le Parlement exerce sur l'exécution du budget au moyen de la délibération de la loi de règlement, et en vue de la délibération du projet de loi de

135. Par ex., dans le *Rapport public* 2005 de la Cour des comptes, l'insertion sur la restauration des usagers du service public scolaire ou à caractère social en Alsace, sur la base d'une enquête de la chambre régionale des comptes territorialement compétente.
136. Décret du 29 décembre 1962, art. 11 ; à ce sujet, J. Magnet, « La notion de deniers publics en droit financier français », *RSF* 1974.129.

finances initiale pour l'année suivante. Il est composé de deux documents distincts :

• le rapport spécial qui consigne les observations de la Cour sur les résultats financiers, l'application du droit budgétaire et la consommation des crédits votés. Ce rapport comporte également des monographies particulières sur les budgets de différents ministères ;

• la déclaration générale de conformité qui établit la concordance, à l'euro près, entre l'ensemble des comptabilités administratives des ordonnateurs et les comptes des comptables publics assignataires, c'est-à-dire la correspondance entre les phases administrative et comptable d'exécution du budget de l'État, tant en recettes qu'en dépenses ;

— les rapports et actes de certification présentés à l'appui des projets de loi de finances et de loi de financement de la sécurité sociale prévus par les articles 58-3°, 58-4°, 58-5° et 58-6° de la loi organique du 1er août 2001 relative aux lois de finances (LOLF) : rapports sur la situation et les perspectives des finances publiques, sur les résultats et la gestion budgétaire de l'État et sur les mouvements de crédits opérés par voie administrative au sein du budget de l'État (acte de certification des comptes de l'État) et par les articles LO. 132-2-1 et 132-3 du Code des juridictions financières (CJF) : rapport sur l'application des lois de financement de la sécurité sociale, acte de certification des comptes du régime général de la sécurité sociale. En 2010, cette activité de contrôle a conduit à la publication de deux rapports ;

— les communications au Parlement, sur le fondement de l'article 58-2 de la loi organique relative aux lois de finances du 1er août 2001, complété par l'article L. 132-3-1 du Code des juridictions financières, ce qui correspond à 16 communications au Parlement, en 2010.

— Les rapports « *thématiques* », adressés au Président de la République et publiés tout au long de l'année par la Cour des comptes, soit 6 en 2010. Ils sont consacrés aux résultats de contrôles spécifiques de la Cour et des chambres régionales des comptes, en dehors du rapport public annuel. On peut citer, par exemple, celui relatif, en mars 2011, sur les musées nationaux.

— Les rapports sur le contrôle des comptes d'emploi des fonds collectés par les organismes faisant appel à la générosité publique qui donne lieu à une communication du premier président de la Cour au président de l'organisme en cause et à son organe délibérant, mais aussi aux ministres et aux commissions des finances du Parlement, et qui peuvent être publiés (6 en 2009, mais 2 en 2010). On peut citer, par exemple, l'un des deux rapports, celui relatif, en février 2010, à la Fondation Hôpitaux de Paris – Hôpitaux de France.

554. Procédés complémentaires de contrôle. – En dehors de ces rapports, il existe encore d'autres procédés de contrôle de la gestion par la Cour des comptes des ordonnateurs principaux de l'État qui correspondent aux référés du premier président aux ministres compétents (26 en 2010), aux communications du Procureur général (31 en 2010), aux lettres d'un président de chambre (220 en 2010) ou encore aux rapports particuliers (30 en 2010). On insistera sur la première procédure, celle du référé du premier président, prévue depuis la loi de 1807 et régie, en droit positif, par l'article R. 112-3, alinéa 3 du Code des juridictions financières, qui s'applique, de façon solennelle, aux manquements les plus graves constatés dans le fonctionnement des services de l'État. Il est systématiquement donné copie au ministre chargé des Finances de chaque référé du premier président, lequel doit recevoir réponse dans les trois mois dont copie est également destinée au même ministre. Pour les communications du procureur général, le délai de réponse des ministres est réduit à un mois. Et, depuis la loi de finances rectificative pour 1995, il est prévu que, passé le délai de six mois sans réponse au fond, ces communications sont transmises de droit aux commissions des Finances de chaque assemblée parlementaire.

555. Limites. – L'efficacité de ce contrôle administratif externe par la Cour des comptes repose, pourtant, sur des garanties assez faibles en raison, pour l'essentiel, des mécanismes d'irresponsabilité qui, en France, viennent protéger abusivement l'exercice des fonctions ministérielles, le mécanisme de responsabilité politique solidaire, propre au régime parlementaire (Const., art. 49 et 50), étant ici parfaitement illusoire. En effet, la Commission interministérielle réunissant, depuis 1963, le chef du service de l'Inspection générale des Finances et le directeur général de l'Administration et de la Fonction publique, n'a que le pouvoir de proposer des réformes administratives pour donner une suite au rapport public de la Cour. Dès lors, tout dépend, en la matière, de la bonne volonté des ministres.

556. Action pénale. – De plus, la Cour des comptes a bien la possibilité de déclencher l'action pénale par transmission à l'autorité judiciaire de présomptions d'infraction pénale : toutefois, on ne compte, chaque année, que quelques cas de transmission au garde des sceaux par le procureur général près la Cour des comptes, à la demande de la Cour (CJF, art. R. 135-3) : 2 seulement en 2010 pour une moyenne de moins de 3 par an de 2007 à 2010. De même, depuis la loi du 25 septembre 1948 modifiée et codifiée, les ordonnateurs peuvent être déférés devant une juridiction administrative spéciale : la Cour de discipline budgétaire et financière (CJF, art. L. 311-1 s.). Mais ces dispositions qui sont d'une utilisation exceptionnelle, ne sont pas susceptibles d'être utilisées contre les ordonnateurs principaux de l'État que sont les ministres. Or, pour ce qui les concerne, la poursuite pénale devant la Cour de justice de la République à raison de leur gestion administrative, est quasiment illusoire, malgré la reprise du dispositif constitutionnel, à cet effet, par la révision du 27 juillet 1993 (Const., art. 68-1 à -3).

557. Bibliographie. – ARDANT Philippe, *Le Premier ministre en France*, coll. Clefs-Politique, Paris, Montchrestien, 1991.

ASSOCIATION DU CORPS PRÉFECTORAL ET DES HAUTS FONCTIONNAIRES DU MINISTRE DE L'INTÉRIEUR, *Histoire du ministère de l'intérieur*, Paris, La Documentation française, 1993.

ARTHUIS Jean, *Dans les coulisses de Bercy*, Paris, Albin Michel, 1998.

AUBY Jean-François, *Organisation administrative du territoire*, Paris, Dalloz, 1985.

AVRIL Pierre, « Les décrets réglementaires du Président de la République non délibérés en Conseil des ministres », *AJDA* 1976. 116.

BAECQUE Francis de, *L'Administration centrale de la France*, coll. U, Paris, Armand Colin, 1973.

BERNARD Michel, « Le renouveau de la fonction consultative du Conseil d'État sous la Ve République », *EDCE* 1994, 439.

BIGAUT Christian, *Les cabinets ministériels*, coll. Systèmes-Droit public, Paris, LGDJ, 1997.

BIOY Xavier, EYMERI-DOUZANS Jean-Michel, MOUTON Stéphane, *Le règne des entourages*, Paris, FNSP, 2013 (à paraître).

BOUDET Jean-François, « Les services à compétence nationale », *RFDA* 2009.995.

CHENOT Bernard, « Le ministre, chef d'une administration », *in Pouvoirs*, n° 36, 1986.

CHEVALLIER Jacques, « La reconfiguration de l'administration centrale », *RFAP* 2005.116.

CNRS et Université de Lille II, *Le contrôle de l'administration par elle-même*, Paris, Éd. du CNRS, 1983.

COHEN Samy, *Les Conseillers du président*, Paris, PUF, 1980.

COHEN Samy, *Le Secrétariat général de la présidence de la République*, Paris, Presses de la FNSP, 1981.

COHENDET Marie-Anne, « L'arbitrage du Président de la République », *ARSP* 2009.15.

COSTA Jean-Paul, « Une nouvelle section du Conseil d'État : la section du rapport et des études », *AJDA* 1985.265.

COSTA Jean-Paul, *Le Conseil d'État dans la société contemporaine*, Paris, Economica, 1993.

CONSEIL D'ÉTAT, « Structures gouvernementales et organisation administrative », *NED* n° 4818, Paris, La Documentation française, 1986.

DEBBASCH Charles, *L'Élysée dévoilé*, Paris, Albin Michel, 1982.

DEBBASCH Charles, « Président de la République et Premier ministre dans le système politique de la Ve République. Duel ou duo ? », *RDP* 1982, 1175.

DELAUNAY Bénédicte, « Les services à compétence nationale », *DA* 2009.7.

DELCAMP Alain, BERGEL Jean-Louis et DUPAS Alain (dir.), *Contrôle parlementaire et évaluation*, coll. Études, Paris, La Documentation française, 1995.

DELVOLVÉ Pierre, MODERNE Franck, « La réforme du Conseil d'État », *RFDA* 2008.213.

DENOIX DE SAINT MARC Renaud, « Le fonctionnement du Conseil des ministres et du Gouvernement », *in* Pierre AVRIL et Michel VERPEAUX (dir.), *Les règles et principes non écrits en droit public*, Paris, Éditions Panthéon-Assas, 2000, p. 221-234.

FERSTENBERT Jacques, « Une troisième catégorie de services de l'État ? », *AJDA* 1997.315.

FOUCAUD Fabien, « Le secrétaire général de l'Élysée : éclairage sur la présidentialisation du régime », *RDP* 2010.1027

FOURNIER Jacques, *Le Travail Gouvernemental*, coll. Amphithéâtre, Paris, Presses de la FNSP et Dalloz, 1987.

FRAYSSINET Jean, « Le Conseil économique et social », *NED* n° 4807, Paris, La Documentation française, 1986.

GAUDEMET Yves, STIRN Bernard, DAL FARRA Thierry et ROLIN Frédéric, *Les grands avis du Conseil d'État*, Paris, Dalloz, 2008.

GAXIE Daniel, « Immuables et changeants : les ministres de la Ve République », *in Pouvoirs*, n° 36, 1986, p. 61-78.

GHEVONTIAN Richard, « La révision de la Constitution et le Président de la République : l'hyper présidentialisation n'a pas eu lieu », *RFDC* 2009.119.

GONOD Pascale, « L'examen des propositions de loi par le Conseil d'État : procédure novatrice ou simple gadget ? », *RFDA* 2009.890.

HOEPFFNER Hélène, « Les avis du Conseil d'État. Essai de synthèse », *RFDA* 2009.895.

INSTITUT FRANÇAIS DES SCIENCES ADMINISTRATIVES, *Le Secrétariat général du Gouvernement*, Paris, Economica, 1986.

INSTITUT FRANÇAIS DES SCIENCES ADMINISTRATIVES, *L'administration de l'Éducation nationale*, Paris, Economica, 1992.

JOBERT Michel, « Le partage du pouvoir exécutif », *in Pouvoirs*, n° 4, 1978.

KESSLER Marie-Christine, *Les Grands Corps de l'État*, Paris, Berger-Levrault, 1985.

LANGAVANT Emmanuel, « Le contreseing des actes du Président de la République », *AJDA* 1960.50.

LASCOMBE Michel, « Le Premier ministre, clé de voûte des institutions ? », *RDP*, 1981.105.

LASCOMBE Michel, « Le Gouvernement et la révision constitutionnelle : un oublié très présent », *JCP G* 2008.35.

LATOUR Bruno, *La fabrique du droit. Une ethnographie du Conseil d'État,* Paris, La Découverte, 2002.

LE POURHIET Anne-Marie, « Les emplois à la discrétion du Gouvernement », *in Pouvoirs*, n° 40, 1987, p. 121.

LONG Marceau, « Le Secrétaire général du Gouvernement », *in Mél. Kayser*, Aix PUAM, 1979.

LONG Marceau, *Les services du Premier ministre*, Aix, PUAM, 1981.

LONG Marceau, « Le Conseil d'État et la fonction consultative : de la consultation à la décision », *RFDA* 1992.619.

MAGNET Jacques, *La Cour des comptes, les institutions associées et les chambres régionales des comptes*, 4e éd., Paris, Berger-Levrault, 1996.

MASSOT Jean, *Le Président de la République en France*, Paris, La Documentation française, 1977.

MASSOT Jean, « Le Chef du Gouvernement », *NED* n° 4 537 et 4 538, Paris, La Documentation française, 1979.

MASSOT Jean, *L'arbitre et le capitaine, la responsabilité présidentielle*, coll. Champs, Paris, Flammarion, 1987.

MASSOT Jean, *Chef de l'État et chef du Gouvernement – Dyarchie et hiérarchie*, Paris, La Documentation française, 1993.

MASSOT Jean et MARIMBERT Jean, « Le Conseil d'État », *NED* n° 4869 et 4870, Paris, La Documentation française, 1988.

MASSOT Jean, « Faut-il encore un Premier ministre ? », *LPA,* 22 mai 2008, n° 103.5.

MENIER Jacques, *Les Inspections générales*, Paris, Berger-Levrault, 1983.

MILLIOZ Pierre, *Les inspections générales interministérielles dans l'administration française*, Paris, Economica, 1983.

OTTENHEIMER Ghislaine, « *Les intouchables, Grandeur et décadence d'une caste : l'inspection des finances* », Paris, Albin Michel, 2004.

PETIT Serge, « Le nouveau régime de la délégation de signature des membres du Gouvernement », *JCP A* n° 46, 14 novembre 2005, p. 1682-1688.

PICQ Jean, *L'État en France – Servir une nation ouverte sur le monde*, coll. Rapports officiels, Paris, La Documentation française, 1995.

PINI Joseph, « Le Premier ministre, clé de voute de l'Exécutif ? », *RFDC* 2008.73

PINON Stéphane, « Le Conseil économique social et environnemental : entre évolution et révolution », *DA* 2010.17.

PLOUVIN Joël-Yves, « Le Conseil des ministres, institution seconde », *Rev. adm.* 1980.485.

PY Roselyne, « Le secrétariat général du Gouvernement », *NED* n° 4 779, Paris, La Documentation française, 1986.

QUERMONNE Jean-Louis, *Le Gouvernement de la France sous la Ve République*, 3e éd., Paris, Dalloz, 1987.

QUERMONNE Jean-Louis, *L'appareil administratif de l'État*, coll. Points, Paris, Éd. du Seuil, 1991.

RÉMOND René, COURTROT Aline et BOUSSARD Isabelle, *Quarante ans de cabinets ministériels*, Paris, Presses de la FNSP, 1982.

RENOUX Thierry, « La rénovation du Conseil économique et social », *AJDA* 1985.21.

RIALS Stéphane, *Le Premier ministre*, coll. Que sais-je ?, n° 1972, Paris, PUF, 1981.

RIALS Stéphane, *Le Président de la République*, 2e éd., coll. Que sais-je ?, n° 1926, Paris, PUF, 1983.

ROBINEAU Yves et TRUCHET Didier, *Le Conseil d'État*, Paris, PUF, 1994.

ROBLOT-TROIZIER Agnès et SORBARA Jean-Gabriel, « Limites et perspectives de la nouvelle fonction législative du Conseil d'État », *AJDA* 2009. 1994.

SAUVÉ Jean-Marc, « Le conseil des ministres », *Mélanges J. Gicquel, Constitutions et pouvoirs*, Paris, Montchrestien, 2008, p. 497.

SAVIGNAC Jean-Claude, « Les racines du Secrétariat général du Gouvernement », *Rev. adm.* 1985.272.

SCHRAMECK Olivier, *Dans l'ombre de la République, Les cabinets ministériels*, coll. Connaissance du Droit, Paris, Dalloz, 2006.

STAUB Materne, « Les secrétaires d'État autonomes », *RDP* 1981.337.

STIRN Bernard, *Le Conseil d'État – son rôle, sa jurisprudence*, coll. Les Fondamentaux, Paris, Hachette, 1991.

STIRN Bernard, « Le Conseil d'État et la Constitution », *in Mél. Jean-François Lachaume,* Paris, Dalloz, 2007, p. 1001-1010.

TOUZEAU Line, « Le Conseil économique, social et environnemental après la loi organique du 28 juin 2010 », *RDP* 2011.637.

THUILLIER Guy, *Regards sur la haute administration en France*, Paris, Economica, 1979.

THUILLIER Guy, *Les cabinets ministériels*, coll. Que sais-je ?, n° 1985, Paris, PUF, 1983.

THUILLIER Guy et TULARD Jean, *Histoire de l'administration française*, Paris, PUF, 1994.

TOULEMONDE Bernard, « Petite histoire d'un grand ministère », *in L'Éducation nationale*, Paris, Albin Michel, 1988.

TURPIN Dominique, « La présidence du Conseil des ministres », *RDP* 1987.873.

VERPEAUX Michel, PLESSIX Benoît, « L'adoption de la révision constitutionnelle », *JCP A* 2008.3.

VERPEAUX Michel, « Révision de la Constitution : la Ve République rénovée ? À propos de la loi constitutionnelle du 23 juillet 2008 de modernisation des institutions de la Ve République », *JCP G* 2008.15.

VIDAL-NAQUET Ariane, « Un président de la République plus encadré », *JCP G* 2008. 28.

Chapitre 2
L'organisation déconcentrée de l'administration d'État

558. Loi ATR. – La loi d'orientation du 6 février 1992 relative à l'administration territoriale de la République dite *« loi Joxe-Marchand »* ou encore *« ATR 92 »* précise que cette administration est notamment assurée par les services déconcentrés de l'État (art. 1er, al. 1er), formulation qui se substitue à celle de services extérieurs qui prévalaient auparavant (art. 3). Les services déconcentrés de l'État correspondent à deux acceptions différentes selon que l'on considère l'étude du niveau local d'un point de vue géographique ou bien fonctionnel : dans le premier cas, celui de la déconcentration géographique, on est renvoyé à la notion très précise de circonscriptions administratives de l'État ; dans le second cas, celui de la déconcentration fonctionnelle, on est conduit vers la notion plus floue d'administration locale de l'État.

559. Charte de la déconcentration. – La loi d'orientation renvoie elle-même à un décret d'application pris en Conseil d'État le soin de fixer les modalités des transferts d'attributions des administrations centrales aux services déconcentrés des administrations civiles de l'État ainsi que les principes d'organisation de ces services (*ibid.*, art. 6). Tel est précisément l'objet du décret du 1er juillet 1992 portant charte de la déconcentration dont l'article 1er dispose que *« la déconcentration est la règle générale de répartition des attributions et des moyens entre les différents échelons des administrations civiles de l'État »*, de sorte qu'elle est devenue le niveau de principe de l'administration d'État.

560. Déconcentration et décentralisation. – Or, il faut rappeler que ce niveau déconcentré de l'administration de l'État, placée également *« sous l'autorité du Premier ministre et de chacun des ministres »* (décret du 1er juillet 1992 préc, art. 1er-1, al. 1er tel qu'il résulte du décret du 9 mai 1997), est, en particulier, celui où sont assurées les relations entre l'État et les collectivités territoriales (*ibid.*, al. 4). Ce lien entre déconcentration administrative et décentralisation territoriale, en vue de l'appui technique de l'État aux projets de développement économique, social et culturel des collectivités et de leurs établissements publics de coopération, suit la forme privilégiée de la convention passée entre le représentant de l'État, d'une part, et l'exécutif de la collectivité décentralisée, d'autre part (loi d'orientation du 6 février 1992, art. 7-1 tel qu'il résulte de la loi du 11 décembre 2001, art. 1er-III).

561. Aménagement du territoire. – L'organisation de l'administration territoriale de l'État doit être ainsi analysée comme un élément de la politique d'aménagement du territoire complémentaire du mouvement de décentralisation entamé à partir de 1982 et dont la loi du 16 décembre 2010 portant réforme des collectivités territoriales constitue la dernière étape. Il n'est ainsi pas étonnant de constater que les réformes de l'administration territoriale de l'État sont complémentaires et suivent la même logique que celles qui touchent à l'administration décentralisée. Dans un premier temps, l'administration déconcentrée, en l'absence de véritable décentralisation – c'est-à-dire avant 1982 – était de type vertical[1]. Le transfert du ministre vers le préfet concernait une compétence précise dont il était jugé nécessaire qu'il serait préférable qu'elle soit exercée au niveau local. Dans un deuxième temps, la loi du 6 février 1992 et le décret du 1er juillet 1992 ont pris en compte l'émancipation des territoires conséquence du considérable succès de la décentralisation administrative. Une déconcentration « *horizontale et interministérielle* » succède alors à la déconcentration verticale initiale[2]. Dans un troisième temps, déconcentration et décentralisation ont été toutes les deux touchées par la réforme générale des politiques publiques initiée par le Président de la République et le Premier ministre le 10 juillet 2007. Les conseils de modernisation des politiques publiques des 12 décembre 2007, 4 mai et 11 juin 2008 ont décidé des mesures qui doivent être prises pour assurer la rénovation de la déconcentration des services de l'État. Les mesures relatives à la réforme de la décentralisation n'ont pas directement résulté des décisions du conseil de modernisation des politiques publiques, mais ont été initiées par les réflexions du comité pour la réforme des collectivités locales, présidé par M. Édouard Balladur qui a rendu son rapport le 5 mars 2009.

562. Rénovation. – Cette rénovation était nécessaire pour pallier les défauts des administrations déconcentrées et décentralisées jugées pas assez efficaces du fait de la multiplication et de l'imbrication des différents niveaux de décision. L'accroissement continue des

1. En ce sens P. Combeau, « Les nouveaux visages territoriaux de la déconcentration », *RFDA* 2010, p. 1011.
2. P. Combeau, *op. cit.*

compétences des collectivités décentralisées se substituant à celles de l'administration d'État, l'apparition d'une administration de mission transdisciplinaire prenant le pas sur l'administration de service plus spécialisée, le développement des nouveaux moyens de communication, la réduction drastique des effectifs de la fonction publique sont autant d'éléments qui ont justifié le réaménagement parallèle de l'administration d'État et de celle des collectivités territoriales.

563. RéATE. – La réforme de l'administration territoriale de l'État (RéATE) est un des moyens de la révision générale des politiques publiques (cf. *supra*, n° 7) destinée à améliorer l'efficacité de l'administration et la réduction des déficits publics par un vaste mouvement de réorganisation des institutions administratives. La rationalisation de l'action territoriale de l'État se fait par un regroupement des administrations déconcentrées et une concentration du pouvoir. Plus globalement, il s'agit de tendre à la meilleure satisfaction possible du service aux usagers au meilleur coût pour les finances publiques, de rénover et moderniser les structures, d'harmoniser leurs moyens de gestion, ainsi que leurs applications informatiques afin de les optimiser, de mutualiser les fonctions logistiques, avec pour objectif principal de renforcer l'unité d'action de l'État en mettant fin au cloisonnement de ses administrations. La RéATE se traduit donc par une réforme générale qui porte tant sur les relations entre préfets de régions et de départements rénovées par le décret n° 2010-146 du 16 février 2010 (modifiant le décret n° 2004-374 du 29 avr. 2004), que sur l'organisation institutionnelle des régions et départements circonscriptions administratives.

564. Région. – Ce mouvement de réforme administrative va avoir une forte incidence dans le droit de la déconcentration de l'État, sous un double aspect : territorial et institutionnel :

— l'aspect territorial est marqué par le déplacement du centre de gravité de l'administration territoriale de l'État vers la région ;

— l'aspect institutionnel tend à la concentration du pouvoir de décision sur le préfet de région.

Ainsi, le décret du 16 février 2010 modifiant le décret du 29 avril 2004 relatif aux pouvoirs des préfets, à l'organisation et à l'action des services de l'État dans les régions et départements permet à la région de devenir la circonscription administrative de coordination des politiques publiques, à la tête de laquelle est placé le préfet de région qui a, désormais, autorité sur les préfets de département ; encore qu'il reste, lui-même un département de département et que cette autorité – elle n'est que de principe – ne se confonde pas avec le pouvoir hiérarchique.

565. Décret du 16 février 2010. – Le texte, en ce sens, est le suivant : « *Le préfet de région (...) a autorité sur les préfets de département, sauf dans les matières définies aux articles 10, 11 et 11-1. L'autorité du préfet de région sur les préfets de département ne peut être déléguée* » (décret du 29 avril 2004 modif., art. 2-I, al. 1er). Or, les exceptions notables au principe de l'autorité du préfet de région correspondent à trois attributions importantes des préfets de département :

— d'abord, le préfet de département continue à assurer le contrôle administratif du département, des communes, des établissements publics locaux et des établissements publics interdépartementaux qui ont leur siège dans le département ainsi que des établissements et organismes publics de l'État dont l'activité ne dépasse pas les limites du département. (*ibid.*, art. 10) ;

— ensuite, le préfet de département conserve la charge de l'ordre public et de la sécurité des populations et il est notamment responsable de la préparation et de l'exécution des mesures de sécurité intérieure, de sécurité civile et de sécurité économique qui concourent à la sécurité nationale (*ibid.*, art. 11) ;

— enfin, le préfet de département reste compétent en matière d'entrée et de séjour des étrangers ainsi qu'en matière de droit d'asile (*ibid.* art. 11-1).

Section 1
Les circonscriptions administratives

566. Pour exercer leurs missions, les services civils déconcentrés de l'État sont regroupés dans des circonscriptions administratives qui sont, en principe, ordinaires, sauf disposition législative contraire ou exception prévue par décret en Conseil d'État visant à la mise en place de circonscriptions administratives dérogatoires.

§ 1. Les circonscriptions administratives ordinaires

567. La loi d'orientation du 6 février 1992 relative à l'administration territoriale de la République précise la nomenclature des circonscriptions administratives de l'État en prévoyant trois circonscriptions ordinaires : la circonscription régionale, la circonscription départementale et la circonscription d'arrondissement (art. 4). La présentation traditionnelle de ces circonscriptions privilégiait le département par rapport à la région et à l'arrondissement. La révision générale des politiques publiques, désormais mise en œuvre depuis 2007, oblige à revoir cet ordre en faveur de la région qui prend désormais la première place. Le Conseil de modernisation des politiques publiques (CMPP) du 12 décembre 2007 pose le principe selon lequel « *le niveau régional devient le niveau de droit commun pour mettre en œuvre les politiques publiques et piloter leur adaptation aux territoires* » tandis que la circonscription départementale reste le lieu de la mise en œuvre de la politique voulue au niveau régional et que l'arrondissement demeure inchangé.

568. Pour autant, force est de constater que le droit positif n'est pas en harmonie avec se schéma. Conformément au décret du 1er juillet 1992 portant charte de la déconcentration, « *sous réserve des dispositions des articles 3 et 5 et sauf disposition législative contraire ou exception prévue par décret en Conseil d'État, la circonscription départementale est l'échelon territorial de mise en œuvre des politiques nationale et communautaire* ». Dès lors, la circonscription régionale est un échelon territorial d'exception (art 3) quand « *l'arrondissement est le cadre territorial de l'animation du développement local et de l'action administrative locale de l'État* » (art. 4). On ne saurait dire que tout cela est cohérent, en particulier au regard des dispositions du décret du 16 février 2010 précité. Il pourra être préoccupant, tout de même, pour l'État que l'organique et le fonctionnel soient si peu en adéquation. Par voie de conséquence, le département est et demeure au centre de l'administration déconcentrée de l'État.

A La région, pilote des politiques publiques de l'État

569. Niveau d'exception et de droit commun. – En tant que circonscription administrative de l'État, la région constitue, à la fois, un niveau d'exception du droit de l'administration déconcentrée de l'État et le niveau supradépartemental de droit commun de cette administration déconcentrée, dominée par le préfet de région dont les attributions sont régies par l'article 21-1 de la loi du 5 juillet 1972 (tel qu'il résulte, après la délégalisation prononcée par le Conseil constitutionnel dans sa décision nº 2010-219 L. du 11 février 2010, du décret du 16 février 2010 modifiant le décret du 29 avril 2004 relatif aux pouvoirs des préfets, à l'organisation et à l'action des services de l'État dans les régions et départements). Mais il existe d'autres chefs de l'administration de l'État, déconcentrée au niveau supradépartemental, qui ne relèvent pas, pour autant, du préfet de région.

570. Émergence. – La situation actuelle est le résultat d'une lente évolution. Le développement de la région a été dans un premier temps le résultat de la nécessité de dépasser le cadre territorial trop étroit du département pour conduire la politique d'interventionnisme économique de l'État. La notion émerge ainsi à l'issue de la Première Guerre mondiale avec les régions Clémentel de 1919 et elle est reprise dans le cadre des régions Gestin de 1938. Elle est ensuite développée par le régime de Vichy, pour des considérations qui, aux termes de l'acte dit loi du 19 avril 1941, visent également au maintien de l'ordre public tel qu'il est alors conçu.

Dans un deuxième temps, l'institution s'inscrit dans la perspective de la planification du développement économique et social par l'organisation et le suivi des programmes d'action régionale, prévus par le décret-loi du 30 juin 1955. Or, ces régions de programme de 1955 permettent progressivement l'harmonisation des circonscriptions administrations supra-départementales de l'État (décrets du 7 janvier 1959 et du 2 juin 1960), avant d'être transformées en circonscriptions d'action régionale, à l'occasion de l'importante réforme de déconcentration opérée par les décrets du 14 mars 1964[3].

571. Établissement public et collectivité territoriale. – C'est la loi Frey du 5 juillet 1972 qui permet de retenir définitivement l'appellation de région lorsque la circonscription administrative de l'État devient alors, en même temps et sur le même territoire, un établissement public administratif, au bénéfice d'une réforme de décentralisation territoriale qui sera poussée logiquement jusqu'à sa conséquence ultime : la transformation des établissements publics régionaux (EPR) en collectivités territoriales, par application progressive de la réforme basée sur la loi du 2 mars 1982, au fur et à mesure de l'élection du conseil régional au suffrage universel direct (dès 1982, pour la région de Corse, en 1983 pour les régions d'outre-mer et en 1986 pour les régions continentales) avant la création d'une nouvelle catégorie constitutionnelle, et non plus législative de collectivités territoriales, sous l'incidence de la révision opérée par la loi constitutionnelle du 28 mars 2003 (Const., art. 72, al. 1er nouveau).

572. Liaison entre région, circonscription déconcentrée et collectivité décentralisée. – Il y a, en effet, une liaison de principe entre la région en tant que circonscription administrative de l'État et la

3. À ce sujet, l'instruction générale du 26 mars 1964, *AJDA* 1964.324.

même région institution administrative décentralisée. Mais cela n'est pas systématique : ainsi la Corse est devenue une circonscription administrative régionale par le décret du 9 janvier 1970 et l'est encore alors que la région de Corse, constituée en établissement public de droit commun par la loi du 5 juillet 1972, puis en collectivité territoriale par la loi spéciale du 2 mars 1982, a été supprimée par la loi du 13 mai 1991 au profit d'une collectivité territoriale à statut particulier. Autrement dit, la Corse est encore une région déconcentrée dans le droit de l'État alors qu'elle n'est plus une région décentralisée dans le droit des collectivités territoriales de sorte que la France régionalisée compte 26 circonscriptions administratives pour seulement 25 collectivités territoriales (dont 4 régions d'outre-mer, circonscriptions administratives et collectivités territoriales tout à la fois sur un territoire qui est le même que celui des départements, lesquels sont également des circonscriptions administratives et des collectivités territoriales superposées). Quant à Mayotte qui, dans le droit de la décentralisation, est une collectivité départementale d'outre-mer à compétences régionales, depuis le 31 mars 2011, il s'agit également, dans le droit de la déconcentration de l'État, d'une circonscription départementale d'outre-mer à compétences régionales.

573. Pilote des actions déconcentrées. – Désormais, la région assume un rôle de direction des actions déconcentrées de l'État supplantant le département qui devrait être cantonné à la mise en œuvre de cette politique. Le moyen de cette politique, outre une réorganisation des services déconcentrés au niveau régional[4], figure à l'article 2-I du décret du 29 avril 2004, issu du décret du 16 février 2010 en vertu duquel « *le préfet de région est le garant de la cohérence de l'action de l'État dans la région* ».

574. Domaines d'action. – Toutefois, ces nouvelles fonctions doivent prendre place dans le cadre ancien du décret du 1er juillet 1992, modifié, pour la dernière fois en date, par le décret du 9 mai 1997, dont l'article 3 confère à « *la circonscription régionale* » quatre domaines d'attribution distincts :

— la mise en œuvre des politiques nationale et communautaire en matière de développement économique et social et d'aménagement du territoire ;

— l'animation et la coordination des politiques de l'État relatives à la culture, à l'environnement, à la ville et à l'espace rural ;

4. CMPP, décision des 12 décembre 2007 et 4 avril 2008.

— la coordination des actions de toute nature intéressant plusieurs départements de la région ;

— la programmation et la répartition des crédits d'investissement de l'État ainsi que la contractualisation des programmes pluriannuels entre l'État et les collectivités territoriales.

B Le département, circonscription de mise en œuvre des politiques nationale et communautaire

575. Circonscription administrative ordinaire. – Le cadre ordinaire de gestion des politiques publiques est constitué par le département dans le cadre duquel se structurent, en général, les services déconcentrés de l'État. Sauf exceptions légalement ou réglementairement prévues, il constitue, *« l'échelon territorial de mise en œuvre des politiques nationale et communautaire » (*décret du 1er juillet 1992, art. 4). Par exemple, c'est au niveau du préfet de département que s'opère, à défaut de toute indication contraire, la déconcentration en matière de déclaration d'utilité publique de centrales électriques d'une puissance inférieure à 100 mégawatts[5]. Autrement dit, avant comme après la réforme opérée par le décret du 16 février 2010, le département est la circonscription administration de principe de la déconcentration de l'État.

576. Collectivité territoriale et circonscription de l'État. – On soulignera que, comme la région et à la différence de l'arrondissement, le département est également une collectivité territoriale de la République dans le droit de la décentralisation. Or la direction des services déconcentrés des administrations centrales de l'État appartient, en principe, au préfet de département car, à la base de la réforme du droit de la déconcentration, il y a certainement le souci raisonnable de faire correspondre les institutions administratives de la décentralisation et celles de la déconcentration et de privilégier le même niveau de décision dans l'un et l'autre de ces deux droits qui doivent être compris étant bien plus de complémentarité que d'affrontement. Toutefois, pour diverses raisons qui tiennent notamment à la préoccupation du pouvoir central de prévenir la surpuissance de l'autorité préfectorale, il existe dans les départements d'autres chefs de services déconcentrés qui ne relèvent pas de l'autorité hiérarchique du préfet de département.

5. C. exprop., art. R. 11-2 *a contrario* issu du décret du 22 mars 1999, art. 29.

577. Émergence. – Cependant, c'est d'abord dans le droit de la déconcentration administrative que le département émerge, en tant que l'une des institutions les plus représentatives de la période de la Révolution française (loi des 22 décembre 1789 – 8 janvier 1790, art. 1er) visant à enrayer l'incohérence des circonscriptions administratives d'État qui prévalait à la fin de l'Ancien Régime. On précisera que le découpage, réalisé en 83 départements à l'origine, est, dans l'ensemble, beaucoup moins arbitraire qu'on a bien voulu le dire et fort éloigné, en définitive, du plan Thouret qui envisageait un simple carroyage du territoire français : largement décalqué sur les intendances, il a tenu compte, autant que possible, des pétitions émanant des populations locales, même si la règle adoptée a été de permettre de se rendre, en une journée de cheval, de la périphérie au chef-lieu et d'en revenir. Or, la législation révolutionnaire précitée qui est de droit positif, a abrogé tous les textes antérieurs relatifs à l'organisation territoriale de la France[6].

578. Enracinement. – C'est, du reste, la prise en compte de ces réalités historiques, géographiques ou sociologiques qui a permis d'enraciner le département, de façon si profonde et si durable, dans le paysage administratif français. Dans son discours de Rodez du 18 octobre 2001, le Président Chirac avait eu l'occasion de souligner, en ce sens, que le département *« créé de toutes pièces par la Constituante et par l'Empire (...) a réussi à traverser l'histoire mouvementée de notre pays pour s'ancrer profondément dans notre tradition républicaine et à s'enraciner dans notre culture politique »* et que, *« devenu un lieu d'identification, (...) il fait désormais partie de notre personnalité administrative et politique »*.

579. Subordination. – Si l'on pouvait dire jusqu'à ces dernières années que le département demeure l'*« élément irremplaçable de notre organisation administrative »* (exposé des motifs de la loi Frey du 5 juillet 1972), on peut néanmoins s'interroger sur son rôle dans le cadre de la réforme en profondeur de la déconcentration française menée depuis 2007, qui tend à placer le département dans une position subordonnée par rapport à la région. Ainsi, l'article 2 du décret du 29 avril 2004 modifié par le décret du 16 février 2010 dispose désormais que « *les préfets de département prennent leurs décisions conformément aux instructions que leur adresse le préfet de région* ». Ce dernier dispose, en outre, d'un pouvoir de substitution d'action lui permettant d'évoquer, même si c'est pour une durée

6. CE, 9 novembre 1984, *Association Bretagne-Europe, Rec.* 354, *D.* 1986.318, note Verpeaux.

limitée tout ou partie d'une compétence du préfet du département à des fins de coordination régionale.

580. Niveau de mise en œuvre de la politique d'État. – Quoi qu'il en soit, l'échelon départemental demeure le niveau de droit commun de la mise en œuvre de la politique étatique coordonnée par le préfet de région. Au demeurant, en dehors de la restructuration de l'Empire français autour des 130 départements de 1811, la carte départementale a assez faiblement évolué avec, depuis la Deuxième Guerre mondiale, la création des quatre départements d'outre-mer par la loi du 19 mars 1946, la division des trois départements de la région parisienne en 7 départements et la Ville de Paris par la loi du 10 juillet 1964, la redivision de la Corse en deux départements par la loi du 15 mai 1975 et enfin la suppression de la Ville de Paris, transformée en commune et en département de Paris par la loi du 31 décembre 1975. Le territoire français comprend ainsi, depuis cette date, 100 départements (y compris le territoire de Belfort) et en comprend 101, depuis 2011, à compter de la première réunion suivant le renouvellement de l'assemblée délibérante de Mayotte. La loi organique du 3 août 2009 ayant décidé de la transformation de la collectivité en département d'outre-mer relevant de l'article 73 de la Constitution (CGCT, LO 3446-1).

581. Dans le cadre de la déconcentration fonctionnelle, le département est incontestablement le niveau privilégié de l'administration locale de l'État. Et il n'est pas sans intérêt de noter qu'à l'issue de mouvement de décentralisation, engagé depuis la loi du 7 janvier 1983, le département aura été aussi, en tant que collectivité territoriale, le principal bénéficiaire du transfert des compétences de l'État, y compris à l'occasion de la loi du 13 août 2004 relatives aux libertés et responsabilités locales.

C L'arrondissement, circonscription d'État

582. Échelon de proximité. – Institué par la loi du 28 Pluviôse An VIII, l'arrondissement présente la particularité notable de n'être qu'une circonscription administrative de l'État et donc de ne pas exister dans le droit de la décentralisation. En tant qu'échelon de spécialité et de proximité, il a été relancé par la loi d'orientation du 6 février 1992 relative à l'administration territoriale de la République pour l'exercice des missions des services civils déconcentrés de l'État (art. 4). À cet effet, le décret du 1er juillet 1992 portant charte de la déconcentration précise, dans une rédaction laborieuse, que

« l'arrondissement est le cadre territorial de l'animation du développement local et de l'action administrative locale de l'État » (art. 5). Au nombre actuellement de 340 pour l'ensemble de la France, ils constituent des subdivisions du département, circonscription administrative de l'État, chacun d'entre eux comptant, en général, trois ou quatre arrondissements, y compris l'arrondissement du chef-lieu de département (95 en métropole, le département de Paris exclu).

583. Arrondissement départemental et communal. – On notera que l'arrondissement peut être également utilisé par le département, collectivité territoriale, pour déconcentrer ses propres services dans des *« antennes départementales »*. De plus, cet arrondissement, en tant que subdivision départementale, ne doit pas être confondu avec l'arrondissement communal qui est, quant à lui, une circonscription administrative à l'intérieur de la commune :

— soit comme circonscription administrative de l'État (par ex., dans l'hypothèse de la police étatisée des communes) ;

— soit comme circonscription administrative de la collectivité territoriale (*« mairies annexes »*) ;

— soit les deux à la fois : tel est le cas, à Paris, où les mairies des vingt arrondissements accueillent, à la fois, les services déconcentrés de l'État dans la capitale et ceux de l'une ou l'autre des deux collectivités territoriales parisiennes (commune et département).

§ 2. Les circonscriptions administratives dérogatoires

584. L'article 4 précité de la loi d'orientation du 6 février 1992 impose de recourir désormais à la loi ou au décret en Conseil d'État pour créer des circonscriptions administratives dérogatoires, dans toutes les hypothèses où la déconcentration se développe au sein de cadres géographiques différents. Ces circonscriptions administratives dérogatoires sont soit infradépartementales, sans correspondre aux arrondissements, soit interdépartementales, sans être régionales.

A Les circonscriptions infradépartementales

585. En dehors de l'arrondissement qui est une circonscription administrative ordinaire dans le cadre de la loi d'orientation du 6 février 1992 et du décret du 1er juillet 1992 portant charte de la déconcentration, l'État utilise nombre de circonscriptions dérogatoires pour son administration au niveau infradépartemental dont la commune, mais aussi le canton ou le pays ou encore la circonscription législative.

1. La commune, circonscription d'État

586. Même si elle est également, et à titre principal, une collectivité territoriale, la commune est, dans le droit de la déconcentration administrative, une circonscription d'État qui renvoie, à cet égard, au maire en tant qu'agent de l'État.

La loi du 14 décembre 1789 relative à la constitution des municipalités consacre l'institution des communes qui correspondent aux villes, bourgs et paroisses de l'Ancien Régime. L'État a donc disposé aussitôt de 44 000 circonscriptions administratives de base, chiffre ramené à 38 000 dès le début du Consulat et stabilisé ensuite durablement à près de 37 000. La commune peut être divisée elle-même, comme à Paris, en arrondissements communaux, chacun d'entre eux constituant alors, dans le cadre de la déconcentration de l'État, la plus petite circonscription administrative dérogatoire.

2. Le canton

587. Le canton a été créé, pour sa part, par la loi départementale précitée du 22 décembre 1789, d'ailleurs plutôt, à l'origine, comme une collectivité territoriale, dirigée par une municipalité de canton, avant d'être réduit par la loi du 28 pluviôse an VIII au seul statut de circonscription administrative (art. 15) encore que l'État n'y soit pas directement représenté par un fonctionnaire. Le canton sert, en principe, de cadre territorial pour le déploiement des services de la gendarmerie et des impôts (en principe, une brigade et une perception par canton). Mais il est aussi, et surtout, une circonscription administrative en matière électorale – qui est, en toute hypothèse, une matière d'État – en vue de permettre l'élection, au scrutin uninominal, des conseillers généraux qui composent l'assemblée délibérante du département, collectivité territoriale.

3. La circonscription législative

588. Circonscriptions électorales. – Les circonscriptions législatives sont également des circonscriptions administratives de l'État ayant pour seul objet de servir à l'élection des députés à l'Assemblée nationale dans le cadre du scrutin majoritaire uninominal à deux tours qui prévaut sous la Ve République, à l'exception du recours peu convaincant au scrutin proportionnel départemental lors des élections législatives de mars 1986. Le découpage des circonscriptions législatives qui est, à l'évidence, un enjeu de pouvoir important, donne lieu à des controverses politiques sans fin, malgré l'encadrement juridique opéré, depuis 1986, par le Conseil constitutionnel[7]. La révision constitutionnelle du 23 juillet 2008 a tenté d'y mettre fin en instituant, à l'alinéa 3 de l'article 25 de notre Constitution, une commission indépendante se prononçant par un avis public sur les projets de texte et propositions de loi délimitant les circonscriptions législatives. La loi du 13 janvier 2009 prévoit que cette commission comprend trois personnalités qualifiées nommées par le Président de la République et les présidents de l'Assemblée nationale et du Sénat, un membre du Conseil d'État, de la Cour de cassation et de la Cour des comptes. Les personnalités désignées par les présidents des assemblées parlementaires devant l'être après avis de la commission permanente chargée des lois électorales de l'assemblée concernée, la désignation ne pouvant intervenir lorsque les votes négatifs représentent au moins trois cinquièmes des suffrages exprimés au sein de ladite commission. Les membres ont un mandat de six ans non renouvelable.

589. En outre, sur la base de la loi d'habilitation du 13 janvier 2009 et en prenant en compte, le cas échéant, la variation nécessaire du nombre de députés par département ou par collectivité territoriale non départementale, dans les outremers concernés, l'ordonnance du 29 juillet 2009 a permis de procéder enfin, pour les législatives de 2012, au redécoupage des circonscriptions électorales de métropole et d'outre-mer, telles que fixées depuis 1986, mais aussi de procéder à la délimitation des nouvelles circonscriptions en vue de l'élection de onze nouveaux députés par les Français de l'étranger.

B Les circonscriptions interdépartementales

590. Incohérence. – Par le décret du 2 juin 1960, l'État a manifesté son souci légitime de regrouper ses services déconcentrés, au niveau supradépartemental, dans le cadre homogène des régions afin d'enrayer et de résorber l'incohérence administrative résultant initialement du libre choix, par chaque administration centrale, du cadre territorial le mieux adapté, à son sens, à l'exercice de ses propres missions déconcentrées. Il faut bien dire, cependant, qu'il est bien loin d'être parvenu à cette parfaite harmonisation dont les principes ont

7. CC, 1er et 2 juillet 1986, déc. 86-208, *Rec.* 78 et 18 novembre 1986, déc. 86-218, *Rec.* 167, *AJDA* 1987. 263, note Boulouis ; *Rev. adm.* 1987. 28, note Gourdon.

été pourtant répétés par les articles 66 et 67 du décret du 29 avril 2004 relatifs aux compétences interrégionales des préfets de région.

591. Persistance. – La persistance de circonscriptions interdépartementales, au sens de circonscriptions supradépartementales non nécessairement régionales, est propre à certaines administrations dont les traditions historiques, les particularismes sociologiques ou les nécessités fonctionnelles sont d'une ampleur telle qu'il a paru préférable de maintenir un découpage spécifique permettant de ne pas tenir compte systématiquement des limites attribuées à chaque circonscription administrative régionale. On notera que tous les cas de figure existent puisque certaines de ces circonscriptions interdépartementales peuvent être incluses (académies, conservations des eaux et forêts) ou non (cours d'appel, tribunaux administratifs) à l'intérieur des limites régionales, de même qu'elles peuvent regrouper (services interdépartementaux de l'industrie et des mines, zones de défense, régions terre ou encore régions aériennes) ou non (régions maritimes) plusieurs régions entre elles. On citera l'exemple de la carte des ressorts des cours d'appel ou la carte tout aussi discutable des ressorts des tribunaux administratifs : ainsi, au titre d'un cas-limite, le département de l'Indre relève actuellement de la cour d'appel de Bourges et du tribunal administratif de Limoges dont le ressort forme deux circonscriptions interdépartementales différentes entre elles, mais aussi de la chambre régionale des comptes d'Orléans dont le ressort est, en revanche, celui de la région Centre.

592. Exemples. – Au demeurant, en contradiction avec le principe posé par le décret précité du 2 juin 1960, le découpage régional du territoire français trouve bien d'autres occasions de ne pas être strictement respecté. On en donnera deux exemples :

— la mise en place de trente académies qui viennent structurer, sur une base parfois interdépartementale, les services déconcentrés de l'Éducation nationale, dirigés par le recteur : ainsi, le recteur de l'académie de Nice est le supérieur hiérarchique des services des enseignements primaire et secondaire des deux départements de l'académie, assisté d'un inspecteur d'académie dans chaque département du ressort : Alpes-Maritimes et Var ;

— le découpage du territoire métropolitain en sept zones de défense et de sécurité auxquelles correspondent cinq régions terre et deux régions maritimes dans l'état actuel de l'organisation territoriale de la défense, soit générale (C. déf., art. R. 1211-1 à D. 1211-6), soit militaire (*ibid.*, art. R. 1212-1 à -7). Or, c'est au niveau interdépartemental de la zone de défense et de sécurité qu'est déconcentrée la sécurité civile et la défense non militaire de l'État.

593. Régularité. – On fera, sur les circonscriptions administratives, l'observation terminale suivante. La jurisprudence administrative retient que le *« principe de division du territoire implique que les limites extérieures de chaque catégorie de circonscriptions coïncident entre elles, dans la mesure nécessaire à la bonne organisation et au bon fonctionnement des pouvoirs publics et des services publics ; qu'il ne saurait être dérogé à cette règle que pour des motifs d'intérêt général et qu'à condition qu'aucune disposition législative régissant l'organisation administrative n'y fasse obstacle »*[8]. Cela signifie qu'il y a quelque risque contentieux à vouloir compliquer inutilement la carte de la déconcentration administrative de l'État qui, par empilement successif de structures redondantes, risque de devenir presque aussi complexe que celle de la France de l'Ancien Régime, à la veille de la Révolution française.

Section 2
Les autorités déconcentrées

594. La plupart des circonscriptions administratives sont dirigées par une autorité déconcentrée de l'État, à commencer par le préfet de département. En tant que le département est la circonscription administrative de principe, le préfet de département est donc lui-même l'autorité déconcentrée de principe. Le droit de la déconcentration de l'État est symbolisé, à ce point, par le préfet qu'il y a lieu de distinguer l'autorité préfectorale des autres autorités déconcentrées.

§ 1. L'autorité préfectorale

595. Unité du corps préfectoral. – Depuis la réforme de1982, on trouve, de façon récurrente, dans les textes réglementaires la notion de *« préfet de département »*, distinguée de celle de *« préfet de région »*, selon un vocabulaire institutionnel qui est désormais consacré, de la façon la plus nette, par le décret du 29 avril 2004 relatif aux pouvoirs des préfets, à l'organisation et à l'action des services de

8. CE, 29 janvier 1992, *MM. Roussel et Adam*, *Tab.* 44.

l'État dans les régions et départements. Réciproquement, la notion indistincte de *« préfet »* vaut, désormais, pour les préfets de département comme pour les préfets de région. On s'en tiendra ci-après à cette terminologie. Les préfets forment un grand corps de la fonction publique de l'État au sein duquel deux fonctions à la fois différenciées et complémentaires peuvent être exercées : celle de préfet de département et celle de préfet de région ainsi que, avec des pouvoirs propres, celle de préfet de zone.

A Le corps préfectoral

596. La notion de corps préfectoral correspond, à la fois, à un statut et à une fonction.

1. Le statut préfectoral

597. Emploi à la discrétion du Gouvernement. – Les préfets exercent un emploi supérieur pour lequel *« les nominations sont laissées à la décision du Gouvernement »* (loi du 11 janvier 1984, art. 25, al. 1er) et sont dotés d'un statut particulier, dérogatoire au statut général de la fonction publique : le décret du 29 juillet 1964 modifié.

598. Origine. – Conformément à l'article 13, alinéa 3 de la Constitution, leur nomination et donc leur cessation de fonctions sont prononcées par décret du Président de la République, pris en Conseil des ministres, sur proposition du ministre de l'Intérieur. Les préfets sont choisis, dans la proportion des 4/5e au moins de l'effectif total, parmi les sous-préfets de première classe et les administrateurs civils hors classe, c'est-à-dire parmi des fonctionnaires recrutés en principe par le concours de sortie de l'École nationale d'administration (ENA) et bénéficiant d'une expérience administrative certaine. Toutefois, parmi eux, comme pour le 1/5e au plus restant, le Gouvernement dispose d'une totale liberté de choix. Depuis le décret modificatif du 6 mars 1996, *« les nominations impliquent affectation à un poste territorial »* (décret du 29 juillet 1964 modif., art. 1er, al. 2). Cependant, le décret du 20 novembre 2003 est venu porter exception à cette affectation, dans la limite de sept postes. Dans un premier temps, des sous-préfets ou des administrateurs civils pouvaient occuper *« des emplois supérieurs comportant une mission de service public relevant du Gouvernement »*. Dans un second temps, un décret du 16 février 2009 ouvre le corps préfectoral en supprimant l'obligation de nommer dans ces emplois des sous-préfets ou des administrateurs civils.

599. Statut. – Le statut particulier dérogatoire, fort peu protecteur en apparence, comporte de nombreuses et importantes contraintes, notamment :

— une obligation de loyalisme qui permet l'inscription au dossier du fonctionnaire de mentions relatives aux opinions politiques, philosophiques ou religieuses (loi du 13 juillet 1983, art. 6) ; cette obligation va bien au-delà de la simple obligation de réserve du fonctionnaire d'autorité, même si, contrairement à ce que l'on croit souvent, elle n'interdit pas, dans l'exercice des fonctions préfectorales, une véritable liberté de parole et une grande marge d'action ;

— une interdiction du droit de grève et de la liberté syndicale ainsi qu'une absence de toute institution de concertation professionnelle, la défense des intérêts professionnels du corps étant assurée, dans le cadre de la loi du 1er juillet 1901, par l'Association du corps préfectoral qui édite la revue *Administration ;*

— une obligation de résidence très stricte puisque toute absence du département suppose l'autorisation du ministre de l'Intérieur.

600. Carrière. – La carrière du préfet est régie par de nombreuses et fréquentes mutations, décidées de façon discrétionnaire, et l'avancement est exclusivement au choix. En dehors des sanctions disciplinaires, prononcées sur simple communication du dossier et sans intervention d'un conseil de discipline, des mesures administratives de mise en disponibilité *« dans l'intérêt du service »* peuvent être prises à tout moment (art. 12, al. 1er). Elles signifient pour le préfet concerné l'attribution d'un traitement réduit, la perte des avantages en nature et sa mise à la retraite d'office après cinq ans, à défaut de réintégration en position d'activité[9].

2. La fonction du préfet

601. Domaine. – La Constitution attribue au préfet *« la charge des intérêts nationaux, du contrôle administratif et du respect des lois »* (Const., art. 72, al. 6) dont on conçoit sans peine qu'elle est particulièrement lourde. Le texte révisé par la loi constitutionnelle du 28 mars 2003 recourt d'ailleurs à la notion de *« représentant de l'État, représentant de chacun des membres du Gouvernement »* pour traiter d'attributions relatives à la seule préservation de l'État de droit, ce qui n'est que la traduction de l'ambiguïté qui subsiste dans les

9. À ce sujet, R. Bonnaud-Delemarre, « La mise en disponibilité des préfets », *Ann. int. de la fonction publique* 1974-75, p. 133.

pouvoirs de l'institution telle qu'elle ressort de l'emploi simultané de deux dénominations différentes dans le droit public français :

— la dénomination juridique de *« représentant de l'État »*, dans le prolongement du dispositif de la loi codifiée du 2 mars 1982, qualifié comme tel de *« dépositaire de l'autorité de l'État »* (décret du 29 avril 2004, art. 1er, al. 1er). À ce titre, il dirige les services déconcentrés des administrations civiles de l'État. En particulier, c'est le préfet qui signe les contrats pour le compte de l'État ou qui assure sa représentation en justice pour tout litige né de l'activité des services déconcentrés de la circonscription départementale (décret du 23 septembre 1987 relatif à la déconcentration du contentieux administratif, codifié à l'art. R. 431-10 du Code de justice administrative de 2000) ;

— la dénomination politique de *« représentant de chacun des membres du Gouvernement »*, ce qui est la reprise de l'expression constitutionnelle de *« délégué du Gouvernement »*, antérieure à la révision de 2003. Il est chargé, dès lors, de mettre en œuvre, au niveau déconcentré, l'action de l'État décidée au niveau central, et notamment de l'expliquer ou de la justifier, tout en répercutant, par ses rapports ou comptes rendus, toute information relative aux réactions que son exécution peut provoquer localement. Dans le cadre de ces attributions, le préfet fait également remonter l'information au niveau central telle qu'elle se dégage des tendances ou mouvements de l'opinion publique, en particulier à travers les relais privilégiés que sont les élus locaux et les acteurs de la vie économique et sociale.

602. Décret du 29 avril 2004. – Et, à la suite de la loi constitutionnelle du 28 mars 2003, le décret du 29 avril 2004 explicite, dans son article 1er rédigé en cinq alinéas, les pouvoirs des préfets en ces termes : *« Le préfet de région dans la région, le préfet de département dans le département, est dépositaire de l'autorité de l'État. – Ils ont la charge des intérêts nationaux et du respect des lois. – Ils représentent le Premier ministre et chacun des ministres. – Ils veillent à l'exécution des règlements et des décisions gouvernementales. – Ils dirigent, sous l'autorité des ministres et dans les conditions définies par le présent décret, les services déconcentrés des administrations civiles de l'État »*.

603. Ambivalence. – Ce décret du 29 avril 2004 exprime bien ainsi l'ambivalence préservée de l'institution quand il dispose que, ayant *« la charge des intérêts nationaux et du respect des lois »*, les préfets *« représentent le Premier ministre et chacun des ministres »* (art. 1er, al. 2 et 3 respectivement). On soulignera que, d'ailleurs, comme représentant de l'État, ce qu'il est principalement, le préfet est aussi en charge des politiques communautaires de sa compétence (art. 3-1 pour le préfet de région et 9 pour le préfet de département).

604. Lien entre l'État et les services déconcentrés. – Dans le prolongement de la réforme décisive, opérée en 1964 et reprise en 1982, puis en 2004 et 2010, le préfet est ainsi devenu le point de passage obligé de toute correspondance, *« quelle qu'en soit la forme »*, échangée, dans un sens ou dans l'autre, entre l'administration centrale et ses services déconcentrés de l'État (art. 55 et 56) : c'est le bureau du courrier de la préfecture qui joue un rôle important à cet égard. Mais on ne doit pas penser que, dans la pratique, il n'existe plus de contacts directs et fréquents entre les deux niveaux d'administration, en dehors de l'autorité préfectorale, particulièrement par téléphone, par télécopie ou par courrier électronique.

605. Renforcement. – Ainsi le préfet voit son rôle considérablement renforcé en tant que principale autorité déconcentrée de l'État. Depuis l'important décret modificatif du 20 octobre 1999 et, en droit positif, dans les termes retenus par l'article 26 du décret du 29 avril 2004, il lui appartient d'arrêter *« l'organisation fonctionnelle et territoriale des services déconcentrés des administrations civiles de l'État placés sous son autorité »*. À cet égard, une grande capacité d'initiative, de proposition ou de décision lui est reconnue, selon les cas suivants : autorité sur les chefs des services déconcentrés, les délégués ou correspondants (art. 17) ; désignation d'un chef de projet chargé d'animer et de coordonner l'action de services ou de parties de services qui concourent, dans un domaine déterminé et pour une durée limitée, à la mise en œuvre d'une même politique (art. 27) ; constitution d'un pôle de compétence, notamment une délégation interservices, pour la conduite durable d'actions communes à plusieurs services déconcentrés de l'État et désignation du responsable du pôle (art. 28, al. 1er et 29).

606. Direction de services déconcentrés. – Le préfet dirige, sous l'autorité des ministres compétents, la plupart des services déconcentrés des administrations civiles de l'État (décret du 29 avril 2004, art. 1er, al. 5). Dès lors, il est, en principe, seul affectataire des délégations de compétence des ministres en charge des administrations civiles de l'État (art. 16) et des pouvoirs de décision qui relèvent des compétences ainsi attribuées (art. 15, al. 1er et 16).

607. Autorité. – Il a lui-même *« autorité »* sur ceux qui sont en charge de ces services (*ibid.*, art. 17, al. 1er et art. 18, al. 1er pour le préfet de région ; art. 17, al. 2 et art. 18, al. 3). Au niveau départemental, et depuis le décret du 3 décembre 2009, il s'agit des directions départementales interministérielles des territoires, de la cohésion sociale et de la protection des populations qui se substituent aux anciennes directions départementales dans un effort louable de rationalisation, fruit de l'omniprésente RGPP. Il est donc préalablement informé de toute mesure de nomination ou de mutation concernant les services déconcentrés placés sous son autorité (art. 30, al. 1er) et il lui appartient, et à lui seul, en tant que chef hiérarchique, de faire des propositions d'évaluation et de notation de ces agents supérieurs dans l'exercice de leurs fonctions (art. 31) qui sont prises en compte pour la progression de leur carrière administrative au choix.

608. Compétences financières. – Par ailleurs le préfet dispose de compétences des plus importantes en matière financière :

— l'article 23 du décret du 29 avril 2004 prévoit ainsi que les projets de budget des services déconcentrés des administrations civiles de l'État lui soient soumis pour avis ;

— le préfet est l'ordonnateur secondaire des services déconcentrés des administrations civiles de l'État placés sous son autorité (décret du 29 avril 2004, art. 20), c'est-à-dire qu'il signe notamment tous les mandats de paiement des dépenses afférentes à l'État dans sa circonscription, dans des conditions de déconcentration financière sensiblement élargies par l'importante réforme issue du décret dit « *anti-remontées* » du 13 novembre 1970 ;

— dans le même sens d'une plus grande déconcentration administrative, amorcée en la matière depuis le décret modificatif du 13 février 1997, le préfet est responsable de la gestion du patrimoine immobilier et des matériels des services de l'État placés sous son autorité (art. 19) ;

— surtout, la déconcentration financière a pris une dimension nouvelle, depuis 2006, pour la mise en œuvre de la nouvelle gestion financière de l'État organisée par la LOLF du 1er août 2001. Désormais les finances de l'État sont gérées, au niveau déconcentré, dans un souci de performance, en application d'un budget opération de programme, déclinaison, au niveau local d'un programme national.

609. Tutelle. – Quant à l'exercice du pouvoir de tutelle qui est la mission constitutionnelle fixée au préfet par l'article 72, alinéa 6 de la Constitution révisée, il est au cœur de la nouvelle organisation de l'État. Il y a seulement lieu ici de ne pas perdre de vue que, par une réforme considérable, annoncée par la Constitution de 1946, mise en œuvre par la loi du 2 mars 1982 modifiée par la loi du 22 juillet 1982 et consignée, à présent, dans le Code général des collectivités territoriales, il a été mis fin, en ce qui concerne le préfet, à sa fonction conjointe d'exécutif de la région ou du département, dans le droit de la décentralisation territoriale, et donc, de façon irréversible, à la situation dite de *« dédoublement fonctionnel »* qui avait prévalu jusqu'à la réforme législative précitée.

610. Affaiblissement. – Si, dès lors, le préfet est maintenu et, du reste, conforté dans sa situation d'autorité déconcentrée de l'État, il n'est plus une autorité décentralisée. On aurait tort, pourtant, de penser que l'institution a pu gagner du côté de la déconcentration autant qu'elle a perdu du côté de la décentralisation même si ses fonctions ont évolué dans le sens d'une plus grande implication dans la vie sociale du département et le développement économique de la région. Il n'est guère contestable que, dans l'ensemble, l'autorité préfectorale est sortie nettement affaiblie et profondément redéfinie du mouvement de réforme administrative opéré depuis 1982 et qu'il lui aura fallu une vingtaine d'années pour retrouver la place centrale qu'elle occupe dans l'administration d'État.

B Le préfet de région, autorité déconcentrée de l'État

611. Origine. – L'idée d'instituer une autorité qui vienne harmoniser l'action de plusieurs préfets dans le cadre territorial d'une circonscription plus vaste que le département n'est pas une nouveauté dans la science administrative. Correspondant à une nécessité de la déconcentration de l'État, elle a trouvé à plusieurs reprises une traduction juridique, sous les régimes les plus divers, pour des motifs qui, à l'origine, ont d'abord tenu à l'ordre public : préfet régional de 1941, commissaire de la République de 1944, IGAME (inspecteur général de l'administration en mission extraordinaire) de 1948, puis au développement économique : préfet coordonnateur de 1959 et enfin préfet de région de 1964.

612. Droit positif. – L'institution est régie par l'article 21-1 de la loi du 5 juillet 1972 qui a été plusieurs fois repris, la dernière rédaction en date étant celle qui résulte de l'article 51 du décret du 16 février 2010, après sa délégalisation par le Conseil constitutionnel dans sa décision n° 2010-219 L du 11 février 2010. Il dispose que « *Le préfet de région, représentant de l'État dans la région, est nommé par décret en conseil des ministres. Il représente chacun des membres du Gouvernement. Il a la charge des intérêts nationaux, du respect des lois et, dans les conditions fixées par la loi, assure le contrôle administratif* *de la région et de ses établissements publics. Il dirige les services de l'État à compétence régionale sous réserve des exceptions limitativement énumérées par un décret en Conseil d'État*».

613. Autorité. – Le préfet de région est la plus haute autorité déconcentrée. Garant de la cohérence de l'action de l'État dans la région, il a autorité sur les préfets de département. Sa place et ses fonctions ont été bouleversées par les décisions prises par le conseil de modernisation des politiques publiques et consacrées par le décret du 16 février 2010 modifiant le décret du 29 avril 2004 relatif aux pouvoirs des préfets, à l'organisation et à l'action des services de l'État dans les régions et les départements.

614. Décret du 16 février 2010. – La RGPP territoriale ayant pour objet de rationaliser les structures et les modalités de prise de décision dans un souci d'efficacité et de réduction des crédits budgétaires, la région est devenue le niveau auquel est déterminée la mise en œuvre territoriale de la politique de l'État. Il était donc naturel que le préfet de région se voie conférer une autorité sur les préfets de départements qui, eux, sont placés dans une fonction subordonnée. Le décret du 16 février 2010 est venu parachever une évolution progressive des autorités déconcentrées qui n'avait pourtant jamais abouti à l'institution d'une hiérarchie au sein de l'administration préfectorale.

615. On doit noter cependant que le décret du 29 avril 2004 confirme, dans son article 7, le choix fait en 1964 et réitéré en 1982 de confier la fonction de préfet de région au préfet du département dont le chef-lieu est chef-lieu de région : ainsi c'est le préfet du département de la Haute-Garonne qui est préfet de la région Midi-Pyrénées, et non l'inverse, le chef-lieu du département : Toulouse étant, en même temps, chef-lieu de région. Dès lors, la nomination aux deux fonctions de préfet de département et de préfet de région est simultanée et le préfet de région est encore et toujours, d'abord et avant tout, un préfet de département, c'est-à-dire un *primus inter pares*. Ce choix regrettable ne s'imposait plus avec la force de l'évidence depuis que, dans le droit parallèle de la décentralisation, la région a accédé au rang de l'une des catégories de collectivités territoriales, devenue constitutionnelle sous l'incidence de la réforme de mars 2003.

a) Le développement de l'autorité du préfet de région

616. Évolution. – Depuis la mise en place des préfets de région par l'effet de la réforme décisive de déconcentration opérée par les décrets du 14 mars 1964, il n'existe pas de corps spécifique de préfet de région. Si les régions d'outre-mer qui sont toutes monodépartementales, ce problème administratif ne se pose évidemment pas, le contenu même de l'autorité du préfet de région, en métropole, sur les préfets des départements de la région, autres que le sien propre, fait partie des fréquentes difficultés issues de la multiplication excessive du nombre des différentes structures de l'organisation déconcentrée de l'administration d'État. Longtemps débattue, cette difficulté a semblé pouvoir être surmontée par la loi d'orientation du 6 février 1992 relative à l'administration territoriale de la République, modificative de la loi du 5 juillet 1972, qui a engagé, avec circonspection cependant, le droit de la déconcentration sur la voie étroite du pouvoir hiérarchique, exercé au plus près par le préfet de région. L'article 21-1-I, alinéa 3 de la loi du 5 juillet 1972 disposait que le préfet de région « *anime et coordonne l'action des préfets de département de la région* », formule répétée, sans raison ni utilité, par le décret du 29 octobre 2004, article 2, alinéa 2.

617. Ambiguïtés initiales. – À aucun moment, les textes n'indiquaient que le préfet de région avait autorité sur les préfets des départements de la région ou encore que, réciproquement, ceux-ci lui sont subordonnés. Balloté entre un pouvoir hiérarchique qu'il n'affirme pas et une relation d'égalité à laquelle il se refusait, le décret du 29 avril 2004 n'avait donc pas su sortir le préfet de région des ambiguïtés, voire des contradictions dans lesquelles il doit encore développer sa fonction. Non distinct organiquement du Préfet de département, sans autorité hiérarchique sur lui, il restait cependant « *le garant de la cohérence de l'action des services de l'État dans la région* », animant et coordonnant l'action des préfets de département (D. 29 octobre 2004, art. 2).

618. Décret du 16 février 2010. – Le décret du 16 février 2010, tout en maintenant l'unité organique entre préfet de département et préfet de région, parachève l'évolution en reconnaissant l'autorité du premier qui donne des instructions aux seconds[10]. On doit s'interroger, cependant, sur l'utilisation du terme « *autorité* » qui ne renvoie pas exactement à l'exercice d'un pouvoir hiérarchique. En effet, d'une part, le préfet de département dispose du pouvoir de substitution d'action, dans certaines matières relevant de sa compétence et, d'autre part, les recours hiérarchiques contre les actes du préfet de département restent toujours adressés aux ministres[11]. On remarque,

10. D. 29 avril 2004, art. 2-I modifié.
11. Circulaire du 13 décembre 2010.

en outre, que les préfets de région et les préfets de département font partie, à la différence des sous-préfets, d'un même corps[12] de sorte que le préfet de région étant *primus inter pares*.

b) Les moyens d'action du préfet de région

619. Évolution des compétences. – Au début de la Ve République, les pouvoirs du préfet de région étaient tournés, pour l'essentiel, vers le développement économique, à la fois équilibré, structuré et durable, par une mission générale de coordination des activités de l'État à cette fin. Toutefois, depuis le décret du 29 avril 2004, substitué au deuxième décret du 10 mai 1982, pris sous le n° 82-390, il est clairement devenu, dans le droit de la déconcentration, à l'instar des préfets de département, un gestionnaire des services déconcentrés des administrations de l'État qui relève de sa compétence alors surtout que, lui-même, il est aussi préfet de département. Du reste, le décret de 2004 prend acte implicitement de cette évolution en confondant le plus souvent, sous l'appellation de « *préfet* », le préfet de région et le préfet de département.

620. Évolution des structures. – Les organismes administratifs spécialisés dont il dispose correspondent, à présent, moins à la vocation initiale de la région, en tant que structure pertinente de développement économique et social de l'État dans le contexte d'une politique dynamique d'aménagement du territoire, qu'à la dérive fonctionnelle d'une circonscription déconcentrée qui a fini par s'inscrire progressivement – et mollement – dans la gestion administrative de l'État au quotidien, à un niveau supradépartemental souvent erratique et parfois obsolète.

621. RGPP. – La révision générale des politiques publiques (RGPP) a voulu donner une prépondérance à la région dans le souci de coordonner des politiques publiques transversales tant du point de vue des territoires que des domaines d'action. L'administration déconcentrée de mission dans le cadre de restrictions budgétaire nécessitait d'établir des liens entre les services centraux et les services déconcentrés qu'ils soient régionaux ou départementaux, mais aussi avec les établissements publics tout en regroupant les directions régionales. Ces directions s'ajoutent au comité de l'administration régionale (CAR) qui, avec le secrétariat général aux affaires régionales (SGAR), constituent les trois appuis de l'action préfectorale dans la région.

12. En ce sens, J.-M. Pontier, « Le nouveau préfet », *AJDA* 2010, p. 819.

622. Directions régionales. – Le décret du 29 avril 2004 avait ainsi créé huit pôles régionaux regroupant tant les directions des services déconcentrés que des établissements publics, groupements d'intérêt public ou associations gérant des services publics. Le pouvoir réglementaire définissait de manière uniforme l'ensemble de ses pôles sur tout le territoire. Le décret du 5 octobre 2004 distinguait, notamment, un pôle éducation et formation, sous la responsabilité du recteur d'académie ; un pôle gestion publique et développement économique, sous la responsabilité du trésorier-payeur-général de région ; un pôle transport logement et aménagement, sous la responsabilité du directeur régional de l'équipement.

623. Mais ces pôles régionaux n'ont constitué qu'une étape dans le mouvement de rénovation de l'administration régionale déconcentrée[13]. Ils permettaient le regroupement d'une vingtaine de directions régionales afin de coordonner leur action. Le décret du 16 février 2010 supprime ces pôles régionaux devenus obsolètes après la fusion des anciennes directions régionales au sein de six directions régionales et l'Agence régionale de santé et du rectorat.

— la direction régionale des finances publiques ;

— la direction régionale de l'alimentation, de l'agriculture et de la forêt (DRAAF) ;

— la direction de la jeunesse, des sports et de la cohésion sociale (DRJSCS) ;

— la direction régionale des entreprises, de la concurrence de la consommation, du travail et de l'emploi (DRECCTE) ;

— la direction régionale des affaires culturelles (DRAC) ;

— la direction régionale de l'environnement de l'aménagement et du logement (DREAL).

624. Coopération. – La nouvelle architecture n'oublie pas l'un des intérêts des anciens pôles régionaux qui était de permettre la coopération des services de l'État avec d'autres personnes publiques. Ainsi, l'article 59-1 du décret du 29 avril 2004 issu de sa rédaction modifiée par le décret du 16 février 2010 prévoit que le préfet est le délégué territorial des établissements publics de l'État comportant un échelon territorial. Pour les établissements existants, une liste est établie par décret en Conseil d'État ; pour les nouveaux établissements, ils comportent par principe un tel délégué, sauf décret en Conseil d'État contraire. Le délégué territorial est le préfet de région où le service a son siège dans le cas où l'établissement comporte des

13. F. Chauvin, « La nouvelle administration régionale de l'État », *AJDA* 2010, p. 825.

services qui présentent un caractère interrégional ou interdépartemental. Lorsque les services déconcentrés sont appelés à concourir à l'exercice des missions territoriales de l'établissement public, le préfet conclut avec lui une convention prévoyant les conditions de la mise à disposition de ses services.

625. Le comité de l'administration régionale (CAR). – Substitué à la conférence administrative régionale, issue elle-même de la conférence interdépartementale du décret du 7 janvier 1959 et créée dans le cadre de l'importante réforme de déconcentration de 1964. Ce nouvel organisme, présidé par le préfet de région, composé des préfets des départements, du secrétaire général pour les affaires régionales qui assure le secrétariat du comité, et du secrétaire général de la préfecture de région voit sa composition régie par l'article 35 du décret du 29 avril 2004 modifié pour tenir compte de la disparition des pôles régionaux et de la fusion des directions générales des impôts et de la comptabilité publique par le décret du 3 avril 2008 et le décret du 20 février 2009 ayant intégré les trésoriers payeurs généraux dans le corps des administrateurs des finances publiques.

626. Rôle. – Son rôle est précisément d'assister le préfet de région dans l'exercice de ses attributions. Par exemple, le comité de l'administration régionale est obligatoirement consulté par le préfet sur les orientations stratégiques de l'État dans la région avant que ce projet d'action stratégique ne soit arrêté par le préfet de région (décret du 29 avril 2004, art. 5 et 36, al. 1er) ou sur l'utilisation de tous les crédits ouverts au profit des services de l'État ou de la région (art. 36-II).

627. Le secrétariat général aux affaires régionales (SGAR). – Le secrétariat général aux affaires régionales, constitué d'une équipe de fonctionnaires en la forme d'une administration de mission : le secrétaire général pour les affaires régionales (SGAR), assisté d'un adjoint et de deux délégués à la recherche et à la technologie et aux droits des femmes et à l'égalité (D. 25 mai 2009), ainsi que de chargés de mission placés auprès de lui.

628. Pouvoirs. – Les pouvoirs du SGAR ont été précisés par le décret du 25 mai 2009. Il coordonne l'action des services régionaux et départementaux de l'État, veille à la cohérence de la mise en œuvre des politiques nationales et de l'Union européenne, anime et coordonne l'action des services régionaux en matière d'information et de communication. Il anime et coordonne l'organisation et la mise en œuvre des fonctions mutualisées des services de l'État en région et organise et anime une plate-forme d'appui interministériel à la gestion des ressources humaines[14].

629. Délégation. – On ajoutera que le décret du 29 avril 2004 précise les conditions de la délégation de signature du préfet de région au secrétaire général pour les affaires régionales et aux chefs des services déconcentrés des administrations civiles de l'État notamment ainsi que de subdélégation par ceux-ci de cette signature déléguée (art. 38). Il précise également les règles de suppléance, en cas d'absence ou d'empêchement, ou d'intérim, en cas de vacance momentanée du poste (art. 39) au profit, du préfet de département du rang le plus élevé dans le dernier cas et du SGAR dans les autres cas.

1. Les pouvoirs du préfet de région

630. Évolution. – Les pouvoirs du préfet de région sont de deux sortes. D'abord, et c'est l'apport fondamental de la réforme du 16 février 2010, il a autorité sur les préfets de département[15] ce qui lui permet de leur donner des instructions et de se substituer à eux, pour une durée limitée, à des fins de coordination régionale.

631. Autorité. – À ce pouvoir qui n'est pas exactement hiérarchique puisque le terme n'est pas employé, qu'il comprend la substitution d'action, laquelle n'en relève pas et que les recours contre les décisions du préfet de département sont toujours adressés directement au ministre compétent, s'ajoute l'autorité exercée sur les services déconcentrés, les délégués ou les correspondants à l'échelon régional des administrations civiles de l'État (art. 17) ainsi que sur les services territoriaux de tout nouvel établissement national comprenant un échelon régional, sauf décret en Conseil d'État, ainsi que de ceux des établissements existants dont la liste est établie par décret en Conseil d'État (art. 59-I).

632. Limite territoriale. – Lorsqu'une action est interrégionale, le préfet de région a autorité sur l'ensemble des services dont l'action s'étend au-delà d'une région pour la part d'activité qui s'exerce dans les limites de la région. Mais le Premier ministre peut, par arrêté et pour une durée limitée reconductible, confier au préfet de l'une des régions une mission interrégionale de coordination (art. 66). Plusieurs régions peuvent aussi s'associer pour conduire des actions communes

14. D. 25 mai 2009, art. 1.
15. D. 29 avril 2010, art. 2-1.

sous la coordination d'un des préfets nommés par arrêté conjoint du Premier ministre, du ministre de l'Intérieur et des ministres compétents.

633. Intérêts de l'État dans la région. – Ensuite, le préfet de région a la charge des intérêts de l'État dans la région. Il est ainsi responsable de l'exécution des politiques de l'État dans la région, sous réserve des compétences de l'Agence régionale de santé, ainsi que l'exécution des politiques communautaires qui relèvent de la compétence de l'État. À cette fin, il arrête, après consultation du CAR, le projet d'action stratégique de l'État dans la région (art. 5).

634. Compétences financières. – Enfin, il intervient en matière financière, comme ordonnateur secondaire des services déconcentrés des administrations civiles de l'État en proposant aux ministres intéressés, après consultation du CAR, les éléments d'un programme ou d'une action de programme budgétaire. À l'issue du vote de la loi de finances, les directions régionales placées sous son autorité élaborent les budgets opérationnels de programme (BOP) relevant de leurs compétences. Il est par ailleurs tenu informé de l'élaboration des programmes et des projets d'investissements publics à caractère national ayant un impact régional.

2. Les moyens d'action du préfet de région

635. Le préfet de région peut intervenir de différentes manières :

— directement, lorsque l'affaire entre dans une des attributions de la région telles que définies à l'article 3 du décret du 1er juillet 1992 portant charte de la déconcentration et relevant du domaine de compétences des services déconcentrés dans la région ou encore pour déterminer la stratégie immobilière de l'État dans la région. Il est en effet responsable de la valorisation et de la préservation des intérêts du patrimoine immobilier de l'État ;

— en évoquant, par arrêté, pour une durée limitée, une compétence du préfet de département à des fins de coordination régionale ;

— en donnant des instructions, aux préfets de département ou en exerçant son pouvoir d'approbation des schémas pluriannuels de stratégie immobilière élaborés par les préfets de département ;

— en coordonnant l'action des différentes circonscriptions administratives de l'État. Il rédige, pour ce faire et en conformité avec les orientations nationales, un schéma organisant la mutualisation des moyens entre services de l'État dans la région.

C Le préfet de département, autorité de mise en œuvre de la politique nationale et européenne

636. Historique. – Successeur direct et presque immédiat des intendants de police, de justice et de finances de l'Ancien Régime, le préfet est issu de la loi du 28 Pluviôse An VIII qui lui confie notamment la responsabilité de l'administration de l'État dans chaque département. En droit positif, l'institution est régie par le décret précité du 29 juillet 1964, quant à son statut, et par le décret du 29 avril 2004, quant à ses pouvoirs. On soulignera que la modification du décret fonctionnel antérieur, celui n° 82-389 du 10 mai 1982, par le décret du 29 février 1988 avait rétabli, de façon heureuse, le titre de préfet, certainement plus durable et plus explicite que la dénomination dissonante de commissaire de la République, utilisée sans conviction ni succès, six années durant. Par ailleurs, depuis la réforme 1982, il est fait recours à la notion de « *préfet de département* » à laquelle on se tiendra désormais en ce qui concerne les préfets territoriaux dans les départements dès lors qu'elle est systématisée par le décret du 29 avril 2004, sauf exception[16].

637. Décret du 16 février 2010. – Sa place a été profondément modifiée par les effets combinés des décisions du conseil de modernisation des politiques publiques et du décret du 16 février 2010 substituant le préfet de région au préfet de département comme autorité déconcentrée de principe. Désormais placé sous l'autorité du préfet de région, il a pour fonction de mettre en œuvre les politiques nationales et communautaires[17] « *au plus près des administrés et du territoire* »[18].

638. Symbole de la circonscription départementale. – Le préfet reste cependant le symbole du département comme circonscription administrative de l'État. Comme circonscription administrative de l'État, le département est symbolisé par la personne du préfet de département qui exerce la compétence de principe dans l'organisation déconcentrée de l'administration d'État, à un triple titre :

— à l'intérieur du département, vis-à-vis des chefs des services déconcentrés de l'État dans le département ;

16. Par ex., l'art. 14 ou encore l'art. 42-III qui mentionnent encore le « *préfet* » au sens de préfet de département.
17. D. 29 avril 2004, mod., art. 9.
18. Circulaire du 7 juillet 2008, relative à l'organisation de l'administration départementale de l'État.

— à l'échelon local, vis-à-vis des autres niveaux de l'administration déconcentrée infradépartementale ;

— à l'égard des établissements publics de l'État dont il peut être le délégué territorial.

a) Les moyens d'action du préfet de département

639. Direction. – En tant que grand commis territorial de l'État, le préfet de département a pour fonction d'être le principal relais du pouvoir hiérarchique du ministre sur les services déconcentrés de sa propre administration. C'est pourquoi il lui incombe de diriger, sous l'autorité du Premier ministre et de chacun des ministres et du préfet de région, ceux des services déconcentrés des administrations civiles de l'État dans le département qui lui sont directement rattachés.

640. Administration. – Il est assisté, dans l'exercice de ses fonctions, d'un secrétaire général, d'un chef de cabinet, d'un ou plusieurs chargés de mission, des sous-préfets d'arrondissement, des chefs des services déconcentrés des administrations civiles de l'État dans le département qui entrent dans le champ de sa compétence de principe et du commandant du groupement de gendarmerie départementale, des responsables des unités et délégations territoriales des services déconcentrés des administrations civiles de l'État dans sa région ainsi que du directeur départemental des services d'incendie et de secours. En matière de santé publique, conséquence de la création de l'Agence régionale de santé en remplacement des directions régionales et départementales des affaires sanitaires et sociales, le préfet de département par la loi du 21 juillet 2009 est assisté du directeur général de l'ARS et du responsable de sa délégation territoriale dans le département lorsqu'un événement présentant un risque pour la santé de la population ou susceptible de présenter un risque de trouble à l'ordre public se produit[19].

641. Délégation. – Le décret du 29 avril 2004 précise les conditions de la délégation de sa signature aux chefs de service concernés et aux sous-préfets d'arrondissement notamment ainsi que de subdélégation par ceux-ci de cette signature déléguée (art. 43 et 44). Il précise également les règles de suppléance, en cas d'absence ou d'empêchement, ou d'intérim, en cas de vacance momentanée du poste (art. 45) au profit de l'autorité administrative subordonnée la plus ancienne dans le grade le plus élevé, ce qui convient. Au sein de chaque département, les préfets fonctionnels, les sous-préfets territoriaux ou

19. D. du 29 avril 2004, art. 13 ; Code de la santé publique, art. L. 1435-1.

fonctionnels, les chefs des services déconcentrés des administrations civiles de l'État, le directeur départemental des finances publiques, le directeur des services départementaux de l'éducation nationale, le commandant du groupement de gendarmerie départementale, le directeur départemental des services d'incendie et de secours, les directeurs de préfecture, le responsable de la délégation territoriale de l'Agence régionale de santé dans le département ainsi que les responsables des unités et délégations territoriales des services forment un collège des chefs de service, présidé par le préfet de département, qui peut être ouvert, sur sa proposition ou à son invitation, aux directeurs régionaux de l'ARS, aux chefs des services déconcentrés dans la région, les chefs de juridiction ainsi que les responsables d'établissements publics et services de l'État ayant leur siège dans le département. Ce collège est réuni en formation plénière ou restreinte sur un ordre du jour fixé par le préfet du département (décret du 29 avril 2004, art. 40).

642. Coordination. – Il joue un rôle de coordination des politiques de l'état dans le département : examen des conditions de mise en œuvre de ces politiques, organisation et fonctionnement des services déconcentrés (art. 41). Le directeur départemental des finances publiques y fait un compte rendu périodique de l'utilisation des crédits de l'État dans le département.

1. Les domaines d'action du préfet de département

643. RGPP. – Depuis les décisions du conseil de modernisation des politiques publiques des 12 décembre 2007, 4 avril et 11 juin 2008 et la révision du décret du 29 avril 2004 par le décret du 16 février 2010, déjà évoqués, il convient, à la lumière des circulaires du Premier ministre des 19 mars 2008, 7 juillet 2008 et surtout du 13 décembre 2010 de distinguer les domaines d'action du préfet de département selon qu'elles seront définies par le préfet de région ou qu'elles relèveront des pouvoirs traditionnels du préfet de département (ordre public et sécurité nationale, contrôle administratif, étrangers) pour lesquels l'autorité du préfet de région paraît plus lointaine.

644. Subordination au préfet de région. – En premier lieu, le décret du 16 février 2010, en posant le principe de la subordination du préfet du département soumis à l'autorité du préfet de région, sans que, de façon confuse, cette autorité administrative se confonde encore avec le pouvoir hiérarchique, réduit ses compétences à la mise en œuvre par le premier des politiques nationales et européennes « *pilotées* » par le premier. Cette autorité s'exerce, notamment, par la voie de l'instruction et de l'évocation. Les instructions prendront, en principe, la forme de décisions du préfet de région arrêtées après consultation du comité de l'administration régionale (CAR). Le pouvoir d'évocation donne la possibilité au préfet de région de substituer ses propres décisions à celles du préfet de département. Mais ce n'est que pour une durée limitée et à des fins de coordination régionale.

645. Autorité. – On rappelle que l'autorité du préfet de région sur les préfets des départements de sa région (décret du 29 avril 2004 modif., art. 2-I) ne s'analyse pas exactement comme un pouvoir hiérarchique : la circulaire du 13 décembre 2010 précise bien, en ce sens, que l'autorité reconnue au préfet de région ne remet pas en cause la responsabilité première des préfets de département devant les ministres car ce sont eux – et eux seuls – qui continuent à être les destinataires des recours hiérarchiques formés contre leurs décisions. Il y a là une profonde ambiguïté de la réforme de la déconcentration de l'État, opérée par le décret du 16 février 2010, qui ne sera pas levée tant que, organiquement, le préfet de région continuera à être un préfet de département et tant que, fonctionnellement, la région sera une circonscription administrative d'exception, et donc du préfet de région une autorité administrative d'exception. Le droit est une matière qui nécessite cohérence et logique.

646. Prérogatives traditionnelles. – En second lieu, le préfet de département conserve ses prérogatives traditionnelles, c'est-à-dire la préservation de l'ordre public, le contrôle administratif ainsi que l'entrée, le séjour et l'asile des étrangers. Il est à noter que la préservation de l'ordre public est étendue à la sécurité nationale par le décret de 2010 pour la mise en œuvre de la loi du 29 juillet 2009 de programmation militaire. La notion englobe tout à la fois la défense, mais aussi la sécurité intérieure contre les risques encourus par la population et les institutions qui ne relèvent ni de la politique de défense ni de la préservation de l'ordre public classique. En cette matière cependant, la coordination de l'action des préfets de département relève du préfet de zone de défense et de sécurité qui est lui-même un préfet de région, et donc un préfet de département.

647. Pouvoir de police. – Il faut cependant s'attarder sur les pouvoirs de police du préfet de département qui sont l'une des manifestations les plus constantes de l'exercice de sa fonction. Il ne les exerce plus en matière de police judiciaire. En effet, fondés sur l'ancien article 30 du Code de procédure pénale, ses pouvoirs en la matière ont été abrogés par la loi du 4 janvier 1993 portant réforme de la procédure pénale, au titre de l'application du principe constitutionnel de la séparation des pouvoirs. En revanche, le préfet de département est une autorité de police administrative, qu'il s'agisse de la police générale ou de polices spéciales.

648. Police administrative générale. – Au titre de la police administrative générale, le préfet de département est en charge, en ce qui le concerne, du maintien de l'ordre public, de la sécurité et de la protection des populations (décret du 29 avril 2004, art. 11, al. 1er) par des décisions réglementaires ou individuelles dans les cas suivants :

— prendre toute mesure de police relative à la salubrité, à la sûreté et à la tranquillité publiques dont le champ d'application excède le territoire d'une commune[20] ;

— réglementer la circulation sur les routes à grande circulation situées hors agglomération sur le territoire de la circonscription départementale (*ibid.*, art. L. 2213-1, al. 1er ; CE, 1er mars 1993, *Société Entreprise Nabrin*, Tab. 918) ;

— organiser et mettre en œuvre les opérations de secours prévues notamment par le plan Orsec (organisation des secours) en cas de catastrophe naturelle, ou par les plans d'urgence pour faire face à des pollutions accidentelles[21].

649. Police administrative spéciale. – Au titre des polices administratives spéciales qui lui sont confiées, il lui appartient d'assurer, en particulier, la police de la chasse ou de la pêche, des réunions, des débits de boissons, des transports, des étrangers ou encore des installations classées. On ajoutera que le préfet de département peut être assisté, dans ses attributions relatives au maintien de l'ordre public, par le commandant du groupement de gendarmerie nationale (décret du 29 avril 2004, art. 43).

650. Préfet de police. – Toutefois, à Paris et depuis l'arrêté consulaire du 12 messidor an VIII, la compétence en matière de police administrative est exercée, en principe, par le préfet de police qui est distinct du préfet de Paris. Son action est placée, au contentieux, sous le contrôle du juge administratif[22].

20. CGCT, art. L. 2215-1-1° ; CE, 23 septembre 1991, *Commune de Narbonne c/ Préfet de l'Aude, Rec.* 313 ; *AJDA* 1992.154, note Moreau.

21. À ce sujet, loi du 22 juillet 1987 relative notamment à la sécurité civile et décret d'application du 6 mai 1988 modif., *RFDA* 1987.926, note Prieur et 1988.118, note J.-B. Auby et H. Périnet-Marquet.

22. Par ex., CE Sect., 4 mai 1984, *Préfet de police c/ Guez, Rec.* 164 ; *AJDA* 1984.393, concl. Dutheillet de Lamothe), sauf à retenir la compétence du juge judiciaire en cas de voie de fait (par ex., TC, 8 avril 1935, *Action française, Rec.* 1226, concl. Josse ; *GAJA* n° 49 et les réf.

651. Diversité des attributions. – Quoique, de façon certaine, le rôle du préfet de département soit focalisé, à présent, sur la mise en œuvre de la politique économique et sociale de l'État dans le département[23], il conserve bien d'autres attributions administratives : par exemple, en matière d'expropriation pour cause d'utilité publique, d'occupation temporaire de travaux publics, d'élévation des conflits de compétence au profit de la juridiction administrative ou encore, le cas échéant, de réquisition de la force armée.

652. Déconcentration des décisions administratives individuelles. – Plus encore, depuis le décret du 15 janvier 1997 modifié, est intervenue une importante réforme de déconcentration des décisions administratives individuelles qui pose, en principe, que *« les décisions administratives individuelles entrant dans le champ des compétences des administrations civiles de l'État (...) sont prises par le préfet »*. À ce principe, il existe quatre limitations qui rendent la construction d'ensemble peu lisibles :

— sont exclues du champ d'application de la réforme les décisions administratives individuelles concernant les agents publics de l'État ;

— restent applicables les dispositions qui, à la date de l'entrée en vigueur de la réforme, attribuent compétence à d'autres autorités administratives de l'État ou à leurs agents, notamment le préfet de zone, le préfet de région, le préfet de police ou encore le maire en tant qu'agent de l'État ;

— peuvent intervenir des décrets en Conseil d'État et en Conseil des ministres qui, postérieurement à la réforme, fixent la liste des décisions qui sont prises par les ministres ou par décret ;

— peuvent aussi intervenir des décrets en Conseil d'État qui, postérieurement à la réforme, viendront attribuer compétence à d'autres autorités administratives de l'État ou à leurs agents, notamment le préfet de région.

2. Les services déconcentrés de l'État dans le département

653. Décret du 3 décembre 2009. – Les services déconcentrés de l'État dans le département – hors Ile-de-France – ont été profondément remaniés par le décret du 3 décembre 2009 relatif aux directions départementales interministérielles et constituent l'une des nombreuses mesures d'application des décisions du conseil de modernisation

23. À ce sujet, J.-C. Bouzely, « Le rôle économique du commissaire de la République », *Rev. adm.* 1985.72.

des politiques publiques prises dans le cadre de la RGPP. L'objectif était le regroupement des anciennes directions départementales autour de deux ou trois directions interdépartementales en fonction de l'importance du département. L'organisation interministérielle est destinée à réduire les coûts budgétaires tout en améliorant l'efficacité de la gestion. Elle permet de décloisonner l'administration qui pourra regrouper ses moyens et ses compétences en fonction de missions communes qui nécessitaient auparavant le concours de plusieurs administrations aux traditions et aux procédures distinctes. Par ailleurs, la réduction du nombre de direction est en faveur de la simplification des relations entre l'administration et les administrés par la limitation du nombre des interlocuteurs[24].

654. Directions interministérielles. – Chaque département comprend deux directions interministérielles, l'une en charge « *du territoire* », l'autre « *de la cohésion sociale et de la protection des populations* ». Dans les départements les plus importants, la seconde se dédouble en deux directions à la cohésion sociale et à la protection des populations. Les spécificités littorales sont prises en compte par l'adjonction à la direction qui devient « *des territoires et de la mer* », d'une délégation à la mer et au littoral.

655. Direction des territoires. – La direction départementale des territoires est compétente en matière de politiques d'aménagement de l'inévitable « développement durable » des territoires (D. 3 décembre 2009, art. 3). Cela regroupe une vingtaine d'actions qu'elles prennent directement en charge (équilibre des territoires urbains et ruraux, logement, habitat, construction, transport, aménagement et urbanisme) ou auxquelles elles concourent (environnement, prévention des pollutions, des crises et panification de la sécurité nationale).

656. Direction de la cohésion sociale. – La direction de la cohésion sociale associe la lutte contre les exclusions, la protection des personnes vulnérables, l'insertion sociale, notamment de la jeunesse, la politique de la ville, la lutte contre les discriminations, la promotion de l'égalité des chances, l'accueil dans les services sociaux, l'éducation et l'accompagnement de la jeunesse en difficulté.

657. Direction de la protection des populations. – La direction départementale de la protection des populations est compétente, quant à elle, lorsqu'elle est instituée, pour mettre en œuvre dans le

24. À ce sujet, J.-C. Bouzely, « Le rôle économique du commissaire de la République », Rev. adm. 1985.72.

département les politiques relatives à la protection et à la sécurité des consommateurs et plus largement à la sécurité sanitaire.

D Le préfet de zone

658. Zone de défense et de sécurité. – On aurait tort de penser que l'autorité préfectorale se limite aux circonscriptions administratives ordinaires : département ou région. On se contentera de mentionner les institutions du préfet de police ou du préfet maritime qui, comme l'actuel préfet de département, sont aussi des préfets de l'an VIII. Et, pour s'en tenir aux circonscriptions administratives interdépartementales, on mentionnera aussi les préfets de massif ou de bassin ou encore les préfets de zone. Pour s'arrêter sur cette institution administrative, en particulier, on se référera au décret du 16 janvier 1982 relatif aux pouvoirs des préfets de zone, codifié aux articles R. 1311-1 et suivants du Code de la défense, tels que modifiés par le décret du 4 mars 2010, qui prévoit que *« le représentant de l'État dans la zone de défense et de sécurité est le préfet du département où se trouve le chef-lieu de celle-ci. Il porte le titre de préfet de zone de défense et de sécurité »* (C. déf., art. R. 1311-1, al. 1er) : ainsi le préfet du département du Rhône qui est préfet de la région Rhône-Alpes est aussi, ès qualités, préfet de la zone de défense et de sécurité Sud-Est dès lors que Lyon est chef-lieu de département, de région et de zone, notamment.

659. Paris. – Toutefois, le Code précise que *« dans la zone de défense de Paris, les attributions du préfet de zone sont exercées par le préfet de police »* (art. R. 1311-29-I), dispositif qui est en adéquation avec les fonctions du préfet de zone telles qu'elles sont ainsi explicitées : *« sous l'autorité du Premier ministre et de chacun des ministres, et dans le respect des compétences des préfets de département, le préfet de zone de défense et de sécurité est responsable de la préparation et de l'exécution des mesures de sécurité nationale au sein de la zone de défense et de sécurité »* (art. R. 1311-3, al. 1er). Dans ce cadre, il assure la coordination des actions dans le domaine de la sécurité civile et, notamment, prépare l'ensemble des mesures de prévention, de protection et de secours qu'exige la sauvegarde des personnes, des biens et de l'environnement.

660. Sécurité civile. – Ainsi, c'est le préfet de zone, et donc le préfet de police pour la zone de Paris, qui, dans le domaine de la sécurité civile, prépare et, le cas échéant, met en œuvre ces mesures dans le cadre de la zone. À ce titre, il élabore et arrête le plan Orsec (organisation des secours) de zone et les autres plans dont le déclenchement relève de son autorité de même qu'il coordonne l'élaboration des plans départementaux et s'assure de leur exécution (art. R. 1311-9).

661. Direction de l'action des préfets de région et de département. – Il lui appartient ainsi de diriger « *l'action des préfets de région et de département en ce qui concerne la préparation et la mise en œuvre des mesures relatives à la sécurité intérieure et à la sécurité civile* » (art. R. 1311-4) et, plus généralement, de mettre en œuvre les mesures de défense non militaire, au sens de la défense civile ou économique, y compris en demandant la participation, sur réquisition légale, des armées à la défense et à la sécurité civiles (C. déf., art. L. 1321-1 et – 2 et R. 1321-1 à D. 1321-10). On soulignera là encore, que, malgré la situation de crise ou des événements d'une particulière gravité, la réglementation applicable ne va pas jusqu'à consacrer explicitement l'autorité hiérarchique du préfet de zone sur les préfets territoriaux concernés dès lors qu'il n'est lui-même qu'un préfet de région, c'est-à-dire, en définitive, un préfet de département.

662. On observera, en outre, que le préfet de zone est assisté, dans l'exercice de ses fonctions, par d'autres membres du corps préfectoral, principalement par le préfet délégué pour la sécurité et la défense, institution créée par le décret du 30 mai 2002 codifié et modifié (art. R. 1311-15 s.).

§ 2. Les autres autorités déconcentrées

663. Par autorités déconcentrées autres que les préfets, il faut entendre les différents chefs de services déconcentrés de l'État, soit au niveau départemental ou supradépartemental, soit au niveau infradépartemental : le sous-préfet dans l'arrondissement et le maire, agent de l'État dans la commune.

A Les chefs des services déconcentrés de l'État au niveau départemental ou supradépartemental

664. On peut relever quelques autorités déconcentrées de l'État en dehors de la compétence des préfets de département ou de région.

1. Au niveau départemental

665. Tous les services déconcentrés des administrations civiles de l'État ne relèvent pas de l'autorité préfectorale (décret du 29 avril 2004, art. 32 et 33), tant s'en faut. Il en est ainsi du directeur de la direction départementale des finances publiques, ou encore, de l'administration de l'éducation nationale placée, dans le cadre départemental, sous la responsabilité de l'inspecteur d'académie.

2. Au niveau supradépartemental

666. Par niveau supradépartemental, on entend ici le niveau régional ou interdépartemental où l'autorité déconcentrée n'est pas ou ne peut pas être le préfet de région. Comme pour le préfet de département dans le cadre de la circonscription départementale, le préfet de région n'a pas autorité sur tous les chefs des services déconcentrés des administrations civiles de l'État dans la région (*ibid.*), même lorsque les limites territoriales de leur circonscription administrative propre correspondent avec celles de la circonscription régionale, ce qui n'est pas nécessairement le cas. Il en est ainsi, par exemple, du premier président de la cour d'appel en matière de justice, du recteur d'académie en matière d'enseignement ou encore du directeur régional des finances publiques.

B Le sous-préfet

667. L'arrondissement est symbolisé par la personne du sous-préfet, véritable archétype du fonctionnaire déconcentré de l'État. Les sous-préfets ont vocation, du moins pour les meilleurs d'entre eux, et en tout cas au choix, d'accéder au grade de préfet. Leur statut et leurs attributions sont, du reste, proches de ceux de l'autorité préfectorale vers laquelle leur carrière peut ainsi tendre.

1. Le statut des sous-préfets

668. Les sous-préfets sont recrutés en principe dans les corps issus de l'ENA, particulièrement les administrateurs civils du ministère de l'Intérieur. Toutefois, la crise du recrutement est désormais d'une ampleur telle qu'il a bien fallu organiser, dans les années passées, des concours de recrutement ouverts à des fonctionnaires civils ou militaires, sous condition d'âge et d'ancienneté dans la fonction publique[25], puis revoir complètement le régime d'accès au corps par

25. CE, 8 novembre 1974, *Association des anciens élèves de l'ENA, Rec.* 542.

la voie interne par plusieurs décrets dont le dernier date du 17 octobre 2007. Le nombre de nomination aux choix est fixé chaque année par un arrêté du ministère de l'Intérieur. Ce nombre doit être inférieur aux deux tiers du nombre des administrateurs civils recrutés par la voie de l'ENA.

669. Le statut des sous-préfets est régi par le décret du 14 mars 1964. Nommés par décret simple du Président de la République, ils sont soumis à des obligations particulières de fonction publique de même nature que celles des préfets.

2. Les attributions des sous-préfets

670. D'un point de vue de science administrative, il y a lieu de distinguer les sous-préfets territoriaux et les sous-préfets fonctionnels encore que, depuis le décret du 27 avril 1995, cette distinction tende à s'estomper.

671. Sous-préfet territorial. – Le sous-préfet territorial, placé sous l'autorité du préfet de département (décret du 29 avril 2004, art. 14, al. 2 et 40, al. 1er), est son délégué. À ce titre, il lui appartient de l'assister dans la représentation territoriale de l'État : respect de l'État de droit par l'application des lois et règlement et maintien de l'ordre public ; animation et coordination des services de l'État dans l'arrondissement ; participation au contrôle de tutelle, mais aussi au conseil auprès des communes de l'arrondissement. Il appartient au sous-préfet, de façon générale, de coordonner l'action des services déconcentrés de l'État dans les limites de leur circonscription. Il est plus particulièrement délégataire de signature de la part de l'autorité préfectorale *« pour toutes les matières intéressant leur arrondissement »* (décret du 29 avril 2004, art. 43-5o).

672. Missions spécifiques. – Ce sous-préfet territorial peut être celui auquel le préfet confie, au surplus, des missions particulières, temporaires ou permanentes, qui peuvent s'étendre hors de l'arrondissement, voire, avec l'accord des préfets de département intéressés ou à la demande du préfet de région, hors du département (art. 14, al. 6 et 7).

673. Relations de proximité. – On ne saurait perdre de vue que les sous-préfets territoriaux sont également chargés d'entretenir des relations de proximité avec l'ensemble des élus locaux dont ils sont les interlocuteurs privilégiés au sein de l'État et qu'ils peuvent ainsi utilement les conseillers dans l'exercice de leurs responsabilités, particulièrement dans le cadre du contrôle de légalité, lequel n'atteint que rarement le niveau juridictionnel retenu par le nouveau droit de la décentralisation.

674. Sous-préfets fonctionnels. – Mais, à côté de ces sous-préfets territoriaux, éventuellement en mission, il existe aussi des sous-préfets fonctionnels tels que :

— le secrétaire général de la préfecture qui est chargé de coordonner l'action de tous les services de la préfecture, structurés en directions et en bureaux. Le cas échéant, il lui revient de suppléer le préfet. On notera, toutefois, que, pour l'arrondissement du chef-lieu du département, c'est le secrétaire général de la préfecture qui, en principe, fait office de sous-préfet d'arrondissement, c'est-à-dire que sa mission est, à ce titre, territoriale ;

— le directeur ou le chef de cabinet du préfet qui assiste le préfet de département dans ses activités de représentation et qui suit plus précisément les dossiers relatifs à la sécurité publique ainsi que les affaires qui sont réservées, en raison de leur incidence politique ou de leur caractère personnel ;

— les sous-préfets économiques, institués dès 1959 outre-mer, qui assurent la coordination de toutes les affaires économiques de la circonscription départementale ou régionale et qui sont chargés, depuis 1988 en métropole, de suivre les questions de développement économique et social dans les zones particulièrement isolées ou déprimées.

C Le maire, agent de l'État

675. Dédoublement fonctionnel. – Le niveau infradépartemental de l'administration locale dérogatoire privilégie l'institution du maire en tant qu'agent de l'État. Car, la déconcentration de l'État utilise aussi la commune comme circonscription administrative de base, les attributions ainsi transférées l'étant sur la personne du maire, au bénéfice ainsi du véritable dédoublement fonctionnel qui continue à le caractériser dès lors qu'il est, à la fois, autorité déconcentrée de l'État et exécutif de la collectivité territoriale décentralisée. Le Conseil d'État évoque, en ce sens, *« les attributions que le maire exerce au nom de l'État »* et *« celles qu'il exerce au titre de son mandat municipal »*[26]. Ce n'est pas, du reste, l'un des moindres paradoxes de sa situation administrative que le maire, archétype de l'élu local, soit surtout connu du grand

26. CE, 18 janvier 1991, *Société Multypromotion, Rec.* 16.

public à travers l'une de ses principales fonctions d'agent de l'État : la célébration des mariages civils, « *en la maison commune* ».

676. Missions. – Plus précisément, comme agent de l'État, le maire est chargé d'une triple mission :

1° Le maire doit faire connaître et respecter la loi, ce qui correspond à trois fonctions distinctes (CGCT, art. L. 2122-27) :

— assurer la publication et l'exécution des lois et règlements dans la commune. Ceci revient, pour l'essentiel, à laisser à la disposition du public le *Journal officiel* et implique, le cas échéant, leur republication et le rappel de leur observation (*ibid.*, art. L. 2122-28) ;

— assurer l'exécution des mesures de sûreté générale éventuellement prescrites par le Gouvernement ;

— assurer les fonctions spéciales qui lui sont attribuées par les lois, ce qui correspond notamment à des attributions :

• en matière électorale : établissement des listes (Code élect., art. L. 17) ou délivrance des cartes (*ibid.* , art. R. 24 et 25),

• en matière de service national : recensement à titre d'obligation du service national (C. serv. nat., art. R. 111-5 issu du décret du 17 mars 1998),

• en matière d'urbanisme : délivrance de certains permis de construire pour le compte de l'État (C. urb., art. L. 422-1), interruption de travaux de construction (C. urb., art. L. 480-2 et CE, 14 octobre 1987, *Malinconi, Rec.* 1024) ou encore mise en demeure de supprimer un panneau publicitaire (C. env., art. L. 581-27 et CE, 15 juin 1987, *Société Affichage Giraudy, Rec.* 578),

• en matière de police spéciale : délivrance de justificatifs d'hébergement d'étrangers (CESEDA, art. L. 211-3 et CE, 27 septembre 1987, *France Terre d'asile, Rec.* 263), ou légalisation des signatures (CGCT, art. L. 2122-30 et CE, 30 mai 1945, *Dame Grée, Rec.* 113).

2° Comme ses adjoints, le maire participe à l'autorité judiciaire :

— soit, conformément à l'article 16 du Code de procédure pénale, en tant qu'officier de police judiciaire (CGCT, art. L. 2122-31) ;

— soit, conformément à l'article 46 du même Code et de façon exceptionnelle, comme ministère public auprès du tribunal de police.

3° Comme ses adjoints, le maire assure l'exécution du service de l'état civil en tant qu'officier d'état civil (CGCT, art. L. 2122-32) : célébration de mariages, voire de baptêmes civils et délivrance d'actes de naissance, de mariage ou de décès.

677. Subordination au préfet. – Or, dès lors qu'il est considéré dans le cadre du droit de la déconcentration exclusivement, le maire est soumis, pour l'exercice de l'ensemble de ses nombreuses attributions, à la hiérarchie administrative : car, en tant qu'agent de l'État, le maire est placé sous l'autorité du représentant de l'État dans le département (CGCT, art. L. 2122-27 ; CE Sect., 16 novembre 1992, *Ville de Paris, Rec.* 406 ; *GADD* n° 21 et les réf.) de sorte qu'il est soumis au pouvoir hiérarchique du préfet de département. En se plaçant sur le terrain de la légalité, mais aussi de l'opportunité, l'autorité préfectorale est donc en droit de lui adresser des instructions, voire des injonctions de faire ou de ne pas faire, de même qu'il peut réformer ou annuler ses décisions ou encore se substituer à lui, après réquisition restée infructueuse, pour autant qu'il néglige ou qu'il refuse d'exécuter un acte prescrit par la loi[27] (CGCT, art. L. 2122-34).

678. Subordination au procureur de la République. – En revanche, en tant qu'il est officier de police judiciaire ou officier d'état civil, le maire, comme agent de l'État, est subordonné à l'autorité du procureur de la République qui relève d'un Parquet lui-même hiérarchisé et placé, en la matière et au titre de la séparation des pouvoirs, en dehors de la compétence de principe du préfet de département.

679. Sanction disciplinaire. – On soulignera que la désobéissance du maire aux ordres reçus de l'autorité compétente l'expose, d'ailleurs, à une mesure administrative ou à une sanction disciplinaire, comme pour tout autre agent subordonné de l'État, mais plus rarement encore : par exemple, la sanction de révocation prise à l'encontre d'un maire qui a refusé l'ordre du Gouvernement de pavoiser les édifices publics, lors de journées commémoratives[28] ; de même, de façon plus récente, la mesure administrative de suspension pendant un mois de M. Noël Mamère de ses fonctions de maire de Bègles (Gironde) après la célébration du premier mariage homosexuel en France, le 5 juin 2004, en contravention avec les dispositions de l'article 75, alinéa 6 du Code civil tel qu'il est judiciairement interprété.

680. Bibliographie. – AVRIL Pierre, *L'arrondissement devant la réforme administrative*, Paris, Berger-Levrault, 1970.

AUBY Jean-François, « L'évolution du corps préfectoral », *RFDA* 1990.447.

AUBY Jean-François, « La loi du 6 février 1992 et l'administration de l'État », *RFDA* 1993.234.

27. CGCT, art. L. 2122-34.
28. CE, 1er février 1967, *Cuny, Rec.* 52 ; *AJDA* 1967.344, note Moreau.

BERNARD Paul, « L'État et la décentralisation : Du préfet au commissaire de la République », *NED* nos 4711 et 4712, Paris, La Documentation française, 1983.

BERNARD Paul, « La fonction préfectorale au cœur de la mutation de notre siècle », *Rev. adm.* 1992.101.

BOUZELY Jean-Claude, « Le rôle économique du commissaire de la République », *Rev. adm.* 1985.72.

CHAUVIN Francis, « Nouveaux pouvoirs préfectoraux et réforme de l'État », *AJDA* 2000.143.

CORTEMBERT Sylvie, « Le préfet maritime », *RDP* 1995.1549.

COUR DES COMPTES, *La déconcentration des administrations et la réforme de l'État*, Rapport public thématique, 2003.

CUSTOS Dominique, « L'institution préfectorale dans les départements d'outre-mer au terme d'un demi-siècle d'existence », *RFDA* 2000.778.

DELBOND Antoine et HAUSTANT Henry, « Le préfet d'outre-mer », *in* Jean-Claude FORTIER (dir.), *Questions sur l'administration des DOM – Décentraliser outre-mer ?*, Paris, Economica, 1989, p. 203-215.

GOHIN Olivier, « Bassins de vie, pays et arrondissements », *Les Cahiers du CNFPT* n° *42*, décembre 1994, p. 95-106.

GOHIN Olivier, « L'organisation territoriale de la défense : réalité et perspective », *Droit et Défense* n° 95/2, avril 1995, p. 5-17.

GOHIN Olivier, « Les préfets de zone de défense », *RDP* 2001, p. 1357-1379.

KOUBI Geneviève, « Pouvoir des préfets et cadres dirigeants de l'État. Une mise en perspective de la réforme de l'État », *JCPA* 2010.2084.

MALIGNIER Bernard, « Le découpage des circonscriptions électorales devant le Conseil constitutionnel et le Conseil d'État », *DA* 1992, n° 4, p. 1.

PERROT Hubert, « L'incidence des transferts de compétence vers la CEE sur la fonction préfectorale », *Administration* 1990, n° 149, p. 34.

PONTIER Jean-Marie, « Le nouveau préfet », *AJDA* 2010.819

REGARDS SUR L'ACTUALITÉ, *La réforme de l'État territorial*, Paris, La Documentation française, n° 313, 2005.

ROSSELOT Jean, « La charte de la déconcentration », *Administration* n° 160, juillet-septembre 1993, p. 40-66.

Chapitre 3
Les autorités administratives indépendantes

681. Émergence. – L'émergence d'une catégorie juridique nouvelle au sein de l'État démontre combien le droit administratif est une construction permanente, en mesure de s'adapter aux évolutions de la pratique institutionnelle. S'agissant des autorités administratives indépendantes (AAI), cette reconnaissance n'aura pas été simple à établir : la systématisation par la doctrine universitaire aura été relativement tardive, en effet, par rapport au Conseil d'État ou au législateur alors surtout que tendent à proliférer, en parallèle, des autorités publiques indépendantes (API) qui sont une exception, depuis 2003, à l'extérieur de l'administration d'État.

682. Notion. – C'est en 1968 seulement qu'en France, la notion d'*« autorité administrative indépendante »* (AAI) apparaît, en effet, dans les conclusions claires, mais inaperçues du commissaire du Gouvernement Jacques Rigaud, en ces termes : *« À l'époque contemporaine, la belle harmonie de l'administration classique à deux dimensions, celle de la hiérarchie et celle de la tutelle, est fort compromise ; nous avons assisté pour de multiples causes à la création de nouveaux organismes qui, sans pouvoir être qualifiés d'autorités décentralisées au sens que notre droit attache à cette expression, ne sont pas pour autant soumis au pouvoir hiérarchique du ministre. Ce sont des organismes qu'on pourrait dire "à compétences propres". Institués par le pouvoir législatif ou réglementaire, ils ont pour objet soit de permettre la participation des citoyens ou des intérêts organisés, soit de donner aux administrés la garantie de l'indépendance des personnes qui concourent à la décision. Et ces organismes sont dotés, non d'une fonction consultative, mais bien d'un pouvoir de décision »*[1].

683. Loi du 6 janvier 1978. – Toutefois, ce n'est que par l'article 8 de la loi du 6 janvier 1978 relative à l'informatique, aux fichiers

1. Concl. sur CE, 6 décembre 1968, *ministre des Armées c/ Ruffin, RDP* 1969.703.

et aux libertés que cette même notion d'autorité administrative indépendante a été consacrée par le législateur, à propos de la Commission nationale de l'informatique et des libertés (CNIL).

684. Développement. – Elle s'est ensuite considérablement développée, depuis 1978, par l'effet de la législation. En dehors de la CNIL, on citera notamment :

— la Commission nationale du débat public[2] ;

— la Commission d'accès aux documents administratifs[3] ;

— la Haute autorité de lutte contre les discriminations et pour l'égalité, désormais supprimée au profit du Défenseur des droits de l'article 71-1 de la Constitution[4] ;

— le Haut Conseil du commissariat aux comptes[5] ;

— l'Agence d'évaluation de la recherche et de l'enseignement supérieur[6].

685. Autorités indépendantes. – Encore faut-il préciser que l'ancien Médiateur de la République (loi du 3 janvier 1973, al. 1er modif. par la loi du 13 janvier 1989, art. 69), le Conseil supérieur de l'audiovisuel (loi du 17 janvier 1989 modifiant la loi du 30 septembre 1986 relative à la liberté de communication, art. 3-1 modif. par la loi du 31 mars 2006, art. 47-I) et le Défenseur des enfants (loi du 6 mars 2000) ne sont qualifiés, par le législateur, que d'*« autorités indépendantes »*. Mais cette expression a bien le sens d'autorités administratives indépendantes : car est close la controverse, sans intérêt juridique, développée, sur la base de la décision *Retail* du Conseil d'État en date du 10 juillet 1981, au sujet de la nature administrative ou non de l'institution de l'ancien Médiateur[7].

686. Qualification. – De plus, la qualification d'autorité administrative indépendante peut être, non pas textuelle, mais jurisprudentielle : en ce sens, au sujet de l'ancienne Autorité de régulation des télécommunications (ART), comp. la loi du 26 juillet 1996, art. 8 (C. postes et télécommunications, art. L. 36-1 abrogé) et la décision CC, 23 juillet 1996, *Réglementation des télécommunications*, déc.

2. CNDP : loi du 27 février 2002 relative à la démocratie de proximité, art. 134 ; Code de l'environnement, art. L. 121-1 s.
3. CADA ; loi du 17 juillet 1978, art. 20 issu de l'ordonnance du 6 juin 2005, art. 10.
4. HALDE ; loi du 30 décembre 2004, art. 1er.
5. HCCC ; ordonnance du 8 novembre 2005 ; art. L. 821-1 du Code de commerce.
6. AERES ; loi du 18 avril 2006, art. 98 ; C. recherche, art. L. 114-3-1.
7. En ce sens, comp. J.-P. Costa, « Le médiateur peut-il être autre chose qu'une autorité administrative » ? *AJDA* 1987.341 et Y. Gaudemet, « Toujours à propos du médiateur... », *AJDA* 1987.520.

96-378 DC, *Rec.* 99 : « *Considérant que la loi peut sans qu'il soit porté atteinte au principe de la séparation des pouvoirs, doter une autorité administrative indépendante de pouvoirs de sanction dans la limite nécessaire à l'accomplissement de sa mission* ». Du reste, cette même qualification jurisprudentielle peut conduire ultérieurement à une qualification textuelle d'autorité administrative indépendante : il en était ainsi de l'ancienne Commission des opérations de bourses (COB), créée par ordonnance du 28 septembre 1967 : la loi modificative du 2 juillet 1996, art. 89-I (Code monétaire et fin., art. L. 621-1 abrogé dans cette rédaction) confirmait la jurisprudence déjà acquise en faveur de l'« *autorité administrative indépendante* »[8].

687. Utilité. – Or, l'utilité et même la nécessité de ces institutions d'interface, voire d'interposition que sont les autorités administratives indépendantes, entre la puissance publique et les administrés n'est plus à souligner : elles ont été rapidement admises dans un contexte de protection généralisée des libertés publiques. En ce sens, le Conseil constitutionnel a pu considérer que « *la désignation d'une autorité administrative indépendante (...) constitue une garantie fondamentale pour l'exercice d'une liberté publique* »[9]. De même, sous l'influence du conseiller d'État Guy Braibant, la Charte des droits fondamentaux de l'Union européenne, signée à Nice le 7 décembre 2000, telle qu'adaptée le 12 septembre 2007 à Strasbourg, qui a même valeur juridique que les traités (TUE, art. 6-1), envisage le « *contrôle d'une autorité indépendante* » en matière de protection des données à caractère personnel (Charte, art. 8-3).

688. Recensement. – La doctrine s'est alors attachée au recensement malaisé des autorités administratives indépendantes, parvenant à remonter dans le temps jusqu'à la Commission de contrôle des banques, créée par l'acte dit loi du 13 juin 1941, puis à la Commission paritaire des publications et agences de presse, mise en place par le décret du 25 mars 1950. Au demeurant, il s'agit là tout autant de la doctrine du Conseil d'État[10] que de celle de l'Université[11], quoique chacune de ces deux listes, pour comporter alors dix-huit organismes différents, ne soit pas identique... Mais, dans cette affaire, tout est question de qualification : c'est ainsi que, dans son *Rapport public*

8. CE, 5 novembre 1993, *COB, Rec.* 624.
9. CC, 26 juillet 1984, déc. n° 84-173 DC, *Rec.* 63 ; *RDP* 1986.395, note Favoreu.
10. F. Gazier et Y. Cannac, « Étude sur les autorités administratives indépendantes », *EDCE*, n° 35, 1983-1984, p. 13.
11. M.-J. Guédon, *Les autorités administratives indépendantes*, LGDJ, coll. Systèmes, 1991, p. 64-68 et 141.

2001, le Conseil d'État procède à un « *état des lieux* »[12] qui lui permet de recenser, pour sa part, 34 autorités administratives indépendantes dont 13 par détermination législative ou jurisprudentielle et 21 par application de ses propres critères de définition, application certaine dans 17 cas et « *après hésitation* » dans 4 autres cas[13].

689. Difficultés de qualification. – Car, ces données restent instables : si, en réponse à une question écrite, posée par le député Léonce Deprez, le 24 mai 2005, le Gouvernement a alors répondu en ne listant que 35 autorités administratives indépendantes, le sénateur Patrice Gélard, dans son rapport du 15 juin 2006 pour l'Office parlementaire d'évaluation de la législation, en dénombre pas moins de 55. Et, il précise que certains organismes sont « *expressément ou incontestablement constitutifs d'Autorités administratives indépendantes (tels que l'AMF, l'ARCEP, la CRE, le Médiateur de la République, etc.). La qualification d'autres était moins évidente mais avait été soutenue avant même que la loi éventuellement n'intervienne pour la leur conférer expressément (ainsi jusqu'en 2004 le Comité National Consultatif d'Éthique, le Conseil de prévention et de lutte contre le dopage, ou le Haut Conseil du commissariat aux comptes). D'autres ont une qualification controversée, par exemple le Bureau Central de Tarification que le Conseil d'État considère dans son étude de référence comme une Autorité administrative indépendante, alors que lui-même, dans sa réponse au questionnaire, ne va guère dans ce sens, parce qu'il n'estime pas être partie de l'État. La liste vise encore des organismes pour lesquels la qualification ne s'applique pas, faute d'indépendance juridiquement organisée vis-à-vis du Gouvernement (comme l'Agence Française de Sécurité Sanitaire et des Produits de Santé), et pour lesquels la qualification pourrait être à l'avenir adéquate* ».

690. Rétroactivité de la qualification. – Dans tous les cas, la doctrine n'a pas craint, d'ailleurs, d'appliquer rétroactivement la qualification d'autorité administrative indépendante à des institutions créées avant 1978 telles que, par exemple, le Conseil supérieur de l'Agence France-presse, la Commission des sondages, la Commission des infractions fiscales, la Commission d'accès aux documents administratifs, parfois rejointe en cela par le législateur depuis 1978, en ce qui concerne l'ancienne Commission de la concurrence (loi du 30 décembre 1985) ou encore l'ancienne Commission des opérations

12. *EDCE* n° 52, p. 287 s.
13. *Ibid.*, p. 300-305.

de bourse (loi du 2 juillet 1996). Et, dans son *Rapport public 2001* précité, consacré principalement aux autorités administratives indépendantes, le Conseil d'État estimait, à juste titre, que d'autres institutions – dont certaines ont disparu – méritaient la même qualification : la Commission bancaire et le Comité des établissements de crédit et des entreprises d'investissement (loi du 24 janvier 1984, particulièrement depuis sa modification par la loi du 2 juillet 1996), l'ancienne Commission de contrôle des assurances (loi du 31 décembre 1989), la Commission nationale d'équipement commercial (loi du 29 janvier 1993), l'ancienne Autorité de régulation des télécommunications (loi du 26 juillet 1996) ou encore l'ancienne Commission de régulation de l'électricité (loi du 10 février 2000 et décret du 11 septembre 2000 ; en ce sens, *EDCE* n° 52, p. 266 et 267). Et il est vrai que la filiation est souvent aisée à établir, d'une institution administrative à l'autre, dans le sens de l'affirmation toujours plus nette du pouvoir de décision et de la garantie d'indépendance.

691. Prolifération. – Dès lors, les autorités administratives indépendantes ont eu tendance à proliférer, sous l'influence du droit comparé[14], ou du droit européen[15], ou du droit communautaire[16]. Il y a là aussi l'effet d'un mouvement profond en faveur de la régulation des libertés fondamentales, en dehors de l'administration d'État : pour s'en tenir aux institutions dotées explicitement de ce label, on peut ainsi mentionner parmi d'autres : la Commission consultative du secret de la défense nationale (loi du 8 juillet 1998), l'ancien Conseil de prévention et de lutte contre le dopage (loi du 23 mars 1999), l'Autorité de contrôle des nuisances sonores aéroportuaires[17] ou encore l'ancienne Commission nationale de déontologie de la sécurité (CNDS ; loi du 6 juin 2000).

692. Regroupement. – On observera que, d'ailleurs, des regroupements pourraient s'avérer utiles, voire nécessaires, par exemple entre la Commission nationale de contrôle de la campagne électorale relative à l'élection du Président de la République (décret du 14 mars 1964), la

14. Par ex., la création de l'ancienne Commission des opérations de bourse (COB) par l'ordonnance du 28 septembre 1967 précitée, sur le modèle de la *Securities and Exchange Commission* américaine.

15. Par ex., la création de la Commission nationale de contrôle des interceptions de sécurité – CNCIS – par la loi du 11 juillet 1991 relative au secret des correspondances par la voie des télécommunications, à la suite de l'arrêt CEDH, 24 avril 1990, *Kruskin*.

16. Par ex., la création de l'ancienne Agence de régulation des télécommunications – ART – par la loi du 23 juillet 1996 précitée, par transposition de la directive 96/19 du 13 mars 1996 concernant l'introduction de la pleine concurrence dans le marché des télécommunications.

17. ACNUSA ; loi du 12 juillet 1999 ; Code de l'aviation civile, art. L. 227-1.

Commission des sondages (loi du 19 juillet 1977), la Commission pour la transparence financière de la vie politique (loi du 11 mars 1988) et la Commission nationale des comptes de campagne et des financements politiques (loi du 15 janvier 1990). ou encore entre la Commission nationale de contrôle des interceptions de sécurité, la Commission consultative du secret de la défense nationale et la Commission nationale de déontologie de la sécurité, ne serait-ce que pour éviter des problèmes de frontière contentieuse. Du reste, le législateur a déjà procédé à de tels regroupements, en particulier en supprimant la Commission nationale du droit de réponse, créée par le décret du 13 mai 1975, dont la mission a été attribuée à l'ex-Haute Autorité de la communication audiovisuelle par la loi du 29 juillet 1982 ou encore en remplaçant le Conseil des bourses de valeur (loi du 22 janvier 1988) et le Conseil du marché à terme (loi du 2 août 1989) par le Conseil des marchés financiers (loi du 2 juillet 1996 ; Code monétaire et fin., art. L. 622-1), puis en fusionnant la Commission des opérations de bourse (ordonnance du 28 septembre 1967 préc.) avec ce Conseil des marchés financiers et le Conseil de discipline de la gestion financière au sein d'une nouvelle Autorité des marchés financiers (AMF ; loi du 1er août 2003). Dans le même sens, l'élargissement des attributions de la Commission de régulation de l'électricité à l'ensemble du secteur de l'énergie, gaz compris, a conduit à instituer une nouvelle Commission de régulation de l'énergie (CRE ; loi du 3 janvier 2003). Et, comment méconnaître que les attributions du nouveau Défenseur des droits (Const., titre XI *bis*, art. 71-1), précisées par la loi organique du 29 mars 2011, reprennent celles du Médiateur de la République, du Défenseur des enfants, de la Commission nationale de déontologie de la sécurité (CNDS) ainsi que de la Haute autorité de lutte contre les discriminations et pour l'égalité (HALDE) ?

693. Autorités centrales indépendantes. – Ces différentes listes – aucun ne prétend, d'ailleurs, à l'exhaustivité – traitent de ce que le professeur René Chapus dénomme, de façon intéressante, *« les autorités administratives centrales indépendantes »*[18]. On ne saurait considérer, cependant, qu'elles sont instituées au sein de l'administration centrale, même si, pour ne pas avoir la personnalité morale, les autorités administratives indépendantes font nécessairement partie de l'État unitaire et engagent, par conséquent, sa responsabilité à raison de leurs actes dommageables[19].

18. R. Chapus, *Droit administratif général*, T. I, Montchrestien, 15e éd., 2001, n° 293, p. 224 s.
19. CE, 22 juin 1984, *Société Pierre et Cristal, Rec.* 731 ; *D.* 1986.IR.25, obs. Moderne et Bon, au sujet de l'ancienne COB, intégrée, à présent, dans la nouvelle AMF.

694. Pouvoir de décision. – Dès lors, se comportent précisément comme des autorités administratives indépendantes, sans toutefois faire partie de cette catégorie juridique, les juridictions administratives lorsque, dans des attributions non juridictionnelles et donc qualifiées d'*« administratives »*, elles sont conduites à prendre de véritables décisions telles que le refus d'une chambre régionale des comptes de constater la non-inscription d'une dépense obligatoire au budget d'une commune[20]. Du reste, le Conseil d'État a eu l'occasion de rappeler que *« les chambres régionales des comptes instituées par la loi du 2 mars 1982 constituent des organes de l'État non dotés de la personnalité morale »* et que, dès lors, cette institution n'était pas recevable, pour défaut de capacité à agir, à déférer au Conseil d'État, par la voie de l'appel, le jugement d'un tribunal administratif annulant l'une des décisions rendues dans le cadre de son contrôle budgétaire[21]. Toutefois, dans un grand désordre normatif, la recevabilité de l'action en justice de telle ou telle autorité administrative a pu être admise, dans certains cas, sans représentation par un ministre, soit par la jurisprudence[22], confortée par la loi (loi du 2 juillet 1996, art. 89 pour l'ancienne Commission des opérations de bourses : COB), soit par la loi directement (Code P. et T., art. 36-12 pour l'ancienne Autorité de régulation des télécommunications : ART).

695. Position extérieure à l'administration centrale et déconcentrée. – Ainsi, on doit considérer que toutes les autorités administratives indépendantes sont situées au sein de l'État, mais en dehors de son organisation administrative de principe, c'est-à-dire en dehors de l'administration centrale ou déconcentrée de l'État. Dès lors, au nombre de ces institutions, il faut compter, par exemple, les jurys d'examens et de concours. C'est assez dire l'ancienneté et l'ampleur d'un phénomène administratif qui, contrairement à ce qui prévaut à l'étranger[23], a été long à saisir en France et reste difficile à mesurer quand, d'ailleurs, il ne continue pas à être remis en cause :

— soit de façon globale[24] ;

20. CE, Ass., 23 mars 1984, *Organisme de gestion des écoles catholiques de Couëron, Rec.* 126 ; *RDP* 1984.1125, note J.-M. Auby.

21. CE, 10 janvier 1986, *Chambre régionale des comptes d'Ile-de-France, Rec.* 6 ; *RDP* 1986.396, concl. Roux.

22. CE, 5 novembre 1993, *COB, Rec.* 624, préc.

23. À ce sujet, M. Gentot, *op. cit.*, p. 19-33 et M.-J. Guédon, *op. cit.*, p. 27-34.

24. En ce sens, A. Holleaux, *LPA* 9 février 1987 pour lequel *« l'autorité administrative indépendante n'existe que pour les professeurs et les naïfs »*, formule à l'emporte-pièce qui a ce mérite, du moins, d'établir *a contrario* qu'il est des conseillers d'État pour penser que les professeurs de droit ne sont pas des naïfs.

— soit de façon partielle, à raison de son application à telle ou telle institution, particulièrement l'ancien Médiateur de la République[25].

À la vérité, comme on l'a établi très justement, c'est la catégorie d'autorité administrative indépendante, et non pas la notion, qui était nouvelle. Et toute la controverse doctrinale se résume, en fait, à la définition de cette notion ancienne d'autorité administrative indépendante dont il conviendra de donner quelques illustrations, parmi les plus significatives, en tenant compte de l'étude déjà faite de la Commission nationale informatique et libertés (CNIL) et de la Commission d'accès aux documents administratifs (CADA).

Section 1
La définition de l'autorité administrative indépendante

696. La catégorie des autorités administrative indépendantes n'est acceptable et praticable qu'à la condition de sa cohérence qui se résume à la combinaison de trois critères communs ; l'appartenance à l'administration d'État, avec l'exception limitée des autorités publiques indépendantes, et l'absence de pouvoir hiérarchique.

§ 1. L'existence d'une autorité

697. L'autorité de l'institution qualifiée d'autorité administrative indépendante correspond à deux acceptions différentes dont l'une est de droit administratif alors que l'autre est, pour sa part, de science administrative.

A L'autorité en droit administratif

698. Pouvoir de décision. – En droit administratif, l'autorité se traduit par le pouvoir de prendre des décisions susceptibles de recevoir une exécution en dehors de l'intervention du juge. Le professeur Jacques Chevallier soutient, en ce sens, qu'*« autorités, les autorités*

25. En ce sens, P. Legatte, « Le Médiateur est-il une autorité administrative indépendante ? » *in* C.-A. Colliard et G. Timsit (dir.), *Les autorités administratives indépendantes*, PUF, coll. Les Voies du droit, 1988, p. 135.

administratives le sont (...) parce que leur fonction n'est pas de gestion, mais de régulation » et « *parce qu'elles disposent, pour remplir la fonction qui leur est assignée, de pouvoirs de décision qui leur donnent la possibilité de modifier l'ordonnancement juridique et les situations individuelles* »[26]. De ce point de vue, le Conseil de la concurrence, créé par l'ordonnance du 1er décembre 1986, ou le Conseil supérieur de l'audiovisuel (CSA), créé par la loi du 17 janvier 1989, constituent effectivement des autorités. On ajoutera que, dans le cadre de leur pouvoir de régulation, les autorités administratives indépendantes peuvent être conduites – elles le sont de plus en plus souvent – à prendre des décisions qui sont des sanctions : par ex., en ce qui concerne le CSA[27] ou l'ancienne COB[28] ou encore l'ancienne Haute Autorité de lutte contre les discriminations et pour l'Égalité (HALDE) : en effet, par l'article 41 de la loi modificative du 31 mars 2006, la HALDE se voyait confier, à des conditions précises, le pouvoir de prononcer « *une transaction consistant dans le versement d'une amende transactionnelle dont le montant ne peut excéder 3 000 euros s'il s'agit d'une personne physique et 15 000 euros s'il s'agit d'une personne morale et, s'il y a lieu, dans l'indemnisation de la victime* » (loi du 30 décembre 2004, art. 11-1), conduisant à une confusion peu débattue entre administratif et pénal.

699. État de droit. – Or, il faudrait s'interroger davantage, en doctrine, sur la régression de l'État de droit que signifie nécessairement la prolifération de ces autorités administratives indépendantes dotées d'un pouvoir de sanction, tendance qui marginalise le recours de principe au droit pénal et à la procédure pénale, sous la garantie de la compétence de l'autorité judiciaire, « *gardienne de la liberté individuelle* » (Const. art. 66, al. 2). De plus et surtout, c'est au niveau constitutionnel que le problème doit être posé : celui de la séparation des pouvoirs qui signifie que c'est dans le seul statut juridictionnel de l'institution que l'indépendance se réalise pleinement à l'encontre du pouvoir exécutif.

B L'autorité en science administrative

700. Mais ce point de vue de droit administratif est insuffisant car il ne permet pas de rendre compte de la diversité de la nouvelle

26. J. Chevallier, « Réflexions sur l'institution des autorités administratives indépendantes », *JCP* 1986.I.3254.
27. CE, 14 juin 1991, *Association Radio-Solidarité, Rec.* 232 ; *RFDA* 1992.1016, note Autin.
28. CE Sect., 20 octobre 2000, *Sté Habib Bank Ltd, AJDA* 2000.1001, chr. Guyomar et Collin et p. 1071, note Subra de Bieusses.

catégorie des autorités administratives indépendantes pour englober des institutions qui, sans avoir le pouvoir de décision, émettent, cependant, des avis d'une grande autorité morale, c'est-à-dire toujours pris en considération et le plus souvent suivis par l'administration active de l'État, tant au niveau central que déconcentré. Dès lors, en raison de cette *« influence déterminante »*[29], il est possible d'inclure, parmi les autorités administratives indépendantes, des institutions dont le pouvoir de décision était ou est fort restreint, comme l'ancien Médiateur de la République ou même dépourvues de tout pouvoir de décision : tel est le cas, en droit positif, de la Commission d'accès aux documents administratifs (CADA ; loi du 17 juillet 1978 préc.), du Comité consultatif national d'éthique pour les sciences de la vie et de la santé[30], de la Commission de la sécurité des consommateurs (CSC ; loi du 21 juillet 1983), de la Commission nationale consultative des droits de l'homme[31], de l'Agence d'évaluation de la recherche et de l'enseignement supérieur (AERES ; loi du 18 avril 2006) ou encore de la Commission nationale du débat public précitée (CNDP ; loi du 27 février 2002, art. 134). On doit observer que, d'ailleurs, la science administrative rejoint ici le droit administratif puisque l'ancien Médiateur était implicitement qualifié d'*« autorité »* dès la loi du 3 janvier 1973 (art. 1er, al. 2), puis explicitement d'*« autorité indépendante »* par la loi du 13 janvier 1989, et que l'ancienne Commission de la concurrence, dépourvue de tout pouvoir de décision, était, quant à elle, qualifiée expressément d'*« autorité administrative indépendante »* par la loi du 30 décembre 1985. Et c'est cette dernière qualification qui est également retenue pour la Commission consultative du secret de la défense nationale (loi du 8 juillet 1998) alors que, consultative, elle ne décide rien.

§ 2. L'appartenance à l'administration d'État

701. L'autorité administrative indépendante fait nécessairement partie de l'administration d'État, soit par une qualification expresse, soit par la compétence de la juridiction administrative, soit par la méthode dite du faisceau d'indices avec, pour conséquence, la dévolution éventuelle d'un pouvoir réglementaire limité. Cette construction

29. F. Gazier et Y. Cannac, *op. cit.*, p. 13.

30. CCNE ; décret du 29 mai 1997 substitué au décret du 23 février 1983 et CE, 27 mai 1987, *SA Les Laboratoires Goupil, Rec.* 181 ; *AJDA* 1987.607, note Prétot.

31. CNCDH ; décret du 30 janvier 1984 modif. par les décrets du 9 février 1993 et du 11 septembre 1996.

qui n'est pas remise en cause dans l'hypothèse proche de l'autorité constitutionnelle indépendante, sans autonomie par rapport à l'État, l'est, en revanche, dans l'hypothèse différente de l'autorité publique indépendante, autonome par rapport à l'État.

A La qualification expresse d'organisme administratif

702. Texte. – La qualification d'organisme administratif peut être attribuée à l'institution par un texte législatif exprès : tel est le cas, par exemple, de l'Agence d'évaluation de la recherche et de l'enseignement supérieur depuis la loi du 18 avril 2006 qui l'institue. Mais, dans le silence gardé par le législateur, il est fréquent que la jurisprudence intervienne lorsque, par exemple, l'ancienne Commission des opérations de bourse était d'abord qualifiée par le Conseil constitutionnel d'*« autorité administrative »*[32], puis par le Conseil d'État d'*« autorité administrative indépendante »*[33] avant que la loi ne vienne consacrer, à son tour, cette qualification juridique (loi du 2 juillet 1996, art. 89).

703. Dialogue entre le juge et le législateur. – Le processus de qualification directe peut, d'ailleurs, être plus complexe, avec des allers-retours entre la jurisprudence et le législateur, comme cela se vérifie pour les instances successives de régulation de l'audiovisuel : ainsi, dans le silence de la loi, l'ancienne Haute Autorité de la communication audiovisuelle (HACA) était comprise comme une *« autorité administrative indépendante »*[34], qualification ensuite retenue par le législateur au sujet de l'ancienne Commission nationale de la communication et des libertés (CNCL, loi du 30 septembre 1986, art. 4), mais délaissée par le législateur en ce qui concerne le Conseil supérieur de l'audiovisuel (CSA), dénommé *« autorité indépendante »*, non sans que le Conseil constitutionnel ne vienne aussitôt reprendre lui-même cette qualification d'*« autorité administrative indépendante »*[35].

B La qualification indirecte par la compétence de la juridiction administrative

704. Compétence du juge administratif. – Par la qualification indirecte, et au bénéfice d'un dialogue subtil entre le Conseil

32. CC, 28 juillet 1989, déc. 89-260 DC, *Rec.* 71 ; *RFDA* 1989.671, note Genevois.
33. CE, 5 novembre 1993, *Commission des opérations de bourse, Rec.* 624.
34. CC, 26 juillet 1984, déc. 84-173 DC, *Rec.* 63, préc.
35. CC, 17 janvier 1989, déc. 88-248 DC, *Rec.* 18, préc.

constitutionnel et le Conseil d'État, on est renvoyé, en principe, à la compétence de la juridiction administrative comme pouvant permettre la reconnaissance de la nature administrative de l'autorité à qualifier, à travers la possibilité pour elle de prendre des actes administratifs susceptibles de recours, portés, en principe, devant le juge administratif de l'excès de pouvoir[36] ou de plein contentieux[37].

705. Compétence de l'autorité judiciaire. – Toutefois, il faut aussi envisager la compétence légalement organisée en faveur de l'autorité judiciaire : tel était bien le schéma applicable à l'ancien Conseil de la concurrence : de façon indirecte, cette institution devait être regardée comme une autorité administrative indépendante dès lors que le Conseil constitutionnel était venu reconnaître l'existence d'un contentieux administratif issu d'un *« organisme administratif »*, étant précisé que ce contentieux dont il aura admis le transfert conditionné et limité à l'autorité judiciaire[38], continue à relever de la juridiction administrative, en dehors du champ d'application de la loi de transfert : tel était le cas des activités des personnes publiques qui, sans être de production, de distribution et de services, mettaient en jeu des prérogatives de puissance publique[39]. Mais il va de soi que le transfert à la juridiction judiciaire, opéré par la loi, du contentieux des décisions de certaines autorités indépendantes, comme ce fut le cas du Conseil de la concurrence ou de la Commission des opérations de bourse, ne change rien au caractère administratif de ce contentieux et à la qualification administrative (doctrinale dans le premier cas ou légale dans le second cas) de ces autorités.

C La qualification administrative par la méthode du faisceau d'indices

706. Insuffisance du critère de la décision administrative. – Pour autant, il faut bien considérer que les actes des organismes de droit privé peuvent être également administratifs tels que les

36. Par ex., le contentieux des décisions du Bureau central de tarification pour l'assurance-construction : CE, 7 novembre 1984, *Société Coteba, Rec.* 351 ; *RGAT* 1985.257, concl. Jeanneney.

37. Par ex. le contentieux des préjudices imputables à la Commission de contrôle des banques : CE Ass., 29 décembre 1978, *Darmont, Rec.* 542 ; *AJDA* 1979.45, note M. Lombard ; *D.* 1979.279, note Vasseur ; *RDP* 1979.1742, note J.-M. Auby.

38. CC, 23 janvier 1987, *Conseil de la concurrence*, déc. 86-224 DC, *Rec.* 8 ; *GDCC*, n° 38 et les réf. ; *GAJA* n° 93 et les réf.

39. En ce sens, dans l'affaire SAEDE, TC, 6 juin 1989, *Préfet de la région l'Ile-de-France, Rec.* 292 ; *GAJA* p. 663-665 et les réf.

sanctions prononcées par l'ancien Conseil des bourses de valeur, organisme professionnel qui ressortissait, pourtant, au contentieux de la compétence du juge administratif de plein contentieux[40] de sorte que la production d'actes administratifs n'est pas un critère certain d'administrativité de l'organisme producteur. C'est assez dire que, comme pour la définition d'un organisme juridictionnel[41], il y a lieu de pratiquer la méthode dite du faisceau d'indices selon laquelle, par lui-même, aucun indice n'est décisif bien que leur conjonction finisse par faire apparaître la solution en faveur de telle ou telle qualification.

707. Jurisprudence *Retail*. – Une illustration frappante de l'utilisation de cette méthode est précisément la décision par laquelle le Conseil d'État a considéré qu'en *« raison notamment de son mode de nomination »*, c'est-à-dire par décret en Conseil des ministres, *« le Médiateur a le caractère d'une autorité administrative »*[42]. Dès lors qu'il était bien en situation de prendre une décision administrative, par exemple dans la gestion du personnel de l'institution, en dehors de l'exercice de ses fonctions liées à la protection des administrés[43], l'ancien Médiateur de la République ne pouvait être autre chose qu'une autorité administrative indépendante, quoiqu'il en dise : lors d'un colloque universitaire tenu en Sorbonne, en 1987, le Médiateur alors en exercice déclarait, en ce sens, avec force, mais à tort que *« le qualificatif rattachant le Médiateur à l'ordre administratif est inacceptable »*, car *« contraire à la nature de la mission du Médiateur et aux besoins du fonctionnement de l'Institution »*[44] : à la nature de la mission du Médiateur, peut-être ; aux besoins du fonctionnement de l'Institution, certainement pas.

708. AAI et juridictions administratives. – Pour autant, la question qui vaut d'être ici posée est celle de savoir si l'on ne pourrait pas regarder la Cour des comptes ou le Conseil d'État comme entrant eux-mêmes dans la catégorie nouvelle. Or, la réponse est négative dès lors que ces deux grands corps de l'État doivent être regardés d'abord comme des juridictions administratives. Cette solution est

40. CE Ass., 4 mars 1991, *Le Cun, Rec.* 71 ; *AJDA* 1991.358, chr. Schwartz et C. Maugüé.

41. En ce sens, O. Gohin, « Qu'est-ce qu'une juridiction pour le juge français ? », *in Droits*, n° 9, PUF, 1989, p. 93-105.

42. CE Ass., 10 juillet 1981, *Retail, Rec.* 303 ; *AJDA* 1981.467, chr. Tiberghien et Lasserre ; *D.* 1981.622, note Y. Gaudemet et IR.528, obs. Delvolvé ; *RDP* 1981.1441, concl. Franc et note J.-M. Auby, p. 1687 ; *Rev. adm.* 1981.493, note Rials.

43. Par ex., sa réponse à un parlementaire : CE, 12 juin 1985, *Gillot, DA* 1985, n° 386.

44. P. Legatte, *in* C.-A. Colliard et G. Timsit (dir.), *op. cit.*, p. 137.

certaine en ce qui la concerne la Cour des comptes. Mais on ne saurait se dissimuler qu'elle est beaucoup moins nette en ce qui concerne le Conseil d'État, la réforme opérée par le décret du 30 juillet 1963 telle qu'elle survit dans le Code de justice administrative ayant considérablement accru, à cet égard, l'ambivalence, sinon l'ambiguïté de l'institution. La question vaut, plus encore, d'être posée pour le Conseil supérieur de la magistrature alors surtout que cette institution dispose d'une compétence d'avis auprès des pouvoirs publics et qu'elle est une juridiction administrative pour connaître du contentieux disciplinaire des magistrats du siège[45].

709. Juridictionnalisation de certaines AAI. – On observera qu'en sens inverse, à raison précisément de leur indépendance, certaines autorités administratives indépendantes conduites à prononcer des sanctions se sont juridictionnalisées, sous l'incidence de la jurisprudence de la Cour de Strasbourg relative à l'article 6, § 1 de la Convention européenne des droits de l'homme, dès lors que, par *« tribunal indépendant »*, il faut entendre, selon une définition nécessairement fonctionnelle, toute institution indépendante à même de trancher un litige[46]. Dans cette hypothèse, par elle-même, la préservation de la qualification d'autorité administrative indépendante fait problème.

D La dévolution éventuelle d'un pouvoir réglementaire limité

710. Autorité de régulation. – Au surplus, toute autorité administrative indépendante est une autorité de régulation quand bien même ce terme ne serait pas pris systématiquement dans son sens formel. Bien plus, à cette qualification d'autorité administrative peut s'attacher une conséquence juridique de première importance au cas où l'institution se voit reconnaître un véritable pouvoir normatif pour prendre des décisions administratives réglementaires venant permettre, renforcer ou compléter l'exercice normal des différents pouvoirs de consultation, de proposition, de contrôle, d'injonction ou de répression qui, selon

45. Const., art. 64, al. 2 et 65 ; ord. du 22 décembre 1958 modif. et CE Ass., 12 juillet 1969, *L'Étang, Rec.* 338 ; *RDP* 1970. 387, note Waline ; *AJDA* 1969. 559, note Dewost et Denoix de Saint Marc.

46. CEDH, 22 octobre 1984, *Sramek c/Autriche, JDI* 1985. 1070, obs. Tavernier, jurisprudence transposée par la Cour de cassation, par ex. devant l'ancienne COB : Cass. com., 1er décembre 1998, *Oury, LPA* 15 janvier 1999, p. 5 s., note C. Ducouloux-Favard et Cass. Ass. plén., *COB c/Oury, LPA* 10 février 1999, p. 3 s., notes P. M. et C. Ducouloux-Favard.

des combinaisons diverses et dans des proportions variables, sont confiés à toutes les autorités administratives indépendantes.

711. Autorité de réglementation. – Or, quand la régulation est réglementation, cette dévolution du pouvoir réglementaire fait l'objet d'une vive controverse, au regard des dispositions de l'article 21 de la Constitution, en tant que c'est au Premier ministre que le pouvoir réglementaire est dévolu. Il faut, cependant, observer que c'est là une compétence de principe qui connaît l'exception de l'attribution de compétences réglementaires au Président de la République, s'agissant de la signature des décrets, pour autant qu'ils sont réglementaires, et des ordonnances (Const., art. 13) et qu'il ne s'agit pas d'un monopole au sein de l'État. En effet, le Conseil constitutionnel a admis, à propos de l'ancienne Commission nationale de la communication et des libertés (CNCL), que l'article 21 ne fait *« pas obstacle à ce que le législateur confie à une autorité de l'État, autre que le Premier ministre, le soin de fixer des normes permettant de mettre en œuvre une loi »*[47], sous deux réserves toutefois :

— que ce pouvoir réglementaire reste soumis à celui du Premier ministre : inconstitutionnalité, par ce motif, des dispositions de la loi subordonnant les normes édictées par décret en Conseil d'État, pour l'application de l'article 62 de la loi du 30 septembre 1986, aux règles générales fixées par l'ancienne CNCL[48] ;

— qu'il permette l'édiction *« de mesures de portée limitée tant par leur champ d'application que par leur contenu »* : inconstitutionnalité des dispositions de la loi du 17 janvier 1989 confiant au Conseil supérieur de l'audiovisuel le pouvoir réglementaire en matière de publicité, de parrainage et de communication institutionnelle[49] et irrégularité d'une note de terminologie définissant, en particulier, la notion d'œuvre audiovisuelle comme excédant les compétences de l'ancienne CNCL[50].

712. Pouvoir de décision. – À l'exercice du pouvoir réglementaire, on peut rattacher le pouvoir des autorités administratives indépendantes de prendre toute décision administrative, en la forme notamment

47. CC, 18 septembre 1986, déc. 86-217 DC, *Rec.* 141 ; *AJDA* 1987.102, note Wachsmann ; *Rev. adm.* 1986.372, note Étien, jurisprudence confirmée au profit du Conseil supérieur de l'audiovisuel : CC, 15 janvier 1992, déc. 91-304 DC, *Rec.* 18 ; *D.* 1992.201, note Debbasch.

48. CC, 18 septembre 1986, déc. 86-217 DC, *AJDA* 1987.162, note Wachsmann ; *Rev. adm.* 1986.372, note Étien.

49. CC, 17 janvier 1989, déc. 88-268 DC, *Rec.* 18 ; *GDCC*, n° 42 préc.

50. CE, 16 novembre 1990, *SA La Cinq, Rec.* 329 ; *AJDA* 1991.214, concl. Stirn.

de *« normes techniques »* de la Commission nationale informatique et libertés[51], de *« mises au point »* de la Commission des sondages[52], de *« recommandations »* de l'ancienne Haute Autorité de la communication audiovisuelle[53], de *« demandes d'astreinte »* de l'ancienne Commission nationale de la communication et des libertés[54] ou encore d'un *« communiqué »* du Conseil supérieur de l'audiovisuel[55].

a) L'assimilation de l'autorité constitutionnelle indépendante

713. Défenseur des droits. – L'un des apports notables de la révision opérée par la loi constitutionnelle du 23 juillet 2008 aura été la constitutionnalisation de la catégorie des autorités administratives indépendantes qui, auparavant, était réglementaire (ancienne Commission nationale du droit de réponse du décret du 13 mai 1975), mais qui, à titre principal était et reste législative[56] dès lors que c'est la loi qui fixe les règles concernant les garanties fondamentales accordées aux citoyens pour l'exercice des libertés publiques (Const., art. 34, al. 2, en écho de la Déclaration de 1789). Plus précisément, la création du Défenseur des droits (Const., art. 71-1), en tant qu'*« autorité constitutionnelle indépendante »* (loi org. du 29 mars 2011, art. 2, al. 1er), correspond à la constitutionnalisation du Médiateur de la République même si l'institution permet aussi d'absorber les attributions de trois autres autorités administratives indépendantes : Défenseur des enfants, Commission nationale de déontologie de la sécurité (CNDS) et Haute autorité de lutte contre les discriminations et pour l'égalité (HALDE), et donc de supprimer également ces trois institutions, en tant que telles, tout en préservant l'institution du Contrôleur général des lieux de privation de liberté (loi du 30 octobre 2007) pour des raisons qui tiennent, en définitive, aux obligations internationales de la France, partie au Protocole facultatif additionnel à la Convention de l'ONU contre la torture et les autres peines ou traitements cruels, inhumains ou dégradants.

51. CE, 12 mars 1982, *CGT, Rec.* 107 ; *AJDA* 1982.541, concl. Dondoux ; *RDP* 1982.1697, note J.-M. Auby.
52. CE, 22 décembre 1982, *d'Orcival, Rec.* 437 ; *AJDA* 1983.321, concl. Robineau ; *D.* 1983.603, note J.-B. Auby.
53. CE Ass., 20 mai 1985, *Labbé et Gaudin, Rec.* 157 ; *RFDA* 1985.554, concl. Roux. *AJDA* 1985.412, chr. S. Hubac et Schoettl ; *D.* 1986.12, note Honorat.
54. CE Sect., 20 janvier 1989, *CNCL c/Sté La Cinq* et *SA Télévision française TF1* (2 arrêts), *Rec.* 9 et 17, concl. Y. Moreau ; *AJDA* 1989.85, chr. Azibert et M. de Boisdeffre.
55. CE, 3 juillet 2000, *Société civile des auteurs réalisateurs producteurs et autres, Rec.* 289.
56. Par ex., la Commission nationale Informatique et libertés – CNIL de la loi du 6 janvier 1978.

714. Le retour à la jurisprudence *Retail*. – On ne saurait soutenir que, pour autant, la jurisprudence *Retail* précitée doive être abandonnée en tant qu'elle permettait d'intégrer l'ancien Médiateur de la République, tel que relayé par le nouveau Défenseur des droits, au sein de l'administration française, en permettant au juge de l'excès de pouvoir d'exercer son contrôle sur toute décision éventuellement prise par l'autorité indépendante, pour autant et dans la mesure où il s'agit bien, par exception, d'une décision administrative exécutoire. Telle serait, là encore, le cas d'une mesure visant un collaborateur du Défenseur des droits. Car, le fait que cette nouvelle autorité constitutionnelle indépendante ne participe que très partiellement au pouvoir de décision et que, de plus, ses décisions ne revêtent pas, le plus souvent, un caractère administratif, ne change rien à la nécessité de l'insérer dans l'État de droit, au même titre que toute autorité administrative indépendante. Il serait paradoxal, pour le moins, qu'il en soit autrement, s'agissant d'une institution dont la mission constitutionnelle est de veiller « *au respect des droits et libertés* », par la puissance publique, notamment les administrations de l'État, les collectivités territoriales, les établissements publics ainsi que tout organisme de droit privé investi d'une mission de service public (Const., art. 71-1, al. 1er).

715. Autorité administrative et indépendance. – Pour le nouveau Défenseur des droits, la qualification d'autorité constitutionnelle indépendante ne signifie donc ni que son activité ne puisse pas être administrative ni que, dans cette hypothèse, elle puisse être incontrôlée. Autrement dit, il faut se garder de confondre le constitutionnel et le politique et imaginer que l'exercice d'une mission qui repose sur une totale indépendance à l'égard de l'administration active, interdit, chaque fois que nécessaire, le contrôle de la juridiction administrative sur les rares décisions qui pourront entrer dans son champ de compétence. administratives que le Médiateur de la République est éventuellement conduit à prendre dans le cadre de ses fonctions. C'est seulement au cas où l'activité de décision administrative n'est que l'activité accessoire d'un organisme parlementaire ou juridictionnel qu'alors la qualification d'autorité administrative indépendante doit être écartée. Ainsi, par exemple, les décisions administratives prises à l'encontre des fonctionnaires des assemblées parlementaires (ord. du 17 novembre 1958, art. 8) ou dans la passation de leurs contrats[57] ou encore celles prises par les tribunaux administratifs pour accorder aux contribuables locaux l'autorisation de plaider pour la défense des intérêts financiers

57. CE Ass., 5 mars 1999, Président de l'Assemblée nationale, *Rec.* 41, concl. C. Bergeal ; GAJA n° 107.

de leur commune[58] ne sauraient transformer, les unes ou les autres, en autorités administratives indépendantes. Tel n'est pas le cas *a contrario* si l'activité de décision administrative n'est que l'activité accessoire d'un organisme qui ne bénéficie pas de la séparation constitutionnelle des pouvoirs, comme c'est le cas du Défenseur des droits. Dans sa décision du 29 mars 2011, le Conseil constitutionnel, à bon droit, ne dit rien d'autre, et de la façon la plus nette : « *Considérant, d'une part, qu'en érigeant le Défenseur des droits en* "autorité constitutionnelle indépendante", *le premier alinéa de l'article 2 rappelle qu'il constitue une autorité administrative dont l'indépendance trouve son fondement dans la Constitution ; que cette disposition n'a pas pour effet de faire figurer le Défenseur des droits au nombre des pouvoirs publics constitutionnels* »[59]. À la vérité, à l'adresse du Conseil d'État, on est même en présence d'une requalification explicite de l'autorité par le Haut Conseil de « *constitutionnelle* » en « *administrative* ».

E L'exception de l'autorité publique indépendante

716. Création. – Tout autre est la situation des autorités publiques indépendantes, notion apparue avec la loi du 1er août 2003 de sécurité financière qui a considérablement innové en instituant deux autorités publiques indépendantes (API) auxquelles ont été aussitôt conférées la personnalité morale et, par voie de conséquence, l'autonomie budgétaire : il s'agit,

— d'une part, de l'Autorité des marchés financiers (C. mon. et fin., art. 621-1 nouveau, issu de l'art. 1er de la loi de 2003) qui se substitue principalement à deux autorités administratives indépendantes : la Commission des opérations de bourse (COB) de l'ordonnance du 28 septembre 1967 et le Conseil des marchés financiers (CMF) de la loi du 2 juillet 1996, autorité publique indépendante chargée de veiller à la protection de l'épargne investie dans les instruments financiers et tous autres placements donnant lieu à appel public à l'épargne, à l'information des investisseurs et au bon fonctionnement des marchés d'instruments financiers en apportant son concours à la régulation de ces marchés aux échelons européen et international ;

— d'autre part, de la Commission de contrôle des assurances, des mutuelles et des institutions de prévoyance (CCAMIP), née de la fusion de la Commission de contrôle des assurances (CCA) et de

58. CGCT, art. L. 2132-5 à-7, décret du 26 février 1992 et CE Ass., 26 juin 1992, *Pezet et San Marco*, *Rec.* 247, concl. Le Chatelier.
59. CC, 29 mars 2011, Défenseur des droits, déc. 11-626 DC, cons. 5.

la Commission de contrôle des mutuelles et des institutions de prévoyance (CCMIP) en la forme d'une autorité publique indépendante dotée de la personnalité morale : la Commission de contrôle des assurances et des mutuelles et des institutions de prévoyance (CCAMIP ; loi du 1er août 2003, art. 30 ; C. assurances, art. 310-12). Cette institution a changé de nom, depuis lors, pour devenir l'Autorité de contrôle des assurances et des mutuelles (ACAM ; loi n° 2005-1564 du 15 décembre 2005, art. 14).

717. Autonomie. – Dans cette hypothèse, l'indépendance de l'institution résulte donc de son autonomisation administrative et financière par rapport à l'État dans des conditions voulues par le législateur et juridiquement intermédiaires entre établissements publics fonctionnels à caractère administratif et personnes de droit public à statut particulier. Mais il y a une contrepartie importante en termes de responsabilité qui est mal mesurée : cependant, le Conseil d'État, dans un avis *CCAMIP* du 8 septembre 2005, a souligné que cette responsabilité serait entière, l'État ne venant contribuer à l'indemnisation qu'en cas de défaillance de l'Autorité, laquelle devra s'assurer contre le risque encouru, si elle le peut.

718. Multiplication. – Sur cette lancée en faveur d'une plus forte garantie de l'indépendance vis-à-vis des pouvoirs publics de celles des autorités que le législateur sort de l'État, s'amorce un mouvement intéressant en faveur de la création d'autorités publiques indépendantes[60] ou de transformation d'autorités administratives indépendantes en autorités publiques indépendantes : par exemple, la loi du 5 avril 2005 est venue transformer l'ancien Conseil de prévention et de lutte contre le dopage de la loi du 23 mars 1999 (AAI) en une nouvelle Agence française de lutte contre le dopage (API).

719. Mouvement discontinu. Mais on doit noter que ce mouvement est discontinu, ainsi, devenue une autorité publique indépendante à travers un amendement de la loi de finances initiale pour 2005, la Commission de régulation de l'énergie (CRE) s'est vu retirer cette qualification, six mois plus tard, par la loi du 13 juillet 2005, pour redevenir une autorité administrative indépendante. Pour autant, une autorité publique indépendante est et demeure une institution administrative, avec ce que cela signifie en termes d'organisation ou de fonctionnement ou encore de contrôle par l'État ou par le juge administratif (sauf exception de texte), le monde du droit public

60. Par ex., la Haute Autorité de santé (HAS) : Code de la Sécurité sociale, art. L. 161-37, al. 1er issu de la loi du 13 août 2004, art. 35.

n'étant pas encore devenu si petit qu'il se réduise au seul État français. Pour autant, elle ne relève pas du droit de la déconcentration, mais de la décentralisation de l'État.

§ 3. L'absence de contrôle hiérarchique

720. L'exception en droit. – Alors que les autorités publiques précitées sont nécessairement indépendantes au sens et dans la mesure de leur autonomie, l'indépendance des autorités administratives dites *« indépendantes »,* y compris de l'autorité constitutionnelle indépendante qu'est le Défenseur des droits, en tant qu'il s'agit aussi d'une « *autorité administrative* »[61], pose un problème juridique délicat. Car, ces autorités sont administratives en tant qu'elles relèvent de l'administration d'État, pour ne pas être autonomes par rapport à l'État. Pourtant, elles échappent au contrôle hiérarchique qui régit l'État. Dès lors, dans le cadre de l'administration d'État, l'obstacle est de taille puisqu'il est ici constitutionnel : c'est parce que, selon l'article 20 de la Constitution, le Gouvernement, politiquement responsable, *« dispose de l'administration »* que le principe hiérarchique est mis en œuvre du haut en bas de l'État unitaire, au sein de son organisation centrale et déconcentrée et entre les deux niveaux d'administration, du niveau central sur le niveau déconcentré. Toutefois, il ne s'agit là que d'un principe, affirmé par la jurisprudence[62]. On a donc pu présenter, en ce cas, l'indépendance comme une exception au principe hiérarchique au sein de l'article 20 de la Constitution. Or, il faut sortir de cette exception infondée en se plaçant tout simplement en dehors du champ d'application de cette disposition constitutionnelle pour trouver une solution qui soit juridiquement acceptable.

A L'exception infondée dans le cadre de l'article 20 de la Constitution

721. On soutient fréquemment que les autorités administratives indépendantes constituent, précisément, l'une des exceptions notables au principe hiérarchique. L'absence de tout contrôle hiérarchique constitue, en effet, le critère qui est, à l'évidence, l'élément essentiel de la définition de l'institution en tant qu'il permet de la distinguer de toutes les autres autorités administratives, sous réserve

61. CC, 29 mars 2011 préc.

62. CE Sect., 30 juin 1950, *Quéralt, Rec.* 413 ; *Dr. soc.* 1951.246, concl. J. Delvolvé ; *JCP* 1950.II.5909, note BH, *D.* 1951.593, note Marion ; *S.* 1951.III.85, note J.-M. Auby.

des autorités administratives suprêmes. Une telle position signifierait que l'indépendance au sein de l'État devrait donc être posée :

— par la Constitution elle-même, comme pour l'autorité judiciaire[63] ;

— par un principe fondamental reconnu par les lois de la République, en l'espèce, par la loi du 24 mai 1872, comme pour la juridiction administrative[64] ;

— ou par un principe de valeur constitutionnelle, comme pour les universitaires[65].

722. Du reste, la question de la constitutionnalité des autorités administratives indépendantes a pu être posée, notamment par l'Assemblée générale du Conseil d'État, quand elle soutient, avec quelque malignité, que ces institutions *« constituent une catégorie non prévue par le constituant et difficilement conciliable avec l'équilibre des pouvoirs mis en place par lui »*[66]. Et, c'est dans la jurisprudence constitutionnelle qu'il faudrait trouver la réponse, en partant du constat que la Haute Instance a admis la constitutionnalité de la législation relative à cette nouvelle catégorie institutionnelle[67]. Or, de quelque façon que l'on interprète la jurisprudence du Conseil constitutionnel en la matière, il n'apparaît pas possible de combiner, d'une part, la mise à la disposition du Gouvernement de l'administration et, d'autre part, l'indépendance de ces autorités administratives vis-à-vis du même Gouvernement. Cela est vrai même si leur indépendance est effectivement limitée :

— par l'absence de toute autonomie budgétaire[68] ;

— ou par la subordination au Premier ministre dans l'exercice du pouvoir réglementaire[69] ;

63. Const., art. 64, al. 4 ; G. Braibant, « Droit d'accès et droit à l'information », *in Mél. Charlier, op. cit.*, p. 703.

64. CC, 22 juillet 1980, *Validation des actes administratifs*, déc. 80-119 DC, *Rec.* 46 ; *GDCC* n° 27 et les réf.

65. CC, 20 janvier 1984, *Libertés universitaires*, déc. 83-165 DC, *Rec.* 30 ; *AJDA* 1984.163, note Boulouis ; *D.* 1984.593, note Luchaire ; *Gaz. Pal.*, 19-20 décembre 1984, n°s 354-355, note L. Hamon ; *RDP* 1984.702, note Favoreu ; *Rev. adm.* 1984.261, note de Villiers ; *adde* Y. Gaudemet, « L'indépendance des professeurs d'Université, principe commun des droits constitutionnels européens », *D.* 1984.125 et « L'Université vue de la Constitution », *in Commentaire*, n° 54, 1991, p. 369-374.

66. *EDCE* 1987.53.

67. Par ex., au sujet de la Commission nationale de la communication et des libertés, CC, 18 septembre 1986, préc. et, de façon générale, C. Teitgen-Colly, « Les instances de régulation et la Constitution », *RDP* 1990.153.

68. CC, 17 janvier 1989, préc.

69. CC, 18 septembre 1986, préc. et 17 janvier 1989, préc.

— ou encore par l'existence d'un contrôle juridictionnel, éventuellement sur action déclenchée par le Gouvernement[70]. Il s'agit, en principe, de la juridiction administrative[71] : ainsi le contrôle des sanctions pécuniaires prononcées par le Conseil supérieur de l'audiovisuel[72].

723. Autant le dire : ce raisonnement juridique conduit, dans la recherche d'une convergence illogique, soit à un affaiblissement de la notion constitutionnelle de mise à disposition au profit de celle de contrôle, soit à un affaiblissement de la notion législative d'indépendance au profit de celle d'autonomie[73]. Dès lors, mal étayé, et pour cause, par la jurisprudence constitutionnelle[74], il est tout simplement voué à l'échec.

a) L'explication fondée en dehors du cadre de l'article 20 de la Constitution

724. En effet, les autorités administratives indépendantes le sont précisément parce qu'elles sont tout simplement extérieures à l'administration centrale et déconcentrée de l'État, tout en faisant partie, cependant, de l'administration d'État. Elles constituent, en quelque sorte, un tiers état administratif qui obéit aux deux caractéristiques suivantes :

— malgré l'appartenance à l'administration d'État, échapper au contrôle hiérarchique, tel qu'il est retenu en principe, mais à l'exception de l'exercice de l'autorité administrative suprême ou de fonctions constitutionnellement protégées, pour l'administration centrale et déconcentrée de l'État : ainsi, comme un ministre, et sans avoir à se faire représenter par lui, l'autorité administrative indépendante peut avoir directement accès au juge[75] ;

— mais, en tant que partie de l'administration d'État, rester cependant soumis au contrôle juridictionnel, principalement au contrôle du juge administratif, dès lors qu'une autorité administrative

70. CC, 18 septembre 1986, *Liberté de communication*, préc.

71. CC, 18 septembre 1986, préc., 17 janvier 1989, *Conseil supérieur de l'audiovisuel*, préc. ou 28 juillet 1989, *Commission des opérations de bourse*, préc.

72. CE Ass., 11 mars 1994, *SA La Cinq, RFDA* 1994.429, concl. Frydman). Mais il peut s'agir aussi, par exception, de la juridiction judiciaire (CC, 23 janvier 1987, *Conseil de la concurrence*, préc.

73. M.J. Guédon, *op. cit.*, p. 36-49.

74. Par ex. CC, 3 août 1993, *Banque de France, Rec.* 208 ; *RFDC* 1993.843, note Gaïa ; *LPA* 18 juillet 1994, p. 5, note Leroy, décision qui censure la dévolution législative à la Banque de France de la politique monétaire de la France.

75. Par ex., pour l'ancienne Autorité de régulation des télécommunications, Code des P. et T., art. L. 36-12, préc.

indépendante est, *« à l'instar de toute autorité administrative, soumise à un contrôle de légalité »*[76].

725. Autrement dit et *a contrario*, l'article 20 de la Constitution qui met l'administration de l'État à la disposition du Gouvernement, ne s'applique pas à toute l'administration d'État, mais seulement à sa majeure partie, celle qui, au niveau central et déconcentré, relève, en définitive, directement ou indirectement des autorités centrales suprêmes de l'État (Président de la République, Premier ministre et ministres), en dehors des fonctions d'État qui sont constitutionnellement protégées (législation, juridiction, enseignement supérieur). Dès lors, s'agissant des autorités administratives indépendantes, on ne se trouve pas dans une situation d'inconstitutionnalité face à une hypothèse que le constituant n'avait pas envisagée, mais devant un vide juridique que le Conseil constitutionnel vient combler, comme c'est, du reste, sa mission de juge.

726. À cette fin, le Haut Conseil s'attache à préserver les données essentielles d'une catégorie juridique qu'elle admet, et tout particulièrement l'indépendance. Simultanément, elle soumet cette partie singulière de l'administration d'État à une construction jurisprudentielle dont l'objet est, précisément, d'insérer cette indépendance dans un réseau de limitations conformes à la préservation de l'État de droit, à commencer par l'ouverture d'un contrôle juridictionnel sur toute décision.

727. L'indépendance des autorités administratives indépendantes qui entrent dans la catégorie nouvelle, est donc à la fois fonctionnelle et organique :

— c'est d'abord et surtout une indépendance fonctionnelle, liée à l'absence de pouvoir hiérarchique, c'est-à-dire à l'absence de tout pouvoir d'instruction[77] même si les crédits de fonctionnement sont, en principe, des crédits d'État inscrits au budget du Premier ministre (par ex., CADA) ou d'un ministre (par ex., le ministre de la Justice pour la Commission des sondages créée par la loi du 19 juillet 1977) et même s'il peut exister quelques cas d'homologation par le ministre intéressé, comme c'était le cas de certaines décisions des anciennes COB et ART ;

— c'est aussi, mais de façon secondaire, une indépendance organique, liée bien moins à la composition – il n'en est aucune qui soit indiscutable – qu'aux garanties statutaires, principalement au

---

76. CC, 18 septembre 1986, *Liberté de communication*, déc. 86-217 DC, *Rec.* 141 et 15 janvier 1992, *Modifications de la loi du 30 septembre 1986*, déc. 91-304 DC, *Rec.* 18.

77. En ce sens, s'agissant des membres de la CNIL, la loi du 6 janvier 1978, art. 13, al. 1er.

caractère non renouvelable et non révocable du mandat[78]. Encore faut-il bien préciser qu'en faveur de l'indépendance, beaucoup est affaire de mentalités, et non pas de statut, le meilleur gage de la pérennité et de l'autorité de l'institution étant constitué par le recours à des *« sages (...) experts vertueux et prudents »*[79].

728. À cet égard, le Conseil constitutionnel a assurément montré la voie à l'ancienne Haute Autorité de la communication audiovisuelle, en 1982, puis à l'actuel Conseil supérieur de l'audiovisuel, en 1989, qui sont décalqués sur ce modèle. Et ce n'est certainement pas un fait du hasard si nombre d'autorités administratives indépendantes comptent également, parmi leurs membres, des conseillers d'État ou des magistrats de la Cour des comptes ou de la Cour de cassation. On déplorera simplement, sans en être autrement surpris, que, dans le même sens, le législateur fasse si rarement appel aux professeurs d'Université, en dehors de la Commission d'accès aux documents administratifs et – c'est bien le moins – de l'Agence d'évaluation de la recherche et de l'enseignement supérieur.

729. Il ressort enfin de la jurisprudence constitutionnelle que l'indépendance de l'institution suppose sa création par le législateur, lequel fixe les principaux éléments de son statut, quitte à modifier ensuite librement, voire à supprimer l'institution[80]. Encore faut-il que le législateur laisse vivre et se développer l'autorité administrative indépendante à l'abri du pouvoir politique, prompt néanmoins à voir dans la nouvelle institution un instrument de combat ou un lieu de rivalité. On peut ainsi observer que la France a enfin cessé de changer d'organe de régulation de l'audiovisuel à chaque changement de majorité, comme ce fut pourtant le cas avec le remplacement, en 1986, de l'ancienne HACA par l'ancienne CNCL, puis, en 1989, de l'ancienne CNCL par l'actuel CSA.

730. Mais il est vrai que la tendance actuelle, un temps encouragée par le Conseil d'État[81], va bien plus dans le sens de la

78. CE Ass., 7 juillet 1989, *M. Ordonneau, Rec.* 161 ; *AJDA* 1989.598, chr. Honorat et Baptiste : la durée du mandat fixée par le législateur pour faire partie d'une autorité administrative indépendante fait obstacle à l'application de la limite d'âge dans le corps d'origine ; comp. la solution inverse dans le droit des établissements publics par l'arrêt CE Ass., 22 décembre 1989, *M. Morin, Rec.* 279 ; *AJDA* 1990.90, chr. Honorat et Baptiste.

79. S. Hubac et É. Pisier, « Les autorités face aux pouvoirs », *in* C.-A. Colliard et G. Timsit (dir.), *op. cit.*, p. 121.

80. CC, 29 juillet 1986, déc. 86-210 DC, *Rec.* 110 ; *AJDA* 1986.538, décision relative à la suppression de la Commission pour la transparence et le pluralisme de la presse par la loi du 29 juillet 1986.

81. *Rapport public 1995, EDCE* 1996, n° 47.

multiplication désordonnée des autorités administratives indépendantes telles qu'en 2000, l'ancienne Commission de régulation de l'électricité (loi du 10 février 2000), l'ancien Défenseur des enfants (loi du 6 mars 2000) ou encore l'ancienne Commission nationale de déontologie de la sécurité (loi du 6 juin 2000). Il est d'ailleurs acquis que nombre de ces institutions sont déjà redondantes ou qu'elles se recoupent en partie quand on considère, par exemple, le binôme suivant : la Commission nationale informatique et libertés (loi du 6 janvier 1978) et la Commission d'accès aux documents administratifs (loi du 17 juillet 1978).

731. Plus encore, est-on certain qu'à moyen terme, cette prolifération législative n'est pas, par elle-même, une source d'affaiblissement, de dilution, voire de dépérissement des autorités administratives indépendantes en particulier, des institutions administratives en général ? On notera d'ailleurs que, dans son *Rapport public 2001* précité, le Conseil d'État fait quelques recommandations en ce sens pour tirer les leçons des difficultés rencontrées, à l'expérience, par les autorités administratives indépendantes existantes, pour n'utiliser qu'à bon escient cette formule d'exception et pour renforcer parallèlement la crédibilité des structures classiques de l'État[82]. Tant il est vrai que le recours à l'autorité administrative indépendante est, trop souvent, une réponse à l'insuffisance qualitative de l'administration d'État : ainsi c'est en vue de favoriser la participation du public à l'élaboration des projets d'aménagement ou d'équipement ayant une incidence importante sur l'environnement ou l'aménagement du territoire que l'article 134 de la loi du 27 février 2002 relative à la démocratie de proximité a créé une Commission nationale du débat public de vingt et un membres en la forme d'une autorité administrative indépendante.

Section 2
L'illustration des autorités administratives indépendantes

732. Illustration. – Pour illustrer la catégorie nouvelle ainsi définie, c'est-à-dire constituée au sein de l'État mais en dehors de son administration centrale et déconcentrée, on choisira trois exemples

82. *EDCE* n° 53, p. 327-284.

importants qui reflètent les trois principales catégories d'autorités administratives indépendantes. On étudiera donc successivement, le Défenseur des droits, qui constitue une catégorie à lui seul puisqu'il est la seule autorité administrative indépendante de statut constitutionnel ; le Conseil supérieur de l'audiovisuel, autorité administrative indépendante protectrice des libertés individuelles et l'Autorité de la concurrence qui constitue une autorité de régulation économique.

§ 1. Le Défenseur des droits

733. Révision constitutionnelle du 23 juillet 2008. – La révision constitutionnelle du 23 juillet 2008 a créé un titre XI *bis* au sein de la Constitution dont l'article 71-1 unique est consacré à une nouvelle institution, le Défenseur des droits, autorité administrative indépendante, élevée ainsi au rang constitutionnel. Avec l'entrée en vigueur de la loi organique du 29 mars 2011 et des deux décrets du 29 juillet 2011 qui précisent son statut, le Défenseur des droits a succédé à l'institution du Médiateur, créée par la loi du 3 janvier 1973 sur le modèle l'*Ombudsman* de l'ancienne Constitution suédoise de 1809, chargé de contribuer la protection des administrés. Mais le Défenseur des droits se voit conférer des compétences élargies à des domaines qui étaient dans la compétence d'autres autorités administratives indépendantes, mises en place pour la même protection des libertés individuelles : le Défenseur des enfants (loi du 6 mars 2000), la Commission nationale de déontologie de la sécurité (loi du 6 juin 2000) et la Haute autorité de lutte contre les discriminations et pour l'égalité – HALDE (loi du 30 décembre 2004). Dominique Baudis a été nommé Défenseur des droits le 22 juin 2011.

734. Regroupement. – Le principal objectif de la révision constitutionnelle de 2008, prolongé par la loi organique de 2011, est de regrouper les compétences sectorielles de ces diverses autorités dans le cadre d'une seule institution, dotée de pouvoirs et de moyens d'action élargis, en particulier par rapport à ceux assez limités de l'ancien Médiateur, devenu par la loi du 24 décembre 1976, Médiateur de la République, qui n'avait ainsi aucun pouvoir d'investigation sur place et ne pouvait qu'émettre de simples recommandations, sans pouvoir même saisir directement les juridictions compétentes, en tant que de besoin.

735. Défenseur du Peuple. – Avec le Défenseur des droits, l'exemple suivi n'est plus, d'ailleurs, celui de l'*Ombudsman* suédois, mais bien celui du Défenseur du Peuple de l'article 54 de la Constitution espagnole de 1978. Comme lui, le Défenseur des droits dispose d'un statut constitutionnel, d'une administration conséquente, de compétences larges et de pouvoirs renforcés.

A Une institution constitutionnelle

736. Esprit libéral. – L'élévation du Défenseur des droits au rang constitutionnel est la marque de l'esprit libéral de notre époque. Le constituant a voulu ainsi marquer l'importance de la préservation des droits des administrés à l'encontre de la puissance publique, largement entendue. On pourrait objecter que cette protection est normalement assurée par le juge judiciaire, gardien de la liberté individuelle (art. 66), mais aussi, et surtout, par le juge administratif, qui ne dispose paradoxalement pas d'une place si éminente dans le texte constitutionnel. Il s'agit, à la vérité, de la consécration de l'indépendance des autorités administratives indépendantes à l'égard de l'ensemble des pouvoirs publics et de la spécificité de leurs moyens d'action puisque le Défenseur des droits privilégiera le recours à la médiation ou à la transaction.

737. Statut constitutionnel. – L'article 71-1 unique du titre XI *bis* qui lui est entièrement consacré, fixe les principes relatifs au statut, à la saisine et aux compétences de la nouvelle institution, sans pour autant entrer dans les détails de l'institution, laissant à dessein une grande marge d'action au législateur organique. Il assure son indépendance en prévoyant, certes, une nomination par le Président de la République, et non une élection par le Parlement, mais après avis public de la commission des lois de chaque assemblée, en application du dernier alinéa de l'article 13 de la Constitution, pour un mandat de six ans non renouvelable et incompatible avec les fonctions de membre du Gouvernement et de membre du Parlement (al. 3).

738. Saisine. – Il élargit les modalités de saisine par rapport à l'ancien Médiateur de la République qui devait l'être par l'intermédiaire d'un parlementaire, même, dans la pratique, au bénéfice d'une régularisation ultérieure. Désormais, il se déduit de l'alinéa 2 de l'article 71-1 de la Constitution révisée que le Défenseur des droits peut être saisi par toute personne s'estimant lésée par le fonctionnement d'un service public ou, plus généralement, d'un organisme public ou privé qui est investi d'une mission de service public. Est ainsi définie une compétence d'autant plus large que le Défenseur des droits peut se saisir d'office. qui s'étend au contrôle du respect des droits et libertés tant par les administrations publiques que par les organismes privés investis d'une mission de service public. Il prévoit enfin que le Défenseur des droits rend compte de son activité au Président de la République et au Parlement (art. 71-1, al. 5).

739. Une institution unipersonnelle. – Comme l'était l'ancien Médiateur de la République, le Défenseur des droits est donc une institution unipersonnelle, visant à être, de la sorte, une institution identifiable, et même visible. Il faut, pourtant, relativiser fortement cette caractéristique pour deux raisons :

— d'une part, parce qu'il est à la tête d'une véritable administration lui permettant d'assumer une tâche qui s'annonce très lourde ;

— d'autre part, parce que l'institution du Défenseur des droits a absorbé trois autorités qui lui préexistaient :

• le Défenseur des enfants, qui était, en réalité, un démembrement de l'ancienne Médiation, ne disparaît pas véritablement puisqu'il est placé auprès du Défenseur des droits comme Vice-président du collège Défense et promotion des droits de l'enfant,

• il en est de même de la CNDS et de la HALDE qui se retrouvent respectivement dans deux collèges, en charge d'assister le Défenseur des droits dans l'exercice de ses attributions à cet égard. Le collège chargé de la déontologie dans le domaine de la sécurité et celui en charge de la lutte contre les discriminations, présidés, l'un et l'autre, par le Défenseur des droits et disposant, chacun, d'un vice-président, adjoint du Défenseur des droits, auquel cette autorité peut déléguer une grande partie de ses attributions. Pour autant, le Défenseur des enfants et les deux collèges de déontologie de la sécurité et de lutte contre les discriminations ne constituent pas des autorités dès lors que le critère de l'indépendance leur fait nécessairement défaut.

740. Une institution de compromis. – Sans inconstitutionnalité, la loi organique du 29 mars 2011 a ainsi permis d'élaborer un compromis difficile à trouver et sans doute à gérer entre ceux qui étaient partisans de la préservation des compétences des autorités administratives existantes et ceux qui souhaitaient faire du Défenseur des droits l'autorité indépendante de principe pour la garantie des droits et libertés. Car, pour être large, la compétence du Défenseur des droits n'inclut pas tous les domaines de protection des administrés : restent en place, pour ne citer que les autorités les plus importantes, la Commission nationale informatique et libertés, la Commission d'accès aux documents administratifs ou encore le

Conseil supérieur de l'audiovisuel. Et, pour des raisons qui tiennent à la préservation des équilibres fragiles de toute démocratie politique, il faudrait certainement se méfier d'une institution constitutionnalisée qui serait en surpuissance dans le système administratif français, alors, surtout, qu'elle est désignée, et non pas élue.

B La saisine de l'institution

741. Saisine. – La loi organique du 29 mars 2011, complétée par le décret du 29 juillet 2011, prévoit des modalités très diverses de saisine du Défenseur des droits. La saisine est gratuite. Elle ne suspend ni les délais de prescription ni les délais de recours. En cela, cette saisine ne peut être assimilée à un recours administratif. On ajoutera les quatre précisions suivantes :

— le Défenseur des droits peut se saisir d'office de toute affaire dont il estime qu'elle relève de sa compétence. Cette autosaisine est soumise à une restriction puisqu'il doit en avertir la personne susceptible d'être lésée dans ses droits et ne pourra instruire qu'à la condition que cette personne ne s'y soit pas opposée. La restriction est toutefois levée lorsque son accord ne peut pas être recueilli ou lorsque l'affaire est relative à des personnes non identifiées ou encore lorsqu'est en cause l'intérêt supérieur d'un enfant (loi org., art. 8) ;

— il peut être saisi par tout parlementaire des questions qui leur paraît mériter son intervention ;

— le Président de l'Assemblée nationale ou le Président du Sénat peut lui transmettre, dans les domaines de sa compétence, toute pétition dont l'une ou l'autre des deux assemblées parlementaires a été saisie. Le Défenseur des droits pourra alors s'en saisir d'office ;

— afin de coordonner l'action des institutions comparables, le Défenseur des droits instruit les réclamations qui lui seraient transmises par le Médiateur européen (TFUE, art. 228) ou par un homologue étranger lorsque ces réclamations lui paraissent relever de sa compétence et mériter son intervention.

742. Intérêt à agir. – Les particuliers ou les personnes morales qui saisissent le Défenseur des droits doivent avoir un intérêt à agir. Il faut alors distinguer selon la compétence en cause :

— lorsque ce sont des droits et libertés d'ordre général auquel il est prétendument porté atteinte, la saisine est limitée aux administrés qui s'estiment lésés par l'autorité administrative ;

— si les droits de l'enfant sont en cause, le Défenseur peut être également saisi, si l'enfant est toujours mineur, par ses représentants légaux, les membres de sa famille, les services médicaux ou sociaux ou encore toute association déclarée depuis au moins cinq ans à la date des faits et ayant pour objet la défense des droits de l'enfant ;

— dans le cas où le Défenseur des droits est saisi au titre de sa compétence en matière de déontologie dans le domaine de la sécurité, la saisine est étendue aux témoins de fait dont ils estiment qu'ils constituent un manquement aux règles applicables dans ce domaine ;

— si le Défenseur des droits est saisi en matière de discriminations, la saisine s'étend aux associations de lutte contre les discriminations ; mais elle doit être conjointe avec la victime et avec son accord.

C Les compétences du Défenseur des droits

743. Champ matériel. – Le champ matériel des compétences du Défenseur des droits est très large puisqu'il s'étend à toutes les atteintes portées aux droits et libertés, à la protection des droits de l'enfant, aux règles de déontologie dans le domaine de la sécurité ainsi qu'aux discriminations directes ou indirectes prohibées par la loi ou par un engagement international ratifié et approuvé par la France. Il s'agit là d'une juxtaposition quelque peu hétérogène qui est la conséquence de l'absorption par le Défenseur des droits de la compétence respective des quatre autorités administratives auxquelles il est substitué. Il est à noter que, de façon remarquable, la compétence du Défenseur des droits peut s'étendre à des domaines qui pourraient relever d'autres autorités en charge de la protection des droits et libertés. En effet, l'article 9 de la loi organique du 29 mars 2011 précise que, lorsqu'il est saisi d'une réclamation entrant dans le champ de compétence d'une de ces autorités, il est simplement tenu de lui transmettre cette réclamation, en l'accompagnant éventuellement de ses observations, sans être, pour autant, dessaisi. Parallèlement, et selon une formule juridiquement discutable au sein même de l'État, le Défenseur des droits et ces autorités doivent conclure des conventions afin d'assurer la transmission au Défenseur des droits des réclamations relevant de sa compétence générale en matière de protection des droits et libertés. Plus spécifiquement, il est même associé, à sa demande, aux travaux de la Commission nationale informatique et libertés (CNIL).

744. Champ organique. – Le champ organique des compétences du Défenseur des droits n'est guère plus restreint. Il concerne les litiges s'élevant entre une autorité publique ou de toute institution en charge d'un service public et une personne physique ou morale de droit privé. Par principe, il ne connaît pas des agissements des personnes privées, sauf si elle est investie d'une mission de service public ou si son action conduit à méconnaître la protection des droits de l'enfant, les règles de déontologie dans le domaine de la sécurité ou une discrimination prohibée, de quelque nature qu'elle soit. Par ailleurs, il ne peut être saisi ni des différends qui pourraient s'élever entre les institutions dont il a le contrôle et une personne publique ni de ceux qui opposeraient ces institutions et leurs agents, sauf en matière de discrimination. On comprend qu'il y a là un champ de compétences à la fois très large et très difficile à délimiter qui est la porte ouverte, à l'avenir, à de nombreux contentieux. La complexité acquise du droit public français fera, du moins, les affaires des avocats spécialisées dans une matière qui va finir par devenir, à son tour, très lucrative.

D Les pouvoirs du Défenseur des droits

745. Les pouvoirs d'action du Défenseur des droits sont nombreux. Mais, le plus souvent, ils ne sont que la simple transposition des pouvoirs qui appartenaient aux autorités administratives qu'il a absorbées.

746. Pouvoir général d'incitation graduée. – Le Défenseur des droits dispose de moyens d'action dont la mise en œuvre progressive lui permet d'inciter fortement l'autorité qui porte atteinte à un droit ou une liberté à s'y conformer :

— en premier lieu, il pourra faire usage de son pouvoir de recommandation ;

— en deuxième lieu, les autorités auxquelles sont adressées les recommandations ainsi que les personnes intéressées l'informent des suites qui leur ont été données ;

— en troisième lieu, à défaut d'information ou lorsque le Défenseur des droits estimera que la recommandation n'a pas été suivie d'effet, il peut prononcer une injonction. En dernier lieu, lorsqu'il n'a pas été donné suite à son injonction, il pourra établir un rapport spécial qui est communiqué à la personne mise en cause et qui pourra être rendu public avec la réponse de la personne mise en cause.

747. Pouvoir spécial en cas de discrimination par l'autorité publique. – En outre, lorsqu'il constate la commission d'actes discriminatoires dans l'activité professionnelle d'une personne physique morale soumise à agrément ou autorisation par une autorité publique, ou à l'encontre de laquelle une telle autorité dispose du pouvoir de prendre des mesures conservatoires ou des sanctions pour non-respect de la législation relative aux discriminations ou au titre de l'ordre et des libertés publics, le Défenseur des droits peut recommander à cette autorité publique de faire usage des pouvoirs de suspension ou de sanction dont elle dispose. Le Défenseur est tenu informé des suites données à sa recommandation.

748. Absence de pouvoir de sanction. – En revanche, le Défenseur des droits ne dispose par lui-même d'aucun pouvoir de sanction. Mais il peut, en matière disciplinaire, saisir l'autorité qui en est investie lorsqu'il considère que les faits dont il a connaissance paraissent de nature à justifier une telle sanction. Toutefois, pour donner une certaine efficacité à cette saisine du Défenseur des droits, l'article 23 de la loi organique du 29 mars 2011 prévoit que toute autorité disciplinaire – à l'exception du Conseil supérieur de la magistrature – doit informer le Défenseur des droits des suites réservées à sa saisine ainsi que les motifs de sa décision, dans l'hypothèse où elle n'a pas engagé de procédure. À défaut d'information dans le délai fixé par le Défenseur et dans l'hypothèse où il jugerait que sa saisine n'a pas été suivie des mesures nécessaires, il pourra établir un rapport spécial communiqué à l'autorité disciplinaire et, le cas échéant, le rendre public. C'est peu et c'est beaucoup.

749. Pouvoir de résolution non juridictionnelle. – De plus, le Défenseur des droits peut contribuer à la résolution non juridictionnelle des litiges dont il se saisit, par trois voies différentes :

— d'abord, en recommandant aux intéressés de régler le litige en équité ;

— ensuite, en procédant à sa résolution amiable par voie de médiation ;

— enfin en proposant à l'auteur de la réclamation et à la personne mise en cause de conclure une transaction dont il recommandera les termes, fonction qui tient donc plus de la conciliation que de la transaction. Il pourra même proposer, pour certains faits constitutifs de discrimination qui n'ont pas déjà donné lieu à la mise en mouvement de l'action publique, une amende transactionnelle dont le montant sera fixé en fonction de la gravité des faits et des ressources et des charges de la personne. Il y a là la reprise d'un pouvoir discutable dont la HALDE disposait, en tant que la séparation de pouvoirs devrait interdire à une autorité administrative de disposer du pouvoir d'une autorité judiciaire. C'est, pourquoi, dans cette hypothèse, la transaction pénale devra, désormais, être homologuée, dans tous les cas, par le procureur de la République.

750. Fonction consultative. – Le Défenseur des droits dispose enfin d'une fonction consultative. Il doit être consulté sur tout projet de loi relatif à la lutte contre les discriminations et pour la promotion de l'égalité. Il peut l'être, par le Premier ministre, le Président du Sénat ou de l'Assemblée nationale sur toute autre question relevant de son champ de compétence. Il présente chaque année un rapport d'activité public, prévu par la Constitution (art. 71-1, al. 5 préc.) qui fait l'objet d'une communication, de sa part, devant chacune des deux assemblées.

§ 2. Le Conseil supérieur de l'audiovisuel

751. Les rapports entre le pouvoir politique et la communication audiovisuelle n'ont pas toujours été des plus sains ou des plus calmes. L'époque n'est pas si éloignée où le contenu du journal télévisé se décidait dans le bureau du ministre de l'Information, comme en témoignait Alain Peyrefitte dans *Le Mal français*, publié en 1976. Et si, depuis la loi Fillioud du 29 juillet 1982, une structure d'interposition a été continuellement mise en place, force est de constater que le Conseil supérieur de l'audiovisuel (CSA) est déjà la troisième mouture de cette autorité administrative indépendante, après la Haute Autorité de la communication audiovisuelle (HACA) et la Commission nationale de la communication et des libertés (CNCL) qui n'auront résisté, ni l'une ni l'autre, au changement de majorité politique en 1986, puis en 1988.

A L'organisation de l'institution

752. Composition. – Le Conseil supérieur de l'audiovisuel résulte de la loi du 17 janvier 1989 modifiant la loi du 30 septembre 1986 sur la liberté de communication et il a survécu aux fréquentes inversions de majorité, depuis 1993. Son organisation, qui reprend le schéma de la Haute Autorité de la communication audiovisuelle, est calquée sur le Conseil constitutionnel. Il comprend neuf membres :

— 3 membres désignés par le Président de la République,
— 3 membres désignés par le Président du Sénat,
— 3 membres désignés par le Président de l'Assemblée nationale.

Toutefois, tous les membres sont nommés par décret du Président de la République, pour un mandat de 6 ans, avec renouvellement par tiers tous les deux ans. Nul ne peut être désigné au-delà de l'âge de soixante-cinq ans. Le président du CSA (M. Jacques Boutet de 1989 à 1995, M. Hervé Bourges, de 1995 à 2001, M. Dominique Baudis de 2001 à 2007, M. Michel Boyon depuis 2007) est nommé par le Président de la République pour la durée de ses fonctions de membre du Conseil.

753. Statut. – Au titre de l'indépendance, le mandat n'est ni renouvelable ni révocable. De plus, les fonctions de membre du CSA sont incompatibles avec tout mandat électif, tout emploi public et toute autre activité professionnelle. De même, le Conseil établit son règlement intérieur et propose, lors de l'élaboration du projet de loi de finances de l'année, les crédits nécessaires à l'accomplissement de ses missions. Ceux-ci sont inscrits au budget général de l'État. Les dispositions de la loi du 10 août 1922 relative à l'organisation du contrôle des dépenses engagées ne sont pas applicables à leur gestion. Le président du Conseil supérieur est ordonnateur des dépenses et il présente les comptes du Conseil au contrôle de la Cour des comptes.

B Les attributions de l'institution

754. Objet. – Le Conseil supérieur de l'audiovisuel garantit l'exercice de la liberté de communication audiovisuelle en matière de radio et de télévision par tout procédé de communication électronique. À cet effet, le législateur lui confie de nombreuses missions parmi lesquelles les suivantes : assurer l'égalité de traitement ; garantir l'indépendance et l'impartialité du secteur public de la radio et de la télévision ; veiller à favoriser la libre concurrence et l'établissement de relations non discriminatoires entre éditeurs et distributeurs de services ; veiller à la qualité et à la diversité des programmes, au besoin par la formulation de propositions, de même qu'au développement de la production et de la création audiovisuelles nationales. Ceci implique, en particulier, de veiller à la défense et à l'illustration de la langue française ainsi qu'à la protection de l'enfance et de l'adolescence, mais aussi de contribuer aux actions en faveur de la cohésion sociale et à la lutte contre les discriminations dans le domaine de la communication audiovisuelle.

755. Pouvoir de décision. – Les pouvoirs du CSA, au service de ces objectifs, sont d'abord de décision individuelle ou réglementaire :

— au titre de ses pouvoirs de décision individuelle, il nomme, dans le secteur public, les présidents des sociétés nationales de programme ;

— au titre de son pouvoir réglementaire, il autorise, dans le secteur privé, l'usage des bandes de fréquences ou des fréquences pour les services de radiodiffusion et de télévision par voie hertzienne ou par satellite, soit à usage collectif, soit à usage privatif, ainsi que l'exploitation des réseaux câblés et le recours à tout procédé de communication audiovisuelle par voie électronique.

De même, ayant à veiller au respect du pluralisme politique et syndical sur les antennes, le Conseil fixe les règles concernant les conditions de production, de programmation et de diffusion des émissions relatives aux campagnes électorales ou de diffusion des messages d'alerte sanitaire.

756. Pouvoir consultatif. – Mais le CSA dispose aussi d'attributions consultatives générales, telles que décrites à l'article 1er de la loi du 17 janvier 1989. Il est ainsi consulté sur tout projet visant à rendre obligatoires les normes relatives aux matériels et techniques de diffusion ou de distribution des services de radio et de télévision par un réseau de communications électroniques ou sur la définition de la position de la France et sur la coordination des positions des secteurs public et privé dans toute négociation internationale en matière de communication audiovisuelle. De même, il est consulté sur les cahiers des charges imposés par le Gouvernement aux sociétés nationales de programme du secteur public.

757. Pouvoir à l'égard des secteurs privés et publics. – Or, il ressort de l'ensemble de ces attributions combien le rôle du CSA est surtout important à l'égard du secteur privé de la communication audiovisuelle alors que sa compétence, à l'égard du secteur public, est mal partagée avec le Gouvernement et réduite, pour l'essentiel, à des attributions consultatives.

758. Liens avec le Parlement. – On notera que l'intention du législateur a été aussi d'établir des liens entre le Parlement et l'institution, lesquels doivent d'ailleurs être forts dans l'hypothèse de la régulation d'une liberté publique fondamentale comme la liberté de communication audiovisuelle. Ainsi le rapport annuel d'activités au Président de la République et au Gouvernement est également destiné au Parlement dont les commissions peuvent entendre tout membre du CSA, de même qu'elles peuvent demander au Conseil tout avis ou toute étude ; la demande peut être du reste, dans ce dernier cas, celle du président de chacune des deux assemblées parlementaires.

759. Régulation économique. – On soulignera enfin que le Conseil supérieur de l'audiovisuel vise au renforcement de ses pouvoirs de régulation économique du secteur de l'audiovisuel, sur fond de revendication de la spécificité culturelle, pour éviter le débordement par le Conseil de la concurrence auquel cette compétence pourrait être également dévolue. De même, le Conseil plaide en faveur d'un renforcement de ses capacités d'intervention dans le domaine de la télévision payante, en relation avec le développement rapide du câble, du satellite et de la voie électronique, alors même que l'Autorité de régulation des communications électroniques et des postes (ARCEP) qui a succédé à l'Autorité de régulation des télécommunications depuis la loi du 20 mai 2005, définit déjà les conditions de l'accès aux réseaux de télécommunication.

§ 3. L'Autorité de la concurrence

760. Historique. – Le retour tardif au libre fonctionnement du marché, en France, marqué par l'abrogation de l'ordonnance du 30 juin 1945 sur le contrôle des prix par l'ordonnance du 1er décembre 1986, suppose le renforcement du dispositif de protection contre les pratiques anticoncurrentielles, dans la droite ligne du décret du 9 août 1953 qui avait créé la Commission technique des ententes et de la loi du 19 juillet 1977 qui avait mis en place la Commission de la concurrence en tant qu'organisme administratif non juridictionnel, à caractère strictement consultatif, mettant, toutefois, en œuvre une procédure présentée comme contradictoire, mais, en réalité, seulement auditoire[83]. Or, le changement principal apporté par cette nouvelle législation de 1986 alignant enfin le droit français de la concurrence sur celui de la plupart des États développés contemporains, notamment ceux de la Communauté européenne de l'époque, est le suivant : désormais, ce n'est plus le ministre chargé de l'Économie, mais l'autorité administrative elle-même qui dispose de la compétence pour prendre les décisions en la matière, notamment pour exercer directement le pouvoir de sanction, ce qui implique des

83. CE Ass., 13 mars 1981, *Ordre des avocats à la Cour d'appel de Paris et autres*, *Rec.* 135 ; *JCP* 1981.II.19580, concl. M.-D. Hagelsteen ; *D.* 1981.418, note Gavalda ; *RDP* 1981.1428, note Y. Gaudemet ; *Gaz. Pal.* 1982.I.280, note Gohin.

modifications importantes dans l'organisation et surtout dans les attributions de la nouvelle autorité administrative indépendante.

A L'organisation de l'institution

761. Statut des membres. – La loi du 4 août 2008 de modernisation de l'économie a modifié les articles L. 461-1 et suivants du Code de commerce pour substituer l'Autorité de la concurrence à l'ancien Conseil de la concurrence qui était organisé par l'ordonnance du 1er décembre 1986 et le décret du 29 décembre 1986 modifié. Les attributions de l'Autorité sont exercées par un collège composé de 17 membres, dont le président, nommés pour 5 ans, par décret pris sur proposition du ministre chargé de l'Économie. Le mandat des membres du collège est renouvelable, à l'exception de celui du président qui ne l'est qu'une seule fois. Au titre de leur indépendance, le mandat des membres du Conseil n'est ni renouvelable ni, en principe, révocable, sauf dans des cas strictement définis (C. commerce, art. 461-2). En particulier, tout membre du Conseil doit informer le président des intérêts qu'il détient ou vient à acquérir et des fonctions qu'il exerce dans une activité économique. Aucun membre ne peut délibérer dans une affaire où il a un intérêt personnel.

762. Collège. – Le collège comprend en outre :

— 6 membres du Conseil d'État, de la Cour des comptes, de la Cour de cassation ou des autres juridictions administratives et judiciaires ;

— 5 personnalités en raison de leur compétence en matière économique ou en matière de concurrence et de consommation ;

— 5 personnalités exerçant ou ayant exercé leurs activités dans les secteurs de la production, de la distribution, de l'artisanat, des services ou des professions libérales.

Institution collégiale, l'Autorité peut siéger en formation plénière, en section (au nombre de cinq à l'heure actuelle), ou en commission permanente (composée du président et des quatre vice-présidents).

763. Président. – Le président (M. Bruno Lasserre depuis le 14 janvier 2009) est nommé en raison de ses compétences dans les domaines juridique et économique, après avis des commissions du Parlement compétentes en matière de concurrence. Il est assisté de quatre vice-présidents nommés à raison d'au moins deux parmi les personnalités mentionnées dans les deux dernières catégories du collège.

764. Services d'instruction. – Pour l'instruction des affaires, elle bénéficie du concours de 7 services spécialisés dirigés par un rapporteur général et des rapporteurs généraux adjoints : cinq services « *concurrence* », un service des concentrations et un service économique comprenant des rapporteurs permanents ou non et des enquêteurs. Le rapporteur général est nommé par arrêté du ministre chargé de l'économie après avis du collège ; les rapporteurs généraux adjoints, les rapporteurs et les enquêteurs des services d'instruction par le rapporteur général.

765. Conseiller auditeur. – En outre, un conseiller auditeur possédant la qualité de magistrat ou offrant des garanties d'indépendance et d'expertise équivalentes a pour fonction de veiller à la préservation des droits des parties mises en cause ou saisissantes. Il recueille ainsi leurs observations sur le déroulement des procédures les concernant et transmet au président de l'Autorité un rapport évaluant ces observations et proposant, si nécessaire, tout acte permettant d'améliorer le déroulement de la procédure. Il est nommé par arrêté du ministre chargé de l'économie après avis du collège.

766. Commissaire du Gouvernement. – Enfin, un commissaire du Gouvernement est placé auprès de l'autorité afin de représenter les intérêts de l'État. Il lui revient de présenter les observations du Gouvernement sur toutes les affaires dont l'Autorité est saisie, sans pouvoir assister au délibéré de l'Autorité.

B Les attributions de l'institution

767. L'Autorité de la concurrence exerce deux fonctions, l'une contentieuse et l'autre consultative.

768. Fonction contentieuse. – Au titre de sa fonction contentieuse, l'Autorité peut être saisie (63 en 2009 dont 21 de classement ou sur désistement) de toute pratique d'entente anticoncurrentielle (C. com., art. L. 420-1), des abus de position dominante (art. L. 420-2) de vente à prix abusivement bas (art. L. 420-5) ou de manquements aux engagements pris par des entreprises de remédier aux effets anticoncurrentiels d'une opération de concentration dont l'Autorité de la concurrence estime qu'elle nécessite d'engager une procédure d'examen approfondi (art. L. 430-7).

769. Saisine. – Au contentieux, elle est alors saisie dans les cinq ans des faits délictueux sauf acte interruptif de prescription, soit à titre conservatoire, soit au fond. Elle peut être saisie d'abord, par le ministre chargé de l'économie de toute pratique relevant des attributions de l'Autorité, ensuite par toute entreprise peut par ailleurs saisir l'Autorité, à l'exception des hypothèses de manquements aux engagements en matière de concentration. Le rapporteur général peut, dans ces mêmes domaines, proposer à l'Autorité de se saisir d'office de ces pratiques ainsi que de toute opération de concentration qui a été réalisée sans lui avoir été notifié (art. L. 430-8). Par ailleurs, les collectivités territoriales, les organisations professionnelles et syndicales, les organisations de consommateurs agréées, les chambres d'agriculture, des métiers, de commerce et d'industrie et la Haute autorité pour la diffusion des œuvres et la protection des droits sur internet peuvent aussi saisir l'Autorité en ce qui concerne les intérêts dont elles ont la charge.

770. Pouvoir d'instruction. – L'Autorité dispose de services d'instructions spécifiques qui ont été renforcés par la loi du 4 août 2008 qui a créé l'institution du rapporteur général en son sein. Le pouvoir d'instruction est ainsi séparé du pouvoir de décision appartenant au collège afin de garantir l'impartialité de l'Autorité. Le rapporteur général ne pourra pas, ainsi, participer au délibéré de l'Autorité lorsqu'elle se prononce sur la sanction d'une pratique anticoncurrentielle entrant dans le champ de ses compétences (art. L. 463-7). L'instruction se fait dans le strict respect du caractère de la procédure d'instruction et d'audience voulue fortement par le législateur[84]. Ainsi, après la saisine de l'Autorité, il revient ainsi au rapporteur général ou à un rapporteur général adjoint de notifier les griefs aux intéressés ainsi qu'au commissaire du Gouvernement qui peuvent consulter le dossier et présenter leurs observations dans un délai de deux mois. C'est aussi le rapporteur général qui décide de faire appel à des experts en cas de demande formulée par une partie ou par son rapporteur adjoint.

771. Communication et consultation des pièces. – La communication ou la consultation de pièces ou de certains éléments mettant en jeu le secret des affaires d'autres personnes peut être limitée, sauf dans les cas où cette communication est nécessaire à l'exercice des droits de la défense d'une partie en cause (art. L. 463-4). Le rapport du rapporteur est ensuite notifié aux parties, au commissaire du Gouvernement et aux ministres intéressés. Les parties ont alors un nouveau de délai de deux mois pour présenter un mémoire en réponse qui peut être consulté dans les quinze jours qui précèdent l'audience par les personnes destinataires du rapport.

84. C. com., art. L. 463-1 ; Paris, 25 février et 10 mars 1988, *D.* 1988. Somm. 301, obs. Gavalda et Lucas de Leyssac.

772. Auditions. – Lors de ses séances, l'Autorité peut procéder à des auditions et entend les observations des parties, du rapporteur général et du commissaire du Gouvernement. Ces auditions ne sont pas publiques, notamment, pour préserver le secret de la vie des affaires et sans que cela ait été jugé contraire aux règles du procès équitable, notamment parce que les décisions sont susceptibles d'appel devant une autorité juridictionnelle dont les audiences sont publiques[85].

773. Pouvoir de décision. – L'Autorité peut prendre plusieurs types de décision : des mesures conservatoires, des injonctions, éventuellement assorties d'une astreinte, ainsi que des sanctions. Elle peut aussi accepter des engagements proposés par les entreprises ou organismes en causes et de nature à mettre un terme à des pratiques qui pourraient être considérées comme anticoncurrentielles par l'Autorité. Les mesures conservatoires intéressent le cas dans lequel la pratique anticoncurrentielle est de nature à porter une atteinte grave et immédiate à l'économie générale, à celle du secteur concerné, à l'intérêt des consommateurs ou à l'entreprise plaignante. Elles comportent la suspension de la pratique litigieuse et une injonction aux parties de revenir à l'état antérieur, tout en restant strictement limitées à ce qui est requis par l'urgence. Par ses injonctions, elle ordonne aux intéressés de mettre fin aux pratiques anticoncurrentielles dans un délai qu'elle détermine ou imposer des aménagements spécifiques permettant de rendre la situation conforme aux règles de la concurrence. L'injonction peut être assortie d'une astreinte qui ne pourra excéder 5 % du chiffre d'affaires journalier moyen, par jour de retard dans l'exécution. Enfin, elle prononcera des sanctions pécuniaires soit pour sanctionner directement l'atteinte à la concurrence ou pour inexécution des injonctions ou non respect par les entreprises des engagements pris auprès de l'Autorité.

774. Importance des pouvoirs. – Ces éléments disent assez le pouvoir considérable dont cette autorité administrative indépendante est dotée en matière de contrôle des pratiques anticoncurrentielles, sous le contrôle juridictionnel d'une formation spécialisée au sein de la Cour d'appel de Paris, sous le régime de la loi du 6 juillet 1987, saisie, dans le délai d'un mois d'un recours en annulation ou en réformation formé par les parties en cause devant le Conseil (art. L. 464-8 du Code de commerce).

775. Fonction consultative. – Au titre de sa fonction consultative, l'Autorité de la concurrence rend des avis (62 en 2010) en

85. Cass. com., 28 janvier 2003, *D.* 2003, p. 553, obs. E. Chevrier.

étendant sa compétence à l'examen de tous les aspects économiques et juridiques du fonctionnement des marchés, principalement en matière de prix ou de concurrence (C. commerce, art. L. 410-2 et L. 462-1) ou de concentration économique (*ibid.*, art. L. 430-6).

776. Prix et concurrence. – En matière de prix et de concurrence, l'Autorité est obligatoirement consultée sur tous les projets de texte intéressant directement la libre concurrence en tant qu'ils réglementent exceptionnellement les prix (art. L. 410-2), ou sur tout projet de texte réglementaire instituant un régime nouveau ayant pour effet de soumettre l'exercice d'une profession ou l'accès à un marché à des restrictions quantitatives ; établir des droits exclusifs dans certaines zones ou imposer des pratiques uniformes en matière de prix ou de conditions de vente (art. L. 462-2).

777. De plus, l'Autorité de la concurrence peut être saisie pour un avis facultatif sur toute question de concurrence à la demande du Gouvernement, des commissions parlementaires, ou des mêmes institutions administratives ou organismes socioprofessionnels précités qu'en matière contentieuse, mais aussi, suivant les cas, par le Gouvernement, des commissions parlementaires qui peuvent lui adresser en la matière des propositions de loi pour avis, des autorités administratives indépendantes (par ex., le CSA ou l'ARCEP) ou encore des juridictions judiciaires, d'instruction ou de jugement, ou administratives, de droit commun ou spécialisées, qui sont seules compétentes pour prononcer la nullité des clauses prohibées dans les affaires relatives aux pratiques anticoncurrentielles dont elles sont saisies.

778. Par ailleurs, l'Autorité de la concurrence peut se saisir d'elle-même de toute question concernant la concurrence et rendre un avis public. Elle peut, dans cet avis recommander au ministre chargé de l'économie ou du secteur concerné de mettre en œuvre les mesures nécessaires à l'amélioration du fonctionnement concurrentiel des marchés.

779. Contrôle des concentrations économiques. – En matière de contrôle des concentrations économiques, l'autorité accompagne la procédure d'autorisation administrative des opérations de concentration dès lors que sont réunies les trois conditions suivantes qui sont de principe (C. commerce, art. L. 430-2) :

— le chiffre d'affaires total mondial hors taxes de l'ensemble des entreprises ou groupes des personnes physiques ou morales parties à la concentration est supérieur à 150 millions d'euros ;

— le chiffre d'affaires total hors taxes réalisé en France par deux au moins des entreprises ou groupes des personnes physiques ou morales concernés est supérieur à 50 millions d'euros ;

— l'opération n'entre pas dans le champ d'application du règlement (CEE) n° 4064/89 du Conseil du 21 décembre 1989 relatif au contrôle des opérations de concentration entre entreprises.

780. L'opération de concentration doit être notifiée à l'Autorité avant sa réalisation, lorsque le projet en est suffisamment abouti. La réalisation de cette opération ne pouvant intervenir qu'après l'accord de l'Autorité ou sous réserve du respect des engagements, déjà évoqués, pris auprès d'elle (art. L. 430-4 et L. 430-5).

781. Bibliographie. –

AUMOND Florian, « Le Défenseur des droits : une peinture en clair-obscur », *RFDA* 2011.913.

AUTIN Jean-Louis, « Les autorités administratives indépendantes et la Constitution », *Rev. adm.* 1988.333.

AUTIN Jean-Louis, « Le contrôle des autorités administratives indépendantes par le Conseil d'État est-il pertinent ? », *RDP* 1991.1532.

AUTIN Jean-Louis, « Autorités administratives indépendantes », *JCP Administratif*, fasc. 75, 1998.

AUTIN Jean-Louis, « Le statut du Défenseur des droits », *RFAP* 2011.421

BELL John, « L'expérience britannique en matière d'autorités administratives indépendantes », *EDCE* n° 52, 2001, p. 401-410.

BETANCOR RODRIGUEZ André, « L'expérience espagnole en matière d'autorités administratives indépendantes », *EDCE* n° 52, 2001, p. 411-426.

BOY Laurence, « Le droit de la concurrence : régulation et/ou contrôle des restrictions à la concurrence », *JCP* 2004. 1733.

BRAIBANT Guy, « Les rapports du médiateur et du juge administratif », *AJDA* 1977.283.

CHEVALLIER Jacques, « Réflexions sur l'institution des autorités administratives indépendantes », *JCP* 1986.I.3254.

CHEVALLIER Jacques, « Les autorités administratives indépendantes : dépassement ou confirmation de la dualité ? », *Politique et management public*, 1986.

CHEVALLIER Jacques, « De la CNCL au Conseil supérieur de l'audiovisuel », *AJDA* 1989.65.

CHEVALLIER Jacques, « Les autorités administratives indépendantes et la régulation des marchés », *Justices* n° 1, 1995, p. 81-90.

CHEVALLIER Jacques, « Régulation et polycentrisme dans l'administration française », *Revue administrative* n° 301, p. 43-53.

CHEVALLIER Jacques, « Le Défenseur des droits : unité ou diversité », *RFAP* 2011. 433

COIN Rémy, « Les instances de régulation dans la loi du 10 février 2000 », *CJEG* 2001.6.

COLLET Martin, *Les autorités administratives indépendantes dans le domaine économique et financier*, Paris, PUF, 2000.

COLLET Martin, *Le contrôle juridictionnel des actes des autorités administratives indépendantes*, coll. Bibl. Dt pub., vol. 233, Paris, LGDJ, 2003.

COLLIARD Claude-Albert et TIMSIT Gérard (dir.), *Les autorités administratives indépendantes*, coll. Les voies du droit, Paris, PUF, 1988.

CONSEIL D'ÉTAT, « Réflexions sur les autorités administratives indépendantes », *EDCE* n° 52, 2001, p. 251-386.

DECOOPMAN Nicole, « Le contrôle juridictionnel des autorités administratives indépendantes », *in* CURAPP, *Le droit administratif en mutation*, Paris, PUF, 1993, p. 211 s.

DECOOPMAN Nicole, « Le pouvoir d'injonction des autorités administratives indépendantes », *JCP* 1987.I.3303.

DECOOPMAN Nicole (dir.) *Le désordre des autorités administratives indépendantes, L'exemple du secteur économique et financier*, Paris, PUF, 2002.

DONNEDIEU DE VABRES Jean, « La COB, une administration de mission », *Revue administrative* 1980, p. 237 s.

DRAGO Roland, « Le Conseil de la concurrence », *JCP* 1987.I.3300.

FRISON-ROCHE Marie-Anne (dir.), *Les risques de régulation*, Paris, Presses de Sciences Po et Dalloz, 2005.

GAUDEMET Yves, « Le Médiateur est-il une autorité administrative indépendante ? », *in Mél. Charlier*, Paris, Éd. de l'université et de l'enseignement moderne, 1981, p. 117 s.

GAZIER François et CANNAC Yves, « Étude sur les autorités administratives indépendantes », *EDCE,* n° 35, 1983-84, p. 13.

GELARD Patrice, *Les autorités administratives indépendantes*, rapport d'information n° 3166 de l'Office Parlementaire d'évaluation de la législation, Doc. Assemblée nationale et Sénat, 15 juin 2006.

GENEVOIS Bruno, « Les conflits de compétence concernant les autorités administratives indépendantes », *in Mél. Paul Sabourin*, Bruxelles, Bruylant, 2001, p. 123-146.

GENTOT Michel, *Les autorités administratives indépendantes,* coll. Clefs-Politique, Paris, Montchrestien, 2e éd., 1994.

GOHIN Olivier, « Le droit des examens et des concours – les apports de la jurisprudence récente », *RDP* 1988, n° 6, p. 1647-1667.

GUÉDON Marie-José, *Les autorités administratives indépendantes,* coll. Systèmes-Droit administratif, Paris, LGDJ, 1991.

GUÉDON Marie-José, « Le défenseur des enfants », *AJDA* 2000. 424.

GUILLAUME Marc, « La réforme du droit du secret de la défense nationale », *RFDA* 1998.1223.

GUILLAUME-HOFNUNG Michèle, « Les actes juridiques de la Commission des opérations de bourse », *AJDA* 1982.683.

LAPOUBLE Jean-Christophe, « Le Conseil de prévention et de lutte contre le dopage », *Dr. adm.* 2000, chr. n° 8.

LASSERRE Bruno, « L'autorité de régulation des télécommunications », *AJDA* 1997.224.

LATOUR Xavier, « Les autorités indépendantes au sein de l'Union européenne », *in Mél. Paul Sabourin*, Bruxelles, Bruylant, 2001, p. 199-224.

LAVROFF Dimitri-Georges, « À propos d'une institution espagnole : le Défenseur du Peuple », *in Mél. Jean-Marie Auby,* Paris, Dalloz, 1992, p. 543-557.

LINOTTE Didier et SIMONIN Guillaume, « À propos de la loi n° 2003-706 du 1er août 2003 et du décret n° 2003-1109 du 21 novembre 2003. L'autorité des marchés financiers, prototype de la réforme de l'État ? », *AJDA* 2004. 143.

LONGOBARDI Nino, « Les autorités administratives indépendantes, laboratoires d'un nouveau droit administratif », *LPA* août 1999, n° 171, 172 et 173.

MORANGE Jean, « Le Conseil supérieur de l'audiovisuel », *RFDA* 1989.235.

MOREAU Jacques, « Les autorités administratives indépendantes dans le domaine des assurances », *RGAT* 1990, p. 11 s.

RENAUD Sébastien, « Les autorités de régulation et le démembrement du pouvoir central », *Revue de droit prospectif* n° spécial, 2001. 2209.

RENAUDIE Olivier, « La genèse complexe du Défenseur des droits », *RFAP* 2011.397.

RICHARD Denis, « Secret défense : entre comitologie et État de droit », *D.* 1999. chr. 270.

SABOURIN Paul, « Les autorités administratives indépendantes : une catégorie nouvelle ? », *AJDA* 1983.275.

TRAMONI Jean-Joseph, *Le contentieux administratif de la communication audiovisuelle*, coll. Bibl. droit public, tome 201, Paris, LGDJ, 1998.

WARUSFEL Bertrand, « La réforme du secret de défense en France », *Droit et Défense*, 1998, n° 3, p. 21-30.

Titre III
L'administration décentralisée

782. Article 72. – L'article 72 de la Constitution assure la mise en œuvre de l'organisation décentralisée de l'État français. Il dispose que les collectivités territoriales s'administrent librement, dans les conditions prévues par la loi, par des conseils élus et disposent d'un pouvoir réglementaire pour l'exercice de leurs compétences sous le contrôle administratif du représentant de l'État.

783. Le principe de l'organisation décentralisée de l'État français a été introduit par la loi constitutionnelle du 28 mars 2003 à l'article 1er de la Constitution. Il se contente de consacrer l'évolution législative entamée par la loi du 2 mars 1982 qui marque ce que l'on appelle, avec emphase, l'acte I de la décentralisation, perdant de vue, un peu vite, que la loi départementale est du 10 août 1871, la loi municipale du 5 avril 1884 et la loi régionale du 5 juillet 1972. L'un des apports les plus importants de cette loi du 2 mars 1982, dite « loi Defferre », du nom du ministre de l'Intérieur et de la Décentralisation qui en a la charge de l'élaborer, tient aux limites importantes apportées à la tutelle du préfet sur les collectivités territoriales. Depuis 1982, il n'est plus l'exécutif de la région et du département ; il n'exerce plus, en principe, un contrôle *a priori* sur les actes des collectivités territoriales dans un nombre important de compétences, transférées par les lois du 7 janvier et du 22 juillet 1983, notamment.

784. Acte II de la décentralisation. – La révision constitutionnelle du 28 mars 2003 et la loi du 13 août 2004 constituent ainsi l'acte II de la décentralisation. La révision a permis, outre la reconnaissance prémentionnée de l'organisation décentralisée de la République, la consécration constitutionnelle du pouvoir réglementaire des collectivités territoriales, l'organisation d'un pouvoir d'expérimentation leur permettant à l'initiative de l'État de déroger aux lois et règlements nationaux (*cf. infra,* n° 1001) ainsi que la collaboration entre collectivités sous l'autorité d'une collectivité chef de file (*cf. infra,* n° 1009). La loi du 13 août 2004 a opéré un nouveau et important transfert de compétences de l'État vers les collectivités, en s'efforçant de rationaliser la répartition des compétences entre ces dernières, sans que les dispositions de la loi aient pleinement répondu aux objectifs que le législateur s'était fixés[1].

785. Acte III de la décentralisation. – L'acte III de la décentralisation est le fruit de la loi du 16 décembre 2010. Cette loi pose trois réformes importantes :

— en premier lieu, elle institue les conseillers territoriaux qui devraient avoir pour charge de représenter, à la fois, les départements et les régions dans les conseils généraux et régionaux ;

— en deuxième lieu, elle rénove la coopération entre les communes par la création de nouvelles structures de coopération, les métropoles et les pôles métropolitains, la démocratisation des institutions intercommunales et pose l'obligation d'adhésion de chaque commune à un établissement public de coopération intercommunale ;

— en troisième et dernier lieu, elle ouvre la voie à une nouvelle rationalisation de la répartition des compétences entre les diverses collectivités territoriales, en consacrant la vanité de la prétendue la clause générale de compétence (*cf. infra,* n° 1005) pour préférer que, dans l'exercice et le financement de leurs compétences respectives, les départements et les régions, comme les communes, continuent de statuer sur toutes les affaires d'intérêt local, dans le cadre d'une répartition plus précise à intervenir ultérieurement, par la voie législative.

786. On soulignera que, si les deux premiers actes de la décentralisation territoriale sont devenus rapidement consensuels, il n'en est pas de même de la loi du 16 décembre 2010, enjeu des élections présidentielles et législatives du printemps 2012 : la création des conseillers territoriaux, en particulier, ne devrait pas survivre à l'alternance du pouvoir.

787. Outre-mer. – L'étude de l'organisation décentralisée de l'État ne peut pas faire l'économie de l'examen du régime applicable aux collectivités situées outre-mer. Leur organisation a été remodelée par la révision constitutionnelle du 28 mars 2003. Auparavant, l'étude de l'outre-mer français résidait dans le couple DOM/TOM. Les départements d'outre-mer qui perdurent sont, en réalité, des régions monodépartementales disposant, tout à la fois, d'institutions départementales et régionales du même type que les collectivités métropolitaines correspondantes. Les territoires d'outre-mer régis par l'article 74 de la Constitution étaient dotés, *quant à eux,* d'une « *organisation particulière tenant*

1. M. Verpeaux, *Les collectivités territoriales en France*, Dalloz, 4e éd., 2011, p. 51.

compte de « leurs intérêts propres dans l'ensemble des intérêts de la République ». À chaque TOM son organisation, mais aussi son droit propre lorsque s'appliquaient à eux le principe dit de « *spécialité législative* » en vertu duquel les lois de la République (hors des matières régaliennes) n'y étaient applicables que si elles le prévoyaient expressément.

788. Les DROM/ COM. – Depuis 2003, il convient de retenir le couple DROM/COM et de distinguer les départements et régions d'outre-mer (DOM et ROM ou DROM) de l'article 73 de la Constitution et les collectivités d'outre-mer (COM) de l'article 74 :

— les premiers (Guadeloupe, Martinique, Guyane, Réunion et Mayotte) sont soumis aux principes d'identité statutaire avec les collectivités métropolitaines et d'assimilation législative puisque les lois et règlements nationaux y sont applicables de plein droit. Il faut, cependant, réserver la possibilité donnée aux DOM et aux ROM par l'article 73 d'adapter les règles nationales ou d'y faire exception pour prendre en compte les spécificités territoriales ;

— les COM de l'article 74 se substituent, pour certains d'entre eux, aux TOM (Polynésie française, îles Wallis-et-Futuna) et sont marquées, comme eux, par une spécificité institutionnelle et, le cas échéant, législative, leur régime juridique pouvant être de spécialité (les deux COM précitées), mais aussi d'assimilation à la législation métropolitaine (Saint-Barthélemy, Saint-Martin et Saint-Pierre-et-Miquelon).

789. Les RUP/PTOM. – À la distinction entre les DROM et les COM il faut ajouter celle entre les régions ultrapériphériques (RUP) et les pays et territoire d'outre-mer (PTOM). Dans les premiers, le droit de l'Union européenne s'applique de plein droit – même s'il peut subir des adaptations – alors que les seconds se trouvent hors de son champ d'application. Il faut préciser que la catégorie des PTOM n'englobe pas l'ensemble des collectivités pour lesquelles le principe d'assimilation s'applique. Ainsi il existe certaines COM de l'article 74 dans lesquelles la législation nationale s'applique de plein droit, mais qui sont hors du champ d'application du droit de l'Union parce qu'ils sont des PTOM (Saint-Pierre-et-Miquelon, Saint-Barthélemy). En revanche toutes les DROM entrent dans la catégorie des RUP.

790. La Nouvelle-Calédonie. – À ce tableau d'ensemble de l'outre-mer français, il faut ajouter la Nouvelle-Calédonie qui, sans être une collectivité d'outre-mer de l'article 74, dispose d'un statut spécifique, figurant dans l'accord de Nouméa du 5 mai 1998 et consacré, depuis la loi constitutionnelle du 20 juillet 1998, au titre XIII de la Constitution, tel que développé par la loi organique statutaire du 15 mars 1999.

791. Les TAAF. – On ne tiendra pas compte, en revanche, des Terres australes et antarctiques françaises (TAAF), auquel renvoie, depuis la loi constitutionnelle du 28 mars 2003, l'article 72-3, alinéa 4 de la Constitution, et qui sont régies par la loi du 6 août 1955 : si les TAAF sont, en effet, une collectivité territoriale, ce territoire d'outre-mer est une fiction, sinon une commodité juridique, en l'absence de population permanente et donc d'assemblée délibérante ou encore de représentation au Sénat.

792. Coopération intercommunale. – Il faut compléter ce schéma de l'organisation territoriale française, en métropole et outre-mer, en évoquant le mouvement de coopération intercommunale engagé depuis le milieu des années 1950. Il suppose l'exercice commun des compétences de plusieurs communes dans le cadre d'établissements publics dits de « *coopération intercommunale* ». Ces EPCI peuvent être de forme plus ou moins intégrée. Les ancêtres en sont l'entente, créée par la loi du 18 juillet 1837, et le syndicat de commune, institué par la loi du 22 mars 1890, puis modernisé par le décret du 20 mai 1955 et l'ordonnance du 5 janvier 1959. Ce dernier constitue la forme la moins intégrée d'EPCI, puisqu'il se borne à la mise en commun de la gestion de services publics dans le but d'une plus grande efficacité. À l'autre extrémité de l'échelle se situe la communauté urbaine, créée par la loi du 31 décembre 1966, et la métropole, instituée par la loi du 16 décembre 2010 qui sont les deux formes les plus intégrées puisqu'elles se voient transférées, de manière obligatoire, un certain nombre de compétences fondamentales, notamment en matière d'économie et d'aménagement locaux.

793. Dans ce titre III, consacré à l'organisation décentralisée de l'État, on étudiera successivement les collectivités territoriales (**Chapitre 1**), le regroupent territorial (**Chapitre 2**), la libre administration des collectivités territoriales (**Chapitre 3**), le suffrage local (**Chapitre 4**) et la décision locale (**Chapitre 5**).

Chapitre 1
Les collectivités territoriales

794. Catégories de collectivités territoriales. – Dans sa version de 1958, l'article 72 de la Constitution énumérait au titre des collectivités territoriales, les communes, les départements et les territoires d'outre-mer (TOM). Mais la liste n'était pas close puisqu'il donnait compétence à la loi pour créer toute autre collectivité territoriale. C'est ce qui a permis à la loi du 2 mars 1982 (CGCT, art. L. 4111-1) de transformer la région qui était auparavant un établissement public de coopération interdépartementale (loi du 5 juillet 1972, art. 1er), en collectivité territoriale. On pouvait ainsi se poser la question de la nature juridique de ces différentes collectivités, créées au sein de ces trois catégories constitutionnelles, et de la possibilité de leur suppression, au sein de chaque catégorie, par une simple loi.

795. Compétence législative. – La solution a été donnée par la révision constitutionnelle du 28 mars 2003 qui supprime la catégorie constitutionnelle des territoires d'outre-mer, qui crée la catégorie constitutionnelle des régions[1] et qui confirme la compétence législative pour créer une collectivité territoriale, tout en précisant que cette création pourra se faire « *le cas échéant, en lieu et place* » d'une ou plusieurs collectivités existantes.

796. On peut dresser une typologie des collectivités territoriales, en distinguant

— les collectivités métropolitaines relevant du statut général ;
— les collectivités métropolitaines à statut particulier ;
— les collectivités territoriales d'outre-mer.

---

1. Il s'agit plutôt de constitutionnaliser la catégorie législative des régions, instituées, en 1972 – quoiqu'en 1976 seulement, pour la région Ile-de-France – en forme d'établissements publics régionaux (EPR) jusqu'à l'ouverture de la première séance de leur assemblée délibérante : le conseil régional, élu au suffrage universel direct, c'est-à-dire dès 1982, pour la région de Corse, en 1983, pour les quatre régions d'outre-mer, et en 1986, pour les vingt et une régions de la France continentale.

Section 1
Les collectivités métropolitaines relevant du statut général

797. Les collectivités métropolitaines relevant du statut général sont les communes, les départements et les régions.

798. La commune. – Les actuelles 36 571 communes métropolitaines sont les héritières directes de la Révolution française, celle de l'été 1789[2]. La loi du 14 décembre 1789 qui en résulte pose certains des principes essentiels de l'administration communale d'aujourd'hui. Les administrateurs municipaux sont élus et placés sous l'autorité du maire. Ils exercent, d'une part, des fonctions d'administration générale de l'État sur délégation et, d'autre part, des fonctions propres à ce que la loi dénomme un « *pouvoir municipal* » (art. 50). Le pouvoir municipal consiste principalement dans la gestion collective de la propriété et des finances communales, dans l'exécution des travaux publics et dans l'exercice d'un pouvoir de police de la propreté, de la salubrité et de la tranquillité publique.

799. Directoire. – Le Directoire a, par la suite, et pour la première fois, tenté de diminuer l'importance des petites communes sans procéder pour autant à leur suppression. Il regroupe ainsi les communes de moins de 5 000 habitants au sein de municipalités de canton ; les communes de 5 000 à 100 000 habitants, quant à elles, sont soumises à l'organisation de droit commun de la loi de 1789 et les rares communes de plus de 100 000 habitants sont divisées en plusieurs administrations, coordonnées par un bureau central.

800. Consulat et Empire. – Le système directorial sera totalement remis à plat par le Consulat et l'Empire qui conservent seulement la division de Paris en arrondissements. Il est alors à la fois centralisé et déconcentré, l'administration locale étant placée entre les mains du préfet, institution administrative de l'État créée par la loi du 28 pluviôse an VIII (17 février 1800). Les administrateurs municipaux sont nommés par le préfet pour les communes de moins de 5 000 habitants et par le Gouvernement pour celles de 5 000 habitants au moins. Le conseil municipal a compétence pour délibérer sur les besoins particuliers et locaux de la commune qui seront satisfaits par l'administration de l'État.

2. G. Bigot, *L'administration française*, Litec, 2010, p. 21 s.

801. Restauration et Monarchie de Juillet. – La Restauration n'apporte pas de grands changements à l'organisation administrative napoléonienne. Mais c'est à cette époque qu'apparaît l'idée d'une autonomie des communes et des départements[3], sur fond d'une revendication politique liée au libéralisme en expansion. La théorie de la personnalité morale qui n'a pas encore été systématisée en doctrine, est cependant contenue dans l'idée alors répandue selon laquelle la communauté des habitants dispose d'intérêts propres que ces derniers doivent administrer par l'intermédiaire d'un corps administratif autonome. Le corporatisme d'Ancien régime rejoint ici l'individualisme libéral.

802. Ces idées sont mises en œuvre par les lois du 21 mars 1831 et du 18 juillet 1837 :

— la première loi, celle de 1831, réinstaure le principe électif pour le conseil municipal, mais pas pour le maire qui reste nommé par le préfet, dans les communes de moins de 3 000 habitants, ou par le roi, dans les autres communes ;

— la seconde, celle de 1837, répartit les compétences entre le maire et le conseil municipal tout en organisant divers degrés d'autonomie en fonction des matières. La tutelle de l'État sur les administrations locales s'organise : les autorités de l'État ont un pouvoir d'annulation sur toutes les décisions des administrations communales. Certaines délibérations du conseil municipal – notamment les délibérations prises en matière budgétaire et pour l'aliénation des propriétés communales – sont, en outre, soumises à une approbation préalable. La même loi de 1837 donne enfin un pouvoir d'avis au conseil municipal dans certaines matières dans laquelle la décision appartient au préfet ou aux ministres.

803. Seconde République. – C'est dans ce mouvement de décentralisation territoriale que s'inscrit aussi le décret du 3 juillet 1848 qui prévoit, sous la Seconde République, l'élection des conseillers municipaux au suffrage universel direct – il est alors masculin – ainsi que, dans les communes de moins de 6 000 habitants, l'élection par le conseil municipal du maire et des adjoints qui forment la municipalité.

804. Loi municipale du 5 avril 1884. – Dans le prolongement de la loi du 24 juillet 1867 qui s'inscrit dans la phase de l'Empire libéral, après une quinzaine d'années de reprise en mains par l'État central, la loi municipale du 5 avril 1884 est venue consacrer tardivement, mais

3. Sur cette question, v. G. Sautel, *Histoire des institutions publiques*, coll. « Précis », 8e éd. 1997, p. 324.

définitivement – au régime de Vichy près – l'autonomie communale, en posant le principe de la compétence attribuée, en général, au conseil municipal pour « *régler par ses délibérations les affaires de la commune* » (art. 61), c'est-à-dire les affaires locales du ressort de la commune. Le conseil municipal est alors élu pour une durée de quatre ans. Le maire et les adjoints sont, quant à eux, élus par le conseil municipal. Toutefois, il ne faut pas exagérer l'importance de cette loi pour l'instauration du processus de décentralisation. En effet la tutelle exercée par le préfet reste importante, notamment par l'exercice du pouvoir d'approbation dans un certain nombre de matières.

805. CGCT. – Les communes sont aujourd'hui régies par la deuxième partie du Code général des collectivités territoriales qui est le dernier état de la codification de cette grande loi de la République, après de nombreuses et fréquentes modifications depuis bien plus d'un siècle.

806. Le département. – Comme les communes, les départements ont une origine révolutionnaire puisqu'ils sont, pour une grande part, issus du découpage du territoire en 83 départements, adopté par l'Assemblée nationale par la loi des 26 février et 4 mars 1790. Ce découpage permet de répondre aux attentes pratiques exprimées dans les cahiers de doléances, rédigés à la veille de la Révolution française, et notamment à la possibilité de joindre le chef-lieu de tout point du département en un seul jour de cheval, aller-retour. L'examen de la carte initiale de la France des départements montre que le projet antérieur de découpage en carrés égaux du territoire national n'a pas été suivi et que nombre de particularismes locaux ont été alors pris en compte[4], la carte définitive, fort stable depuis la fin du XVIIIe siècle, étant largement calquée sur celle des intendances de l'Ancien Régime.

807. Loi du 22 décembre 1789. – La loi du 22 décembre 1789 prévoit une organisation tripartite de l'administration départementale :

— en premier lieu, un conseil de département, ne tenant qu'une session par an, est en charge des dépenses, de l'ordonnancement des travaux et de la fixation des règles générales applicables ;

— en deuxième lieu, un directoire met en œuvre les décisions de ce dernier et lui rend compte ;

— en dernier lieu, un procureur-général-syndic personnifie l'administration départementale. Il est en charge « *de la suite de toutes les affaires* ».

4. G. Sautel, *Histoire des institutions publiques*, préc.

808. Les trois autorités du département sont élues : le conseil de département et le procureur par les électeurs de l'assemblée nationale dans le département ; le directoire par le conseil de département et elles ont pour charge l'administration générale du royaume *« sous l'autorité et l'inspection du roi »* (S. III, art. 2). L'élection n'a pas pour conséquence, cependant, l'institution d'un quelconque pouvoir départemental, au même titre que le « *pouvoir municipal* », hormis dans le domaine, bien vague, de ce que la loi appelle la gestion des « *affaires particulières* ».

809. Directoire. – Sous le Directoire l'administration départementale gagnera en importance. Le modèle du Directoire exécutif est transposé localement puisque le département est placé sous l'autorité de cinq directeurs élus. Mais la consécration vient de la loi précitée du 28 pluviôse an VIII (17 février 1800) qui fait du préfet le cœur de l'administration déconcentrée de l'État, placée sous son autorité exclusive en tant qu'il est « *chargé, seul, de l'administration* » (art. 3). Il existe bien un conseil général, composé d'autorités nommées ; mais, il ne peut pas siéger plus de quinze jours par an pour répartir les contributions directes entre les arrondissements communaux du département, déterminer le nombre des centimes additionnels – c'est-à-dire les recettes fiscales affectées au département – en vue de couvrir les dépenses et, d'une façon générale, « *donner son opinion sur l'état et les besoins du département* » (art. 6). Le budget est fixé par le préfet qui en assure l'exécution, ne faisant qu'en rendre compte annuellement devant le conseil général. La troisième institution, créée par la loi du 28 pluviôse an VIII : le conseil de préfecture, présidé par le préfet, a pour fonction de résoudre le contentieux administratif relatif aux décharges d'impositions directes, aux travaux publics, à la grande voirie et aux domaines nationaux (art. 4).

810. Monarchie de Juillet. – La Monarchie de Juillet, par la loi du 10 mai 1838, réorganise les relations entre l'État et les départements, en encadrant une certaine autonomie locale par un pouvoir de tutelle du même type que celui applicable aux communes même si le préfet reste l'autorité exécutive du département.

811. Loi départementale du 10 août 1871. – Dans le prolongement de la loi du 18 juillet 1866 qui s'inscrit également dans la phase de l'Empire libéral, toujours après une quinzaine d'années de reprise en mains par l'État central, la loi départementale du 10 août 1871, au tout début de la IIIe République, fixe les cadres de l'organisation départementale qui perdureront jusqu'en 1982 et continuent d'être en partie ceux actuellement en vigueur : le conseil général est élu pour six ans et renouvelé par moitié, tous les trois ans, au scrutin majoritaire uninominal, dans le cadre du canton. Le pouvoir de tutelle se réduit, même si le préfet reste en charge de l'exécution des délibérations du conseil, par la diminution du champ des matières soumises à un pouvoir d'approbation. Le pouvoir d'annulation qui suppose un décret en Conseil d'État doit intervenir dans les deux mois de la prise de décision. L'annulation d'une délibération ne peut se fonder que sur des motifs d'illégalité pour les actes d'intérêt local. Toutefois, lorsque la délibération empiète sur des intérêts nationaux, l'annulation peut être alors prononcée en pure opportunité.

812. Réformes contemporaines. – Or, le département est la collectivité territoriale la plus exposée aux réformes actuelles. Bien qu'institué en 1789, son caractère artificiel est très souvent critiqué. Par ailleurs, il se trouve coincé entre, d'un côté, les établissements publics de coopération intercommunale, fruits du regroupement communal, et, de l'autre, les régions dont le poids politique et les compétences juridiques n'ont cessé de s'accroître. La question de la suppression des départements est ainsi posée de façon récurrente bien qu'il soit le principal bénéficiaire du mouvement de décentralisation territoriale, depuis 1982, et que la dernière réforme en date des collectivités territoriales par la loi du 16 décembre 2010 l'ait maintenu : la représentation du département et de la région par un élu unique, prévue pour mars 2014, ne se fait-elle pas par le conseiller territorial, élu, en réalité, comme un conseiller général ?

813. CGCT. – Le département est aujourd'hui régi par la troisième partie du Code général des collectivités territoriales qui est le dernier état de la codification de la loi du 10 août 1871.

814. Loi régionale du 5 juillet 1972. – La région, à la différence de la commune et du département, n'est pas le produit de l'histoire puisqu'elle résulte, dans le droit de la déconcentration de l'État, de la mise en œuvre du plan de développement économique et social de la Nation[5]. Son institution, dans le droit de la décentralisation territoriale, est consacrée, malgré l'échec du référendum sur la régionalisation organisé par le général de Gaulle en 1969 ou à cause de cet échec de justesse, par la loi du 5 juillet 1972 qui fait

5. La planification nationale est marquée par la création des vingt-deux « *régions de programme* » par l'arrêté du 28 novembre 1956, dans le cadre de la mise en œuvre des programmes d'action régionale du décret du 30 juin 1955, cette importante réforme de déconcentration de l'État, en métropole, étant reprise et amplifiée, au début de la Ve République, par les trois décrets du 14 mars 1964.

de la région un établissement public de coopération interdépartementale, soumis à la tutelle étroite du préfet assurant l'exécution des délibérations du conseil régional sur le modèle du département. Par cette formule juridique d'établissements publics régionaux (EPR), il s'agissait aussi d'éviter alors l'élection au suffrage universel direct de leur assemblée délibérante[6].

815. La région. – Toutefois, comme prévu dès la loi générale du 2 mars 1982, les 25 actuelles régions françaises ont été transformées en collectivités territoriales, à l'ouverture de la séance de chaque conseil régional, élu au suffrage universel direct, c'est-à-dire après mise en œuvre de la loi spéciale du 2 mars 1982, s'agissant de la région de Corse, de la loi du 31 décembre 1982, s'agissant des régions d'outre-mer[7], et de la loi du 6 janvier 1986, s'agissant des régions de la France continentale. Elles constituent le niveau territorial en devenir car elles possèdent la taille critique qui leur permet de concurrencer leurs homologues en Europe, d'une importance sociologique, économique ou politique nettement plus marquée, y compris dans des États unitaires tels que l'Italie ou l'Espagne.

---

6. Il résulte de la Constitution que « *les collectivités territoriales s'administrent librement par des conseils élus* » (art. 72, al. 2, devenu 3 en 2003) et que le suffrage universel est « direct ou indirect » (art. 3, al. 3). À défaut de virgule après l'adjectif indirect dans le texte constitutionnel, c'est « *dans les conditions prévues par la Constitution* » qu'il est indirect, ce qui est le cas, précisément, pour l'élection du Sénat (Const., art. 24, al. 3, devenu 4 en 2008). Dès lors, dans le silence du texte constitutionnel depuis 1958, l'assemblée délibérante des collectivités territoriales doit être élue au suffrage universel direct. *A contrario*, pour éviter, en 1969, l'élection au suffrage universel direct des conseils régionaux, le projet référendaire précité comportait le dispositif suivant : « *L'article 72 de la Constitution est modifié comme suit :*
Les collectivités territoriales de la République sont les communes, les départements, les régions (...).
Ces collectivités s'administrent librement par des conseils, dans les conditions prévues par la loi.
Les conseils des communes et des départements sont élus.
Les conseils des régions (...) comprennent des élus et des représentants des activités économiques, sociales et culturelles (...) ».
Le texte permettait donc que le conseil régional ne fût pas élu, ce qui aurait impliqué l'élection au suffrage direct, comme pour les conseils des communes et des départements, mais composé d'élus, lesquels pouvaient donc l'être au suffrage indirect, comme cela était prévu par la loi soumise au même référendum, mais aussi de non élus.
7. On observera que, dans le droit de la décentralisation, la Corse n'est plus une région depuis 1991, que Mayotte n'est pas une région, mais un département à compétences également régionales, depuis 2011, et que la Guyane et la Martinique cesseront d'être des régions, en 2014.

816. CGCT. – La région fait l'objet de la quatrième partie du Code général des collectivités territoriales qui est le dernier état de la codification de la loi régionale du 5 juillet 1972.

817. Les trois catégories constitutionnelles de collectivités territoriales : communes, départements et régions possèdent une unité structurelle (§ 1), au-delà de quelques spécificités organisationnelles (§ 2).

§ 1. Unité structurelle

818. Éléments communs. – La commune, le département et la région possèdent la même organisation institutionnelle générale. Sont ainsi communs aux trois catégories de collectivités les quatre éléments suivants :

— une assemblée délibérante, composée d'administrateurs élus, qui exerce par ses délibérations l'essentiel des compétences dévolues par la loi à la collectivité territoriale. Il s'agit du conseil municipal, pour les communes, du conseil général, pour le département et du conseil régional, pour la région ;

— un exécutif, élu par les conseils, en charge de la mise en œuvre des délibérations des conseils qu'il préside. Il s'agit du maire, du président du conseil général et du président du conseil régional. L'utilisation ici du terme « *exécutif* » est, cependant, en partie inexact. En effet, chacun des exécutifs possède des compétences propres qu'il exerce, certes conformément aux délibérations des conseils, mais de façon discrétionnaire. Il en est ainsi, par exemple, du pouvoir de police du maire, des compétences en matière d'action sociale du président du conseil général ou relatives à la gestion du domaine régional – c'est-à-dire la propriété publique de la collectivité – du président du conseil régional ;

— des adjoints ou des vice-présidents. Les adjoints au maire et les vice-présidents des conseils généraux et régionaux reçoivent délégation de compétence du maire et des présidents. Les conseils fixent le nombre d'adjoints et de vice-présidents. Il doit y avoir au moins un adjoint au maire et 4 vice-présidents de conseil général ou régional. Un seuil maximal est fixé à 30 % du nombre légal de l'effectif des conseils sans que le nombre de vice-présidents puisse excéder 15. Par ailleurs il faut préciser que dans les communes de plus de 80 000 habitants des adjoints de quartier viennent en surnombre sans, toutefois, que ce nombre puisse excéder 10 % de l'effectif légal du conseil municipal ;

— des commissions consultatives des services publics locaux, obligatoirement créées dans les régions, les départements, les communes de plus de 10 000 habitants, comme dans les EPCI de plus de 50 000 habitants (*cf. supra*, n° 797 s.) et les syndicats mixtes (*cf. infra,* n° 830 s.) comprenant au moins une commune de plus de 10 000 habitants (art. L. 1413-1). La commission est présidée par le maire, le président du conseil général, le président du conseil régional ou le président de l'organe délibérant de l'établissement public. Elle a une double fonction de conseil et de contrôle. D'une part elle est consultée pour avis sur tout projet de délégation de service public, de création d'une régie dotée de l'autonomie financière ou d'un contrat de partenariat, avant que l'assemblée délibérante ne se prononce. D'un autre côté, elle reçoit, pour exercer son contrôle, communication du rapport annuel que doivent produire les délégataires de services publics et les partenaires d'un contrat de partenariat sur leur gestion, les rapports sur le prix et la qualité des services publics d'eau potable, d'assainissement et de collecte et traitement des ordures ménagères ainsi que le bilan d'activité des services exploitées en régie, dotée de l'autonomie financière.

§ 2. Spécificités organisationnelles

819. Spécificités. – Quelques spécificités doivent être relevées dans l'organisation de chaque catégorie de collectivité territoriale relevant du statut général.

— la commission permanente des conseils généraux et régionaux : une telle commission n'existe pas dans les communes. Composée du président, des vice-présidents et éventuellement d'autres conseillers élus au scrutin de liste à la représentation proportionnelle à la plus forte moyenne, elle reçoit délégation de l'assemblée locale qui peut lui confier n'importe laquelle de ses compétences non budgétaires ;

— le conseil de quartier : la loi du 27 février 2002 sur la démocratie de proximité a donné une réalité juridique aux quartiers des communes de plus de 80 000 habitants (art. L. 2143-1). Le conseil municipal doit fixer un périmètre pour chaque quartier, doté d'un conseil de quartier dont le conseil municipal fixe la dénomination, la composition et les modalités de fonctionnement. Le conseil, présidé par un adjoint de quartier, peut être consulté sur toute question concernant le quartier ou la ville. Il peut en outre être associé à l'élaboration, à la mise en œuvre et à l'évaluation des actions intéressant le quartier, en particulier celles menées au titre de la politique de la ville ;

— le conseil économique social et environnemental de la région : ce conseil existe dans chaque région, en tant que seconde assemblée régionale, où il est le pendant et la réduction du Conseil économique social et environnemental national (Const., Titre XI, art. 69 à 71). Il est, auprès du conseil régional et de son président, une assemblée exclusivement consultative (art. L. 4134-1), représentant des différentes catégories socio-professionnelles et des groupements agissant dans le domaine de l'environnement.

Section 2
Les collectivités métropolitaines à statut particulier

820. Collectivités territoriales à statut particulier. – Le législateur a depuis longtemps souhaité adapter le statut des collectivités aux spécificités de certains territoires. Ce sera le cas outre-mer, à Paris, Lyon et Marseille, en Alsace-Moselle et en Corse. Mais l'action législative a dû, dans un premier temps, composer avec une jurisprudence restrictive du Conseil constitutionnel en la matière qui avait posé le principe de l'unité structurelle de chacune des collectivités en interdisant, par exemple, que soit instituée dans les DOM une assemblée unique regroupant la représentation des départements et des régions[8], Mayotte et Saint-Pierre-et-Miquelon, régies par leur statut spécifique, fixé respectivement par la loi du 24 décembre 1976 et la loi du 11 juin 1985, faisaient donc figure d'exception.

821. Pourtant, très rapidement, le Conseil a admis l'existence de particularités au sein des catégories existantes[9] jusqu'à la décision de 1991 sur le statut de la collectivité territoriale de Corse[10] par laquelle le Conseil constitutionnel reconnaît, à son tour, des collectivités « *sui generis* » lorsque les différences avec la catégorie de référence sont trop importantes : cela, revenait à détruire l'idée même de l'unité institutionnelle de chacune des catégories de collectivités territoriales, tout en créant un flou certain sur la notion même de catégorie.

8. CC, 2 décembre 1982, *Droits et libertés des communes, des départements et des régions outre-mer*, déc. n° 82-147 DC.
9. CC, 28 décembre 1982, *Organisation administrative de Paris, Marseille, Lyon*, déc. n° 82-149 DC.
10. CC, 9 mai 1991, *Statut de la collectivité territoriale de Corse*, déc. n° 91-290 DC.

822. L'article 72 de la Constitution, issu de la révision du 28 mars 2003, vient consacrer cette tendance générale, en plaçant des « *collectivités à statut particulier* » aux côtés des communes et des départements ainsi que des régions, catégorie enfin constitutionnalisée. L'article 72-1 prévoit, pour sa part, que le législateur pourra organiser la consultation des électeurs inscrits dans les collectivités intéressées sur l'organisation du statut particulier.

823. Dès lors, en métropole, on peut compter au sein des collectivités à statut particulier :

— la collectivité territoriale de Corse qui a succédé à la région Corse, depuis la loi du 13 mai 1991 (CGCT, art. L. 4421-1) ;

— le département de Paris (CGCT, art. L. 3411-1 s.) ;

— les communes de Paris, Lyon et Marseille (CGCT, art. L. 2511-1 s.) ;

— les communes des départements de la Moselle, du Bas-Rhin et du Haut-Rhin (CGCT, art. L. 2541-1 s.).

824. La collectivité territoriale de Corse. – La collectivité territoriale de Corse est issue de la collectivité de niveau régional dont la situation particulière résultait de deux lois : celle du 2 mars et celle du 30 juillet 1982 qui ont créé une région de Corse, organisée selon un régime spécifique. La région de Corse, à assemblée délibérante déjà dénommée « Assemblée de Corse », élue au suffrage universel direct, a donc été opérationnelle bien avant les autres régions métropolitaines qui ont du attendre, quant à elles, l'entrée en vigueur de la loi du 10 juillet 1985 relative à l'élection des conseillers régionaux, à cet effet. Le caractère précurseur du statut particulier, fixé par la loi spéciale n° 82-214 du 2 mars 1982, a fait son originalité ultérieure. Par la suite, la loi statutaire du 13 mai 1991 a accentué l'originalité de la collectivité de Corse par une organisation institutionnelle et des compétences. La collectivité territoriale, à nouveau statut particulier, est toujours administrée par une Assemblée de Corse de 51 membres, élus dans les conditions du droit commun, mais avec une prime majoritaire de trois sièges en faveur de la liste gagnante. En revanche, au président de région est substitué un conseil exécutif, distinct de l'assemblée délibérante et responsable devant elle, assemblée ce qui est une grande spécificité, du moins en métropole. Pour le renverser, en effet, l'assemblée doit voter une motion de défiance constructive, selon une procédure rationalisée, inspirée du droit constitutionnel allemand (Loi fond. du 23 mai 1949, art. 67), puisque la motion la doit contenir le nom du président et des membres du conseil exécutif appelés à succéder au président et au conseil exécutif renversés.

825. On soulignera que, contre une grande partie de la classe politique locale, d'ailleurs appuyée par, sinon sur le mouvement indépendantiste, l'actuel statut particulier, modifié par la loi du 22 janvier 2002, a été consacré *a contrario* par la population locale, en conséquence du cinglant échec subi, même de justesse, par le projet de création d'une nouvelle collectivité territoriale, substituée à l'actuelle collectivité territoriale de Corse, mais aussi aux deux départements de Corse-du-Sud et de Haute-Corse, à l'occasion de la consultation organisée, le 6 juillet 1983, sur le fondement des articles 72, alinéa 1er et 72-1, alinéa 3 de la Constitution[11].

826. Les communes de Paris, Lyon et Marseille. – Paris, Lyon et Marseille relèvent de la catégorie générale des communes bien que leur organisation reste spécifique. Cette spécificité tient principalement à leur division officialisée en arrondissements, consacrée par la loi dite « *PLM* » du 31 décembre 1982. Dotés de leurs propres conseils et de leurs propres maires, les arrondissements ne sont pourtant pas comparables aux collectivités territoriales puisqu'ils n'ont ni personnalité morale, ni patrimoine propre, ni compétences à vocation générale[12]. Les arrondissements ou secteurs de la loi PLM sont « *des divisions administratives au sein des communes* »[13], c'est-à-dire des circonscriptions administratives de la déconcentration communale. Pour autant, leurs institutions sont décalquées sur le droit de la décentralisation territoriale : assemblée délibérante, élue au suffrage universel direct, et maire, élu du conseil d'arrondissement ou de secteur. La compétence principale du conseil d'arrondissement ou de secteur consiste en l'implantation, l'aménagement et la gestion d'équipements dits de proximité (crèches, espaces verts, stades, *etc.*) ; celle du maire d'arrondissement ou de secteur qui est l'exécutif de l'arrondissement ou du secteur (à ce titre, il exécute, les délibérations du

11. L'article 72, alinéa 1er dispose notamment que « *toute autre collectivité territoriale est créée par la loi, le cas échéant en lieu et place d'une ou de plusieurs collectivités mentionnées au présent alinéa* ». L'article 72-1, alinéa 3 dispose que, « *lorsqu'il est envisagé de créer une collectivité territoriale dotée d'un statut particulier ou de modifier son organisation, il peut être décidé par la loi de consulter les électeurs inscrits dans les collectivités intéressées (...)* ». Au cas particulier, cette consultation, d'ailleurs facultative, sur l'organisation institutionnelle de la Corse a donné les résultats suivants : 51 % de non qui correspondent à 30 % des inscrits.

12. CC, 28 décembre 1982, *Organisation de Paris, Marseille, Lyon et des EPCI*, déc. n° 82-149 DC.

13. Les conseils d'arrondissement sont élus, à Paris, dans chacun des vingt arrondissements de la capitale. Ils sont élus, à Lyon, dans chacun des neuf arrondissements de la ville. Ils sont élus, à Marseille, dans huit secteurs qui regroupent, deux à deux, les seize arrondissements de la ville.

conseil d'arrondissement ou de secteur), avec, au surplus, des compétences en tant qu'agent de l'État (état civil ou affaires scolaires et électorales, par ex.), au titre d'un nouveau dédoublement fonctionnel[14].

827. Le département de Paris. – Le département de Paris a pour particularité d'avoir un territoire et des institutions qui correspondent exactement à ceux de la commune de Paris. Ce département qui a succédé à la ville de Paris, elle-même substituée au département de la Seine, se voit appliquer le régime général de toute collectivité départementale. Toutefois, le Conseil de Paris tient lieu de conseil général et le maire de Paris en est le président. Ainsi, pour être « *une assemblée délibérante de nature particulière* »[15], le Conseil de Paris est, en réalité, une institution du droit des communes. À la vérité, comme la dénomination de « *maire de Paris* » le dit explicitement, les institutions du département de Paris sont, tout simplement, celles de la commune de Paris.

828. Les communes d'Alsace-Moselle. – Dans les actuels départements du Bas-Rhin et du Haut-Rhin (Alsace) ainsi que de la Moselle dont le territoire a été rattaché à l'Allemagne de 1871 à 1919, il existe un droit local en matière d'administration communale, qui résulte de textes non abrogés ou non contredits de droit allemand, principalement la loi locale du 6 juin 1895 fixant le régime municipal, intégrée dans le Code général des collectivités territoriales (art. L. 2541-1 s.).

829. Sur le plan institutionnel, ce particularisme concerne, d'abord, les organes communaux qui suivent des règles de fonctionnement et détiennent des attributions qui les démarquent du droit commun national :

— il en est ainsi du régime des convocations, des présences et des délibérations du conseil municipal : par exemple, il existe un régime disciplinaire à l'encontre des conseillers municipaux : tout conseiller municipal absent sans excuse à cinq séances consécutives de l'assemblée communale, est considéré comme démissionnaire d'office par décision du maire qui, en la matière, a compétence liée ;

14. On notera que le maire d'arrondissement, élu par le conseil d'arrondissement, est nécessairement membre de l'assemblée délibérante de la commune, ce qui crée un lien organique nécessaire, au sein de la commune, entre le niveau central et le niveau déconcentré d'administration territoriale.

15. CE, 14 mars 1990, *Élections au Conseil de Paris, Rec.* 150 ; *AJDA* 1980. 531, note Goyard. N'est pas contraire à l'interdiction du cumul horizontal le fait que le maire de Paris, élu du Conseil de Paris, soit, en même temps, conseiller général de la Corrèze.

— il en est également ainsi des attributions des organes communaux : pour l'essentiel, le droit administratif local repose sur la compétence de principe du maire qui « *administre les affaires communales pour autant que l'intervention du conseil municipal n'est pas requise* », qui « *prépare les délibérations du conseil municipal* » et qui « *est seul chargé de leur exécution* » (CGCT, art. L. 2541-19, al. 1er à 3). Il en résulte, de façon certaine, que la compétence de principe est celle du maire et que la compétence du conseil municipal n'est, dès lors, que d'attribution.

830. Mais le particularisme du droit local touche aussi aux affaires communales, notamment en matière de police municipale : le maire, en tant qu'autorité de police locale, détient une compétence notablement élargie dans le droit local, tant en ce qui concerne la police générale, d'ailleurs autrement définie que dans le droit commun national, qu'en ce qui concerne des polices spéciales telles que la police rurale, la police des funérailles et des lieux de sépulture ou encore la police des cultes. Il faut souligner qu'en la matière, le maire agit toujours comme agent de la commune et que, dès lors, seule la responsabilité de la collectivité territoriale, et non celle de l'État, doit être recherchée[16], à moins que les communes d'Alsace-Moselle ne soient placées en régime de police d'État.

Section 3
Les collectivités territoriales d'outre-mer

831. Absence de catégorie juridique. – La Constitution ne reconnaît aucune catégorie de collectivités territoriales d'outre-mer, au sens de collectivités territoriales géographiquement situées outre-mer. Son article 73 mentionne notamment les départements (DOM) et les régions d'outre-mer (ROM) qui sont deux sous-catégories constitutionnelles, au sein, respectivement, des catégories constitutionnelles des départements et des régions, celles de l'article 72, alinéa 1er. Son article 74 est consacré aux collectivités d'outre-mer qui ne sont pas nécessairement substituées aux anciens territoires d'outre-mer (TOM) et qui ne forment pas, par elles-mêmes une nouvelle catégorie constitutionnelle, comme l'indique l'article 74, alinéa 1er en ces termes : « *Les collectivités d'outre-mer régies par le présent article ont un statut qui*

16. CE, 15 juillet 1957, *Ville de Strasbourg*, *Rec.* 487.

tient compte des intérêts propres de chacune d'entre elles au sein de la République » : un statut pour chacune d'entre elles, régi par une loi organique différente, ne permet pas définir une catégorie.

832. Énumération. – Il est vrai, cependant, que le pouvoir de révision qui s'est lancé, depuis 2003, dans l'énumération des collectivités territoriales d'outre-mer, vient préciser, à l'article 72-3, alinéa 2 de la Constitution, modifié en 2008, que « *la Guadeloupe, la Guyane, la Martinique, La Réunion, Mayotte, Saint-Barthélemy, Saint-Martin, Saint-Pierre-et-Miquelon, les îles Wallis et Futuna et la Polynésie française sont régis par l'article 73 pour les départements et les régions d'outre-mer, et pour les collectivités territoriales créées en application du dernier alinéa de l'article 73, et par l'article 74 pour les autres collectivités* ». Mais on soulignera que cette disposition ne dit ni quel est le statut ni quel est le régime de chacune des collectivités territoriales énumérées : c'est ainsi qu'en droit positif, « *la Guadeloupe, la Guyane, la Martinique, La Réunion sont des départements et des régions d'outre-mer et que Mayotte est un département d'outre-mer, régis par l'article 73 de la Constitution et que Saint-Barthélemy, Saint-Martin, Saint-Pierre-et-Miquelon, les îles Wallis et Futuna et la Polynésie française sont des collectivités d'outre-mer, régis par l'article 74 de la Constitution* ». Saint-Pierre-et-Miquelon, les îles Wallis et Futuna et la Polynésie française.

833. Et, pour mieux rendre compte encore de la complexité du droit institutionnel de l'outre-mer français, hors Nouvelle-Calédonie[17], on ajoutera les trois remarques suivantes qui importent :

834. Unité des DROM : principe d'assimilation. – La Guadeloupe, la Guyane, la Martinique, La Réunion et Mayotte ou les régions d'outre-mer (les mêmes, sauf Mayotte[18]) qui relèvent de l'article 73, au même titre, nécessairement, que les collectivités territoriales uniques (CTU), issues, hors Réunion[19], de la fusion d'un département et d'une

17. Const., art. 72-3, al. 3 ; également hors TAAF qui ne peuvent pas continuer à être regardées comme une collectivité territoriale même si la loi leur confère le statut de territoire d'outre-mer, assimilable ici à un établissement public territorial. Clipperton qui figure au même alinéa 4 de l'article 72-1, est un territoire déconcentré de l'État, administré par le haut-commissaire de la République en Polynésie française. À l'évidence, ni sa présence dans la Constitution ni sa gestion constitutionnellement prévue, dans le cadre de la loi du 6 août 1955 modifiée, ne s'imposait.

18. Sur le fondement de la loi statutaire du 7 décembre 2010, Mayotte est un DOM à compétences régionales, sans être une ROM.

19. Const., art. 73, al. 5 en tant qu'il se réfère « *au département et à la région de La Réunion* ».

région d'outre-mer sur le même territoire, sont régies par le principe d'assimilation qui veut que le droit métropolitain, tel qu'il résulte des lois ou des règlements, après adaptation éventuelle, y soit applicable de plein droit, sauf si le texte prévoit expressément qu'il ne l'est pas ;

835. Diversité des COM : principe d'assimilation ou de spécialité. – Les collectivités d'outre-mer (COM) qui relèvent de l'article 74, sont régies soit par ce principe d'assimilation : Saint-Barthélemy, Saint-Martin et Saint-Pierre-et-Miquelon, soit par le principe de spécialité : les îles Wallis et Futuna et la Polynésie française, qui veut que le même droit métropolitain n'y soit pas applicable, sauf si le texte prévoit expressément qu'il l'est, sous réserve d'éventuelles adaptations ;

836. Droit de l'Union et Outre-mer. – Il y a lieu de prendre en compte l'application ou non du droit de l'Union européenne, éventuellement adapté, à chacune de ces collectivités territoriales d'outre-mer, hors Nouvelle-Calédonie, sans que la distinction entre régions ultrapériphériques (RUP) où ce droit est applicable[20], et pays et territoires d'outre-mer (PTOM) où il ne l'est pas[21], recoupe exactement la distinction de base, mais peu performante, entre DROM-CTU de l'article 73 et COM de l'article 74, tant s'en faut : à ce jour, la Guadeloupe, la Guyane, la Martinique et La Réunion qui sont des DROM français sont des RUP. Mais Mayotte, qui est un DOM, ne l'est pas encore[22] ; Saint-Martin qui est une COM, est également une RUP alors que Saint-Barthélemy qui est également une COM, ne l'est plus, depuis le 1er janvier 2012, pour être devenu un PTOM. De même, Saint-Pierre-et-Miquelon, les îles Wallis et Futuna et la Polynésie française qui sont des COM, sont des PTOM.

§ 1. Les départements et régions d'outre-mer

837. Adaptation des lois et règlements. – L'adaptation des lois et règlements, dans l'outre-mer régi par l'article 73 de la Constitution, est encadrée, sans être toujours possible. Les conditions de sa mise en œuvre, à la demande des collectivités concernées, sont fixées par la Constitution (art. 73, al. 2 à 6) et par la loi organique du 27 février 2007 :

— en premier lieu, elle ne peut porter sur aucun domaine régalien : nationalité, droits civiques, garanties des libertés publiques, état

20. TFUE, art. 349 et 355, § 1.
21. TFUE, art. 198 à 204 et 355 § 2 ; *adde*, Annexe II.
22. TFUE, art. 355 § 6 et Déclaration n° 43.

et capacité des personnes, organisation de la justice, droit pénal, procédure pénale, politique étrangère, défense, sécurité et ordre public, monnaie, crédit et changes ainsi que droit électoral (al. 4) ;

— en second lieu, et conformément aux limites classiques de la libre administration, aucune adaptation ne peut intervenir lorsque sont en cause les conditions essentielles d'exercice d'une liberté publique ou d'un droit constitutionnellement garanti (al. 6 ; *cf. infra,* n° 876 s.).

L'habilitation émane de la loi ou du règlement, selon la matière traitée, et donne la possibilité aux collectivités concernées :

— d'adapter, dans tous les DOM ou ROM ou futures CTU, les règles existantes dans les matières de leurs compétences, c'est-à-dire dans le droit décentralisé, notamment en y portant exception ou dérogation (al. 2) ;

— de fixer, sauf à La Réunion[23], elles-mêmes les règles permettant la prise en compte des spécificités de leur territoire, dans un nombre limité de matières relevant tant du domaine du règlement que de celui de la loi, c'est-à-dire dans le droit de l'État (al. 3).

838. DROM. – Les départements et régions d'outre-mer (Guadeloupe, Guyane, Martinique, La Réunion) possèdent, en principe, la même organisation institutionnelle que les départements et régions de métropole et sont soumis aux mêmes lois et règlements. Cependant, l'article 73 de la Constitution leur reconnaît certaines spécificités. Il pose, en ce sens, que si les lois et règlements nationaux y sont applicables de plein droit, ils peuvent faire l'objet d'adaptations tenant aux caractéristiques et contraintes particulières de ces collectivités (al. 1er). Par ailleurs, il rend possible la création d'une collectivité territoriale unique (CTU) se substituant, tout à la fois, au département et à la région d'outre-mer sur le même territoire (al. 7).

839. Département de Mayotte. – Parvenue, depuis la loi organique du 21 février 2007, à un alignement sur le droit commun, Mayotte est devenue, le 31 mars 2011, un département d'outre-mer à part entière – le cinquième depuis 1946, le troisième à partir de 2014 – satisfaisant ainsi une revendication politique ancienne puisqu'elle remonte à 1958.

840. L'histoire de cette collectivité territoriale d'outre-mer aura été, en effet, longue, complexe et douloureuse et c'est le refus opposé avec constance par la population locale à l'indépendance qui aura permis la consolidation progressive de son statut. En effet, cette île des Comores est devenue française dès 1841, plus de soixante-dix ans avant les

23. Const., art. 73, al. 5 préc.

autres îles de l'archipel, passées du statut de protectorat à celui de colonie en 1912 seulement. Au sortir du droit de la colonisation, en 1946, les quatre îles Comores sont regroupées en un territoire d'outre-mer dont l'administration locale favorise ouvertement la Grande Comore. Les velléités indépendantistes de Moroni conduisent à organiser, en décembre 1974, une consultation d'autodétermination de la population de chacune des îles qui se conclut par une demande d indépendance de la part des trois îles du Nord, dont la Grande Comore, et par le refus d'une telle solution de la part de l'île de Mayotte[24], réitérée, en février 1976[25], à l'occasion d'une nouvelle consultation organisée après l'indépendance des Comores, d'abord unilatérale en juillet 1975, plus reconnue par la France, en décembre 1975.

841. Le législateur français va doter Mayotte d'un premier statut de collectivité spécifique, dite « *territoriale* », créé par la loi du 24 décembre 1976, solution qui résulte du double refus de l'État de faire de Mayotte un DOM et de la population locale de voir Mayotte érigé en TOM[26]. C'est cette législation qui permet, pourtant, de mettre en place les institutions d'un département : préfet, représentant du Gouvernement et exécutif de la collectivité, ainsi que conseil général, assemblée délibérante de la collectivité.

842. À la suite de l'accord de Paris du 27 janvier 2000 sur l'avenir de Mayotte, approuvé par la population mahoraise, en juillet 2000[27], la loi du 11 juillet 2001 amorce l'évolution institutionnelle de la collectivité au sein de la République française sans qu'au fond,

24. À cette première consultation de l'art. 53, al. 3 de la Constitution, le « *non* » à l'indépendance emporte 64 % des suffrages exprimés à Mayotte.

25. Appelée à se prononcer sur le point de savoir si elle souhaite que Mayotte demeure au sein de la République française ou devienne partie du nouvel État comorien, la population de Mayotte se prononce, à l'occasion de cette seconde consultation de l'art. 53, al. 3 de la Constitution en faveur de la première solution par 99, 5 % des suffrages exprimés.

26. Consultation de la population mahoraise sur la question de savoir si elle souhaite que Mayotte conserve le statut de territoire d'outre-mer qu'elle n'a pas : le « *non* » l'emporte avec 97, 5 % des suffrages exprimés, mais aussi 129, 9 % des votants, la différence étant liée au bulletin déclaré nul en faveur de la départementalisation de Mayotte, fabriqué en métropole et distribué sur place.

27. La consultation du 2 juillet 2002 donne localement 73 % de suffrages exprimés en faveur de l'accord de Paris. On soulignera que, comme en 1976, une telle consultation facultative sur l'évolution institutionnelle d'une collectivité territoriale ne nécessite aucune base constitutionnelle. C'est donc à tort que le Conseil constitutionnel a cru devoir s'appuyer en droit sur l'alinéa 2 du Préambule de 1958, dispositif obsolète et inopérant (CC, 4 mai 2000, *Consultation de la population de Mayotte*, déc. 2000-428 DC) : il n'y a plus, depuis le 4 février 1959, de peuple d'un territoire d'outre-mer en France et, au demeurant, Mayotte n'est pas, en 2000, et n'a, d'ailleurs, jamais été, par elle-même. un territoire d'outre-mer.

rien ne soit changé dès lors que cette collectivité, « *territoriale* » avant 2007, comme « *départementale* » après 2001, était et ne pouvait pas être autre chose qu'une collectivité spécifique de l'article 72, alinéa 1er de la Constitution[28]. Toutefois, à partir de mars 2004, l'exécutif de la collectivité départementale est bien transféré du préfet au président du conseil général, selon le droit commun de la décentralisation territoriale alors même que la révision, opérée par la loi constitutionnelle du 28 mars 2003, permet d'inscrire Mayotte dans la Constitution et de lui conférer, mais de façon transitoire, le statut de collectivité d'outre-mer de l'article 74.

843. Tel est précisément l'objet de la loi organique du 21 février 2007 qui ne se contente pas de rapprocher, un peu plus, la nouvelle COM, d'ailleurs toujours dénommée « *collectivité départementale* », du statut d'un véritable département d'outre-mer : en effet, le principe de spécialité, avec un nombre de plus en plus important d'exceptions d'assimilation, est enfin inversé au profit du principe d'assimilation, accompagné d'un nombre limité d'exceptions de spécialité.

844. Le Code général des collectivités territoriales était alors rédigé, en ce sens : « Les dispositions législatives et réglementaires sont applicables de plein droit à Mayotte, à l'exception de celles qui interviennent dans les matières relevant de la loi organique en application de l'article 74 de la Constitution ou dans l'une des matières suivantes :
1° Impôts, droits et taxes ;
2° Propriété immobilière et droits réels immobiliers ; cadastre ; expropriation ; domanialité publique ; urbanisme ; construction ; habitation et logement ; aménagement rural ;
3° Protection et action sociales ;
4° Droit syndical ; droit du travail, de l'emploi et de la formation professionnelle ;
5° Entrée et séjour des étrangers et droit d'asile ;
6° Finances communales.
Les dispositions législatives et réglementaires intervenant dans les matières mentionnées aux 1° à 6° ne sont applicables à Mayotte que sur mention expresse.
L'applicabilité de plein droit des lois et règlements ne fait pas obstacle à leur adaptation à l'organisation particulière de Mayotte »[29].

28. « *Toute autre collectivité territoriale est créée par la loi* ».
29. CGCT, ancien art. LO 6113-1, entré en vigueur le 1er janvier 2008.

845. Restait alors à organiser la consultation obligatoire de la population locale, sur le fondement de l'article 72-4, alinéa 1er de la Constitution, permettant de réaliser le passage du régime de l'article 74 à celui de l'article 73, c'est-à-dire la transformation de la COM en un DOM : tel aura été l'objet de la consultation confuse du 29 mars 2009 dont le résultat en faveur de la départementalisation fut des plus nets[30]. En conséquence, la loi du 3 août 2009 a prévu qu'« *à compter de la première réunion suivant le renouvellement de son assemblée délibérante en 2011, la collectivité départementale de Mayotte est érigée en une collectivité régie par l'article 73 de la Constitution, qui prend le nom de "Département de Mayotte" et exerce les compétences dévolues aux départements d'outre-mer et aux régions d'outre-mer* »[31].

846. Puis, la nouvelle loi du 7 décembre 2010 opère le basculement statutaire en faveur d'un département d'outre-mer inscrit, désormais, dans le droit commun, sous quelques réserves dont les deux suivantes :

— d'une part, sont préservés des dispositifs antérieurs au fond, tels ceux qui, régissent, par exemple, le droit d'entrée et de séjour des étrangers à Mayotte : ce n'est pas le droit commun[32] qui devient applicable avec la départementalisation de 2011 puisque les règles spécifiques de l'ordonnance du 26 avril 2000 sont et demeurent en vigueur ;

— d'autre part, on soulignera que le nouveau département inclut les compétences d'une région d'outre-mer sans que, pour autant, selon une fort sage formule institutionnelle sur un territoire aussi exigu[33], Mayotte soit une ROM.

30. Cette consultation pour décision – ou référendum – est une obligation posée par l'art. 72-4, al. 1er de la Constitution. Toutefois le décret du 20 janvier 2009 décide de consulter les électeurs de Mayotte en application de l'art. 73 de la Constitution également, dès lors que la question posée est de savoir si la population locale approuve la transformation de Mayotte en une collectivité unique appelée « *Département* », régie par l'article 73 de la Constitution, exerçant les compétences dévolues aux départements et aux régions d'outre-mer ? Or, l'article 73, al. 7 est relatif à la mise en place d'une collectivité territoriale unique (CTU) qui suppose, par définition, la préexistence d'un département et d'une région à Mayotte, ce qui, à l'évidence, n'est pas le cas. À la double question inconstitutionnellement posée pour une seule réponse attendue, le « oui » l'emporte par 73 % des suffrages exprimés.

31. CGCT, ancien art. LO 3446-1.

32. CESEDA, art. 111-2 et 111-3.

33. Mayotte qui est, en réalité, un ensemble de deux îles (Grande Terre et Petite Terre), a une superficie totale de 375 km^2.

847. L'organisation administrative de Mayotte est donc, à présent, simple, sinon performante :

— le conseil général est l'assemblée délibérante du département, dans les compétences départementales, mais aussi régionales qui lui sont attribuées. Ses membres sont élus dans les cantons du département, au scrutin majoritaire uninominal à deux tours. On notera que le mandat en cours n'est que de trois ans en vue de permettre le renouvellement intégral, pour six ans, du conseil général de Mayotte, en 2014, porté alors de dix-neuf à vingt-trois membres ;

— est maintenue l'existence des deux conseils consultatifs locaux : le conseil économique et social et le conseil de la culture, de l'éducation et de l'environnement ;

— le président du conseil général est l'exécutif du département, dans les conditions de droit commun.

848. Quant au contrôle de tutelle, il continue à être à la charge du préfet de Mayotte, représentant de l'État, selon les modalités prévues par la loi du 2 mars 1982 modifiée et codifiée, avec l'appui du tribunal administratif pour le contrôle administratif, et de la chambre régionale des comptes, pour le contrôle financier.

849. Il reste à conforter cette évolution institutionnelle dans le cadre du droit de l'Union européenne, l'assimilation adaptée d'un DOM, en droit d'origine interne, devant avoir son répondant dans l'assimilation adaptée d'une RUP, en droit d'origine externe. C'est pourquoi, si Mayotte n'est pas encore énumérée parmi les RUP[34], la France a tardivement, mais bien négocié, sur ce point, le traité de Lisbonne du 13 décembre 2007 afin d'ouvrir au nouveau département d'outre-mer la voie de la nécessaire transformation de son statut au sein de l'Union européenne, en vue de l'applicabilité du droit de l'Union européenne : à la demande de la France, lorsque « *l'évolution en cours du statut de l'île le permet* »[35], et sur avis favorable de la Commission, déjà saisie de ce dossier, mais à une échéance qui reste encore inconnue, il y faudra, en effet, la seule décision unanime du Conseil européen, au titre d'une clause-passerelle de révision simplifiée du traité[36].

850. Collectivité territoriale unique. – Aux départements et régions d'outre-mer, il faut adjoindre les collectivités territoriales uniques (Const., art. 73, al. 7).

34. TFUE, art. 355 § 1.
35. Déclaration n° 43 annexée au traité de Lisbonne du 13 décembre 2007.
36. *Ibid.*, § 6.

851. Dans le prolongement de l'article 72, alinéa 1er de la Constitution révisée[37], la loi constitutionnelle du 28 mars 2003 a introduit, en effet, ce dernier alinéa à l'article 73 de la Constitution pour permettre, sauf à La Réunion, la création par la loi d'une collectivité territoriale unique (CTU) se substituant à un département et à une région d'outre mer. Il y a là une formule juridiquement distincte de l'institution d'une assemblée délibérante unique (ADU), et donc d'un exécutif unique, qui est, jusqu'à présent, délaissée dans l'outre-mer concerné de l'article 73 et qui laisserait subsister, sur le même territoire, les deux collectivités préexistantes : département et région, y compris à La Réunion.

852. Une telle révision de l'article 73 était nécessaire pour surmonter la décision de principe par laquelle, en 1982, le Conseil constitutionnel avait antérieurement invalidé la loi portant adaptation de la décentralisation aux départements d'outre-mer en considérant que le statut de ces départements doit être le même que celui des départements métropolitains, sous la seule réserve des mesures d'adaptation alors nécessitées par leur : tel n'était pas le cas, précisément, du projet d'assemblée délibérante unique, dénommée, dans les quatre DROM alors concernés, « *conseil général et régional* », car élue à la représentation proportionnelle, comme les conseils régionaux de métropole ou d'outre-mer, mais à la différence des conseils généraux de métropole[38].

853. Consultation des populations. – Toutefois, pour la création d'une CTU, le consentement des électeurs inscrits dans le ressort de ces collectivités est nécessaire, sur le fondement de l'article 73, alinéa 7 l'initiative du président de la République, sur proposition du Gouvernement pendant la durée des sessions ou sur proposition conjointe des deux assemblées[39]. C'est ainsi qu'après consultation favorable de chacune des deux populations concernées, le 24 janvier 2010[40], la loi du 27 juillet 2011 relative aux collectivités territoriales de Guyane et de Martinique a créé, dans chacun de ces deux outremers, une collectivité territoriale

37. « *Toute autre collectivité territoriale est créée par la loi, le cas échéant en lieu et place d'une ou de plusieurs collectivités mentionnées au présent alinéa* » (2e phr.).

38. CC, 2 décembre 1982, *Adaptation de la loi n° 82-213 du 2 mars 1982 relative aux droits et libertés des communes, des départements et des régions à la Guadeloupe, à la Guyane, à la Martinique et à La Réunion*, déc. n° 82-147 DC.

39. Const., art. 72-4, al. 2.

40. En Guyane, le « *oui* » à cette évolution institutionnelle, inscrite dans le cadre de l'article 73, représente 57, 5 % des suffrages exprimés ; en Martinique, le même vote obtient 68, 3 % des suffrages exprimés, résultat qui inverse la réponse négative donnée, sur la même question, le 7 décembre 2003, par 50, 5 % des suffrages exprimés.

unique, substituée au département et à la région sur le même territoire et régie par l'article 73 de la Constitution.

854. Collectivités de Guyane et de Martinique. – Lorsque le nouveau statut sera mis en œuvre, à la date de la première réunion de l'Assemblée de Guyane ou de l'Assemblée de Martinique qui suivra leur première élection, en mars 2014, il existera donc une collectivité territoriale de Guyane et une collectivité territoriale de Martinique, en remplacement des anciens DOM et ROM de Guyane et de Martinique. Ces collectivités dont les compétences résulteront de l'addition des compétences attribuées au département et à la région et exercées actuellement par le conseil général et le conseil régional, seront administrées de la façon suivante :

— la collectivité territoriale de Guyane sera dotée d'une assemblée délibérante : l'Assemblée de Guyane, composée de cinquante et un membres. Au plan électoral, la nouvelle collectivité constituera une circonscription unique, composée de huit sections : Cayenne, petite Couronne, grande Couronne, Oyapock, Savanes, Haut-Maroni, Saint-Laurent-du-Maroni, Base-Mana. A été retenu un scrutin de liste proportionnel à deux tours à la plus forte moyenne, avec une prime majoritaire de onze (21, 6 %) des cinquante et un sièges à pourvoir. L'Assemblée de Guyane sera assistée d'un conseil économique, social et environnemental, de la culture et de l'éducation. L'exécutif de la collectivité territoriale sera conforme au droit commun des régions, depuis 1982 : le président de l'assemblée sera l'exécutif de la collectivité territoriale, élu prioritairement et séparément, assisté d'une commission permanente comptant de quatre à quinze vice-présidents et de membres, au nombre de quinze au plus, tous élus à la représentation proportionnelle, en cas de pluralité de listes ;

— la collectivité territoriale de Martinique sera dotée d'une assemblée délibérante : l'Assemblée de Martinique, composée de cinquante et un membres. Au plan électoral, la nouvelle collectivité constituera une circonscription unique, composée de quatre sections : Centre, Nord, Fort-de-France, Sud. A été retenu un scrutin de liste proportionnel à deux tours à la plus forte moyenne, avec une prime majoritaire de onze (21, 6 %) des cinquante et un sièges à pourvoir. L'Assemblée de Martinique sera assistée d'un conseil économique, social et environnemental, de la culture et de l'éducation. L'exécutif de la collectivité territoriale sera assuré par un conseil exécutif de neuf membres, distinct de l'Assemblée et responsable devant elle par le biais d'une motion de défiance constructive, selon le schéma institutionnel dérogatoire de la collectivité territoriale de Corse, depuis 1991.

Est préservée, dans l'un et l'autre cas, l'existence du congrès des élus, institué par la loi d'orientation du 13 décembre 2000, qui regroupera alors les députés, sénateurs, conseillers à l'assemblée et maires de la nouvelle collectivité territoriale unique. Ce congrès sera saisi par l'assemblée de toute proposition d'évolution institutionnelle et de toute proposition relative à de nouveaux transferts de compétences de l'État vers la collectivité territoriale unique.

§ 2. Les collectivités d'outre-mer

855. Les COM. – Les nouvelles collectivités d'outre-mer n'ont pas été systématiquement substituées, par la loi constitutionnelle du 18 mars 2003, aux anciens territoires d'outre-mer du même article 74. Pourtant, dans la rédaction initiale du texte de ce dispositif, les TOM se voyaient reconnaître « *une organisation particulière tenant compte de leurs intérêts propres dans l'ensemble des intérêts de la République* ». Ainsi, le Conseil constitutionnel avait pu admettre que la composition et la compétence des juridictions pénales dans les TOM fussent soumises à des règles spécifiques « *pour tenir compte des particularités insulaires de ces territoires, de leur dispersion sur de grandes étendues, de leur faible densité démographique et des difficultés de communication* »[41]. Or, chaque COM, qu'elle ait ou non un TOM pour origine, se voit aussi reconnaître, désormais, « *un statut qui tient compte des intérêts propres* » de chaque collectivité « *dans l'ensemble des intérêts de la République* » (Const., art. 74, al. 1er).

856. À la vérité, la définition des COM est et elle ne peut être que négative : une COM est une collectivité territoriale d'outre-mer qui, hors Nouvelle-Calédonie, n'est ni départementale ni régionale ni issue de la fusion d'un département ou d'une région sur le même territoire, et ce que la COM soit soumise ou non au régime de spécialité, qu'elle soit ou non extérieure au territoire de l'Union européenne, sans que ces deux hypothèses se recoupent parfaitement. C'est ainsi que

— des COM sont en régime d'assimilation et sont des RUP : Saint-Pierre-et-Miquelon et Saint-Martin ;

— mais, des COM peuvent être en régime d'assimilation et être des PTOM : Saint-Pierre-et-Miquelon et Saint-Barthélemy ;

— en revanche, les COM qui sont en régime de spécialité, sont nécessairement des PTOM : îles Wallis-et-Futuna et Polynésie française.

41. CC, 22 juillet 1980, *Loi rendant applicable le Code de procédure pénale et certaines dispositions législatives dans les TOM*, déc. n° 80-12 DC.

857. L'ensemble des COM voit – ou devrait voir[42] – leur organisation et leur fonctionnement institutionnels et leurs compétences définis par une loi organique, propre à la collectivité et adoptée après avis de son assemblée délibérante (al. 2), qui prévoit, en toute hypothèse, les éléments suivants :

— les conditions dans lesquelles les lois et règlements y sont applicables (al. 3) ;

— les compétences de cette collectivité (al. 4)[43] ;

— les règles d'organisation et de fonctionnement des institutions de la collectivité et le régime électoral de son assemblée délibérante (al. 5) ;

— les conditions dans lesquelles ses institutions sont consultées sur les projets et propositions de loi et les projets d'ordonnance ou de décret comportant des dispositions particulières à la collectivité, ainsi que sur la ratification ou l'approbation d'engagements internationaux conclus dans les matières relevant de sa compétence (al. 6).

De ce statut de base relèvent les îles Wallis-et-Futuna ainsi que l'archipel de Saint-Pierre-et-Miquelon.

858. Wallis-et-Futuna. – L'organisation des îles Wallis et Futuna est particulière et, en réalité, en retrait par rapport à l'évolution du droit des collectivités territoriales d'outre-mer, notamment pour une collectivité de l'article 74 en régime de spécialité. En effet, cette collectivité, issue de trois royaumes polynésiens, placés sous protectorat français depuis la fin du XIXe siècle, qui ont intégré tardivement le territoire de la République française[44], est régie par la loi du 29 juillet 1961, plusieurs fois modifiée, où elle continue à être définie comme « *un territoire d'outre-mer doté de la personnalité morale et de l'autonomie administrative et financière* » (art. 1er, al. 1er). Elle est administrée par :

— un chef de territoire qui est l'administrateur supérieur des îles, nommé par décret en Conseil des ministres en tant que représentant de l'État, mais aussi en tant qu'exécutif de la collectivité, au titre d'un dédoublement fonctionnel qui est d'autant plus remarquable qu'il est résiduel ;

— une assemblée territoriale, composée de vingt membres élus au scrutin de liste et à la représentation proportionnelle (treize à Wallis et sept à Futuna et Alofi), qui délibère sur les affaires de l'archipel et vote le budget ;

42. Les îles Wallis-et-Futuna sont encore régies par une loi ordinaire, celle du 29 juillet 1961, alors que cet ancien TOM est devenu une COM, en 2003.

43. Il y a lieu d'excepter toutefois, les matières de souveraineté qui sont intransférables : celles de l'art. 73, al. 4 préc. Const., sous réserve de leur exercice préalable par la COM concernée.

44. Consultation de l'art. 53, al. 3 de la Constitution, organisée le 27 décembre 1959 : le « *oui* » l'emporte par 95, 5 % des suffrages exprimés.

— un conseil territorial, composé de l'administrateur supérieur qui le préside, des trois chefs traditionnels des trois royaumes coutumiers[45] ainsi que de trois membres nommés par l'administrateur supérieur, après accord de l'assemblée territoriale.

859. Bien que disposant de la spécialité législative, la collectivité reste soumise, pour partie, à la tutelle de l'État et, pour partie, aux règles de droit coutumier, notamment pour ce qui est de l'état civil.

860. Saint-Pierre-et-Miquelon. – L'archipel de Saint-Pierre-et-Miquelon est volontairement resté en dehors du mouvement de départementalisation connu, en 1946, des quatre autres « *vieilles colonies* ». Or, ce territoire d'outre-mer (TOM : 1946-1976) aura connu, en trente ans, presque toutes les figures de la décentralisation territoriale outre-mer : département d'outre-mer (DOM : 1976-1985), puis collectivité spécifique en tant que territoriale à statut propre de l'article 72 de la Constitution (1985-2007), il forme, depuis 2007, une collectivité d'outre-mer (COM) de l'article 74 de la Constitution, révisée en 2003.

861. Départementalisation. – Car, malgré l'opposition politique du conseil général à un changement de statut (motion du 23 juin 1976), la départementalisatioon aura été imposée à l'archipel, dans un premier temps, dans le souci idéologique du Gouvernement de l'époque de faire évoluer systématiquement tous les territoires d'outre-mer soit vers l'indépendance, soit vers la départementalisation. Tel fut précisément l'objet de la loi du 19 juillet 1976 dont les conséquences institutionnelles étaient finalement assez faibles, compte tenu des structures déjà mises en place, sur le modèle départemental, dans l'ancien territoire : si le conseil général, assemblée délibérante du territoire, est maintenu, l'administrateur supérieur, représentant les intérêts de l'État et exécutif de la collectivité territoriale, est remplacé par un préfet.

862. En revanche, la même loi de 1976 a eu pour effet de marquer le passage du principe de la spécialité législative à celui de l'assimilation adaptée, à la date du 1er octobre 1977, le Gouvernement étant habilité à prendre, par ordonnances et après avis du conseil général du nouveau département, « *toutes mesures d'extension et d'adaptation des textes de nature législative qui ne sont pas en vigueur dans*

45. Un pour l'île de Wallis (Uvéa), un pour le Nord de l'île de Futuna (Sigave) et un pour le Sud de l'île de Futuna et pour l'île d'Alofi (Alo). Ces trois rois coutumiers qui ont un important rôle de médiation, sont des agents rémunérés de la République française.

ce nouveau département » (art. 5). Or, les nombreuses ordonnances, prises entre le 9 décembre 1976 et le 26 septembre 1977, maintenaient les *« droits acquis »,* sous le statut de TOM, en matière de douanes, de fiscalité, d'urbanisme, de protection sociale, de fonction publique ou encore d'organisation juridictionnelle, selon le vœu des nouvelles autorités départementales. Elles comportaient, d'ailleurs, des dérogations au droit commun quand celui-ci était rendu applicable. De plus, la loi du 19 juillet 1976 prévoyait elle-même que la législation en matière sanitaire, vétérinaire et phytosanitaire ne pouvait être modifiée que sur proposition du conseil général. De même, elle maintenait l'absence de tout impôt d'État ou encore de service national obligatoire. Ainsi les spécificités du régime juridique du département de Saint-Pierre-et-Miquelon demeuraient importantes.

863. Toutefois, l'effet juridique le plus clair de la départementalisation de Saint-Pierre-et-Miquelon aura été de faire bénéficier intégralement cette collectivité territoriale des dispositions de la loi Defferre du 2 mars 1982 modifiée, en tant qu'elles transféraient l'exécutif du préfet de Saint-Pierre-et-Miquelon, au président du conseil général du nouveau département d'outre-mer. Par ailleurs, les tutelles administrative et financière sur les collectivités communales et départementales de l'archipel étaient alors allégées dans les conditions du droit commun de la décentralisation territoriale.

864. Un PTOM. – Surtout, s'est aussitôt posée la question de l'application directe et immédiate à Saint-Pierre-et-Miquelon, comme aux autres aux départements français d'outre-mer[46], du droit communautaire, même adapté, au moment même où les revendications canadiennes, fondées sur le nouveau droit de la mer, ainsi que la concurrence des armements bretons ou espagnols ou encore portugais, en application de la nouvelle politique commune de la pêche, contribuaient à déstabiliser fortement la fragile économie locale.

865. C'est donc par volonté de maintenir le statut de pays et territoire d'outre-mer (PTOM) de Saint-Pierre-et-Miquelon que le législateur est intervenu, à nouveau, pour écarter le DOM qui impliquait nécessairement une région ultrapériphérique (RUP), en droit communautaire : la solution alors choisie aura été celle retenue pour la ville de Paris, de 1964 à 1975, ou encore pour Mayotte, de 1976 à 2007 : la collectivité territoriale à statut propre, catégorie législative unique en

46. En ce sens, l'arrêt *Hansen* rendu par la Cour de Luxembourg, le 10 octobre 1978, dans le sens de l'incompatibilité du régime particulier d'un DOM en matière douanière et fiscale avec le traité de Rome de 1957.

son genre, prévue par l'article 72, alinéa 1er de la Constitution. Régi par le même principe de l'assimilation adaptée, tel qu'hérité de la départementalisation de 1976, l'archipel de Saint-Pierre-et-Miquelon vit donc son nouveau statut fixé par la loi du 11 juin 1985, permettant ainsi de maintenir régulièrement la nouvelle collectivité territoriale, en tant que PTOM, en dehors du territoire douanier et fiscal de la Communauté économique européenne.

866. Mais mentionnée, à son tour, à l'article 72-3, alinéa 2 de la Constitution révisée en 2003 et devenue, à cette occasion, une COM de l'article 74 nouveau à statut de base, Saint-Pierre-et-Miquelon – sous la même dénomination de « *collectivité territoriale* », celle retenue en 1985 – ne voit presque rien changer, en 2007, au fond du droit qui prévaut, en réalité, depuis sa départementalisation forcée et ratée de 1976 : selon le régime de l'assimilation, les lois et règlements, éventuellement adaptés à l'organisation particulière de la collectivité, y sont applicables de plein droit, à l'exception de matières relevant de la loi organique statutaire ou de la compétence de la collectivité, en matière douanière et fiscale, mais aussi d'urbanisme et de logement.

867. Un statut de droit commun : la loi organique du 21 février 2007. – Pour l'essentiel, la loi organique du 21 février 2007 codifie donc en articles de législation organique (CGCT, art. LO 6411-1 s.), les dispositions du statut antérieur du 11 juin 1985 qui étaient de législation ordinaire et de droit commun, à l'exception du régime électoral du conseil général. Elles continuent ainsi, par-delà la collectivité spécifique de 1985, à être calquées, en principe, sur celles d'un département d'outre-mer bien qu'elles s'en distinguent sur plusieurs points :

— l'assemblée délibérante de 19 membres – dénommée, désormais, « *conseil territorial* » – est élue pour cinq ans, avec une prime majoritaire, au tour décisif, de la moitié des sièges, la collectivité territoriale formant une circonscription unique, composée de deux sections communales entre lesquelles les sièges à pourvoir sont répartis, à raison de 15 pour Saint-Pierre et de 4 pour Miquelon-Langlade ;

— le conseil exécutif de 8 membres où la minorité du conseil territorial peut être représentée, tient lieu, sous cette dénomination trompeuse, de commission permanente ;

— le conseil économique, social et culturel exerce d'importants pouvoirs consultatifs en ces matières ;

— le président du conseil territorial, exécutif de la collectivité d'outre-mer, est responsable devant l'assemblée délibérante, selon la procédure de la motion de défiance dite « *constructive* », et il ne peut donc être renversé que par l'élection simultanée de son successeur, ce qui est un gage de stabilité institutionnelle et donc d'efficacité administrative.

868. Régimes spécifiques à d'autres COM. – À ce statut de base peuvent venir s'ajouter tel ou tel des éléments qui contribuent à former un statut d'autonomie, celui dont disposent, de façon différenciée, Saint-Barthélemy, Saint-Martin et la Polynésie française :

— un contrôle juridictionnel spécifique du Conseil d'État sur certaines catégories d'actes de l'assemblée délibérante intervenant au titre des compétences qu'elle exerce dans le domaine de la loi (al. 8) ;

— la possibilité pour l'assemblée délibérante de modifier une loi promulguée postérieurement à l'entrée en vigueur du statut de la collectivité, lorsque le Conseil constitutionnel, saisi notamment par les autorités de la collectivité, a constaté que la loi était intervenue dans le domaine de compétence de cette collectivité (al. 9) ;

— la possibilité pour la collectivité de prendre des mesures justifiées par les nécessités locales en faveur de sa population, en matière d'accès à l'emploi, de droit d'établissement pour l'exercice d'une activité professionnelle ou de protection du patrimoine foncier (al. 10) ;

— la possibilité pour la collectivité de participer, sous le contrôle de l'État, à l'exercice des compétences qu'il conserve, dans le respect des garanties accordées sur l'ensemble du territoire national pour l'exercice des libertés publiques (al. 11).

869. Saint-Barthélemy. – Saint-Barthélemy, ancienne commune du département de la Guadeloupe, est devenue une COM de l'article 74 de la Constitution, en conséquence d'une évolution institutionnelle consentie par la population locale, le 7 décembre 2003. La nouvelle collectivité est dotée d'un statut d'autonomie fixé par la loi organique du 21 février 2007, codifiée aux articles L.O. 6211-1 s. du Code général des collectivités territoriales.

870. La collectivité de Saint-Barthélemy est administrée par un conseil territorial, élu pour cinq ans, au scrutin proportionnel, qui exerce, tout à la fois, les compétences normalement dévolues à la commune, au département et à la région.

871. Le conseil territorial élit, en son sein, le président de la collectivité, à la majorité absolue des membres et pour la durée du mandat du conseil. Il assure les fonctions exécutives, avec l'appui d'un conseil exécutif, composé du président, de quatre vice-présidents et de deux autres conseillers. Le conseil exécutif arrête les projets de délibérations à soumettre au conseil territorial et reçoit délégation de compétences de la part du conseil territorial, exerçant ainsi les fonctions exercées par les commissions permanentes des conseils généraux et régionaux métropolitains.

872. Le président de la collectivité de Saint-Barthélemy est responsable devant le conseil territorial qui peut ainsi le renverser par l'adoption d'une motion de défiance, signée par le tiers des conseillers territoriaux et adoptée à la majorité absolue des membres[47].

873. Bien que dotée d'un statut d'autonomie, la collectivité de Saint-Barthélemy est soumise à un régime d'identité législative : l'un n'empêche pas l'autre, les lois et règlements nationaux s'y appliquant de plein droit, sauf dans les matières énumérées par la loi organique : impôts, droits de douane, urbanisme, circulation et transport, voirie, domanialité, environnement, accès au travail des étrangers, énergie, tourisme, création et organisation des services publics de la collectivité. Il faut ajouter, toutefois, que les lois nationales peuvent y être adaptées, comme dans les DROM, pour tenir compte des spécificités de la collectivité, et que, comme en régime de spécialité, la législation sur l'entrée et le séjour des étrangers n'y est applicable que sur mention expresse. De plus, afin de sauvegarder la fiscalité locale mise en place sur les importations dans l'île, la collectivité est sortie du territoire de l'Union européenne depuis le 1er janvier 2012, après accord des autres États membres de l'Union : elle a donc cessé d'être une RUP pour devenir un PTOM.

874. Saint-Martin. – Régie par la même loi organique du 21 février 2007 que Saint-Barthélemy, codifiée la concernant aux articles L.O. 6311-1 et suivants du Code général des collectivités territoriales, le mode d'organisation et les compétences de la collectivité de Saint-Martin sont identiques à ceux de la collectivité de Saint-Barthélemy, dans leurs principes. Toutefois, également issue d'une ancienne commune de la Guadeloupe, en conséquence du changement du régime – de celui de l'article 73 vers celui de l'article 74 – consenti par la population locale, le 7 décembre 2003, la nouvelle collectivité n'est pas sortie, quant à elle, du territoire de l'Union européenne et elle est donc restée une RUP bien que la partie néerlandaise de l'île (*Sint-Maarten*) soit un PTOM.

47. Le vote se tient 48 heures après le dépôt de la motion de défiance, selon le modèle de l'art. 49, al. 2 de la Constitution. On a là l'une des nombreuses manifestations de la porosité entre droit administratif et droit constitutionnel dans le champ des institutions de la décentralisation territoriale, notamment dans l'outre-mer doté d'un statut d'autonomie.

875. Polynésie française. – La Polynésie française bénéficie d'un statut de large décentralisation et d'une compétence de droit commun depuis la loi du 12 juillet 1977, prolongée par la loi du 6 septembre 1984. Cette évolution statutaire peut être expliquée et même justifiée par le particularisme géographique, mais aussi culturel de ce vaste archipel du Pacifique Sud. À plusieurs reprises, le législateur organique aura ensuite cherché, à travers un statut d'autonomie, à stabiliser la politique locale que les tensions entre autonomistes et indépendantistes rendent passablement chaotique. Plusieurs lois organiques ont ainsi été successivement prises : après le premier statut d'autonomie, fixé par la loi organique du 12 avril 1996 le socle général, depuis la loi constitutionnelle du 28 mars 2003 qui transforme ce TOM en COM, est constitué, en droit positif, par la loi organique du 27 février 2004 fixant un second statut d'autonomie, déjà modifié par la loi organique du 7 décembre 2007 tendant à renforcer la stabilité des institutions et la transparence de la vie politique en Polynésie française, puis par la loi organique du 1er août 2011 relative au fonctionnement des institutions de la Polynésie française.

876. Dans le dernier état du statut d'autonomie, la Polynésie française est administrée par une Assemblée de 57 membres, élus pour cinq ans à la représentation proportionnelle avec prime majoritaire : le tiers des sièges est réservé à la liste arrivée en tête. Le président de la Polynésie française est élu, quant à lui, pour cinq ans par l'Assemblée en son sein. Il nomme un Gouvernement dont il fait partie et qu'il dirige, responsable devant l'Assemblée de la Polynésie française par le jeu d'une motion de défiance constructive, initiée par le quart au moins et adoptée par la moitié au moins des membres de l'Assemblée.

877. Le principe de spécialité s'applique en Polynésie française où la compétence de l'État est d'exception, réservée aux matières régaliennes telles qu'elles sont largement énumérées par le statut organique : par exemple, parmi bien d'autres, la nationalité ; la garantie des libertés publiques ; la politique étrangère ; la défense ; l'entrée et séjour des étrangers, à l'exception de l'accès au travail des étrangers ; la sécurité et l'ordre publics, notamment le maintien de l'ordre ; la monnaie ; l'autorisation d'exploitation, en principe, des liaisons aériennes entre la Polynésie française et le reste du territoire de la République ; la police et la sécurité de la circulation maritime ; les règles relatives à l'administration, à l'organisation et aux compétences des communes, de leurs groupements et de leurs établissements publics ; la fonction publique civile et militaire de l'État ; la communication audiovisuelle ou encore l'enseignement universitaire (art. 14).

878. De plus, il dérive, de longue date, du principe de spécialité la possibilité de prévoir, dans le statut de chaque collectivité territoriale d'outre-mer concernée, que l'assemblée délibérante locale prenne des délibérations dans des matières du domaine de la loi, en métropole, sans que ces délibérations cessent, pour autant, d'être de réglementation administrative[48]. L'Assemblée de Polynésie française peut ainsi intervenir dans des matières relevant du domaine de la loi, en adoptant des actes dénommés « *lois du pays* » polynésiennes (art. 140) qui soit ressortissent à la compétence de principe de la Polynésie française (art. 13), soit sont pris au titre de la participation de la Polynésie française à l'exercice des compétences de l'État (art. 31 à 36). Malgré cette dénomination délibérée, ces actes sont des actes administratifs, susceptibles, comme tels, de recours en annulation devant le Conseil d'État, au titre d'un « *contrôle juridictionnel spécifique* »[49].

§ 3. Les collectivités territoriales de Nouvelle-Calédonie

879. Au sortir du droit de la colonisation, quelle était la situation initiale de la Nouvelle-Calédonie ? Celui d'un territoire d'outre-mer (TOM), formé en 1946, régi par le principe de la spécialité législative et maintenu en dehors du territoire communautaire, en tant que pays et territoire d'outre-mer (PTOM). Or, dans le droit de l'outre-mer français, et même dans le droit public français dans son ensemble, la Nouvelle-Calédonie a rapidement posé un grave problème, encore à résoudre, dès lors que, de façon inouïe, le Gouvernement français a lui-même commencé à soutenir ouvertement, en 1983, la revendication indépendantiste de l'une des populations locales, au titre de la légitimité qu'aurait un prétendu « *peuple kanak* » à exercer son « *droit inné et actif à l'indépendance* »[50] : voilà quel est le fond du débat, depuis une génération déjà, dont on n'est pas certain que, comme prévu, il soit conclu, à partir de 2014, lorsque la population locale aura, à nouveau, à s'autodéterminer, à un suffrage qui n'est pas

48. Par ex., CE Ass., 27 décembre 1970, *Saïd Ali Tourqui, Rec.* 138 ; *AJDA* 1970.320, chr. Denoix de Saint Marc et Labetoulle au sujet des délibérations prises par la chambre des députés du territoire des Comores dans les matières de la loi.

49. Const., art. 74, al. 8 ; CE Sect., 1er février 2006, *Sandraq et Commune de Papara, RFDA* 2006, p. 271, concl. J.-H. Stahl.

50. Déclaration de Nainville-les-Roches en date du 12 juillet 1983, à l'issue des négociations engagées directement par le Gouvernement Pierre Mauroy avec les représentants des mouvements indépendantistes.

universel, mais restreint, si, du moins, comme seize ans auparavant, un second tour de passe-passe ne vient pas éviter une telle consultation : car, on sait bien, à Paris comme sur place, qu'elle serait probablement favorable au maintien dans l'ensemble français de cet outre-mer largement autonome, mais au prix chèrement payé depuis l'accord publicisé et constitutionnalisé de Nouméa du 5 mai 1998 : celui de la démocratie politique dans un État qui se réclame volontiers des droits de l'homme et qui méconnaît, pourtant, le premier d'entre eux : le droit de vote de nationaux français majeurs des deux sexes, jouissant légalement de leurs droits civils, mais constitutionnellement privés de ce droit politique.

880. Pour rendre compte de l'évolution statutaire de la Nouvelle-Calédonie, il faut la considérer en trois temps : avant le statut Lemoine de 1984, de ce statut aux accords de Matignon de 1988 et après les accords de Matignon de 1988, avant de décrire l'état actuel, mais transitoire des institutions de cet outre-mer.

A L'évolution statutaire de la Nouvelle-Calédonie jusqu'au statut Lemoine de 1984

881. Mise en œuvre de la loi Deferre. – La Nouvelle-Calédonie n'est plus une colonie, mais un territoire d'outre-mer depuis l'entrée en vigueur de la Constitution de 1946 lorsqu'intervient le décret d'application de la loi-cadre du 23 juin 1956, dite loi Deferre[51], autorisant le Gouvernement à mettre en œuvre les réformes et à prendre les mesures propres à assurer l'évolution des territoires relevant du ministère de la France d'outre-mer. Le décret du 22 juillet 1957 reconnaît ainsi l'autonomie du territoire et crée une assemblée territoriale, élue au suffrage universel, et un conseil de Gouvernement, composé de six à huit membres, dénommés « *ministres* », ce qui est sans inconvénient dès lors qu'en droit public, ce n'est pas la dénomination d'une institution qui en détermine le régime : ces derniers qui sont donc des autorités administratives, sont élus par l'assemblée territoriale, mais restent placés sous la présidence du chef du territoire, ayant rang de préfet, nommé par décret. Le conseil de Gouvernement a pour charge de délibérer sur les affaires relevant de ses compétences définies par le décret du 22 juillet 1957.

51. Du nom du membre du Gouvernement en charge de l'Outre-mer et donc de cet outre-mer, à l'époque. Il en sera de même des appellations des prochains statuts, sauf indication contraire.

882. Loi Jacquinot. – La loi du 21 décembre 1963, dite « *Jacquinot* », reprend l'architecture du décret de 1957, en recentrant les compétences territoriales au profit du chef du territoire, en tant qu'autorité décentralisée. Ce dernier, qui a désormais le titre quelque peu passéiste de « *gouverneur* », administre directement le territoire. Le conseil de Gouvernement, qui n'est plus composé de ministres, mais de simples conseillers, ne fait plus que l'assister dans cette tâche.

883. Statut Stirn. – La loi du 28 décembre 1976, dite statut « *Stirn* », réintroduit un certain degré d'autonomie dans l'organisation des institutions territoriales. Il s'agit du premier texte de loi véritablement structuré relatif aux institutions de la Nouvelle-Calédonie :

— en premier lieu, il manifeste l'autorité de l'État, confiée au haut-commissaire de la République ayant rang de préfet, et exerçant des compétences, qui sont, désormais, d'attribution soit dans les domaines régaliens : défense, relations extérieures, monnaie, état civil, justice ou droit pénal, soit dans les domaines de la puissance publique, au sens large : ceux du droit civil et du droit commercial, du domaine public maritime et aérien, de l'enseignement secondaire et supérieur, de la recherche, de la réglementation minière ou de la radiodiffusion-télévision. Par ailleurs, le haut-commissaire est en charge de l'exécution des lois et décrets dans le territoire ;

— en deuxième lieu, le statut confère, à nouveau, la charge de l'administration des intérêts du territoire au conseil du Gouvernement qui règle par ses délibérations les compétences transférées au territoire ;

— en troisième et dernier lieu, il donne une compétence générale à l'assemblée territoriale qui règle par ses délibérations les affaires du territoire n'entrant ni dans les compétences de l'État, ni dans celles du conseil de Gouvernement.

B L'évolution statutaire de la Nouvelle-Calédonie du statut Lemoine de 1984 aux accords de Matignon de 1988

884. « *Les dieux rendent fous ceux qu'ils veulent perdre* » disait Sophocle. En conséquence de la déclaration intempestive, sinon inconsidérée et même irresponsable formulée, en 1983, par le Gouvernement en faveur de la revendication indépendantiste en Nouvelle-Calédonie alors même qu'on en est tout de même en droit d'attendre des pouvoirs publics qu'ils ne portent pas délibérément atteinte à l'intégrité du territoire national sans, du moins, recourir préalablement au dispositif constitutionnel d'autodétermination, à tout moment, de toute population française, permettant ainsi de vérifier, dans les urnes, qu'une telle revendication politique est bien localement majoritaire (Const., art. 53, al. 3), la Nouvelle-Calédonie va glisser dans la violence armée sans que l'État soit en mesure, jusqu'en 1988, de reprendre en main durablement une situation qu'il aura lui-même profondément dégradée. C'est ainsi qu'en cinq ans, pas moins de quatre statuts différents vont se succéder, chacun d'entre eux voué à l'échec, faute de pouvoir ou de savoir retrouver le point d'équilibre entre les deux camps opposés : celui des indépendantistes, appuyé sur le Front de libération nationale kanak et socialiste (FLNKS) autour de Jean-Marie Tjibaou, et celui des anti-indépendantistes, appuyé sur le Rassemblement pour la Calédonie dans la République (RPCR) autour de Jacques Lafleur, sans que cette opposition politique, particulièrement tranchée, repose sur une base exclusivement ethnique ou communautaire.

885. Statut Lemoine. – La loi du 6 septembre 1984, dite statut « *Lemoine* », crée un véritable Gouvernement de Nouvelle-Calédonie qui, outre des compétences propres, dispose d'un pouvoir d'initiative en soumettant des projets, et notamment le budget du territoire, à l'assemblée territoriale. La présidence du Gouvernement est assurée par un président, élu par l'assemblée du territoire, parmi ses membres, au scrutin secret. Par ailleurs, la loi adjoint aux institutions existantes une assemblée des pays, composée de 24 représentants de la coutume et de 24 représentants des communes, qui a une fonction consultative.

886. Statut Pisani. – La loi du 23 août 1985, dite statut « *Pisani* », procède, à six mois d'application de l'état d'urgence sur le territoire (janvier-juin 1985)[52], au partage du territoire en plusieurs régions, administrées par des conseils de région, des conseils coutumiers régionaux et des comités économiques et sociaux régionaux. L'objectif est de donner une représentation aux indépendantistes, minoritaires sur l'ensemble de la population, mais majoritaires dans certaines parties du territoire. L'assemblée territoriale prend alors le nom de Congrès du territoire, résultant de la réunion des quatre conseils de région. Le Haut-commissaire est pleinement l'exécutif du territoire, en charge de la préparation et l'exécution des délibérations du Congrès. Par ailleurs, la loi de 1985 prévoit une consultation sur l'autodétermination des populations locales, en 1987.

887. Les statuts Pons. – Deux statuts ont été rédigés successivement par le ministre Bernard Pons, à la suite du changement de

52. Loi du 3 avril 1955.

majorité, intervenu en mars 1986, qui a vu le retour de la droite aux affaires, dans une conjoncture nouvelle de cohabitation :

— le premier statut (dit « Pons I »), contenu dans la loi du 17 juillet 1986, prévoit notamment que, dans un délai de douze mois à compter de sa promulgation, les populations de la Nouvelle-Calédonie seront consultées sur l'accession du territoire à l'indépendance ou sur son maintien au sein de la République, avec un nouveau statut fondé sur l'autonomie et la régionalisation. La consultation d'autodétermination est organisée le 13 septembre 1987 : or, même si le vote pour le maintien de la Nouvelle-Calédonie est massivement favorable : 98 % des suffrages exprimés et 57 % des inscrits, la consigne d'abstention du FLNKS ne permet pas de donner, sur cette base, une réponse à la crise politique ouverte, dans ce territoire d'outre-mer, depuis plus de quatre ans ;

— le second statut (dit « Pons II ») porté par la loi du 22 janvier 1988, pose les prémisses de la compétence de principe des régions. Mais il ne sera jamais appliqué car la réforme entreprise n'aura fait qu'exciter les tensions locales, marquées par le regain des violences armées sur le territoire, en particulier par le drame de l'île d'Ouvéa qui voit, l'attaque, le 22 avril 1988, d'une gendarmerie, suivie de la mort de quatre militaires et de la prise d'otage des autres gendarmes par un groupe d'indépendantistes. À l'occasion de l'assaut donné de vive force, le 5 mai 1988, avec l'accord, sinon sur ordre du président François Mitterrand, à la grotte dans laquelle sont retenus pas moins de vingt-deux otages, deux autres militaires et dix-neuf indépendantistes sont tués.

C L'évolution statutaire de la Nouvelle-Calédonie depuis les accords de Matignon

888. Accords de Matignon. – À la suite de la reconstitution du fait majoritaire à gauche, en mai-juin 1988, le nouveau Premier ministre, Michel Rocard, s'efforce de trouver une sortie de crise négociée. La négociation, en présence du Gouvernement, entre indépendantistes et anti-indépendantistes, principalement entre les dirigeants Jean-Marie et Jacques Lafleur aboutit aux accords de Matignon qui permettent de repousser à 1998 la consultation des populations locales sur l'autodétermination de la Nouvelle-Calédonie et d'élaborer un nouveau statut, enfin consensuel, adopté par référendum national de l'article 11 de la Constitution. On soulignera qu'en dehors de la légitimité qu'il permet de conférer à cette cinquième réforme, ainsi consolidée, le recours à la loi référendaire présente aussi cet avantage juridique de ne pas exposer la loi à la censure du Conseil constitutionnel alors même que la condition de dix ans de domicile continu en Nouvelle-Calédonie, pour participer à la consultation d'autodétermination de 1998 quittait le champ bien délimité du suffrage universel pour les contours incertains d'un suffrage restreint, assez loin des exigences d'une démocratie politique (Const., art. 2 ancien et 3).

889. La loi statutaire du 9 novembre 1988 institue, au sein du territoire d'outre-mer, trois provinces : la province Nord, la province Sud et la province des Îles Loyauté qui disposent, chacune, de la compétence de principe. L'État, comme depuis 1986, mais aussi le territoire, désormais, n'ont donc plus que des compétences d'attribution. Une telle construction institutionnelle, passablement complexe, permet aux indépendantistes, majoritaires dans les provinces Nord et des îles Loyauté, d'accéder enfin aux responsabilités administratives sur une grande partie du territoire calédonien, dans un nombre important et, d'ailleurs, indéfini de matières.

890. Accord de Nouméa. – Les accords de Matignon ayant fortement apaisé les tensions entre indépendantistes et anti-indépendantistes, contraints de travailler ensemble pour le développement économique et social de la Nouvelle-Calédonie, un consensus s'est réalisé, au sein de la classe politique locale, relayée par les grands partis nationaux, représentés au Parlement, pour que la consultation d'autodétermination prévue en novembre 1998, soit évitée alors que, même au suffrage restreint, elle avait toute chance d'être gagnée par les anti-indépendantistes et qu'elle présentait le risque consécutif d'une relance de la violence politique du côté des indépendantistes.

891. Un nouvel accord est donc conclu, à Nouméa, le 5 mai 1998, par les dirigeants des deux camps, en présence de représentants du Gouvernement français qui prévoit notamment la reconnaissance d'une citoyenneté de la Nouvelle-Calédonie qui vise à camoufler, bien plus qu'à légitimer les restrictions au droit de suffrage aux élections aux assemblées de province, et donc au congrès, à partir de mai 1999, mais aussi dans le cadre de la future autodétermination renvoyée à la quatrième mandature du congrès (2014-2019), à l'occasion de trois consultations successives au cas où les deux premières seraient défavorables aux indépendantistes dont les deux premières sont obligatoires.

892. C'est assez dire que l'accord de Nouméa concède beaucoup en faveur des thèses indépendantistes, sous couvert de « *souveraineté partagée* », puis de « *pleine souveraineté* » qui ne sont que des formulations successives et graduées de l'« *indépendance-association* », proposition qu'Edgar Pisani avait déjà avancée, en son temps, pour sortir d'une crise récurrente qui, par-delà les difficultés socio-économiques que connaissent tous les outremers français, repose sur la menace à peine voilée qu'une minorité activiste agite en toute impunité, autant et aussi souvent que nécessaire : celle du retour à la violence sur un territoire trop éloigné de la métropole pour que le peuple français et ses représentants s'y impliquent, voire s'y intéressent vraiment.

893. La loi constitutionnelle du 20 juillet 1998. – La publicisation et la constitutionnalisation de l'Accord de Nouméa du 5 mai 1998, accord passé entre deux mouvements politiques, et donc acte de droit privé, même en présence du Gouvernement, nécessitaient une révision constitutionnelle. Cette révision était d'autant plus nécessaire que l'accord de Nouméa serait développé par une loi organique qui doit bénéficier d'un ancrage dans la Constitution. De plus, en tant qu'elle consistait à revenir sur la loi référendaire du 9 novembre 1988, elle devait être parlementaire et donc être constitutionnellement vérifiée, au titre d'un contrôle obligatoire par voie d'action (Const., art. 46, al. 5 et 61, al. 1er). Or, la loi organique envisagée dès l'accord de Nouméa avait notamment pour objet et pour effet de prolonger la restriction du suffrage, établie par la loi de 1988, pour la durée d'une période transitoire de quinze à vingt ans. Elle ne pouvait donc franchir l'obstacle du contrôle de constitutionnalité qu'au prix d'une révision explicite de la normativité constitutionnelle de référence ainsi formée de l'accord de Nouméa, mais aussi du titre XIII nouveau.

894. La restriction du suffrage en Nouvelle-Calédonie. – La restriction de suffrage constitutionnellement permise par l'accord de Nouméa et la loi constitutionnelle du 20 juillet 1998 vise deux hypothèses distinctes :

— d'abord, la consultation de novembre 1998 qui n'est plus la consultation d'autodétermination des populations locales, envisagée par les accords de Matignon de juin 1988 et prévue par la loi référendaire et statutaire du 9 novembre 1988, mais une consultation sur l'accord de Nouméa. L'article 76 nouveau, dans ses deux premiers alinéas, est ainsi rédigé : *« Les populations de la Nouvelle-Calédonie sont appelées à se prononcer avant le 31 décembre 1998 sur les dispositions de l'accord signé à Nouméa le 5 mai 1998 et publié le 27 mai 1998 au Journal Officiel de la République française. – Sont admises à participer au scrutin les personnes remplissant les conditions fixées à l'article 2 de la loi n° 88-1028 du 9 novembre 1988 »*. Cette consultation est donc organisée, le 8 novembre 1998, au suffrage restreint, car sous la condition de principe d'une résidence continue en

Nouvelle-Calédonie de dix ans, de sorte qu'à cette occasion, près de 9 000 citoyens français sont écartés des urnes, soit près de 8 % du corps électoral. Le « *oui* » l'emporte avec près de 72 % des suffrages exprimés, avec un taux de participation de 74 % de l'électorat, aucune commune calédonienne n'émettant un vote négatif même si le « *non* » aura tout de même recueilli 37 % des voix dans la province Sud et 42 % des voix à Nouméa ;

— ensuite, les élections aux assemblées de province, tous les cinq à partir de mai 1999 et donc, pour la dernière fois en date, en mai 2009, pour la troisième mandature en cours. Initialement, l'électorat de base était celui retenu pour la consultation d'approbation de l'accord de Nouméa, légèrement aménagé (art. 188), de sorte qu'en mai 2004, le taux d'exclusion était déjà de 9, 5 % des citoyens français.

895. Or, il résultait de la décision précitée du Conseil constitutionnel du 15 mars 1999 une motivation interprétative en faveur du caractère nécessairement « *glissant* » de l'électorat restreint en déplaçant, au fil du temps, la condition de principe pour être électeur, celle d'un domicile continu en Nouvelle-Calédonie d'une durée de dix ans : « *Considérant qu'il ressort des dispositions combinées des articles 188 et 189 que doivent notamment participer à l'élection des assemblées de province et du Congrès les personnes qui, à la date de l'élection, figurent au tableau annexe* », c'est-à-dire celles qui sont exclues du suffrage universel, « *et sont domiciliées depuis dix ans en Nouvelle-Calédonie, quelle que soit la date de leur établissement en Nouvelle-Calédonie, même postérieure au 8 novembre 1998* ». Par cette interprétation parfaitement conforme à l'accord de Nouméa et aux travaux préparatoires de la loi constitutionnelle du 20 juillet 1998, et donc à l'intention du pouvoir de révision, un métropolitain installé, en Nouvelle-Calédonie, en janvier 1999 aurait donc pu, à droit constitutionnel constant, participer aux élections provinciales de mai 2009.

896. Mais la volonté du FLNKS, co-signataire indépendantiste de l'accord de Nouméa, a exigé que l'électorat restreint, constitué à la date du 8 novembre 1998, soit insusceptible de toute modification dans le temps, provoquant ainsi le gel de principe de l'électorat à cette date. Après la décision de la Cour de Strasbourg, favorable à la restriction du droit de vote aux élections provinciales en Nouvelle-Calédonie, tel est l'objet et l'effet de la révision de la révision, opérée par la loi constitutionnelle n° 2007-237 du 23 février 2007 : « *Pour la définition du corps électoral appelé à élire les membres des assemblées délibérantes de la Nouvelle-Calédonie et des* *provinces, le tableau auquel se réfèrent l'accord mentionné à l'article 76 et les articles 188 et 189 de la loi organique nº 99-209 du 19 mars 1999 relative à la Nouvelle-Calédonie est le tableau dressé à l'occasion du scrutin prévu audit article 76 et comprenant les personnes non admises à y participer* ». Ainsi, les électeurs domiciliés en Nouvelle-Calédonie après 1998 n'ont donc pas pu participer aux élections provinciales de 2009 alors même qu'ils pouvaient justifier, à cette date, de dix ans au moins de domicile continu en Nouvelle-Calédonie : le nombre des exclus du suffrage universel a atteint, aux élections provinciales de mai 2009, plus de 19 000 citoyens français – dont 18 000 environ dans la seule province Sud – soit, sur l'ensemble de la collectivité territoriale, pas moins de 14 % de l'électorat potentiel. De même, à droit constitutionnel constant, un citoyen français, arrivé de métropole en 1999 et installé de façon continue en Nouvelle-Calédonie depuis lors, ne pourra pas voter aux élections provinciales de 2014, quinze ans plus tard ;

Enfin, pour la ou les consultations d'autodétermination à organiser, à droit constitutionnel constant, au cours de la quatrième mandature du congrès (2004-2009) : en supposant que la consultation obligatoire ait lieu en 2018, l'électorat comprendra notamment les électeurs domiciliés en Nouvelle-Calédonie depuis 1988, c'est-à-dire depuis trente ans, et électeurs en 1998, c'est-à-dire depuis vingt ans, ou encore les électeurs justifiant de vingt ans de domicile en Nouvelle-Calédonie à la date de la consultation et au 31 décembre 2014 au plus tard.

D Les institutions actuelles de la Nouvelle-Calédonie

897. La différenciation entre la Nouvelle-Calédonie et les provinces, collectivités territoriales de la République distinctes qui disposent, sur le territoire calédonien, de la compétence de droit commun, conduit à identifier les institutions actuelles de la Nouvelle-Calédonie ainsi que, dans l'exercice de ses compétences d'exception, le particularisme des « *lois du pays* » adoptées par le congrès de la Nouvelle-Calédonie.

898. La Nouvelle-Calédonie et les provinces, collectivités territoriales de la République. – Depuis la loi constitutionnelle du 20 juillet 1998, la Nouvelle-Calédonie n'est plus un territoire d'outre-mer et cette collectivité territoriale de l'outre-mer français est inscrite dans le titre XIII nouveau de la Constitution portant « *Dispositions transitoires relatives à la Nouvelle-Calédonie* » dès lors que la ou les consultations d'autodétermination organisée en 2014 ou à partir de 2014 devraient permettre de fixer son avenir, au sein ou en dehors de la République française, la décision, en ce dernier cas, relevant, en définitive, de l'exercice du pouvoir de révision.

899. S'il est vrai que l'article 72-3, alinéa 3 de la Constitution révisée en 2003 dispose que « *le statut de la Nouvelle-Calédonie est régi par le titre XIII* », cette disposition ne dit pas qu'il n'est constitutionnellement régi que par ce titre XIII. Il faut observer, en effet, que la Nouvelle-Calédonie est aussi régie par l'accord de Nouméa et qu'elle est mentionnée, hors du titre XIII,

— de façon explicite, aux titres Ier[53] et XII[54] ;

— de façon implicite, au titre IV : dès lors que le Sénat assure la représentation des collectivités territoriales de la République et que la Nouvelle-Calédonie est représentée au Sénat par deux sénateurs, la Nouvelle-Calédonie est une collectivité territoriale de la République.

900. Jurisprudence du Conseil d'État. – Pourtant, cette qualification de « collectivité territoriale » lui a été déniée, notamment par le Conseil d'État statuant au contentieux qui préfère voir, dans la Nouvelle-Calédonie, une « *collectivité* »[55] sans que l'on sache d'où il tire cette dénomination qui ne figure nulle part, comme telle, dans la Constitution. Dès lors, il importe, pour la clarté du débat institutionnel, de revenir à l'article 72, alinéa 1er qui suffit et qui doit suffire à déterminer toutes les hypothèses de collectivités territoriales en France, qu'elles soient catégorisées ou non : « *Les collectivités territoriales de la République sont les communes, les départements, les régions, les collectivités à statut particulier et les collectivités d'outre-mer régies par l'article 74. Toute autre collectivité territoriale est créée par la loi, le cas échéant en lieu et place d'une ou de plusieurs collectivités mentionnées au présent alinéa* ». S'agissant de la Nouvelle-Calédonie, il est constant qu'elle n'est ni une commune ni un département ni une région ni une collectivité d'outre-mer, régie par l'article 74. Il est certain qu'elle n'est pas non plus une autre collectivité territoriale, créée par la loi, au sens ordinaire que la Constitution donne à ce mot, puisqu'elle est créée par la Constitution (titre XIII, art. 76 et 77), prolongée par la loi organique statutaire du 15 mars 1999, laquelle, par définition, n'est pas une loi ordinaire. Dès lors, quoi qu'en dise la jurisprudence administrative ou

53. Const., art. 13, al. 3.

54. *Ibid.*, art. 72-3, al. 3, préc. et 74-1, al. 1er.

55. CE Sect., 13 décembre 2006, *JCP A* 2007, 2004, concl. Verclytte et p. 43-46, note Gohin ; *RFDA* 2007. 18, concl. Verclytte, *AJDA* 2007. 363, chr. Lenica et Boucher ; *D.* 2007. 1175, note Verpeaux.

constitutionnelle, la Nouvelle-Calédonie est constitutionnellement une collectivité territoriale de la République et cette collectivité est à statut particulier, son statut étant, à la fois, constitutionnel et organique.

901. Les provinces qualifiées de collectivités territoriales. – Il en est de même, de façon certaine, des provinces de la Nouvelle-Calédonie : la loi organique statutaire du 15 mars 1999 précise qu'elles sont « *des collectivités territoriales de la République* » (art. 3) et, par combinaison des textes précités, des collectivités à statut particulier, leur statut étant organique. Il est conforme, d'ailleurs, à la logique juridique que, la somme des territoires des provinces formant le territoire la Nouvelle-Calédonie, comme la somme des assemblées de province forme, en principe, le congrès de la Nouvelle-Calédonie, les qualifications institutionnelles de la Nouvelle-Calédonie et des provinces correspondent exactement.

902. Institutions de la Nouvelle-Calédonie. – Les institutions de la Nouvelle-Calédonie reposent, à titre principal, sur le congrès et sur le Gouvernement de la Nouvelle-Calédonie.

903. Le Congrès. – Les trois assemblées de province forment ensemble le congrès qui est l'assemblée délibérante de la Nouvelle-Calédonie. Il est formé, depuis 1999, de 54 membres ainsi répartis :

— 7 membres de l'assemblée de la province des îles Loyauté qui en compte 14 ;

— 15 membres de l'assemblée de la province Nord qui en compte 22 ;

— 32 membres de l'assemblée de la province Sud qui en compte 40.

904. Le congrès de la Nouvelle-Calédonie désigne, chaque année, en son sein et à la représentation proportionnelle à la plus forte moyenne, une commission permanente de 7 à 11 membres qui règle par ses délibérations, dans la limite de la délégation consentie, les affaires qui lui sont renvoyées par le congrès, à l'exception des projets ou propositions de loi du pays ou des projets ou propositions de délibérations en matière budgétaire, fiscale, de transfert de compétences ou comptable.

905. L'exercice des compétences attribuées à la Nouvelle-Calédonie du congrès, à l'exception de celles qui sont attribuées au Gouvernement ou au président du Gouvernement. C'est le congrès qui a la compétence pour délibérer du budget ou pour prévoir des sanctions pénales, en cas d'infraction aux lois du pays et à ses règlements, ou des sanctions administratives, en toutes matières, ou pour réglementer le droit de transaction dans les matières de sa compétence ou encore pour délibérer des lois du pays. Il doit être consulté dans un nombre considérable de cas puisque, notamment, sur les projets de loi et propositions de loi et les projets d'ordonnance qui introduisent, modifient ou suppriment des dispositions particulières à la Nouvelle-Calédonie, y compris les projets d'ordonnance pris sur le fondement de l'article 74-1 de la Constitution, lorsqu'ils sont relatifs à la Nouvelle-Calédonie.

Auprès du congrès, sont instituées deux assemblées consultatives :

906. Le sénat coutumier. – Le sénat coutumier, composé de 16 membres désignés par chaque conseil coutumier, à raison de deux représentants par aire coutumière de la Nouvelle-Calédonie. Cette assemblée est obligatoirement consultée, sur saisine du président du congrès, sur tout projet ou proposition de loi du pays intéressant l'*« identité kanak »* au sens de l'accord de Nouméa, le dernier mot restant, toutefois, au congrès, à défaut de vote en termes identiques après deux lectures successives. De plus, il est consulté sur les projets ou propositions de même intérêt par le président du Gouvernement, du congrès ou d'une assemblée de province, selon les cas.

907. Le conseil économique et social. – Le conseil économique et social de la Nouvelle-Calédonie, composé de 39 membres, désignés pour cinq ans, dont 28 représentants des organisations professionnelles, des syndicats et des associations, à raison de 4 pour la province des îles Loyauté, 8 pour la province Nord et 16 pour la province Sud, 2 membres désignés par le sénat coutumier et 9 personnalités qualifiées. Cette assemblée est obligatoirement consultée sur les projets et propositions de lois du pays et de délibération du congrès à caractère économique et social, sur saisine respectivement du président du Gouvernement ou du président du congrès. Elle peut être également consultée par les assemblées de province, le sénat coutumier ou le Gouvernement sur les projets et propositions à caractère économique, social et culturel.

908. Le Gouvernement de la Nouvelle-Calédonie. – De façon tout à fait inusitée, l'exécutif de la collectivité territoriale est le Gouvernement de la Nouvelle-Calédonie dont les onze membres sont collégialement élus par le congrès. Sa désignation doit se faire par le congrès, à la représentation proportionnelle à la plus forte moyenne, au titre d'une cohabitation institutionnelle forcée entre anti-indépendantistes majoritaires et indépendantistes minoritaires. L'appartenance au Gouvernement est incompatible avec la qualité de membre du congrès, ce qui implique, notamment, que le président du Gouvernement soit différent du président du congrès.

909. Le président et le vice-président. – Le Gouvernement désigne, au scrutin secret et *« à la majorité de ses membres »*, comprise comme la majorité absolue de ses membres, le président et le vice-président du Gouvernement chargé, pour sa part, d'assurer l'intérim en cas d'absence ou d'empêchement du président.

910. Il appartient au président du Gouvernement d'arrêter l'ordre du jour des réunions du Gouvernement qu'il communique préalablement au haut-commissaire de la République, représentant de l'État en Nouvelle-Calédonie, lequel, du reste, assiste de plein droit à ces réunions et s'y exprime à sa demande, ce qui est également inusité. Il y a là le souci du législateur organique de prolonger l'accord de Nouméa, en tant que le haut-commissaire est, en quelque sorte, le garant de son application et de sa pérennité, pour le compte de l'État, au titre d'une mission qui devient de plus en plus périlleuse.

911. La loi organique statutaire précise que le Gouvernement de la Nouvelle-Calédonie prépare et exécute les délibérations du congrès et de sa commission permanente et il prend les mesures réglementaires ou individuelles entrant dans le champ de ses attributions fort étendu puisqu'en dix-huit points différents dont, par exemple, l'établissement du programme des importations, la fixation des prix et tarifs réglementés ou encore la gestion des biens de la Nouvelle-Calédonie. Il est chargé collégialement et solidairement des affaires de sa compétence et ses décisions sont prises à la majorité de ses membres avec, en cas de partage égal, la voix prépondérante du président du Gouvernement. En ce sens, les actes du président doivent être contresignés par les membres du Gouvernement chargés d'en contrôler l'exécution, le défaut du contreseing, dès lors qu'il est nécessaire, étant constitutif d'un vice de forme qui entache la légalité de l'acte.

912. Motion de censure et démission. – La démission du Gouvernement est provoquée par l'adoption par le congrès d'une motion de censure ou par la décision prise en ce sens à la majorité de ses membres. De plus, le Gouvernement est démissionnaire de plein droit en cas de démission ou de décès de son président ou en cas d'impossibilité de procéder au remplacement d'un membre du Gouvernement, faute de suivant sur la liste à laquelle il appartenait lors de l'élection du Gouvernement.

913. Compte tenu de l'instabilité gouvernementale, entre mars 2011 et juin 2011 : quatre Gouvernements en trois mois résultant de la rédaction de l'article 121 du statut qui permettait de provoquer la démission d'office d'un Gouvernement, par le seul fait de la démission en bloc d'un nombre minoritaire de membres du Gouvernement, sans possibilité de pourvoir à leur remplacement au sein du même groupe, la loi organique du 25 juillet 2011 a repris ce texte dont le § IV se lit, désormais, ainsi : « *IV. Si le nombre de membres du Gouvernement à remplacer est inférieur à la moitié de l'effectif (...), tout groupe politique dont la liste ne peut plus servir aux remplacements (...) a la faculté de notifier à tout moment au haut-commissaire et au président du congrès une nouvelle liste de candidats (...)* » (al 1er). « *Le Gouvernement est réputé complet si la faculté prévue au précédent alinéa n'est pas exercée par le groupe intéressé* » (al. 2). Le nouvel article 121 du statut a donc eu pour objet et pour effet de permettre à la Nouvelle-Calédonie de retrouver la stabilité gouvernementale perdue du fait des agissements du groupe anti-indépendantiste et minoritaire Calédonie ensemble.

914. Lois du pays calédoniennes. – L'assemblée de Nouvelle-Calédonie a la possibilité de prendre, sur proposition du Gouvernement ou des membres du congrès, des « lois du pays » dans un certain nombre de domaines de la loi en métropole énumérés par la loi organique : signes identitaires kanaks, impôt, droit du travail et de la sécurité sociale, fonction publique locale, étrangers, coutume, production minière, propriété publique néo-calédonienne, emploi, droit de propriété, obligations civiles et commerciales, répartition de la dotation entre les provinces, transferts de compétences de l'État (loi org. statutaire, art. 99). Il n'y a là rien de nouveau ou d'original dans les outremers de spécialité législative comme la Nouvelle-Calédonie : ce qui était possible du temps du territoire d'outre-mer de l'article 74 l'est certainement du temps de la collectivité d'outre-mer à statut particulier de l'article 77 de la Constitution.

915. Il est vrai que ces lois du pays calédoniennes ont de nombreuses caractéristiques qui pourraient les faire assimiler à de véritables lois : outre leur dénomination qui n'est pas déterminante (les lois du pays polynésiennes sont des règlements), elles doivent faire l'objet d'un avis du Conseil d'État et relèvent de la compétence contentieuse du Conseil constitutionnel qui peut être saisi :

— soit dans les dix jours du vote, par le haut-commissaire, le Gouvernement, le président du congrès, le président d'une assemblée de province ou dix-huit membres du congrès,

— soit dans le cadre d'une question prioritaire de constitutionnalité[56].

916. Le Conseil doit alors se prononcer sur la conformité de la loi avec la Constitution, y compris l'accord de Nouméa constitutionnalisé et avec la loi organique, en tant qu'elle est basée sur la Constitution au sens large[57].

917. Cependant, malgré la compétence du Conseil constitutionnel sur la base d'un recours initié par voie d'action ou par voie d'exception, il est impossible d'assimiler formellement la loi du pays calédonienne à une loi, laquelle ne peut être que l'émanation de la volonté des représentants de la Nation, ce que ne sont pas et ne peuvent pas être les membres du congrès de la Nouvelle-Calédonie. Il en résulte que l'État français qui reste monoconstitutionnel et monolégislatif est bien, encore et toujours, un État unitaire même s'il est acquis que, depuis 1999, la décentralisation territoriale, mise en œuvre en Nouvelle-Calédonie, a moins une dimension administrative que politique, dans le contexte d'une transition qui risque fort d'être durable.

56. Ord. du 7 novembre 1958 portant loi organique sur le Conseil constitutionnel, art. 23-8, al. 2 et loi organique 19 mars 1999 relative à la Nouvelle-Calédonie, art. 107, al. 2 issu de la loi org. du 10 décembre 2009, art. 3.
57. CC, 27 janvier 2000, *Taxe générale sur les services* déc. n° 2000-1 LP.

Chapitre 2
Le regroupement territorial

918. Émiettement territorial. – L'organisation territoriale de la France est inefficace parce ce qu'elle conduit à multiplier les centres et les niveaux de décisions, à alourdir les procédures, à dupliquer les fonctions et emplois publics et à accroître la dépense publique. L'image d'Épinal de la France aux 36 000 communes est toujours une réalité[1] dont certains se réjouissent, en notant la vitalité démocratique de la décentralisation française, liée au considérable rapprochement des élus de leurs administrés. On pourra, à l'inverse, s'étonner de voir tant de compétences conférées à des collectivités représentant encore, en 2012, un si petit nombre d'administrés : 915 communes ont moins de 50 habitants, 2 643 entre 50 et 99 et 980 entre 100 et 199. Les communes de moins de 500 habitants représentent 20 182 communes françaises, soit 55 % des communes françaises, plus de la moitié du total. À l'autre extrémité de l'échelle, on ne compte que 258 villes de plus de 30 000 habitants, soit moins de 1 % du total des communes françaises. Il y aurait une légitimité à cette dissémination du pouvoir administratif si l'organisation communale correspondait à une réalité politique. Mais il faut constater que cette réalité n'existe plus guère dans la France du début du XXIe siècle : ce que l'on présente volontiers comme une identité communale est souvent le résultat de querelles de clochers qui ne signifient plus grand-chose aujourd'hui, dans une conjoncture d'argent rare et cher.

919. Regroupement communal. – La diminution du nombre de communes est une réforme administrative regardée comme nécessaire depuis le milieu des années 1960, au cours desquelles – la comparaison est habituelle – l'Allemagne a fait passer le nombre de ses communes de 25 000 à 8 500 (elles sont 13 800 depuis la réunification). Le procédé choisi fut celui de la fusion unilatérale, par l'intermédiaire des *Länder*. Or, son utilisation généralisée, en France, est

---

1. Selon les statistiques fournies par la Direction générale des collectivités locales (DGCL), la France comptait exactement 36 700 communes, en 2012.

difficilement envisageable bien que le régime de fusion figurât déjà dans la loi municipale du 5 avril 1884. En effet, une fusion autoritaire pourrait se heurter à un obstacle de constitutionnalité, au regard du principe de libre administration des collectivités territoriales (Const., art. 72, al. 3), même si l'on peut considérer que la libre administration ne touche pas la question de l'existence même de la collectivité. De plus, elle nécessiterait une réforme à laquelle s'opposent les élus locaux eux-mêmes, sans doute moins pour défendre une certaine idée de l'aménagement du territoire, que pour protéger la pérennité de leurs fonctions administratives. Or, risquer de mécontenter ces élus pourrait être politiquement risqué.

920. Fusion de communes. – Des voies moyennes ont dû être recherchées pour tenter de multiplier les chances de recours à la fusion. Elles aboutirent au vote de la loi dite « *Marcellin* » du 16 juillet 1971[2], révisée par la loi du 12 juillet 1999 et par celle du 13 août 2004. Cette loi fut tout à fait inefficace puisqu'au 1er janvier 2010, la France comptait toujours 36 680 communes, soit approximativement le même nombre que dans les années 1970. Constatant cet échec, le législateur a introduit dans la loi du 16 décembre 2010 de réforme des collectivités territoriales un nouveau régime permettant la création de « *communes nouvelles* ». Le terme, qui insiste sur la novation, ne doit pas tromper : il s'agit toujours d'un régime de fusion qui reste inspiré par la loi Marcellin.

921. Coopération intercommunale. – La fusion des communes étant donc un objectif politiquement délicat à atteindre, il est nécessaire de trouver d'autres voies pour permettre de les coordonner. L'idée, très présente dans la réforme du 16 décembre 2010, est que l'action commune pourra être le ciment de leur regroupement. La politique menée afin de favoriser une telle action, est dénommée « *coopération intercommunale* » qui peut prendre une forme simplement contractuelle ou bien être institutionnalisée.

922. Coopération contractuelle. – La coopération la plus simple est contractuelle. Elle peut reposer sur un organe de décision commun, créé par contrat ; mais, les conseils municipaux conservent, chacun, le pouvoir de décision. L'un des systèmes les plus anciens de coopération contractuelle est celui des ententes, établi par la loi du 18 juillet 1837 qui figure désormais à l'article L. 5222-1 du Code général des collectivités territoriales.

2. Du nom du ministre de l'Intérieur de l'époque.

923. Coopération institutionnalisée : l'EPCI. – À l'inverse de la coopération contractuelle, la coopération institutionnalisée recherche l'intégration des communes au sein d'une institution tierce, prenant la forme juridique de l'établissement public administratif. Les communes, représentées au sein de l'assemblée de l'établissement public de coopération intercommunale (EPCI), lui transfèrent une part de leurs compétences qui seront exercées par l'établissement, sous leur contrôle. Ce type de coopération intercommunale est très ancien puisqu'elle remonte à la loi du 22 mars 1890 qui créa les syndicats de communes, plus tard modernisés par le décret du 20 mai 1955 et l'ordonnance n° 59-29 du 5 janvier 1959. Ces syndicats ont toujours pour objet de faciliter et de rendre plus efficace la gestion de services publics locaux par le transfert commun de compétences opéré au profit des établissements publics de coopération intercommunale.

924. La recherche d'une politique intercommunale. – Cependant, même si l'EPCI dispose d'une réelle autonomie de gestion, il reste le moyen d'une coopération reposant exclusivement sur la volonté d'une meilleure gestion, et non sur un projet politique commun. Le syndicat de communes n'a pas d'identité. Or, la modernisation de l'administration territoriale nécessite la création d'une véritable politique intercommunale, et non la simple mise en commun de politiques communales. Pour ce faire, le législateur a voulu développer les compétences, les moyens, l'autonomie et la légitimité des EPCI :

— d'abord, en créant des EPCI, non plus en charge de simples missions, mais dotés de véritables compétences dont certaines obligatoires ;

— ensuite en leur donnant une fiscalité propre distincte de celle des communes, soit par addition d'un taux d'imposition à l'assiette des impôts locaux, soit par le transfert à l'EPCI de la détermination du taux de l'impôt local ;

— puis, en leur donnant une structure efficace d'administration ;

— enfin, en conférant à leurs administrateurs cette légitimité que seul le suffrage universel direct peut donner.

925. L'ordonnance du 5 janvier 1959. L'ordonnance n° 59-30 du 5 janvier 1959, distincte de celle numérotée 59-29, modifiée par la loi du 31 décembre 1970, organise les syndicats de communes et crée le district qui est une nouvelle forme de coopération beaucoup plus intégrée. Les districts sont, d'abord, urbains, puis étendus aux communes plus rurales, en 1970.

926. La loi du 31 décembre 1966. – La loi du 31 décembre 1966 ajoute aux syndicats et aux districts les communautés urbaines dont quatre sont créées d'office, à Bordeaux, à Lille, à Lyon et à Strasbourg. Dotés de compétences importantes – dont de nombreuses obligatoirement transférées – mais aussi d'une fiscalité propre, les districts et les communautés urbaines sont des formes très avancées d'EPCI, en correspondance avec la politique volontariste menée à l'époque. Si la communauté urbaine existe toujours, le district a été abandonné par la loi du 12 juillet 1999, au profit de la communauté de communes ou de nouvelles formes d'EPCI créées par la loi du 6 février 1992.

927. La loi du 6 février 1992. – la loi du 6 février 1992 relative à l'administration territoriale de la République, dite « *ATR* », va mettre fin à une trop longue période, celle des années 1980, pendant laquelle le législateur a préféré se consacrer au développement de la décentralisation territoriale proprement dite. Cette loi aura construit les fondations de la coopération intégrée encore connue aujourd'hui, en créant des communautés de communes et les communautés de villes, ces dernières regroupant des agglomérations de plus de 20 000 habitants. Les communautés urbaines sont conservées. La loi donne à ces trois EPCI de larges compétences dont certaines sont obligatoires une fiscalité propre (*cf. supra,* n° 800 s.).

928. La loi du 12 juillet 1999. – La loi dite « *Chevènement* » du 12 juillet 1999[3] a procédé à la rationalisation de l'organisation des structures successivement apparues. Aux deux extrêmes, les anciennes communautés urbaines et les communautés de communes perdurent alors que les communautés de villes sont remplacées par les communautés d'agglomération. Les districts supprimés ont eu à opter, avant le 1er janvier 2002, pour la forme d'intercommunalité de leur choix et, à défaut, ont été transformés en communautés de communes. Chaque EPCI offre un degré d'intégration correspondant au seuil minimal d'habitant exigé pour leurs communes d'appartenance : 500 000 pour la communauté urbaine, 50 000 pour la communauté d'agglomération et moins de 50 000 pour la communauté de communes. Par ailleurs, la communauté d'agglomération se voit imposer la taxe professionnelle unique. Elle peut ainsi mener une véritable politique fiscale communautaire de développement économique.

3. Du nom du ministre de l'Intérieur de l'époque.

929. La loi du 13 août 2004. – La loi du 13 août 2004 assouplit les règles de l'intercommunalité, en facilitant l'évolution des structures de l'EPCI, de son territoire et de ses membres. Les communes pourront ainsi plus facilement changer d'EPCI, les EPCI modifier leur structure ou encore fusionner entre eux. Par ailleurs, la loi accroît leurs compétences, tout particulièrement en les ouvrant au mouvement, dit « *acte II de décentralisation* », de transfert de compétences de l'État vers les collectivités territoriales.

930. La loi du 16 décembre 2010. – la loi du 16 décembre 2010 de réforme des collectivités territoriales dont il n'est pas certain qu'elle survive durablement, en totalité du moins, à l'alternance politique du printemps 2012, est, à titre principal, une réforme de l'intercommunalité. Quatre innovations sont particulièrement marquantes :

— d'abord, elle pose le principe de la généralisation de l'intercommunalité, toute commune devant faire partie d'un EPCI au 1er juin 2013 ;

— ensuite, elle donne une véritable légitimité aux conseillers communautaires en prévoyant leur élection ;

— puis, elle crée la métropole, nouvel EPCI destiné aux zones urbaines de plus de 500 000 habitants ;

— enfin, les EPCI de plus de 300 000 habitants peuvent se regrouper en pôles métropolitains.

931. Les schémas départementaux de coopération intercommunale. – La loi du 16 décembre 2010 (art. 35 à 37), codifiée à l'article L. 5210-1-1 CGCT, a prévu l'établissement dans chaque département d'un schéma départemental de coopération intercommunale (SDCI) établissant la couverture intégrale du territoire par des EPCI à fiscalité propre regroupant au moins 5 000 habitants, hors zones de montagne. Ce schéma, élaboré par le préfet en concertation avec les communes et les EPCI existants, prévoit les modalités d'adhésion des nouvelles communes ainsi que de transformation, de suppression et de fusion des EPCI et des syndicats mixtes existants.

932. Le syndicat d'agglomération nouvelle. – Une place à part doit être réservée au syndicat d'agglomération nouvelle (SAN) qui est un EPCI créé par la loi du 13 juillet 1983, succédant, en l'adaptant aux nouvelles nécessités de la décentralisation, au syndicat communautaire d'aménagement institué par la loi dite « *Boscher* » du 10 juillet 1970[4]. Le régime de ces syndicats figure désormais aux articles L. 5332-1 et suivants du Code général des collectivités

4. Du nom de l'auteur de la proposition de loi, député-maire d'Évry.

territoriales. Ce type d'établissement public a été constitué – avec les communautés d'agglomération nouvelle, supprimées par la loi du 16 décembre 2010 – pour déterminer une structure administrative permettant la gestion et l'aménagement de villes nouvelles. Leur particularité tient à leur caractère provisoire, en principe, puisqu'une fois la ville achevée, les communes membres du syndicat sont destinées soit à fusionner, soit à adhérer à une forme plus pérenne d'EPCI. Neuf syndicats d'agglomération furent ainsi créés en 1984 : un à Cergy-Pontoise, Évry, L'Isle d'Abeau, Ouest Provence, Saint-Quentin-en-Yvelines et deux à Sénart et Marne-la-Vallée. Il en reste aujourd'hui cinq : Ouest-Provence, Sénart-en-Essonne, Sénart-Ville Nouvelle, Val-d'Europe et Val-Maubuée.

933. Coopération interrégionale et interdépartementale. – Même si ces formes de coopération sont beaucoup moins développées, le législateur a prévu des structures permettant d'établir des liens entre les régions ou les départements. Ces structures sont l'entente interrégionale (art. L. 5621-1) et l'institution interdépartementale (art. R. 5421-1), deux établissements publics administratifs. Leur création nécessite des délibérations concordantes des collectivités concernées. L'entente interrégionale nécessite, en outre, un décret en Conseil d'État.

934. Le syndicat mixte. – La forme du syndicat mixte est particulière puisqu'elle a pour objet d'associer des collectivités territoriales de niveau différent : des EPCI ou d'autres personnes morales de droit public. Prévu au livre VII du Code général des collectivités territoriales (articles L. 5711-1 s.), il se rapproche du syndicat de commune proprement dit. On en distingue de trois sortes :

— en premier lieu, le syndicat mixte fermé, qui doit son nom au fait qu'il ne peut regrouper que des communes, des EPCI ou encore des communes et des EPCI ;

— en deuxième lieu, le syndicat mixte ouvert, formule beaucoup plus souple qui permet d'associer d'autres personnes publiques (des chambres de commerce et d'industrie par exemple) ;

— en troisième et dernier lieu, il faut ajouter depuis leur création par la loi du 16 décembre 2011, les « *pôles métropolitains* » qui regroupent des EPCI à fiscalité propre formant un ensemble de plus de 300 000 habitants et dont l'un d'entre eux compte plus de 150 000 habitants.

Section 1
De la fusion de communes à la commune nouvelle

935. Politique de fusion. – La loi du 16 décembre 2010 a transformé la procédure de fusion de communes, prévue par la loi *Marcellin* du 16 juillet 1971, même si les règles antérieures continuent à s'appliquer, sauf délibération contraire, aux communes issues d'une fusion. Le législateur a constaté l'échec total de la politique en place et ne semble pas croire, avec raison, à la possibilité d'une fusion rapide et volontaire des communes. Toute fusion autoritaire étant écartée, il a fallu imaginer un régime permettant d'installer progressivement un sentiment commun d'appartenance pour aboutir, à terme, à une fusion.

936. Les communes nouvelles. – Le législateur a voulu, tout à la fois, rendre l'idée de fusion plus acceptable aux communes et faciliter sa mise en œuvre. Il ne sera donc plus question de fusion, terme trop négatif, mais de création de communes « *nouvelles* » qui seront, le plus souvent, issues d'un EPCI.

937. Cependant, malgré l'évolution sémantique et l'utilisation des EPCI comme transition possible vers la fusion des communes, l'architecture générale de la loi *Marcellin* est conservée. Il convient de la présenter avant d'analyser les novations introduites par la réforme de 2010.

§ 1. La fusion de communes

938. Initiative de la fusion. – Sous le régime de la loi *Marcellin,* les conseils municipaux des communes qui désirent fusionner, doivent décider de procéder soit à une fusion simple emportant la disparition juridique des anciennes communes, soit à une fusion avec création de communes associées.

939. Fusion avec communes associées. – Les communes associées, nées de la fusion, se voient reconnaître un certain nombre de prérogatives (CGCT, art. L. 2113-13 s. anciens) :

— en premier lieu, elles peuvent demander que soit indiqué dans l'acte de fusion que le territoire sur lequel elles étaient sises conserve son nom ;

— en deuxième lieu, elles sont représentées par un maire délégué, distinct du maire de la commune née de la fusion qui remplit les fonctions d'officier d'état civil et de police judiciaire, tout en pouvant être en charge dans la commune associée de l'exécution des lois et règlements de police et recevoir délégation au même titre qu'un adjoint ;

— en troisième lieu, un conseil consultatif, obligatoire dans les communes associées de plus de 100 000 habitants, peut être créé dans celles qui ont 100 000 habitants ou moins ;

— en quatrième et dernier lieu, la commune associée dispose d'une section d'un centre communal d'action sociale.

940. Fusion simple. – La fusion simple est le résultat d'une convention prévoyant simplement la création d'une ou plusieurs annexes de la mairie dans les communes fusionnées, en charge de la rédaction des actes d'état civil. Une fusion avec communes associées peut se transformer en fusion simple si la population de la commune associée, consultée à la demande du conseil municipal, se prononce favorablement, à la majorité absolue des suffrages exprimés correspondant à un nombre de voix au moins égal au quart des électeurs inscrits dans l'ensemble des communes concernées.

941. Décision de fusion. – Ce procédé peut ainsi contraindre une commune à la fusion alors que la majorité de ses habitants n'y est pas favorable. Une limite est cependant posée à cette fusion sous contrainte lorsque la consultation fait apparaître que les deux tiers des suffrages exprimés représentant la moitié des électeurs inscrits dans cette commune ont manifesté leur opposition au projet. Après la consultation locale, la fusion est prononcée par arrêté préfectoral.

942. Conséquences de la fusion. – La nouvelle commune, née de la fusion, est seule dotée de la personnalité juridique. Elle exerce les compétences de toute commune dans le ressort des communes de la fusion. Si des communes associées sont constituées, ces dernières ne disposent plus de la personnalité juridique. Elles sont administrées par des maires délégués et des conseils consultatifs soumis aux règles applicables aux arrondissements de Paris et de Lyon ou aux secteurs de Marseille (CGCT, art. L. 2113-20).

§ 2. Les communes nouvelles

943. Nouveau régime. – La substitution par la loi du 16 décembre 2010 du régime des communes nouvelles, figurant désormais aux articles L. 2113-1 du Code général des collectivités territoriales, à celui des fusions de communes est censée créer les conditions de la réussite du regroupement communal. Le législateur, cependant, a été, ici encore, trop prudent, en établissant des règles fort peu contraignantes.

944. Communes nouvelles contiguës. – La même loi abandonne toute référence à la fusion de communes pour insister sur l'idée de novation par la création de « *communes nouvelles* » pourtant issues, elles-mêmes, de la « fusion » de communes. Ces dernières pourront avoir, si elles le souhaitent, le statut de « *communes déléguées* », calqué sur les anciennes « *communes associées* ». Les communes doivent être contiguës et situées dans le même département ou dans la même région.

945. Communes situées dans des départements ou régions distincts. – Lorsque les communes ne se situent pas dans le même département ou dans la même région, la décision de création suppose une modification préalable des limites territoriales des départements ou régions concernés par décret en Conseil d'État, pris après accord des conseils généraux et régionaux concernés. À défaut de délibération dans ce délai, leur décision est réputée favorable.

946. Communes situées dans des EPCI distincts. – Il faut évoquer la situation particulière de la commune nouvelle, issue de communes contiguës qui sont membres d'EPCI distincts (CGCT, art. L. 2113-5). Afin de faciliter sa création, aucune procédure particulière n'est imposée *a priori* aux communes qui l'ont initiée. Ce n'est qu'après la création de la commune nouvelle, que le choix de son EPCI à fiscalité propre d'appartenance doit être fait. Lorsque l'une des communes à l'origine de la création est membre d'une communauté urbaine ou d'une métropole, le choix est fait par le préfet. Pour les autres EPCI, le choix doit être opéré par le conseil municipal de la commune nouvelle. Le préfet n'a que la possibilité de marquer son désaccord et ainsi imposer l'intervention de la commission départementale de coopération intercommunale qui dispose d'un délai de trois mois, à compter de sa saisine, pour se prononcer. Seul un silence de la commission, à l'issue de ce délai, ou un vote à la majorité des deux tiers des membres de la commission permet le rattachement à l'EPCI souhaité par la commune nouvelle.

947. Communes appartenant à un même EPCI. – Le grand apport de la loi du 16 décembre 2010 est d'avoir fait de l'EPCI un moyen de parvenir à la fusion. En cas de création d'une commune nouvelle, en lieu et place de communes appartenant à un même EPCI, l'arrêté préfectoral de création de la commune emporte ainsi suppression de l'EPCI dont étaient membres les communes concernées et substitution de la nouvelle commune dans les biens, droits et obligations de l'ancien EPCI (art. L. 2113-5).

948. Procédure de création. – L'article L. 2113-2 du Code général des collectivités territoriales dispose qu'une commune nouvelle peut être créée en lieu et place de communes contiguës. Tout en conservant la possibilité de créer une commune nouvelle par l'accord de tous les conseils municipaux, le législateur a permis qu'il soit opéré à cette création en l'absence d'unanimité

— soit à la demande des deux tiers au moins des conseils municipaux des communes membres d'un EPCI à fiscalité propre, représentant plus des deux tiers de la population totale de celles-ci ;

— soit à la demande de l'organe délibérant d'un EPCI à fiscalité propre en vue de la création d'une commune nouvelle, en lieu et place de toutes ses communes membres. Dans cette hypothèse, la création est subordonnée à l'accord des conseils municipaux des communes membres représentant plus des deux tiers de la population totale de celles-ci. À défaut de délibération dans un délai de trois mois suivant la notification de la délibération de l'EPCI, le conseil municipal est réputé favorable ;

— soit à l'initiative du représentant de l'État dans le département. Il faut alors un accord des deux tiers des conseils municipaux des communes intéressées, représentant plus des deux tiers de la population totale de celles-ci. À compter de la notification de l'arrêté dit de périmètre, chaque conseil dispose d'un délai de trois mois pour se prononcer. À défaut la décision est réputée favorable.

949. Consultation. – Le législateur a permis le contournement des conseils municipaux opposés à la création de la commune par l'instauration d'une majorité qualifiée. Celle-ci ne suffit pas, cependant, à elle seule. En l'absence d'unanimité des conseils municipaux, l'initiative de création de la commune nouvelle est soumise à une consultation des électeurs inscrits dans les communes concernées (art. L. 2113-3). La création doit obtenir l'accord de la majorité absolue des suffrages exprimés correspondant à un nombre de voix au moins égal au quart des électeurs inscrits dans les communes concernées (CGCT, art. L. 2113-3). La participation au scrutin doit avoir été supérieure à la moitié des électeurs inscrits.

950. Création de la commune nouvelle. – La création de la commune nouvelle est opérée par un arrêté du préfet de département (CGCT, art. L. 2113-7). Il fixe la composition du conseil municipal de la commune nouvelle qui ne peut dépasser soixante-neuf membres, en répartissant les conseillers proportionnellement au nombre des électeurs inscrits, par application de la règle du plus fort reste. Cette répartition ne doit pas conduire à conférer à une commune un nombre de sièges supérieur à celui des conseillers en exercice et doit garantir la présence de tous les maires et les adjoints par l'ajout de sièges en surnombre.

951. Communes déléguées. – Dans un délai de six mois à compter de la création de la commune nouvelle, les anciennes communes deviennent obligatoirement communes déléguées de cette commune. Seule une délibération du conseil municipal de la commune nouvelle peut décider soit de la fusion totale, soit de la suppression des communes déléguées dans un délai déterminé par lui (CGCT, art. L. 2113-10). Le régime des communes déléguées reprend les règles applicables aux anciennes communes associées.

Section 2
Les groupements de coopération territoriale

952. Art L. 5211-1 du Code général des collectivités territoriales. – Il existe plusieurs types de structures de coopération en fonction du degré d'intégration des communes qui en sont membres. Cependant, l'ensemble de ces groupements est soumis à des règles communes figurant aux articles L. 5211-1 et suivants du Code général des collectivités territoriales. Ces règles sont complétées par des règles propres à chaque type de groupements.

953. Après avoir présenté la typologie des groupements établie par le législateur, on analysera plus particulièrement le régime juridique des établissements publics de coopération intercommunale (EPCI) qui constituent le type de groupement le plus important.

§ 1. Typologie des groupements

954. Diversité. – La plupart des institutions de regroupement de collectivités sont des établissements publics intercommunaux. Certains groupements permettent, cependant, l'association de collectivités de niveaux différents, comme les syndicats mixtes et les pôles métropolitains.

955. EPCI à fiscalité et sans fiscalité propre. – Par ailleurs, il est possible de distinguer, au sein des groupements, ceux qui n'ont pas de fiscalité propre et ceux qui sont dotés d'un pouvoir fiscal, c'est-à-dire la compétence pour déterminer le taux de certains impôts et d'en percevoir le montant. Ce pouvoir est le signe d'une forte intégration des communes membres qui ont abandonné une prérogative fondamentale. Seuls les EPCI peuvent avoir une fiscalité propre ; mais tous les groupements n'en ont pas une.

On étudiera donc, d'une part, les EPCI à fiscalité propre et, d'autre part, les groupements sans fiscalité propre.

A Les établissements publics de coopération intercommunale à fiscalité propre

956. Les établissements publics de coopération intercommunale à fiscalité propre sont la métropole, la communauté urbaine, la communauté d'agglomération et la communauté de communes.

1. La métropole

957. Identification (CGCT, art. L. 5217-1 s. –) La métropole est l'EPCI le plus important. Créée par la loi du 16 décembre 2010, elle résulte soit du regroupement sans aucune limitation de durée de communes formant un ensemble de plus de 500 000 habitants, soit de la transformation d'une communauté urbaine. Les communes doivent, en principe, former un territoire d'un seul tenant et sans enclave, à l'exception des communautés urbaines qui ont pu être maintenues par les effets de la loi du 12 juillet 1999 sur un territoire enclavé ou qui n'est pas d'un seul tenant.

958. Substitution aux EPCI. – La métropole étant l'EPCI le plus intégré, le législateur a posé le principe de sa substitution de plein droit aux EPCI à fiscalité propre inclus, en totalité, dans son périmètre (CGCT, art. L. 5217-5). De plus, lorsque le périmètre de la métropole recoupe une partie du périmètre d'un autre EPCI, les communes situées dans ce périmètre sont retirées de plein droit de l'EPCI et rattachées à la métropole.

959. Mission. – La métropole est, à l'évidence, un acteur de l'intercommunalité de projet, par opposition à l'intercommunalité de services. Sa mission ne se limite pas, en effet, à l'accomplissement de tel ou tel service public. En vertu de l'article L. 5217-1 du Code général des collectivités territoriales, elle a pour objet d'associer les communes au sein d'un espace de solidarité pour élaborer et conduire un projet d'aménagement et développement économique, écologique, éducatif, culturel et social de leur territoire afin d'en améliorer la compétitivité et la cohésion. On constate le champ très large des missions de la métropole, destinées à pouvoir recouvrir les compétences les plus fondamentales des agglomérations, notamment dans le domaine économique et social. La référence à la compétitivité reflète la volonté du législateur qui était de permettre la création en France d'institutions territoriales suffisamment puissantes pour être comparées à celles des États européens voisins, particulièrement en Espagne, en Allemagne et en Italie.

960. Compétences. – Les compétences des métropoles sont très larges puisqu'elles peuvent exercer l'ensemble des compétences dévolues aux communes, mais aussi une partie des compétences des départements ou des régions. Un tel transfert de compétence des départements et régions vers l'EPCI existait déjà en matière sociale pour les communautés urbaines, mais dans une ampleur sans commune mesure avec celui opéré par la loi du 16 décembre 2010, pour les métropoles.

961. Compétences obligatoires par substitution aux communes. – Les métropoles se substituent obligatoirement aux communes en matière :

— de développement et d'aménagement économique, social et culturel ce qui comprend la création et la gestion des zones d'activités, l'action de développement économique, la construction, l'aménagement, l'entretien et le fonctionnement d'équipements culturels, socio-culturels, socio-éducatifs et sportifs d'intérêt métropolitain, selon les limites données à cet intérêt par une délibération du conseil de la métropole se prononçant à la majorité des deux tiers deux ans après l'entrée en vigueur du décret de création de la métropole prononçant le transfert de compétences ;

— d'aménagement de l'espace métropolitain ce qui comprend la planification urbaine ;

— de politique locale de l'habitat, ce qui comprend le logement social ;

— de politique de la ville, ce qui comprend le développement local, l'insertion économique et sociale et la prévention de la délinquance ;

— de gestion des services d'intérêt collectif, ce qui comprend les services funéraires, d'assainissement, les services d'incendie et de secours, les abattoirs et les marchés ;

— de protection et de mise en valeur de l'environnement et du cadre de vie, ce qui comprend la lutte contre la pollution, la gestion des déchets et la maîtrise de l'énergie.

962. Compétences obligatoires par substitution au département. – La métropole exerce de plein droit, à l'intérieur de son périmètre, certaines compétences classiques du département, comme les transports scolaires, la gestion des routes du domaine public départemental et les compétences relatives aux zones d'activité et à la promotion à l'étranger du territoire et de ses activités économiques.

963. Compétences obligatoires par substitution à la région. – Le seul transfert de compétence concerne la promotion à l'étranger du territoire et de ses activités économiques.

964. Compétences facultatives exercées par convention avec le département. – La métropole peut conclure une convention avec le département afin d'exercer, à l'intérieur de son périmètre, tout ou partie des compétences départementales dans le domaine de l'action sociale, de la construction de l'aménagement, de l'entretien et du fonctionnement des collèges, du développement économique, du tourisme, de la culture, des équipements et infrastructures sportives.

965. Compétences facultatives exercées par convention avec la région. – La métropole peut exercer, à l'intérieur de son périmètre et après convention avec la région, la compétence de cette collectivité en matière de construction, d'aménagement, d'entretien et de fonctionnement des lycées ainsi que tout ou partie de ses compétences en matière de développement économique.

966. Compétences transférées par l'État. – L'État peut transférer, à titre gratuit, aux métropoles qui en font la demande la propriété, l'aménagement, l'entretien et la gestion de grands équipements et infrastructures.

967. Association à la planification urbaine. – La métropole est associée de plein droit à l'élaboration, à la révision et à la modification des schémas de documents de planification en matière d'aménagement, de transports et d'environnement qui ont une incidence ou un impact sur le territoire de la métropole. La liste en est fixée par décret en Conseil d'État.

968. Mise en perspective. – L'ampleur des compétences de la métropole en font l'EPCI le plus avancé dans la voie de l'intégration. Le législateur a marqué sa volonté de voir le pouvoir local se concentrer au niveau de ces métropoles par un transfert très important des compétences des communes et un empiètement sur celles des départements et des régions même si une convention sera nécessaire en la matière. Ainsi, il s'agit d'une structure supplémentaire qui ne contribue pas à simplifier l'organisation des institutions territoriales.

2. La communauté urbaine

969. Définition. – L'article L. 5215-1 du Code général des collectivités territoriales définit la communauté urbaine comme un EPCI regroupant plusieurs communes d'un seul tenant et sans enclave formant, à la date de sa création, un ensemble de plus de 450 000 habitants qui « *s'associent au sein d'un espace de solidarité, pour élaborer et conduire ensemble un projet commun de développement urbain et d'aménagement de leur territoire* ». Le seuil de création a été rabaissé à 450 000 habitants par la loi du 16 décembre 2010 qui a ainsi permis de le placer en deçà de celui permettant la création des métropoles.

970. Origine et mutation. – La communauté urbaine est le plus ancien EPCI relevant du régime de la fiscalité propre. La catégorie a été créée par la loi du 31 décembre 1966, en même temps que les quatre premières communautés urbaines : celles de Lyon, de Bordeaux, de Lille et de Strasbourg. Douze autres communautés seront créées par la suite, en application de la procédure prévue par la loi : Alençon, Arras, Brest, Cherbourg, Dunkerque, Le Creusot, Le Mans, Marseille, Nancy, Nantes, Nice et Toulouse. Ces créations sont, comme pour la métropole, sans limitation de durée. Mais l'ensemble de ces communautés ne relève pas, pourtant, du même régime. En effet, la loi du 12 juillet 1999 intègre les anciennes communautés urbaines à la nouvelle intercommunalité de projet dont elle jetait les fondations. Dans le même temps, elle a procédé à une rationalisation des compétences obligatoires de ces communautés afin d'inciter davantage de créations. Néanmoins, pour éviter une multiplication des transferts de compétences successifs et une réduction éventuelle des compétences des anciennes communautés, la loi continue de leur appliquer l'ancien régime. Il faut donc distinguer les communautés urbaines, créées antérieurement à la loi du 12 juillet 1999, et postérieurement.

971. Compétences. – Comme les métropoles, les communautés urbaines ont vocation à se voir transférer les compétences de gestion les plus emblématiques des communes. Pour l'essentiel, le pouvoir de police et le celui de délivrer des autorisations d'urbanisme restent, toutefois, de la compétence des communes membres.

972. Compétences obligatoires des nouvelles communautés urbaines. – Les compétences des nouvelles communautés urbaines sont quasiment identiques à celles des métropoles : aménagement économique, social et culturel de l'espace communautaire, aménagement de l'espace communautaire, équilibre social de l'habitat, politique de la ville, gestion des services d'intérêt collectif, protection et mise en valeur de l'environnement du cadre de vie.

973. Compétences après convention avec le département. – Comme la métropole, la communauté urbaine peut se voir transférer, par convention, une partie des compétences du département sur son territoire, en matière d'action sociale et de voirie.

974. Compétences des anciennes communautés urbaines. – Les communautés urbaines établies avant l'entrée en vigueur de la loi du 12 juillet 1999 ont des compétences obligatoires à peu près identiques à celles des nouvelles communautés. Ces compétences figurent à l'article L. 5215-20-1 du Code général des collectivités territoriales. Les principales différences tiennent à ce que :

— d'une part, il peut être décidé, par délibérations prises selon les conditions et les règles de majorité prévues pour la création de la communauté, que la communauté n'exercera pas une partie de ses compétences principalement destinées aux habitants. Il pourra s'agir de celles relatives à la création de zones, aux programmes d'aménagement, à la création et l'extension des cimetières, à la voirie et la signalisation et aux parcs de stationnement ;

— d'autre part, les communes ont pu librement transférer à la communauté des compétences ne figurant pas au sein de la liste des compétences obligatoires. Néanmoins, les anciennes communautés urbaines ont toujours la possibilité d'étendre leurs compétences à celles reconnues aux nouvelles communautés.

3. La communauté d'agglomération

975. Définition. – Les communautés d'agglomération ont été créées par la loi du 12 juillet 1999 afin de donner un cadre juridique aux grands ensembles urbains, constitués depuis la fin des années 1960 et caractérisés par un regroupement de la population, des entreprises et des services autour d'une commune qui en constitue le centre. L'article L. 5216-1 du Code général des collectivités territoriales qui régit la création de la communauté d'agglomération, la définit comme un EPCI regroupant plusieurs communes formant, à la date de sa création, un ensemble de plus de 50 000 habitants d'un seul tenant et sans enclave, autour d'une ou plusieurs communes centre de plus de 15 000 habitants. Le législateur a permis, cependant, la création de communautés urbaines au sein des départements les moins peuplés, en ajoutant que le seuil démographique de 15 000 habitants ne s'applique pas lorsque la communauté d'agglomération comprend la commune la plus importante du département ou le chef-lieu du département. Dans l'hypothèse où la communauté est construite autour du chef-lieu, elle pourra être créée dès le seuil de 30 000 habitants franchi.

976. Seuil de 50 000 habitants. – On doit noter, pour finir, que le seuil de 50 000 habitants peut être apprécié en prenant en compte les modalités spéciales de calcul de population mises en œuvre pour le calcul de la dotation globale de fonctionnement des collectivités telles que figurant à l'article L. 2334-2 du Code général des collectivités territoriales. Le seuil est alors relevé à 60 000 habitants et est ajouté la condition d'une population, issue de ce calcul, supérieure à 50 % de la population totale.

977. Compétences. – Les compétences de la communauté d'agglomération sont réparties en compétences obligatoires et groupes de compétences facultatives :

— les compétences obligatoires regroupent les domaines nécessaires à l'action locale d'une grande agglomération : développement économique, aménagement de l'espace communautaire par la planification urbaine, équilibre social de l'habitat, politique de la ville ;

— les compétences facultatives doivent être choisies à raison de trois groupes de compétences, au minimum, prises au sein des six groupes proposés : création ou aménagement et entretien de voirie d'intérêt communautaire ; assainissement, eau ; protection et mise en valeur de l'environnement et du cadre de vie ; construction, aménagement, entretien et gestion d'équipements culturels et sportifs d'intérêt communautaire ; action sociale d'intérêt communautaire.

978. Intérêt communautaire. – La loi prévoit que certaines compétences ne peuvent être exercées que si elles sont d'intérêt communautaire. Cet intérêt est déterminé à la majorité des deux tiers du conseil de la communauté d'agglomération et doit être défini au plus tard deux ans après l'entrée en vigueur de l'arrêté prononçant le transfert de compétence. À défaut, la communauté exercera l'intégralité de la compétence.

979. Conventions avec le département. – Comme les communautés urbaines, les compétences de la communauté d'agglomération peuvent être étendues à certaines compétences du département en matière d'aide sociale et de déplacement urbain.

4. La communauté de communes

980. Définition. – Les communautés de communes, créées par la loi du 6 février 1992, constituent le mode le plus souple de l'intercommunalité de projet. L'article L. 5214-1 du Code général des collectivités territoriales pose des conditions de création bien plus souples que pour les autres EPCI. Il faut noter, tout particulièrement, l'absence de seuil de création afin de permettre le développement des communautés de communes en milieu rural. La communauté a pour objet d'associer, sur un territoire d'un seul tenant, des communes au sein d'un espace de solidarité en vue de l'élaboration d'un projet commun de développement d'aménagement de l'espace. Elle est créée soit sans fixation de terme, soit pour une durée déterminée par la décision institutive.

981. Compétences. – Les compétences des communautés de communes sont, comme les communautés d'agglomération, divisées en compétences obligatoires et compétences facultatives. La différence tient en ce que l'étendue des compétences n'est pas la même et que le choix des compétences facultatives est plus large.

— la communauté exerce obligatoirement des compétences relatives à l'aménagement du territoire et des actions de développement économique intéressant l'ensemble de la communauté. De plus, lorsque la communauté est soumise à un régime fiscal unifié, elle prend en charge l'aménagement, la gestion et l'entretien des zones d'activité industrielle, commerciale, tertiaire, artisanale, touristique, portuaire ou aéroportuaire d'intérêt communautaire ;

— une compétence au minimum doit, par ailleurs, être exercée choisie parmi six : protection et mise en valeur de l'environnement ; politique du logement et du cadre de vie ; création, aménagement et entretien de la voirie ; construction, entretien et fonctionnement d'équipements culturels et sportifs et d'équipements de l'enseignement pré-élémentaire et élémentaire ; action sociale d'intérêt communautaire ; tout ou partie de l'assainissement.

B Les groupements sans fiscalité propre

982. Parmi les groupements sans fiscalité propre on distingue un EPCI : le syndicat de communes, de groupements non exclusivement intercommunaux : le syndicat mixte et le pôle métropolitain.

1. Le syndicat de communes

983. Définition. – Le syndicat de communes est une forme très souple d'intercommunalité qui permet un transfert plus ou moins important de compétences des communes vers l'établissement. Il s'agit d'une intercommunalité de services et non de projet, l'objet du syndicat étant, en effet, une gestion commune efficace de certains services d'intérêt communautaire, mais pas l'institutionnalisation de cet intérêt (art. L. 5212-1).

984. Création. – La création du syndicat de communes doit se faire conformément aux orientations du schéma départemental de coopération intercommunale (art. L. 5211-6). Elle suppose soit des délibérations concordantes de l'ensemble des communes concernées, soit un accord exprimé par deux tiers au moins des conseils municipaux des communes représentant plus de la moitié de la population totale ou par la moitié au moins des conseils municipaux des communes représentant les deux tiers de la population totale. La liste des communes intéressées est fixée par les préfets ; mais, la création du syndicat suppose toujours une initiative d'un ou de plusieurs conseils municipaux. La création est décidée par un arrêté du ou des préfets des départements concernés.

985. Souplesse. – Le syndicat de communes est marqué par une grande souplesse :

— d'abord, il peut être créé soit pour une durée déterminée soit pour une durée indéterminée (CGCT, art. L. 5212-5) ;

— ensuite, il peut avoir été créé pour la gestion d'un seul objet : il sera syndicat à vocation unique (SIVU) ou d'une pluralité d'objets : il sera syndicat à vocation multiple (SIVOM) ;

— enfin, les communes peuvent n'adhérer à un syndicat que pour une partie de ses compétences. Le syndicalisme sera alors dit « *à la carte* ». Cette possibilité doit figurer dans l'acte constitutif du syndicat. Il est possible de transformer un syndicat de commune classique en syndicat à la carte, sans avoir à créer un nouveau syndicat[5].

Chacune des communes peut décider du type de compétences transférées et du moment de ce transfert. Les délégués des communes n'adhérant pas à l'ensemble des compétences du syndicat – il y a en principe deux délégués par communes, à moins que l'acte constitutif n'en dispose autrement – ne pourront alors participer qu'aux

5. CE, 29 juillet 2001, *Association des consommateurs de la Fontaullière*, req. nº 226630.

délibérations portant sur des questions d'intérêt commun et aux délibérations touchant aux compétences qu'elles auront transférées.

2. Le syndicat mixte

986. Le syndicat mixte peut être fermé ou ouvert :

987. Le syndicat mixte fermé est soumis à un régime juridique identique à celui des syndicats de communes. Il autorise cependant l'association de communes et d'EPCI ou l'association de plusieurs EPCI entre eux.

988. Le syndicat mixte ouvert permet l'adhésion de personnes publiques n'ayant ni la qualité de communes ni celle d'EPCI, à la condition de contenir, au moins, une commune ou un EPCI.

3. Le pôle métropolitain

989. Le pôle métropolitain est issu de la loi de réforme des collectivités territoriales du 16 décembre 2010 (art. L. 5731-1 s.). Il s'agit d'un syndicat mixte fermé d'une nature particulière puisqu'il suppose une association entre EPCI à fiscalité propre formant un ensemble de plus de 300 000 habitants dont l'un des membres doit compter plus de 150 000 habitants. Le pôle mène des actions d'intérêt métropolitain en matière de développement économique, de promotion de l'innovation, de la recherche, de l'enseignement supérieur et de la culture, de développement des infrastructures et des services de transport et d'aménagement de l'espace. Il doit exercer ses compétences pour promouvoir le développement durable du pôle et améliorer la compétitivité et l'attractivité du territoire, ainsi que l'aménagement du territoire infra-régional.

Il est soumis au régime juridique des syndicats mixtes fermés.

§2. Le régime juridique des établissements publics de coopération intercommunale

990. Les règles communes aux EPCI déterminent les modalités de leur création, de leur administration, de leur financement, de leur transformation et de leur dissolution.

A Création de l'EPCI

991. La procédure de création de l'EPCI est placée sous l'autorité du préfet. L'État maîtrise donc ce processus qui, tout en laissant place à une initiative communautaire volontaire, reste une modalité d'aménagement du territoire.

992. Initiative des communes. – La création d'un EPCI peut être à l'initiative des conseils municipaux, mais toutes les communes qui seront, par la suite, incluses dans le périmètre de l'établissement, ne doivent pas obligatoirement en avoir été à l'initiative. En effet, ce périmètre est fixé par le préfet « *dans le délai de deux mois à compter de la première délibération transmise* » (art. L. 5211-5-I, 1°).

993. Initiative du préfet. – Le préfet peut, après avis de la ou des commissions départementales de coopération intercommunale concernées, avoir l'initiative de la création d'un EPCI, sauf pour les métropoles (art. L. 5217-2) et les syndicats de communes (art. L. 5212-2). L'avis est réputé négatif s'il n'a pas été rendu à l'issue d'un délai de deux mois.

994. Le périmètre de l'EPCI. – Il revient au préfet ou aux préfets des départements concernés de définir le périmètre du futur EPCI. Même saisi d'une demande concordante, il peut refuser sa création. À l'inverse, le préfet peut inclure une commune dans ce périmètre alors même que celle-ci n'a pas émis de vote favorable en ce sens. Les deux seules contraintes sont la continuité territoriale du futur établissement qui doit regrouper plusieurs communes d'un seul tenant et sans enclave et ne pas correspondre exactement aux frontières d'un département afin d'éviter une concurrence entre les deux institutions territoriales.

995. Approbation des conseils municipaux. – Le périmètre fixé par le préfet par un arrêté dressant la liste des communes intéressées, accompagné des statuts du futur EPCI, leur est notifié. Celles-ci disposent d'un délai de trois mois pour se prononcer à compter de la notification. À défaut de délibération dans ce délai, celle-ci est réputée favorable. Pour que la création de l'EPCI puisse se faire, l'arrêté préfectoral doit obtenir

— dans tous les cas, l'accord des deux tiers au moins des conseils municipaux des communes intéressées représentant plus de la moitié de la population totale de celles-ci, ou par la moitié au moins des conseils municipaux des communes représentant les deux tiers de la population ;

— pour la création d'un syndicat de commune, l'accord des conseils municipaux des communes dont la population est supérieure au quart de la population totale concernée ;

— pour la création d'un EPCI à fiscalité propre : communauté de communes, communauté d'agglomération, communauté urbaine, métropole, le conseil municipal de la commune dont la population est supérieure à la moitié de la population totale concernée ou, à défaut, de la commune dont la population est la plus importante. La loi du 16 décembre 2010 a imposé cette condition renforcée aux communautés de communes qui était, auparavant, soumises au même régime que les syndicats de communes.

996. Intégration forcée. – Des communes opposées à leur intégration dans le périmètre d'un EPCI peuvent donc y être intégrées par le vote concordant de communes voisines. Les conditions de majorité imposent simplement la manifestation d'un intérêt communautaire de la majorité de la population, de ses représentants et de la commune la plus importante qui servira de centre de gravité au nouvel établissement.

997. Décision de création. – La décision de créer l'EPCI appartient à l'État, par la voie du préfet ou des préfets de département concernés ou par décret en Conseil d'État lorsqu'il s'agit d'une métropole. L'EPCI se substitue alors dans les droits, les biens et les obligations des communes pour l'exercice des compétences qui lui sont transférées. Il est affectataire des biens, exerce toutes les prérogatives du propriétaire ; mais, il n'y a pas de transfert de propriété de ces biens qui restent dans le domaine des communes.

998. Fusion. – Un EPCI peut naître de la fusion de plusieurs EPCI sans, pour autant, que ces derniers ne soient auparavant dissous. Cette possibilité qui introduit beaucoup de souplesse dans l'évolution des établissements, a été permise par la loi du 13 août 2004. Cependant, la fusion doit toujours aller dans le sens d'une plus grande intégration des EPCI. Ainsi, l'article L. 5211-41-3 du Code général des collectivités territoriales qui l'organise impose,

— d'une part, la fusion au profit d'un EPCI à fiscalité propre, ce qui permet la transformation des syndicats en communautés de communes,

— d'autre part, que l'établissement issu de la fusion relève de la catégorie de celui des EPCI à fiscalité propre inclus dans le projet auquel la loi a confié le plus grand nombre de compétences ou d'une catégorie disposant de compétences obligatoires en nombre supérieur.

999. Initiative de la fusion. – L'initiative de la fusion appartient concurremment au préfet, à un ou des conseils municipaux des communes membres ou aux commissions départementales de la coopération intercommunale. La procédure est ensuite calquée sur la procédure de création des ECPI. L'arrêté préfectoral fixant le périmètre du futur établissement est notifié aux maires de chaque commune incluse dans le périmètre. Les conseils municipaux disposent de trois mois pour se prononcer ; à défaut, leur avis est réputé favorable. Le projet de périmètre est également soumis pour avis aux EPCI dont la fusion est projetée et à la commission départementale de coopération intercommunale. Celle-ci peut adopter à la majorité des deux tiers de ses membres des modifications du projet de périmètre qui doivent alors être intégrées à l'arrêté du préfet.

1000. Décision de fusion. – La fusion pourra être prononcée par arrêté préfectoral, après accord des conseils municipaux exprimé par deux tiers au moins des conseils municipaux de toutes les communes incluses dans le projet de périmètre représentant plus de la moitié de la population totale de celles-ci, ou par la moitié au moins des conseils municipaux représentant les deux tiers de la population. Ces majorités doivent, en outre, comprendre nécessairement au moins un tiers des conseils municipaux des communes qui sont regroupées dans chacun des EPCI dont la fusion est envisagée.

1001. Le préfet arrête le périmètre du futur établissement et le notifie au maire de chaque commune incluse dans le projet.

B Administration de l'EPCI

1002. Modèle de l'établissement public. – L'organisation administrative des EPCI suit le modèle de celui d'un établissement public ou d'une collectivité territoriale. Il est administré par une assemblée et dirigé par un président et des vices présidents, membres du bureau de l'établissement. L'une des différences fondamentales entre l'EPCI et la collectivité territoriale tenait à ce que les représentants à l'assemblée de l'EPCI étaient désignés par les conseils municipaux qu'ils représentaient. La loi du 16 avril 2010 a introduit un grand changement, en posant le principe de l'élection directe des conseillers communautaires pour les communes de plus de 3 500 habitants. Seuls les membres de l'assemblée des syndicats de communes et d'agglomération restent désignés par les conseils municipaux.

1003. Le mandat des conseillers communautaires est lié à celui des conseillers municipaux de la commune dont ils sont les délégués. Le président de l'EPCI est élu pour six ans.

C Financement

1004. EPCI à fiscalité propre et EPCI sans fiscalité propre. – Le financement des EPCI dépend de ce que la loi leur reconnaît ou non une fiscalité propre. On rappelle ici que les EPCI à fiscalité propre sont les communautés de communes, les communautés urbaines, les syndicats d'agglomération, les communautés d'agglomération et les métropoles. Les syndicats de communes n'ont pas de fiscalité propre.

1005. Ressources spécifiques des EPCI à fiscalité propre. – Les EPCI à fiscalité propre peuvent être soumis au système de la fiscalité additionnelle ou au système hérité de l'ancienne taxe professionnelle unique (TPU), instituée par la loi du 12 juillet 1999. La taxe professionnelle (TP) est désormais remplacée par la contribution économique territoriale (CET).

1. Ressources financières spécifiques aux EPCI à fiscalité propre

1006. Les EPCI à fiscalité propre peuvent avoir recours à la fiscalité dite additionnelle ou au système hérité de l'ancienne taxe professionnelle unique (TPU), instituée par la loi du 12 juillet 1999.

1007. L'ancienne taxe professionnelle unique. – La loi du 12 juillet 1999 avait institué une taxe professionnelle unique afin de substituer certains EPCI aux communes membres pour la fixation du taux et la perception de cette taxe. Ce système permettait, tout à la fois, de donner une autonomie de gestion à l'EPCI, de permettre une véritable politique fiscale communautaire et de mettre fin à une éventuelle concurrence fiscale entre collectivités.

1008. Abandon de la taxe professionnelle. – L'abandon de la taxe professionnelle par la loi du 20 décembre 2009 de finances pour 2010 et son remplacement par la CET, basée sur les cotisations foncières et sur la valeur ajoutée des entreprises, n'a pas mis fin au régime précédent qui devient celui de la CET unique. Ce régime s'applique de plein droit aux métropoles, syndicats d'agglomération nouvelle et communautés d'agglomération sans que les communes membres ou l'EPCI puissent s'y opposer.

1009. Faculté d'opposition à la CET unique. – Les communautés urbaines et les communautés de communes de 500 000 habitants et plus se voient aussi appliquer la CET unique de plein droit ; mais, elles peuvent s'y opposer. En revanche, cette fiscalité n'est pas de plein droit pour les communes de 500 000 habitants et moins qui peuvent, néanmoins, décider de s'y soumettre par une délibération votée à la majorité des membres de l'EPCI.

1010. L'opposition des communautés de communes de plus de 500 000 habitants et des communautés urbaines devra se faire par une délibération contraire :

— pour les communautés de communes de plus de 500 000 habitants, de la moitié des membres ;

— pour les communautés urbaines, de la moitié au moins des conseils municipaux des communes comprenant le conseil municipal de la commune dont la population est supérieure à la moitié de la population totale concernée ou, à défaut, de la commune dont la population est la plus importante.

1011. Par ailleurs, on doit noter que les communautés urbaines qui existaient avant l'entrée en vigueur de la loi du 12 juillet 1999, avaient la possibilité de rejeter, avant le 31 décembre 2001, le principe de la taxe unique. En l'absence de rejet, et à compter de cette date les communautés urbaines se voient appliquer de plein droit la taxe, sauf opposition.

1012. Fiscalité additionnelle. – Les communautés de communes de 500 000 habitants et moins se voient appliquer le régime de la fiscalité additionnelle ainsi que les communautés de communes de plus de 500 000 habitants et les communautés urbaines qui se sont opposées à la CET unique. L'EPCI prélève ainsi une taxe supplémentaire sur les impôts communaux : taxes foncières, taxe d'habitation, CET. La loi du 12 juillet 1999 a permis aux EPCI, soumis à la fiscalité additionnelle, de pratiquer une taxe professionnelle de zone, désormais CET. Pour ce faire, l'EPCI doit créer une zone d'activité économique sur laquelle se verra appliquer une CET unique afin de permettre le développement de la zone par l'incitation fiscale. Le régime est donc mixte : l'EPCI perçoit la CET sur cette zone et les impôts additionnels en dehors.

1013. Dotation de l'État. – Les EPCI à fiscalité propre reçoivent des dotations de l'État après péréquation entre les catégories d'EPCI et entre chaque EPCI au sein d'une même catégorie. Il s'agit de la dotation d'intercommunalité et de la dotation pour compensation pour la taxe sur la valeur ajoutée.

1014. Dotation globale de fonctionnement. – L'article L. 5211-28-2 prévu par la loi du 16 décembre 2010 permet aux EPCI à fiscalité propre de se substituer aux communes dans la perception de leur dotation globale de fonctionnement prévue par la loi de finances. En contrepartie, l'EPCI devra une dotation de reversement à la commune.

1015. Autres ressources. – Les EPCI bénéficient des ressources non fiscales – hors dotations – similaires à celles des collectivités territoriales ou des établissements publics : revenu des biens meubles ou immeubles, subventions, produits des legs et des dons, rémunération des services rendus, produit des emprunts.

2. Ressources financières spécifiques aux EPCI sans fiscalité propre

1016. Contribution des communes. – Les EPCI sans fiscalité propre reçoivent une grande part de leurs recettes de la contribution obligatoire que devra leur verser les communes membres, dans une proportion définie par les statuts de l'EPCI (art. L. 5212-20). Cette contribution qui figure au nombre des dépenses obligatoires, devra respecter une juste péréquation entre les communes qui sera souvent fonction du nombre d'habitants.

1017. Substitution à la contribution des communes. – L'article L. 5212-20 du Code prévoit que le comité de l'EPCI peut décider de remplacer, en tout ou partie, la contribution par le produit des impôts locaux. Mais la mise en recouvrement de ces impôts ne peut être poursuivie que si le conseil municipal concerné, obligatoirement consulté dans un délai de quarante jours, ne s'y est pas opposé, en affectant d'autres ressources au paiement de sa quote-part.

1018. Autres ressources. – Les ressources non fiscales des EPCI sans fiscalité propre sont identiques à celles des EPCI à fiscalité propre. Ils ne bénéficient pas, en revanche, de la dotation d'intercommunalité de la part de l'État. Ils perçoivent, cependant, certaines dotations comme la dotation globale d'équipement ou la dotation pour compensation pour la taxe sur la valeur ajoutée.

D Transformation

1019. Les lois du 12 juillet 1999 et du 13 août 2004 ont assoupli les frontières entre les différents types d'EPCI, en permettant le passage d'un statut à un autre, l'élargissement ou la réduction de leurs périmètres ou encore leur fusion.

1020. Changement de statut d'un EPCI à fiscalité propre. – La transformation d'un EPCI d'une catégorie en un EPCI d'une autre catégorie est possible, sans dissolution préalable, pour ceux qui sont dotés d'une fiscalité propre. Cette transformation, prévue à l'article L. 5211-41 du Code général des collectivités territoriales, suppose que l'EPCI d'origine exerce déjà les compétences fixées par le Code général des collectivités territoriales pour une autre catégorie d'EPCI à fiscalité propre.

1021. Décision de transformation. – La transformation nécessite une délibération concordante des conseils municipaux des communes membres qui doivent se prononcer dans les mêmes conditions que pour la création d'un EPCI. Le conseil municipal de chaque commune dispose d'un délai de trois mois à compter de la notification au maire de la délibération de l'organe délibérant de l'EPCI pour se prononcer sur la transformation proposée. À défaut de délibération dans ce délai, sa décision est réputée favorable. La transformation est alors prononcée par arrêté du préfet du département ou par arrêté conjoint des préfets des départements concernés.

1022. Changement de statut d'un syndicat de commune. – L'article L. 5211-41-2 du Code général des collectivités territoriales prévoit qu'un syndicat de communes peut se transformer en EPCI à fiscalité propre lorsqu'il exerce les compétences fixées par le Code pour les communautés d'agglomération ou les communautés de communes. La transformation se fait dans les mêmes conditions que pour celle prévues à l'article L. 5211-41.

1023. Élargissement du périmètre. – La transformation d'un EPCI peut être l'occasion d'élargir son périmètre. Cette extension est à l'initiative du préfet qui peut décider l'inclusion de nouvelles communes lorsque celle-ci est de nature à assurer la cohérence spatiale et économique ainsi que la solidarité financière et sociale nécessaire au développement du territoire. La commission départementale de la coopération intercommunale doit rendre un avis dans les deux mois ; à défaut, l'avis est réputé négatif. L'extension du périmètre suppose, cependant, l'accord du conseil de l'établissement public ainsi que des deux tiers au moins des conseils municipaux de toutes les communes incluses dans le futur périmètre et représentant plus de la moitié de la population totale de celles-ci ou de la moitié au moins des conseils municipaux de ces communes représentant les deux tiers de la population À défaut de délibération dans le délai de trois mois à compter de la notification du projet d'extension de périmètre, l'accord est réputé donné.

1024. Réduction du périmètre des EPCI à fiscalité propre. – La réduction du périmètre de l'EPCI peut être la conséquence du retrait d'une ou de plusieurs communes. Le législateur a, toutefois, strictement encadré les possibilités de retrait :

— en premier lieu, le retrait est impossible pour les communes membres d'une communauté urbaine ou d'une métropole ;

— en deuxième lieu, pour les communes membres des autres EPCI, le consentement de l'organe délibérant est obligé ;

— en troisième lieu, les conseils municipaux des communes membres doivent exprimer leur accord dans les conditions de majorité requises pour la création de l'établissement. Le conseil municipal de chaque commune dispose d'un délai de trois mois à compter de la notification de la délibération. À défaut, la décision est réputée défavorable ;

— en quatrième lieu, le retrait des communes membres d'un EPCI auquel s'applique la CET unique ne peut avoir lieu qu'à la fin de la période d'unification des taux ;

— en cinquième et dernier lieu, la décision de retrait est prise par le préfet qui dispose d'un pouvoir discrétionnaire en la matière.

1025. Cas de l'adhésion d'un membre à un EPCI à fiscalité propre. – Il faut réserver, cependant, le cas où le retrait est nécessité par la volonté d'une commune membre d'un syndicat ou celle d'une communauté de communes d'adhérer à un EPCI a fiscalité propre. Dans ce dernier cas, une autorisation du préfet, donnée après avis de la commission départementale de coopération intercommunale, suffit.

1026. Réduction du périmètre des syndicats de communes. – Le retrait de communes d'un syndicat de communes est soumis à des dispositions dérogatoires à l'article L. 5211-19 figurant aux articles L. 5212-29 et suivants. Il faut distinguer quatre situations :

— une modification de la réglementation du syndicat ou de la situation de la commune, au regard de cette réglementation, rend la participation de celle-ci au syndicat sans objet. Le retrait est alors autorisé par le préfet, après avis de la commission départementale de la coopération intercommunale ;

— le retrait est nécessaire soit en totalité, pour permettre l'adhésion d'une commune membre du syndicat à une communauté de communes, soit, de façon partielle, pour permettre à la commune de retirer certaines de ses compétences au syndicat afin de les transférer à la communauté de communes dont elle est membres. Le préfet autorise alors ce retrait dans les mêmes conditions que précédemment ;

— une modification initiée par le syndicat des dispositions statutaires relatives à la représentation des communes adhérant depuis au moins six ans au comité du syndicat ou aux compétences exercées par le syndicat ou à la contribution des communes aux dépenses du syndicat, est de nature à compromettre, de manière essentielle, son intérêt à participer à l'objet syndical. La commune, dans un délai de six mois à compter de la modification, peut demander au syndicat son retrait. À défaut de décision favorable du syndicat dans un délai de six mois, la commune peut demander au préfet, après avis de la commission départementale de la coopération intercommunale, d'autoriser son retrait. L'avis est réputé négatif s'il n'a pas été rendu à l'issue d'un délai de deux mois ;

— lorsqu'une commune s'est vu refuser une modification initiée par elle des dispositions statutaires du syndicat relatives à la représentation des communes au comité du syndicat ou aux compétences exercées par le syndicat, ou à la contribution des communes aux dépenses du syndicat alors que ces dispositions sont de nature à compromettre, de manière essentielle, son intérêt à participer à l'objet syndical, cette hypothèse est assimilée, par la jurisprudence, à celle antérieure de la modification initiée par le syndicat[6].

1027. Continuité territoriale. – La transformation des EPCI doit respecter le principe de continuité territoriale qui prévaut lors de sa création[7].

6. CE, 7 juillet 2000, *SITCOM de la région d'Issoudun*, *Rec.*, p. 304, *DA* 2000, n° 219.

7. CE, 28 décembre 2005, *Commune de Poigny*, *AJDA* 2006, p. 60 ; *JCP* A 2006, n° 1019, concl. E. Glaser ; *BJCL* 2006, p. 217, note L. Touvet ; *coll. terr.* 2006 ; n° 45, note L. Erstein.

Chapitre 3
La libre administration des collectivités territoriales

1028. Reconnaissance constitutionnelle. – La libre administration des collectivités territoriales est reconnue par la Constitution en ses articles 34 et 72, alinéa 3. L'article 34 confère à la loi la compétence pour garantir les principes fondamentaux « *de la libre administration de collectivités territoriales, de leurs compétences et de leurs ressources* ». Tandis que l'article 72, alinéa 3 dispose que « *dans les conditions prévues par la loi,* [les] *collectivités territoriales s'administrent librement par des conseils élus* ».

1029. Signification. – Bien que la majeure partie de la doctrine considère que la libre administration constitue un principe à part entière, appuyée en cela par la jurisprudence du Conseil d'État qui considère que la libre administration constitue une liberté fondamentale pouvant faire l'objet d'une procédure de référé liberté de l'article L. 521-2 du Code de justice administrative[1], certains auteurs ont pu remarquer avec raison, que le principe est dénué de toute unité et ne peut être qualifié comme tel parce qu'il ne renvoit pas à un régime juridique unique[2]. La libre administration est alors assimilée, non à un principe, mais à une notion juridique renvoyant à une diversité de principes : élection, liberté d'organisation, autonomie de gestion. Cependant il est impossible de suivre ces auteurs dans la distinction opérée par eux entre protection de la libre administration, préservation des compétences des collectivités et attribution des ressources financières. En effet, l'octroi de compétences minimales et de ressources financières est une condition d'existence de la libre administration.

1030. Décentralisation et libre administration. – La libre administration ne s'assimile pourtant pas à la décentralisation qui décrit un

1. CE Sect. 18 janvier 2001, *Commune de Venelles*, *Rec.*, p. 18, concl. L. Touvet, *RFDA* 2001, p. 681, note M. Verpeaux ; CE, 12 juin 2002, *Commune de Fauillet*, *Rec.*, p. 215 ; *AJDA* 2002, p. 590, chron. F. Donnat et D. Casas.
2. En ce sens, J. Ferstenbert, F. Priet, P. Quilichini, *Droit des collectivités territoriales*, Dalloz, coll. « Hyper Cours », 2009, n° 107 s.

processus nécessitant la reconnaissance d'une liberté d'administration. La décentralisation est un mode d'organisation de l'État unitaire, décidé par le pouvoir de révision qui en assure la réalisation, en reconnaissant aux collectivités territoriales la liberté fondamentale de s'administrer. La libre administration se déduit donc de la décentralisation et non l'inverse.

1031. Les conditions de la libre administration. – Les conditions de la libre administration des collectivités territoriales ont évolué depuis la version originaire de la Constitution de 1958 qui autorisait sa conciliation avec une tutelle forte de l'État, laquelle ne serait plus compatible avec son interprétation contemporaine. Les lois de 1982 et 1983 ont fait évoluer l'interprétation du principe qui contient de nouvelles exigences qu'il reste toutefois impossible de définir avec précision. Tout au plus peut-on indiquer que les collectivités doivent, pour s'administrer librement, disposer d'un certain nombre de compétences, d'un pouvoir discrétionnaire et d'administrateurs autonomes. Pour ce faire, les collectivités doivent être protégées contre les ingérences excessives des institutions de l'État.

1032. Triple garantie de la libre administration. – Il résulte de la jurisprudence que le principe de libre administration des collectivités territoriales repose sur une triple garantie :

— une « *garantie de compétence* » nécessitant l'intervention du législateur ;

— une « *garantie de proportionnalité* » par l'exercice d'un contrôle de la nécessité et de l'utilité des limites portées à la libre administration ;

— une « *garantie de substance* » par laquelle est défini un seuil minimum de compétences et de ressources au profit des collectivités[3].

1033. Préservation de l'indivisibilité de la République. – La libre administration des collectivités territoriales qui est le moyen permettant d'instaurer l'organisation décentralisée de la République reconnue à l'article 1er de la Constitution de 1958 doit, par conséquent, être conciliée avec le principe de son indivisibilité.

1034. Le juge constitutionnel a la lourde tâche de procéder à une telle conciliation, en préservant l'indivisibilité de la République et en

3. Sur ces trois garanties voir B. Faure, « La constitutionnalisation du droit des collectivités locales », *LPA* 15 avril 1999, n° 75, p. 12 ; « Existe-t-il un pouvoir local en droit constitutionnel français ? », *RDP* 1996, p. 1539 ; « Le rôle du juge constitutionnel dans l'élaboration du droit des collectivités locales », *Pouvoirs* 2001, n° 99, p. 117 ; *Droit des collectivités territoriales*, coll. Précis, Dalloz, 2009, n° 21 à 29.

garantissant la libre administration des collectivités territoriales, tout à la fois.

Section 1
La préservation de l'indivisibilité de la République

1035. Protection jurisprudentielle. – Le juge constitutionnel est traditionnellement assez ferme dans sa jurisprudence relative au principe d'indivisibilité qu'il conçoit comme une frontière du principe de libre administration lorsque sont en cause la protection des droits et libertés, la souveraineté et le principe de légalité.

§1. Indivisibilité territoriale des droits et libertés

1036. Indivisibilité des droits et libertés. – L'indivisibilité de la République est d'abord l'indivisibilité territoriale des droits et libertés. Elle suppose, par conséquent, l'égalité de tous les citoyens devant ces droits et libertés, quel que soit le territoire concerné par l'instauration une double limite à l'organisation décentralisée de la République et à la libre administration des collectivités territoriales :

— d'un côté, le législateur devra apporter les limites nécessaires aux compétences qu'il reconnaît aux collectivités territoriales afin de s'assurer que leur mise en œuvre ne puisse créer de rupture d'égalité dans les conditions d'application d'un droit ou d'une liberté ;

— d'un autre côté, le législateur ne pourra conférer de droits spécifiques aux habitants ou à un groupe social ou linguistique se reconnaissant dans une part du territoire national.

1037. Limitation des compétences locales. – On sait que l'article 34 de la Constitution réserve au législateur, et donc à l'État[4], le soin de fixer les règles concernant les « *garanties fondamentales accordées aux citoyens pour l'exercice des libertés publiques* ». Or

4. En tant que, dans un État unitaire, le pouvoir législatif est et ne peut être qu'un pouvoir d'État.

dans l'exercice de leurs compétences les collectivités territoriales seront conduites à conditionner l'exercice des droits et libertés de leurs administrés : une mesure de police portera obligatoirement atteinte à la liberté d'aller et de venir, le refus d'accorder une aire à un établissement privé d'enseignement limitera nécessairement l'exercice de la liberté d'enseignement. Si le législateur ne limite pas suffisamment les compétences locales, il autorisera ces dernières à influer directement sur les garanties d'exercice des libertés publiques des administrés, en violation directe de l'article 34 de la Constitution. C'est la raison pour laquelle le Conseil constitutionnel censure les lois attributives de compétences lorsque celles-ci confèrent un pouvoir discrétionnaire trop large aux collectivités territoriales.

1038. Liberté d'enseignement. – Pour prendre l'exemple de la liberté d'enseignement, il faut citer la décision *Dispositions diverses relatives aux rapports entre l'État et les collectivités territoriales du 18 janvier 1985 par laquelle* le Conseil juge que le principe de libre administration ne saurait conduire à ce que les conditions essentielles d'application d'une loi organisant l'exercice d'une liberté publique dépendent de décisions des collectivités territoriales et puissent ne pas être les mêmes sur l'ensemble du territoire[5]. À cette décision fait écho la décision *Conditions de l'aide aux investissements des établissements d'enseignement privé par les collectivités territoriales* du 13 janvier 1994 par laquelle le Conseil constitutionnel censure une loi qui offrait une trop grande latitude aux collectivités territoriales dans l'attribution d'aides aux investissements d'établissements privés d'enseignement. Pour le Conseil, « *si le principe de libre administration des collectivités locales a valeur constitutionnelle, les dispositions que le législateur édicte ne sauraient conduire à ce que les conditions essentielles d'application d'une loi relative à la liberté de l'enseignement dépendent de décisions des collectivités territoriales et, ainsi, puissent ne pas être les mêmes sur l'ensemble du territoire* »[6]. Mais ce n'est là qu'un exemple car cette jurisprudence

5. CC, 18 janvier 1985, *Dispositions diverses relatives aux rapports entre l'État et les collectivités territoriales,* déc. n° 84-185 DC ; *AIJC* 1985, p. 416, note B. Genevois ; *RFDA* 1985, p. 624, note P. Delvolvé.

6. CC, 13 janvier 1994, *Conditions de l'aide aux investissements des établissements d'enseignement privé par les collectivités territoriales* déc. n° 93-329 DC, *AJDA* 1994, p. 132, note J.-P. Costa ; *LPA* 12 août 1994, n° 96, p. 22, F. Leclercq ; *RA* 1994, p. 61, note J.-M. Pontier ; *RFDA* 1994, p. 209, note B. Genevois ; *RFDC* 1994, p. 325, note L. Favoreu ; *LPA* 29 mars 1995, n° 38, p. 4, note M. Verpeaux ; *RFDA* 1996, p. 79, note H. Savoie.

ne s'applique pas seulement à la liberté d'enseignement, mais à l'ensemble des droits et libertés[7].

1039. Droits sociaux. – Du reste, le Conseil constitutionnel suit une jurisprudence identique pour la protection des droits sociaux figurant dans le Préambule de 1946. Il considère ainsi que les compétences des collectivités territoriales relatives à l'attribution de prestations relevant de tels droits devront être suffisamment encadrées afin de prévenir la survenance « *de ruptures caractérisées d'égalité* » dans la mise en œuvre des dispositions du Préambule. Il en est ainsi, par exemple, de « *l'exigence de solidarité nationale* » déduite de son alinéa 11 qui nécessite d'encadrer l'attribution au département de compétences pour la mise en œuvre de la prestation spécifique dépendance, du revenu minimum d'insertion (RMI), devenu revenu de solidarité active (RSA), ou encore de l'objectif de valeur constitutionnelle de la possibilité pour toute personne de disposer d'un logement décent qui nécessite d'encadrer la compétence du département dans la gestion du fonds de solidarité pour le logement et celle des communes pour la reconstruction et la réfection des logements des étudiants[8].

1040. Uniformité de la protection des droits et libertés. – La jurisprudence comme le pouvoir de révision excluent ainsi les droits et libertés du champ d'application des avancées les plus conséquentes du droit de la décentralisation territoriale et du principe de libre administration. On trouve des exemples caractéristiques de la limitation du processus de décentralisation par la nécessité de la protection uniforme des droits et libertés sur l'ensemble du territoire, lorsque le pouvoir de révision ou le législateur donnent, l'un ou l'autre, aux institutions territoriales la possibilité d'adapter la réglementation nationale aux spécificités de leur territoire. Cette adaptation n'est possible que sous réserve des conditions essentielles d'exercice d'une liberté publique. Le Conseil constitutionnel a posé pour la première fois cette réserve à propos des compétences conférées à la collectivité

7. Pour une application plus large qu'à la seule liberté d'enseignement : CC, 9 avril 1996, *Statut d'autonomie de la Polynésie française I*, déc. n° 96-373 DC, *AJDA* 1996, p. 371, note O. Schrameck ; *LPA* 4 septembre 1996, n° 107, p. 6, chron. B. Mathieu et M. Verpeaux et 4 décembre 1996, n° 146, p. 5, note D. Turpin et p. 6 ; *RFDC* 1996, p. 589, note A. Roux.

8. Voir, respectivement, les décisions n° 96-387 DC du 21 janvier 1997, *Prestation spécifique dépendance*, n° 2003-487 DC du 18 décembre 2003, *Décentralisation en matière de RMI et création d'un revenu minimum d'activité* et n° 2004-503 DC du 12 août 2004, *Libertés et responsabilités locales*.

territoriale de Corse[9]. On la retrouve dans trois dispositions constitutionnelles :

— d'abord, lorsque l'article 72 de la Constitution permet aux collectivités de déroger, à titre expérimental, aux lois et règlements qui régissent l'exercice de leur compétence ce n'est que sous réserve de ne pas mettre en cause « *les conditions essentielles d'exercice d'une liberté publique ou d'un droit constitutionnellement garanti* » (al. 4) ;

— ensuite, dès lors que les départements et régions d'outre-mer (DROM) de l'article 73 de la Constitution peuvent, dans les conditions et sous les réserves de la loi organique du 21 février 2007[10], nécessaire à son application, décider d'adapter les lois et règlements, sur habilitation législative ou réglementaire de l'État, selon le cas, soit dans les matières où ils exercent leurs compétences (al. 2) soit dans les matières du droit législatif ou réglementaire de l'État (al. 3)[11], ces adaptations ne peuvent pas porter non plus sur « *les conditions essentielles d'exercice d'une liberté publique ou d'un droit constitutionnellement garanti* » (al. 6) ;

— enfin, il en est de même pour les collectivités d'outre-mer (COM) de l'article 74 de la Constitution (al. 4), malgré une autonomie plus affirmée. De plus, si les COM, dotées d'un statut d'autonomie (al. 7), peuvent participer aux compétences de l'État, sous son contrôle, ce sera « *dans le respect des garanties accordées sur l'ensemble du territoire national pour l'exercice des libertés publiques* » (al. 11).

1041. Inconstitutionnalité de droits territoriaux. – La libre administration des collectivités territoriales n'est donc pas la libre administration des droits et libertés qui permettrait l'émergence de droits spécifiques en fonction des spécificités territoriales. Dans sa décision *Charte européenne des langues régionales ou minoritaires* du 15 juin 1999, le Conseil constitutionnel a ainsi jugé qu'une telle Charte porte atteinte au principe d'indivisibilité et d'égalité en ce qu'elle confère des droits collectifs à un groupe social déterminé par sa langue et par son territoire[12]. Le principe de libre administration est

9. CC, 17 janvier 2002, *Loi relative à la Corse*, déc. n° 2001-454 DC, *AJDA* 2002, p. 100, note J.-E. Schoettl ; *DA* 2002, p. 3, note J.-M. Auby ; *RFDA* 2002, p. 459, note M. Verpeaux et p. 459, note B. Faure ; *RFDC* 2002, p. 410, note L. Favoreu ; *D.* 2003, p. 1124, note X. Magnon.

10. CGCT, art. LO 3445-1 s. pour les DOM et LO 4435-1 s. pour les ROM.

11. En ce cas, le département et la région de La Réunion exceptés, par application de l'art. 73, al. 5.

12. CC, 15 juin 1999, *Charte européenne des langues régionales ou minoritaires, déc.* n° 99-412 DC ; *AJDA* 1999, p. 573, note J.-E. Schoettl ; *RDP* 1999, p. 985, note F. Mélin-Soucramanien ; *JCP* 2000, I, n° 201, chron. B. Mathieu et M. Verpeaux ; *RFDA* 2001, p. 59, note P. Fraisseix ; *RFDC* 1999, p. 594, note M. Verpeaux.

par conséquent un principe de second rang, puisqu'il doit être interprété conformément au principe d'égalité de tous les citoyens dans les conditions d'application des droits et des libertés qui leur sont reconnus tant par la Constitution que par la loi.

§ 2. Indivisibilité et souveraineté nationale

1042. Indivisibilité de la souveraineté nationale. – L'indivisibilité de la République est directement liée à l'indivisibilité de la souveraineté nationale qui, en vertu de l'article 3 de la Constitution, « appartient au peuple ». Diviser le peuple serait diviser la souveraineté et reconnaître l'existence de plusieurs Nations dont les peuples seraient titulaires chacun d'une parcelle. Une telle conception contreviendrait aux principes d'unité et d'indivisibilité de la souveraineté qui constituent les principes fondateurs de l'État français depuis Jean Bodin : il existe un seul souverain, la Nation entité abstraite qui trouve sa concrétisation dans un peuple exprimant sa volonté soit directement par le référendum, soit par la médiation de représentants. L'indivisibilité de la République suppose l'indivisibilité du peuple français, seul titulaire de tous les attributs du souverain.

1043. Unité du peuple français. – La jurisprudence constitutionnelle respecte parfaitement ces principes en censurant les dispositions législatives pouvant entraîner la division du peuple français. La décision *Statut de la collectivité territoriale de Corse* du 9 mai 1991 est de principe, en la matière. Le Conseil constitutionnel y censure la reconnaissance d'un peuple corse considéré comme « *composante du peuple français* », se fondant sur le principe d'indivisibilité de la République et l'unité constitutionnelle du peuple français[13]. Cette jurisprudence est prolongée par des décisions relatives aux langues régionales, au suffrage et la représentation électorale.

1044. Langues régionales. – D'abord, dans sa décision précitée *Charte européenne des langues régionales* du 15 juin 1999, l'inconstitutionnalité de la Charte européenne des langues régionales était, certes, fondée sur la règle constitutionnelle selon laquelle la langue de la République est le français (Const., art. 2) mais aussi sur la crainte de voir, par la reconnaissance de la langue, émerger des groupes

13. CC, La décision n° 91-290 DC du 9 mai 1991, *Loi portant statut de la collectivité territoriale de Corse* est de principe en la matière (*RFDA* 1991, p. 234, note R. Etien et p. 407, note B. Genevois ; *RFDC* 1991, p. 305 et 487 note L. Favoreu ; *LPA* 1991, n° 80, p. 21 note C. Houteer et n° 82, p. 20, note C. Carpentier ; *RDP* 1991, p. 484 et 943, note F. Luchaire ; *RUDH* 1991, p. 381, note C. Grewe).

territoriaux aux droits spécifiques en opposition avec « *le principe d'unicité du peuple français* », déduit de l'article 1er de la Constitution.

1045. Parité. – Ensuite, dans les décisions *Quotas par sexe I* du 18 novembre 1982 et *Quotas par sexe II* du 14 janvier 1999[14], le Conseil constitutionnel censure, avant la révision constitutionnelle du 28 juin 1999 introduisant le principe selon lequel la loi favorise l'égal accès des hommes et des femmes aux mandats électoraux et fonctions électives (Const., art. 1er), l'introduction par la loi de quotas de candidats de même sexe aux élections locales. Pour ce faire, il tire de l'article 6 de la Déclaration des droits de l'homme et du citoyen de 1789 reconnaissant l'égalité des citoyens devant la loi et leur égale admissibilité aux places et emplois publics, l'impossibilité constitutionnelle de division par catégorie des électeurs ou des éligibles pour tout suffrage politique. Bien que ni l'indivisibilité de la République, ni l'unité du peuple français n'y soient évoqués, cette décision doit être rattachée aux mêmes fondements que ceux qui fondent la jurisprudence précitée.

1046. Populations d'outre-mer. – La situation particulière de l'outre-mer français vient paradoxalement conforter les principes sus-évoqués. Pourtant, l'alinéa 16 du Préambule de 1946 évoque bien « *les peuples d'outre-mer* », terminologie reprise par le Préambule de la Constitution de 1958 qui comporte bien la même mention, de façon implicite, à l'alinéa 2 de son Préambule et, de façon explicite, à l'article 1er dans sa rédaction initiale. Du reste, dans ses décisions précitées *Statut de la collectivité territoriale de Corse* du 9 mai 1991, *Consultation de la population de Mayotte* du 4 mai 2000 et *Loi d'orientation pour l'outre-mer* du 7 décembre 2000, le Conseil constitutionnel continue à distinguer le peuple français des peuples des territoires d'outre-mer et applique cette construction fausse à des outremers qui n'ont jamais été territorialisés.

1047. Car cette cacophonie généralisée fait peu de cas de l'autodétermination des peuples des territoires d'outre-mer :

— le 28 septembre 1958, ils ont eu à choisir de devenir ou non indépendant, et, dans ce second cas, dans la rupture avec la France,

14. CC, 28 novembre 1982, *Quotas par* sexe I, déc. n° 82-146 DC, *AJDA* 1983, p. 74, note J. Boulouis ; *Dr. Soc.* 1983, p. 131, note D. Lochak ; *JCP* 1983, II, n° 19946, note J.-M. Marchand ; *RDP* 1983 p. 333, chron. L. Favoreu et L. Hamon ; *D.* 1984, SC, p. 469 et CC, 14 janvier 1999, *Quotas par* sexe II, déc. n° 98-407 DC, *AJDA* 1999, p. 149, note J.-E. Schoettl ; *DA* 1999, n° 10, p. 6, note S. Traoré ; *LPA* 4 mars 1999, n° 45, p. 13, note A. Viola et 16 septembre 1999, n° 185, p. 8, chron. L. Baghestani-Perrey et M. Verpeaux ; *RFDC* 1999, p. 142, note R. Ghévontian.

en refusant la Constitution de la République et la Communauté : seul le peuple guinéen a choisi cette indépendance-rupture ;

— entre le 4 octobre 1958 et le 4 février 1959[15], ils ont eu à choisir de devenir ou non indépendant, et dans ce second cas, en association avec la France dans le cadre alors fédéral de la Communauté : dix-sept peuples de l'Afrique noire et de Madagascar ont choisi cette indépendance-association.

1048. Il résulte de ce processus qu'à la date du 4 février 1959, le peuple français a été reconstitué : il réunit les populations de la métropole, des départements et des territoires d'outre-mer ainsi que de l'Algérie. Il n'existe donc pas, en 2000 et de longue date, de peuple, à Mayotte ou dans chacun des quatre outremers départementalisés et régionalisés[16] et c'est n'importe quelle population française qui peut, désormais, s'autodéterminer, comme la Constitution le prévoit expressément (art. 53, al. 3 init.), notamment pour les populations de la Nouvelle-Calédonie (art. 76 nv, al. 1er depuis la loi const. du 20 juill. 1998). *A contrario*, la Constitution ouvre la possibilité, pour toute population française de choisir de devenir, un jour, un peuple à part entière, en décidant de se placer hors de l'État français qui, en tant que tel, reste, par conséquent, indivisible.

Il est vrai, cependant que, si l'article 1er initial de la Constitution a été emporté par la révision opérée par la loi du 4 août 1995, subsistent l'alinéa 16 du Préambule de 1946 ainsi que l'alinéa 2 de la Constitution de 1958 qui sont les buttes-témoins d'un passé révolu. Il est vrai aussi, que l'accord de Nouméa mentionne, par trois fois, dans son Préambule, le « *peuple kanak* », notion qui est donc publicisée et constitutionnalisée par la loi constitutionnelle du 20 juillet 1998.

1049. C'est pourquoi le pouvoir de révision y a mis bon ordre, dans le cadre de la délibération parlementaire de la loi constitutionnelle du 28 mars 2003 : sur la base d'un amendement présenté par le député-maire de Saint-Denis de la Réunion René-Paul Victoria, l'article 72-3, alinéa 1er de la Constitution dispose que « *La République reconnaît, au sein du peuple français, les populations d'outre-mer, dans un idéal commun de liberté, d'égalité et de fraternité* ». Si l'on veut bien rapprocher ce texte de celui de l'alinéa 2 du Préambule de 1958, en tant qu'il se réfère à « *des institutions nouvelles fondées sur l'idéal commun de liberté, d'égalité et de fraternité* », on vérifie sans peine une similitude qui a été voulue, le texte constitutionnel le plus

15. Const. init., art. 76 et 91, al. 1er.

16. En ce sens, les décisions préc. du Conseil constitutionnel en date du 4 mai, puis du 7 décembre 2000.

récent devant prévaloir, désormais, contre toute disposition ou toute décision antérieure contraire.

1050. Statut des représentants. – Enfin, l'indivisibilité du peuple français dans les élections se retrouve dans l'uniformité du statut de ses représentants. Le législateur ne pourra pas, par exemple, créer un statut spécifique d'incompatibilité propre aux représentants de telle ou telle collectivité[17].

A Indivisibilité et principe de légalité

1051. Jurisprudence constitutionnelle. – La garantie de l'indivisibilité de la République est étroitement liée au respect du principe de légalité, largement entendu, c'est-à-dire s'étendant à la Constitution. Permettre aux collectivités territoriales de violer le principe de légalité revient à créer des ordres juridiques locaux parallèles à l'ordre juridique national. C'est la raison pour laquelle un contrôle administratif et juridictionnel des actes des collectivités est nécessaire. Le Conseil constitutionnel a ainsi considéré, dans sa décision *Droits et libertés des communes, des départements et des régions* du 25 février 1982[18] que, si l'article 72 de la Constitution a pu fixer les constitutions de la libre administration des collectivités territoriales, c'est sous la réserve qu'elle respecte le nécessaire contrôle administratif de l'État fixé par ce même article permettant d'assurer « *le respect des lois et, plus généralement, la sauvegarde des intérêts nationaux* ».

1052. Portée du contrôle. – Ce contrôle qui porte tant sur les actes administratifs que sur les finances locales, dénommé « *contrôle de tutelle* », a été très allégé par la loi du 2 mars 1982, modifiée par la loi du 22 juillet 1982, et non pas supprimé, contrairement à l'intitulé même de son chapitre 1er. Depuis l'entrée en vigueur de cette loi, les collectivités ont l'obligation de transférer au préfet les plus importants de leurs décisions, celles-ci ne pouvant entrer en vigueur qu'après y avoir procédé. Cette transmission a pour objet de porter les décisions locales à la connaissance du préfet qui, après en avoir fait l'examen, pourra les déférer au juge administratif s'il les estime irrégulières.

17. CC, 30 août 1984, *Statuts du territoire de la Polynésie française et du territoire de la Nouvelle-Calédonie,* déc. n° 84-177 et 9 mai 1991, *Statut de la collectivité territoriale de Corse,* déc. n° 91-270 DC.

18. CC, 25 février 1982, *Droits et libertés des communes, des départements et des régions,* dec. n° 82-137 DC ; *AJDA* 1982, p. 303, note J. Boulouis ; *RA* 1982, p. 352, note Etien ; *RDP* 1982, p. 1259, note L. Favoreu.

Section 2
Les garanties de la libre administration

1053. Préserver la libre administration des collectivités territoriales suppose de les garantir, tout à la fois, contre le pouvoir législatif et contre le pouvoir réglementaire de l'État.

§ 1. Garanties contre le pouvoir législatif

1054. Le législateur pourrait porter atteinte au principe de libre administration à trois occasions :

— en ne procédant pas à un transfert suffisant de compétences aux collectivités territoriales ;

— en limitant excessivement leur exercice ;

— en ne leur fournissant pas les moyens de les exercer.

1055. Compétences minimales des collectivités territoriales. – Il est difficile de définir un niveau minimal de compétences locales imposé au législateur. L'alinéa 2 de l'article 72 de la Constitution organise le principe de subsidiarité en vertu duquel « les collectivités territoriales ont vocation à prendre les décisions pour l'ensemble des compétences qui peuvent le mieux être mises en œuvre à leur échelon ». Mais l'effectivité en est limitée car le juge constitutionnel se limite à un contrôle minimal de son respect et, au titre de la séparation des pouvoirs, il n'a pas la possibilité d'imposer d'obligations positives au législateur afin que celui-ci procède à un transfert nécessaire de compétences. Le Conseil constitutionnel se borne à imposer que les conseils des collectivités soient dotés d'attributions effectives : par exemple, le législateur peut fixer les conditions dans lesquelles les candidatures à la présidence des organes délibérants doivent être présentées, « *dès lors qu'il ne prive pas ces derniers d'attributions effectives* »[19].

1056. Garantie contre une tutelle excessive. – Le juge constitutionnel veille à ce que le législateur opère des transferts complets de compétences aux collectivités territoriales en censurant les lois trop contraignantes limitant à l'excès leurs moyens d'action. Cela ne signifie pas que l'exercice par la collectivité de ses compétences soit totalement libre ; mais, la collectivité doit toujours disposer d'un pouvoir discrétionnaire suffisant pour agir. Dès lors, si le

19. CC, 6 mars 1998, *Fonctionnement des conseils régionaux*, déc. n° 98-397 DC.

législateur peut encadrer la liberté contractuelle des collectivités territoriales pour assurer la transparence de la procédure de délégation de leur service public[20] ou garantir un service public en réseau sur l'ensemble du territoire[21]. Cependant, les collectivités doivent disposer, dans tous les cas, mais dans le cadre de la loi organisant leur libre administration, d'une « *marge de d'appréciation suffisante* » pour la négociation de leurs contrats. Cela interdit que des contraintes trop importantes leur soient imposées dans la fixation de la durée des délégations de service public (316 DC) ou la remise en cause des concessions de distribution publique de gaz à la suite de la privatisation de Gaz de France (543 DC).

1057. De même, pour le recrutement du personnel, le législateur a certes pu créer des centres de gestion composés d'élus afin de garantir l'uniformité du statut des agents des collectivités territoriales ; mais, il ne pouvait subordonner le recrutement des collaborateurs du cabinet d'une collectivité à l'appartenance de la collectivité à une catégorie pour laquelle le pouvoir réglementaire estimerait qu'un tel recrutement serait justifié (décision n° 83-168 DC du 20 janvier 1984, *Loi portant dispositions statutaires relatives à la fonction publique territoriale*).

1058. Liberté limitée dans la fixation du taux des impôts locaux. – Il n'y aurait pas de libre administration des collectivités territoriales si celles-ci ne disposaient pas des ressources financières nécessaires à leur fonctionnement. Depuis la loi du 10 janvier 1980, portant aménagement de la fiscalité directe locale, les collectivités et leurs groupements à fiscalité propre fixent librement le taux des taxes foncières, de la taxe d'habitation et de la contribution économique territoriale (CET). Le législateur peut cependant limiter la liberté d'action des collectivités afin d'éviter qu'elles pratiquent un taux d'imposition beaucoup trop important ou qu'elles fassent varier le taux de la CET de façon disproportionnée par rapport à celui des trois autres taxes (foncières et d'habitation) ce qui aurait pour conséquence de faire peser une charge trop importante sur les entreprises (loi du 10 janvier 1980, art. 2). Le Conseil constitutionnel précise toutefois que « *le législateur n'est pas tenu de laisser à chaque collectivité territoriale la possibilité de déterminer seule le montant de ses impôts locaux* »[22]. Pour ce qui est des recettes fiscales, il appartient donc au législateur de déterminer

20. CC, 20 janvier 1993, *Prévention de la corruption*, déc. n° 92-316 DC.
21. CC, 30 novembre 2006, *Secteur de l'énergie*, déc. n° 2006-543 DC.
22. CC, 6 mai 1991, *Dotation globale de fonctionnement des communes et des départements,* Déc. n° 91-291 DC.

les limites à l'intérieur desquelles une collectivité territoriale peut être habilitée à fixer elle-même le taux d'une imposition. Toutefois, les règles posées par la loi ne sauraient avoir pour effet de restreindre les ressources fiscales des collectivités territoriales au point d'entraver leur libre administration[23].

1059. Révision constitutionnelle du 28 mars 2003. – Cette jurisprudence a été consacrée par la révision constitutionnelle du 28 mars 2003 aux deux premiers alinéas de l'article 72-2 de la Constitution qui énoncent : « *Les collectivités territoriales bénéficient de ressources dont elles peuvent disposer librement dans les conditions fixées par la loi* » (al. 1er). « *Elles peuvent recevoir tout ou partie du produit des impositions de toutes natures. La loi peut les autoriser à en fixer l'assiette et le taux dans les limites qu'elle détermine* » (al. 2). On constate ainsi que la liberté fiscale des collectivités ne se comprend que dans la loi de l'État, sous réserve que celle-ci ne porte pas atteinte excessive à leur libre administration.

1060. Charges et compétences obligatoires. – Le législateur ne devra pas rendre difficile ou empêcher le fonctionnement des collectivités en accroissant de façon excessive leurs charges ou en créant des compétences obligatoires. Cela ne signifie pourtant pas qu'il lui est interdit d'imposer aux collectivités une charge obligatoire[24] ou leur imposer une compétence obligatoire. Cependant, l'accroissement de ces charges ne pourra pas être tel qu'il imposerait une limitation excessive à leur libre administration.

1061. Charges obligatoires. – Il n'est pas interdit au législateur d'imposer aux collectivités territoriales une charge obligatoire. Mais le niveau de cette charge qui ne devra pas limiter à l'excès les moyens d'action de la collectivité, devra correspondre à une de leurs compétences : par exemple, le législateur a pu imposer au département une contribution au fonds de solidarité pour le logement, égale à celle de l'État, au regard du rôle du département dans l'élaboration des plans départementaux d'action pour le logement des personnes défavorisées[25] ou un prélèvement sur les ressources fiscales

23. CC, 25 juillet 1990, *Révision générale des évaluations des immeubles retenus pour la détermination des bases des impôts directs locaux*, déc. n° 90-277 DC, à propos de la création d'une éphémère taxe départementale sur le revenu dont le produit ne pouvait être plafonné que parce que ce plafonnement n'était que transitoire.

24. CC, 29 mai 1990, *Mise en œuvre du droit au logement*, déc. n° 90-274 DC ; CC, 6 mai 1991, *Dotation globale de fonctionnement des communes et des départements*, déc. n° 91-291 DC, préc.

25. CC, 29 mai 1990, *Mise en œuvre du droit au logement*, déc. n° 90-274 DC, préc.

des communes pour alimenter le fonds de solidarité des communes de la région Ile-de-France[26] ou encore imposer aux communes la création de logements sociaux[27]. La charge obligatoire pourra consister aussi en la diminution d'une recette qui doit être proportionnée ou justement compensée, du moins à la date de la mesure, afin de ne pas entraver la libre administration[28].

1062. Compétences obligatoires. – Le Conseil constitutionnel veille, depuis longtemps, à ce que l'État, sous couvert d'accroître les compétences locales, ne vienne pas transférer une part de ses charges vers les collectivités territoriales et, par conséquent, restreindre leurs ressources fiscales, au point d'entraver leur libre administration[29].

1063. Principe de compensation. – La loi constitutionnelle du 28 mars 2003 a consacré cet acquis jurisprudentiel tout en portant plus avant les exigences constitutionnelles, en imposant un principe de compensation. En vertu de l'article 72-2 alinéa 4, « *tout transfert de compétences entre l'État et les collectivités territoriales s'accompagne de l'attribution de ressources équivalentes à celles qui étaient consacrées à leur exercice. Toute création ou extension de compétences ayant pour conséquence d'augmenter les dépenses des collectivités territoriales est accompagnée de ressources déterminées par la loi* ». Seules les compétences obligatoires pour les collectivités sont concernées. Pour les autres, la jurisprudence relative à la non-dénaturation du principe de libre administration reste applicable[30]. Depuis sa décision *Décentralisation en matière de RMI et création d'un RMA* du

26. CC, 6 mai 1991, *Dotation globale de fonctionnement des communes et des départements*, déc. n° 91-291, préc.

27. CC, 7 décembre 2000, *Solidarité et renouvellement urbains* déc. n° 2000-436 DC.

28. CC, 24 juillet 1991, *Diverses dispositions d'ordre économique et financier,* déc. n° 91-298 DC, à propos de la suppression de l'affectation au profit de la ville de Paris du prélèvement sur les sommes engagées au pari mutuel ; CC, 26 janvier 1995, *Loi d'orientation pour l'aménagement et le développement du territoire*, déc. n° 94-358 DC, pour des exonérations fiscales imposées dans certaines zones ; CC, 29 décembre 1998, *Loi de finances pour 1999,* déc. n° 98-405 DC, pour une réduction de l'assiette de la taxe professionnelle ; CC, 12 juillet 2000, *Loi de finances rectificative pour 2000*, déc. n° 2000-432 DC, pour la suppression de la part régionale de la taxe d'habitation ; CC, 28 décembre 2000, *Loi de finances pour 2001*, déc. n° 2000-442 DC et 27 décembre 2001, *Loi de finances pour 2002*, déc. n° 2001-456 DC, pour des exonérations de la taxe différentielle des véhicules à moteur ; CC, du 27 décembre 2002, *Loi de finances pour 2003,* déc. n° 2002-464 DC pour la suppression des droits de licence des débitants de boisson.

29. CC, 24 juillet 1991, *Diverses dispositions d'ordre économique et financier*, déc. n° 91-298 DC, préc.

30. CC, 7 août 2008, *Droit d'accueil pour les élèves des écoles maternelles et élémentaires pendant le temps scolaire*, décision n° 2008-569 DC.

18 décembre 2003[31], le Conseil constitutionnel fait une stricte application de ses dispositions en vérifiant, à la date d'entrée en vigueur de la loi, l'existence d'une équivalence entre les charges supplémentaires et les ressources nouvelles et en imposant à l'État de compenser l'éventuel accroissement ultérieur de ces charges[32], avec toute la difficulté ou l'incertitude qu'il y a à mesurer exactement ou même précisément cet éventuel accroissement ultérieur des charges, lié aux compétences transférées.

§ 2. Garanties contre le pouvoir réglementaire

1064. Compétence législative. – La première des garanties de la libre administration des collectivités territoriales contre l'action du pouvoir réglementaire de l'État tient à la compétence du législateur pour fixer l'organisation statutaire des collectivités et leur conférer des compétences et les moyens matériels de fonctionner, selon cette idée largement répandue, mais datée, que la loi serait, par elle-même, une protection dans le champ des libertés publiques. Le législateur devra ainsi intervenir chaque fois que le libre exercice des compétences territoriales se trouve contraint de façon assez significative. Ce peut être le cas lorsqu'il s'agira de leur imposer des contraintes procédurales (décision n° 88-154 L du 10 mars 1988, *Amélioration des relations entre l'administration et le public*, pour l'établissement d'une obligation de motivation des actes administratifs des collectivités) statutaires (décision n° 99-186 L du 31 mai 1999, *Organisation des transports de voyageurs dans la région parisienne*, pour l'obligation de participer à la gestion ou au financement d'organismes tiers pour la participation de la région Ile-de-France au syndicat des transports parisiens), lorsque la création d'un organisme pourrait affecter leurs compétences (décision n° 99-184 L du 18 mars 1999, *Commission nationale du débat public*, à propos de l'institution de la Commission nationale du débat public qui peut être appelée à organiser un débat public sur les projets des collectivités territoriales) ou encore pour permettre d'éviter le risque d'une gestion arbitraire dans des domaines fondamentaux comme celui des élections par exemple

31. CC, 18 décembre 2003, *Décentralisation en matière de RMI et créant un RMA*, déc. n° 2003-487 DC.

32. Voir aussi, CC, 13 janvier 2005, déc. n° 2004-509 DC, à propos d'une extension de la compétence des régions en matière d'apprentissage, compensée par la suppression de certaines exonérations de la taxe d'apprentissage dont bénéficiera, indirectement, la région.

(décision n° 87-233 DC du 5 janvier 1988, *Loi relative aux élections cantonales* pour la fixation du délai dans lequel il doit être procédé à des élections cantonales partielles).

1065. Règlements d'application. – Au demeurant, la compétence législative n'exclut pas et, au contraire, permet les règlements d'application à la condition que les dispositions législatives soient suffisamment complètes et précises et que le champ d'action du pouvoir réglementaire dérivé reste circonscrit[33].

33. CC, 26 janvier 1995, *Développement et l'aménagement du territoire*, déc. n° 94-358 DC, renvoyant au pouvoir réglementaire la délimitation de zones prioritaires du développement économique, de zones urbaines sensibles et de zones de redynamisation urbaine ; voir aussi CC, 29 mai 1990, *Mise en œuvre du droit au logement* déc. n° 90-270 DC préc., pour la répartition des compétences en matière de droit de préemption.

Chapitre 4
Le suffrage local

1066. L'exercice du suffrage par les administrés des collectivités territoriales, dénommé ici « *suffrage local* », a principalement pour fonction de désigner leurs administrateurs. Toutefois, peu à peu, une véritable fonction politique a été conférée au vote local. Cette évolution s'est poursuivie par l'établissement de référendums locaux qui permettent, désormais, un parallèle formel entre le suffrage national et le suffrage local encore qu'ils doivent continuer à être distingués : en effet, seul le suffrage national constitue l'expression de la souveraineté nationale indivisible même si le suffrage local est considéré comme un suffrage politique, depuis la décision du Conseil constitutionnel du 18 novembre 1982, *Quotas par sexe I*.

1067. On présentera, dans un premier temps, les différentes votations (**Section 1**), avant d'analyser, dans un second temps, l'apparition d'une véritable fonction locale de représentation (**Section 2**).

Section 1
Les votations

1068. Les administrés votent pour élire, donner un avis ou décider. Dans le premier cas, ils désignent leurs représentants soit au suffrage universel direct, soit au suffrage universel indirect. Dans les deux autres cas ils sont consultés par un référendum qui pourra être décisionnel ou non.

§ 1. L'élection

1069. L'élection des administrateurs locaux est une obligation constitutionnelle figurant à l'article 72, alinéa 3 de la Constitution. Elle se fait au suffrage universel direct, pour les assemblées territoriales et au suffrage universel indirect pour les organes exécutifs.

A L'élection au suffrage universel direct des assemblées territoriales

1070. Il faut ici distinguer le régime électoral applicable, pour un mandat de six ans, aux assemblées délibérantes des collectivités métropolitaines ou ultra-marines ainsi que des établissements publics intercommunaux à fiscalité propre pour lesquelles le suffrage universel direct a été introduit par la loi du 16 décembre 2010.

1. Les assemblées délibérantes des collectivités métropolitaines

1071. On distinguera le conseil municipal (a), le conseil général (b), le conseil régional (c), non sans évoquer le conseiller territorial (d).

a) Le conseil municipal

1072. Les conseillers municipaux. – Les modalités de l'élection des conseillers municipaux varient selon l'importance de la commune. Dans les plus petites communes, l'élection municipale n'a pas un aspect véritablement politique. Il s'agit de choisir les hommes et les femmes qui auront pour charge d'administrer, de façon souvent très pragmatique la vie des habitants de la commune. Le choix ne se fait donc pas généralement sur une confrontation politique, mais sur les personnes considérées comme les plus aptes à la mission. Il n'est donc pas nécessaire, notamment en considération du faible nombre d'électeurs, d'assurer une représentation équilibrée d'un échiquier politique local qui n'existe pas. En revanche, dans les grandes communes, cette représentation est nécessaire et devra donc être permise par le mode de scrutin sans que ce dernier empêche l'établissement d'une majorité propre à administrer. La frontière entre grandes et petites communes est fixée à 3 500 habitants. En outre, aux deux extrémités, les communes de moins de 2 500 habitants et Paris, Lyon et Marseille bénéficient d'un régime adapté. Le seuil des 3 500 habitants n'est pas arbitraire et doit guider l'ensemble du dispositif électoral applicable aux communes. Ainsi, il ne sera pas possible au législateur de modifier le mode de scrutin, de poser des règles relatives au cumul de mandat, ou d'instaurer la parité, en se référant à un seuil différent[1].

1073. Sectionnement des communes. – Le sectionnement électoral d'une commune permet la division de celle-ci en circonscriptions électorales disposant d'un nombre minimum de conseillers qui ont en charge la représentation des intérêts des habitants de la section qui les élisent. Le sectionnement, dont la pratique est limitée aux communes de plus de 3 500 habitants et de moins de 30 000 (Code élect., art. L. 261), est décidé par le préfet. Il est de droit en cas de fusion de communes, à la condition que le conseil municipal de l'une des anciennes communes en fasse la demande. Dans les autres cas, il est à l'initiative du préfet lui-même, du conseil municipal ou des habitants de la commune. Il faut, cependant, que les sections créées correspondent à une agglomération d'habitation distincte et séparée, tout en étant située sur un territoire continu. La création devra se faire, sauf l'hypothèse de la fusion, six mois après enquête publique et consultation du conseil municipal. La section sera représentée par un nombre de conseillers proportionné au chiffre des électeurs inscrits sans que ce nombre soit inférieur à deux ou à un lorsque la section est le résultat d'une fusion. Par ailleurs, lorsque la fusion a eu pour effet de regrouper des communes associées, la proportion est calculée en fonction des habitants de la commune associée.

1074. Parité. – La parité aux élections communales a été instaurée par la loi du 6 juin 2000 tendant à favoriser l'égal accès des femmes et des hommes aux mandats électoraux et fonctions électives. Dans les communes de plus de 3 500 habitants, la liste présentée doit être composée alternativement d'un candidat de chaque sexe. Cet aménagement au principe d'égalité qui vise à assurer, non pas une représentation propre, mais la présence de femmes au sein des conseils municipaux, a été permis par la révision constitutionnelle du 8 juillet 1999 qui a introduit à l'article 3 de la Constitution un alinéa 5 disposant que « *la loi favorise l'égal accès des femmes et des hommes aux mandats électoraux et fonctions électives* » (alinéa transféré par la loi constitutionnelle du 23 juillet 2008 à l'article 1er qui étend les effets de l'égal accès « *aux*

1. CC, 30 mai 2000, *Quotas par sexe III*, déc. n° 2000-429 DC du 30 mai 2000 censurant une disposition législative étendant la parité sur les listes de candidats aux élections municipales aux communes de plus de 2 500 habitants alors que le seuil des 3 500 habitants est utilisé, par ailleurs, pour la détermination du mode de scrutin ou du régime d'incompatibilité. Seule une modification d'ensemble du seuil est possible.

responsabilités professionnelles et sociales »). Le Conseil constitutionnel censurait auparavant, de façon systématique, les tentatives d'instauration de la parité aux élections locales pour violation des articles 3 de la Constitution et 6 de la Déclaration des droits de l'homme et du citoyen posant respectivement le principe d'unité de la souveraineté nationale et d'égalité des citoyens[2] Par la révision du 8 juillet 1999, le pouvoir de révision a permis la dérogation aux principes constitutionnels contenus aux articles 3 et 6, et donné le fondement constitutionnel nécessaire à la loi du 6 juin 2000[3].

1075. Communes de moins de 3 500 habitants. – L'élection se fait au scrutin plurinominal majoritaire à deux tours (Code élect., art. L. 252). La liste présentée aux électeurs doit être complète même si ces derniers ont la possibilité d'y retrancher des noms. Pour être élu au premier tour, les candidats doivent obtenir la majorité absolue des suffrages exprimés représentant le quart des électeurs inscrits. Au second tour, la majorité relative suffit, les candidats les plus âgés l'emportant en cas de partage des voix.

1076. Communes de 3 500 habitants et plus. – Le système électoral applicable aux communes d'au moins 3 500 habitants est assez complexe pour permettre la représentation des minorités tout en évitant que celles-ci puissent bloquer l'action de la majorité. D'abord, le législateur assure l'existence d'une majorité en attribuant à la liste arrivée en tête (soit au premier tour en ayant obtenu la majorité absolue, soit au second tour, à la majorité relative) la moitié des sièges à pourvoir (Code élect., art. L. 262). Ensuite, il assure la représentation des minorités en prévoyant la répartition des sièges restants à la proportionnelle entre l'ensemble des listes – liste arrivée en tête comprise, bien entendu – en suivant la règle de la plus forte moyenne. Enfin, il évite la représentation des listes trop minoritaires en interdisant la présence au second tour de celles qui ont obtenu moins de 10 % des suffrages exprimés au premier tour et en écartant de la répartition des sièges celles qui ont obtenu moins de 5 % de ces suffrages au tour décisif. Néanmoins une liste ayant obtenu moins de 5 % peut fusionner avec une liste ayant obtenu plus de 10 % (Code élect., art. L. 264).

1077. Communes de moins de 2 500 habitants. – Les communes de moins de 2 500 habitants suivent le régime applicable à celles de moins de 3 500 habitants, mais les candidatures sont facilitées afin

2. CC, 18 novembre 1982, *Quotas par sexe I,* déc. 82-146 DC et 14 janvier 1999, *Quotas par sexe II*, déc. n° 98-407 DC.
3. CC, 30 mai 2000, *Quotas par sexe III,* déc. n° 2000-429 DC, préc.

de permettre la constitution des listes. Ainsi, les listes n'ont pas à être complètes et peuvent ne comporter qu'un seul nom, l'électeur ayant la possibilité d'ajouter ou de retrancher un nom ou de panacher les candidats provenant de plusieurs listes.

1078. Paris, Lyon, Marseille. – L'élection se fait en suivant les règles applicables aux communes de plus de 3 500 habitants, mais les sièges sont répartis entre les 20 arrondissements à Paris, les 9 arrondissements à Lyon et les 8 secteurs à Marseille, regroupant les arrondissements de la ville deux à deux. Les élections au conseil de Paris et aux conseils municipaux ont lieu en même temps que les élections aux conseils d'arrondissement.

b) Le conseil général

1079. Conseil général. – L'élection des conseillers généraux se fait, par moitié tous les trois ans, en principe, au scrutin uninominal majoritaire à deux tours au sein des cantons qui sont les circonscriptions électorales du département. Le candidat est élu dès le premier tour s'il a obtenu la majorité absolue des suffrages représentant le quart des inscrits (Code élect., art. 193). La majorité relative suffit au second tour qui départage les candidats ayant obtenu 12,5 % du nombre des électeurs inscrits au premier tour et qui se sont maintenus au second (Code, élect. art. L. 210-1). Ce mode de scrutin est le reflet d'une réalité sociologique qui ne correspond plus qu'en partie à la France du début du XXIe siècle. La France des villes n'a qu'une conscience limitée de sa division en cantons dont l'utilité n'est qu'électorale. En revanche, dans la France rurale le canton a une signification sociologique forte et les habitants en connaissent généralement les limites, de moins en moins, il est vrai. Toutefois, le découpage du territoire en cantons reste critiqué parce qu'il aboutit, malgré les aménagements successifs, à la surreprésentation de la population rurale au sein du conseil général.

1080. Parité. – L'objectif de parité étant impossible à mettre en œuvre pour des scrutins uninominaux, le législateur a choisi d'imposer un « *remplaçant* » qui soit de sexe différent du candidat (Code élect., art. L. 210-1, issu de la loi du 31 janvier 2007, art. 4).

c) Le conseil régional

1081. Conseil régional. – Le mode de scrutin pour l'élection des conseillers régionaux s'apparente à celui des communes de 3 500 habitants. Il permet de représenter les courants politiques présents dans la région tout en assurant une gouvernance stable à la collectivité. Avant d'être profondément refondé par la loi de réforme des collectivités territoriales du 16 décembre 2010, le mode de scrutin a été établi par la loi du 10 juillet 1985 et réformé principalement par les lois du 19 janvier 1999 (jamais appliquée) et 11 avril 2003. À l'origine, la circonscription électorale était le département, avant que la loi de 1999 ne régionalise l'élection. En 2003, cette régionalisation a été partiellement remise en cause par la création de sections départementales au sein des listes régionales de candidats. Le scrutin était intégralement proportionnel en 1985, ce qui aboutissait à des situations de blocage politique dans ce mode de scrutin, en raison de l'absence de majorité claire et prédéfinie. La loi de 1999 et celle de 2003 ont donc introduit un scrutin à deux tours, avec application d'une prime majoritaire comme dans les scrutins municipaux : seules les listes ayant obtenu 10 % des suffrages exprimés (c'était 5 % jusqu'en 2003) peuvent se maintenir au second tour, avec la possibilité de fusionner avec les listes ayant obtenu 5 % des suffrages exprimés (c'était 3 % jusqu'en 2003). La liste ayant obtenu la majorité absolue au premier ou la majorité relative au second remporte le quart des sièges, les autres sièges étant répartis à la proportionnelle et à la plus forte moyenne entre toutes les listes ayant obtenu 5 % des voix. Enfin, les sièges attribués à chaque liste sont répartis entre les sections départementales qui la composent au prorata des voix obtenues par la liste dans chaque département.

1082. Parité. – L'objectif de parité est atteint par l'alternance entre les hommes et les femmes sur les sections départementales (Code élect., art. L. 346).

d) Le conseiller territorial

1083. Le conseiller territorial. – La loi de réforme des collectivités territoriales du 16 décembre 2010 a prévu un régime spécifique d'élection pour les nouveaux conseillers territoriaux qui devrait entrer en vigueur à compter de l'élection, en mars 2014 pour un mandat de six ans, pour autant que cette réforme survive à l'alternance politique du printemps 2012. Les conseillers territoriaux seront membres du conseil général et du conseil régional, formé de la réunion des conseils généraux des départements de la région. Le scrutin est fortement inspiré de celui qui était applicable aux conseillers généraux. La circonscription électorale est le canton. Chaque canton est défini de manière à ce que ses limites ne divisent pas une circonscription pour les élections législatives ou une commune de moins de 3 500 habitants. En revanche, les communes de plus de 3 500 habitants pourront contenir plus d'un canton. On pourra s'étonner de ce choix qui a fait l'objet de débats. L'élection cantonale des conseillers est en contradiction, en effet, avec l'objectif principal de la loi qui est d'inciter au regroupement des institutions administratives locales et de créer des politiques communes et coordonnées. Le conseiller territorial sera, au contraire, incité à mener une politique conforme aux intérêts de son canton. Ce phénomène, déjà connu pour les élections législatives sera beaucoup plus important à l'échelon régional, en raison de la plus grande proximité du conseiller de sa circonscription électorale : le canton. La loi du 16 décembre 2010 conduit ainsi à réduire la région électorale à une réunion de cantons.

2. Les assemblées délibérantes des collectivités ultra-marines

1084. Outre-mer. – Pour les élections locales, les règles applicables en métropole sont en principe transposées outre-mer. Il existe quelques exceptions cependant :

1085. Nouvelle-Calédonie. – En Nouvelle-Calédonie, l'élection des membres des assemblées locales[4] se fait au suffrage restreint[5], et non universel et au scrutin proportionnel de liste, avec alternance de candidats de sexe différent, suivant la méthode de la plus forte moyenne. Le scrutin est à un seul tour[6] ;

1086. Polynésie. – En Polynésie, pour les élections municipales, le sectionnement n'est pas applicable, sauf en cas de fusion avec communes associées. Il faut alors appliquer aux communes associées, quel que soit le nombre d'habitants, le régime électoral des communes de moins de 3 500 habitants. Pour les élections à l'Assemblée de Polynésie française, depuis l'entrée en vigueur de la loi organique du 21 février 2007, il est fait application d'un scrutin de liste à deux tours, sans adjonction ni suppression de noms ni modification de l'ordre de présentation. Les listes ayant obtenu un nombre de suffrages au moins égal à 12,5 % des suffrages exprimés peuvent se présenter au second tour, en l'absence de majorité absolue au premier tour, et après éventuelle fusion avec les listes ayant obtenu plus de 5 % des suffrages exprimés. Les sièges sont répartis à la représentation proportionnelle à la plus forte moyenne, sans prime majoritaire entre

4. Assemblée de province et donc congrès de la Nouvelle-Calédonie.
5. Accord de Nouméa du 5 mai 1988, pt 2.2.1. ; Const., art. 77 et loi org. 19 mars 1999, art. 188.
6. Loi org. du 19 mars 1999, relative à la Nouvelle-Calédonie, art. 191.

les listes ayant obtenu plus de 5 % des suffrages exprimés, dans chacune des cinq circonscriptions électorales.

1087. Saint-Barthélemy et Saint-Martin. – À Saint-Barthélemy et Saint-Martin, l'élection des conseillers territoriaux se fait au scrutin de liste à deux tours (Code élect., art. LO 484 ; art. LO 511). Les listes, composées paritairement par application de la règle d'alternance entre hommes et femmes (art. LO 486 ; LO 513), doivent comporter trois noms de plus que de sièges à pouvoir. Le panachage des listes est interdit. Si une liste obtient la majorité absolue et le quart des inscrits au premier tour, elle disposera au minimum du tiers du nombre de sièges, le reste des sièges étant attribué proportionnellement à la plus forte moyenne. Au second tour, il est procédé de la même manière mais la majorité relative suffit. Les listes ayant obtenu plus de 5 % des suffrages exprimés peuvent fusionner.

1088. Saint-Pierre-et-Miquelon. – À Saint-Pierre-et-Miquelon les mêmes règles générales sont appliquées ; mais l'élection a lieu par section (une section pour Saint-Pierre et une pour Miquelon-Langlade). La liste présentée à Miquelon ne doit comporter qu'un seul nom de plus que le nombre de sièges à pourvoir contre trois pour Saint-Pierre. La moitié des sièges sont, en outre, attribués à la liste ayant obtenu la majorité absolue et le quart des inscrits au premier tour ou la majorité relative au second.

1089. Wallis-et-Futuna. – À Wallis-et-Futuna, l'élection de l'assemblée territoriale se déroule à la proportionnelle à la plus forte moyenne au sein de cinq circonscriptions[7] afin de permettre une représentation des aires coutumières : les trois districts du royaume de Wallis et les deux royaumes de Futuna[8].

3. Les assemblées délibérantes des établissements publics de coopération intercommunale à fiscalité propre

1090. Les élus communautaires. – La loi du 16 décembre 2010 a introduit une innovation majeure en faveur de la démocratie locale, en établissant l'élection au suffrage universel direct des délégués communautaires des assemblées de certains établissements publics de coopération intercommunale : il s'agit de ceux à fiscalité

7. Loi du 29 juillet 1961, conférant aux îles Wallis et Futuna le statut de territoire d'outre-mer.

8. Sur cette question, voir H. Béringer, « Collectivités d'Outre-Mer – Wallis-et-Futuna », *Jurisclasseur coll. terr.*, fasc. n° 466.

propre : conseils communautaires des métropoles ou des communautés urbaines ou d'agglomération ou encore de communes. Auparavant, les membres des organes délibérants, les conseillers communautaires, étaient composés des délégués des conseils municipaux des communes membres (CGCT, art. L. 5211-6). On ne pourra que saluer une telle avancée qui met en œuvre le principe du consentement à l'impôt, ici local, par une représentation directe et permet une démocratisation réelle de ces assemblées dotées de compétences de plus en plus nombreuses, souvent plus importantes que celles des conseils municipaux eux-mêmes. Elle aura pour contrepartie de soumettre les élus à la pression électorale alors qu'auparavant, ils en étaient plus éloignés[9].

1091. Diversité. – Le régime électoral est, cependant, loin d'être unifié :

— en premier lieu, certains EPCI, dont les syndicats de communes, ne sont pas concernés par l'élection directe car ils ne sont pas à fiscalité directe ;

— en second lieu, au sein même des EPCI concernés, seules les communes dont les conseils municipaux sont élus au scrutin de liste bloquée seront représentées par des conseillers élus au suffrage universel direct. La frontière est celle des 3 500 habitants, les conseillers de moins de 3 500 habitants étant élus au scrutin majoritaire même si ce scrutin reste de liste. Au-delà de 3 500 habitants, le scrutin est proportionnel et les listes sont bloquées ; en effet, il aurait été difficile de mettre en œuvre le nouveau scrutin pour des listes non bloquées.

1092. Cumul de mandat. – Le système prévoit que les conseillers communautaires cumulent leur mandat avec les fonctions de conseiller municipal. Les élections ont lieu au même moment que les élections municipales. L'électeur vote une seule fois pour la liste de son choix, les places de conseillers communautaires étant attribuées en suivant le même mode de scrutin que pour les communes de plus de 3 500 habitants, dans l'ordre de la liste.

9. En ce sens, M. Verpeaux, « La réforme territoriale et les nouveaux élus », *RFDA* 2011, p. 246.

B L'élection au suffrage universel indirect des exécutifs territoriaux

1. Les exécutifs métropolitains

1093. Suffrage indirect et prime majoritaire. – Les exécutifs territoriaux sont élus au suffrage universel indirect, par les élus des assemblées territoriales. Il convient, toutefois, de relativiser l'importance de ce mode de scrutin pour les élections municipales. La forte prime majoritaire dans les communes de plus de 3 500 habitants et le scrutin majoritaire de liste dans les autres permet la personnalisation du scrutin par les têtes de liste. C'est beaucoup moins vrai pour les élections cantonales et régionales : une plus faible prime majoritaire et les possibles fusions de listes pour les élections régionales ou le scrutin uninominal pour les élections cantonales, permettent la formation de nouvelles alliances qui se structurent autour d'une personne de compromis.

1094. Le maire. – Il est élu au scrutin secret pour un mandat de six ans. Afin d'assurer une légitimité maximale, le législateur a souhaité faciliter l'obtention d'une majorité absolue des conseillers municipaux. Ce n'est qu'après deux premiers tours infructueux que le maire est élu, au troisième tour, à la majorité relative des suffrages exprimés. Si aucune majorité ne se dégage après trois tours, le candidat le plus âgé est déclaré élu. L'élection a lieu, soit à la suite du renouvellement général des conseillers municipaux, soit lorsque ses fonctions prennent fin prématurément pour quelque cause que ce soit (CGCT, art. L. 2122-14). Dans le premier cas, l'élection doit se tenir dans un délai raisonnable après l'élection des conseillers municipaux, sur convocation du maire sortant. S'il n'est pas procédé à une telle convocation, il revient au préfet d'y procéder d'office. Il est de pratique générale de procéder à cette élection lors de la première réunion du conseil nouvellement élu, c'est-à-dire « au plus tôt le vendredi et au plus tard le dimanche suivant l'élection » (CGCT, art. L. 2121-7). Des considérations d'urgence peuvent permettre une réduction du délai à un seul jour[10]. Pour l'élection du maire, la séance est alors présidée par le plus âgé des membres du conseil municipal (CGCT, art. L. 2122-8 al. 1) dit « *doyen d'âge* ».

1095. Les adjoints. – Le Code général des collectivités territoriales assure la cohésion de l'exécutif municipal en faisant coïncider l'élection du maire avec celle de ses adjoints qui bénéficient donc de la

10. CE, 20 mai 1994, *Cimia*, *Rec*, p. 248.

même légitimité. Toutefois, l'élection dans les communes de moins de 3 500 habitants sont habituellement plus personnalisées que celles qui se déroulent dans les plus grandes villes. L'élection de chaque adjoint obéit aux mêmes conditions que l'élection du maire. En revanche dans les communes de plus de 3 500 habitants, tous les adjoints sont élus au scrutin de liste paritaire, avec p alternance des candidats des deux sexes, sans panachage sur liste complète, et dans les mêmes conditions de majorité que pour l'élection du maire. L'ordre des suppléants étant fixé par la place des adjoints sur la liste, le premier adjoint, est celui qui figure en tête de la liste, suppléera le maire, en cas d'empêchement.

1096. Le Président du conseil général et régional. – L'élection des présidents des conseils généraux et régionaux ont lieu dans les mêmes conditions de majorité que celle des maires : majorité absolue au premier ou au second tour, majorité relative au troisième tour. Jusqu'aux dernières élections cantonales de mars 2011, le président du conseil général était élu tous les trois ans lors de chaque renouvellement triennal de la moitié des conseillers généraux. L'élection a lieu lors de la première réunion de droit qui suit le renouvellement du conseil (le second jeudi qui suit le premier tour pour le conseil général, le second vendredi pour le conseil régional : art. L. 3121-9 ; art. L. 4132-7). La séance du conseil général est présidée par le doyen d'âge, le plus jeune membre faisant fonction de secrétaire. Un quorum des deux tiers des membres du conseil est imposé lors de la première réunion. En l'absence de quorum, la seconde réunion, qui se tient trois jours plus tard, n'est pas soumise à cette condition.

1097. Déclaration des grandes orientations politiques. – Les candidats à la présidence des conseils régionaux sont soumis à une formalité spécifique. Ils doivent remettre une déclaration écrite présentant les grandes orientations politiques, économiques et sociales de leur action pour la durée du mandat (art. L. 4133-1 al. 5). La déclaration doit être remise par l'intermédiaire du doyen d'âge à chaque tour de scrutin ce qui permet aux candidats nouveaux de se déclarer après le premier voire le second tour[11].

1098. Élection par les conseillers territoriaux. – On soulignera que l'élection du président du conseil général et du président du conseil régional devrait être assurée, à législation constante, ce qui est douteux, par les mêmes conseillers territoriaux, élus en mars 2014.

11. CE Sect., 25 novembre 1998, *Élection du président et des membres de la commission permanente du conseil régional de Bourgogne, Rec.*, p. 441 ; *AJDA* 1999, p. 255, note B. Poujade ; *D. A.* 1999, n° 3, conclu. C. Maugüé.

1099. La commission permanente. Les conseils généraux et régionaux disposent d'une commission permanente, composée du président du conseil, de quatre à quinze vice-présidents, sous réserve que leur nombre ne soit pas supérieur à 30 % de l'effectif du conseil (CGCT, art. L. 3122-4, L. 4133-4). La commission est complétée par un nombre indéfini de conseillers ordinaires supplémentaires. Le nombre de vice-présidents et de membres ordinaires de la commission permanente est fixé par le conseil.

1100. Délégation de compétence. – Elle reçoit une délégation de compétence de la part du conseil général ou régional. La commission constitue ainsi un conseil restreint qui offre une certaine souplesse d'action. En effet, à la différence du conseil municipal qui peut déléguer certaines de ses compétences au maire, le conseil général ou régional ne dispose pas légalement de cette possibilité.

1101. Procédure. – Les candidatures aux différents postes de la commission sont déposées dans l'heure qui suit la décision du conseil relative à cette composition. Dans l'hypothèse où une seule candidature a été déposée pour chaque poste à pourvoir, les nominations prennent effet immédiatement. Dans l'hypothèse où une concurrence s'est installée, il y a lieu de procéder à l'élection au scrutin de liste paritairement constituée par application de l'alternance des sexes (si un groupe de conseillers ne dispose pas d'assez de candidats des deux sexes, l'alternance sera mise en œuvre autant que possible depuis les premières places de la liste jusqu'à épuisement d'un des deux sexes). Le scrutin est proportionnel, à la plus forte moyenne, sans panachage ni votre préférentiel. Une fois la commission élue, il est alors nécessaire de répartir les postes entre ses membres. Cette répartition se fait par élection au scrutin uninominal à trois tours dans les mêmes conditions que pour l'élection du président du conseil général ou régional.

1102. Corse. – L'Assemblée de Corse élit son président et son conseil exécutif, lors de la première réunion qui suit son élection, c'est-à-dire le premier jeudi (art. L. 4422-3 ; L. 4422-8). Comme pour les élections des présidents des conseils généraux et régionaux, le *quorum* est fixé aux deux tiers de ses membres lors de la première réunion. Il n'y a plus de *quorum* pour la seconde réunion qui se tient trois jours plus tard. L'élection nécessite la majorité absolue des conseillers à l'Assemblée, la majorité relative suffisant pour le troisième tour. Aussitôt après l'élection du président et sous sa présidence, l'Assemblée procède à l'élection des membres de sa commission permanente, dans les mêmes conditions de *quorum*. Elle comprend dix conseillers dont deux vice-présidents élus au scrutin de liste paritaire par alternance. Il est procédé comme pour les commissions permanentes des conseils généraux et régionaux. Ce n'est qu'à l'issue de cette élection qu'il est procédé à celle des huit membres du conseil exécutif de Corse et de son président dans les mêmes conditions de quorum et de majorité que pour le président de l'Assemblée. Le scrutin est de liste. Les listes sont complètes, paritaires, sans possibilité d'adjonction ou de suppression de nom ni de modification dans l'ordre de présentation.

2. Les exécutifs de collectivités ultra-marines

1103. Exécutifs. – La désignation des exécutifs des collectivités ultra-marines est souvent calquée sur celle des conseils généraux et régionaux.

1104. Saint-Barthélemy, Saint-Martin et Saint-Pierre-et-Miquelon. – À Saint-Barthélemy, à Saint-Martin et à Saint-Pierre-et-Miquelon, le pouvoir exécutif est partagé entre un président et un conseil exécutif. Le président du conseil territorial est élu par ce dernier à la majorité des membres et pour la durée du mandat du conseil. Il est procédé à une élection à la majorité relative des membres à compter du troisième tour de scrutin. Le conseil exécutif est lui aussi élu par le conseil territorial. Il est composé du président, de quatre vice-présidents et de deux autres conseillers.

1105. Polynésie française. – La Polynésie française offre quelques particularités qui s'expliquent par sa situation de plus grande autonomie en tant que « *pays d'outre-mer au sein de la République* », dénomination retenue par la loi organique du 27 février 2004, renforcée par la loi organique 7 décembre 2007. Le président de la Polynésie française est élu au scrutin secret à deux tours par l'assemblée parmi ses membres. Le *quorum* de la réunion initiale est fixé aux trois cinquièmes des membres. En l'absence de *quorum* une nouvelle réunion se tient de plein droit trois jours plus tard sans condition de *quorum*. Le président est élu à la majorité absolue aux deux premiers tours et à la majorité relative au troisième. Exécutif de la collectivité d'outre-mer, il est distinct du président de l'Assemblée de la Polynésie française. Quant aux membres du Gouvernement de la Polynésie française, ils ne sont pas élus, mais nommés par le président de la Polynésie française qui peut les révoquer. Et, on soulignera que le Gouvernement est solidairement responsable devant l'Assemblée de la Polynésie française.

1106. Nouvelle-Calédonie. – En Nouvelle-Calédonie, le congrès élit, d'abord, un Gouvernement, dans les vingt et un jours suivant sa première séance à la représentation proportionnelle à la plus forte moyenne. Ce dernier est responsable devant lui, le congrès pouvant déposer une motion de censure à son encontre. Il existe une incompatibilité entre les membres du Gouvernement et les membres du congrès. Cinq jours au plus tard après son élection, le Gouvernement désigne, en son sein, à la majorité absolue de ses membres le président et le vice-président.

1107. Wallis-et-Futuna. – À Wallis-et-Futuna la loi du 29 juillet 1961 prévoit qu'il revient à l'administrateur supérieur des îles, c'est-à-dire au représentant de l'État, d'assurer les fonctions de chef du territoire et par conséquent d'en être l'autorité exécutive (art. 9). L'exécutif de la collectivité est donc un emploi à la discrétion du Gouvernement, en situation de dédoublement fonctionnel.

§ 2. Les référendums locaux

1108. Typologie. – Les référendums locaux peuvent être classés en trois catégories : les référendums d'autodétermination, les référendums décisionnels et, par abus de langage, les référendums consultatifs.

1109. Les référendums d'autodétermination. – Les référendums d'autodétermination qui peuvent être soit fondés sur l'article 53 de la Constitution ou sur des dispositions constitutionnelles spécifiques à tel ou tel territoire comme en Nouvelle-Calédonie dès lors qu'à cette occasion, prévue à partir de mai 2014, le suffrage universel y sera écarté[12]. Ils sont utilisés, en pratique, pour la mise en œuvre du principe d'autodétermination des populations françaises d'outre-mer, étant précisé que seul le refus de l'indépendance vaut décision.

1110. Les référendums décisionnels. – Les référendums décisionnels ont été introduits par la loi du 16 juillet 1971 qui avait imposé le consentement d'une majorité qualifiée pour la fusion de communes[13]. Or, le problème de principe s'est posé du recours à la technique référendaire pour la prise de décisions locales. Selon l'article 3 de la Constitution, « *la souveraineté nationale appartient au*

12. Accord de Nouméa, pt 5 ; art. 77 nv, al. 5 en tant qu'il renvoie à la loi org. statutaire du 19 mars 1999, art. 216 à 221.

13. À la majorité absolue des suffrages exprimés représentant au moins le quart des inscrits (CGCT, art. L. 2113-2 s.).

peuple qui l'exerce par ses représentants et par la voie du référendum » tandis que l'article 72 alinéa 3 dispose que les collectivités territoriales s'administrent librement « *par des conseils élus* ». Le référendum devrait donc être réservé au peuple tout entier, en tant que mode classique d'expression directe de la souveraineté nationale, et être exclu, par conséquent, à l'échelon territorial, comme contraire à l'expression du peuple souverain indivisible. Le Conseil d'État a eu, d'ailleurs, à se prononcer sur cette même question lorsqu'il a eu à interpréter l'article 60 de la Constitution, dans sa rédaction antérieure aux lois constitutionnelles du 28 mars 2003 et du 1er mars 2005, donnant compétence au Conseil constitutionnel pour veiller à la régularité des opérations de référendum : ceux des articles 11 et 89 de la Constitution[14]. Dans son arrêt d'Assemblée *Sarran*[15], il juge que les consultations des populations d'outre-mer ne peuvent pas être considérées comme des référendums, au sens de l'article 60, et ne nécessitent donc pas l'intervention préalable du Conseil constitutionnel, à titre consultatif.

1111. Révision du 28 mars 2003. – C'est la révision du 28 mars 2003 qui aura finalement permis de résoudre le problème ci posé, en permettant d'ancrer, de façon explicite, le référendum local dans le texte constitutionnel : l'article 72-1, alinéa 2 dispose, à cet effet, que « *dans les conditions prévues par la loi organique, les projets de délibération ou d'acte relevant de la compétence d'une collectivité territoriale peuvent, à son initiative, être soumis, par la voie du référendum, à la décision des électeurs de cette collectivité* ». Il est donc possible, désormais, d'utiliser régulièrement le terme de « *référendum* » dès lors que la consultation locale est décisionnelle. Du reste, la loi organique d'application du 1er août 2003 a introduit une nouvelle section dans le Code général des collectivités territoriales, intitulée, « *référendum local* » (art. LO 1112-1 s.), selon le terme délibérément retenu à l'alinéa 2 de l'article 72-1 de la Constitution, révisée par la loi constitutionnelle du 28 mars 2003.

14. Art. 46 de l'ordonnance du 7 novembre 1958 portant loi organique relative au Conseil constitutionnel. La loi constitutionnelle du 28 mars 2003 est, d'ailleurs, venue compléter l'article 60 de la Constitution, en précisant que la compétence du Conseil constitutionnel se limitait aux référendums des articles 11 et 89. La loi constitutionnelle du 1er mars 2005 est venue ajouter le référendum de ratification des traités relatifs à l'adhésion d'un État à l'Union européenne prévu, en principe, l'art. 88-5, al. 1er de la Constitution.

15. CE Ass., 30 octobre 1998, *Sarran, Levacher et al., Rec.* CE 1998, p. 368 ; *RFDA* 1998, p. 1081, concl. C. Maugüé et p. 1094, note D. Alland ; *AJDA* 1998, p. 962, chron. F. Raynaud, P. Fombeur ; *RDP* 1999, p. 19, note J.-F. Flauss ; *RFDA* 1999, p. 57, notes L. Dubouis, B. Mathieu et M. Verpeaux et O. Gohin.

1112. Les référendums consultatifs. – Les référendums consultatifs, organisés par les articles L. 1112-15 du Code n'ont, quant à eux, aucun effet décisionnel et ils ne sont destinés qu'à connaître la position des électeurs. En somme, il s'agit de sondages grandeur nature et leur dénomination de « *référendums* » est, en réalité, abusive. Leur effet politique reste, cependant, significatif. L'utilisation du terme de référendum, pour ces consultations non décisionnelles, relève de la commodité de langage et n'a pas de fondement juridique. Il n'est pas utilisé, d'ailleurs, par le Code général des collectivités territoriales (art. L. 1112-15 s.).

A Le référendum décisionnel

1113. Encadrement. – Le référendum local permet l'édiction d'un acte administratif. Sa portée est bien différente de celle du référendum législatif (Const., art. 11) ou constitutionnel (art. 89 ou 11, controversé sur ce point) ou encore du référendum relatif à l'autodétermination (art. 53, al. 3 et 77). Mais les craintes de voir apparaître, par l'expression populaire du suffrage universel direct (Nouvelle-Calédonie exceptée), une légitimité démocratique propre aux collectivités territoriales venant concurrencer celle du peuple français indivisible, mais aussi les institutions représentatives locales, a beaucoup retardé la mise en œuvre de ce type de consultation pour décision. Et, si la loi constitutionnelle du 28 mars 2003 a finalement permis sa généralisation, elle en a fortement encadré l'utilisation. en posant des conditions matérielles et temporelles.

1114. Contraintes matérielles. – Les contraintes matérielles du référendum décisionnel, au niveau local, sont au nombre de cinq, pas moins :

— en premier lieu, seules les collectivités territoriales, peuvent avoir recours au référendum. Aucun référendum ne peut donc être organisé dans les matières, pourtant de plus en plus nombreuses, relevant de la compétence des établissements publics de coopération intercommunale ;

— en deuxième lieu, le référendum doit porter sur une matière relevant de leurs compétences. Un référendum portant sur une compétence de l'État sera, par conséquent, irrégulier[16] ;

16. TA Cergy-Pontoise, 13 janvier 2006 et 23 février 2006, *Préfet de la Seine-Saint-Denis*, *AJDA* 2006, p. 873, à propos du droit de vote et d'éligibilité des étrangers aux élections locales.

— en troisième lieu, seule l'assemblée locale a le pouvoir de décider de recourir au référendum. Elle décidera, discrétionnairement, sur une demande qui peut émaner soit de l'exécutif local soit du tiers des conseillers municipaux ou de la commission permanente des conseils généraux ou régionaux selon la collectivité en cause. Le quasi-monopole de décision de l'assemblée delibérante n'exclut pas le pouvoir d'initiative des exécutifs et des conseillers locaux. Les exécutifs locaux peuvent ainsi demander de recourir au référendum pour tout projet d'acte réglementaire – mais pas individuel – relevant de leurs compétences propres (CGCT, art. LO 1112-2). Ils peuvent aussi, puisqu'ils maîtrisent de l'ordre du jour de l'assemblée, demander l'inscription d'un projet de délibération décidant du recours au référendum pour un projet de texte relevant de la compétence de l'assemblée. Mais le tiers des assemblées délibérantes comme les commissions permanentes de conseils généraux et régionaux qui ont le pouvoir de demander au maire ou aux présidents la convocation de l'assemblée locale peuvent utiliser cette prérogative pour provoquer une délibération soumettant un projet à référendum.

1115. Une hypothèse particulière peut aboutir indirectement à une délibération sur un référendum décisionnel[17] : l'article L. 1112-16 du Code général des collectivités territoriales prévoit que le cinquième des électeurs dans les communes ou le dixième pour les autres collectivités peuvent demander à ce que soit inscrite à l'ordre du jour de l'assemblée délibérante de la collectivité l'organisation d'une consultation sur toute affaire relevant de la décision de cette assemblée. Or, l'assemblée pourra toujours transformer la consultation demandée en référendum décisionnel ;

— en quatrième lieu, l'assemblée locale qui décide de l'organisation du référendum, fixe, par la même délibération, les modalités de son organisation, tout en précisant le projet de texte concerné et la date de la consultation qui ne peut intervenir moins de deux mois après la transmission de la délibération au représentant de l'État afin de permettre le déféré préfectoral et le contrôle juridictionnel de la délibération par le juge administratif. L'exécutif transmet dans un délai maximum de huit jours la délibération au représentant de l'État lequel, s'il s'agit d'un référendum départemental ou régional, la notifie dans les quinze jours aux maires des communes situées dans le ressort de la collectivité concernée. Le référendum est organisé par les maires, mais les dépenses sont supportées par la collectivité initiatrice ;

17. B. Faure, *Droit des collectivités territoriales*, 1re éd. Dalloz, 2009, n° 278.

— en cinquième et dernier lieu, le projet de référendum est adopté à la double condition de réunir moitié des électeurs inscrits et la majorité des suffrages exprimés. Le texte approuvé est alors soumis aux mêmes règles de publicité que les actes de la collectivité de la compétence dont il relève.

1116. Contraintes temporelles. – Le recours au référendum est soumis à des contraintes temporelles figurant à l'article LO 1112-6 du Code général des collectivités territoriales : un référendum ne peut être organisé dans les six mois du renouvellement total ou partiel des membres de l'assemblée locale ou durant la campagne ou le jour du scrutin des élections locales, nationales et européennes. Une collectivité territoriale ne peut par ailleurs organiser plusieurs référendums locaux portant sur un même objet dans la même année.

B Les consultations locales

1117. Les consultations locales ne sont pas des référendums locaux, au sens propre du terme, car elles ne sont pas pour décision.

1118. Collectivités et EPCI. – Les électeurs de toutes les collectivités territoriales (art. L. 1112-15) et de tous les EPCI (art. L. 5211-49) peuvent être consultés. Cette généralité tranche avec le champ plus limité du référendum décisionnel qui ne concerne pas les EPCI. La loi du 13 août 2004 a ouvert plus largement le recours à la consultation qui était, dans un premier temps (depuis la loi du 4 février 1995), limité aux seules communes et aux opérations d'aménagement des EPCI.

1119. Les électeurs consultés. – Les personnes consultées doivent être électeurs de la collectivité concernée. En principe ce sont tous les électeurs qui sont appelés à participer à la consultation ; mais, lorsque l'affaire intéresse spécialement une partie du ressort de la collectivité, il est possible de limiter cette consultation aux électeurs inscrits sur la liste des bureaux de vote concernés.

1120. Le domaine de compétence. – Les électeurs peuvent être consultés sur toutes les décisions que les autorités de la collectivité envisagent de prendre pour régler les affaires relevant de sa compétence. Le champ est plus large que celui du référendum décisionnel puisque la consultation peut porter sur des actes réglementaires comme sur les actes individuels du pouvoir exécutif dans l'exercice de ses compétences propres[18]. En revanche la jurisprudence exclut le recours à ces consultations lorsque la collectivité entend émettre un avis sur une compétence de l'État[19].

1121. L'initiative. – L'initiative de la consultation peut émaner

— de l'assemblée délibérante qui en arrête le principe,

— du cinquième des électeurs inscrits sur les listes électorales dans les communes et du dixième des électeurs dans les autres collectivités territoriales,

— des exécutifs locaux qui peuvent demander l'inscription de tout projet de délibération à l'ordre du jour,

— du tiers des conseillers municipaux dans les communes de plus de 3 500 habitants ou la moitié dans les autres collectivités territoriales,

— ou, enfin, des commissions permanentes départementales ou régionales qui peuvent demander la convocation de l'assemblée sur la question d'une consultation.

Lorsque l'initiative émane des électeurs, elle se fait par voie de pétition, un électeur ne pouvant signer qu'une seule demande par an.

1122. La décision de consulter. – L'assemblée locale garde la maîtrise de la décision de procéder à la consultation. La loi du 13 août 2004, tout en étendant la consultation à l'ensemble des collectivités et, pour les EPCI, à l'ensemble des domaines de compétences, a introduit un alinéa 4 à l'article L. 1112-16, consacrant le pouvoir discrétionnaire de l'assemblée en la matière : il n'est donc plus question que la démocratie locale, constitutionnellement représentative (art. 72, al. 3, sous réserve de l'art. 72, al. 2), soit débordée par la démocratie directe, au niveau local également.

1123. Les modalités. – La consultation est soumise aux mêmes restrictions temporelles que celles applicables aux référendums décisionnels. L'assemblée délibérante arrête le principe et les modalités de la consultation. Il devra être expressément mentionné que la consultation n'est qu'une demande d'avis. La délibération est transmise au préfet deux mois avant la date du scrutin afin de permettre le déféré préfectoral et le contrôle juridictionnel.

1124. Les effets. – La consultation ne lie pas la collectivité ou l'EPCI. Après avoir pris connaissance du résultat l'assemblée ou

18. CE Sect., 29 décembre 1995, *M. Géniteau*, *Rec., p. 463, RFDA* 1996, p. 471, note C. Chantepy, *AJDA* 1996, p. 154, chron. J.-H. Stahl et D. Chauvaux, *D.* 1996, p. 273, note M. Verpeaux.

19. CE, 14 avril 1995, *Commune de Ventabren*, *Rec.*, p. 683.

l'exécutif, si ce dernier est compétent, prennent une décision sur l'affaire ayant fait l'objet de la consultation. Néanmoins, il est politiquement dangereux de ne pas suivre la position exprimée par les électeurs, quand bien même il s'agit d'un avis.

Section 2
La représentation

1125. Suffrage politique. – Les administrateurs locaux sont élus au moyen d'un suffrage politique. Le caractère politique du suffrage local a été reconnu par le Conseil constitutionnel dans sa décision *Quotas par sexe I* du 18 novembre 1982 reliant les élections locales à l'article 3 de la Constitution relatif aux modes d'expression de la souveraineté nationale :

— en premier lieu, ce lien s'explique par la participation des élus locaux à l'élection des sénateurs qui, eux-mêmes ont la qualité de représentants de la Nation souveraine ;

— en second lieu, les compétences générales exercées par les collectivités territoriales, en vertu du principe de libre administration, les conduisent à imposer à leurs administrés-citoyens des règles de droit sans que ces derniers puissent y consentir autrement que par leur participation aux élections locales. Avant 1982, le pouvoir d'annulation du représentant de l'État sur les actes des collectivités territoriales permettait de relier l'administrateur au Gouvernement qui endossait ainsi, en quelque sorte, la responsabilité politique des actes des collectivités territoriales devant les représentants de la Nation au Parlement. Depuis 1982, le lien entre l'exercice du pouvoir réglementaire local et la responsabilité politique devant le Parlement est rompu puisque le Gouvernement n'a plus de moyen direct d'action sur les actes des collectivités territoriales. L'action administrative locale doit donc trouver une légitimité propre que seule l'élection lui procure.

1126. La comparaison entre les élections locales et européennes dans la jurisprudence du Conseil constitutionnel est assez significative, à cet égard[20]. Dans sa décision *Maastricht II* du 9 avril 1992, le Conseil place, à juste titre, les élections au Parlement européen

20. M. Verpeaux et *al.*, *Droit constitutionnel – Les grandes décisions de la jurisprudence,* PUF, coll. « Thémis », 2010, p. 45.

hors du champ de l'article 3 de la Constitution en permettant le vote, pour les élections organisées en France, des résidents européens. Pour le Conseil, le Parlement européen « *ne constitue pas une assemblée souveraine dotée d'une compétence générale et qui aurait vocation à concourir à l'exercice de la souveraineté nationale* » et qu'il appartient à « *un ordre juridique propre* », bien qu'intégré au système juridique des différents États membres. Il établit donc un lien entre la compétence générale, l'exercice de la souveraineté et l'article 3 de la Constitution.

1127. Compétence du juge administratif. – Il reste, cependant, que le contentieux des élections locales ressortit toujours à la compétence du juge administratif, preuve du caractère essentiellement administratif des fonctions exercées par les élus locaux : un maire n'est pas compris, dans le droit des collectivités territoriales, comme une autorité politique, mais comme un administrateur élu.

1128. L'application aux collectivités territoriales des règles des élections politiques influe, néanmoins, sur la définition du corps électoral et le découpage des circonscriptions électorales, le mandat des élus locaux, leur statut et la mise en œuvre de la parité.

§ 1. Le corps électoral et les circonscriptions

1129. Nationaux et résidents de l'Union européenne. – L'article 3 de la Constitution, applicable aux élections locales, interdit la participation des étrangers aux élections locales puisque ces derniers ne peuvent participer à l'expression de la souveraineté d'un peuple auquel ils n'appartiennent pas. Le Conseil constitutionnel a affirmé ce principe dans sa décision *Maastricht 1* du 9 avril 1992 jugeant inconstitutionnelles les dispositions du traité reconnaissant le droit de vote et d'éligibilité des résidents de l'Union européenne aux élections municipales. Une révision constitutionnelle a été nécessaire pour introduire cette exception, imposée par la volonté de ratification du traité de Maastricht du 7 février 1992. Toutefois, la loi constitutionnelle du 26 juin 1992 a dégagé un compromis en interdisant aux citoyens non nationaux français de l'Union européenne d'exercer les fonctions de maire ou d'adjoint qui auraient permis leur participation à la désignation des électeurs sénatoriaux et à l'élection des sénateurs. Elle y a ajouté une condition de réciprocité que le traité de Maastricht, repris sur ce point par le traité de Lisbonne du 13 décembre 2007, n'avait pas prévu.

1130. Découpage électoral. – Le découpage électoral est un sujet essentiel puisqu'il est le support territorial de la représentation. Il doit donc y avoir une correspondance réelle entre le nombre d'électeurs résidents dans la circonscription et le nombre de leurs représentants. Toutefois le découpage peut être guidé par des considérations électoralistes aboutissant à une surreprésentation de telle ou telle portion de territoire jugée plus favorable politiquement. Le juge devra donc veiller au respect du principe d'égalité devant le suffrage du troisième alinéa de l'article 3 de la Constitution.

1131. Procédure. – La délimitation des cantons se fait par décret en Conseil d'État, après consultation du conseil général (art. L. 3113-2). La principale difficulté tient, cependant, à ce qu'il n'est pas procédé à un découpage général périodique de l'ensemble du territoire, mais à des ajustements, parfois importants, des découpages antérieurs. En conséquence, l'analyse par le juge administratif de la conformité du nouveau découpage avec le principe d'égalité du suffrage ne se fait pas globalement, au regard des modifications introduites par le nouveau décret, mais selon que les modifications intervenues sont de nature ou non à augmenter « *les disparités quantitatives de population entre les cantons* »[21]. Le Conseil d'État a, toutefois, élargi les possibilités de redécoupage, en admettant le recours contre le refus de procéder à un redécoupage lorsque les limites cantonales sont devenues illégales du fait d'un changement dans les circonstances de fait, c'est-à-dire un accroissement ou une diminution de la population[22]. Le juge semble ainsi contrôler différemment le redécoupage volontaire et le redécoupage forcé, faisant suite à une requête fondée sur un changement dans les circonstances consécutives à une évolution démographique.

1132. Découpage volontaire. – Dans l'hypothèse d'un redécoupage, les règles applicables ont été systématisées par l'arrêt d'Assemblée du 13 novembre 1998, *M. Le Déault et autres*[23]. Le Conseil

21. CE Ass., 18 novembre 1977, *Commune de Fontenay-sous-Bois et autres*, *Rec.*, p. 448, *RDP* 1978, p. 526, concl. M. Franc ; *AJDA* 1978, p. 209, chron. M. Nauwelaers et O. Dutheillet de Lamothe ; *D.* 1978, p. 530 note G. Peiser ; 13 novembre 1998, *Le Déault et autres*, *RFDA* 1999, p. 826, concl. L. Touvet, p. 818 note C. Weisse-Marchal *; AJDA 1998, p. 977,* chron. F. Raynaud et P. Fombeur ; *Dr adm.* 1999, n° 3, obs. L. Touvet ; *RDP* 1999, p. 1515, note C. Geslot ; *RGCT* 1999, p. 115, note A. Roux.

22. CE Sect. 30 novembre 1990, *Association Les Verts*, *Rec.*, p. 339, *RFDA* 1991, p. 571 faisant application de la jurisprudence CE Sect. 10 janvier 1930, *Despujol*, *Rec.*, p. 30, *S.* 1930, JP, p. 341, note R. Alibert, *D.* 1930, III, p. 16, note P.L.J.

23. Arrêt préc. ; voir aussi CE Ass., 21 janvier 2004, *Guinde et Département des Bouches-du-Rhône* et *Boulanger*, *RFDA*, 2004, p. 506, note L. Touvet.

d'État se fonde sur des considérations « *essentiellement démographiques* », ce qui ouvre la voie à d'autres considérations d'intérêt général, mais qui ne pourront jouer qu'à la marge. La proportionnalité entre le nombre d'habitants et le nombre de représentants – ce n'est en rien une nécessité – n'est qu'un objectif vers lequel le nouveau découpage doit tendre, sans accroître les disparités existantes, c'est-à-dire, dans tous les cas, l'écart constaté entre la population de chaque canton et la population cantonale moyenne dans le département. De plus, lorsque le redécoupage entraîne la division d'un canton en plusieurs, il faudra prendre en compte la partie du département affectée par ce remodelage et vérifier que l'écart entre le canton le plus peuplé et le moins peuplé ne sera pas augmenté. Lorsque le redécoupage n'entraîne pas la scission de cantons, l'écart à ne pas modifier est celui qui existe entre le canton le plus peuplé et le moins peuplé des cantons redécoupés.

1133. Le Conseil constitutionnel fait application d'une jurisprudence aux principes identiques pour l'analyse du découpage des circonscriptions pour l'élection à l'assemblée de Polynésie française[24] et celui des secteurs électoraux à Marseille[25] et, plus généralement, des circonscriptions législatives[26].

1134. Redécoupage forcé. – Dans l'hypothèse où le découpage est le résultat d'une demande d'un administré, il reviendra au juge administratif de vérifier si le changement dans les circonstances de fait, c'est-à-dire principalement les modifications de population, sont de nature à rendre illégal le découpage en vigueur, pour atteinte au principe d'égalité. Pour ce faire, le Conseil d'État a identifié des critères de légalité des redécoupages sur demande dans son arrêt d'Assemblée *Boulanger* du 21 janvier 2004 : le redécoupage des cantons s'impose « *si une transformation profonde de la répartition de la population [...] a conduit à des écarts de population manifestement excessifs entre ces cantons et sous réserve que des motifs d'intérêt général ne justifient pas le maintien du découpage existant* ». Les conditions sont donc très strictes puisque la modification de la population doit être « *profonde* » et faire apparaître des écarts de population « *manifestement excessifs* » à combler dans le respect des critères précédemment énoncés.

24. CC, 12 février 2004, *Loi organique portant statut d'autonomie de la Polynésie française*, déc. n° 2004-490 DC.
25. CC, 7 juillet 1987, *Régime électoral de Marseille*, déc. n° 87-227 DC.
26. En dernier lieu, CC, 18 février 2010, *Répartition des sièges et délimitation des circonscriptions pour l'élection des députés*, déc. n° 1010-602 DC.

1135. Conseillers territoriaux. – Le vote de la loi du 16 décembre 2010 a fait apparaître une difficulté dans le découpage des cantons pour l'élection des nouveaux conseillers territoriaux, élus au scrutin uninominal, qui siégeront tout à la fois au conseil général et au conseil régional. Il a donc fallu répartir ces conseillers par département, en déterminant le nombre de conseillers généraux, sans créer de déséquilibre, au sein du conseil régional appelé à regrouper les conseillers des départements de la région, par une sur-représentation des départements les moins peuplés. Le Conseil constitutionnel qui a eu à connaître de la répartition opérée par la loi adoptée, a fait application de sa jurisprudence classique sur l'égalité devant le suffrage, en considérant que l'organe délibérant d'un département ou d'une région doit être élu « *sur des bases essentiellement démographiques* ». Il a ainsi censuré la répartition opérée par le législateur au motif qu'elle établissait des écarts manifestement disproportionnés entre le nombre des conseillers territoriaux de certains départements et leur population au regard de la moyenne nationale. Il n'a pas retenu le moyen développé en défense par le Secrétariat général du Gouvernement selon lequel il s'agissait de ne pas s'écarter trop sensiblement du nombre de cantons fixé antérieurement à la réforme. Pour le Conseil, cette volonté ne peut être regardée comme un impératif d'intérêt général suffisant pour justifier les atteintes au principe d'égalité contenues dans le projet de loi.

§ 2. Le mandat

1136. Le mandat des élus locaux est soumis à une double limitation : limitation de la durée du mandat et limitation du cumul des mandats par le jeu des incompatibilités.

A La durée

1137. Sur la base d'un mandat de six ans, cette durée de principe peut être réduite.

1. Principe

1138. Durée. – La durée de six ans est historique et uniforme :

— elle était déjà la durée de droit commun (respectivement, lois du 5 avril 1884, pour les communes, du 10 août 1871, pour les départements, et du 10 juillet 1985, pour les régions). Cette durée est reprise dans le Code électoral (respectivement, aux articles L. 227, 192, 336) ;

— elle est la durée du mandat pour tous les élus des assemblées délibérantes des collectivités territoriales de droit commun ou assimilés au droit commun, y compris celles les communes à statut particulier (Paris, Lyon, Marseille), de la collectivité territoriale de Corse ainsi que des départements et régions ou collectivités territoriales uniques d'outre-mer, abstraction faite de la loi du 19 janvier 1999, jamais appliquée qui, bizarrement, avait rompu cette belle uniformité, en réduisant le mandat des conseillers régionaux à cinq ans.

1139. Il existe encore, cependant, une particularité pour les conseillers généraux, renouvelés par moitié tous les trois ans ; mais elle sera supprimée par l'application de la loi du 16 décembre 2010, politiquement exposée, prévoyant l'élection de la totalité des conseillers territoriaux tous les six ans, à compter de mars 2014. Ces règles sont applicables à toutes les communes à statut particulier (Paris, Lyon, Marseille), à la collectivité de Corse ainsi qu'aux départements et régions d'outre-mer.

1140. Le mandat des exécutifs locaux est calqué sur celui des assemblées. Le renouvellement de l'assemblée entraîne automatiquement la fin du mandat exécutif. Il existe une particularité pour le mandat du président du conseil général qui n'est que de trois ans puisqu'il doit être élu lors de chaque renouvellement du conseil (CGCT, art. L. 3122-1). Or, la loi du 16 décembre tend à mettre fin au renouvellement triennal ; à législation constante, son élection, à compter de mars 2014, aura donc lieu tous les six ans.

2. Réduction de la durée du mandat

1141. La réduction de la durée du mandat peut résulter d'une dissolution, d'une sanction prononcée ou de démission.

1142. Dissolution. – La dissolution de l'assemblée locale (CGCT, art. L. 2121-6 ; 3121-5 ; 4132-3) est un acte grave qui relève de la tutelle de l'État. Elle n'est pas exceptionnelle pour la multitude de petites communes que comporte la France, mais beaucoup plus rare pour les collectivités d'importance. Elle est prononcée par décret en conseil des ministres, par un ou des motifs qui ne sont pas indiqués par le Code, à la différence de ceux susceptibles de fonder la dissolution des conseils généraux et régionaux. Cette lacune est un reflet contemporain de la jurisprudence du début du XXe siècle qui ne soumettait pas le décret de dissolution à une obligation de motivation[27]. Mais la jurisprudence soumet les communes aux critères de

27. CE, 31 janvier 1902 *Grazietti, S.*, III, p. 113, note M. Hauriou.

dissolution des assemblées départementales et des régionales. Elle pourra être prononcée lorsque le fonctionnement de l'assemblée délibérante, et donc de la collectivité territoriale, se révèle impossible. Des dissensions politiques, nées de l'absence de majorité stable, soit lors du renouvellement général, soit à l'issue d'un scrutin partiel[28] ou de la volonté d'obstruction de la majorité refusant d'assurer normalement le fonctionnement de l'assemblée, sont les principales causes de la dissolution, en tant qu'elles mettent en cause la nécessite d'assurer la continuité des institutions locales et des services publics. C'est assez dire que leur fondement est, à la vérité, constitutionnel.

1143. Effets de la dissolution. – Il s'agit ici non pas d'instaurer une quelconque mainmise de l'État sur les collectivités territoriales, mais d'assurer leur fonctionnement, devenu impossible. La mesure n'est que transitoire et sa mise en œuvre est placée sous le contrôle du préfet. Une nouvelle élection devra avoir lieu dans les deux mois.

Entre-temps les affaires courantes sont réglées, pour les communes, par une délégation spéciale, nommée par le préfet, de trois membres, pour les communes de moins de 3 500 habitants, et pouvant aller jusqu'à sept membres, pour les communes plus importantes ; pour les départements et les régions, les présidents assurent la transition ; mais, le préfet, en tant qu'autorité de tutelle, dispose, par exception, du pouvoir d'approbation de leurs actes.

1144. Démission d'office. – Les conditions du prononcé de la démission d'office sont strictes. Il faut que l'élu ait, sans excuse valable, refusé de remplir une des fonctions qui lui sont dévolues par la loi, ce refus pouvant résulter soit d'une déclaration expresse, soit de l'abstention persistante, après avertissement de l'autorité chargée de la convocation pour l'exercice de la fonction en cause. La démission est prononcée par le tribunal administratif, pour le maire, et par le Conseil d'État, pour les présidents des conseils généraux et régionaux, ce qui marque l'importance de cette décision qui n'est pas administrative, mais juridictionnelle, sur saisine du maire ou du président du conseil général ou régional. l'élu. Cette saisine doit avoir lieu dans le délai d'un mois du refus, le tribunal ayant un mois pour se prononcer, sauf à être dessaisi. En ce cas, l'autorité de saisine doit alors se retourner, saisir dans le mois suivant, vers la cour administrative d'appel qui a trois mois pour statuer.

1145. Rareté. – Il est rarement fait recours à la démission d'office. L'essentiel des hypothèses concerne le refus de l'élu de présider

28. CE, 4 juin 2007, *René C et lire CE As., 14 janvier 1977 Perrault et autres.*

ou d'être assesseur d'un bureau de vote[29] qui est, d'ailleurs, une compétence d'État. Il faut dire que des excuses peuvent être présentées qui seront largement admises[30], tout particulièrement lorsque seront prouvées des manœuvres visant à pousser l'élu à ne pas respecter ses obligations légales[31].

1146. Absentéisme. – L'une des principales causes de démission d'office qui aurait pu être l'absentéisme de l'élu aux réunions des différents conseils, ne figure plus au sein des dispositions applicables aux collectivités territoriales, depuis l'abrogation de l'article L. 121-22 du Code des communes par la loi du 2 mars 1982. Cet article prévoyait le prononcé par le préfet de la démission d'office, dans l'hypothèse d'une absence non excusée, pourtant justifiée, à trois séances successives du conseil municipal.

1147. Suspension et révocation. – L'article L. 2122-16 du Code général des collectivités territoriales prévoit la possible suspension ou révocation du maire et de ses adjoints. Alors que le ministre de l'Intérieur est compétent pour suspendre pour une durée inférieure à un mois, seul le Président de la République peut, par décret en conseil des ministres, prononcer la révocation d'un membre de l'exécutif municipal qui emporte, de plein droit, l'inéligibilité aux fonctions de maire et à celle d'adjoint, pendant une durée d'un an à compter du décret de révocation, à moins qu'il ne soit procédé au renouvellement général des conseils municipaux. La procédure relevant plus de la sanction que de la tutelle[32], est soumise à une procédure auditoire, le ou les intéressés devant être entendus ou invités à fournir des explications écrites sur les faits qui leur sont reprochés. La décision doit être motivée et on rappellera, à ce propos, que c'est la révocation du maire d'Hendaye qui a donné lieu au célèbre arrêt *Camino* de 1916 sur le contrôle de l'exactitude matérielle des faits.

1148. Champ d'application. – Les révocations ou suspensions prononcées concernent des situations ou le maire ou l'adjoint ont agi par fraude[33] ou manqué, de façon tout à fait caractéristique, à

29. CE, 20 février 1985, *Biuret*, *Rec.*, p. 520 ; CE, 21 octobre 1992, *Alexandre et autres, RDP* 1993, p. 118.
30. L'assistance aux « *noces de diamant* » des parents du conseiller en est une : CAA Nantes, 2 octobre 2007, *M. Chopp*, *AJDA* 2008, p. 32 note D. Artus.
31. CE, 21 mars 2007, *M. A.*, *DA* 2007, n° 132, note E. Glaser.
32. B. Seiller, « Le pouvoir disciplinaire sur les maires », *AJDA* 2004, p. 1637.
33. CE, 15 mars 1968, *Marty et Bertrand*, *Rec.*, p. 188, pour la signature d'une délibération fictive.

leurs obligations[34] ou commis des irrégularités manifestes[35] ou encore dénigré l'État français[36].

1149. Contrôle du juge. – Le juge a fait évoluer son contrôle sur les motifs de la révocation en suivant la jurisprudence applicable aux autres sanctions disciplinaires. L'arrêt *Wanhapo* a introduit le contrôle de la « *disproportion manifeste* », entre la sanction et la faute qui était appliqué aux autres sanctions depuis l'arrêt *Lebon* du 9 juin 1978[37]. Avec l'arrêt *Dalongeville* précité, il a évolué vers un contrôle normal de l'absence de disproportion, plaçant cette jurisprudence dans la ligne de l'arrêt de Section *Arfi* du 22 juin 2007[38].

1150. Démission volontaire. – La démission des élus locaux doit être adressée au maire ou au président du conseil général ou régional (respectivement, CGCT, art. L. 2121-4 ; L. 3121-3 ; L. 4132-2). Elle est effective dès sa réception bien que l'exécutif doive en informer immédiatement le préfet. Cela signifie qu'elle ne peut pas être refusée[39] et que le conseiller ne peut pas, en principe, reprendre celle-ci. Elle doit être formellement présentée par écrit et ne saurait donc résulter d'un simple tract, adressé à la population[40].

1151. Acceptation par le préfet. – La démission du maire ou de ses adjoints ne devient définitive qu'à partir de son acceptation par le préfet de département ou, à défaut, un mois après un nouvel envoi de la démission par lettre recommandée. Elle n'est immédiate que lorsqu'une incompatibilité est constatée pour l'exercice du mandat. Il n'existe pas de dispositions comparables consacrées à la démission du président du conseil général ou régional dont la démission est ainsi exempte de toute formalité.

34. CE, 2 mars 2010, *Da Longeville*, *AJDA* 2010, p. 664, chrono. S.-J. Liber et D. Botteghi, *DA* 2010, comm. 82, F. Melleray, pour des irrégularités dans la tenue des comptes publics.
35. TA Bordeaux 7 juillet 2004, *Mamère, AJDA* 2004, p. 1446, pour le mariage d'un couple de même sexe.
36. CE Ass., 27 février 1981, Wanhapo, Rec., p. 111, *AJDA* 1981, p. 476, concl. M. Franc, *RA* 1982, p. 159, note B. Pacteau.
37. CE, 9 juin 1978, *Lebon*, *AJDA* 1978, p. 573, concl. B. Genevois et obs. S. S., *Rec.*, 9 juin 1978, *AJDA* 1978, p. 573, concl. B. Genevois et obs. S. S.
38. CE Sect., 22 juin 2007, *Arfi,* Rec., p. 263, *RFDA* 2007, p. 1199, concl. M. Guyomar.
39. CAA Nancy 3 mars 2005, *Ville de Metz*, *AJDA* 2005, p. 1560, note J.-M. Adrien, *JCP* A 2005, n° 1385, chron. dir. D. Giltard et B. Plessix).
40. TA Grenoble, 31 mars 1992, *Guyon, Tab. p.* 796.

1152. Effet de la vacance d'un siège de conseiller municipal. – L'article 270 du Code électoral prévoit dans les communes de 3 500 habitants, que chaque siège vacant est pourvu par le dernier élu sur la liste où figurait le conseiller ayant cessé d'exercer son mandat. Si la liste est épuisée, il est procédé au renouvellement du conseil municipal, pour autant que celui-ci a perdu le tiers de ses membres et qu'il est nécessaire de compléter le conseil avant l'élection d'un nouveau maire. Pour ce faire, le Code renvoie à l'article L. 2122-8 du Code général des collectivités territoriales dont les alinéas 3 à 5 sont consacrés aux élections nécessaires pour compléter le conseil municipal devant élire le nouveau maire.

1153. Contradiction. – Mais il existe une contradiction entre l'article 270 du Code électoral qui fait référence au renouvellement intégral et l'article L. 2122-8 du Code général des collectivités territoriales qui prévoit de simples élections complémentaires. Le Conseil d'État la résout en faisant application des règles spéciales du Code électoral : dans les communes de moins de 3 500 habitants, l'article L. 258 du Code électoral prévoit la tenue d'élections complémentaires dans les deux mois de la dernière vacance ayant fait perdre plus du tiers des membres du conseil[41].

1154. Effet de la vacance d'un siège de conseiller général ou régional. – L'article L. 221 du Code électoral prévoient le remplacement des conseillers par un remplaçant élu, depuis la loi du 31 janvier 2007, en même temps que le titulaire (Code élect., art. L. 210-1). C'est ce mécanisme qui devrait être transposé aux conseillers territoriaux. Dans l'état actuel du droit, jusqu'en mars 2014, les conseillers régionaux sont, quant à eux, soumis à l'article L. 360 du Code électoral qui prévoit le remplacement par le suivant de la liste de la section départementale d'origine correspondant au siège vacant.

1155. Effet de la vacance du maire. – Le maire est remplacé par le premier adjoint ou, s'il est aussi démissionnaire, par un adjoint dans l'ordre du tableau et les adjoints le sont par des conseillers élus par le conseil municipal ou, à défaut, pris dans l'ordre du tableau (art. L. 2122-17). Pour les présidents des conseils généraux et régionaux, les articles L. 3122-2 et L. 4133-2 prévoient, en cas de vacance de l'exécutif, pour quelque cause que ce soit, l'exercice provisoire des fonctions de président par un vice-président pris dans l'ordre des nominations et, à défaut, par un conseiller général désigné par

41. CE, 28 juillet 1999, *Élections municipales de la Celle-Saint-Cloud*, *Rec. p.* 254 ; *AJDA* 2000, p. 249.

le conseil. Il est alors procédé au renouvellement de la commission permanente, dans le délai d'un mois.

B Incompatibilités

1156. Incompatibilité et inéligibilité. – L'incompatibilité se distingue de l'inéligibilité en ce qu'elle ne rend pas irrégulière l'élection mais impose la cessation de la fonction incompatible. Un candidat en situation d'incompatibilité doit donc être déclaré élu. Il lui revient alors de faire cesser cette incompatibilité dans les conditions définies par la loi. S'il n'y met pas fin, le juge administratif peut être saisi de la régularité de l'élection afin de procéder à son annulation. Cependant, le moyen n'est pas d'ordre public[42] et la régularisation reste possible jusqu'à la lecture du jugement ou de l'arrêt, en cas appel, car l'existence de l'incompatibilité s'apprécie au jour de la décision définitive[43].

1157. Multiplicité des hypothèses. – Il serait fastidieux de dresser la liste générale des fonctions incompatibles avec celle d'élu local, d'autant plus que ces incompatibilités ne sont concentrées ni dans le Code électoral ni dans le Code général des collectivités territoriales. Elles peuvent être contenues dans les textes relatifs à telle ou telle profession. C'est tout particulièrement le cas pour les incompatibilités applicables aux magistrats judiciaires ou financiers ou aux membres du Conseil constitutionnel (respectivement, ord. du 22 décembre 1958, art. 9, CJF, art. L. 222-3 ou ordonnance du 7 novembre 1958, art. 4).

On étudiera principalement les incompatibilités établies par la législation interdisant le cumul des mandats qui relève du régime de l'incompatibilité, et non de l'inéligibilité. Cela permet, par conséquent, de cumuler les candidatures pour opter, une fois élu, et, si nécessaire, pour l'un ou l'autre des mandats afin de résorber l'incompatibilité.

1158. Cumul horizontal et vertical. – On distingue deux types de cumuls, horizontal et vertical. Le cumul horizontal permet d'être élu dans les conseils de plusieurs collectivités de même niveau, le cumul vertical joue quant à lui dans les conseils de collectivités de niveau différents.

42. CE, 14 décembre 1960, *Élections municipales de Pontarlier*, *Rec.*, p. 1007.
43. CE, 21 octobre 1992, *Couveinhes*, *Rec.*, p. 373, *JCP* 1992, IV, n° 3122.

1159. Le cumul horizontal. – Le cumul horizontal est formellement interdit pour tous les conseillers locaux[44] et pour les conseillers municipaux d'un autre État de l'Union européenne.

1160. Le candidat élu dans plusieurs conseils municipaux doit donc transmettre au préfet, dans les dix jours de la proclamation du résultat, une déclaration d'option, à défaut il est déclaré élu dans la collectivité comportant le moins d'électeurs.

1161. Le candidat élu dans plusieurs cantons doit déclarer son option au président du conseil général dans les trois jours qui suivent la plus prochaine réunion du conseil général (ou à compter de la date de la décision de justice définitive statuant sur une éventuelle contestation de son élection). À défaut d'option dans ce délai, le conseil général détermine, en séance publique, par tirage au sort, à quel canton le conseiller appartiendra. Ces règles ne sont pas applicables au conseil de Paris qui est considéré comme une assemblée délibérante « d'une nature particulière », et non un conseil général[45].

1162. Des règles similaires sont applicables aux conseillers régionaux qui ne peuvent être élus dans plus d'un conseil et doivent déclarer leur option dans les trois jours de leur élection, à moins d'être déclaré démissionnaire de ses mandats par arrêtés des représentants de l'État dans les régions où il a été élu.

1163. Enfin, l'article LO 238-1 du Code électoral donne dix jours, pour tout délai, aux élus locaux d'un État de l'Union européenne, aussi élus en France, pour démissionner de l'un ou l'autre de leurs mandats.

1164. Disparité des régimes. – On pourra regretter la forte disparité des règles applicables selon le type de conseil, même si elle peut s'expliquer par la disparité des modes de scrutin ou la spécificité de la fonction de conseiller municipal dans les petites communes. On notera aussi l'absence de disposition réglant la question de la levée d'option lors de l'élection simultanée dans deux conseils généraux distincts.

1165. Le cumul vertical. – Le cumul vertical a été fortement limité par la loi du 5 avril 2000 et la loi du 11 avril 2003 pour les

---

44. Code élect., art. L. 238 pour les conseillers municipaux ; L. 208 pour les conseillers généraux ; L. 345 pour les conseillers régionaux.

45. CE, 14 mars 1980, *Élections au conseil de Paris*, *Rec.*, p. 150 ; *AJDA* 1980, p. 531, note C. Goyard, arrêt qui a permis le cumul par Jacques Chirac du mandat de conseiller de Paris et de conseiller général de la Corrèze.

parlementaires européens. D'une part, le mandat de député, député européen et de sénateur n'est plus compatible qu'avec un seul mandat local, sauf pour les collectivités de moins de 3 500 habitants ; d'autre part, un même élu local ne peut cumuler plus de deux mandats locaux.

1166. Cumul de mandat local et national. – La loi rejette l'interdiction totale du cumul de mandat pour conserver un lien entre les élus nationaux et locaux. Les partisans de l'interdiction totale défendent l'idée de la charge importante d'élu local qui ne permettrait pas d'être cumulée avec celle d'élu local. Mais raisonner ainsi supposerait d'interdire aux élus locaux d'exercer une quelconque profession pour se consacrer pleinement à leur tâche, ce qui est bien évidemment impossible, la majorité des élus locaux français ne bénéficiant d'aucune indemnité. Il serait, par conséquent, difficile d'interdire le cumul entre les fonctions de député et de conseiller régional, mais d'autoriser un médecin, un avocat ou un chef d'entreprise d'exercer un tel mandat. De plus, cette interdiction préjuge de la capacité des élus nationaux à cumuler les mandats. Ils sont nombreux à avoir apporté la preuve qu'il est parfaitement possible de mener de front un mandat local et un mandat national. De plus encore, la règle d'interdiction totale de cumul serait de nature à écarter les meilleurs candidats des mandats locaux qui seront, en dehors de ceux qui ouvrent la voie à une fonction exécutive importante, telle que maire d'une ville de plus de 30 000 habitants ou président d'un conseil général ou régional, toujours moins recherchés que les mandats nationaux. Enfin, il n'est pas bon que tous les élus nationaux soient coupés d'une base sociologique susceptible d'éviter qu'ils perdent le sens des réalités vécues par leurs mandants.

1167. Démission. – Par conséquent, lorsqu'un élu national détient plus d'un mandat local, à l'exception du second mandat local dans une commune de moins de 3 050 habitants, il a trente jours pour démissionner de ce mandat ; à défaut, il sera déclaré démissionnaire d'office par le Conseil constitutionnel (Code élect., LO 151). Si le cumul apparaît au cours du mandat national, il sera reconnu démissionnaire d'office du mandat acquis le plus récemment (Code élect., LO 151-1), à la différence des élus européens pour lesquels c'est du mandat le plus ancien dont on impose la démission, après trente jours (loi du 7 juillet 1977, art. 6-3.)

1168. Cumul des mandats locaux. – Il est impossible de cumuler plus de deux mandats locaux (Code élect., art. 46-1), tout en pouvant être élu national, dans les conditions et sous les réserves prémentionnées).

En cas de cumul, l'élu local a trente jours pour démissionner de l'un de ses mandats acquis antérieurement, à défaut, il sera déclaré démissionnaire d'office d'un mandat : le plus ancien. Seuls les conseillers municipaux des communes de moins de 3 500 habitants ont une totale liberté pour choisir les deux mandats à conserver.

1169. Cumul d'exécutifs locaux. – Les fonctions de maire ou président de conseil général ou régional sont incompatibles (CGCT, art. L. 2122-4, L. 3122-3 et L. 4133-3). Cette incompatibilité n'est pas, pour l'heure, étendue à la présidence des établissements publics de coopération intercommunale qui ont, pourtant, un pouvoir considérable et des compétences de plus en plus larges, pouvant entrer en contradiction avec les intérêts directs de la collectivité que le président représente au sein de l'EPCI.

Chapitre 5
La décision locale

1170. Moyen de la libre administration. – Les collectivités territoriales, parce qu'elles sont des personnes publiques, disposent du pouvoir de prendre des actes juridiques pour s'administrer librement. Elles peuvent donc prendre des actes de droit privé, hors régime de puissance publique, mais aussi, et surtout, des actes administratifs qu'ils soient contractuels ou unilatéraux et au sein de ces derniers des actes individuels ou réglementaires c'est-à-dire des décisions administratives, générales et impersonnelles. Ce pouvoir réglementaire des collectivités territoriales a toujours existé même s'il n'a été constitutionnellement reconnu que par la loi constitutionnelle du 28 mars 2003.

1171. Compétence liée. – En revanche, les actes des collectivités territoriales ne sont pas pleinement discrétionnaires :

— en premier lieu, les collectivités ne sont pas maîtresses de leur propre compétence. Elles ne peuvent donc agir qu'après y avoir été habilitées par le législateur ou le pouvoir de révision qui répartit les compétences entre l'État et les collectivités territoriales, puis entre les collectivités territoriales ;

— en deuxième lieu, leur processus de décision est encadré par les textes qui organisent la démocratie locale, en préservant les droits des élus et la participation des administrés ;

— en troisième et dernier lieu, les actes des collectivités territoriales doivent aussi respecter le principe de légalité : à l'échelon local c'est le préfet qui est en charge du contrôle sur les actes des collectivités et le juge interviendra, éventuellement, après que, notamment, le préfet l'aura saisi par la voie du déféré préfectoral, en principe. On sait que, par ailleurs, les administrés ont aussi accès au prétoire soit directement (recours pour excès de pouvoir), soit par l'intermédiaire du préfet (déféré provoqué).

1172. Rendre compte de la décision locale suppose d'étudier successivement la répartition des compétences entre les collectivités territoriales et l'État **(Section 1)**, la prise de décision **(Section 2)** et le contrôle administratif **(Section 3)**.

Section 1
La répartition des compétences entre les collectivités territoriales et l'État

1173. Absence de compétence naturelle. – Il n'existe pas de compétences relevant par nature des collectivités territoriales. Les compétences de ces dernières sont fixées par la Constitution de l'État qui les englobe. C'est en fonction de l'importance de l'autonomie normative qui leur est donnée que l'on pourra caractériser *a posteriori* la structure constitutionnelle de l'État en cause. L'État français, à la fois monoconstitutionnel et monolégislatif, est un État unitaire à structure décentralisée (art. 1er) parce que la Constitution offre une autonomie aux collectivités territoriales qui s'administrent librement par des conseils élus (art. 72). Cela suppose que ces dernières disposent de compétences propres dans le domaine desquelles l'État central ne voudra pas intervenir.

1174. Absence de définition constitutionnelle. – Toute la difficulté vient cependant de ce que le contenu de ces compétences propres n'est pas établi par la Constitution elle-même. La loi constitutionnelle du 28 mars 2003 a bien introduit dans le texte constitutionnel un article 72, alinéa 2 qui pose, sans le nommer ainsi, un principe dit de « *subsidiarité* » et un article 72, alinéa 4 permettant la dérogation, à titre expérimental, aux lois et règlements. Pour autant, la règle de la détermination étatique des compétences territoriales reste bien de principe.

1175. Le principe de subsidiarité. – « *Les collectivités territoriales ont vocation à prendre les décisions pour l'ensemble des compétences qui peuvent le mieux être mises en œuvre à leur échelon* » : le deuxième alinéa de l'article 72, issu de la révision du 28 mars 2003, introduit ainsi, de façon implicite, le principe de subsidiarité dans l'organisation de la répartition des compétences entre l'État et les collectivités territoriales.

1176. Inspiration européenne. – L'énoncé choisi est un écho du droit de l'Union européenne. L'article 5 du traité sur l'Union européenne dispose, en effet, qu'en vertu du principe de subsidiarité, « *dans les domaines, qui ne relèvent pas de sa compétence exclusive, l'Union intervient seulement si, et dans la mesure où, les objectifs de l'action envisagée ne peuvent pas être atteints de manière suffisante par les États membres [...] mais peuvent l'être mieux, en raison des dimensions ou des effets de l'action envisagée, au niveau de l'Union* ».

Un protocole annexé à ce traité et au traité sur le fonctionnement de l'Union européenne est spécifiquement consacré aux modalités d'application de ce principe.

1177. Inspiration allemande. – Il s'agit ici d'un mode de répartition des compétences auquel certains États fédéraux, à commencer par l'Allemagne, ont recours dans les domaines de compétences concurrentes. Ainsi l'article 72 de la Loi fondamentale allemande du 23 mai 1949 dispose qu'en cas de compétences concurrentes, par principe, il appartient aux pays fédérés (« *Länder* ») de légiférer, à moins que l'intervention de l'État fédéral (*Bund*) ne soit nécessaire pour la réalisation de conditions de vie équivalentes sur le territoire fédéral ou pour la sauvegarde de l'unité juridique ou économique dans l'intérêt de l'État tout entier – réserve faite du pouvoir qu'ont les *Länder* d'y déroger dans certains domaines précis[1].

La comparaison des trois régimes de subsidiarité appelle quelques remarques :

— d'abord, on constate que le terme de « *subsidiarité* » n'est utilisé que par le droit de l'Union européenne. Si la Constitution française et la Loi fondamentale allemande ne l'utilisent pas, en dehors de son application au droit de l'Union européenne, en Allemagne[2], c'est en raison de son caractère trop théorique[3] ou encore parce qu'il n'est perçu que dans un sens défavorable à l'État fédéral, en en faisant une institution seconde par rapport aux pays fédérés ;

— ensuite, il apparaît qu'en droit allemand et dans le droit de l'Union européenne, comme dans l'immense majorité des États fédéraux, la compétence de principe appartient aux autorités locales : l'Union intervient « *seulement si* » l'action des États membres est insuffisante ou impossible ; les pays fédérés, quant à eux, ont le pouvoir de légiférer « aussi longtemps que » l'intervention de l'État fédéral n'est pas nécessaire tandis qu'en droit français, les collectivités territoriales n'ont que « *vocation* » à prendre les décisions lorsqu'elles sont susceptibles d'être plus efficaces que l'État central.

1178. Enfin, alors que le droit français et le droit de l'Union européenne font reposer la subsidiarité sur la notion d'efficacité, le droit allemand fait référence à l'équivalence des conditions de vie ou à la

1. Chasse, protection de la nature, répartition des terres, aménagement du territoire, eau, admission aux établissements d'enseignement supérieur et diplômes terminaux d'enseignement supérieur.
2. Loi fond., art. 23.
3. En ce sens, J. Schwarze, « Le principe de subsidiarité dans la perspective du droit constitutionnel allemand », *RMCUE*, 1993, p. 614.

sauvegarde de l'unité juridique ou économique dont l'objet est de préserver, en définitive, la cohésion de l'État fédéral.

1179. Contrôle juridictionnel. – La justiciabilité du principe est une question récurrente parce qu'il peut entraîner des décisions subjectives et politiques qui iront soit dans le sens de l'affermissement du pouvoir central, soit dans le sens de son démembrement au profit de l'échelon local, présupposé plus efficace.

1180. En droit de l'Union. – En droit initialement communautaire, la Cour de justice s'est limitée dans un premier temps à un contrôle restreint puisqu'elle vérifiait simplement que les institutions européennes avaient examiné, de façon claire et non équivoque, leur compétence eu égard au principe[4]. Par la suite, elle s'est attachée à vérifier le respect des deux conditions exigées par le traité, à savoir l'incapacité des États à atteindre les objectifs de l'action envisagée, d'un côté, et la plus grande efficacité supposée de l'Union pour les réaliser, d'un autre côté[5]. L'entrée en vigueur du traité de Lisbonne pérennise cette tendance jurisprudentielle. Le Protocole n° 2 relatif notamment au principe de subsidiarité prévoit, en effet, en son article 8 la possibilité pour un État membre de saisir la Cour de justice de la violation du principe par un acte législatif. Le recours est transmis au nom des parlements nationaux ou de l'une de leurs chambres.

1181. En droit français. – Pour l'heure, le droit français, depuis 2003, n'est pas en voie de subir une évolution similaire. Les termes choisis par le pouvoir de révision ne s'y prêtent pas puisque, comme déjà souligné, les collectivités territoriales ont simplement « *vocation* » à prendre des décisions pour lesquelles leur intervention serait plus efficace. Le Conseil constitutionnel perçoit le principe comme un élément devant être pris en compte, parmi d'autres, pour la répartition des compétences par le législateur. Cela explique qu'il se limite à un contrôle restreint qui inclut donc l'erreur manifeste d'appréciation[6] pour sanctionner la violation du principe. Le Conseil d'État pourrait aussi être conduit à se prononcer sur le principe de subsidiarité à l'occasion du contrôle d'un acte d'une collectivité territoriale intervenu au titre de la clause générale de compétence. En l'absence de « *loi écran* », il pourrait alors faire directement application de l'article 72, alinéa 2.

---

4. En ce sens, C. Blumann et L. Dubouis, *Droit institutionnel de l'Union européenne*, Litec, 2007, n° 542, p. 358.

5. CJCE, 9 octobre 2001, *Royaume des Pays-Bas c. Parlement et Conseil*, aff. C-377/98 ; 10 décembre 2002, *British American Tobacco,* aff. C-491/01.

6. CC, 7 juillet 2005, *Loi de programme fixant les orientations de la politique énergétique*, déc. n° 05-516 DC.

1182. L'expérimentation. – L'article 72 alinéa 4 de la Constitution, issu de la révision constitutionnelle du 28 mars 2003 dispose que « *dans les conditions prévues par la loi organique, et sauf lorsque sont en cause les conditions essentielles d'exercice d'une liberté publique ou d'un droit constitutionnellement garanti, les collectivités territoriales ou leurs groupements peuvent, lorsque, selon le cas, la loi ou le règlement l'a prévu, déroger, à titre expérimental et pour un objet et une durée limités, aux dispositions législatives ou réglementaires qui régissent l'exercice de leurs compétences* ».

1183. Politique étatique. – Il ne faut pas voir, dans la possibilité accordée aux collectivités territoriales de déroger aux lois et règlements à titre expérimental, une avancée de la décentralisation ou de leur libre administration. L'expérimentation, en effet, n'est pas une politique locale, mais une politique étatique qui vise à une rupture limitée et temporaire de l'égalité en droit, susceptible, au terme fixé, d'être généralisée ou abandonnée, en vue de rétablir cette égalité sur une autre base, soit sur la même base. L'État seul a l'initiative de cette expérimentation qui ne pourra pas, toutefois, être imposée à la collectivité sans méconnaître leur libre administration, constitutionnellement garantie. Le texte qui autorise la dérogation doit préciser la nature et les caractéristiques des collectivités territoriales autorisées à participer à l'expérimentation ainsi que les cas dans lequel l'expérimentation pourra être entreprise (CGCT, LO 1113-2 issu de la loi organique du 1er août 2003 relative à l'expérimentation par les collectivités territoriales).

1184. Procédure. – Dans un délai fixé par la loi ou le règlement, toute collectivité entrant dans le champ d'application pourra demander, par délibération motivée, à bénéficier de l'expérimentation. Le Gouvernement, après avis du préfet, vérifie que les conditions sont remplies et publie par décret la liste des collectivités autorisées à participer à l'expérimentation. Les règlements d'expérimentation de la collectivité doivent indiquer leur durée de validité et ne peuvent entrer en vigueur qu'après leur publication au *Journal officiel*. Avant l'expiration de la durée fixée pour l'expérimentation, le Gouvernement transmet au Parlement, aux fins d'évaluation, un rapport assorti des observations des collectivités territoriales qui ont participé à l'expérimentation. Ce rapport expose les effets des mesures prises par les collectivités sur le coût et la qualité des services rendus aux usagers, l'organisation des collectivités territoriales et des services de l'État ainsi que leurs incidences financières ou fiscales. Chaque année, le Gouvernement transmet au Parlement un rapport retraçant l'ensemble des propositions d'expérimentation et demandes de participation des collectivités territoriales.

1185. La fixation des compétences locales. – Le principe reste celui de la fixation par l'État des compétences des collectivités territoriales. Deux types de normes peuvent déterminer leur étendue : la Constitution et la loi, qu'elle soit ordinaire (art. 34) ou organique. La Constitution de 1958 révisée détermine la structure de l'État en posant le principe de son organisation décentralisée (art. 1er) qui nécessite que les collectivités puissent s'administrer librement par des conseils élus dans un domaine de compétence qui leur est propre (art. 72). Toute la difficulté va résider dans la détermination de l'étendue de ces compétences. La Constitution reste muette sur ce point, hormis la consécration du principe de subsidiarité (art. 72, al. 2), du pouvoir réglementaire (al. 3), des règles relatives à l'expérimentation (al. 4) et à la collectivité chef de file (al. 5). Elle renvoie au législateur la détermination des principes fondamentaux des compétences des collectivités territoriales (art. 34, al. 13) et des conditions de leur exercice (art. 72, al. 3). Le tracé de la frontière entre les compétences étatiques et les compétences territoriales revient donc à une institution de l'État ce qui est parfaitement justifié, mais non sans défaut, pour trois raisons :

— d'abord, le législateur est, sous réserve des procédures d'irrecevabilité et de délégalisation prévues respectivement aux articles 41 et 37, alinéa 2 de la Constitution, maître de sa propre compétence. Il pourra ainsi empiéter sur les compétences du pouvoir réglementaire des collectivités territoriales ou de l'État, sans risquer la censure du Conseil constitutionnel qui considère qu'une loi intervenant dans le domaine réglementaire n'est pas contraire, par ce motif, à la Constitution[7] dès lors qu'il existe, précisément, des procédures spécifiques permettant de prévenir cet empiètement (par la procédure d'irrecevabilité de l'article 41 de la Constitution) ou de procéder à une délégalisation *a posteriori* (art. 37, al. 2). L'expansionnisme législatif qui e caractérise le droit positif, en France, est ainsi un vecteur de limitation de l'autonomie et des compétences des collectivités territoriales ;

— ensuite, parce que le Premier ministre qui a l'initiative des lois (Const., art. 39, al. 1er), va lui-même fixer le partage des compétences entre le pouvoir réglementaire de l'État et celui des collectivités territoriales, ce qui fait naître la suspicion sur les raisons politiques et surtout budgétaires de tel ou tel transfert de compétences ;

7. CC, 18 novembre 1982, *Blocage des prix et des revenus*, déc. n° 82-143 DC.

— enfin, parce que le législateur n'a ni voulu ni su, en l'absence de cadre constitutionnel, structurer les compétences des collectivités territoriales, mais a procédé par vagues successives de transferts épars de compétences souvent redondantes, sans jamais être parvenu à y mettre de l'ordre. Les collectivités territoriales, hormis pour certaines compétences communales qui sont clairement de proximité, sont affaiblies par le manque de caractérisation de leurs compétences qui rend plus aisés les éventuels empiètements.

1186. Clause générale de compétence. – Une solution aurait pu être trouvée dans l'identification d'une clause générale de compétence, permettant à chacune des collectivités territoriales d'agir lorsqu'un intérêt public local est en cause. Il a été soutenu, en ce sens, que la loi municipale du 5 avril 1884 contenait déjà une telle disposition, en tant qu'elle prévoyait que « *le conseil municipal règle par ses délibérations les affaires de la commune* ». Or, ce dispositif renvoyait, en réalité, à la notion d'« *affaires locales* », c'est-à-dire à la vocation générale des communes, comme la loi départementale du 10 août 1871, avant elle, et comme la loi régionale du 5 juillet 1972, après elle, à une époque, d'ailleurs, où la région n'était pas encore une collectivité territoriale, mais un établissement public, faute que le conseil régional fût élu au suffrage universel direct.

1187. Affaires de la commune. – Aujourd'hui encore, l'article L. 2121-29 du Code général des collectivités territoriales énonce, de même, que « *le conseil municipal règle par ses délibérations les affaires de la commune* ». La règle est reprise pour le conseil général (art. L. 3211-1) et le conseil régional (art. L. 4221-1). Cependant, la loi du 16 décembre 2010 a supprimé les affaires locales pour ces deux dernières catégories de collectivités, en modifiant les articles L. 3211-1 et 4221-1 du Code général des collectivités territoriales : à compter du 1er janvier 2015, le conseil général et le conseil régional régleront les affaires du département et de la région « *dans les domaines de compétences que la loi [leur] attribue* » : à législation constante, seules les communes auront alors vocation générale, les compétences de toutes les collectivités territoriales étant attribuées par l'État souverain.

§ 1. La clause générale de compétence

1188. Utilité. – La clause générale de compétence cherchait à consacrer l'idée d'une compétence locale de principe, non strictement délimitée, fondée sur la distinction entre l'intérêt local, devant être assuré par les collectivités territoriales, et l'intérêt national, devant être assuré par l'État, en dehors de toute habilitation spécifique, à même d'établir une liste exhaustive de compétences pour chaque collectivité territoriale ou catégorie de collectivités territoriales, en dehors de laquelle l'action des autorités locales ne saurait être régulière.

1189. Clause générale et habilitation législative. – L'opposition supposée entre la clause générale et l'habilitation spécifique n'est pas que technique. La clause générale était défendue, en effet, par les tenants nombreux d'une décentralisation de l'État français, fondée sur une compétence naturelle et de principe des collectivités territoriales et donc irréductible à la spécialité d'une habilitation. La théorie de l'habilitation spécifique est défendue, en revanche, par les tenants rares d'une décentralisation émanant de et contrôlée par l'État central dans laquelle les compétences locales n'existent que sur habilitation de l'État, législative en principe.

1190. Texte constitutionnel. – L'arbitrage entre les deux aurait pu et dû venir de la Constitution qui reconnaîtrait un domaine constitutionnel réservé de compétences locales. Mais le texte constitutionnel qui emploie, tout de même, onze fois le terme de « compétences », dans son titre XII révisé, demeure très général et il ne fait qu'énoncer des principes directeurs : organisation décentralisée (art. 1er), libre administration (art. 72, al. 3), pouvoir réglementaire (*ibid.*), vocation à la subsidiarité (al. 2), dont aucun ne suffit à consacrer, par lui-même, un intérêt public constitutionnel local. On peut même soutenir que le pouvoir de révision a renoncé à le faire puisque la Constitution finit par prévoir que « *(...) lorsque l'exercice d'une compétence nécessite le concours de plusieurs collectivités territoriales, la loi peut autoriser l'une d'entre elles ou un de leurs groupements à organiser les modalités de leur action commune* », imposant ainsi la notion doctrinale de « *collectivité chef de file* » (al. 5).

1191. Jurisprudence constitutionnelle. – Pourtant, le Conseil constitutionnel a bien reconnu l'existence de compétences propres des collectivités territoriales[8], sans jamais déterminer le contenu des dites compétences qui sont simplement déduites du principe de libre administration qui les implique nécessairement. Le Conseil se borne à une utilisation négative de la notion de compétence propre afin de

8. CC, 29 mai 1990, *Droit au logement*, déc. n° 90-274 DC, 7 décembre 2000, *SRU*, déc n° 2000-436 DC, 18 juillet 2001, *Allocation personnalisée d'autonomie*, déc. n° 2001-447 DC, 23 janvier 2002, *Loi relative à la Corse*, déc. n° 2001-454 DC ou 9 décembre 2010, *Réforme des collectivités territoriales* décision n° 2010-618 DC.

vérifier que l'encadrement de l'action des collectivités territoriales par le législateur n'excède pas ce que permet le respect de leur libre administration. Ainsi, il considère que « *les obligations [...] mises à la charge d'une collectivité territoriale doivent être définies avec précision quant à leur objet et à leur portée et ne sauraient méconnaître la compétence propre des collectivités territoriales, ni entraver leur libre administration* » (déc. nº 90-274 DC, préc.). Le rappel des compétences propres fait alors double emploi avec la référence à la libre administration[9].

1192. Décision du 9 décembre 2010. – La clause générale de compétence ne saurait donc trouver un fondement véritable dans les compétences propres des collectivités territoriales, telles que les utilise le Conseil constitutionnel. Bien plus, il vient de condamner définitivement la grande majorité de la doctrine qui cherchait, en vain, un fondement constitutionnel à cette notion. En effet, dans son importante décision du 9 décembre 2010, il juge enfin conforme à la Constitution la mise à l'écart de cette prétendue compétence générale des collectivités territoriales par la loi du 16 décembre 2010 : « *Considérant que l'article 48 de la loi du 10 août 1871 susvisée précisait que le conseil général délibère* "sur tous les objets d'intérêt départemental dont il est saisi, soit par une proposition du préfet, soit sur l'initiative d'un de ses membres" *; que ces dispositions n'ont eu ni pour objet ni pour effet de créer une* "clause générale" *rendant le département compétent pour traiter de toute affaire ayant un lien avec son territoire ; que, par suite, elle ne saurait avoir donné naissance à un principe fondamental reconnu par les lois de la République garantissant une telle compétence* » (cons. 54)[10].

1193. La cause est entendue : le Conseil constitutionnel considère donc, de la façon la plus nette,

— d'une part, qu'aucun principe fondamental reconnu par les lois de la République ne confère valeur constitutionnelle à cette compétence générale ;

— d'autre part, que c'est seulement si le législateur n'a pas attribué une compétence d'intérêt local à une institution publique que le principe de libre administration permet alors à telle ou telle collectivité territoriale, à vocation générale (commune) ou non (département ou région) de l'exercer. La compétence générale n'est donc, du point de vue constitutionnel, qu'une généralisation de compétences attribuées ; en

9. En ce sens, L. Janicot, « Réflexions sur la notion de compétences propres appliquées aux collectivités territoriales en droit français », *AJDA* 2004, p. 1574.

10. CC, 9 décembre 2010, *Réforme des collectivités territoriales*, déc. nº 2010-618 DC.

toute hypothèse, elle n'est pas générale en ce sens qu'elle ne saurait être auto-définie alors qu'elle est définie par l'État, et par lui seul, quand bien même, par exception, la compétence locale serait de principe[11].

§ 2. L'habilitation législative

1194. Les compétences locales sont en constante évolution même si les transferts les plus importants ont résulté des lois des 7 janvier et 22 juillet 1983, puis de celle 13 août 2004. Une nouvelle loi doit intervenir dans les mois qui viennent pour délimiter les compétences du département et de la région qui ne bénéficieront plus d'une vocation générale, à compter du 1er janvier 2015, du fait de l'entrée en vigueur, pour partie différée, de la loi du 19 décembre 2010. Il serait fastidieux et un peu vain de présenter une liste exhaustive de compétences attribuées par la loi aux collectivités territoriales dès lors qu'elles évoluent constamment et qu'elles sont amenées à évoluer encore dans un proche avenir. En revanche, chaque collectivité possède un bloc de compétences auquel se rattache le législateur.

A La compétence de la commune

1195. Les communes ont toujours eu un rôle fondamental au sein des institutions administratives françaises. Leur place privilégiée est, tout à la fois, un héritage de l'histoire et la conséquence de l'administration de premier cercle, à leur charge, à proximité des administrés pour répondre, avec souplesse, à leurs préoccupations immédiates. Au cœur de l'organisation administrative communale, le maire dispose de compétences propres qu'il exerce indépendamment de son conseil municipal. Il conviendra donc de distinguer, pour chaque compétence, si elle relève du conseil municipal ou directement du maire.

1. Les compétences en matière de police

1196. Compétence du maire. – Le maire partage, avec le Premier ministre[12], le préfet et le président du conseil général, le pouvoir de police générale sur le territoire de la commune dont il a la charge (CGCT, art. L. 2212-1).

11. En Nouvelle-Calédonie depuis 1976 ; en Polynésie française, depuis 1977.
12. Le Président de la République n'intervenant que dans le cadre de l'article 16, de l'état de siège ou d'urgence ou si une loi « *de police* » exige des décrets en conseil des ministres.

1197. Premier ministre. – Le Premier ministre dispose de la compétence la plus large puisqu'elle s'étend sur l'ensemble du territoire.

1198. Préfet. – Le préfet est compétent pour prendre les mesures dont le champ d'application s'étend sur le territoire de plus d'une commune de son département (art. L. 2215-1, abstraction faite de son pouvoir de substitution à un maire défaillant).

1199. Président du conseil général. – Le président du conseil général est quant à lui compétent pour prendre les mesures de police nécessitées par la gestion du domaine, c'est-à-dire des propriétés du département et, en particulier, par la circulation sur celui-ci (art. L. 3221-4), sous réserve des compétences du maire qui, en la matière, s'étendent à l'ensemble des voies situées sur sa commune (art. L. 2213-1).

1200. Pouvoir de police générale. – Dans l'exercice de son pouvoir de police générale, le maire a la compétence de principe : il en charge « *d'assurer le bon ordre, la sûreté, la sécurité et la salubrité publiques* » (art. L. 2212-2), c'est-à-dire de prendre toutes les mesures nécessaires, mais proportionnées, pour prévenir les atteintes susceptibles d'être portées à l'ordre public.

1201. Ordre public. – On se bornera à indiquer ici, qu'aux composantes précitées de l'ordre public, dans sa conception classique et objective, la jurisprudence a ajouté un volet subjectif, en y intégrant aussi la moralité publique[13] ainsi que la préservation de la dignité de la personne humaine[14].

1202. Police morale. – La jurisprudence a, cependant, strictement encadré l'exercice de la police morale, en y ajoutant des critères objectifs qui permettent de compenser sa dimension éminemment subjective. Le maire ne pourra ainsi prendre une mesure destinée à prévenir une atteinte à la moralité publique qu'à la condition que des « *circonstances locales particulières le justifient* »[15]. Ces circonstances peuvent être, par exemple, la présence d'une école aux abords

---

13. CE Sect. 18 décembre 1959, *Soc. des films Lutetia*, *Rec.*, p. 693 ; *S.* 1960, III, p. 9, concl. H. Mayras ; *AJDA* 1960, p. 20, chron. M. Combarnous et J.-M. Galabert ; *D.* 1960, p. 171, note P. Weil ; *JCP* 1961, II, n° 11898, note P. Mimim.

14. CE Ass., 27 octobre 1995, *Commune de Morsang-sur-Orge, Rec.*, p. 372, concl. P. Frydman ; *AJDA* 1995, p. 878, chron. J.-H. Stahl et D. Chauvaux ; *D.* 1995, JP, p. 177, note G. Lebreton ; *JCP* 1996, II, n° 22630, note F. Hamon ; *RDP* 1996, p. 536, note M. Gros et J.-C. Froment, à propos de l'interdiction d'un concours de « *lancer de nain* ».

15. En ce sens, l'arrêt de principe *Soc. des films Lutetia* préc. à propos d'un film dont la projection, à Nice, est susceptible d'être à raison de son caractère immoral, préjudiciable à l'ordre public au regard des circonstances locales.

du cinéma, le fait que la commune soit un lieu de pèlerinage, ou que sa population soit particulièrement sensibilisée au scénario.

1203. Concurrence des pouvoirs de police. – Les pouvoirs du maire sont concurrencés par les autres titulaires du pouvoir de police sur le territoire communal. Il peut s'agir des titulaires du pouvoir de police générale au niveau national ou des autorités titulaires de pouvoirs de police spéciale. Les pouvoirs de police spéciale sont octroyés par un texte à une autorité qui dispose déjà ou ne dispose pas du pouvoir de police générale et qui doit suivre une procédure particulière (par exemple, le ministre de la Culture dispose de la police spéciale du cinéma en accordant ou refusant les visas d'exploitation après avis de la commission de contrôle des films cinématographiques). Lorsque le maire est confronté à une mesure prise par une autre autorité de police (générale ou spéciale), il ne peut agir qu'en édictant une mesure plus sévère[16]. Ainsi, il n'appartient pas au maire de permettre la diffusion à d'un film qui n'a pas reçu de visa d'exploitation ni d'autoriser une vitesse de plus de 50 km/h dans la commune.

1204. Communes à police d'État. – Les pouvoirs de police du maire peuvent être transférés au préfet dans les communes dites « *à police d'État* » (CGCT, art. L. 2214-1). Ce régime de la police d'État peut être établi dans une commune ou dans un ensemble de communes formant un ensemble urbain lorsque la population, compte tenu de la population saisonnière, dépasse les 20 000 habitants, avec des caractéristiques de délinquance qui sont celles des zones urbaines (*ibid.*, R. 2214-2). Il est institué par arrêté interministériel au cas où la ou les communes ne s'y opposent pas. Un décret en Conseil d'État sera nécessaire dans le cas contraire. Le juge administratif exerce un contrôle normal sur cette étatisation, en vérifiant sa nécessité au regard du niveau de délinquance constaté[17].

1205. Compétences du préfet dans les communes à police d'État. – Le préfet a, dans les communes à police étatisée, compétence pour assurer la tranquillité publique dans la commune. Il est, en particulier, en charge de la police des grands rassemblements d'hommes (art. L. 2214-4), à la condition que ces rassemblements soient occasionnels. Ce sera le cas pour les manifestations. Le maire reste, quant à lui, compétent pour assurer l'ordre public, en dehors des compétences

16. CE, 8 août 1919, *Labonne*, *Rec.*, p. 737.
17. CE, 30 novembre 2001, *de Courson*, *Rec.*, p. 617, *AJDA* 2002, p. 539, concl. E. Mignon.

reconnues par le préfet. En outre, il reste compétent pour exercer la police des foires, des marchés, réjouissances et cérémonies publiques, spectacles jeux, cafés, églises et autres lieux publics similaires.

1206. Par ailleurs, le préfet dispose d'un pouvoir de substitution d'action, en cas de carence du maire et après une mise en demeure restée sans résultat (art. L. 2215-1).

2. Les compétences en matière d'urbanisme

1207. L'urbanisme est un terrain d'intervention privilégié pour les communes qui se sont vu reconnaître d'importantes compétences par les lois du 7 janvier 1983 et du 18 juillet 1985 pour la planification urbaine, l'aménagement urbain et la délivrance des autorisations d'urbanisme.

1208. Planification urbaine. – La planification urbaine se fait par l'édiction de règlements contenant des documents d'urbanisme prospectif qui fixent les règles de l'utilisation actuelle et future du territoire de la commune. Le conseil municipal ou le conseil de l'EPCI, s'il est compétent, délibèrent sur le contenu des documents de planification urbaine dont les trois principaux sont le schéma de cohérence territoriale (SCOT), le plan local d'urbanisme (PLU) et la carte communale :

— le SCOT détermine les objectifs des politiques publiques d'urbanisme[18] : habitation, transport, implantation commerciale, communications électroniques, développement économique, touristique, culturel, protection et mise en valeur de l'environnement et des ressources naturelles, lutte contre l'étalement urbain, préservation des continuités écologiques ;

— le PLU met en œuvre ces objectifs en déterminant précisément l'affectation des sols en procédant à un zonage du territoire (zones urbaines, à urbaniser, agricoles, naturelles et forestières), en réservant certaines parcelles aux voies de circulation ou à l'implantation d'ouvrages publics, en réglementant notamment l'aspect extérieur des constructions, leur dimension, leur densité, la protection des sites (art. L. 123-1-5) ;

— la carte communale est, quant à elle, un document de planification simplifié pour les communes non dotées de PLU. Elle se borne à spécifier les zones non constructibles au sein de la commune. Dans ces zones, seules sont autorisés les travaux de réfection et d'extension

18. Code urb., art. L. 122-1-3.

sur les constructions existantes, la réalisation d'équipements collectifs, les constructions nécessaires à l'exploitation agricole ou forestière et à la mise en valeur des ressources naturelles (art. L. 124-2).

1209. Jusqu'à la loi du 12 juillet 2010 portant engagement national pour l'environnement, dite *Grenelle II*, les SCOT étaient élaborés par les établissements publics de coopération intercommunale compétents et les PLU par les communes, même si la compétence pouvait aussi être exercée par un EPCI. La loi promeut le transfert de la compétence pour élaborer les PLU au niveau intercommunal (art. L. 123-1) ; mais, le législateur s'est refusé à imposer la compétence des EPCI.

1210. Aménagement urbain. – L'aménagement urbain suppose la réorganisation de l'ensemble d'un périmètre urbain ou d'une zone, par l'acquisition de terrains, la mise en œuvre d'opérations de travaux publics, la cession de parcelles à des constructeurs ou encore la réalisation de lotissements. Cet aménagement prend la forme d'une zone d'aménagement concerté (art. L. 311-1).

1211. Charte intercommunale de développement et d'aménagement. – Par ailleurs, les projets plus généraux de développement et d'aménagement peuvent figurer au sein d'une charte intercommunale de développement et d'aménagement (CGCT, art. L. 5223-1 s.). Ces chartes sont élaborées par convention entre plusieurs communes et définissent les perspectives à moyen terme de leur développement économique, social et culturel en déterminant les programmes d'action correspondants et en précisant les conditions d'organisation et de fonctionnement des équipements et des services publics.

1212. Autorisations d'urbanisme. – La délivrance des autorisations d'urbanisme, notamment les permis de construire et autorisation de lotir sont, quant à elles, décidées par le maire sur le fondement des documents d'urbanismes délibérés par le conseil municipal, nonobstant, bien entendu, la législation et les règles nationales applicables. Il faut noter, cependant, que le maire agit comme autorité de l'État, et non comme autorité de la commune, collectivité décentralisée, lorsqu'il délivre un permis de construire dans les communes non dotées d'un plan local d'urbanisme.

3. Services publics locaux

1213. Services publics obligatoires. – Le législateur peut imposer à la commune la gestion de certains services publics qui sont qualifiés de services publics obligatoires. Il en est ainsi de la gestion des cimetières (CGCT, art. L. 2223-1 s. ; art. L. 2223-13 s.), du service des pompes funèbres (art. L. 2223-19), de l'assainissement des eaux usées (art. L. 2224-8), de l'élimination des déchets (art. L. 2224-13), de la gestion des archives publiques pour les communes de plus de 2 000 habitants[19] ou encore le service d'accueil des élèves des écoles maternelles et élémentaires lorsque le nombre de personnes qui ont déclaré leur intention de participer à une grève « *est égal ou supérieur à 25 % du nombre de personnes qui exercent des fonctions d'enseignement* » (Code éduc., art. L. 133-4).

1214. Services publics facultatifs. – D'autres services publics ne voient pas leur existence imposée par un texte. Il s'agit de services facultatifs, ce qui ne signifie pas qu'ils sont dénués d'importance : par exemple, la distribution de l'eau potable n'est pas un service obligatoire puisque les communes n'ont pas à desservir l'ensemble de leur territoire. L'existence d'un schéma de distribution sous-entend que certaines parties peuvent ne pas être desservies. Les administrés n'ont donc pas droit à la distribution d'eau potable[20]. En la matière, la compétence générale des communes n'a été reconnue que depuis la loi du 30 décembre 2006 sur l'eau et les milieux aquatiques qui a introduit un article L. 2224-7-1 au Code général des collectivités territoriales en vertu duquel « *les communes sont compétentes en matière de distribution d'eau potable* ». Dans ce cadre, « *elles arrêtent un schéma de distribution d'eau potable déterminant les zones desservies par le réseau de distribution* »[21]. Désormais, la loi reconnaît un monopole sur la distribution de l'eau potable aux communes, sous réserve des compétences assurées jusqu'à la publication de la loi par les autres personnes publiques : il faudra leur accord pour que la compétence devienne communale. En outre, les communes peuvent également assurer la production d'eau potable ainsi que son transport et son stockage.

1215. Éducation. – En matière d'éducation, les communes disposent de la compétence pour la création et l'implantation des écoles

19. Les archives les plus anciennes des communes de moins de 2 000 habitants sont déposées aux armées
départementales à moins que la commune ne soit membre d'un groupement de collectivités territoriales (Code patr., art. L. 212-11 et L. 212-12).

20. CAA Lyon 12 mai 1992, nº 90LY00655, *Papaureille*.

21. Auparavant la compétence des communes n'était fondée que sur l'intérêt public qu'il y avait à la distribution d'eau potable traditionnellement prise en charge par les communes qui n'en avaient cependant pas le monopole (CE, 13 mars 1985, *Ville de Cayenne*, *Rec.*, p. 76, concl. O. Dutheillet de Lamothe, *AJDA* 1985, p. 376 qui reconnaît la compétence du conseil général de Guyane au motif que la distribution d'eau potable est d'intérêt départemental).

(CGCT, art. L. 2121-30), leur entretien et la gestion de leur fonctionnement. En revanche, l'affectation des professeurs des écoles relève de la compétence de l'État dont ils sont les agents.

1216. Transport. – En matière de transport, les communes ont la charge du transport public urbain, service qui doit être coordonné avec les décisions prises par le département compétent pour les services non urbains réguliers et les services à la demande, à l'exclusion des liaisons d'intérêt régional ou national (Code des transp., art. L. 3111-1). Si les communes ou les EPCI le souhaitent, ils peuvent organiser eux-mêmes leur propre réseau de transport public. Pour ce faire, ils doivent édicter, après avis du conseil général, un périmètre de transport urbain (PTU) soumis au contrôle *a priori* du préfet qui, en constatant son existence, le rend exécutoire. Il faut, néanmoins, réserver le cas des communautés d'agglomération, des communautés urbaines et des métropoles : l'article 17 de la loi du 16 décembre 2010 prévoit, en effet, que l'acte de création de ces établissements publics vaut création d'un périmètre de transports urbains. À l'intérieur du périmètre de transport urbain, les communes ou groupements de communes ont pour charge la gestion du transport scolaire, par exception à la compétence de principe du département (Code éduc., art. L. 213-11).

1217. Cours d'eau. – Par ailleurs, la propriété des cours d'eau, canaux, lacs plans d'eau et ports intérieurs peut être transférée par l'État aux communes, comme à toute autre collectivité territoriale depuis la loi du 13 août 2004 qui met fin au monopole de la région en la matière. Il en est de même pour les aérodromes n'étant pas d'intérêt national ou international.

1218. Aide sociale. – La reconnaissance progressive de la compétence du département a considérablement réduit la place des communes en matière d'aide sociale. Elles sont, pourtant, le premier relais des plus démunis. Mais les communes conservent la possibilité d'intervenir directement, en décidant d'attribuer des allocations ou de créer un service d'intérêt social qui est aussi d'intérêt public communal. Elles peuvent aussi se voir attribuer tout ou partie des compétences du département dans le domaine de l'action sociale lorsqu'une convention est passée, en ce sens, entre la commune et le département (CASF, art. L. 121-6). Elles agissent aussi plus ou moins directement par l'intermédiaire d'établissements publics qui leur sont rattachés. Il faut citer, en premier lieu, les établissements publics hospitaliers sur la gestion desquels la commune ne peut cependant influer qu'indirectement et, en second lieu, les centres communaux d'action sociale qui doivent être créés dans chaque commune ou chaque groupement de communes (art. L. 123-4). Les CCAS ont pour charger d'animer une « *action générale de prévention et de développement social dans la commune* » (art. L. 123-5).

1219. Culture. – Les communes interviennent aussi beaucoup en matière culturelle. En la matière, cependant, la répartition des compétences avec l'administration de l'État et les autres collectivités territoriales est assez complexe. Les communes peuvent créer des établissements publics culturels d'intérêt public local, dans le cadre de leur vocation générale, par exemple des théâtres ou des maisons des jeunes et de la culture. Elles peuvent aussi créer des bibliothèques (C. patr., art. L. 310-1) – sous réserve des compétences départementales pour les bibliothèques centrales de prêt – et des musées (art. L. 410-2) soumis à la législation du patrimoine et placés, pour leur protection, sous le contrôle de l'État.

1220. Patrimoine. – Par ailleurs, comme le département et la région, la commune peut bénéficier du transfert de la propriété des immeubles ou des mobiliers classés ou inscrits appartenant à l'État ou au Centre des monuments nationaux. L'article 97 de la loi du 13 août 2004 prévoit que ce transfert se fait à la demande des collectivités, sur une liste établie par décret en Conseil d'État.

1221. Sport et loisir. – En matière sportive et de loisir, l'action des communes est traditionnellement très importante par la construction de salles de sports, la subvention de diverses activités, l'organisation de compétitions sportives, d'activités de loisir ou encore la création, l'aménagement et l'exploitation de ports maritimes ou de plaisance. En matière sportive, plus particulièrement, l'article L. 113-1 du Code du sport prévoit que les collectivités territoriales ou leurs groupements ne peuvent accorder de garanties d'emprunt ni leur cautionnement aux associations sportives ou aux sociétés anonymes sportives. Cette législation évite de grever le budget de la collectivité – les communes sont particulièrement concernées – par l'aide accordée aux clubs sportifs. Néanmoins, les collectivités territoriales, et donc les communes, peuvent toujours accorder leur garantie d'emprunt et leur cautionnement aux sociétés aux entreprises unipersonnelles à responsabilité limitée (EURL) sportives de l'article L. 122-2 ou participer au capital d'une société d'économie mixte sportive ou encore accorder des subventions – dont le montant maximal est fixé par décret – pour des missions d'intérêt général, accomplies par les associations et sociétés sportives.

B La compétence du département

1222. Le cœur des compétences départementales est constitué par l'action sociale et par les transports auxquelles s'ajoutent d'autres compétences de gestion domaniale, d'aménagement rural, d'environnement, d'enseignement et de culture.

1223. Aide sociale. – Le département définit et met en œuvre la politique d'action sociale en tenant compte des compétences confiées par la loi à l'État, aux autres collectivités territoriales ainsi qu'aux organismes de sécurité sociale (CASF, art. L. 121-1). Il a, par ailleurs, une mission de coordination des actions sociales, menées sur son territoire.

1224. Le conseil général adopte un règlement départemental d'aide sociale définissant les règles selon lesquelles sont accordées les prestations d'aide sociale (CGCT, art. L. 3214-1). Ces prestations sont l'aide aux personnes âgées, l'allocation compensatrice aux adultes handicapés, l'allocation personnalisée d'autonomie, le revenu minimum d'activité et le revenu de solidarité active ainsi que des aides à l'insertion des majeurs de moins de vingt-cinq ans, non concernés par les aides précédentes.

1225. La compétence en matière sociale, se prolonge en matière de sanitaire pour le dépistage des affections cancéreuses, la lutte contre la tuberculose et les maladies vénériennes, la protection sanitaire de la famille, la vaccination, la protection maternelle et infantile.

1226. Transport. – La compétence du département en matière de transport concerne, depuis la loi du 22 juillet 1983, l'organisation et le fonctionnement du transport scolaire en dehors des périmètres de transports urbains. Par ailleurs, les départements ont bénéficié de transferts successifs de la propriété et de la gestion d'un certain nombre d'infrastructures de transport de la part de l'État.

1227. Ports. – La compétence portuaire des départements est issue de la loi du 22 juillet 1983 et de la loi du 13 août 2004. Elle résulte désormais des articles L. 5314-1 s. du Code des transports :

— s'agissant des ports maritimes, le département est compétent pour créer, aménager et exploiter les ports maritimes de pêche et pour aménager et exploiter les ports maritimes de commerce et de pêche qui lui avaient été transférés par la loi du 22 juillet 1983. Depuis la loi du 13 août 2004, les ports maritimes de commerce ne peuvent être créés, aménagés et exploités que par la région. En revanche, cette dernière ne peut plus créer de ports maritimes de pêche. Les ports maritimes de pêche existant au 1er janvier 2005 (la date est donnée par la loi du 13 août 2004) peuvent cependant sur demande du département et après accord du conseil régional, être transférés à la région ;

— s'agissant des ports fluviaux, la propriété peut être transférée aux départements par l'État, comme pour les autres collectivités. Il en est de même pour la propriété des cours d'eau, des canaux des lacs et des plans d'eau.

1228. Aéroports. – En matière aéroportuaire, les départements ont pu se porter candidats, comme les autres collectivités territoriales, pour l'aménagement, l'entretien et la gestion d'aérodromes civils transférés par l'État, en application de la loi du 13 août 2004.

1229. Routes. – En matière routière, les compétences du département sont traditionnellement importantes du fait de l'étendue du réseau routier départemental. La loi du 13 août 2004 a, de plus, procédé à un transfert considérable d'une très grande partie des routes classées dans le domaine public routier national ainsi que leurs dépendances et accessoires. Le président du conseil général exerce, quant à lui, les pouvoirs de police sur la voirie départementale (art. L. 3221-3).

1230. Environnement. – Le département détient d'autres compétences que l'aide sociale et les transports : il est compétent pour élaborer et mettre en œuvre une politique de protection, de gestion et d'ouverture au public des espaces naturels sensibles boisés ou non situés sur son territoire. Son action devra être compatible avec les orientations des schémas de cohérence territoriale et les chartes intercommunales de développement et d'aménagement ainsi qu'avec les directives territoriales d'aménagement, ou en leur absence avec les lois d'aménagement et d'urbanisme. Il est en outre compétent en matière d'équipement rural.

1231. Culture. – Comme toutes les autres collectivités, le département peut agir dans le domaine culturel par la création, par exemple, de services publics de bibliothèques de musées ou de théâtre. À cet égard, deux compétences relèvent, cependant, de façon obligatoire, du département : la gestion des bibliothèques centrales de prêt et la gestion d'un service d'archives départementales pour conserver les archives d'intérêt départemental, celles des services déconcentrés de l'État dans le département et celles déposées par les petites communes.

1232. Éducation. – Par ailleurs, le département a la charge des collèges. Propriétaire des immeubles les abritant, il décide de leur localisation, de leur construction, de leur entretien et de leur équipement. En revanche, la politique éducative et le personnel restent placés sous l'autorité de l'État central ou déconcentré.

C Les compétences de la région

1233. Les compétences de la région sont assez diverses. Parce qu'elle englobe le territoire des autres collectivités, la région a souvent une fonction de planification et de coordination. Le cœur de son action reste, toutefois, l'intervention économique.

1. Intervention économique

1234. Les contrats de projet. – Les régions ont toujours été le niveau de principe de l'action économique des collectivités territoriales. Historiquement, elles étaient le lieu de mise en œuvre de la planification économique de l'État, par le biais des plans « *État-région* » prévus par les lois du 29 juillet 1982 et du 7 janvier 1983. Mais l'échec de cette politique a conduit à son abandon, les derniers contrats de plan État-régions s'étant achevés en 2006. Désormais, subsistent des contrats de projet État-région (CPER) par lesquels l'État et la région prévoient le financement croisé de projets permettant d'améliorer la compétitivité et l'attractivité du territoire, la promotion du développement durable et la cohésion sociale et territoriale.

1235. Schéma régional de développement économique. – On retrouve certains éléments contenus dans les CPER au sein du schéma régional de développement économique, institué par l'article 1-II de la loi du 13 août 2004. L'État a pu ainsi confier à la région le soin d'élaborer ce schéma (la loi de 2004 prévoyait une période expérimentale de 5 ans), en concertation avec les départements, les communes, les EPCI et les chambres consulaires. Il définit les orientations stratégiques de la région en matière économique et vise à promouvoir un développement économique équilibré, à développer l'attractivité du territoire et à prévenir les risques d'atteinte à l'équilibre économique de tout ou partie de la région. Le schéma doit, en outre, prendre en compte les orientations stratégiques contenues dans le CPER.

1236. Actions de développement économique. – En dehors de ses compétences en matière de planification et d'orientation, la région coordonne, sur son territoire, les actions de développement économique des collectivités territoriales et de leurs groupements. La position de la région qui englobe toutes les collectivités et sa taille critique, lui permettant de dialoguer efficacement avec l'État, justifie cette compétence qui concerne, à titre principal, le droit des aides.

1237. Aides. – C'est, en effet, le conseil régional qui définit le régime et décide de l'octroi des aides aux entreprises dans la région. Les départements, les communes et leurs groupements ne peuvent, en principe, que participer au financement des aides décidées par la région, dans le cadre d'une convention passée avec elle. Lorsqu'ils ont l'initiative d'un projet d'aide, ils ne pourront le mettre en œuvre qu'avec accord de la région (CGCT, art. L. 1511-2). Néanmoins, toutes les collectivités territoriales peuvent décider, seules ou conjointement, d'attribuer des subventions ou rabais sur le prix de vente, de location ou de location-vente de terrains nus ou aménagés ou de bâtiments neufs ou rénovés (art. L. 1511-3).

1238. Par ailleurs, une convention peut être conclue entre l'État et une collectivité territoriale autre que la région pour compléter les aides ou régimes d'aides décidés par cette dernière ou par les collectivités, de façon discrétionnaire. Chaque année, le conseil régional établit un rapport relatif aux aides et régimes d'aides mis en œuvre sur son territoire au cours de l'année civile et il en évalue les conséquences économiques et sociales (art. L. 1511-1).

2. Formation

1239. Coordination. – Comme en matière économique, la région a une fonction coordinatrice :

— en premier lieu, l'article L. 214-1 du Code de l'éducation prévoit que le conseil régional adopte et transmet au préfet de région le schéma prévisionnel des formations des collèges, des lycées, des établissements d'éducation spéciale et des lycées professionnels maritimes et agricoles ;

— en deuxième lieu, dans le cadre des orientations du plan national de développement des formations de l'enseignement supérieur, la région peut définir des plans régionaux et déterminer des programmes pluriannuels d'intérêt régional, en matière de recherche (Code éduc., art. L. 214-2) ;

— en troisième et dernier lieu, la région établit un contrat de plan régional de développement des formations professionnelles qui a pour objet de définir une programmation à moyen terme des actions de formation professionnelle des jeunes et des adultes (art. L. 214-12-1).

1240. Formation professionnelle. – La région a une compétence étendue en matière de formation professionnelle et d'apprentissage dont elle définit la politique (art. L. 214-12). Par ailleurs, elle a la charge des lycées, des établissements d'éducation spéciale et des lycées professionnels maritimes dont elle assure la construction, la reconstruction, l'extension, l'équipement le fonctionnement et les grosses réparations, selon le même régime que les collèges pour le département. Elle est propriétaire des locaux dont elle a assuré la construction ou la reconstruction.

3. Environnement

1241. Coordination. – La région a, en matière environnementale comme ailleurs, une fonction de planification et de coordination. Elle élabore le plan régional d'élimination des déchets industriels et le plan régional pour la qualité de l'air (C. env., art. L. 541-13 et L. 221-1).

1242. Protection du patrimoine écologique. – Par ailleurs, elle décide du classement en réserve naturelle régionale des propriétés présentant un intérêt pour la faune, la flore, le patrimoine géologique ou paléontologique afin d'assurer la conservation d'éléments du milieu naturel d'intérêt national ou la mise en œuvre d'une réglementation européenne ou d'une convention internationale (art. L. 332-1 et -2). Plus précisément, elle a l'initiative de la création des parcs naturels régionaux, qui s'opère par décret. Elle peut aussi classer en réserve naturelle régionale.

4. Transport

1243. Les compétences de la région en matière de transport sont coordonnées avec celles du département et de la commune. Même si elle conserve le monopole de la création de l'exploitation et de l'aménagement des ports maritimes de commerce, elle n'a pas compétence pour créer des ports maritimes de pêche qui relèvent du département.

1244. Cours d'eau. – Comme les autres collectivités, la région devient propriétaire des cours d'eau, canaux et ports fluviaux dont elle était concessionnaire, avant le 1er janvier 2005. Elle peut déléguer, en la matière, tout ou partie de ses compétences aux autres collectivités.

1245. Aérodromes civils. – Elle a pu, en outre, bénéficier du transfert prioritaire, par rapport aux départements et aux communes, de la propriété de l'aménagement, de l'entretien et de la gestion des aérodromes civils de l'État, en application de l'article 28 de la loi du 13 août 2004.

1246. Transport ferroviaire. – Enfin, la région a d'importantes compétences en matière ferroviaire. Elle est l'autorité organisatrice des transports ferroviaires d'intérêt régional, à l'exception de l'Ile-de-France où cette compétence relève du syndicat des transports d'Ile-de-France (STIF). Elle a ainsi la responsabilité des trains express régionaux (TER).

Section 2
La prise de décision

1247. Le processus d'édiction des décisions des collectivités territoriales n'est pas véritablement spécifique lorsque la décision est rendue par l'exécutif local, dans l'exercice de ses compétences propres. Il devra suivre les règles applicables à toute autorité administrative dans l'édiction de ses actes qui relèvent du droit administratif général, ou à certaines matières spécifiques, en particulier celles relatives à la passation des contrats publics ou à l'élaboration et au vote des documents d'urbanisme. Seule la procédure suivie par l'assemblée délibérante sera donc ici abordée. Elle répond à des règles, figurant tant au Code général des collectivités territoriales qu'au sein du règlement intérieur que les communes de plus de 3 500 habitants, les départements et les régions doivent obligatoirement édicter (respectivement, CGCT, art. L. 2121-8, L. 3121-8, L. 4132-6).

1248. Vote du règlement intérieur. – Le conseil municipal doit voter son règlement dans les six mois qui suivent son installation. Le délai est d'un mois pour les conseils général et régional. Par la suite, le règlement peut être modifié par un nouveau vote.

1249. Contenu du règlement intérieur. – Le règlement intérieur contient, à l'exclusion de toutes autres, les règles relatives au fonctionnement interne du conseil[22]. Parfois, la loi prévoit sa mise en œuvre par le règlement intérieur : notamment, pour l'organisation des questions orales (art. L. 2121-19), du débat sur les orientations générales du budget (art. L. 2312-1), l'expression de l'opposition au sein du bulletin d'information municipale (art. L. 2121-27-1) ou encore les modalités pratiques de consultation des contrats de service public (art. L. 2121-12). Mais le risque de voir la démocratie confisquée par quelques autocrates locaux a conduit, le plus souvent, le législateur à uniformiser le fonctionnement des assemblées locales en ne laissant que peu de marge de manœuvre aux collectivités. Les règlements intérieurs reprennent donc souvent les dispositions légales. Les assemblées conservent, cependant, un pouvoir d'action pour la composition et les attributions des commissions, le fonctionnement des groupes d'élus, le temps de parole, voire dans le silence de la loi, des conditions du vote[23].

22. CE, 18 novembre 1987, *Marcy*, *Rec.*, p. 371, *RFDA* 1988, p. 919, concl. O. Schrameck.

23. CE, 26 mai 2010, *Collectivité territoriale de Corse*, *JCP A* 2010, act. 435, obs. J.-G. Sorbara, pour l'attribution d'une voix prépondérante au président en cas de vote à main levée.

1250. Contentieux. – Le recours pour excès de pouvoir formé à l'encontre du règlement intérieur des collectivités territoriales a été jugé irrecevable pendant un siècle par le Conseil d'État[24] sans pour autant que le règlement puisse être assimilé à une mesure d'ordre intérieur puisqu'il est considéré comme l'émanation du « *pouvoir souverain* » de l'assemblée locale[25], expression très maladroite et critiquée par la doctrine qui sera rapidement abandonnée. La loi du 6 février 1992, en posant enfin la règle de la recevabilité du recours à l'encontre des règlements intérieurs des assemblées locales (art. L. 2121-8, L. 3121-8, L. 4132-6), a imposé un revirement de jurisprudence[26]. En revanche, le règlement intérieur n'est pas toujours invocable à l'encontre d'un acte qui en fait application. Il ne le sera que si la formalité à laquelle il est porté atteinte est substantielle[27]. Une position inverse aurait eu pour effet d'imposer une jurisprudence plus restrictive aux actes des collectivités qu'à ceux des autres autorités administratives, lesquels ne peuvent être annulés que pour la violation d'une formalité substantielle.

1251. On examinera le processus de formation de la décision administrative en décrivant ses étapes successives : les commissions de préparation à la décision, la réunion de l'assemblée locale, l'ordre du jour, la convocation, l'information des élus, le quorum, la séance, le vote et la publicité.

§ 1. Les commissions de préparation de la décision

1252. Les décisions des collectivités territoriales sont le plus souvent préparées par diverses commissions et conseils. Certains ont une existence légale ou réglementaire, d'autres sont institués par l'assemblée locale, sur le fondement des dispositions du Code général des collectivités territoriales.

1253. Marchés publics. – Les organes exécutifs et délibérants des collectivités territoriales ne peuvent décider de la signature d'un marché public, sans l'intervention d'une commission d'appel d'offres

24. CE, 16 juillet 1875, *Billot, Latrade et autres*, *Rec.*, p. 687.
25. CE, 22 mars 1912, *Le Moign*, *Rec.*, p. 414, *S.* 1913, III, p. 105, note M. Hauriou.
26. CE, 10 février 1995, *Riehl*, *Rec.*, p. 67 ; *RFDA* 1995, p. 343, concl. H. Savoie ; *AJDA* 1995, p. 414, chron. L. Touvet et J.-H. Stahl, pour une recevabilité du recours contre les règlements adoptés avant l'entrée en vigueur de la loi, et, du même jour, *Commune de Coudekerque-Branche*, pour une application directe de la loi.
27. CE, 31 juillet 1996, *M. Tête*, *Rec.*, p. 325.

ou d'un jury de concours qui auront pour charge d'examiner les candidatures avant soit d'attribuer le marché, soit de déclarer la procédure infructueuse. La commission est prévue à l'article 22 du Code des marchés publics. Elle est composée de l'exécutif local et de cinq membres de l'assemblée élus en son sein, à la représentation proportionnelle au plus fort reste ; le nombre est limité à trois dans les communes de moins de 3 500 habitants. Ce n'est que sur le fondement de cette décision que la collectivité pourra signer avec le candidat attributaire du marché ou, pour des raisons d'intérêt général, renoncer à la procédure. L'attribution par la commission est donc nécessaire à la signature, mais ne crée aucun droit à la signature.

1254. Délégations de service public. – Pour la passation des délégations de service public, une commission de délégation de service public est instituée par l'article L. 1411-5 du Code général des collectivités territoriales[28]. Composée selon les mêmes règles que la commission des marchés publics, elle a pour fonction de dresser la liste des candidats susceptibles de présenter une offre (art. L. 1411-1, al. 3) et de donner un avis sur les offres après avoir procédé à l'ouverture des plis les contenant. Ce n'est qu'au vu de l'avis de la commission que l'autorité exécutive, habilitée à signer la convention, engage librement toute discussion utile avec une ou des entreprises ayant présenté une offre. L'assemblée délibérante sera saisie du choix de l'entreprise et pourra se prononcer au regard d'un rapport de la commission indiquant les motifs du choix et l'économie générale du contrat.

1255. Commission consultative des services publics locaux. – L'action de la commission de délégation de service public est complétée par celle d'une commission consultative des services publics locaux dont la création est imposée par l'article L. 1413-1 du Code général des collectivités territoriales aux régions, départements et communes de plus de 10 000 habitants. Les compétences de la commission consultative s'étendent, au-delà des délégations de service public, aux services publics exploités suivant le système de la régie dotée de l'autonomie financière. Les EPCI de plus de 50 000 habitants et les syndicats mixtes comprenant une commune de plus de 10 000 habitants doivent aussi se doter d'une telle commission. Son institution n'est, en revanche, que facultative pour les EPCI comprenant entre 20 000 et 50 000 habitants.

28. Une commission identique est instituée pour les contrats de partenariat des collectivités territoriales par l'article L. 1414-6 CGCT.

1256. La commission qui est présidée par l'exécutif, comprend des membres de l'assemblée délibérante, désignés dans le respect du principe de la représentation proportionnelle, ainsi que des représentants d'associations locales, nommés par l'assemblée délibérante. Cependant, en fonction de l'ordre du jour, la commission peut, sur proposition de son président, inviter à participer aux travaux, avec voix consultative, toute personne dont l'audition paraîtra utile. Elle est consultée pour avis par l'assemblée délibérante – ou par l'exécutif, sur délégation de celle-ci – sur tout projet de délégation de service public ou de création d'une régie dotée de l'autonomie financière ou sur tout projet de partenariat. Cette consultation se déroule avant que la collectivité ait décidé de lancer la procédure. En outre, la commission se prononce sur le rapport de son président sur le prix et la qualité de l'exécution des divers services publics et des contrats de partenariat, au regard des rapports qui sont remis par le délégataire ou le partenaire. Elle dresse un bilan d'activité des services exploités en régie autonome et se prononce sur le rapport entre la qualité et le prix des services publics d'eau potable d'assainissement et des ordures ménagères.

1257. Conseil économique social et environnemental régional. – Au sein des commissions et conseils devant être constitués par les collectivités territoriales, une place particulière doit être réservée au conseil économique social et environnemental régional (CESER), créé, sous la dénomination initiale de « *comité économique et social* », par la loi du 5 juillet 1972. Placé, tout à la fois, auprès du président et du conseil régional (art. L. 4134-1), il est l'assemblée consultative locale la plus importante. Ses fonctions et sa composition ont été modifiées, en dernier lieu, par la loi dite « *Grenelle II* » du 12 juillet 2010 portant engagement national pour l'environnement et le décret d'application du 27 janvier 2011 qui lui ont donné une dimension environnementale, à l'image de son modèle au niveau national, depuis la révision opérée par la loi constitutionnelle du 23 juillet 2008.

1258. Composition. – Il est destiné à permettre une participation des acteurs de la vie économique, syndicale, sociale et environnementale de la région. L'article R. 4134-1 prévoit ainsi la répartition des membres du conseil en quatre collèges :

— le premier comprend des représentants des entreprises et activités professionnelles non salariées dans la région ;

— le deuxième des représentants des organisations syndicales ;

— le troisième des représentants des organismes et associations qui participent à la vie collective de la région et, en particulier, des associations et fondations agissant dans le domaine de la protection de l'environnement ainsi que des personnes choisies en raison de leur compétence en matière d'environnement et de développement durable ;

— le quatrième, de personnalités qualifiées (PQ) qui, en raison de leur qualité ou de leurs activités, concourent au développement de la région.

1259. Hormis les personnalités qualifiées nommées par le préfet, la désignation de la plupart des membres revient aux organisations professionnelles et syndicales elles-mêmes. Le préfet a, néanmoins, un rôle essentiel puisqu'il va dresser la liste des organismes représentés et la répartition des sièges.

1260. Mandat des conseillers. – Le mandat des conseillers est de six ans renouvelables, sauf perte de la qualité en vertu de laquelle ils ont été désignés. Les représentants des entreprises et des activités professionnelles non salariées sont désignés, selon l'hypothèse pertinente,

— soit par les chambres régionales de commerce et d'industrie, d'agriculture, des métiers ;

— soit par les organisations, syndicats ou ordres professionnels, représentatifs des entreprises dans la région ;

— soit par les responsables des entreprises dont l'activité revêt une importance particulière pour la région ;

— soit par les responsables des entreprises coopératives exerçant une activité de production dans la région.

1261. Les représentants des organisations syndicales sont désignés par elles, en fonction de leur représentativité dans la région. Enfin, les organismes ou associations participant à la vie collective de la région sont désignés par leur plus haute instance (régionale, départementale ou locale).

1262. Compétence consultative. – Le CESER rend des avis obligatoires dans de nombreux domaines, ce qui est une preuve de son importance :

— en premier lieu, il doit être consulté en matière de planification ce qui, après l'abandon du plan de l'État, se limite aux contrats de projet conclus entre l'État et la région ;

— en deuxième lieu, il doit donner un avis qui se limite, cependant, aux orientations générales définies par les documents émis par la région et relatifs au budget, à l'environnement et, plus généralement, à tous les domaines relevant légalement de la compétence du conseil régional ainsi qu'aux schémas et aux programmes régionaux et au bilan des actions menées par le conseil dans ces domaines (CGCT, art. L. 4241-1) ;

— en troisième et dernier lieu, le conseil peut aussi être consulté à l'initiative du président du conseil régional sur tout projet à caractère économique, social, culturel, ou intéressant l'environnement dans la région.

1263. Il peut aussi émettre, de sa propre initiative, des avis sur toute question entrant dans les compétences de la région.

1264. Corse. – En Corse, le conseil économique est aussi social et culturel, mais pas environnemental (art. L. 4422-34). Ce conseil comprend une section économique et sociale et une section de la culture, de l'éducation et du cadre de vie. Il donne un avis obligatoire sur les orientations générales du projet de budget et, en matière d'urbanisme, sur le projet de plan d'aménagement et de développement durable de la Corse, du schéma d'aménagement de la Corse, sur les projets de délibérations relatifs à l'organisation des transports maritimes et aériens entre l'île et le continent, en particulier en matière de desserte et de tarifs et, plus généralement, sur tout projet de délibération concernant l'action culturelle et éducative, notamment pour la sauvegarde et la diffusion de la langue et de la culture corses (CGCT, art. L. 4422-36 et L. 4422-37).

1265. Commissions permanentes ou temporaires. – Sans y être obligées par le législateur, les collectivités territoriales peuvent instituer, par un vote de l'assemblée délibérante, des commissions permanentes ou temporaires, spécialisées dans tel ou tel domaine. L'article L. 2121-22 du Code général des collectivités territoriales prévoit l'existence de ces commissions auprès du conseil municipal qui décide de leur création, de la durée de leur existence, de leur dissolution et de l'étendue de leurs compétences. Elles sont présidées par le maire mais désignent un vice-président qui peut les convoquer et les présider si le maire est empêché. Elles doivent être composées proportionnellement aux membres du conseil municipal dans les communes de plus de 3 500 habitants.

1266. Fonction consultative Les commissions municipales donnent leur avis sur les textes relevant de leur champ de compétence. Elles ne se substituent pas à l'assemblée, dans son pouvoir de décision, et ne reçoivent aucune délégation de compétence[29]. Elles n'exercent qu'une fonction consultative. En ce sens, elles doivent être distinguées de la commission permanente du conseil général et du conseil régional qui reçoivent délégation de la part du conseil. Le plus souvent, ces commissions municipales analysent un projet de délibération sur lequel elles rédigent un rapport, communiqué au conseil.

1267. Comités consultatifs *ad hoc*. – Le Code général des collectivités territoriales donne aussi la possibilité au conseil municipal de créer des comités consultatifs sur tout problème d'intérêt communal concernant tout ou partie du territoire de la commune (art. L. 2143-2). Mais ces comités peuvent comprendre des personnes n'appartenant pas au conseil et, notamment, des représentants des associations locales. Ils sont ainsi davantage des institutions permettant la participation des habitants à la vie locale que des organes de préparation du travail délibératif de l'assemblée.

1268. Les commissions des conseils généraux et régionaux ne sont pas organisées de façon contraignante. Les articles L. 3121-22 et L. 4132-21 du Code général des collectivités territoriales prévoient simplement que des commissions peuvent être formées, après l'élection de la commission permanente. La représentation des groupes politiques à la proportionnelle n'est donc pas, pour le moment, une obligation juridique. Cependant, les commissions sont composées, en pratique, par les conseils généraux et régionaux, selon des règles identiques à celles qui gouvernent les commissions des conseils municipaux.

§ 2. Réunion de l'assemblée locale

1269. Initiative. – La réunion des assemblées locales se fait à l'initiative de l'exécutif. Ce dernier est libre d'apprécier, sous réserve d'une par trimestre (art. L. 2121-7, L. 3121-9, L. 4132-8), le nombre, la date et le lieu des réunions.

1270. Réunion obligatoire. – L'assemblée locale est obligatoirement réunie lors de chaque renouvellement intégral. Pour le conseil municipal, c'est, au plus tôt, le vendredi et, au plus tard, le dimanche

29. CE, 28 octobre 1932, *Lafitte*, *Rec.*, p. 882, posant le caractère inexistant des actes administratifs pris par une commission.

suivant le dernier tour de scrutin (art. L. 2121-7), pour le conseil général, le second jeudi qui suit le premier tour (art. L. 3121-9) et, pour le conseil régional, le premier vendredi qui suit l'élection (art. L. 4132-7). Une telle disparité se constate, elle ne s'explique pas.

1271. Réunion sur demande. – On fera trois observations :

— en premier lieu, la minorité peut demander la convocation de l'assemblée ce qui permet d'éviter une confiscation du pouvoir par les exécutifs. Dans les communes de moins de 3 500 habitants, toutefois, la demande doit émaner de la majorité des membres du conseil municipal. Dans les grandes communes, le département et la région, le tiers suffit. Le régime des demandes diffère quelque peu selon les collectivités. S'agissant des communes, la demande doit être simplement motivée et le maire devra procéder aux convocations nécessaires afin que la réunion ait lieu dans les trente jours sauf abaissement du délai par le préfet en cas d'urgence. Les conseillers généraux et régionaux devront adresser une demande reposant sur un ordre du jour déterminé dont la teneur ne peut correspondre à une réunion de deux jours. Nul conseiller général ou régional ne pourra adresser plus d'une demande par semestre ;

— en deuxième lieu, les conseils généraux et régionaux devront être réunis sur demande de la commission permanente statuant à la majorité. Les membres de la commission ne sont pas soumis aux mêmes contraintes que les conseillers : le nombre des demandes est illimité et n'a pas à se fonder sur un ordre du jour déterminé ;

— en troisième lieu, le préfet peut demander la réunion du conseil municipal qui devra l'être dans les mêmes conditions que si la demande émanait du tiers ou de la moitié des conseillers. En revanche, si l'État veut obtenir la réunion des conseils généraux et régionaux, il devra, mais uniquement en cas de circonstances exceptionnelles, y procéder lui-même par la voie d'un décret.

1272. Pétition. – Un droit de pétition est reconnu par l'article 72-1 de la Constitution selon lequel « *la loi fixe les conditions dans lesquelles les électeurs de chaque collectivité territoriale peuvent, par l'exercice du droit de pétition, demander l'inscription à l'ordre du jour de l'assemblée délibérante de cette collectivité d'une question relevant de sa compétence* ». Aucune loi n'est pourtant encore intervenue en la matière. Lorsque cette loi interviendra, elle ne pourra pas créer une compétence liée pour l'exécutif qui pourra ainsi décider de ne pas y répondre favorablement. On doit aussi noter la possibilité donnée à un cinquième des électeurs inscrits sur les listes électorales des communes et à un dixième dans les autres collectivités, de demander à ce que soit inscrite, à l'ordre du jour de l'assemblée délibérante de la collectivité territoriale, l'organisation d'une consultation sur toute affaire relevant de la décision de cette assemblée (CGCT, art. L. 1112-16).

§ 3. Ordre du jour

1273. Prérogative de l'exécutif. – La fixation de l'ordre du jour est une prérogative fondamentale puisque seules les questions qui y figurent pourront être valablement délibérées, c'est-à-dire discutées et votées, par l'assemblée locale. En principe, l'exécutif de la collectivité dispose d'un pouvoir discrétionnaire en la matière, sous réserve de la possibilité, pour une minorité de conseillers, de demander la réunion de l'assemblée qui devra alors traiter, à son ordre du jour, de l'objet de la demande. À ce pouvoir général de la minorité, on doit ajouter, plus marginalement, la possibilité pour 10 % des membres du conseil général de faire inscrire une demande de regroupement de départements (art. L. 3114-1 et L. 4123-1 pour les dispositions parallèles, applicables au regroupement de régions). Par ailleurs, le président du conseil régional ou du conseil général est tenu d'inscrire à l'ordre du jour, dans un délai de six mois, l'examen de la demande d'un EPCI d'exercer, au nom et pour le compte du département ou de la région, tout ou partie des compétences dévolues à l'une ou l'autre de ces collectivités (art. L. 5210-4).

1274. Inscriptions obligatoires. – Certaines questions doivent être inscrites à l'ordre du jour. Ce sera le cas :

— pour permettre un contrôle efficace de l'assemblée sur les délégations de services publics, de l'inscription de l'examen du rapport annuel soumis par les délégataires et relatif aux comptes et à l'exécution des délégations dès la communication du rapport (art. L. 1411-3) ;

— pour assurer l'exécution des décisions de justice ;

— ou encore pour discuter du rapport d'observation de la chambre régionale des comptes à l'issu d'un contrôle (CJF, art. L. 241-11).

On notera aussi l'inscription obligatoire à l'ordre du jour des questions posées par les conseils d'arrondissements à Paris, Lyon et Marseille lorsque ces dernières sont laissées sans réponse, dans un délai de quarante-cinq jours, pour les questions écrites et, dans un délai de trois mois, pour les questions orales (CGCT, art. L. 2511-12).

1275. Contentieux. – L'inscription à l'ordre du jour est nécessaire avant le vote et la discussion d'une délibération. Si le vote a lieu, en l'absence d'inscription, la délibération sera considérée comme inexistante[30]. Il ne peut être fait usage des « *questions diverses* », contenues dans l'ordre du jour, pour maquiller le défaut d'inscription d'une question importante venue en délibération[31].

§ 4. Convocation

1276. Obligation de convoquer. – Il revient à l'exécutif de procéder à la convocation de l'assemblée locale, y compris lorsque celle-ci est dans l'obligation légale de se réunir. Le législateur a strictement organisé cette prérogative afin d'assurer que toute séance de l'assemblée soit précédée d'une convocation informant les élus sur l'ordre du jour des délibérations, dans un délai raisonnable. Le risque de voir l'exécutif ne pas procéder à la convocation ou procéder à une convocation incomplète afin de s'assurer d'un vote ou d'éviter un débat est ainsi évité. Le juge annulera toute délibération ayant été votée au cours d'une séance n'ayant pas fait l'objet d'une convocation adéquate. La jurisprudence interprète strictement la notion de séance : une interruption trop importante entre deux réunions de l'assemblée nécessitera ainsi une nouvelle convocation pour la seconde réunion qui sera considérée comme une nouvelle séance[32].

1277. Modalités. – Les modalités de la convocation des assemblées locales sont formalisées. La convocation du conseil municipal doit être mentionnée au registre des délibérations, affichée ou publiée, et adressée par écrit au domicile des conseillers municipaux (art. L. 2121-10). Les conseillers généraux et régionaux doivent être simplement informés des affaires qui feront l'objet d'une délibération par la communication d'un rapport qui leur est adressé et qui complète la convocation (CGCT, art. L. 3121-19 et L. 4132-18). Les délais de convocation sont très brefs : trois jours francs pour les communes de moins de 3 500 habitants, cinq jours francs pour celles de plus de 3 500 habitants et douze jours francs pour les conseils généraux et régionaux. Ils peuvent être raccourcis en cas d'urgence, sans être inférieurs à un jour franc. L'urgence, qui doit être justifiée, est

30. CAA Marseille 6 décembre 2005, *Lequette*, *AJDA* 2006, p. 1220.
31. CE, 29 septembre 1982, *Delles Richert*, *Rec.*, t. p. 532, cité in F.-P. Bénoit, « Le conseil municipal », *Encyclopédie des collectivités territoriales*, Dalloz, 2006.
32. CE, 5 février 1986, *Commune du Thor*, *DA* 1986, n° 145.

soumise au vote de l'assemblée le jour de la séance, avant l'ouverture de la discussion. Un vote négatif renvoie la discussion à une séance ultérieure, régulièrement convoquée. Le non-respect de cette procédure entraîne l'irrégularité de la délibération[33].

1278. Contenu de la convocation. – La convocation doit indiquer toutes les questions portées à l'ordre du jour. Des délibérations portant sur un sujet non inscrit à l'ordre du jour ou non mentionné dans la convocation seraient irrégulières. Par ailleurs, afin d'informer les élus locaux, une « *note explicative de synthèse* », dans les communes de plus de 3 500 habitants, ou un « *rapport* » portant sur chacune des affaires soumises à discussion, pour les départements et les régions, doit être adressé à ces élus. La note et le rapport peuvent être adressés « *sous quelque forme que ce soit* », ce qui n'empêche pas tout formalisme. L'envoi doit être simultané avec celui de la convocation[34] et la note ou le rapport comporter tous les éléments nécessaires à l'information adéquate des élus. Dans certains cas, la note ne suffit pas et le projet doit être joint. Il en est ainsi des projets sur lesquels le conseil économique et social régional est obligatoirement et préalablement consulté (art. L. 4132-18). Dans les communes de plus de 3 500 habitants, lorsque la délibération porte sur une délégation ou un marché de service public, le projet, s'il n'a pas à être directement adressé aux élus, doit être rendu disponible en mairie.

§ 5. Information des élus

1279. Droit à l'information. – La participation des élus locaux aux débats de l'Assemblée nécessite qu'ils aient été dûment informés des affaires qui y sont délibérées. Ce droit à l'information a été posé par la loi du 6 février 1992 affirmant que tout élu « *a le droit, dans le cadre de sa fonction, d'être informé des affaires [...] qui font l'objet d'une délibération* » (art. L. 2121-13, L. 3121-18, L. 4132-17) et faisant suite à un mouvement jurisprudentiel qui reconnaît aux élus locaux un tel droit[35].

---

33. CE, 18 février 1998, *Commune de Essey-lès-Nancy*, *DA* 1998, nº 154, note R. S.
34. *Ibid.*
35. CE Ass., 9 novembre 1973, *Commune de Pointe-à-Pitre*, *Rec.*, p. 631 ; *AJDA* 1974, p. 93, chron. M. Franc et M. Boyon ; *RDP* 1974, p. 1143, note M. Waline.

1280. Modalités de l'information. – Le législateur prévoit des obligations minimales d'information des élus locaux lors de leur convocation :

— d'un côté, les élus locaux disposent des mêmes droits que les administrés. Ils peuvent ainsi, indépendamment de tout projet de délibération, se prévaloir des dispositions de la loi du 17 juillet 1978 qui garantit la liberté d'accès aux documents administratifs à tous les administrés et des dispositions du Code général des collectivités territoriales relatives à la communication des procès-verbaux, des budgets, des comptes et des arrêtés du maire ou des présidents (respectivement, CGCT, art. L. 2121-26, L. 3121-17 et L. 4132-16) ;

— d'un autre côté, ils ont un droit spécifique d'obtenir ès qualités les informations sur tout ce qui touche aux affaires sur lesquelles ils vont être conduits à délibérer, dans les conditions leur permettant de remplir normalement leur mandat. Ce droit qui dépasse celui reconnu aux administrés, est limité aux affaires donnant lieu à délibération et aux éléments, connus de l'exécutif, utiles aux élus locaux pour apprécier « *le sens, la portée et la validité d'un projet* »[36]. Les décisions et documents préparatoires doivent donc toujours être communiqués. L'exécutif n'est pas ainsi tenu d'obtenir une information qui n'est pas en sa possession ; mais il ne pourra pas dissimuler un élément utile aux élus. La communication devra avoir lieu dans un délai raisonnable pour permettre l'examen des pièces, évalué en fonction de la complexité de l'affaire.

1281. Débat d'orientation budgétaire. – Dans certains domaines, l'obligation d'information des élus locaux est plus précisément déterminée par le législateur. Il en est ainsi, tout particulièrement, en matière budgétaire. Un débat sur les orientations générales du budget doit avoir lieu dans un délai de deux mois précédant l'examen du budget (respectivement, CGCT, art. L. 2312-1, L. 3312-1 et L. 4311-1). Les présidents des conseils généraux et régionaux doivent, en outre, communiquer le projet de budget ainsi que les rapports correspondants, douze jours au moins avant l'ouverture de la première réunion consacrée à l'examen du budget. Les obligations du maire sont plus réduites puisqu'elles se limitent à la production, avant la première délibération consacrée à l'examen du budget, de la note explicative prévue pour toute délibération. Les communes de moins de 3 500 habitants ne sont, quant à elles, soumises à aucune obligation particulière, ce qui est fort contestable pour une délibération aussi importante que celle relative au budget de la commune, dans un très grand nombre de communes.

36. CE Sect., 23 avril 1997, *Ville de Caen*, *Rec.*, P. 158, *AJDA* 1997, p. 518, concl. V. Pécresse.

1282. Mission d'information et d'évaluation. – Afin d'obtenir des informations sur un problème ou une question, en particulier, ou encore d'évaluer l'action de la collectivité territoriale, les conseils municipaux des communes de plus de 50 000 habitants ainsi que les conseils généraux et régionaux peuvent décider, avant le 1er janvier de l'année civile précédant l'année du renouvellement général des conseils, de la création d'une mission d'information et d'évaluation, en charge de recueillir des éléments d'information sur une question d'intérêt local ou de procéder à l'évaluation d'un service public communal. La demande doit émaner du sixième des conseillers pour les communes et du cinquième des conseillers pour les départements et les régions. Chaque conseiller ne peut s'associer à une demande plus d'une fois par an. Les membres de la mission sont élus par le conseil, à la représentation proportionnelle. Ses fonctions ne peuvent excéder plus de six mois et elles se limitent à la production d'un rapport qui pourra être examiné par le conseil. Cette double limitation permet d'éviter de faire de la mission d'information un conseil restreint qui ferait concurrence à l'assemblée locale.

§ 6. Quorum

1283. Définition. – Le *quorum* qui correspond au nombre minimum de conseillers présents lors de la discussion d'un projet de délibération, est établi afin d'éviter que les décisions de la collectivité puissent être le fait d'une minorité de conseillers élus. Il est fixé à la moitié des membres en exercice pour chacun des conseils (respectivement, CGCT, art. L. 2121-17, 3121-14 et 4132-13). Le calcul est fait lors de la mise en discussion, et non du vote du projet[37], en excluant les conseillers qui ne peuvent pas légalement prendre part au vote ainsi que les conseillers simplement représentés.

1284. Cependant, cette règle ne saurait avoir pour conséquence d'empêcher l'action d'une collectivité ou même de la retarder. Par conséquent, si le *quorum* n'est pas atteint lors d'une première séance, l'examen de l'ordre du jour sera reporté à une prochaine séance dont la tenue ne sera pas soumise à la condition de *quorum*. La séance devra se tenir trois jours francs plus tard pour les conseils généraux et régionaux alors qu'elle se tiendra « *au moins* » à trois

37. CE Ass., 11 décembre 1987, *Élection du président du conseil régional de Haute-Normandie*, *Rec.*, p. 415, *AJDA* 1988, p. 162, chron. M. Azibert et M. de Boisdeffre.

jours d'intervalle pour les conseils municipaux. Le droit des collectivités territoriales gagnerait en simplicité en s'harmonisant.

§ 7. Séance

1285. Police. – La police de la séance est assurée par le maire ou les présidents. Ils ont pour charge de faire respecter le règlement intérieur de l'assemblée ainsi que l'ordre du jour, d'octroyer ou de retirer la parole, de diriger les débats et d'assurer l'ordre public, en expulsant de l'auditoire, le cas échéant, tout individu qui troublerait l'ordre public. Au début de chaque séance, un ou plusieurs secrétaires sont désignés au scrutin secret. Ils ont pour charge la rédaction des procès-verbaux.

1286. Publicité. – Le caractère public de réunions des différents conseils (respectivement, CGCT, art. L. 2121-18, L. 3121-11 et L. 4132-10) est une exigence démocratique permettant l'information et le contrôle direct des élus locaux par les administrés. Seules des exigences d'ordre public ou de sécurité sont de nature à interdire l'accès de la salle. Lorsque l'affaire examinée par le conseil le nécessite, un huis clos peut être demandé par le maire, les présidents des conseils général et régional, trois conseillers municipaux ou cinq conseillers généraux ou régionaux, selon les hypothèses. Le huis clos doit être voté à la majorité absolue des membres présents ou représentés.

En revanche, la publicité des commissions permanentes des conseils général et régionaux n'est imposée par aucun texte, ce qui est très contestable car les commissions agissent sur délégation des différents conseils. La jurisprudence administrative s'est refusée, en tout cas, à établir un principe général du caractère public des réunions de ces commissions[38].

1287. Discussion. – Sous l'autorité du maire ou du président, les élus locaux doivent être mis à même de discuter des questions mises à l'ordre du jour du conseil. Le règlement intérieur prévoit, en général, les modalités d'organisation des débats. Il n'existe pas de règle générale, sinon celle selon laquelle tout conseiller doit avoir l'occasion de pouvoir s'exprimer de façon suffisamment complète[39].

38. CE Ass., 18 décembre 1996, *Région Centre*, *Rec*, p. 495 ; *RFDA* 1997, p. 496, concl. J.-H. Stahl, *RDP* 1998, p. 1205, note N. Merley.

39. CE, 22 mai 1987, *Tête*, *Rec.*, p. 179 ; *AJDA* 1987, p. 664, concl. C. Vigouroux.

1288. Amendements. – Les conseillers peuvent déposer des amendements au cours de la séance, et pas seulement avant celle-ci. L'amendement n'a donc pas à être mis à l'ordre du jour de la séance pour pouvoir être voté[40].

1289. Questions orales. – La possibilité pour les élus locaux de poser des questions orales est un moyen leur permettant de s'informer et de contrôler l'action de l'exécutif. Dans les communes de plus de 3 500 habitants, les départements et les régions, il revient au règlement intérieur de fixer la fréquence et les règles de présentation de ces questions (respectivement, CGCT, art. L. 2121-19, L. 3121-20 et L. 4132-20), notamment pour ce qui est du dépôt des questions préalablement à la tenue de la séance. Ces questions ne sont pas suivies d'un vote qui pourrait créer les prémisses d'une responsabilité politique de l'exécutif local devant le conseil[41].

§ 8. Vote

1290. Délégation de vote. – Tout conseiller empêché peut déléguer son vote à un autre conseiller de son choix. La délégation permet de comptabiliser sa voix puisque les délibérations sont prises à la majorité des suffrages exprimés. En revanche, il ne sera pas comptabilisé parmi les conseillers présents dont un nombre minimal est nécessaire à l'établissement du *quorum* ou à l'obtention d'un scrutin secret.

Les dispositions légales sont très libérales à l'égard de la délégation (respectivement, CGCT, art. L. 2120-20, L. 3121-16 et L. 4132-15). Le conseiller est seul juge de la réalité et de l'importance des causes qui l'empêchent de siéger. Les seules contraintes résident en ce que :

— la délégation doit prendre la forme d'un pouvoir écrit ;

— elle ne peut être donnée à un conseiller qui en a déjà reçu ;

— et elle ne peut valoir pour plus d'une réunion, dans les départements et les régions, chiffre porté à trois, dans les communes. De plus, il est possible, mais pour les communes seulement, d'allonger cette durée en cas de maladie dûment constatée.

40. En ce sens, une jurisprudence unanime émanent des cours administratives d'appel : notamment, CAA Paris, 12 février 1998, *Tavernier*, *AJDA* 1998, p. 724, concl. C. Lambert ou CAA Nancy, 4 juin 1998, *Ville de Metz*, *AJDA* 1998, p. 941, note, B. Stamm.

41. En ce sens, B. Faure, *Droit des collectivités territoriales*, Dalloz, coll. « Précis », 1re éd. 2009, n° 223.

La révocation de la délégation est possible si l'empêchement disparaît, elle n'a pas à être formalisée. Ainsi, le Conseil d'État a pu juger que rien n'empêchait le conseiller qui a délégué son vote de siéger régulièrement, tout en laissant son délégué voter[42]. Une telle jurisprudence consacre le caractère purement formel de la référence à l'empêchement, la présence du conseiller apportant la preuve manifeste de sa disparition.

1291. Vote public et vote secret. – En principe, le scrutin est public, ce qui signifie que le sens du vote de chaque conseiller présent ou représenté doit être connu. Il figure, d'ailleurs, au registre des délibérations des différents conseils, à côté du nom des votants (respectivement, CGCT, art. L. 2121-21, L. 3121-15 et L. 4132-14). Par exception, le scrutin secret est de droit soit lorsqu'un tiers des membres présents (et non représentés) le demandent, soit lorsqu'il y a lieu de procéder à une nomination ou à une présentation. Dans ce dernier cas cependant, sauf si les lois et règlements prévoient expressément le vote secret, il peut, afin d'accélérer la procédure, être néanmoins procédé à un scrutin public lorsque l'unanimité du conseil se prononce en ce sens.

§ 9. Publicité

1292. Entrée en vigueur. – Les délibérations des assemblées locales sont soumises à des obligations de publicité pour entrer en vigueur. Dans les communes de plus de 3 500 habitants, les départements et les régions, elles devront être publiées dans un recueil des actes administratifs (respectivement, CGCT, art. L. 2121-24, L. 3121-17 et L. 4132-16).

1293. Publicité renforcée. – La publicité peut être renforcée dans certaines matières. Il en est ainsi, par exemple, pour les délibérations du conseil municipal décidant d'une action économique ou approuvant une convention de délégation de service public. Elles doivent faire l'objet, outre leur publication, d'une insertion dans une publication locale, diffusée dans la commune.

1294. Publicité des séances du conseil municipal. – Enfin, les communes doivent procéder à l'affichage du compte rendu de la séance du conseil municipal (art. L. 2121-25). Cette formalité est obligatoire pour permettre l'entrée en vigueur de la délibération.

42. CE, 16 janvier 1987, *Amsellem*, *Rec.*, p. 6 ; *AJDA* 1987, p. 421, note J. Moreau.

Section 3
Le contrôle administratif

1295. Exigence constitutionnelle. – L'existence d'un contrôle administratif de l'État sur les collectivités territoriales est une exigence constitutionnelle, figurant à l'article 72, alinéa 6 de la Constitution et affirmée avec force par le Conseil constitutionnel dans la décision *Droits et libertés des communes, des départements et des régions* du 25 février par laquelle il censure en partie le texte devenu loi du 2 mars 1982 : le motif opérant est que, même si un contrôle du préfet était prévu pour les actes des collectivités territoriales, ces actes étaient exécutoires de plein droit, avant même leur transmission à cette autorité administrative de l'État déconcentré.

1296. Tutelle. – Or, ce contrôle administratif, lié à la charge d'intérêts nationaux et du respect des lois, est un élément d'un dispositif plus large que l'on peut encore dénommer la « *tutelle de l'État* » alors même que la loi du 2 mars 1982 énonçait la « *suppression de la tutelle administrative* » et la « *suppression de la tutelle financière* » sur les collectivités territoriales. On sait que cette suppression n'était que « *prétendue* » et qu'elle ne consistait qu'en un allègement, certes considérable[43].

1297. Il y a deux façons de considérer la tutelle, ce qui a des conséquences sur la manière de la présenter :

— d'un côté, il est possible de concevoir la tutelle comme le symbole de la soumission, en dernier lieu, des autorités locales à l'État. Elle suppose alors la maîtrise, pleine et entière, par l'État des cinq pouvoirs qui la constituent : les pouvoirs d'annulation, d'autorisation, d'approbation, de substitution et de révocation. La suppression de l'un ou l'autre de ces pouvoirs est alors analysée comme une atteinte directe à l'essence même de la tutelle. En ce sens, dès lors que la loi du 2 mars 1982 a supprimé le pouvoir d'annulation des actes des collectivités territoriales par le représentant de l'État et a notablement limité les pouvoirs d'approbation et d'autorisation de ces actes, il était possible d'en conclure à la suppression de la tutelle ;

— d'un autre côté, il y a lieu de considérer la tutelle, non pas comme une procédure globale, mais comme un ensemble de prérogatives déployées à des niveaux divers dont la présence simultanée n'est pas obligatoire, mais dont la détention, même partielle, permet

43. S. Regourd, « La prétendue suppression de la tutelle », *RA* 1982, p. 613.

de qualifier le représentant de l'État d'autorité de tutelle. C'est en ce sens qu'il est possible de dire que la tutelle a été préservée, après l'entrée en vigueur de la loi du 2 mars 1982. On utilisera donc ici le terme de tutelle, en adhérant ainsi à la seconde proposition parce que c'est la seule qui permette, tout à la fois, de différencier la tutelle du pouvoir hiérarchique et d'expliquer pourquoi la tutelle exercée sur les collectivités territoriales n'est pas du même type que celle exercée sur les établissements publics lorsque, du moins, ils relèvent d'une décentralisation, non pas territoriale (comme un EPCI), mais fonctionnelle, comme telle ou telle entreprise publique (telle que la SNCF).

1298. Pouvoir hiérarchique. – Le pouvoir hiérarchique, exercé par l'autorité supérieure sur ses subordonnés, est la marque de l'organisation déconcentrée de l'État. Exercé sur les actes, il suppose des pouvoirs d'instruction, d'annulation et de réformation. Exercé sur les personnes, il suppose les pouvoirs de nomination, de sanction et de révocation. L'ensemble de ces procédés sont souvent rapprochés de ceux de la tutelle même si seuls les pouvoirs d'annulation et de révocation sont communs. Comme le pouvoir de tutelle, le pouvoir hiérarchique permet à une autorité d'influer sur le sens des actes d'une autre autorité. La différence fondamentale tient en ce que l'autorité hiérarchique, bien qu'elle n'ait pas compétence pour agir à la place du subordonné, peut lui dicter le contenu de ses actes. Le subordonné exprime, dans l'exercice de ses compétences, la volonté de son supérieur. L'autorité de tutelle n'a, quant à elle, aucune autorité sur le sens même des décisions rendues par l'autorité sous tutelle qui n'est pas subordonnée, mais autonome ; mais elle dispose des prérogatives lui permettant de vérifier que l'action de cette dernière est bien conforme au droit, au sens d'un ensemble de principes structurant les rapports entre ces deux autorités : l'autorité locale décentralisée qui est contrôlée et l'autorité étatique déconcentrée qui est de contrôle.

1299. Interdiction de la tutelle entre collectivités territoriales. – La référence constitutionnelle à la tutelle qui est négative, se contente d'interdire la tutelle d'une collectivité territoriale sur une autre (art. 72, al. 5) tandis que l'article 72, alinéa 6 pose uniquement le principe du contrôle administratif du représentant de l'État : « *les intérêts nationaux et le respect des lois* ». Il est donc difficile d'en déterminer la teneur exacte. Mais on peut soutenir qu'il s'agit, tout simplement, du principe de légalité qui se décline notamment ainsi : la continuité de l'État, l'ordre public ou l'équilibre financier.

1300. Distinction. – L'analyse institutionnelle, héritée de Maurice Hauriou, permet de mieux comprendre la distinction entre pouvoir hiérarchique et pouvoir de tutelle :

— le pouvoir hiérarchique s'exerce au sein d'une même institution entre l'autorité centrale et l'autorité périphérique, les deux étant en charge de l'accomplissement d'une seule et même « *idée d'œuvre* » pour parler comme le doyen de Toulouse ;

— le pouvoir de tutelle permet de régir les rapports entre deux institutions dont l'une est englobée par l'autre. Chacune possède une idée d'œuvre qui lui est propre, mais l'institution englobée doit agir conformément à l'idée d'œuvre de l'institution englobante qui possède les moyens de contrainte nécessaire pour l'y contraindre.

1301. Objets de la tutelle. – La tutelle a donc un double objet puisqu'elle permet de garantir l'intérêt général de tous les administrés dont l'État a, en dernier lieu, la charge, par-delà l'attribution de compétences aux collectivités territoriales qui ne saurait permettre qu'il y soit porté atteinte. Sur la base de la décision du Conseil constitutionnel du 25 février 1982, il est certain que l'acte local ne peut, en principe, être exécutoire sans que le représentant de l'État ait été mis à même d'exercer préalablement son contrôle. Par ailleurs, il est impossible de l'assimiler à la tutelle, prise en son sens le plus large, celui d'une procédure globale, sans quoi la suppression des pouvoirs d'annulation et la limitation de l'autorisation et de l'approbation par la loi du 2 mars 1982 aurait été déclaré inconstitutionnelle. On ne saurait davantage limiter ce contrôle à un simple examen des actes locaux sans que cet examen puisse avoir de conséquences juridiques, sauf à porter atteinte au principe d'indivisibilité de la République et au principe de légalité dont il est l'un des garants.

1302. Contrôle du juge constitutionnel. – Comme souvent, il revient au juge, ici constitutionnel, d'apprécier si les modalités de ce contrôle sont suffisamment équilibrées : car ce contrôle doit permettre que soient prises les mesures nécessaires à la garantie du principe de légalité, principalement protégé par la procédure du déféré préfectoral qui permet au représentant de l'État de déférer au juge administratif les actes administratifs des collectivités territoriales : ceux dont il estime, à tort ou à raison, à l'issue d'un contrôle préalable à sa charge, qu'ils comportent une irrégularité de forme ou de fond :

— au titre de la continuité de l'État, elle peut être mise en danger de diverses manières, tout particulièrement par l'inertie des autorités locales soit à prendre les mesures nécessaires à l'organisation d'un service relevant de leurs compétences obligatoires, soit à voter le budget contenant les dépenses nécessaires à son fonctionnement ;

— au titre du maintien de l'ordre public, le préfet dispose du pouvoir de se substituer aux autorités de police locales défaillantes, après les avoir mises en demeure d'agir ;

— au titre de l'équilibre financier, à la fois strict et durable, le représentant de l'État vérifie que le budget de chaque collectivité territoriale de son ressort protège, pour l'avenir, les contribuables locaux contre l'endettement excessif de la collectivité.

1303. Pour ce faire, la tutelle est nécessaire qui se dédouble, l'une s'exerçant sur les actes des collectivités territoriales ou « *déféré préfectoral* » et l'autre sur les organes.

§ 1. Le déféré préfectoral

1304. Évolution. – La tutelle sur les actes a profondément évolué depuis la loi du 2 mars 1982. Auparavant, le préfet disposait principalement des pouvoirs d'approbation et d'annulation des actes des collectivités territoriales. Ces pouvoirs auxquels s'ajoutait, dans certaines hypothèses marginales, un pouvoir d'autorisation préalable, n'étaient pas attribués alors de manière uniforme selon qu'ils concernaient les actes de la commune, du département ou de la région qui était encore un établissement public, à cette date. Il ne faut pas, pour autant, en déduire que le préfet avait tout pouvoir à l'égard des actes locaux : l'approbation était limitée à une liste d'actes limitativement énumérés et l'annulation devait être justifiée par l'irrégularité de l'acte. Par ailleurs, les régions se voyaient appliquer un régime plus favorable puisque les actes du conseil régional étaient exécutoires de plein droit, le préfet de région voyant ses compétences réduites à la possibilité de demander un nouvel examen des délibérations litigieuses, dans les quinze jours de leur adoption et seul un décret en Conseil d'État permettait de les déclarer nulles à la seule condition de leur irrégularité.

1305. Loi du 2 mars 1982. – Depuis la loi du 2 mars 1982, il en va autrement : les pouvoirs d'autorisation et d'approbation ont quasiment disparu tandis que le pouvoir d'annulation a été transformé par l'utilisation de la procédure du déféré préfectoral.

1306. Déféré préfectoral. – Le déféré préfectoral correspond à la saisine par le préfet de la juridiction administrative à l'encontre d'un acte d'une collectivité territoriale, selon une procédure qui préexistait, mais qui est systématisée. C'est le résultat du contrôle administratif exercé par ses services, à l'issue duquel il estime que l'acte est irrégulier. Le préfet n'ayant plus, depuis 1982, le pouvoir d'annuler lui-même l'acte litigieux, il doit demander cette annulation au juge qu'il saisit à cet effet. L'annulation ne pourra donc se fonder que sur l'irrégularité de l'acte, en écartant toute considération d'opportunité. En tant que la tutelle est et ne peut être qu'un contrôle en droit, sur le fondement de textes juridiquement vérifiés ou, du moins, vérifiables, la libre administration des collectivités territoriales est ainsi préservée.

1307. Obligation de transmission. – Afin de faciliter le contrôle administratif préalable à un éventuel déféré, la loi du 2 mars 1982, modifiée par la loi du 22 juillet 1982, a introduit une obligation de transmission des actes des collectivités territoriales les plus importants. Cette transmission, au sens de la réception de l'acte transmissible en préfecture (circ. du 22 juillet 1982), est une condition de leur caractère exécutoire (CGCT, art. L. 2131-1 pour les communes, L. 3131 pour les départements, L. 4141-1 pour les régions). Cependant, le contrôle administratif reposant sur un fondement constitutionnel, il était impossible de limiter le recours du préfet aux seuls actes soumis à l'obligation de transmission. La jurisprudence puis le législateur ont, en conséquence, étendu le recours du préfet à l'ensemble des actes administratifs des collectivités territoriales, soumis ou non à l'obligation de transmission[44].

A L'obligation de transmission

1308. Quels sont les actes soumis ou non soumis à l'obligation de transmission ainsi que les modalités de cette transmission ?

1. Les actes soumis à l'obligation de transmission

1309. Liste. – La liste des actes soumis à l'obligation de transmission est consignée dans le Code général des collectivités territoriales. Elle est la même quelle que soit la collectivité, si bien que l'on ne citera que les dispositions applicables aux communes (respectivement, CGCT, art. L. 2131-2, pour les communes, art. L. 3131-2, pour les départements et art. L. 4141-2, pour les régions) ainsi que les dispositions spécifiques à certains actes (LO 1112-7 al. 2 et L. 1115-1). La doctrine s'est efforcée d'identifier des catégories au sein de l'énumération produite par le Code général des collectivités territoriales.

44. Voir aussi, impl. CGCT art. L. 2131-3 pour les communes ; mais, la solution est identique pour les autres collectivités.

1310. Indifférence de la nature unilatérale ou contractuelle. – En premier lieu, on constate que la nature contractuelle ou unilatérale de l'acte est indifférente. Ainsi l'article L. 2131-2 a imposé la transmission des conventions relatives aux emprunts, aux marchés et aux accords-cadres, les contrats de partenariat, de concession ou d'affermage. La transmission du contrat, lui-même, s'ajoute à celle, obligatoirement préalable à sa conclusion, de la délibération du conseil autorisant le maire ou le président à le signer[45]. Cependant, en vertu de sa nouvelle jurisprudence *Commune de Béziers* du 28 décembre 2009, la non-transmission de ces délibérations n'était pas constitutive d'un vice suffisant pour que le juge administratif puisse conclure à la nullité du contrat[46].

1311. Transmission des actes les plus importants. – En deuxième lieu sont concernés les actes qui sont supposés, du fait de leur forme, être les plus importants. C'est le cas des délibérations des différents conseils et des actes réglementaires des collectivités territoriales.

1312. Actes intervenants dans des domaines sensibles. – En troisième lieu, sont transmis des actes qui ne relèvent pas forcément des deux premières catégories, mais qui interviennent dans des domaines sensibles. L'État veille ainsi à la protection des libertés publiques par la transmission des actes relevant du pouvoir de police et des décisions individuelles relatives à la nomination, au recrutement et au licenciement des agents non titulaires, à l'exception de celles prises dans le cadre d'un besoin saisonnier ou occasionnel. Le champ des décisions transmissibles a été considérablement restreint avec le temps, notamment parce que les décisions défavorables jugées irrégulières sont toujours contestées par leurs destinataires : on pense à l'avancement de grade, d'échelon, à la mise à la retraite d'office et à la révocation qui ont disparu de la liste des actes soumis à l'obligation de transmission depuis une ordonnance du 17 novembre 2009. Pour la préservation de la législation applicable en matière d'urbanisme dont le contournement est souvent source de corruption, l'article L. 2131-2 6° impose la transmission du permis de construire, du certificat d'urbanisme ainsi que de l'ensemble des autorisations d'urbanisme. Pour éviter le contournement des règles de la comptabilité publique sont enfin transmis les ordres de réquisition du

---

45. CE avis, sect. 10 juin 1996, *Préfet de la Côte-d'Or, Rec.*, p. 198 ; *D.* 1997, JP, p. 45, note F.-P. Bénoit ; *RFDA* 1997, p. 84, note J.-C. Douence ; *RD Imm* 1996, p. 562, obs. F. Llorens et Ph Terneyre.

46. CE, 28 décembre 2009, *Commune de Béziers*, *AJDA* 2010, p. 142, chron. S.-J. Liéber et D. Botteghi ; *JCP G* 2010, n° 28, note L. Erstein.

comptable pris par l'ordonnateur des dépenses et des recettes de la collectivité (maire, président du conseil général et président du conseil régional) afin que celui-ci procède au règlement d'une dépense dont il avait refusé le paiement au motif qu'elle contrevenait à une règle de la comptabilité publique. L'ordre de réquisition doit, en outre, être transmis à la chambre régionale des comptes (art. L. 1617-3), en tant que la responsabilité financière du comptable est alors dégagée.

1313. Décisions des SEM. – En quatrième lieu, les décisions relevant de l'exercice de prérogatives de puissance publique, prises par les sociétés d'économie mixte locales pour le compte d'une commune ou d'un EPCI, doivent aussi être transmises afin que les collectivités territoriales n'utilisent pas ces sociétés pour échapper au contrôle de légalité : est ainsi assurée la transparence des activités économiques, menées publiquement par ces sociétés.

1314. Dispositions spécifiques. – En cinquième et dernier lieu, il faut ajouter à cette liste les actes relevant de dispositions spécifiques. Il s'agit, d'une part, des conventions conclues par les collectivités territoriales avec des autorités étrangères de l'article L. 1115-1 et, d'autre part, des textes adoptés par la voie du référendum de l'article LO 1112-6[47].

2. Les actes non soumis à l'obligation de transmission

1315. Les actes n'entrant pas dans l'énumération de l'article L. 2131-2 ne sont pas soumis, par principe, à l'obligation de transmission, ce qui met en échec le dispositif constitutionnel de contrôle administratif des actes des collectivités territoriales par le représentant de l'État. La législation successive a progressivement élargi ou multiplié ces hypothèses de défaut régulier de transmission.

1316. Importance quantitative. – D'abord, les actes administratifs non transmissibles sont si nombreux qu'ils rendent illusoire tout véritable contrôle. Du reste, certains de ces actes faisant l'objet de recours fréquents de la part des administrés concernés, en cas d'irrégularité supposée, l'utilité du contrôle administratif apparaît plus réduite. La législation successive a ainsi progressivement limité le domaine du contrôle pour le rendre plus efficace, mais aussi plus effectif : la loi du 13 août 2004, puis la loi du 20 décembre 2007, enfin l'ordonnance du 17 novembre 2009 ont ainsi supprimé, en ce

47. CGCT, art. L. O 112-7, al. 2

sens, l'obligation de transmission de certains actes relevant en matière de police, d'urbanisme et de fonction publique :

— pour les délibérations, il s'agit de celles relatives aux tarifs de voirie et de stationnement, au classement, au déclassement, à l'établissement de plans d'alignement et de nivellement, à l'ouverture, au redressement et à l'élargissement des voies communales ainsi que celles relatives aux taux de promotion pour l'avancement de grade des fonctionnaires, à l'affiliation ou à la désaffiliation aux centres de gestion ainsi qu'aux conventions portant sur les missions supplémentaires à caractère facultatif confiées à ces centres ;

— pour les actes réglementaires de l'exécutif, sont concernées les décisions relatives à la circulation et au stationnement, à l'exploitation par les associations de débits de boissons pour la durée des manifestations publiques qu'elles organisent ;

— pour les contrats, il s'agit des marchés et accords-cadres d'un montant inférieur à un certain seuil.

1317. Actes pris au nom de l'État ou relevant du droit privé. – Ensuite, l'article L. 2131-4 du Code général des collectivités territoriales précise que les actes pris par les collectivités territoriales au nom de l'État ainsi que les actes relevant du droit privé ne sont pas soumis à l'obligation de transmission. La règle est parfaitement compréhensible pour le premier type d'acte puisque le contrôle administratif est un procédé relevant de la décentralisation qui ne saurait donc concerner les actes de l'État central ou déconcentré. Pour les actes de droit privé, l'exclusion de l'obligation de transmission s'explique par l'incompétence du juge administratif à leur égard[48]. Il est ainsi dommage, en tout cas dommageable pour l'État de droit, que l'incompétence du juge administratif rende plus difficile, en l'absence de transmission, le contrôle administratif de certains des actes de droit privé les plus importants, notamment les contrats de droit privé passés par les collectivités territoriales ou les actes de gestion du domaine privé. Il faut, toutefois, nuancer ce point, puisque les actes unilatéraux détachables du contrat sont, eux, soumis au contrôle. C'est notamment le cas pour la délibération autorisant ou approuvant sa signature. Le contrat est alors obligatoirement annexé à cette délibération[49].

48. En ce sens, CE, 8 novembre 2000, *Commune de Baie-Mahault, Rec.*, p; 999, *DA* 2000.

49. CE Sect. 13 janvier 1988, *Mutuelle générale des personnels des collectivités locales et de leurs établissements, Rec., p. 6*, concl. M. Roux ; *RFDA* 1988, p. 282, concl. ; *AJDA* 1988, p. 160, chron. M. Azibert et M. de Boisdeffre ; *RDP* 1988, p. 853, note F. Llorens ; *D.* 1989, JP, p. 66, note J.-P. Négrin.

1318. Déféré des actes non transmis. – Cependant, l'obligation, par exception, de transmission de tel ou tel acte administratif, si elle a pour objet de permettre le contrôle préalable à un futur déféré au juge administratif, n'est pas mécaniquement liée à lui. Certains actes administratifs, non soumis à l'obligation de transmission, peuvent être déférés par le préfet qui en a connaissance, d'une façon ou d'une autre. Inversement, il est libre de ne pas déférer des actes administratifs transmissibles. L'opération de contrôle administratif n'entraîne donc pas l'automaticité de la saisine du juge. Les deux phases sont donc indépendantes l'une de l'autre.

1319. Actes non décisoires ne faisant pas grief. – Enfin, la question des actes non décisoires et des actes ne faisant pas grief mérite d'être posée. Si l'on interprète littéralement l'article L. 2131-2, l'obligation de transmission des délibérations est indépendante de leur caractère décisoire ou du fait qu'elles font grief ou non aux administrés. Ainsi, les mesures préparatoires, avis ou mesures d'ordre intérieur qu'elles pourraient contenir, sont obligatoirement transmissibles. À l'inverse, on pourrait aussi interpréter l'obligation de transmission en la reliant aux conditions classiques de recevabilité du recours pour excès de pouvoir. Dans cette deuxième hypothèse, l'obligation de transmission tombe si l'acte ne fait pas grief.

1320. Or, la jurisprudence du Conseil d'État a retenu une tierce solution, en se fondant sur les dispositions de la loi du 2 mars 1982, alors en vigueur, selon lesquelles le représentant de l'État dans le département défère au tribunal administratif les délibérations, arrêtés, actes et conventions qu'il estime contraires à la légalité. Il a considéré, dans son arrêt d'Assemblée *syndicat CGT des hospitaliers de Bédarieux* du 15 avril 1996[50], que les délibérations préparatoires des collectivités territoriales, bien qu'insusceptibles de recours pour excès de pouvoir de la part des administrés, peuvent être déférées par le préfet au juge administratif, du fait de la généralité de la terminologie employée par la loi de 1982. En prenant en compte la rédaction actuelle de l'article L. 2131-6 du Code général des collectivités territoriales selon laquelle « *le représentant de l'État dans le département défère au tribunal administratif les actes mentionnés à l'article L. 2131-2 qu'il estime contraires à la légalité dans les deux mois suivant leur transmission* », la solution à retenir est la même : la compétence du préfet pour déférer tous les actes administratifs

50. CE Ass., 15 avril 1996, *Syndicat CGT des hospitaliers de Bédarieux*, *Rec.*, p. 130 ; *AJDA* 1996, p. 405 et p. 306, chron. J.-H. Stahl et D. Chauvaux.

des collectivités territoriales dont il est appelé à prendre connaissance dans le délai du déféré préfectoral, qu'ils soient transmissibles ou non, qu'ils soient décisoires ou non, qu'ils fassent grief ou non, on ne saurait dire que la défense de l'État de droit par cette procédure soit théoriquement vaine, quelle que soit la frilosité de la pratique à cet égard.

3. Les modalités de la transmission

1321. Transmission et communication. – Le Code général des collectivités territoriales distingue la transmission de la communication des actes des collectivités territoriales. Le terme de « *transmission* » est utilisé pour la réception obligatoire de certains actes administratifs locaux pour les rendre exécutoires lorsque cette condition est légalement prévue. Le terme de « *communication* » est utilisé, quant à lui, lorsque le préfet en a fait la demande – elle peut intervenir à tout moment – à propos d'un acte administratif qui n'a pas à lui être obligatoirement transmis pour être exécutoire (CGCT, art. L. 2131-3, al. 2).

1322. Initiative. – La transmission est à l'initiative de l'exécutif local, y compris lorsque l'acte est une délibération. Elle est à destination du préfet de département ou du sous-préfet pour les actes des communes (art. L. 2131-1), du seul préfet du département pour les actes du département (art. L. 3131-1) et du préfet de région pour les actes de la région (art. L. 4141-1). Cette transmission, au sens de réception en préfecture, peut être faite par la voie électronique, selon un système de télétransmission homologué dans les conditions posées par un arrêté du 26 octobre 2005 (art. R. 2131-1). Le Code général des collectivités territoriales n'impose des délais que pour certaines catégories d'actes : les décisions individuelles (art. L. 2131-1), les délégations de service public (art. L. 1411-9) et les contrats de partenariat (art. L. 1414-15) doivent ainsi être transmis dans les quinze jours à compter de leur signature. Les délibérations du conseil d'administration ou du conseil de surveillance et des assemblées générales des sociétés d'économie mixte locales sont transmises dans les quinze jours suivant leur adoption.

1323. Annexes. – La transmission s'entend, non seulement du texte même adopté par les institutions locales, mais aussi de l'ensemble des documents annexes sans lesquels le représentant de l'État ne serait pas « *à même d'apprécier la portée et la légalité de* *l'acte* »[51]. Cette règle est d'application stricte, surtout en matière contractuelle, tant pour la transmission de la délibération qui autorise la conclusion du contrat ou qui l'approuve que pour celle du contrat lui-même. Doivent ainsi être annexés les documents permettant de contrôler la régularité de la procédure de passation et, notamment, le respect des principes de publicité et de mise en concurrence (avis d'appel de candidature, procès-verbal de la séance d'ouverture des plis, *etc.*). Pour les marchés publics, la liste des pièces devant être transmises a été établie par les articles R. 2131-5 et R. 2131-6 ; mais le préfet ou le sous-préfet peuvent toujours demander, pour exercer leur contrôle, la communication de pièces complémentaires.

1324. Pièces complémentaires. – Lorsque le préfet considère que les éléments transmis sont insuffisants, il peut, en effet, demander la communication de pièces complémentaires. Cette demande doit être justifiée[52] et formée dans le délai de deux mois de la réception de l'acte transmis[53]. Ces deux conditions sont étroitement liées aux règles de délais applicables au déféré préfectoral afin que la demande de pièces complémentaires ne soit pas utilisée comme manœuvre dilatoire destinée à allonger le délai du déféré – deux mois à compter de la transmission (art. L. 2131-6) – dès lors qu'il est prorogé par la demande justifiée de pièces complémentaires, sans préjudice de la prorogation consécutive à l'exercice d'un recours gracieux[54].

B La procédure

1325. Il y a lieu de distinguer les actes pouvant faire l'objet d'un déféré, le délai, le recours administratif préalable et la décision de déférer.

51. CE Sect., 13 janvier 1988, *Mutuelle générale des personnels des collectivités locales et de leurs établissements*, *Rec.*, p. 6, concl. M. Roux ; *AJDA* 1988, p. 183, chron. M. Azibert et M. de Boisdeffre ; *D.* 1989, p. 66, note J.-P. Négrin ; *LPA* 18 juillet 1988, p. 19, note C. Gouraud ; *RDP* 1988, p. 853, note F. Llorens ; CE, 31 mars 1989, *Préfet de la région Languedoc-Roussillon*, *Rec.*, p. 112 ; *LPA* 1989, n° 89, p. 9, note F. Chouvel ; CE, 29 octobre 2008, n° 273569, *Commune de Sainte-Marie-aux-Mines*.
52. CE, 31 mars 1989, *COREP de la Région Languedoc-Roussillon c. M. Pigoullié*, *AJDA* 1989, p. 547, note J.-B. Auby.
53. CE, 31 mars 1989, *Commune de Septèmes-les-Vallons*, *Rec.*, p. 102 ; *AJDA* 1989, p. 547, note J.-B. Auby ; *D.* 1990, SC, p. 62, note Ph. Terneyre.
54. CE, 4 novembre 1996, *Département de la Dordogne*, *Rec.*, p. 433 ; *AJDA* 1997, p. 185, concl. C. Maugüé.

1. Les actes pouvant faire l'objet d'un déféré

1326. Compétence préfectorale. – La compétence pour déférer les actes des collectivités territoriales appartient au préfet. À l'origine, l'article 3 de la loi du 2 mars 1982, codifiée à l'article L. 2131-6 du Code général des collectivités territoriales ne faisait état du déféré que comme le pouvoir de déférer au tribunal administratif les seuls actes soumis à l'obligation de transmission si bien que l'on a pu se demander si le préfet restait compétent à l'égard des actes non obligatoirement transmis. La loi du 13 août 2004 est venue insérer un second alinéa à l'article L. 2131-3 du Code général des collectivités territoriales pour consacrer cette extension.

1327. Étendue. – Mais la jurisprudence avait déjà reconnu la compétence du préfet pour déférer l'ensemble des actes des collectivités territoriales au juge administratif : avant la loi du 2 mars 1982, le Conseil d'État reconnaissait la recevabilité du recours pour excès de pouvoir du préfet à l'encontre de ceux des actes des collectivités territoriales qui n'étaient pas soumis au pouvoir de tutelle[55] ; depuis 1982, ce recours pour excès de pouvoir a été conservé pour les actes ne faisant pas l'objet de la transmission[56]. L'arrêt de Section *Mutuelle générale des personnels des collectivités locales et de leurs établissements* du 13 janvier 1988[57] considérait ainsi que le législateur du 2 mars 1982 *« n'a pas entendu limiter la faculté qu'a le préfet de former un recours pour excès de pouvoir à l'encontre de tous les actes des collectivités territoriales »*. Cette compétence trouve son fondement dans la généralité des termes du dispositif de la Constitution qui confère au représentant de l'État le contrôle administratif des collectivités territoriales (art. 72, al. 3, devenu 6).

Deux recours distincts coexistaient donc, juste après l'importante réforme de 1982 :

— l'un, le déféré limité aux actes concernés par l'obligation de transmission ;

— l'autre, le recours pour excès de pouvoir, pour les actes non soumis à cette obligation.

55. CE, 24 novembre 1911, *Commune de Saint-Blancard*, *Rec.*, p. 1089 ; S. 1912, III, p. 1, note M. Hauriou ; CE, 26 novembre 1975, *Préfet du Pas-de-Calais c. Communes de Montreuil-sur-mer et Sains-en-Gohelle*, *Rec.*, p. 595.

56. CE, 25 avril 1984, *COREP du département de Val-d'Oise c/maire de Sarcelles*, *Rec.*, p. 517.

57. CE Sect., 13 janvier 1988, *Mutuelle générale des personnels des collectivités locales et de leurs établissements*, *Rec.*, p. 6, concl. M. Roux ; *RFDA* 1988, p. 282, concl. ; *AJDA* 1988, p. 160, chron. M. Azibert et M. de Boisdeffre ; *D.* 1989. 66, note J.-P. Négrin, *RDP* 1988, p. 853, note F. Llorens.

1328. Assimilation entre déféré et recours pour excès de pouvoir. – Peu à peu, cependant, la jurisprudence a rapproché les deux recours pour finir par les assimiler. L'ambiguïté a été entretenue par l'usage du terme de « *déféré* » dans une procédure relevant de l'excès de pouvoir lorsque, du moins, l'acte déféré est un acte administratif unilatéral[58]. Par principe, et à moins que la loi n'en dispose autrement, le régime général du contentieux de l'excès de pouvoir était applicable aux déférés à l'encontre des actes soumis à l'obligation de transmission[59] et le régime du déféré est applicable aux recours du préfet à l'encontre des actes non soumis à l'obligation de transmission.

1329. Article 72, al. 6 de la Constitution. – L'ensemble de cette jurisprudence doit être placé sous l'égide de l'article 72 alinéa 6 de la Constitution, en vertu duquel le représentant de l'État « *a la charge des intérêts nationaux, du contrôle administratif et du respect des lois* »[60]. Une partie minoritaire de la doctrine a pu considérer que cette disposition constitutionnelle ne permet de fonder que le seul recours pour excès de pouvoir des actes non soumis à l'obligation de transmission alors que le déféré préfectoral resterait un recours subsidiaire, fondé par l'article L. 2131-6 du Code général des collectivités territoriales[61]. Mais la position dominante est, à juste titre, que cet article permet de fonder les deux types de recours, même s'il ne doit pas occulter la spécificité du déféré préfectoral par rapport au recours pour excès de pouvoir[62] :

— d'un côté, le déféré emprunte à l'excès de pouvoir le régime de prorogation du délai de recours dans l'hypothèse où il exercerait un recours gracieux[63]. Par ailleurs, tous les déférés se voient appliquer le régime de l'article R. 421-2 du Code de justice administrative

58. CE, 30 janvier 1987, *COREP d'Ille-et-Vilaine c. Commune du Rheu*, *Rec.*, p. 630 ; *RFDA* 1987, p. 221, note J.-C. Douence ; *DA* 1987, n° 149 ; CE, 27 février 1987, *Commune de Grand Bourg de Marie-Galante*, *Rec.*, p. 80 ; *RFDA* 1987, p. 212, concl. B. Stirn et P. 777, note J.-C. Douence ; *AJDA* 1987, p. 418, note X. Prétot.

59. En ce sens, CE, 29 mai 1987, *Commune de Goult*, *Tab.*, t., p. 875.

60. En ce sens, J.-C. Douence, note sous CE Sect. 28 février 1997, *Commune du Port*, *RFDA* 1997, p. 1198.

61. F.-P. Bénoit, *Répertoire « Collectivités locales »*, Dalloz, fasc. n° 4573 « Recours du préfet ».

62. M. Verpeaux, « Constitution, déféré préfectoral et recours pour excès de pouvoir, ou *Commune du Port*, encore... », *in* Mélanges J. Moreau, Economica, 2003, p. 469.

63. CE, 10 juillet 1964, *Centre médico-pédagogique de Beaulieu*, *Rec.*, p. 399 ; CE, 16 mai 1984, *Commune de Vigneux-sur-Seine*, *Rec*, p. 182, pour deux jurisprudences antérieures à la loi du 2 mars 1982 et relatives au recours pour excès de pouvoir du préfet ; CE, 18 avril 1986, *COREP d'Ille-et-Vilaine*, *Rec.*, p. 423 ; *RFDA* 1987, p. 206, concl. M. Roux ; *AJDA* 1986, p. 455, note D. Chabanol ; *D.* 1987, p. 70, note O. Négrin.

qui dispose que, lorsqu'une décision explicite de rejet intervient dans le délai de recours juridictionnel, elle fait à nouveau courir ce délai[64] ;

— d'un autre côté, le déféré conserve ses spécificités alors même qu'il a pour objet des actes non soumis à l'obligation de transmission. C'est ce qui peut être déduit de la jurisprudence qui généralisait à tous les déférés le régime spécifique du sursis à exécution, applicable aux déférés des actes des communes obligatoirement transmis[65]. Le préfet pouvait alors obtenir qu'il soit sursis à l'exécution d'un acte communal, soumis à l'obligation de transmission, sans avoir à prouver l'existence d'un préjudice difficilement réparable, condition du sursis de droit commun de l'excès de pouvoir. Depuis la loi du 30 juin 2000, ce régime est remplacé par celui figurant à l'article L. 2131-6 du Code général des collectivités territoriales[66], lui aussi applicable quel que soit l'acte déféré.

1330. Loi du 13 août 2004. – La loi du 13 août 2004 procède finalement à l'assimilation totale entre les deux recours : recours pour excès de pouvoir et déféré préfectoral, sauf à considérer que l'utilisation du terme de « *déféré* » n'est pas destinée à réaliser, de manière consciente, une telle assimilation qui est l'objet même de ce texte. À cet égard, cette loi n'a fait que consacrer une unité qui résidait principalement dans le constat que le recours du préfet à l'encontre des actes non soumis à l'obligation de transmission n'est pas assimilable au recours intenté par les particuliers, mais doit se rattacher à la mission générale de contrôle de l'administration par le préfet. Ainsi, le préfet n'agit jamais comme le ferait un simple citoyen, parce qu'il est le garant de la légalité. Il n'a ainsi jamais à établir son intérêt à agir dès lors qu'il est constitutionnellement fondé[67]. Autrement dit, le déféré préfectoral serait le recours pour excès de pouvoir que la Constitution confie au préfet.

1331. Déféré et contrat. – Or, l'assimilation ici établie entre déféré préfectoral et recours pour excès de pouvoir a fini par poser problème en tant que l'acte déféré par le préfet au tribunal administratif est un contrat. Sans qualifier le déféré de recours pour excès de pouvoir, le Conseil d'État commence, d'abord, par ne pas désavouer la cour administrative d'appel de Paris qui s'était estimée incompétente au motif

64. CAA Douai, 2 juillet 2009, *Préfet du Pas-de-Calais c/Communauté de communes de la Terre des 2 Caps-Audresselles, AJDA* 2009, p. 2346, note M. Verpeaux.

65. CE, 16 décembre 1994, *Préfet du Haut*-Rhin, Tab., t., p. 801.

66. Sur renvoi de l'article L. 554-1 CJA.

67. C. Maugüé, concl. sur CE, 4 novembre 1994, *Département de la Sarthe*, *AJDA* 1994, p. 898.

que le litige dont elle devait connaître et qui avait pour objet la légalité d'un contrat « *présentait le caractère d'un recours pour excès de pouvoir* »[68]. Par la suite, et toujours à propos de recours contre des contrats, le Conseil a consacré l'unité du recours du préfet, au-delà de la distinction entre les actes soumis ou non à l'obligation de la transmission, en admettant la recevabilité du déféré contre un contrat qui n'avait pas à être transmis[69] et en étendant le régime du sursis à exécution du déféré aux actes unilatéraux ne devant pas être transmis[70].

1332. Et la consécration de l'assimilation entre déféré préfectoral et excès de pouvoir viendra avec l'arrêt de Section précité *Commune du Port* du 18 février 1997[71] qui permet le déféré préfectoral de tous les actes des collectivités territoriales, y compris contractuels, soumis ou non à l'obligation de transmission[72].

1333. Plein contentieux. – C'est pourquoi, il résulte de la jurisprudence la plus récente, fondée sur l'arrêt de revirement et de principe *Ministre de l'Intérieur* du 23 décembre 2011 que le déféré préfectoral contre l'acte local contractuel relève, désormais, du plein contentieux[73] : « *Considérant que le préfet peut, sur le fondement des dispositions des*

68. CAA Paris, plén. 26 décembre 1989, *Commune de Sainte-Marie*, *Tab.*, p. 548 ; *AJDA* 1991, p. 693, chron. C. Maugüé et R. Schwartz, puis CE Sect., 26 juillet 1991, *Commune de Sainte-Marie*, *Rec.*, p. 302, concl. H. Legal et chron. préc.

69. CE, 4 novembre 1994, *Département de la Sarthe*, *Rec.*, t., p. 1109 ; *AJDA* 1994, p. 898, concl. C. Maugüé ; CE, 14 mars 1997, *Département des Alpes-Maritimes, Rec.* p. 79 ; *RFDA* 1997, p. 660.

70. CE, 16 décembre 1994, *Préfet du Haut-Rhin*, *Tab.*, t., p. 801 ; *D.A.* 1995, n° 49, p. 21, obs. H. S.

71. CE Sect., 18 février 1997, *Commune du Port, Rec.*, p. 61 ; *RFDA* 1997, p. 1190, concl. J.-H. Stahl et note J.-C. Douence ; *AJDA* 1997, p. 476, chron. D. Chauvaux et T.-X. Girardot ; *D.* 1994, p. 84, chron. A. Moreau et M. Verpeaux.

72. Jurisprudence antérieurement posée par l'arrêt de principe *Commune de Sainte-Marie* de 1991 (CE Sect., 26 juillet 1991, *Commune de Sainte-Marie, Rec.* 302 ; *RFDA* 1991. 966, concl. Legal), d'ailleurs étendue, dès 1994, aux contrats non soumis à l'obligation de transmission au représentant de l'État (CE, 4 novembre 1994, *Département de la Sarthe, Rec.* 801 ; *AJDA* 1994. 898, concl. C. Maugüé).

73. Pour l'ancienne jurisprudence, voir par ex. CE, 14 mars 1997, *Département des Alpes-Maritimes, Rec.* p. 79.Cette nouvelle jurisprudence de 2011 qui redonne de la cohérence au contentieux de l'excès de pouvoir, doit donc valoir dans deux autres hypothèses de référé-suspension contre des actes contractuels : d'une part, en cas de demande de suspension formée par le représentant de l'État ou par l'autorité académique à l'encontre des actes des chefs d'établissement d'enseignement pris pour la passation ou l'exécution de conventions, et notamment de marchés (Code de l'éducation, art. L. 421-14 et CJA, art. L. 554-7) ; d'autre part, en cas de demande de suspension formée par le représentant de l'État à l'encontre d'un acte pris par une collectivité territoriale en matière d'urbanisme, de marchés, de contrats de partenariat et de délégation de service public (CGCT, art. L. 2131-6, al. 4 et CJA, art. L. 544-2).

articles L. 2131-2 et L. 2131-6 du Code général des collectivités territoriales, rendues applicables aux établissements publics de coopération intercommunale par l'article L. 5211-3 de ce Code, saisir le juge administratif d'un déféré tendant à l'annulation d'un marché public ; qu'eu égard à son objet, un tel recours formé à l'encontre d'un contrat relève du contentieux de pleine juridiction ; qu'il appartient au juge, lorsqu'il constate l'existence de vices entachant la validité du contrat, d'en apprécier les conséquences ; qu'il lui revient, après avoir pris en considération la nature de l'illégalité éventuellement commise, soit de prononcer la résiliation du contrat ou de modifier certaines de ses clauses, soit de décider de la poursuite de son exécution, éventuellement sous réserve de mesures de régularisation par la collectivité contractante, soit enfin, après avoir vérifié si l'annulation du contrat ne porterait pas une atteinte excessive à l'intérêt général ou aux droits des cocontractants, d'annuler, totalement ou partiellement, le cas échéant avec un effet différé, le contrat »[74].

1334. Ainsi, bien que le déféré préfectoral puisse être légalement dirigé contre un acte administratif unilatéral ou contractuel d'une collectivité territoriale, il n'est assimilé à un recours pour excès de pouvoir que dans le cas du recours contre l'acte unilatéral. Dans l'autre cas, si l'acte est contractuel, il est un recours de plein contentieux de sorte que le tribunal administratif n'est plus tenu à la seule annulation de l'acte.

2. Le délai

1335. Le délai d'exercice du déféré est identique à celui de l'excès de pouvoir, à savoir deux mois. Le point de départ du délai est cependant distinct, selon que l'on est en présence d'un acte devant être transmis et d'un acte n'ayant pas à être transmis.

1336. Actes soumis à l'obligation de transmission. – Pour les actes soumis à l'obligation de transmission, le délai court du jour de la transmission complète à la préfecture (CGCT, art. L. 2131-6), compris comme le jour de la réception complète au bureau de contrôle de légalité de la préfecture (circ. 22 juillet 1982). Il s'agit de règles spécifiques qui excluent l'application du régime général de l'excès de pouvoir et en particulier de la théorie de la connaissance acquise. En vertu de cette théorie jurisprudentielle dont la portée a été considérablement limitée ces derniers temps, le déclenchement du délai de recours peut être, en dehors même de toute mesure de publicité de la part de l'autorité

74. CE, 23 décembre 2011, *Ministre de l'Intérieur, de l'Outre-mer, des Collectivités territoriales et de l'Immigration*, req. n° 348647 et 348648.

administrative, la conséquence de la simple prise de connaissance de la décision par le requérant. Même si cette théorie a vu ses effets considérablement limités par la jurisprudence de la deuxième moitié du XXe siècle, elle demeure applicable, principalement, aux hypothèses dans lesquelles le requérant avait, préalablement à son recours juridictionnel à l'encontre d'un acte individuel[75], exercé un recours administratif[76]. À l'inverse de cette jurisprudence, le recours administratif du préfet à l'encontre d'un acte non transmis ne fait courir aucun délai.

1337. Actes non soumis à l'obligatoire de transmission. – Pour les actes non soumis à l'obligation de transmission, le régime est fixé par l'article L. 2131-3 depuis sa modification par la loi du 13 août 2004. Le préfet a un délai de deux mois, à compter de leur publication ou de leur notification, pour en demander communication aux fins de l'exercice possible d'un déféré. Il a ensuite deux mois à compter de leur communication par l'autorité locale pour les déférer.

1338. Computation. – Le délai dont la computation répond aux règles générales du contentieux : il s'agit d'un délai franc calculé à compter du lendemain du jour marquant son point de départ jusqu'à la première heure du jour suivant le deuxième mois[77]. Il peut être prorogé, c'est-à-dire à nouveau décompté, dans deux hypothèses :

— la première est celle d'une transmission ayant fait l'objet d'une demande justifiée de complément de la part du préfet. Si, en revanche, la demande est injustifiée, et donc principalement destinée à allonger le délai de recours, le Conseil d'État ne met pas en œuvre le régime de la prorogation[78]. Le délai court à nouveau à compter soit de la réception des pièces complémentaires, soit de la décision de la collectivité territoriale qui refuse d'y répondre favorablement ;

— la seconde hypothèse se réalise lors d'un recours gracieux exercé par le préfet. Le recours a pour effet, comme dans le régime général de l'excès de pouvoir, de proroger le délai qui viendra courir, à nouveau pour deux mois, à compter de la réponse de la collectivité territoriale[79].

---

75. La théorie n'est pas applicable aux règlements : CE, 19 février 1993, *Nainfa*, *Rec.*, p. 945 ; *DA* 1993, n° 184.

76. CE Sect. 13 mars 1998, *Mme Mauline et APHP*, *Rec.*, p. 80 ; *AJDA* 1980, p. 613, concl. J.-D. Combrexelle ; *JCP* 1998, I, 181, chron. J. Petit ; *LPA* 12 juillet 1999, n° 137, note Y. Claisse ; *RFDA 1*998, p. 1184, note B. Seiller, *DA* 1998, n° 167.

77. CE, 29 mai 1987, *Commune de Goult*, *Tab.*, p. 875.

78. CE, 31 mars 1989, *Préfet de la région Languedoc-Roussillon*, *Rec.*, p. 112 ; *AJDA* 1989, p. 538, concl. D. Lévis ; *Commune de Septêmes-les-Vallons*, *Rec.*, p. 102 ; *AJDA* 1989, p. 549, note J.-M. Auby ; *D.* 1990, S.C., p. 63, Ph. Terneyre.

79. CE, 16 mai 1984, *Commune de Vigneux-sur-Seine*, *Rec.*, p. 182, pour les actes non soumis à l'obligation de transmission, et CE, 18 avril 1986, *COREP d'Ille-et-*Vilaine, Tab.

3. Le recours administratif préalable

1339. Le préfet est recevable à exercer un recours administratif préalable à l'encontre des actes des collectivités territoriales, que ceux-ci fassent l'objet ou non d'une transmission obligatoire. L'utilisation de cette technique, dans le cadre de la procédure de déféré, n'allait pas de soi puisque le recours administratif, même s'il a pour vocation d'aboutir à une solution non juridictionnelle, reste un mécanisme contentieux. Or, la procédure de déféré avait été, à l'origine, considérée comme l'aboutissement d'un mécanisme faisant la promotion du dialogue entre l'État et la collectivité territoriale, le recours à la juridiction être formé que dans l'hypothèse de son échec. Ainsi, la première rédaction de la loi du 2 mars 1982 prévoyait de donner au maire une information préalable obligatoire sur la présence d'une irrégularité supposée, avec un délai de vingt jours après cette information au cours duquel le déféré, à peine d'irrecevabilité, était irrecevable. Cela devait permettre d'harmoniser les positions de la commune et de l'État et d'éviter d'entrer dans la phase juridictionnelle du contentieux[80]. Mais le Conseil constitutionnel a censuré cette disposition[81], ne laissant ainsi subsister qu'une simple information préalable de son intention de déférer (CGCT, art. L. 2131-6, al. 1) dont le non-respect n'est pas cause d'irrecevabilité[82].

1340. Il était, cependant, nécessaire de permettre la résolution du contentieux entre l'État et les collectivités territoriales, avant le recours au juge. C'est la raison pour laquelle le Conseil d'État a transposé les règles du recours administratif préalable au déféré. Ainsi, l'exercice de ce recours a pour conséquence de proroger le délai de recours, dans les conditions du droit commun[83].

4. La décision de déférer

1341. Le déféré peut être spontané ou provoqué et le référé préfectoral doit être abordé.

---

p. 423 ; *RFDA* 1987, p. 206, concl. M. Roux ; *AJDA* 1986, p. 455, note D. Chabanol ; *D.* 1987, p. 70, note O. Négrin, pour les déférés des actes soumis à l'obligation de transmission.

80. Sur cette question, voir J.-C. Douence, « Le recours gracieux contre une délibération d'une assemblée locale », *RFDA* 1996, p. 328.

81. CC, 25 février 1982, *Droits et libertés des communes, des départements et des régions*, déc. 82-137 DC.

82. CE, 24 avril 1985, *Ville d'Aix-en-Provence*, *Rec.*, p. 522 ; *RFDA* 1985, p. 527, concl. D. Latournerie ; *AJDA* 1985, p. 378, note J. Moreau.

83. CE, 18 avril 1986, *Commissaire de la République d'Ille-et-Vilaine*, *Rec.*, p. 658 ; *RFDA* 1987, p. 206, concl. Roux ; *AJDA* 1986, p. 455, note Chabanol ; *D.* 1987, p. 70, note Négrin.

a) Le déféré spontané

1342. Pouvoir discrétionnaire. – La décision de déférer est un pouvoir discrétionnaire du préfet qu'il n'utilise que très rarement, et de moins en moins. Ainsi, sur les 5,5 millions d'actes transmis, à peine 1 % font l'objet d'une information préalable (contre 3 % en 2004) et, sur ces mêmes actes transmis, 0, 018 % seulement font l'objet d'un déféré (contre 0, 03 % en 2004) : 85 000 observations et 1 000 déférés, voilà les chiffres actuels[84].

1343. Statistiques. – Ces statistiques, étudiées au regard du nombre d'actes illégaux des collectivités territoriales ayant fait l'objet d'une annulation par le juge administratif, sont la démonstration de la totale inefficacité de la procédure. On ne peut se satisfaire des arguties développées par le *Rapport public* pour l'année 1993 du Conseil d'État qui considérait que la faiblesse du nombre de déférés s'expliquait par le souci des autorités locales de prendre des décisions conformes à la légalité ou encore par la réussite de la procédure d'information préalable[85].

1344. Limites à l'utilisation du déféré. – Les préfets ne défèrent pas, soit parce qu'ils n'exercent pas réellement le contrôle administratif qui leur échoit, soit parce qu'ils utilisent le pouvoir discrétionnaire qui est le leur en la matière, en refusant de déférer des actes qu'ils pourraient juger irréguliers. La première explication est sans doute la conséquence des faibles moyens des préfectures qui ne peuvent pas matériellement procéder au contrôle de tous les actes et doivent opérer par sondage. Il n'en reste pas moins que la faiblesse de ces moyens est une preuve matérielle de ce que l'obligation tout de même constitutionnelle de contrôle administratif des actes des collectivités territoriales n'est pas assurée par l'État.

b) Le déféré provoqué

1345. Palliatif de la carence du préfet. – La possibilité donnée aux administrés de provoquer le déféré ne constitue qu'un faible palliatif de cette carence : toute personne physique ou morale lésée par un acte administratif soumis ou non à l'obligation de transmission, peut, dans le délai de deux mois à compter de la date laquelle l'acte est devenu exécutoire, demander au représentant de l'État dans le département de mettre en œuvre la procédure de déféré (CGCT, art. L. 2131-8).

84. Données chiffrées reproduites de O. Gohin, M. Degoffe, A. Maitrot de la Motte et C.-A. Dubreuil, *Droit des collectivités territoriales*, Cujas, 2011, p. 580.
85. *Ibid.*

1346. Limite. – Les administrés se substituent ainsi en quelque sorte à l'administration préfectorale défaillante, en l'alertant sur les irrégularités susceptibles d'avoir été commises par la collectivité territoriale. Dans l'hypothèse, fort rare, dans laquelle le préfet décide de déférer l'acte litigieux, ils n'ont pas à supporter la charge du procès. En revanche, dans l'hypothèse, très fréquente, ou le préfet décide de ne pas déférer l'acte litigieux, ils ne disposent anormalement d'aucune possibilité de recours contre ce refus préfectoral[86].

1347. Effets. – La détermination des effets de l'utilisation de cette procédure sur les délais d'exercice du déféré préfectoral et du recours juridictionnel de l'administré lésé a posé des difficultés résolues par la jurisprudence.

1348. Pour ce qui est du délai d'exercice du déféré, il convient de distinguer selon que l'acte en cause est ou non soumis à l'obligation de transmission. Dans le premier cas, le préfet ayant eu connaissance avant la demande de l'administré, le délai du déféré n'est pas prorogé (CGCT, art. L. 2131-8, al. 2). Dans le second cas, le préfet n'ayant normalement pas eu connaissance de l'acte avant la demande de l'administré, celle-ci proroge le délai du déféré qui devra avoir lieu dans les deux mois de réception de la demande (CGCT, art. L. 2131-8, al. 3).

1349. Pour ce qui est du délai d'exercice du recours juridictionnel de l'administré, la jurisprudence *Brasseur* de 1991 a mis fin à une solution ancienne qui n'était pas de nature à encourager le déféré provoqué puisque l'administré lésé ne voyait pas son recours prorogé par son exercice. Désormais, il bénéficiera de deux mois à compter de la notification de la réponse du préfet pour agir.

c) Le référé préfectoral

1350. Déféré-suspension. – La possibilité pour un administré d'obtenir le prononcé par un juge administratif la suspension de l'exécution d'un acte administratif est un palliatif des conséquences du privilège du préalable et du caractère immédiatement exécutoire des actes administratifs unilatéraux. Avant la loi du 30 juin 2000 relative au référé devant les juridictions administratives, cette procédure était dite de « *sursis à exécution* ». Elle est devenue, depuis l'entrée en vigueur de cette loi qui l'a notablement réformée, la procédure de « *référé-suspension* » de l'article L. 521-1 du Code de justice administrative.

86. CE Sect., 25 janvier 1991, *M. Brasseur*, *Rec.*, p. 23 concl. Stirn ; *RFDA* 1991, p. 587 concl. Stirn et p. 594, note Douence ; *AJDA* 1991, p. 351, chron. Schwartz et C. Maugüé.

1351. Le préfet s'étant vu reconnaître la possibilité de demander l'annulation d'un acte administratif émanant d'une collectivité territoriale, il était tout à fait normal que lui soit permis d'en demander la suspension. La procédure en est fixée par l'article L. 2131-6, alinéas 3 à 7 du Code général des collectivités territoriales et elle lui permet d'obtenir la suspension plus aisément qu'un requérant, dans le cadre d'un recours pour excès de pouvoir classique.

Trois procédures doivent être distinguées :

1352. Procédure de droit commun. – La première résulte de la transposition de l'article L. 521-1 du Code de justice administrative : le juge des référés, saisi d'une demande en annulation ou en réformation d'une décision, peut en ordonner la suspension « *lorsque l'urgence le justifie et qu'il est fait état d'un moyen propre à créer, en l'état de l'instruction, un doute sérieux quant à la légalité de la décision* ». L'article L. 2131-6, alinéa 3 du Code général des collectivités territoriales prévoit, quant à lui, que « *le représentant de l'État peut assortir son recours d'une demande de suspension. Il est fait droit à cette demande si l'un des moyens invoqués paraît, en l'état de l'instruction, propre à créer un doute sérieux quant à la légalité de la décision* ». Elle est applicable à tous les actes des collectivités territoriales, qu'ils aient ou non fait l'objet d'une transmission[87].

1353. Le déféré-suspension est donc facilité par rapport au référé-suspension puisque, d'une part, la condition d'urgence n'est pas imposée au préfet et que, d'autre part, le juge administratif a l'obligation de prononcer la suspension lorsqu'un moyen invoqué est propre à créer un doute sérieux de légalité, à la différence de la procédure de référé-suspension qui donne, en la matière, un pouvoir discrétionnaire au juge.

1354. Procédure en matière d'urbanisme, de marchés et de délégations de service public. – La deuxième procédure, prévue à l'article L. 2131-6, alinéa 4 du Code général des collectivités territoriales, est applicable aux demandes de suspension en matière d'urbanisme, de marchés et de délégations de service public. Lorsqu'elle est formulée par le représentant de l'État, dans les dix jours à compter de la réception de l'acte, elle entraîne la suspension automatique de ce dernier. Ce n'est qu'au terme d'un délai de d'un mois, à compter de sa réception, que l'acte redevient exécutoire si le juge des référés n'a pas statué. Elle permet ainsi d'éviter que des opérations sur lesquelles

87. CE, 16 décembre 1994, *Préfet du Haut-Rhin*, *Rec.*, p. 801, *DA* 1995, n° 49, obs. H. S.

il serait plus délicat de revenir rétroactivement, soient engagées entre la demande de suspension et la décision de juge administratif. On retrouve cette suspension automatique pour les déférés exercés à l'encontre d'une mesure d'expérimentation (LO 1113-4) ou des délibérations des collectivités territoriales d'outre-mer de l'article 73 : départements ou régions ou collectivités territoriales uniques d'outre-mer, adaptant le droit national à leurs spécificités (LO 3445-5).

1355. Déféré-liberté. – La troisième procédure est prévue à l'alinéa 5 de l'article L. 2131-6. Elle permet d'obtenir une suspension rapide d'une décision de nature à compromettre l'exercice d'une liberté publique ou individuelle puisque le président du tribunal administratif – ou le magistrat délégué par lui à cet effet – a l'obligation d'en prononcer la suspension, dans un délai de quarante-huit heures. Le délai d'appel est aussi raccourci puisque ramené à quinze jours de la notification de l'ordonnance de suspension et exercé devant le Conseil d'État directement dont le président de la section du contentieux – ou un conseiller d'État délégué par lui à cet effet – devra statuer dans un délai de quarante-huit heures.

§ 2. La tutelle sur les organes

1356. Maintien de la tutelle. – Les autorités centrales et déconcentrées de l'État disposent, même après la loi du 2 mars 1982 modifiée, d'un important pouvoir de tutelle sur les organes des collectivités territoriales. Ce pouvoir sera utilisé afin d'éviter que, principalement, la continuité de l'État ou des services publics ainsi que le maintien de l'ordre public soient mis à mal par l'abstention fautive des autorités territoriales ou par des blocages institutionnels.

1357. Démission d'office. – À côté de l'exercice de ce pouvoir de tutelle, un mécanisme de démission d'office est prévu aux articles L. 2121-5, L. 3121-4 et L. 4132-2-1 du Code général des collectivités territoriales, respectivement pour les conseillers municipaux, généraux et régionaux. La démission est déclarée par le Conseil d'État pour les conseillers régionaux et par le tribunal administratif pour les conseillers municipaux et généraux, dans l'hypothèse où, sans excuse valable, ils ont refusé de remplir une des fonctions qui leur sont dévolues par les lois, soit par déclaration expresse, adressée au préfet ou rendue publique, soit par abstention persistante, après mise en demeure de l'autorité chargée du contrôle.

1358. La démission étant ici le résultat d'une déclaration prononcée par le juge administratif dans ses fonctions administratives, elle n'est pas tout à fait assimilable à un pouvoir de tutelle. Elle se borne à constater un refus explicite et à tirer les conséquences, prévues par la loi.

A Le pouvoir de dissolution

1359. Conseil municipal. – Les règles relatives à la dissolution des assemblées locales manquent d'unité. Le conseil municipal est soumis à un régime particulier :

— d'abord, la dissolution peut être précédée, en cas d'urgence, d'une suspension préfectorale inférieure d'une durée inférieure à un mois après information du ministre de l'Intérieur (art. L. 2121-6) ;

— ensuite, la dissolution est prononcée par décret motivé en conseil des ministres. Le Code général des collectivités territoriales n'énumère pas les motifs pour lesquels elle est prononcée, mais le juge administratif exerce un contrôle normal, en vérifiant que la dissolution est le seul remède lorsque des dissensions persistantes au sein du conseil municipal revêtent un degré de gravité tel que la gestion de la commune est mise en péril[88] ;

— enfin, après la dissolution, une délégation spéciale de trois – dans les communes de moins de 35 000 habitants – à sept membres, nommée par le préfet dans un délai de huit jours à compter de la dissolution, remplit les fonctions du conseil municipal. Le président de la délégation, élu par elle, assure les fonctions de maire (art. L. 2121-36).

1360. Conseil général et conseil régional. – La procédure est quelque peu différente pour les conseils généraux et régionaux :

— d'abord, elle est prononcée par décret en conseil des ministres avec information du Parlement ;

— ensuite, la motivation de la dissolution figure à l'article L. 3121-5 (art. L. 4132-3 pour le conseil régional) et suppose que le fonctionnement du conseil soit devenu impossible ;

— enfin, des élections cantonales doivent être organisées dans les deux mois. Entre-temps, le président du conseil expédie les affaires courantes. Ses décisions sont alors soumises à l'approbation du préfet de département ou de région.

88. CE Sect., 25 juillet 1952, n° 17668, *Rec., p.* 1952, p. 394 ; CE, 6 mai 1955, *Roucaute, Rec.* p. 237 ; CE, 18 décembre 1968, *Durand et Barbero, Rec.*, p. 657 ; CE, 19 janvier 1990, *Bodin, Tab.* p. 605 ; *AJDA* 1990, p. 93, chron. E. Honorat et E. Baptiste.

B Le pouvoir de suspension et de révocation

1361. Le pouvoir de suspension et de révocation ne peut s'appliquer qu'à l'exécutif communal, censé être peut-être plus enclin à des comportements outranciers. Lorsqu'en 1982, le président du conseil général est devenu l'exécutif du département, il était difficile d'instaurer un pouvoir de suspension ou de révocation alors que le législateur prétendait procéder à la suppression de la tutelle. Un régime spécifique s'applique donc aux communes qui est l'héritage de l'histoire. Il figure à l'article L. 2122-16 CGCT qui prévoit que le maire ou les adjoints, après avoir été entendus ou invités à fournir des explications écrites sur les faits qui leur sont reprochés, peuvent être suspendus par arrêté ministériel motivé, pour une durée qui n'excède pas un mois. Ils ne peuvent être révoqués que par décret en conseil des ministres.

C Le pouvoir de substitution d'action

1. En matière de police

1362. L'article L. 2215-1 1° du Code général des collectivités territoriales prévoit que le représentant de l'État dans le département peut « *prendre, pour toutes les communes du département ou plusieurs d'entre elles, et dans tous les cas où il n'y aurait pas été pourvu par les autorités municipales, toutes mesures relatives au maintien de la salubrité, de la sûreté et de la tranquillité publique* ». Ce droit ne peut toutefois être exercé par le représentant de l'État dans le département à l'égard d'une seule commune qu'après une mise en demeure au maire restée sans résultat (art. L. 2215-1. 1° al. 2). À défaut, et sauf urgence[89], la décision de substitution sera illégale[90].

1363. La police administrative est le domaine privilégié d'intervention du pouvoir de substitution d'action car c'est en cette matière que les conséquences de la carence de l'action administrative pourront être les plus préjudiciables. Ce procédé qui relève de la tutelle n'a pas disparu avec la loi du 2 mars 1982. Malgré l'importance de la contrainte opposée aux collectivités territoriales, le Conseil constitutionnel considère que la substitution d'action est conforme au principe constitutionnel de libre administration au motif que le contrôle administratif, exercé par représentant de l'État, doit lui permettre de pourvoir, sous le contrôle du juge, « *à certaines difficultés administratives*

89. CE, 25 novembre 1994, *Grégoire*, *Rec.*, p. 832.
90. CE, 9 février 1955, *Le Brigand,* Rec., *p.* 78.

résultant de l'absence de décision de la part des autorités décentralisées normalement compétentes lorsque cette absence de décision risque de compromettre le fonctionnement des services publics et l'application des lois »[91].

1364. L'exercice de la substitution est donc une obligation pour le préfet. Son abstention entraînera, si elle constitue une faute lourde, l'engagement de la responsabilité de l'État pour défaut dans l'exercice du pouvoir qu'il détient – et lui seul – de contrôle administratif[92], au sens ici de tutelle.

1365. Elle suppose l'exercice par le préfet de la compétence exercée normalement par l'autorité locale à laquelle il se substitue, aux frais de la collectivité compétente. En conséquence, les fautes éventuellement commises par le préfet, régulièrement substitué à l'autorité locale, entraîneront l'engagement de la responsabilité de la collectivité, et non celle de l'État[93]. Réciproquement, l'article L. 2216-1 du Code général des collectivités territoriales prévoit, à propos de la substitution à la commune, que celle-ci verra sa responsabilité supprimée ou atténuée lorsque le représentant de l'État s'est irrégulièrement substitué à elle.

1366. Le pouvoir de substitution du préfet s'exerce aussi en matière de police administrative spéciale. Il en est ainsi pour le pouvoir de police du président du conseil général pour la gestion du domaine du département (art. L. 3221-5) et de la compétence du maire pour accorder des permissions de voiries sur les voies publiques notamment – et donc pas seulement – lorsqu'elles sont destinées au passage ou à la conduite de l'eau ou du gaz (art. L. 2215-5).

2. En dehors de la police

1367. La substitution d'action n'est pas limitée au pouvoir de police[94]. Elle s'exerce en matière d'urbanisme et d'environnement, par exemple, pour la révision ou la modification du PLU ou l'élaboration et

91. CC, 28 décembre 1982, *Loi relative à Organisation de Paris, Marseille, Lyon et des EPCI*, déc. n° 82-149 DC.

92. CE, 21 juin 2000, *Commune de Roquebrune Cap-Martin*, *RDP* 2000, p. 1257, concl. Touvet, *DA* 2000, n° 242, obs. Laurent Touvet, *RFDA* 2000, p. 1096, note P. Bon, CE, 25 juillet 2007*France Telecom, soc. Axa Corporate Solutions Assurances*, *AJDA* 2007, p. 1557, *DA* 2008, p. 23, note F. Dieu.

93. CE Sect., 24 juin 1949, *Commune de Saint-Servan*, *Rec.*, p. 310, *RA* 1949, p. 465, note Liet-Veaux, CE Sect., 5 décembre 1958, *Commune de Dourgne*, *Rec.*, p. 606, concl. Guldner, *AJDA* 1959, p. 37, chron. Combarnous et Galabert, *RDP* 1959, p. 990, note Waline.

94. Sur cette question, voir tout particulièrement, O. Gohin et *al.*, *Droit des collectivités territoriales*, Cujas, 2011, p. 550 et 551.

la révision de plans départementaux d'élimination des déchets, pour l'exécution de travaux programmés sur les voies publiques s'ils sont refusés, reportés ou suspendus par le maire (C. voirie routière L. 115-1), ou pour la construction de logements sociaux lorsque les engagements pris dans le programme triennal local de l'habitat n'ont pas été tenus (CCH, art. L. 302-9-1) ou, en l'absence de programme, lorsque le nombre de ces logements est inférieur à 20 % du total des résidences principales (art. L. 302-8).

§ 3. La tutelle financière

1368. La tutelle de l'État sur les collectivités territoriales en matière financière, notablement budgétaire, est exercée par le préfet, avec l'appui de la chambre régionale ou territoriale des comptes. L'État entend préserver la transparence, la sincérité et l'équilibre des budgets locaux afin de prémunir les contribuables locaux contre la mauvaise gestion des administrateurs locaux. Le contrôle budgétaire est ainsi une limite importante, constitutionnellement admise, quoiqu'implicitement prévue (art. 72, al. 6) à la libre administration des collectivités territoriales (art. 72, al. 3) puisqu'il ne se réduit pas au simple examen de la régularité des procédures et des comptes, mais s'étend à leur gestion. Il permet en outre au préfet de se substituer aux collectivités territoriales, en cas de carence.

A Le contrôle de la régularité des comptes

1369. Contrôle de régularité. – Les chambres régionales ou territoriales des comptes ont pour charge de contrôler la régularité des comptes des comptables publics locaux. Elles sont régies par les articles L. 211-1 et suivants du Code des juridictions financières issus de la loi du 6 décembre 1994. Il existe vingt-sept chambres régionales des comptes et cinq chambres territoriales pour la Nouvelle-Calédonie et les COM suivantes : la Polynésie française, Saint-Pierre-et-Miquelon, Saint-Barthélemy et Saint-Martin[95].

95. Il faut préciser que les chambres régionales de Guadeloupe, Martinique et Guyane et les chambres territoriales de Saint-Martin et Saint-Barthélemy ont un personnel commun et leur siège est fixé à Pointe-à-Pitre. De même, les chambres régionales des comptes de Mayotte et de La Réunion ont un personnel commun et leur siège est fixé à Saint-Denis. Wallis-et-Futuna et les TAAF sont placés sous la juridiction directe de la Cour des comptes.

1370. Jugement des comptes des comptables publics. – Les chambres ont pour fonction de juger les comptes des comptables publics des collectivités territoriales ainsi que des établissements publics locaux rattachés au regard des règles de la comptabilité publique. Toutefois, l'article L. 211-2 du Code des juridictions financières prévoit, à compter de l'exercice 2013, un simple apurement administratif des comptes par le directeur des finances publiques, pour les communes de moins de 5 000 habitants (3 500 pour l'exercice 2012) dont le montant des recettes ordinaires est inférieur à trois millions d'euros (deux millions pour l'exercice 2012), et pour les EPCI de moins de 10 000 habitants (5 000 pour l'exercice 2012) dont le montant des recettes ordinaires est inférieur à cinq millions d'euros (deux millions pour l'exercice 2012).

1371. Jugement des comptables de fait. – Le règlement général de la comptabilité publique, encore porté par le décret du 29 décembre 1962, pose le principe de la séparation des ordonnateurs, en charge des dépenses et des recettes, des comptables, en charge du maniement des deniers. Ce principe permet le contrôle par le comptable de la régularité des ordres de paiement ou de recette. Lorsque l'ordonnateur principal d'une collectivité : le maire, le président du conseil général ou régional, par exemple, aura manié des deniers publics, au mépris du principe de séparation des ordonnateurs et des comptables, il devra alors répondre de l'utilisation de ces deniers, en produisant un compte qui sera jugé par la chambre régionale des comptes, au même titre que tout compte produit par un comptable public. L'ordonnateur est dit « *comptable de fait* » et il sera juridictionnellement sanctionné, au surplus, par la même chambre, pour son immixtion irrégulière dans la compatibilité dite « *patente* ».

B Le contrôle de gestion

1372. Contrôle non juridictionnel des ordonnateurs. – En revanche, les chambres régionales de comptes n'ont pas juridiction sur les ordonnateurs, en tant que tels, ce qui exclut l'hypothèse de la comptabilité de fait. Toutefois, elles assurent un contrôle *a posteriori* de la gestion budgétaire (art. L. 211-8 CJF) :

— des ordonnateurs des collectivités territoriales ;

— des EPCI et des syndicats mixtes ;

— des établissements publics rattachés aux collectivités territoriales ;

— des organismes et leurs filiales assujettis ou non aux règles de la comptabilité publique auxquels les collectivités territoriales et leurs établissements publics apportent un concours supérieur à 1 500 euros ou détiennent, séparément ou ensemble, plus de la moitié du capital ou des voix dans les organes délibérants ou encore exercent un pouvoir prépondérant de décision ou de gestion.

1373. Autosaisine. – La chambre régionale peut se saisir elle-même de la gestion d'une collectivité. Le plus souvent, elle le fera en suivant un programme élaboré par son président. Elle peut aussi être saisie par une demande motivée du préfet ou d'une autorité locale. De plus, le préfet peut la saisir des conventions relatives aux marchés ou aux délégations de service public qu'il lui transmet, après information de l'autorité territoriale.

1374. Contrôle des actes de gestion. – Le contrôle de la gestion porte sur la régularité des actes de gestion, sur l'économie des moyens mis en œuvre et sur l'évaluation des résultats atteints, par rapport aux objectifs fixés par l'organe délibérant de la collectivité ou de l'organisme, mais ne peut porter sur l'opportunité politique des choix budgétaires de la collectivité. Il est confié à un rapporteur qui peut procéder à des vérifications sur pièces et sur place, avoir recours à des experts extérieurs et procéder à des auditions. La chambre, au regard du rapport qui lui est fait, adopte des observations provisoires transmises à l'ordonnateur afin que ce dernier puisse y porter contradiction dans les deux mois. Les observations deviennent ensuite définitives. Elles sont rendues publiques et font l'objet d'un débat devant l'assemblée délibérante.

1375. Cependant, aucun rapport d'observation ne peut être rendu public dans les trois mois qui précèdent une élection locale, ce qui limite, de façon tout à fait contestable, le pouvoir d'influence de la cour. Il serait, en effet, de bonne politique d'informer les administrés sur les défauts, objectivement constatés, de la gestion budgétaire des administrateurs en fonction qui désireraient se présenter de nouveau à leur suffrage.

1376. Cour de discipline budgétaire et financière (CDBF). – Le contrôle peut faire apparaître des irrégularités justiciables, pour les ordonnateurs concernés, de la Cour de discipline budgétaire et financière ou encore d'infractions pénales. Dans ce dernier cas, le commissaire du Gouvernement près la chambre régionale des comptes en informera le procureur de la République.

C Le pouvoir de substitution d'action

1377. En matière financière, le préfet a le pouvoir de se substituer aux organes délibérants ou exécutifs des collectivités territoriales lorsque ces derniers n'ont pas respecté certaines règles relatives au vote du budget, n'y ont pas inscrit une dépense obligatoire ou ont refusé d'ordonnancer le paiement d'une dette ou le recouvrement d'une créance.

1378. Non-respect du délai d'adoption. – Si le budget n'est pas adopté avant le 31 mars de l'exercice auquel il s'applique ou avant le 15 avril de l'année du renouvellement des organes délibérants, le préfet se substitue aussi aux organes de la collectivité concernée pour régler le budget et le rendre exécutoire. Il devra, toutefois, saisir sans délai la chambre régionale des comptes qui rendra un avis public dans le mois et formulera des propositions pour le règlement. Le préfet aura toujours la possibilité de s'écarter de l'avis et des propositions ; mais, il devra, pour ce faire, procéder à une motivation explicite de ses décisions (CGCT, art. L. 1612-2).

1379. Non-respect du principe d'équilibre du vote. – Lorsque le budget d'une collectivité territoriale n'est pas voté en équilibre réel (art. L. 1612-4 et L. 1612-6), la chambre régionale des comptes, saisie par le préfet dans les trente jours à compter de la transmission du budget, constate le déséquilibre et propose à la collectivité, dans un délai de trente jours à compter de la saisine, les mesures nécessaires au rétablissement de cet équilibre, en demandant à l'organe délibérant une nouvelle délibération. La délibération rectificative doit intervenir dans un délai d'un mois. La chambre régionale des comptes se prononce alors dans un délai de quinze jours sur les mesures de redressement décidées. Si elles ne sont pas intervenues dans le délai ou si elles sont insuffisantes, le budget est alors réglé et rendu exécutoire par le préfet. Si celui-ci s'écarte des propositions de la chambre, il doit explicitement motiver sa décision (art. L. 1612-5).

1380. Non-respect du principe d'équilibre dans l'exécution. – Lorsque l'arrêté des comptes d'une collectivité territoriale fait apparaître qu'un budget a été exécuté avec un déficit égal ou supérieur à 5 % des recettes de la section de fonctionnement (10 % pour les communes de moins de 20 000 habitants) la chambre régionale des comptes, saisie par le préfet, propose à la collectivité les mesures nécessaires au rétablissement de l'équilibre, dans le délai d'un mois à compter de la saisine. La collectivité doit mettre en œuvre ces mesures dans le budget afférent à l'exercice suivant. Si la chambre régionale constate, en examinant ce budget, que les mesures suffisantes n'ont pas été prises, elle propose les mesures nécessaires au préfet, dans un délai d'un mois à partir de la transmission du budget. Comme dans les hypothèses précédentes, le préfet ne peut s'écarter des propositions de la chambre que par décision explicitement motivée.

1381. Absence de crédits pour une dépense obligatoire. – Lorsqu'une collectivité territoriale n'a pas inscrit dans son budget les crédits nécessaires à l'acquittement d'une dépense obligatoire, la chambre régionale, saisie par le préfet, met en demeure l'autorité décentralisée d'inscrire les crédits au budget. Si dans le délai d'un mois, la mise en demeure n'est pas suivie d'effet, la chambre demande au préfet d'inscrire d'office les crédits au budget. Ce dernier peut refuser cette inscription par décision explicitement motivée.

1382. Absence de titre de paiement. – Lorsque l'ordonnateur d'une collectivité territoriale n'a pas émis le titre nécessaire au paiement d'une dette par le comptable public, le préfet peut adresser une mise en demeure et procéder d'office à l'émission, dans le délai d'un mois, porté à deux mois, si la somme concernée est égale ou supérieure à 5 % de la section de fonctionnement du budget primitif (art. L. 1612-6). La même règle s'applique pour le recouvrement d'une créance résultant d'une décision juridictionnelle, passée en force de chose jugée (loi du 16 juillet 1980, art. 1 – IV).

Index

D

E

F

O

P

S

Table des matières

Manuels

Collection dirigée par Bernard Audit et Yves Gaudemet

D. AMSON : *Histoire constitutionnelle française, De la prise de la Bastille à Waterloo*, 2010.

Ph. ARDANT et B. MATHIEU : *Institutions politiques et droit constitutionnel*, 24e éd., 2012.

B. BASDEVANT-GAUDEMET et J. GAUDEMET : *Introduction historique au droit*, XIIIe-XXe siècle, 3e éd., 2010.

A. BATTEUR : *Droit des personnes et de la famille et des majeurs protégés*, 6e éd., 2012.

N. BINCTIN : *Droit de la propriété intellectuelle*, 2e éd., 2012.

J.-B. BLAISE : *Droit des affaires*, 6e éd., 2011.

R. BONHOMME : *Instruments de crédit et de paiement*, 9e éd., 2011.

M. BOUVIER, M.-Ch. ESCLASSAN et J.-P. LASSALE : *Finances publiques*, 11e éd., 2012.

B. BRACHET : *Le système fiscal français*, 7e éd., 1997.

Ph. BRAUD : *Sociologie politique*, 10e éd., 2011.

C. BROYELLE : *Contentieux administratif*, 2011.

O. CACHARD : *Droit du commerce international*, 2e éd., 2011.

D. CARREAU et P. JUILLARD : *Droit international économique*, 4e éd., 1998.

M. CHAGNY et L. PERDRIX : *Droit des assurances*, 2e éd., 2012.

J.-P. CHAUCHARD : *Droit de la Sécurité sociale*, 5e éd., 2010.

J.-Ph. COLSON et P. IDOUX : *Droit public économique*, 6e éd., 2012.

G. CUNIBERTI : *Grands systèmes de droit contemporains*, 2e éd., 2011.

I. DAURIAC : *Les régimes matrimoniaux et le PACS*, 3e éd., 2012.

A. DECOCQ et G. DECOCQ : *Droit de la concurrence, Droit interne et droit de l'Union européenne*, 5e éd., 2012.

A. DECOCQ et G. DECOCQ : *Droit européen des affaires*, 2e éd., 2010.

E. DERIEUX : *Droit de la communication*, 4e éd., 2003.

E. DERIEUX et A. GRANCHET : *Droit des médias (Droit français, européen et international)*, 6e éd., 2010.

P. DEUMIER : *Introduction générale au droit*, 2011.

J.-Y. FABERON et J. ZILLER : *Droit des collectivités d'Outre-Mer*, 3e éd., 2007.

B. FAGES : *Droit des obligations*, 3e éd., 2011.

F. FAVENNEC-HÉRY et P.-Y. VERKINDT : *Droit du travail*, 3e éd., 2011.

M. FROMONT et H. MAURER : *Droit administratif allemand*, 1995.

Y. GAUDEMET : *Droit administratif*, 20e éd., 2012.

O. GOHIN et J.-G. SORBARA : *Institutions administratives*, 6e éd., 2012.

G. GOUBEAUX et P. VOIRIN : *Droit civil*, 2 vol., t. 1, 33e éd., 2011, t. 2, 27e éd., 2012.

F. HAMON et M. TROPER : *Droit constitutionnel*, 33e éd., 2012.

J. HUET et E. DREYER : *Droit de la communication numérique*, 2011.

J.-J. ISRAEL : *Droit des libertés fondamentales*, 1998.

J.-C. JAVILLIER, M. MOREAU et J.-M. OLIVIER : *Droit du travail*, 7e éd., 1999.

P. JULIEN et N. FRICERO : *Procédure civile*, 4e éd., 2011.

P. JULIEN et G. TAORMINA : *Voies d'exécution et procédures de distribution*, 2e éd., 2010.

P. KINDER-GEST : *Droit Anglais*, vol. 1 : *Institutions politiques et judiciaires*, 3e éd., 1997.

J. LAROCHE : *Politique internationale*, 2e éd., 2000.

F. LECLERC : *Le droit des contrats spéciaux*, 2e éd., 2012.

D. LEGEAIS : *Droit civil : sûretés et garanties du crédit*, 8e éd., 2011.

J. LEROY : *Droit pénal général*, 4e éd., 2012.

J. LEROY : *Procédure pénale*, 2e éd., 2011.

G. LYON-CAEN et J. TILLHET-PRETNAR : *Droit social*, 5e éd., 1995.

B. MATHIEU et M. VERPEAUX : *Contentieux constitutionnel des droits fondamentaux*, 2002.

J. MESTRE, M.-È. PANCRAZI, I. ARNAUD-GROSSI, L. MERLAND et N. TAGLIARINO-VIGNAL : *Droit commercial*, 29e éd., 2012.

M.-L. MOQUET-ANGER : *Droit hospitalier*, 2e éd., 2012.

M.-L. NIBOYET et G. DE GEOUFFRE DE LA PRADELLE : *Droit international privé*, 3e éd., 2011.

H. OBERDORFF : *Droits de l'homme et libertés fondamentales*, 3e éd., 2011.

F. PÉROCHON : *Entreprises en difficulté*, 9e éd., 2012.

D. PORACCHIA, F. RIZZO, J.-M. MARMAYOU et F. BUY : *Droit du sport*, 3e éd., 2012.

J.-F. RENUCCI : *Droit européen des droits de l'homme*, 4e éd., 2010.

L. RICHER : *Droit des contrats administratifs*, 9e éd., 2012.

J. RIDEAU : *Droit institutionnel de l'Union européenne*, 6e éd., 2010.

J.-J. ROCHE : *Relations internationales*, 6e éd., 2012.

J.-C. SOYER : *Droit pénal et procédure pénale*, 21e éd., 2012.

F. STASIAK : *Droit pénal des affaires*, 2e éd., 2009.

L. TROTABAS et P. ISOART : *Droit public (droit constitutionnel, droit administratif, finances publiques, droit administratif spécial)*, 24e éd., 1998.

D. VIDAL : *Droit des sociétés*, 7e éd., 2010.